Operations Research Proceedings 1984

DGOR

Papers of the 13th Annual Meeting
Vorträge der 13. Jahrestagung

Edited by/Herausgegeben von
D. Ohse A.C. Esprester
H.-U. Küpper P. Stähly H. Steckhan

With 150 Figures/Mit 150 Abbildungen

Springer-Verlag
Berlin Heidelberg New York Tokyo

Prof. Dr. Dietrich Ohse

Fachbereich Wirtschaftswissenschaften,
Johann Wolfgang Goethe-Universität,
Mertonstraße 17, D-6000 Frankfurt/Main 11

Dipl.-Ing. August C. Esprester

Siemens AG, Otto-Hahn-Ring 6
D-8000 München 83

Prof. Dr. Hans-Ulrich Küpper

Institut für Betriebswirtschaftslehre,
TH Darmstadt, Karolinenplatz 5, D-6100 Darmstadt

Prof. Dr. Paul Stähly

Hochschule St. Gallen für Wirtschafts- und
Sozialwissenschaften, Bodanstraße 6,
CH-9000 St. Gallen

Prof. Dr. Helmut Steckhan

Universität Regensburg, Lehrstuhl für
Betriebswirtschaftslehre, insbesondere
Unternehmensforschung, Universitätsstraße 31
D-8400 Regensburg

ISBN-13: 978-3-540-15374-0 e-ISBN-13: 978-3-642-70457-4
DOI: 10.1007/978-3-642-70457-4

Printing and binding: Beltz Offsetdruckerei, Hemsbach/Bergstr.
2142/3140-543210

Vorwort

Die 13. Jahrestagung der Deutschen Gesellschaft für Operations Research fand vom 12. bis 14. September 1984 an der Hochschule St. Gallen statt. Ca. 350 Tagungsteilnehmern bot sich die Gelegenheit, an einem vielfältigen wissenschaftlichen Programm teilzunehmen, das aus zwei Plenarvorträgen, sechs Übersichtsvorträgen, 140 Fachvorträgen sowie fünf Tutorien bestand. Besonders erwähnenswert ist, daß ca. 30% aller Referenten aus der Praxis kamen, so daß das Ziel der Tagung, praktische Erfahrungen und wissenschaftliche Ergebnisse zu präsentieren und den Erfahrungsaustausch zwischen den Praktikern und Hochschulangehörigen zu fördern, als erreicht angesehen werden kann.

Die Tagung war in bewährter Weise in Sektionen organisiert, wobei den Sektionsleitern wiederum weitgehende Gestaltungsfreiheit ihrer Themenschwerpunkte eingeräumt wurde. Mit den Sektionen "Decision Support Systems" sowie "OR im Personal Computing" wollte der Programmausschuß thematische Schwerpunkte für die Tagung setzen; auch der Festvortrag von P. THORNTON "Expertensysteme – eine Herausforderung für OR!" sowie zwei Tutorien behandelten diese Themen.

Eine Sektion wurde – nun bereits traditionell – dem Studentenwettbewerb reserviert, der auch in diesem Jahr wieder mit großem Erfolg durchgeführt wurde. In einer anderen Sektion berichteten Arbeitsgruppen der DGOR über die von ihnen erarbeiteten Ergebnisse. Sowohl das Programm der Jahrestagung als auch dieser Tagungsband dokumentieren somit sie vielfältigen Aktivitäten der DGOR, Operations Research in der Wirtschaft, in der Wissenschaft und in der Verwaltung zu fördern.

Im Tagungsband sind alle Vorträge, die in St. Gallen gehalten wurden, sektionsweise aufgeführt. Der Eröffnungsvortrag des Präsidenten der Schweizerischen Kreditanstalt, R. JEKER, sowie der Festvortrag und die Vorträge der ausgezeichneten Diplomanden sind in ausführlichen Versionen in den Band aufgenommen. Der große Zuspruch und das sehr positive Echo auf die Tutorien bewogen den Programmausschuß ferner, die Referenten zu bitten, zu den Themenbereichen ihrer Tutorien Übersichtsartikel zu schreiben, die in der Sektion "OR Reviews" veröffentlicht sind. Der vertraglich begrenzte Umfang des Bandes ließ es nicht zu, darüber hinaus alle Vorträge in einer ausführlichen Fassung zu publizieren. Die Beiträge haben nach der Tagung einen Begutachtungsprozeß durchlaufen und wurden teilweise aufgrund der Diskussionsergebnisse der Tagung und auf Anregungen der Gutachter hin überarbeitet. Auch die in Kurzfassungen aufgenommenen Beiträge sollten die wichtigsten Ergebnisse der Arbeit oder Hinweise auf eine Veröffentlichung an anderer Stelle enthalten. War dies nicht gewährleistet, so wurde auch auf die Veröffentlichung der Kurzfassung verzichtet.

Der Programmausschuß dankt allen, die an der erfolgreichen Durchführung der Tagung und der Herausgabe dieses Bandes beteiligt waren: dem Rektor der Hochschule St. Gallen für die Einladung, den Referenten für ihre Beiträge, den Sektionsleitern für ihr Engagement und ihre Mitarbeit bei der Gestaltung des Programms, den

Jurymitgliedern des Studentenwettbewerbs und nicht zuletzt auch Herrn Prof. Dr. P. STÄHLY und seinen Mitarbeitern für die beispielhafte Organisation. Die Hochschule St. Gallen war ein ausgezeichneter Gastgeber, die Organisatoren, sowie die Stadt und der Kanton St. Gallen sorgten für einen sehr angenehmen Rahmen. Ihnen gilt unser Dank, ebenso wie den im Anhang genannten Donatoren, die die Tagung und die Herausgabe dieses Bandes durch Sachmittel und finanziell unterstützten.

Frankfurt am Main, im Dezember 1984 — Dietrich Ohse

Programmausschuß

D. Ohse, Frankfurt (Vorsitzender); A.C. Esprester, München; H.-U. Küpper, Darmstadt; P. Stähly, St. Gallen; H. Steckhan, Regensburg

Sektionsleiter	**Sektionen**
O. Adelberger, Essen	OR im Finanz- und Rechnungswesen
G. Diruf, Bamberg	Logistik und Verkehr
G. Fandel, Hagen	Entscheidungstheorie
G. Feichtinger, Wien	Angewandte Kontrolltheorie
K.-E. Jäger, Berlin	Anwendungsberichte aus der Praxis
T. Liebling, Lausanne	Mathematische Optimierung
H.-J. Lüthi, Zürich	Decision Support System
M. Meyer, Erlangen-Nürnberg	OR im Gesundheitswesen
D. Ohse, Frankfurt	Allgemeine Methodologie des OR
O. Opitz, Augsburg	Prognoseverfahren
O. Seifert, Hannover	Berichte aus DGOR-Arbeitsgruppen
H. Späth, Oldenburg	Datenanalyse
A.W. Scheer, Saarbrücken	Produktionsplanung und -steuerung
H. Schellhaas, Darmstadt	Stochastische Entscheidungsprozesse
R. Schmidt, Kiel	Strategische Planung/Integrierte Gesamtplanung
P. Stahlknecht, Osnabrück	OR in der Datenverarbeitung
L. Streitferdt, Hamburg	OR in der öffentlichen Verwaltung
R. Vahrenkamp, Kassel	OR im Personal Computing
R. Wartmann, Dortmund	OR im Finanz- und Rechnungswesen

Jury des Studentenwettbewerbs

W. Bühler (Vorsitzender), Dortmund; K.-W. Gaede, München; K.-P. Kistner, Bielefeld; W. Stahl, Stuttgart

Inhaltsverzeichnis

Eröffnungsvortrag

Jeker, R. A.: Die Rolle der Banken für Wirtschaft und Gesellschaft 1

OR in der öffentlichen Verwaltung

Rentz, O.; Haasis, H.-D. und Ballreich, K.-L.: Ein statisches und ein dynamisches Optimierungsmodell zur Beschreibung des umweltpolitischen Instruments "Bubble-Politik" und dessen Anwendung mittels der dynamischen Programmierung 9

Al Hames, H.: Sichere Wasserversorgung durch zentrale Überwachungs- und Steuerungssysteme 17

Söhngen, L.: Personalkosten in hierarchischen Systemen in Abhängigkeit von Beförderungsstrategien 27

Braun, G.: Einsatz der Nutzwertanalyse in der Landesregierung von Rheinland-Pfalz 28

van der Bij, H.: Manpower Planning Activities on Management Control Level 29

Junginger, W.: Stundenpläne aus dem Computer – Ein Bericht zur momentanen Lage in Deutschland 36

OR im Gesundheitswesen

Lohse, F.: Modellgestützte Analyse der Auswirkungen alternativer Systemgestaltungen der gesetzlichen Krankenversicherung 37

Vetterle, H.: Mikrosimulation mit GKV-Prozessdaten am Beispiel der ambulanten ärztlichen Versorgung 45

Wohlmannstetter, V.: Die Effizienz von Krankenhäusern – Ein Vorschlag zu ihrer Ermittlung mit Hilfe der mathematischen Programmierung 52

Strategische Planung/Integrierte Gesamtplanung

Popp, W.: Zur Analyse strategischer Aspekte mit gemischt-ganzzahliger Programmierung 53

Gaitanides, M. und Schwienhorst, R. L.: Risikoanalytische Unterstützung der strategischen Auswahlentscheidung 54

Zahn, E.: Strategieunterstützungsmodelle 62

Brockhoff, K.: Produktinnovationsrate als Planungsinstrument 63

Wübbenhorst, K. L.: Anwendung des Konzeptes der Lebenszykluskosten bei der Planung, Nutzung und Stillegung von Großanlagen 71

Ente, W. und Schmidt, R.: Experimente mit nichtlinearen, interdependenten Unternehmensmodellen 72

Stähly, P.: Dekompositionsverfahren und integrierte Planung 80

Frauendorfer, K.: An Applicable Decomposition-Principle 93
Ruhland, J. M. und Wilde, K. D.: Wettbewerbsstrategien bei marktübergreifender Konkurrenzreaktion 101
Spatz, H.: Computergestützte integrierte Unternehmensplanung bei der Nixdorf Computer AG 101
Koene, J.: Some Experiences with a Bank Balance Sheet Model 101

OR im Finanz- und Rechnungswesen

Borchers, W.: Fertigungskostenbasiszahlen 102
Teusch, W.: Kostenabweichungsanalyse mittels Frontier-Produktionsmodellen 103
Zilahi-Szabó, M. G.: Architektur eines Methodenbanksystems zur integrierten Nutzung der Daten der Finanzbuchhaltung für dispositive Finanz- und Erfolgsprognosen 111
Günther, H. und Homann, K.: Intermediäre Informationsgewinnung zur Strategieverbesserung und Investitions-/Planungskontrolle in der Gaswirtschaft 112
Eitschberger, B. H.: Investitionsplanung in einem dialoggestützten LP-Modellgenerator 119
Hanuscheck, R.: Flexible Investitionsplanung mit Fuzzy-Zahlungsreihen . . . 120
Vollert, H.: Kurzfristige Liquiditätsplanung bei Schweizer Banken mit mathematischer Programmierung 128
Fischer, J. und Hofmann, J.: Der Einsatz eines einfachen OR-Modells zur Abschätzung von Währungskursrisiken in einem Unternehmen der chemischen Industrie 136
Settelmeier, G.: Ein Programmsystem zur Konsolidierung der Planbilanzen und Finanzprogramme ausländischer Tochtergesellschaften 136

Produktionsplanung und -steuerung

Scheer, A.-W.: EDV-Einsatz bei der Produktionsplanung und -steuerung . . . 137
Günther, H.-O.: Revidierende Produktionsplanung und Sortenfertigung 140
Jahn, W.: Simulationsmodell mit "See-why" für eine Werkzeugschmiede . . . 148
Pressmar, D. B.: Formulierung von Reihenfolgebedingungen in LP-Produktionsplanungsmodellen 149
Wäscher, G.; Carow, P. und Müller, H.: Ein flexibles Lösungsverfahren für Zuschneideprobleme in einem Kaltwalzwerk 150
Troßmann, E.: Dynamische Analyse der Input-Output-Beziehungen bei mehrstufiger Mehrproduktfertigung 151
Soom, E.: Dynamische Dispositionsmethoden als Basis der Kanbansteuerung 159
Zimmermann, A.: Evolutionsstrategische Modelle bei einstufiger, losweiser Produktion – Simultane Programm-, Losgrößen- und Lossequenzplanung mit Simulation auf der Basis biologischer Evolutionsfaktoren 160
Brückner, F. O.: Untersuchung über das Verhältnis von Werkstattbestandskosten zu Kapazitätsleerzeitkosten und die resultierende kostenminimale Kapazitätsauslastung 161
Meško, I.: Graphisches Modell des Mehrphasenprozesses 162

Logistik und Verkehr

Fischer, E.: Disaggregierte Verkehrserzeugungsmodelle für Geschäftsreisen . . 163
Hönerloh, H.: Gleichgewichtsmodelle und ihre Anwendung zur zielorientierten Verkehrsplanung 164
Lutter, W.: Simultane Verkehrsmittel- und Wegewahl 172
Marte, G.: Ein elektrisches Modell zur Verkehrsumlegung in stark und schwach belasteten Strassennetzen 173
Meier, W.: Standardisierte Bewertung von Verkehrswegeinvestitionen des öffentlichen Personennahverkehrs – Methodische Ansätze und praktische Erfahrungen 180
Hasenauer, R.: Optimierung der Bau- und Betriebskosten bei Strassentunnelprojekten – Bericht über ein Forschungsprojekt 181
Sommer, K. H.: Die Theorie der losen Kopplung zur Verbesserung von Netzstrukturen dargestellt am Beispiel der Projekt-Logistik 190
Kopfer, H.: Enumerationsverfahren zur exakten Lösung des KVO-Optimierungsproblems im gewerblichen Güterfernverkehr 191
Hall, B.: Abstimmung von Bestellpolitiken der Läger eines mehrstufigen Distributionssystems zur Festlegung der notwendigen mittelfristigen Kapazitäten 199
Kleinewillinghöfer-Kopp, R.: Ein Modell zur kostengünstigen Kapazitätszuweisung in Fernsprechnetzen 200
Lindenberg, W.: Minimierung der Fahrzeuganzahl bei Transportproblemen . . 201
Paulik, R.: Tourenplanung im Dialog 202
Großeschallau, W.; Lange, A. und Roeske, H.-J.: Optimierung der Personenbeförderung im Steinkohlenbergbau unter Tage mit einem heuristischen DV-gestützten Planungsmodell 209
Pierick, K. und Wiegand, K.-D.: Aufbau und Anwendung elektronischer Arbeits-, Entscheidungs- und Optimierungshilfen im Verkehr 215
Schlüter, E.: Heuristisches Verfahren zur Optimierung der Fahrzeugumläufe im ÖPNV 216
Hentschel, D. und Wiegand, K.-D.: Fahr- und Dienstplangestaltung im ÖPNV unterstützt durch grafische Dialogtechnik 217
Söhngen, L.: Modellgestützte Bedarfsplanung, Einsatzsteuerung und Kontrolle von Personal bei variabler Arbeitsmenge 218
Knolmayer, G.: Ein Vergleich von 30 „praxisnahen" Lagerhaltungsheuristiken 223
Müller, K.: Simulationsmodell zur Planung von Instandhaltungsstrategien für hochwertige Austauschteile in Luftfahrzeugen 231

Anwendungsberichte aus der Praxis

Schröder, H.: Eine spezielle Methode zur Fertigungssteuerung bei der Reparatur von Flugzeugumlaufteilen 239
Fleischmann, B. und Jess, H. K.: Erfahrungen mit einem Simulationsmodell in einem Giessereibetrieb 240
Gordon, R. A.: Zur Kostenkalkulation für chemische Produkte 241
Inderfurth, K. und Jäger, K.: Eine Anwendung autoadaptiver exponentieller Glättung bei der Bevorratung dezentraler Läger 248

Berichte aus DGOR-Arbeitsgruppen

Jäger, K. und Bartmann, D.: Bericht aus der Arbeitsgruppe „Lagerhaltung" . . 249
Hansen, K.: Bericht aus der Arbeitsgruppe „OR im Gesundheitswesen" . . . 249
Miebach, P.: Bericht aus der Arbeitsgruppe „Prognoseverfahren" 249

Studentenwettbewerb

Edelmann, H.: Untersuchungen zur betriebswirtschaftlichen Anwendungseignung eines EDV-gestützten Simulationsmodells der VEW (Dortmund) zur Spitzendeckung in der Gaswirtschaft für die optimale Auslegung von Gasspeicher und -transportsystemen 250
Lang, K.: Die Analyse von Käufertypen auf der Basis von Panelergebnissen mit multivariaten Verfahren zur Verarbeitung nominalskalierter Daten . . . 258
Kramp, M.: On a Variant of the Method of HAN and POWELL with Continuously Differentiable Penalty Function 266

Festvortrag

Thornton, P.: Expert Systems – the Challenge for OR 277

Decision Support Systems

Mertens, P.: Künstliche Intelligenz in der Betriebswirtschaft 285
Cooper, T.: OR and Decision Support Systems – The BA Experience 293
Gabriel, R.: Einsatzmöglichkeiten von Entscheidungsunterstützungssystemen in einem offenen Informations- und Kommunikationssystem 301
Beulens, A. und van Nunen, J.: On Using Quantitative Methods in Decision Support Systems: Design and Implementation Issues 302
Liebermeister, U.: On the Top of a Unified Expert System 310
Botta, V.: Integriertes Controlling 311
Albers, S.: BEPPLAN: Anwendungserfahrungen mit einem Decision Support System zur Planung der Preis- und Besuchspolitik eines Verkaufsaußendienstes 312
Jarke, M.: DSS for Multicriteria and Group Decisions 320
Mandl, C.: Konzeption, Realisierung und Einsatz eines Decision Support Systems für die Unternehmensplanung 321
Crendall, W.: Distributed DSS or Micro-Main Frame Integration for Decision Support Systems 321

OR im Personal Computing

Geppert, B.; Paessens, H. und Weuthen, H.-K.: Erfahrungen mit dem Einsatz von OR-Algorithmen auf Mikrocomputern 322
Paul, H. A.: Erfahrungen mit Mikrocomputern in der Forschung 324
Göller, U.: Integriertes Projektinformationssystem – Ein Weg bei SEL 332
Hildebrandt, B.: Projektmanagement/Netzplantechnik mit Spread-Sheet-Software 333

Schuster, K.-P.: Computergestütztes Controlling im Rahmen von Personal Computing . . . 342
Rosenthal, H. und Loistl, O.: Unternehmensbeurteilung mittels integrierter Implementierung auf Personal- und Zentralcomputern dargestellt am Beispiel der Liquiditätsanalyse . . . 349
Arrenberg, B.: Multiple Regression für Personal Computer – Theorie und praktischer Einsatz . . . 350
Braun, H.: Erfahrungen mit Mikrocomputern beim Einsatz der Clusteranalyse 351
Chamoni, P.: Simulation störanfälliger Systeme . . . 352
Schmidt, R.: Simulation innerbetrieblicher Transportsysteme auf Personal Computern . . . 353
Isermann, H.: Stapelung von rechteckigen Versandgebinden auf Paletten – Generierung von Stapelplänen im Dialog mit einem PC . . . 354
Schiefer, G. W.: Lineare Programmierung mit Kleincomputern – Erfahrungen mit 'Massenvertrieb' in Klein- und Mittelbetrieben . . . 363
Lajda, P. und Khouzam, M.: Einsatz von Arbeitsplatzcomputern in einem EVU für Prognosezwecke . . . 370

OR in der Datenverarbeitung

Stahlknecht, P.: Gibt es überhaupt noch „OR in der Datenverarbeitung"? – Eine kritische Bestandsaufnahme . . . 371
Meuer, H. W.: Die neue Form des Grosche'schen Gesetzes und ihre Auswirkung auf die Konfiguration und Auswahl von EDV-Anlagen . . . 372
Bolch, G. und Smorodinskij, S.: Anwendung einer Mehrfaktorenmethode zum Entwurf von Rechensystemen . . . 373
Terheyden, A.: Ein Matrizenmodell für das Rechenzentrums-Controlling . . . 374
Schmidt, G.: Ein zweistufiges Planungsmodell zur Informationserhebung im Rahmen der Istanalyse . . . 382
Kramer, M.: Ein Processor-Sharing-Modell mit unterbrechenden Prioritäten . . 383

Allgemeine Methodologie des OR

Meyer zu Selhausen, H.: Typische Rahmenbedingungen für erfolgreiche OR-Aktivitäten in der Wirtschaftspraxis . . . 384
Scholz, G.: Der OR-Prozess – Interessenlagen, Konfliktlösungen und die Rolle des Modells . . . 385
Schmid, R. und Grütz, M.: Ausbildung in OR anhand unstrukturierter, komplexer Entscheidungssituationen aus dem Bereich Krankenhausmanagement . . 387
Braun, G. E. und Pfohl, H.-Chr.: Planungskultur/Planungsphilosophie als Grundlage für den Einsatz von Planungstechniken . . . 395
Schneeweiß, C.: Hypothesen- und Entscheidungsvalidierung im Prozeß der Modellbildung . . . 403

Mathematische Optimierung

Faigle, U.; Lovasz, L.; Schrader, R. und Turan, G.: Search Problems in Ordered Sets . . . 411

Faigle, U. und Schrader, R.: Linear Arrangements of Interval Orders 416
Derigs, U. und Hagberg, B.: Ein iterativer Lösungsansatz für das Rostering Problem mittels optimaler Zuordnungen 417
Fuchs, A.: 1-N Verfahren zur Bestimmung von k-kürzesten Wegen 421
Horst, R.: Über die korrekte Interpretation der Lagrange-Multiplikatoren (optimalen Dualvariablen) in linearen und nichtlinearen Entscheidungsmodellen 429
Indihar, S.: Methoden und Anwendungen der bilinearen Optimierung 430
Rommelfanger, H.: Zur Lösung linearer Vektoroptimierungssysteme mit Hilfe der Fuzzy Set-Theorie 431
Hummeltenberg, W.: Special Ordered Sets – Anwendungsmöglichkeiten und ihre Behandlung in der MP-Software 439
Schneider, W.: Ein Verfahren zur Rechen- und Speicherplatzeinsparung beim Simplexalgorithmus 440
Gal, T. und Kruse, H.-J.: Ein Verfahren zur Lösung des Nachbarschaftsproblems 447

Datenanalyse

Späth, H.: Die Auswahl von Vektoren mit minimaler Streuung und heuristische Lösungsverfahren 455
Dobbener, R.: Ein Verfahren zur Bewertung von Klassifikationsergebnissen . . 456
Herden, G.: Klassifikationen minimalen Verlustes 462
Tüshaus, U.: Ein Subgradientenverfahren zur Klassifikation qualitativer Daten 463
Kopp, B.: Typologien auf der Basis von Häufigkeitstabellen 464
Böckenholt, I.: Mehrdimensionale Skalierung von Präferenzurteilen 465
Förster, F.: Nicht-metrische Daten in Strukturgleichungsmodellen mit latenten Variablen 474
Mohr, H. und Schirmer, A.: Marktsegmentierung auf der Basis von Käuferpräferenzen 482
Ruhland, J.; Schülen, H. O. und Wilde, K. D.: Strategische Produktplanung: Statistische Analyse der Nachfragereaktion auf verschiedene Produktkonzeptionen im Automobilmarkt 489
Wilde, K. D.: Beurteilung von Werbestrategien mit Hilfe von Mikrosimulationsmodellen 489

Prognoseverfahren

Schlittgen, R.: Box-Jenkins Prognosen mit fehlerhaften Modellen 490
Mohr, W.: Ein automatisches Prognoseverfahren auf der Basis von ARMA-Modellen 498
Heiler, S.: Einsatz robuster Verfahren bei der Schätzung dynamischer Prognosemodelle 505
Fahrmeir, L. und Kaufmann, H.: Zeitreihenmodelle für qualitative Variablen . . . 513
Hansmann, K.-W. und Roggon, A.: Langfristige Prognose kurzer Zeitreihen, dargestellt am Beispiel der Industrieroboter-Entwicklung 520
Wolff, H.: Schätzung von Momenten bei Trend 520

Entscheidungstheorie

Maschtera, U.: Verallgemeinerung der Abarbeitung von Entscheidungsbäumen und deren Anwendung bei der Konstruktion von Heuristiken 521
Jahn, J.: Eigentliche Effizienz in der Vektoroptimierung 522
Munier, B.; Shakun, M.F. und Rulliere, J.-L.: Irrationality and Effectiveness in Public Decision Making 523
Winkels, H.-M.: Eine integrierte Methodenbank für Entscheidungsprobleme bei mehrfacher Zielsetzung 523

Angewandte Kontrolltheorie

Stöppler, S.: Dynamische lineare Programme und lineare Kontrollprobleme . . 524
Warschat, J.: Optimale Steuerung eines Produktions-Lagerhaltungssystems mit beschränkten Zustandsgrössen bei verschiedenen Kostenkriterien . . 532
Erfle, W.: Ökonomisch optimale Kontrollkarten mit Anpassungsentscheidungen auf der Basis von a-posteriori-Wahrscheinlichkeiten 539
Drexl, A.: Kombinierte Varianz- und Kostenminimierung durch Schichtung . . 545

Stochastische Entscheidungsprozesse

Kohlas, J.: Berechnung von Verbindungswahrscheinlichkeiten in Netzwerken – Eine Übersicht 546
Gaede, K.-W.: Das Ersatzproblem bei unterschiedlicher Information 547
Jensen, U.: Optimale Stopregeln in Erneuerungs- und Auswahlmodellen . . . 548
Bosch, K.: Garantie- und Kulanzstrategien 554
Hanschke, T.: A Model for Planning Switching Networks 555
van Doremalen, J. B. M.: Two Parallel Queues with one Way Overflow – A Matrix Structure Approach 563
Kallenberg, L. C. M.: Sensitivity Analysis in Discounted Markovian Decision Problems 571
Dekker, R.: On the Covergence of Policy Iteration in Average Reward Markov Decision Chains with Compact Action Spaces 572
Sänger, G.: Über Epsilon-optimale Politiken in der dynamischen Optimierung 572
Waldmann, K.-H.: Kostenoptimale Bayessche Stichprobenpläne für die Eingangs- und Endkontrolle von Warenlieferungen 573

OR Reviews

Krallmann, H.: Betriebliche Entscheidungsunterstützungssysteme 581
Zimmermann, H.-J.: Fuzzy-Sets in Operations Research – Eine Einführung in Theorie und Anwendung 594
Nastansky, L.: Personal Computing für OR – Grundsatzfragen und Anwendungskonzepte an Beispielen 609
Müller-Merbach, H.: Die Konstruktion von Planungsmodellen 632
Borgwardt, K.H.: Der durchschnittliche Rechenaufwand beim Simplexverfahren 647

Verzeichnis der Donatoren 661

Verzeichnis der Autoren und Referenten 662

DIE ROLLE DER BANKEN FÜR WIRTSCHAFT UND GESELLSCHAFT

R. A. Jeker, St. Gallen
Präsident der Generaldirektion der SCHWEIZERISCHE KREDITANSTALT

Die Urteile über die Rolle der Banken in Wirtschaft und Gesellschaft sind auch heute noch kontrovers, ihre Tätigkeit ist einem Wechselbad von Lob und Kritik ausgesetzt. Von den einen werden sie als mächtige Financiers dargestellt, die das Rad der heimischen und der Weltwirtschaft an zentraler Stelle in Schwung halten. Viele anerkennen ihren Beitrag zur Beschäftigung. Andere dagegen üben harte Kritik. Wer gleichzeitig den Bau von Spitälern und Universitäten und von A-Werken und Waffenexporte finanziert, darf kaum anderes erwarten. Die Banken würden, so wird behauptet, die politische Willensbildung und die wirtschaftlichen Entscheidungsprozesse willkürlich beherrschen. Entwicklungspolitischen Kreisen ist ihre internationale Finanzierungstätigkeit ein Dorn im Auge, Kapital- und Steuerflucht wird ihnen angekreidet. Andere blicken missgünstig auf die relativ gute Ertragslage, die die Banken auch während der Rezessionsjahre ausweisen konnten. Ihr Gewinn wird als Ausbeutung verketzert, nicht als unerlässliches Steuerungselement einer marktwirtschaftlichen Ordnung anerkannt. Entsprechend zahlreich und widersprüchlich sind denn auch die Forderungen, die an sie gerichtet werden.

Widersprüchliche Wünsche

So erwartet man von ihnen auf der einen Seite billigere und risikoreichere Kredite, höhere Steuerleistungen, die Unterstützung serbelnder Firmen und strukturschwacher Industrien. Auf der andern Seite werden eine stärkere Ueberwachung der Banktätigkeit, mehr Sicherheit, mehr Transparenz, höhere Rückstellungen und der Abbau von Beteiligungen verlangt.

Diese ambivalente Wertung entspricht dem Wesen eines Wirtschaftszweigs, der Kunden sowohl auf der Passivseite - also der Passiv-Einleger - als auch auf jener der Bilanzaktiven, d. h. der Kredite und Finanzierungen hat. Die Interessen und Wünsche beider Kundengruppen voll zu befriedigen, ist ein Ding der Unmöglichkeit. Aber auch die Tatsache, dass sich in der Bankwirtschaft abstrakte, schwierig zu durchschauende Mechanismen wie die

Operations Research Proceedings 1984

Wechselkurs- und Zinssatzbildung, die in- und ausländische Kreditvergabe und die Verkoppelung mit dem Weltfinanz- und Weltwährungssystem verdichten, schafft oft Raum für Missverständnisse.

Leistungen der Banken

In dieser Hinsicht besonders exponiert sind jene Länder, die wie die Schweiz, über einen hochentwickelten Bankenapparat verfügen. Zwar hat der Finanzplatz unsere Volkswirtschaft entscheidend mitgeprägt und dazu beigetragen, dass die Schweiz heute mit 34'000 Franken das höchste Pro-Kopf-Einkommen unter den Industriestaaten, eine der niedrigsten Inflationsraten, eine über Jahrzehnte hinweg stark gebliebene Währung, den kostbaren Arbeitsfrieden und moderne Sozialeinrichtungen besitzt.

Diese Errungenschaften sind keine Selbstverständlichkeit. Noch vor 150 Jahren war nämlich die Schweiz ein armes Land. Ihr wichtigstes Exportgut waren die Söldner. Allein die Napoleonischen Kriege sollen rund 50'000 Schweizer Soldaten das Leben gekostet haben, und noch 1816 dienten 23'000 Schweizer unter den Fahnen Frankreichs, der Niederlande und Preussens. Wirtschaftlich bot das rohstoffarme, gebirgige Binnenland Schweiz wenig; bei der Landbevölkerung herrschte teilweise drückende Not. Noch 1816 sandte Zar Alexander I 100'000 Silbertaler zur Linderung des Hungers.

Angesichts dieser Entwicklung sollte uns das Erreichte mit Stolz erfüllen. Leider aber machte sich in den letzten Jahren nicht nur in diesem Land, sondern überall in Westeuropa eine gewisse Verunsicherung breit. Angst vor der Zukunft, vor einem Atomkrieg, vor der Zerstörung der Umwelt, vor dem Verlust von Sicherheit und Geborgenheit lösten zusammen mit den raschen wirtschaftlichen Strukturveränderungen diesen Stimmungswandel aus. Der Hinweis, dass die kleine Schweiz als Exportland die Leistungen eines bevölkerungsmässig etwa zehnmal und als Finanzplatz jene eines zwanzigmal grösseren Landes erbringe, weckt bei vielen kein Gefühl des Stolzes, sondern der Angst und Zurückhaltung.

Diesen Stimmungswandel bekamen die stark mit der Weltwirtschaft verbundenen Schweizer Banken besonders zu spüren. Sie wurden gerne zum Sündenbock für alle tatsächlichen und vermeintlichen Uebel gemacht. In diesem Klima der Anfeindung lancierten unsere Sozialisten, unterstützt von Entwicklungshilfe- und kirchlichen Kreisen, eine gegen die Banken gerichtete Initiative, die eine wesentliche Schwächung des hiesigen Finanzplatzes bewirkt hätte. Bekanntlich fanden diese Auseinandersetzungen auch im Ausland, nicht zuletzt der Bundesrepublik Deutschland, erhebliche Resonanz. Ich brauche deshalb nicht darauf einzugehen. Jedenfalls wurde das unser marktwirtschaftliches System bedrohende Begehren mit einer Deutlichkeit abgelehnt, die selbst Optimisten verblüffte. Die Stimmbürger legten damit nicht nur ein Bekenntnis zu einem freiheitlichen Bankensystem ab, sondern anerkannten auch den Beitrag, den die Banken zum Wohlergehen der Oeffentlichkeit und zur Schaffung von Arbeitsplätzen leisten.

Der Bankberuf ein Beruf mit Zukunft

Tatsächlich beschäftigen heute die Banken trotz der von manchen so furchtsam verfolgten technologischen Revolution im Bankgeschäft nicht weniger, sondern mehr Arbeitskräfte, und sie haben auch das Beschäftigungsniveau in den ihnen verwandten Branchen erheblich gesteigert. Seit Anfang der siebziger Jahre konnten so 70'000 bis 90'000 Personen zusätzlich beschäftigt werden. Ohne diesen Zuwachs hätte die Schweiz statt einer Arbeitlosenquote von 1 % eine solche von 5 - 6 %. Sie käme dem betrüblich hohen Durchschnittssatz der westlichen Industriestaaten von 9 % viel näher. Die Banken trugen damit wesentlich zur Aufrechterhaltung des sozialen Friedens und zur Vermeidung starker, konfliktträchtiger Gegensätze in der Gesellschaft bei. Aber auch die heute so sehr betonte Qualität der Arbeitsplätze kann sich im Bankwesen sehen lassen. Aus einem Berufszweig, der in vergangenen Jahrzehnten wegen angeblich geistloser Arbeit als langweilig galt, ist eine Branche geworden, die ihre Mitarbeiter vom alten Trott weitgehend befreit und ihnen in allen ihren Sparten besondere Möglichkeiten zur Entfaltung von Initiative, Risikobewusstsein und Fantasie bietet. Nicht zuletzt dank dieser Eigenschaften wurde der kurz skizzierte Aufstieg der Schweiz aus dem Nichts möglich gemacht.

Ein Volk von Sparern

Einen erheblichen Beitrag leistete ferner der traditionelle, ungebrochene Sparwille der Schweizer Bevölkerung. Der Anteil der Ersparnis am Bruttosozialprodukt ist hierzulande mit rund 25% im internationalen Vergleich auch heute noch ungewöhnlich hoch. Die Ersparnisse werden seit der Mitte des letzten Jahrhunderts durch ein leistungsfähiges Bankwesen sorgfältig gesammelt und eingesetzt. Mussten sie bis etwa zu Beginn dieses Jahrhunderts durch Kapitalimporte ergänzt werden, so reichen sie seither aus, den Geldbedarf der eigenen Wirtschaft zu decken und darüber hinaus noch einen erheblichen Kapitalexport zu ermöglichen.

Eine reichliche Kapitalversorgung ist insbesondere für ein kleines, mit Bodenschätzen nicht verwöhntes Land, das sich auf dem Weltmarkt durchsetzen muss, von vitaler Bedeutung. Sie erlaubt es erstens, die umfangreichen Aufwendungen für Maschinen und Anlagen günstig zu finanzieren, die nötig sind, um die von der Natur gegebenen Nachteile zu überspringen. Tatsächlich erreichte denn auch die Investitionstätigkeit im Schnitt der Jahrzehnte fast ein Viertel des Sozialprodukts. Die schweizerischen Wirtschaftszweige gehören heute zu den kapitalintensivsten der Welt. Nur dank dieses umfangreichen Kapitaleinsatzes lässt sich die Produktivität auf jenes Niveau heben, das erforderlich ist, um die notwendigen Rohstoffe und Lebensmittel aus dem Ausland zu beziehen und gleichzeitig die hohen schweizerischen Löhne - sie zählen heute zu den höchsten der Welt - zu erwirtschaften.

Der Schweiz und der Welt verpflichtet

Zweitens sichert die reichliche, mit dem tiefsten Zinsniveau der Welt verbundene Kapitalversorgung eine grosszügige Exportfinanzierung. Darauf sind die auslandabhängigen Länder wie unsere Nachbarstaaten, aber auch die Schweiz selber, besonders angewiesen. Sie besitzt seit Jahren einen Anteil am Weltexport von rund 2 %, obwohl sie lediglich 1,5‰ der Erdbevölkerung stellt. Am Welthandel von Investitionsgütern ist sie gar mit einer Quote von 4 % beteiligt. Angesichts dieser Auslandsverflechtung sind Industrie und Handel um starke, ertragskräftige Banken froh. Dies gilt umso mehr, als die internationalen Märkte immer härter umkämpft werden. Nehmt der Schweiz - so sagte ein grosser Freund dieses Landes, der französische Soziologe André Siegfried, sinngemässs - nehmt ihr diese stark ausgebaute Aussenwirtschaft, so bleibt nichts anderes übrig, als ein armer, übervölkerter Kleinstaat. Durch den Kapitalexport, insbesondere die Exportfinanzierung, ebnen die Banken der Industrie den Weg zu den Weltmärkten und sichern im sekundären Sektor Arbeitsplätze. Ausländische Aufträge an unsere Industrie werden nämlich oft nur unter der Voraussetzung gegeben, dass den Auftraggebern im Ausland gleichzeitig ein beträchtlicher Kredit zur Finanzierung der Anzahlungen zur Verfügung gestellt wird. Ferner werden dank der Auslandorganisation der Banken internationale Kontakte hergestellt und gepflegt, welche den Exportunternehmen von Nutzen sein können. Infolge ihrer Stellung als Finanzplatz kann die Schweiz in Zusammenarbeit zwischen Banken und Staat durch Mischkredite, Transferkredite und Kredite an internationale Organisationen sinnvoll zur wirtschaftlichen Förderung von Drittweltländern beitragen und gleichzeitig einen Beitrag zum Wohlergehen der eigenen Industrie leisten. Aber nicht nur durch ihre eigene Kreditgewährung, sondern auch durch den von ihnen durchgeführten Kapitalexport in Anleihensform tragen die Banken zum erleichterten Zugang der Industrie zu den Auslandmärkten bei. Dazu kommt, dass der Finanzplatz selber Jahr um Jahr hohe Milliardenbeträge einbringt; in letzter Zeit waren es jeweils netto gut 13 Milliarden Franken jährlich, was ihn hinter der Maschinenindustrie, aber weit vor der chemisch-pharmazeutischen Branche oder der Uhrenindustrie zur zweitgrössten Exportindustrie der Schweiz macht.

Risikobewusste Geschäftspolitik

Im Rahmen der Pflege der Aussenwirtschaft übernehmen die Banken oft bedeutsame Risiken. Wie gross sie sein können, hat die Diskussion über die internationale Verschuldung auch breiten Volksschichten deutlich gemacht. Von der Bilanzsumme der grossen schweizerischen Handelsbanken entfällt heute rund die Hälfte auf das Auslandgeschäft.

Glücklicherweise waren die hiesigen Institute in der Wahl ihrer Schuldner etwas vorsichtiger als manche ausländische Banken. So liegen nur rund 6 % ihrer Aktiven in eigentlichen, also mit dem Schuldendienst Mühe bekundenden Problemländern. Den immer noch bestehenden Gefahrenmomenten trugen sie zulasten der Erträge mit bedeutenden Rückstellungen Rechnung. Dank dieser vorsichtigen Risikopolitik und der im internationalen Vergleich überdurchschnittlichen Ausstattung mit eigenen Mitteln fliessen unseren Banken bedeutende Gelder zu, die oft unter den heute üblichen Marktkonditionen hereingenommen werden können. Auch dadurch wird die billige Kapitalversorgung der Wirtschaft erleichtert.

Tiefe Zinsen, hohe Steuerleistungen

Aber nicht nur Handel und Industrie, sondern auch die privaten Haushalte werden dadurch begünstigt. So liegen die Hypothekarzinsen in der Schweiz auf einem Niveau, das von keinem anderen Industriestaat unterschritten wird. Die gesellschaftlich so wichtige Bildung von Wohneigentum wird dadurch erleichtert. Schliesslich profitiert der Staat von niedrigen Zinsen und ertragsstarken Banken. Jahr für Jahr überweisen diese beträchtliche Summen an die Staatskasse. In der Schweiz erbringt die Bankwirtschaft mit einem Beschäftigtenanteil von knapp 3 % nahezu ein Zehntel des gesamten Steueraufkommens. Die Banken helfen so mit, die Infrastruktur für die Ausbildung, das Gesundheitswesen und den Verkehr zu finanzieren und die hohe Forschungsintensität der Schweiz aufrecht zu erhalten. Zudem alimentieren sie das gut ausgebaute Sozialnetz mit erheblichen Beiträgen. Sie tragen also überdurchschnittlich zu jenen staatlichen Leistungen bei, deren steter Ausbau von ihren Gegnern am lautstärksten gefordert wird. Glücklicherweise ist es in letzter Zeit um Vorschläge für Sondersteuern und Sonderabgaben der Banken etwas leiser geworden. Dazu trugen wohl einerseits die verhältnismässig günstigen Abschlüsse der Staatsrechnung bei. Gleichzeitig geben die in den letzten Jahren eingeführten Steuern zur Ernüchterung Anlass. So hat die erhöhte Belastung der Börsenumsätze dazu geführt, dass der Eurobondhandel, der Anfang der siebziger Jahre weitgehend über Zürich abgewickelt wurde, erwartungsgemäss nach andern Plätzen abwanderte. In ähnlicher Weise führte die Ausdehnung der Umsatzsteuer auf den vorher von dieser Abgabe befreiten Goldhandel zu markanten Geschäftsverlagerungen, die vor allem London und Luxemburg zugute kamen. Durch das Vertreiben der Geschäfte ins Ausland wurden so angesichts der engen Verflechtung der Schweizer Banken mit dem internationalen Finanzwesen die Steuerbehörden anderer Staaten beglückt. Ausländische Plätze sind denn auch, angestachelt von den Erfolgen des Schweizer Bankwesens, eifrig daran, dieses Modell zu kopieren.

Universalität wird gross geschrieben

Charakteristisch für das schweizerische Modell ist der hier übliche Typ der Universalbank, der es erlaubt, die Kunden in sämtlichen finanziellen Angelegenheiten zu betreuen und der in den international tätigen Grossbanken seine eigentliche Ausprägung gefunden hat. Diese Institute, unter ihnen die Schweizerische Kreditanstalt, die älteste der drei grossen Handelsbanken, nehmen nicht nur Spargelder entgegen und gewähren Darlehen und Hypothekarkredite. Sie übernehmen auch Zahlungsaufträge, handeln mit fremden Währungen und Edelmetallen, besorgen das Inkasso von Checks und Wechseln, verwahren Wertobjekte, erteilen Ratschläge in Steuer- und Vermögensfragen und plazieren Anleihen aus Emissionen.

Im Vergleich zu den spezialisierten und damit aufgesplitterten Banken in wichtigen fremden Ländern wie den Vereinigten Staaten, Grossbritannien, Frankreich oder Japan besitzen die hiesigen Institute gewisse Wettbewerbsvorteile. Aber der internationale Bankenmarkt befindet sich in einer Phase raschen Wandels, so dass dieser Konkurrenzvorteil rasch verschwinden kann. Dies beweist der Umstand, dass der schweizerischen Finanzplatz zwar, in absoluten Zahlen betrachtet, noch wächst, seit geraumer Zeit aber langsamer expandiert als andere Finanzzentren. Diesen Bedeutungsschwund aufzuhalten liegt nicht nur im Interesse der Schweizer Banken, sondern der gesamten Oeffentlichkeit. Jedenfalls ist die schleichende Unterminierung des Finanzplatzes, wie sie durch die Verschärfung von Reglementen und steuerliche Mehrbelastungen in den letzten Jahren durchgeführt wurde, kein ungefährliches Spiel. Für eine Branche, die direkt 100'000 Personen beschäftigt, stellt diese Verschlechterung der inländischen Rahmenbedingungen eine bedenkliche Entwicklung dar. Dies trifft umso mehr zu, als die Banken vor erheblichen Belastungsproben stehen.

Den Blick in die Zukunft gerichtet

So erfordert erstens der rasche Wandel im internationalen Finanzgeschäft von den Banken höchste Anforderungen im Bereich der Investitionen, der Personalführung und des Marketings. Die moderne Elektronik bringt den Banken eine ähnliche Revolution, wie sie die Einführung der doppelten Buchhaltung für das Handelswesen vor fünfhundert Jahren bedeutete. Nicht nur der interne Bankbetrieb, auch die Geschäftsbeziehungen mit Kunden erfahren eine tiefgreifende Veränderung. Alle drei grossen volkswirtschaftlichen Aufgaben der Banken - die Sammlung der Ersparnisse, die Finanzierungstätigkeit und der Zahlungsverkehr - werden vom Computer massgeblich beeinflusst und verändert. Sie als Fachleute im Operations Research wissen sehr wohl, was in dieser Hinsicht noch auf uns zukommt. Wir stecken mitten im organisatorischen Umbruch. Bereits arbeitet die Hälfte unserer Mitarbeiter mit einem Bildschirm am Arbeitsplatz. Dazu gehören auch die Generaldirektoren.

Zweitens werden unter dem Druck der Konkurrenz fast von Tag zu Tag neue, immer komplexere Bankleistungen geschaffen, für welche Kunden gewonnen werden müssen. Diese Neuerungen haben wichtige Konsequenzen für die Personalpolitik der Banken; durch die Betonung von Leistung und Produktemarketing und die weniger starke Gewichtung der hierarchischen Ausrichtung wird sie einen neuen Charakter erhalten.

Eine dritte Herausforderung an die Banken liegt in den sich rasch verändernden Tendenzen in der Ersparnisbildung. Einmal geht das Haushaltsparen, die traditionelle Hauptquelle der Bankeinlagen, in den Industriestaaten relativ zurück. Gleichzeitig büsst der Mittelzustrom aus Erdölländern, der in den siebziger Jahren wesentlich zur Erweiterung der Finanzierungsbasis der Banken beigetragen hatte, angesichts der gedrückten Oelpreise an Umfang ein. Dagegen gewinnen Lebensversicherungen, Pensionskassen und andere institutionelle Anleger als Ersparnisträger an Bedeutung. Die Beschaffung der Finanzierungsmittel durch die Bankinstitute wird dadurch erschwert.

Viertens schliesslich wird sich im Konkurrenzfeld der Banken einiges ändern. Tendenzen auf das Universalbankensystem zu zeichnen sich auf wichtigen Finanzmärkten wir den Vereinigten Staaten und Grossbritannien ab. Die tiefgreifenden bankpolitischen Aenderungen in der grössten Wirtschafts- und Finanzmacht des Westens werden mit Sicherheit Verschiebungen in der internationalen Bedeutung der Finanzplätze auslösen. Auch die freilich eher zögernden Bemühungen Japans um das internationale Finanzgeschäft sind in diesem Zusammenhang zu sehen. Wir jammern nicht über diese Konkurrenzierung. Als überzeugte Anhänger der Marktwirtschaft freuen wir uns über den Wettbewerb. Er bringt zahlreiche Neuerungsimpulse und trägt zum Wachstum des Marktes und der Ertragschancen bei. Er ist eine zwar unbequeme, aber fruchtbare Kraft. Wir möchten jedoch verhindern, dass wir wegen schlecht konzipierten Gesetzen und lautstarken Besserwissern in einen Wettbewerbsnachteil geraten und günstige Geschäftsgelegenheiten, die wir am Schopf packen könnten, verpassen. Der Aufklärung der Oeffentlichkeit über die Leistungen der Banken und die gebotenen Vorzüge, aber auch über die für eine fruchtbare Geschäftstätigkeit erforderlichen Rahmenbedingungen werden wir deshalb weiterhin grosse Aufmerksamkeit schenken, mögen darob auch einige Systemkritiker mit den Zähnen knirschen. Wichtiger ist unsere Ueberzeugung, dass wir damit einen konstruktiven Beitrag zur Erhaltung einer liberalen Wirtschafts- und Gesellschaftsordnung leisten. Dieser Ordnung verdanken alle Bürger des freien Westens viel.

EIN STATISCHES UND EIN DYNAMISCHES OPTIMIERUNGSMODELL ZUR BESCHREIBUNG DES UMWELTPOLITISCHEN INSTRUMENTS "BUBBLE-POLITIK" UND DESSEN ANWENDUNG MITTELS DER DYNAMISCHEN PROGRAMMIERUNG

Otto Rentz, Karlsruhe
Hans-Dietrich Haasis, Karlsruhe
Karl-Ludwig Ballreich, Karlsruhe

Übersicht

Zur Beschreibung des marktwirtschaftlichen umweltpolitischen Instrumentes "Bubble-Politik" und zur Berechnung des aus seiner Anwendung resultierenden Kosteneinsparpotentials werden ein statisches und ein dynamisches Optimierungsmodell formuliert. Als Lösungsmethode wird die Dynamische Programmierung eingesetzt.
Einige Ergebnisse werden für Anwendungsbeispiele aus der Bundesrepublik Deutschland aufgezeigt und diskutiert.
Die zugrundegelegten Daten basieren auf einer Studie, welche die Verfasser im Auftrag des Umweltbundesamtes während der Jahre 1982 bis 1984 erstellt haben /1/.

1. Das umweltpolitische Instrument "Bubble-Politik"

Im Zusammenhang mit der Entwicklung von Strategien zur Minderung der Schadstoffemissionen in die Luft sowie der Verschärfung der Emissionsgrenzwerte in der Bundesrepublik Deutschland /2/ wird seit einiger Zeit kontrovers diskutiert, inwieweit die Dynamik marktwirtschaftlicher Mechanismen in Form von marktwirtschaftlichen umweltpolitischen Instrumenten bei Luftreinhaltemaßnahmen ausgenützt werden kann /3, 4/. Derartige "flexible Instrumente" als Ergänzung bzw. als Ersatz für die in der Bundesrepublik Deutschland derzeit praktizierte auflagenorientierte Umweltpolitik sollen es den Emittenten ermöglichen, ein gewisses Emissionsabsenkungsniveau kostenminimal zu verwirklichen.

Eines dieser marktwirtschaftlichen Instrumente ist die seit 1979 in die Umweltgesetzgebung einiger Staaten der USA eingeführte Bubble-Politik (Glockenpolitik, Blasenpolitik) /5/. Diese erlaubt den Emittenten bei Einhaltung bestimmter Anwendungskriterien nach dem theoretischen Erfüllen der pro Emissionsquelle vorgegebenen Auflagen zur Emissionsminderung diese praktisch wieder aufzuheben und Emissionsmengen - unter Kostengesichtspunkten - zwischen Emissionsquellen aus-

Operations Research Proceedings 1984

zutauschen, vorausgesetzt, daß der gesamte emittierte Schadstoffmassenstrom aller an einer Bubble beteiligten Emissionsquellen nicht erhöht wird.

2. Ein statisches Optimierungsmodell

2.1 Modellformulierung

Die der Bubble-Politik zugrundeliegende Problemstellung stellt ein klassisches Aufteilungsproblem dar. Es soll der zu vermeidende/abzuscheidende Gesamtschadstoffmassenstrom so auf die einzelnen in der Bubble zusammengefaßten Emissionsquellen (EQ) aufgeteilt werden, daß die geringsten Kosten für die Emissionsminderungsmaßnahmen (EMM) resultieren. Diesem Aufteilungsproblem geht die Suboptimierung der Auswahl der EMM voraus.

Beim statischen Ansatz wird vorausgesetzt, daß der zu vermeidende/abzuscheidende Gesamtschadstoffmassenstrom zeitlich nicht verändert wird. Mit n in die Bubble einzubeziehenden Emissionsquellen und

K_i [DM/a] jährliche Gesamtkosten der EMM bei EQ_i,

$\Delta\dot{m}_i$ [t/a] zu vermeidender/abzuscheidender Schadstoffmassenstrom bei EQ_i,

$\Delta\dot{m}_i^A$ [t/a] zu vermeidender/abzuscheidender Schadstoffmassenstrom bei EQ_i bei Anwendung der Auflagenpolitik,

$\Delta\dot{m}_i^B$ [t/a] zu vermeidender/abzuscheidender Schadstoffmassenstrom bei EQ_i bei Anwendung der Bubble-Politik,

b [t/a] zu vermeidender/abzuscheidender - evtl. durch einen Überkompensationsfaktor α korrigierter - Bubblegesamtschadstoffmassenstrom ($b := \alpha \cdot \sum_{i=1}^{n} \Delta\dot{m}_i^A$, $\alpha \in \mathbb{R}$, $\alpha \geq 1$)

erhält man das statische Optimierungsmodell:

$$\sum_{i=1}^{n} K_i(\Delta\dot{m}_i) \longrightarrow \underline{\min}$$

$$\underline{\text{u.d.N.:}} \quad \sum_{i=1}^{n} \Delta\dot{m}_i = b \tag{1}$$

$$\Delta\dot{m}_i \in \{0\} \cup [\Delta\dot{m}_i^u, \Delta\dot{m}_i^o] \qquad (i=1(1)n).$$

Das Kosteneinsparpotential (KEP) wird definiert als:

$$KEP := \left(\sum_{i=1}^{n} K_i(\Delta\dot{m}_i^A) - \sum_{i=1}^{n} K_i(\Delta\dot{m}_i^B)\right) : \sum_{i=1}^{n} K_i(\Delta\dot{m}_i^A) \quad [-].$$

Die Entscheidungsvariablen sind die pro EQ zu vermeidenden/abzuscheidenden Schadstoffmassenströme $\Delta\dot{m}_i$. Diese sind abhängig von dem Volumenstrom, der Rohgasbeladung und dem Abscheidegrad einer jeden EQ und können Werte aus der Menge $\{0\} \cup [\Delta\dot{m}_i^u, \Delta\dot{m}_i^o]$ annehmen. Die Intervall-

grenzen $\Delta\dot{m}_i^u$, $\Delta\dot{m}_i^o$ ergeben sich aus Lastgrenzen der EMM i. Für die Optimallösung von (1) gilt: $\Delta\dot{m}_i^{opt} = \Delta\dot{m}_i^B$ $(\forall i)$.
Als Zielfunktion wird die Minimierung der über alle EQ aufsummierten jährlichen Gesamtkosten der EMM verwendet. Die Gesamtkosten der EMM seien (allein) abhängig vom zu vermeidenden/abzuscheidenden Schadstoffmassenstrom. Sie lassen sich im allgemeinen nur durch einzelne Punkte und nicht analytisch beschreiben.
Zur Lösung der Optimierungsaufgabe wird die Methode der Dynamischen Programmierung eingesetzt.
Mit

$\Delta\dot{m}_i$ i.te Entscheidungsvariable,
x_i i.te Zustandsvariable,
Ξ_i Zustandsmenge der Stufe i,
M_i Menge der möglichen Werte der Entscheidungsvariable der Stufe i

erhält man aus Modell (1) das Modell:

$$\sum_{i=1}^{n} K_i(\Delta\dot{m}_i) \longrightarrow \underline{\min}$$

$$\begin{array}{lll} \underline{\text{u.d.N.:}} & x_o = 0 & \\ & x_i = x_{i-1} + \Delta\dot{m}_i & (i=1(1)n) \\ & x_n = b & \\ & x_i \in \Xi_i & (i=1(1)n-1) \\ & \Delta\dot{m}_i \in M_i & (i=1(1)n). \end{array} \qquad (2)$$

Bei diesem Ansatz wird nur ein Schadstoff berücksichtigt. Eine Verallgemeinerung auf mehrere Schadstoffe ist durch die Einführung von Schadstoff-Verrechnungskoeffizienten möglich.

2.2 Modellanwendung

Betrachtet wird eine Bubble für drei Kraftwerksblöcke eines Energieversorgungsunternehmens. Die zugrundegelegten Kostenfunktionen in Abhängigkeit vom zu vermeidenden/abzuscheidenden Schadstoffmassenstrom (hier Schwefeldioxid) sind in den Abbildungen 1 und 2 dargestellt. Bei Block 1 und 2 (EQ_1 und EQ_2) wird als Emissionsminderungsmaßnahme die Substitution von Heizöl S durch Gas, bei Block 3 (EQ_3) der Bau einer Rauchgasentschwefelungsanlage gewählt.
Bei diesem Beispiel müssen bei Anwendung der Auflagenpolitik bei EQ_1 (EQ_2, EQ_3) jährlich 13oo (17oo, 125oo) t/a Schwefeldioxid vermieden werden. Dieses verursacht jährliche Gesamtkosten der Emissionsminderung von ca. 2.6 (3.4, 3o.o) 10^6 DM/a.
Die Anwendung des Modells (2) ergibt die optimalen zu vermeidenden/abzuscheidenden Schadstoffmassenströme:

$$\Delta\dot{m}_1^{opt} = \Delta\dot{m}_1^B = 1500 \text{ t/a},$$
$$\Delta\dot{m}_2^{opt} = \Delta\dot{m}_2^B = 2000 \text{ t/a},$$
$$\Delta\dot{m}_3^{opt} = \Delta\dot{m}_3^B = 12000 \text{ t/a}.$$

Dadurch resultiert aus der Anwendung der Bubble-Politik das

KEP = 3%.

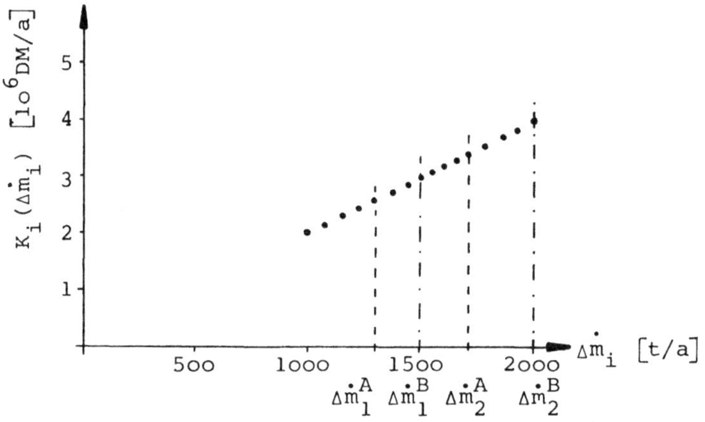

ABBILDUNG 1: Kostenfunktionen für die Kraftwerksblöcke 1 und 2 des Anwendungsbeispiels (Brennstoffsubstitution)

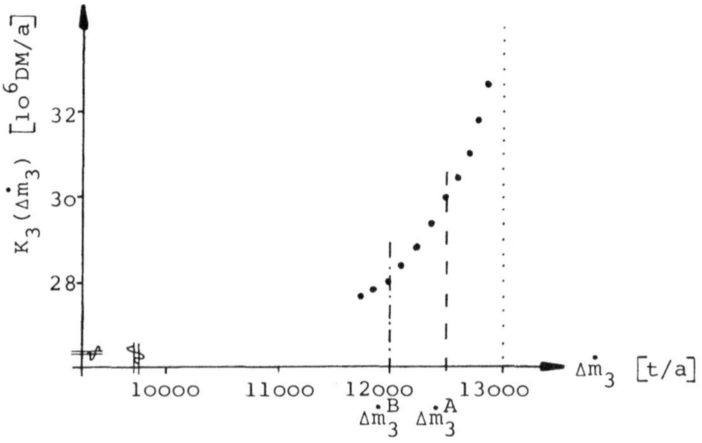

ABBILDUNG 2: Kostenfunktion für den Kraftwerksblock 3 des Anwendungsbeispiels (Rauchgasentschwefelung)

Die Ergebnisse in /1/ zeigen, daß sich bei den Industriebereichen Energieversorgungsunternehmen, Raffinerien und Metallurgie für die Schadstoffe Schwefeldioxid, Stickoxide und Stäube im allgemeinen bei Anwendung des Modells (1) bzw. (2) ähnliche (oder sogar geringere) Kosteneinsparpotentiale ergeben.

3. Ein Modell der diskreten dynamischen Optimierung

3.1 Modellformulierung

Das Berücksichtigen von sich im Zeitablauf ändernden Umweltanforderungen, beispielsweise die Verschärfung von Emissionsgrenzwerten, bedingt die Formulierung eines dynamischen Modells. Da hierbei bekanntlich infolge der Langfristigkeit die Ausgabenverteilung wichtig ist, wird von der Kostenkonzeption des Abschnitts 2 abgegangen. Als Zielfunktion wird die Minimierung der aufsummierten und diskontierten Gesamtausgaben für die EMM aller Emissionsquellen einer Bubble betrachtet.

Mit n in die Bubble einzubeziehenden Emissionsquellen und

$\Delta\dot{m}_{i,t}$	[t/a]	zu vermeidender/abzuscheidender Schadstoffmassenstrom bei EQ_i in der Periode t,
$\Delta\dot{m}^A_{i,t}$	[t/a]	zu vermeidender/abzuscheidender Schadstoffmassenstrom bei EQ_i in der Periode t bei Anwendung der Auflagenpolitik,
$\Delta\dot{m}^B_{i,t}$	[t/a]	zu vermeidender/abzuscheidender Schadstoffmassenstrom bei EQ_i in der Periode t bei Anwendung der Bubble-Politik,
$A^b_{i,t}$	[DM]	Betriebsausgaben der EMM bei EQ_i in der Periode t,
$A^u_{i,t}$	[DM]	Investitionsausgaben der EMM bei EQ_i in der Periode t aufgrund von Neu-/Umbaumaßnahmen ($A^u_{i,t}$:= 0 falls $\Delta\dot{m}_{i,t} = \Delta\dot{m}_{i,t-1}$),
b_t	[t/a]	zu vermeidender/abzuscheidender Bubble-Gesamtschadstoffmassenstrom in der Periode t (evtl. korrigiert um einen Überkompensationsfaktor α_t) ($b_t := \alpha_t \cdot \sum_{i=1}^{n} \Delta\dot{m}^A_{i,t}$, $\alpha_t \in \mathbb{R}$, $\alpha_t \geq 1$),
β_i	[-]	Diskontierungsfaktor

erhält man das dynamische Modell:

$$\sum_{i=1}^{n} \sum_{t=1}^{T} \beta_i^t (A_{i,t}^b(\Delta\dot{m}_{i,t}) + A_{i,t}^u(\Delta\dot{m}_{i,t}, \Delta\dot{m}_{i,t-1})) \longrightarrow \underline{\min}$$

$$\underline{\text{u.d.N.:}} \quad \sum_{i=1}^{n} \Delta\dot{m}_{i,t} = b_t \qquad (t=1(1)T) \qquad (3)$$

$$\Delta\dot{m}_{i,t} \in \{0\} \cup [\Delta\dot{m}_{i,t}^u, \Delta\dot{m}_{i,t}^o] \qquad (i=1(1)n,\ t=1(1)T).$$

Die Lösung ergibt eine intertemporale Allokation zu vermeidender/abzuscheidender Schadstoffmassenströme.

Das Kosteneinsparpotential ($\widehat{KEP}$) wird in diesem Fall definiert durch:

$$\widehat{KEP} := \frac{\sum_{i=1}^{n}\sum_{t=1}^{T} \beta_i^t (A_{i,t}^b(\Delta\dot{m}_{i,t}^A) - A_{i,t}^b(\Delta\dot{m}_{i,t}^B) + A_{i,t}^u(\Delta\dot{m}_{i,t}^A,\cdot) - A_{i,t}^u(\Delta\dot{m}_{i,t}^B,\cdot))}{\sum_{i=1}^{n}\sum_{t=1}^{T} \beta_i^t (A_{i,t}^b(\Delta\dot{m}_{i,t}^A) + A_{i,t}^u(\Delta\dot{m}_{i,t}^A,\cdot))}.$$

Mit

$\underline{\Delta\dot{m}}_i$ i.ter Entscheidungsvariablenvektor ($\underline{\Delta\dot{m}}_i := (\Delta\dot{m}_{i,1},\ldots,\Delta\dot{m}_{i,T})'$),

$\underline{x}_i$ i.ter Zustandsvariablenvektor,

$\tilde{\Xi}_i$ Zustandsmenge der Stufe i,

$\tilde{M}_i$ Menge der möglichen Werte des Entscheidungsvariablenvektors auf der Stufe i,

$\underline{b}$ Vektor der zu vermeidenden/abzuscheidenden Bubble-Gesamtschadstoffmassenströme ($\underline{b} := (b_1,\ldots,b_T)'$)

ergibt sich aus Modell (3) das Modell:

$$\sum_{i=1}^{n} \left(\sum_{t=1}^{T} \beta_i^t (A_{i,t}^b(\underline{\Delta\dot{m}}_i) + A_{i,t}^u(\underline{\Delta\dot{m}}_i))\right) \longrightarrow \underline{\min}$$

$$\underline{\text{u.d.N.:}} \quad \underline{x}_0 = \underline{0} \qquad (4)$$

$$\underline{x}_i = \underline{x}_{i-1} + \underline{\Delta\dot{m}}_i \qquad (i=1(1)n)$$

$$\underline{x}_n = \underline{b}$$

$$\underline{x}_i \in \tilde{\Xi}_i \qquad (i=1(1)n-1)$$

$$\underline{\Delta\dot{m}}_i \in \tilde{M}_i \qquad (i=1(1)n).$$

3.2 Modelldiskussion

Die Anwendung des Modells (4) auf konkrete Beispiele ist generell möglich, bedingt aber aufgrund des Übergangs von Skalaren zu Vektoren schon für Planungszeiträume mit $T \geq 4$ weit höhere Rechenzeiten und größere Speichervolumina als die Anwendung des Modells (2). Aus diesem Grunde wäre die Lösung des Optimierungsproblems (3) durch ein dynamisches Lineares Programm vorzuziehen, insoweit als die durch dessen Anwendung verursachten Linearitätsannahmen mit der Realität vertretbar sind. Bei konkreten Anwendungsfällen, beispielsweise bei der Emissionsminderungsmaßnahme Rauchgasentschwefelung (z. B. wegen der Abhängigkeit vom Bypass-Volumenstrom), ist eine Linearisierung nur bedingt möglich. Daneben erhält man Schwierigkeiten wegen der Form des Entscheidungsbereichs.

Aus der Modellanwendung ergibt sich eine intertemporale Allokation zu vermeidender/abzuscheidender Schadstoffmassenströme. Jedoch wird bei deren Bestimmung der zu vermeidende Gesamt-Schadstoffmassenstrom b_t getrennt für jede einzelne Periode auf die Emissionsquellen aufgeteilt. Eine Optimierung, welche eine Überschreitung des implizit durch den Vektor $\underline{b}$ vorgegebenen Emissionsabsenkungsniveaus zur Umgehung späterer Umbaumaßnahmen und der aus ihr resultierenden Ausgaben erlaubt, ist nicht möglich, da eine Übergangsfunktion der Form

$$\Delta\dot{m}_{i,t} = f(\Delta\dot{m}_{i,t-1}) \qquad (\forall t)$$

im Modell nicht integriert ist. Zu dessen Erreichung müßten zwei Optimierungsprobleme simultan über dem Zulässigkeitsbereich gelöst werden:

- Die Aufteilung des in der Periode t gegebenen zu vermeidenden/abzuscheidenden Gesamtschadstoffmassenstroms auf die einzelnen Emissionsquellen.
- Die Aufteilung der zu vermeidenden/abzuscheidenden Gesamt-Schadstoffmassenströme über die Zeitperioden im Sinne einer Bestimmung eines optimalen Umbauprogramms unter Beachtung der einzuhaltenden Emissionsminderungsniveaus.

Einen Ausweg könnten hierbei DP-Modelle mit Rückkopplungsmechanismen bilden.

Bei vorgegebenem Emissionsabsenkungsniveau für jede Periode kann erwartet werden, daß im allgemeinen aus der Anwendung der Bubble-Politik dann hohe Kosteneinsparpotentiale resultieren, wenn größere anlagenspezifische Ausgabenunterschiede für Umbaumaßnahmen gegeben sind.

4. Übertragbarkeit der Ergebnisse

Die sich aus der Anwendung der Modelle auf konkrete Emissionsquellen in der Bundesrepublik Deutschland ergebenden Kosteneinsparpotentiale der Bubble-Politik gegenüber der Auflagenpolitik sind im allgemeinen geringer als dies durch Publikationen der United States Environmental Protection Agency zu erwarten ist. Dieses resultiert unter anderem aus dem unterschiedlichen technoökonomischen Umfeld sowie aus den zum Teil unzulässigen Berechnungsmethoden für das Kosteneinsparpotential in den USA.

Die Ergebnisse der Untersuchung in /1/ zeigen, daß sich für die Bundesrepublik Deutschland im allgemeinen bei den Industriebereichen Energieversorgung, Mineralölverarbeitung und Metallurgie keine wesentlichen Kosteneinsparpotentiale bei Emissionsminderungsmaßnahmen für Schwefeldioxid, Stickoxide und Stäube ergeben. Nur in seltenen Ausnahmefällen können Kosteneinsparpotentiale von mehr als 15 % auftreten. Derartige Ausnahmefälle können aber - wie es bisher teilweise auch schon geschah - auch durch eine flexiblere Interpretation der Gesetzes- und Verwaltungsvorschriften seitens der Aufsichtsbehörden erreicht werden. Insoweit kann die Einführung der Bubble-Politik als Ergänzung des umweltrechtlichen Instrumentariums derartige Vorgehensweisen legalisieren und formalisieren /6/.

Literaturverzeichnis

/1/ RENTZ O.; BALLREICH K.-L.; HAASIS H.-D.; HEER W.
Erfassung der betrieblichen Auswirkungen von Luftreinhaltemaßnahmen bei Anwendung des Bubble-Konzeptes.
Untersuchung im Auftrag des Umweltbundesamtes, Karlsruhe (1984).

/2/ Dreizehnte Verordnung zur Durchführung des Bundes-Immissionsschutzgesetzes (Verordnung über Großfeuerungsanlagen) vom 22. Juni 1983.
BGBl I, 719 (1983).

/3/ WICKE L.
Instrumente der Umweltpolitik - Von Auflagen zu marktkonformen Instrumenten.
WiSt, 75-82 (1984).

/4/ BUNDESMINISTER DES INNERN
Dritter Immissionsschutzbericht der Bundesregierung.
Bonn (1984).

/5/ UNITED STATES ENVIRONMENTAL PROTECTION AGENCY
The Bubble and its Use with Emission Reduction Banking.
Washington (1982).

/6/ LERSNER H. FREIHERR VON
Verwaltungsrechtliche Instrumente des Umweltschutzes.
Berlin, New York (1983).

SICHERE WASSERVERSORGUNG DURCH ZENTRALE ÜBERWACHUNGS- UND STEUERUNGSSYSTEME

Hanno Al Hames, Hamburg

Die Hamburger Wasserwerke versorgen das Gebiet der Freien und Hansestadt Hamburg und 27 Randgemeinden mit ca. 2 Mio. Einwohnern mit Trinkwasser. Das Trinkwasser wird aus 500 Brunnen gefördert und in 21 Wasserwerken aufbereitet.

Davon liegen 15 Werke im Staatsgebiet der Freien und Hansestadt Hamburg, 4 in Schleswig-Holstein und 2 in Niedersachsen. Jährlich werden etwa 150 Mio. m^3 an Trinkwasser benötigt.

Der norddeutsche Raum besitzt im allgemeinen günstige Voraussetzungen für die Grundwasserbildung und die Grundwassernutzung. Im Hamburger Raum werden, nach ihrer stratigrafischen Stellung, 7 nutzbare Grundwasser unterschieden, die dem Jungtertiär und dem Pleistozän angehören, tieferliegende und in der Regel ältere Lockergesteine scheiden für die Grundwassergewinnung aus, weil das in ihnen vorhandene Wasser wegen seines hohen Salzgehaltes als Trink- und Brauchwasser nicht geeignet ist.

Wenn auch die Trinkwassergewinnung aus Grundwasser wesentlich sicherer ist, so sind doch latente Gefahren auch für das Grundwasser vorhanden:

- Tiefe Grundwasserleiter können durch Salz oder Huminstoffe entweder gar nicht oder bei Erhaltung der Salz-/Süßwassergrenze nur bedingt genutzt werden.

- Oberflächennahe Grundwasserleiter mit Mächtigkeiten bis zu 35 m sind durch Umwelteinflüsse (Verunreinigungen, die von der Oberfläche her eindringen) gefährdet.

Bei Berücksichtigung dieser Fakten ist festzustellen, daß die nutzbaren Grundwasservorkommen in Hamburg restlos genutzt werden. Die Aufbereitung von Oberflächenwasser auf Hamburger Gebiet, besonders aus der Elbe, scheidet wegen der völlig ungenügenden Elbwasserquali-

Operations Research Proceedings 1984

tät aus. Selbst bei größerem technischen und finanziellen Aufwand wäre eine Elbwasseraufbereitung mit unkalkulierbaren Risiken verbunden.

Mit rund 5.300 km Ausdehnung ist das Hamburger Wasserversorgungsnetz eines der größten der Bundesrepublik Deutschland. Den Kernteil bildet das Rohrnetz des ehemaligen Hamburger Stadtgebietes mit dem Hauptpumpwerk Rothenburgsort.

Bild 1

Wie der Bildplan zeigt, sind die Wasserwerke ringförmig - überwiegend am Rande des Versorgungsgebietes - angeordnet, sie werden durch ein engmaschiges Netz von Transportleitungen miteinander verbunden.

Durch die günstige Anordnung der Transportleitungen, die zum Teil die Werke direkt miteinander verbinden, ist es möglich, größere Wassermengen von einem Ende des Versorgungsgebietes zum anderen zu transportieren. So kann in Spitzenverbrauchszeiten ausreichend Wasser von den Gewinnungsschwerpunkten zu den Verbrauchsschwerpunkten "verschoben" werden. Damit werden Versorgungsengpässe verhindert und eine erhöhte Sicherung der Versorgung gewährleistet.

Die Wasserbehälter selbst sind zum größten Teil auf dem Gelände der Wasserwerke angeordnet. Einige liegen so hoch, daß von dort aus das Trinkwasser ohne Zwischenschaltung von Pumpen in das Leitungsnetz fließt. Das Wasser aus tiefliegenden Behältern wird von stufenlos regulierbaren Pumpen in das Netz gedrückt.

Aufgrund der geschilderten Komplexe müssen die hydraulischen, hydrologischen, geologischen und technischen Restriktionen als Funktion des Ortes und der Zeit bei der Formulierung der Zielfunktion berücksichtigt werden.

Bild 2

RESTRIKTIONEN

GEWINNUNG	AUFBEREITUNG	SPEICHERUNG	FÖRDERUNG	VERTEILUNG
- MAX. ROHWASSERENTNAHME	- MAX. FILTERKAPAZITÄT	- MAX. BEHÄLTERVOLUMEN	- MAX. MOMENTANE FÖRDERMENGE (ROHRBRUCHGRENZE)	- TRANSPORTKAPAZITÄT
° TECHNOLOGISCH BEDINGT	- MIN. FILTERKAPAZITÄT	- MIN. BEHÄLTERVOLUMEN	- MAX. BEGRENZUNG DER FÖRDERMENGE	- MIN. UND MAX. AUSTAUSCHBARE MENGE ZWISCHEN DEN ZONEN
° WASSERRECHTLICH BEDINGT	- MAX. BEGASUNGSKAPAZITÄT	- FÜLLGRAD ZU EINER BESTIMMTEN UHRZEIT	° TECHNOLOGSICH BEDINGT	- MISCHWASSER-RESTRIKTIONEN
- MIN. ROHWASSERENTNAHME	° OXIDATOREN	- TAGESAUSGLEICH	- MIN. BEGRENZUNG DER FÖRDERMENGE	
° TECHNOLOGISCH BEDINGT	° RIESLER	- WOCHENAUSGLEICH	° TECHNOLOGISCH BEDINGT	
° HYDROLOGISCH BEDINGT	° VERDÜSUNGSANLAGEN		- ELEKTRISCHER LEISTUNGSGRENZWERT	
- BESCHRÄNKTE GRUNDWASSERKAPAZITÄT				
- GENEHMIGTE FÖRDERMENGE PRO BRUNNEN				
- GENEHMIGTE FÖRDERMENGE PRO FASSUNG				
- ZULÄSSIGER PEGELSTAND				
- WASSERQUALITÄT				

In Bild 2 ist die Vielfältigkeit dieser komplizierten Zusammenhänge dargestellt. Für jede dieser einzelnen Restriktionen mußten entsprechende Sondierungen, Analysen, Prognosen erstellt werden.

Aufgrund der zum Teil geschilderten Problematik stellten die HWW 1976 einen Förderungsantrag für ein Forschungsvorhaben, das im Oktober 1977 unter dem Titel "Demonstration des optimalen Verbundes der Trinkwasserversorgung in einem Ballungsraum mittels Prozeßrechner" aus dem Investitionsprogramm des Bundes und der Länder gefördert wurde.

Die Ziele der Optimierung lauten:

- Verminderung von Investitionskosten
- Verminderung von Betriebs- und Reparaturkosten
- Verbesserung des Personaleinsatzes
- Verbesserung des Informationswesens
- Erhöhung der Versorgungssicherheit
- Verbesserung der Produktqualität und der Umwelteinflüsse.

Der erste Entwurf des Systems sah ein zentrales Doppelrechnersystem mit Fernwirklinien zu den einzelnen Wasserwerken vor. Im wesentlichen beinhaltete dieses Konzept die zentrale Erfassung und Verarbeitung aller Betriebs- und Störwerte und zentrale Vorgabe in Modellen ermittelter Sollwerte an die konventionellen Steuerautomatiken in den Wasserwerken.

Entscheidende Schwachstellen dieses zentralistischen Konzeptes waren die

- Gefährdung der Sicherheit durch die vielen Fernwirkverbindungen
- Erreichung tolerierbarer Reaktionszeiten eines Realtime-Betriebes
- Mangel an intelligenter Redundanz in den Wasserwerken.

Diese Nachteile gaben uns Anlaß, unser Konzept neu zu überdenken. Ergebnis dieser Überarbeitung ist das in der Realisierung befindliche Konzept. Es ist ein streng hierarchisches, in autonome Subsysteme gegliedertes Gesamtsystem, um Übersichtlichkeit, Flexibilität und Sicherheit zur Durchführung der unterschiedlichen Aufgaben auch bei Änderungen und Ergänzungen des Versorgungskonzeptes weiterhin zu gewährleisten.

Bild 3

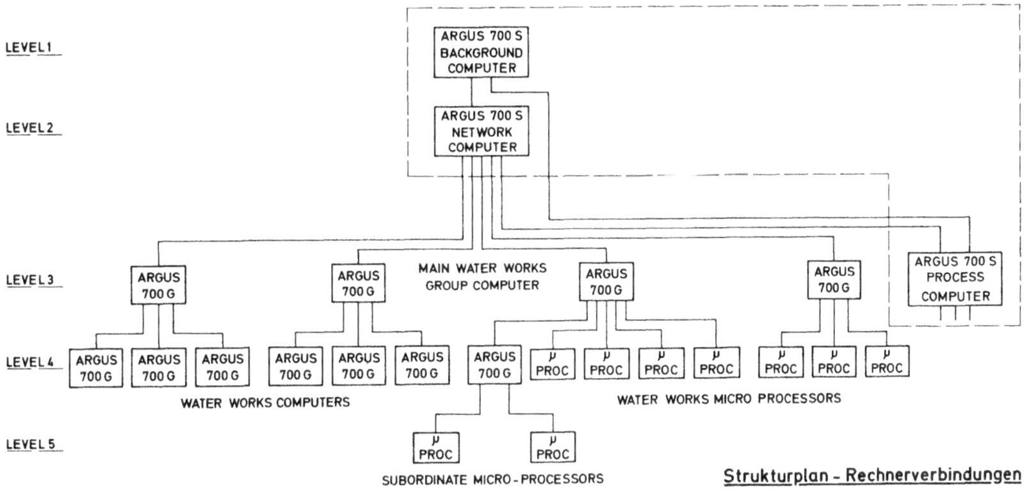

Wie aus Bild 3 ersichtlich, befindet sich in der Zentrale ein Netz-/ Hintergrundrechnersystem mit Grafikperipherie zur guten Erkennung der Störursachen und zur On-Line-Steuerung bei nicht vorhersehbaren Betriebszuständen - ansonsten wird das Gesamtsystem im Closed-Loop-Modus laufen.

Ebene "1" - Hintergrundrechner

Auf dem Hintergrundrechner werden im Normalfall die rechenintensiven Modelle, Prognose-, Kosten- und Netzoptimierungsmodelle laufen, die im Wechselspiel aktuelle Informationen von der folgenden Ebene zur Verfügung gestellt bekommen bzw. an diese abgeben.

Ebene "2" - Netzrechner

Der Netzrechner wird die Organisation der Datenübertragung, die eigentliche zentrale Datenerfassung, die Bedienung des zentralen Informationssystems sowie die Archivierung für zentrale Aufgaben ausführen. Er wird die zentrale Gesamtüberwachung und die Zentralsteuerung durch Sollwertvorgabe für die einzelnen Werke ausüben.

Ebene "3" - Gruppenleitrechner

Die Ebene der Gruppenleitrechner besteht aus Minirechnern, die in den Gruppenleitwerken stehen. Sie werden die Leitdaten der übergeordneten Ebene empfangen und entweder - falls sie das Gruppenleitwerk betreffen - verarbeiten oder an die nächste Ebene weitergeben und umgekehrt. Die Werksanlagen werden direkt vom gleichen Minirechner wie in der nachfolgenden Ebene nach vorgegebenen Sollwerten gesteuert und überwacht werden.

Ebene "4" - Werksmini- bzw. Mikrorechner

Diese Ebene ist je nach Größe und Bedeutung des Wasserwerkes ebenfalls mit einem Mini- oder Mikrorechner ausgestattet. Jedes dieser Geräte ist direkt mit dem Gruppen-Leitrechner gekoppelt. In den Werken, die von Größe und Leistungsfähigkeit dem Gruppenleitwerk nahekommen, stehen Minirechner. Bei den Mikrorechnern handelt es sich um sogenannte DEA'S (Datenein- und Ausgabegeräte), die auch das Prozeßinterface aller Rechner der Ebene 2 + 3 bilden.

Ebene "5" - untergeordnete Mikrorechner

In einzelnen größeren Wasserwerken, wo die zu verarbeitende Datenmenge an Systemgrenzen der Minirechner stößt, kann es zweckmäßig sein, weitere Mikrorechner für die Steuerung und Überwachung einzelner Aggregatgruppen anzuordnen. Dieses wird in einem Wasserwerk so realisiert. Anstelle dieser Ebene ist es denkbar und wird sich in Zukunft so durchsetzen, daß jedem Aggregat ein eigener Mikrorechner zugeordnet wird, der konventionelle Technik weitgehend ersetzt.

Die Kommunikation der Rechner untereinander geschieht über ein HWW-eigenes ca. 250 km langes Kabelnetz, das im Zuge dieses Forschungsvorhabens geschaffen wird.

Das Kabelnetz allein nimmt 40 % des Gesamtvolumens in Anspruch. Die Rechnerautomatisation erforderte beträchtliche Anpassung und Ergänzungen apparativer Art in den zu steuernden und zu überwachenden Wasserwerken.

Eine Kostenverteilung ergibt folgende Werte:

Prozeßankopplung und apparative Ergänzungen	20 %
Hardware	20 %
Software	20 %
Kabelnetz	40 %

Der Bereich der Anwendersoftware umfaßt:

- Kommunikationssystem
- Übertragungssystem
- Überwachungssystem
- Steuerungssystem

Wie aus den Restriktionen ersichtlich ist, sind die Zusammenhänge zwischen Rein- und Rohwasserförderströmen eines Werkes sehr komplex. Der Reinwasserförderstrom, der momentan aus Gründen des Rohwasserförderstromes und der Aufbereitungsanlagen fließen darf, ist von der eigenen zukünftigen Entwicklung abhängig.

Ein Verfahren, diesen Reinwasserförderstrom zu prognostizieren, ist die Methode des Exponential Smoothing.

Wir beabsichtigen, bei nicht zufriedenstellenden Ergebnissen dieses Verfahrens alternativ auch andere, auf unsere speziellen Verhältnisse angepaßte Methoden einzusetzen und zu erproben.

Aus den Zonenverbräuchen werden die Tagesmengen der Werke und die zwischen den Zonen auszutauschenden Mengen bestimmt.

Sie sollen so bestimmt werden, daß die Energiekosten für die Gewinnung, Aufbereitung, Förderung und Verteilung minimal werden.

- Der tägliche Verbrauch in einer Zone wird von den Werken und Hochbehältern dieser Zone und von allen übrigen Zonen sichergestellt.

- Die von einem Werk täglich abgebbare Reinwassermenge wird nach oben und unten durch die maximal bzw. minimal täglich zufließende Rohwassermenge und durch den Behälterinhalt des Werkes begrenzt.

- Die täglich von einem Werk lieferbare Reinwassermenge wird durch Restriktionen auf der Reinwasserseite ebenfalls nach oben und unten begrenzt.

- Um die Energiekosten für den Transport der zwischen den Zonen auszutauschenden täglichen Fördermengen gering zu halten, werden die stündlichen Fördermengen möglichst klein gehalten und auf möglichst viele Stunden verteilt.

- Die von den übrigen Zonen an die Zone übergebene Fördermenge wird durch die prognostizierte Fördermenge, die minimale und maximale Förderkapazität der Werke und der den Hochbehältern maximal entnehmbaren bzw. speicherbaren stündlichen Wassermengen begrenzt.

Bild 4

Objektstruktur: Baumdarstellung

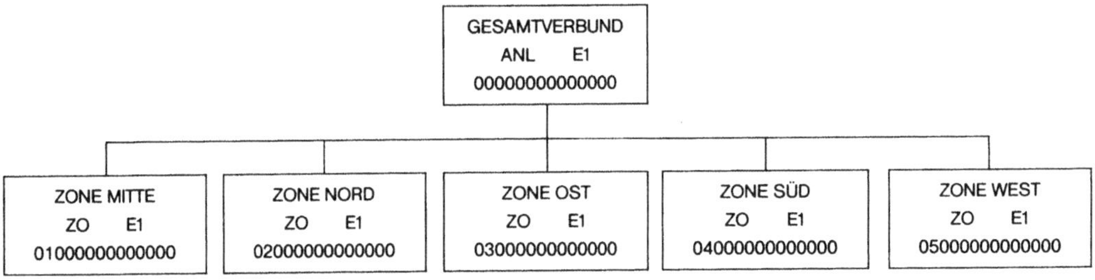

Nach Bestimmung der Rohwasserförderströme sind die Funktionen spalten- bzw. zeilenmäßig ersichtlich.

In den Zeilen sind die Bereiche, Aggregate und Aggregatteile zu sehen.

In den Spalten sind die Rohwassergewinnung, Aufbereitung, Reinwasserspeicherung, Reinwasserversorgung und Energieversorgung nach logischer Reihenfolge der Wasserversorgungstechnologie angeordnet.

In der Baumdarstellung kommen die hierarchischen Beziehungen grafisch zum Ausdruck.

Diese sogenannten Netzbeziehungen definieren mathematische Verknüpfungen zwischen den einzelnen Objekten untereinander. Z.B. der Gesamtförderstrom einer Fassung ist die Summe der Förderströme der sich in Betrieb befindlichen Brunnen dieser Fassung (Verknüpfung durch Addition).

Bild 5

Objektstruktur: Zeilendarstellung

GESAMTVERBUND

1.	ZONE MITTE
1.1.	ROTHENBURGSORT
1.2.	ZONE ALLGEMEIN
2.	ZONE NORD
2.1.	WALDDÖRFER
2.2.	LANGENHORN
2.3.	GROSSHANSDORF
2.3.1.	WASSERGEWINNUNG
2.3.1.1.	FASSUNG 1
2.3.1.2.	FASSUNG 2
2.3.1.3.	FASSUNG 3
2.3.1.3.1.	BRUNNEN 1
2.3.1.3.2.	BRUNNEN 2
2.3.1.3.3.	BRUNNEN 3
2.3.1.3.3.1.	PUMPE
2.3.1.3.3.1.1.	MOTOR
2.3.1.3.3.2.	DURCHFLUSS
2.3.1.3.3.3.	WASSERMENGE
2.3.1.3.3.4.	BRUNNENKLAPPE
2.3.1.3.3.4.1.	STELLUNG
2.3.1.3.3.4.2.	STÖRUNG
2.3.1.3.3.5.	BRUNNENEINSTIEG
2.3.1.3.4.	ROHRBRUCH
2.3.1.3.5.	DURCHFLUSS
2.3.1.4.	GESAMTDURCHFLUSS
2.3.1.5.	GESAMTMENGE
2.3.2.	AUFBEREITUNG
2.3.3.	SPEICHERUNG
2.3.4.	REINWASSERABGABE
2.3.5.	ENERGIEVERSORGUNG
2.3.6.	WERK ALLGEMEIN
2.4.	GROSSENSEE
2.5.	ZONE ALLGEMEIN
3.	ZONE OST
4.	ZONE SÜD
5.	ZONE WEST

In der Zeilendarstellung wird die Stellung eines Objektes innerhalb der Objektstruktur durch eine Ziffernfolge zum Ausdruck gebracht.

Diese Ziffernfolge wird Objektindex genannt und ist der identifizierende Schlüssel für das Objekt.

Der identifizierende Schlüssel ist diejenige Kennzeichnung, die im Gesamtsystem nur einmal auftauchen kann, d.h. durch den Objektindex wird eine umkehrbar eindeutige Zuordnung geschaffen.

Damit ist eine Voraussetzung für die Verwaltung des Gesamtsystems gegeben.

Sie basiert auf einem dezentralen Datenbanksystem, um auch bei Datenverbindungsunterbrechung das autarke Arbeiten der Subsysteme zu gewährleisten.

Ein Teil der Anlage wird im Herbst 1984 in Betrieb genommen. Die gesamte Optimierung erfolgt im Laufe des Jahres 1985.

Literaturangaben:

Hoke, G. "Gedanken zur Optimierung in der öffentlichen Wasserversorgung", GWF 116. Jahrgang (1975) Heft 1

Hünerbein, D. "Optimierung von Wasserversorgungssystemen", NDZ Heft 10/81

Hünerbein, Schönfelder, Lohse, Brekow "Zentralsteuerung des Hauptpumpwerks Rothenburgsort", GWF 120. Jahrgang (1979) Heft 11.

PERSONALKOSTEN IN HIERARCHISCHEN SYSTEMEN IN ABHÄNGIGKEIT VON BEFÖRDERUNGSSTRATEGIEN

Ludwig Söhngen, Ottobrunn

Die Besoldung (Dienstbezüge) von Beschäftigten im öffentlichen Dienst setzt sich aus den 2 Hauptelementen Grundgehalt und Ortszuschlag zusammen. Das Grundgehalt wird innerhalb einer Besoldungsgruppe nach Dienstalterstufen (bis zu 15) bemessen. Es steigt von zwei zu zwei Jahren um die sogen. Dienstalterszulage bis zum Endgrundgehalt. Die Höhe des Ortszuschlags richtet sich nach der Besoldungsgruppe und der Kinderzahl. Nach Eintritt in den Ruhestand werden bis zu 75 % der letzten ruhegehaltsfähigen Dienstbezüge (Grundgehalt, Ortszuschlag) als Brutto-Ruhegehalt ausgezahlt.

Unter der Vorgabe bestimmter Planstellenmengen je Besoldungsgruppe eines Dienstbereichs (einfacher, mittlerer, gehobener, höherer Dienst) läßt sich zeigen, daß der Gesamtaufwand (Dienstbezüge, Ruhegehalt) wesentlich von der gewählten Beförderungsstrategie beeinflußt werden kann. Als konträre Strategien sind zu nennen:

- möglichst viele Beschäftigte sollen Enddienstgrad eines Dienstbereichs erreichen (Laufbahnziel), Konsequenz: Anciennitätsbeförderungen mit spätem Beförderungszeitpunkt, kurze Stehzeit im Beförderungsamt.
- junge, leistungsstarke Beschäftigte sollen stark gefördert werden. Konsequenz: lange Stehzeiten im Beförderungsamt, geringerer Anteil erreicht Laufbahnziel (Enddienstgrad).

Für einen stationären Zustand werden mittels eines linearen Programms 2 Aspekte untersucht:

- Berechnung einer SOLL-Struktur mit idealer Beförderungsstrategie bei minimalen Gesamtkosten (Summe Ruhegehalt, Dienstbezüge je Dienstbereich)

Restriktionen: gegebene Planstellenzahl je Besoldungsgruppe, Laufbahnziel. Früheste - späteste Beförderungsalter.

- Berechnung einer SOLL-Struktur mit idealer Beförderungsstrategie mit maximalem Laufbahnziel bei gegebenen Gesamtkosen (Summe Dienstbezüge, Ruhegehalt).

Für eine gegebene personelle Besoldungsgruppe- Alters-Struktur, die erheblich von einer idealen SOLL-Struktur abweichen kann, wird mittels eines Simulationsmodells die kostenmäßige Konsequenz alternativer Beförderungsstrategien für einen beliebigen Hochrechnungszeitraum aufgezeigt.

EINSATZ DER NUTZWERTANALYSE IN DER LANDESREGIERUNG VON RHEINLAND-PFALZ

Günther Braun, Darmstadt

Die vorliegende Fallstudie schildert den Einsatz der Nutzwertanalyse innerhalb des "integrierten Planungs-, Entscheidungs- und Kontrollsystems" (IPEKS) in der Landesregierung von Rheinland-Pfalz in den Jahren 1972 bis 1976. Innerhalb der strategischen Zielrahmenplanung beabsichtigt man, eine Prioritätsreihenfolge von Zielen bzw. Maßnahmen zu entwickeln. Es sollte der Beitrag einzelner Ziele bzw.Maßnahmen zu den jeweiligen Oberzielen ausgedrückt werden. Dabei wurde die Planungs- und Entscheidungsmethode der Nutzwertanalyse eingesetzt. In zwei nutzwertanalytischen Bewertungsrunden vollzogen Beamte und Angestellte der rheinland-pfälzischen Ministerialverwaltung den Bewertungsvorgang. Besonders dafür eingerichtete Planungsausschüsse führten ca. 1200 bzw. 600 Bewertungsschritte durch. Mit Hilfe der EDV wurde eine komplexe Zielhierarchie sowie eine Hierarchie von dazugehörigen Nutzwerten entwickelt. Sonderauswertungen führten zu spezifischen Kennzahlen. Die aus den Nutzwerten und den Kennzahlen abgeleiteten qualitativen Empfehlungen schlugen sich in dem "Zielrahmen der Landesregierung" nieder.

Das "integrierte Planungs-, Entscheidungs- und Kontrollsystem" (IPEKS) hat wohl nicht die ursprünglich gehegten Erwartungen erfüllt. Insbesondere sind die in die Bewertungsprozesse eingehenden Entscheidungsprämissen einer detaillierten Analyse zu unterziehen. Sind die Informationen eher als vage zu bezeichnen, so ist die Qualität der Nutzwerte bzw. der daraus abgeleiteten Empfehlungen unmittelbar davon berührt. Die Aussagefähigkeit und Entscheidungsrelevanz der durch die Nutzwertanalyse erarbeiteten Gestaltungsempfehlungen ist demnach skeptisch zu beurteilen.

MANPOWER PLANNING ACTIVITIES ON MANAGEMENT CONTROL LEVEL

Hans van der Bij, Eindhoven

Abstract. The purpose of manpower planning is to keep available the necessary numbers of employees with the necessary qualifications to realize the organization's goals while taking into consideration the interests of the individual employee. The question is which activities can be undertaken in practice to realize this purpose. In this paper a few manpower planning activities and their relationships on management control level are discussed; on this level, among other things, medium term activity plans of the organization are formulated and available resources are estimated and tuned to the organization's objectives. Examples of the planning process at the universities in The Netherlands are used to illustrate a few coordination problems, which often occur on this level.

Zusammenfassung. Das Ziel der Personalplanung besteht darin, stets genügend und und zureichend qualifiziertes Personal zur Realisierung der Ziele einer Organisation zur Verfügung zu haben. Dabei sollen die Interessen der betroffenen Personen Berücksichtigung finden. Welche Möglichkeiten sich dazu in der Praxis bieten, zeigt der vorliegende Beitrag für die Management-Control-Ebene, auf der u.a. der mittelfristige Personalbedarf und -bestand aufeinander abgestimmt werden. Beispiele aus dem Personalplanungsprozeß der Niederländischen Universitäten dienen dabei der Veranschaulichung der wichtigsten auftretenden Probleme.

1. Introduction

Manpower planning can be defined as a set of tasks or activities in order to keep available the necessary number of employees with the required qualifications to realize the organization's goals, while taking into consideration the interests of the individual employee. Most definitions of manpower planning are of this type. Looking at those definitions, the following questions can be posed:

- Which tasks or activities can be undertaken in an organization to realize the purpose of manpower planning?
- Which people in the organization are responsible for those tasks or activities?

These questions are difficult to answer, since there doesn't exist a general theory of manpower planning from which precise answers can be derived. Required tasks of manpower planning strongly depend on (the part of) the organization under consideration. So one can only expect to reach a certain generality, when one looks globally. Nevertheless also on a global level, still problems arise. For instance, a planning process which is based on the establishment principle (i.e. changes in the manpower occupation are mainly caused by changes in the organization activity plan) requires other manpower planning activities than a planning process which is based on the career principle (i.e. changes in the manpower occupation are mainly caused by the manpower flows in the organization).

A very global way to find possible tasks for manpower planning is to use

Operations Research Proceedings 1984

Anthony's framework for corporate planning (see /1/). In this framework three different kinds of tasks are considered:

. Strategic tasks.

. Tasks on management control level.

. Operational tasks.

Explanation of strategic tasks is not necessary, they are self-evident. Tasks on management control level have to do with the formulation of the medium term activity plan of the organization and with the estimation of available resources on the medium term and the tuning of these resources to the organization's objectives. Operational tasks have to assure that specific plans of the organization are carried out effectively and efficiently. Without question this characterization of tasks has a certain generality, but it is very global. Other authors use characterizations of the same type. See, for instance, Bemelmans (/2/). In this paper we want to look in more detail at the manpower planning tasks on management control level, without losing sight of a certain amount of generality.

In every large organization such as industrial firms, public services, hospitals, etc., tuning of the available manpower resources on the medium term to the organization's objectives is a necessary, but difficult process. According to the definition of manpower planning, also on this level one can distinguish tasks executed to formulate medium term organization activity plans and tasks executed to tune available resources to the organization activity plans. However, both kinds of tasks are closely bound up with each other since the rigidity of the personnel does not allow for a flexible adjustment of persons and functions over a medium term time period. Therefore, often planned organization activities cann't be realized and the desired medium term activities of the organization have to be reformulated. This situation demands a lot of coordination in the organization and it often causes problems.

In section 2 manpower planning tasks on management control level are treated in more detail, as well as the impact of the coherence of these tasks on the responsibility structure of the organization. In section 3 the planning process at the universities in the Netherlands is used to illustrate a few of the (coordination) problems on management control level. Therefore it is necessary to give a rough outline of this organization at first. Finally in section 4 some concluding remarks are made.

2. Manpower Planning on Management Control Level

In section 1 it has been remarked that, according to the given definition of manpower planning, manpower planning tasks on management control level can be subdivided into tasks executed to formulate medium term organization activity plans and tasks executed to tune available (personnel) resources to the organization activity plans. In the sequel of this paper the former tasks will be called primary tasks and the latter tasks personnel development tasks.

The primary tasks of manpower planning are strongly connected with the corporate planning of the organization. In any case the following primary tasks have to be executed in the organization:

- Determination of quality and size of the activities of the organization on the medium term.
- Estimation of medium term financial means for the personnel, required to realize the organization activity plans.

For execution of these tasks various kinds of information are required, for instance, (global) information about available resources. In general the primary tasks are so much related, that responsibility for these tasks (for an organizational unit) has to be put on one decisional level in the organization, e.g. a (board of) director(s).

Personnel development tasks are focused on the tuning of the medium term manpower availability on the medium term manpower requirement following from the organization activity plans, taking into consideration the available financial means and the interests of the individual employee. Examples of these tasks are:

- Determination of the medium term manpower requirement.
- Determination of the required grade occupation.
- Estimation of the future manpower availability.
- Career planning.
- Mobility analysis.
- Planning of training and development activities.
- Determination of restrictions with respect to recruitment.

These tasks are interrelated too. That means that also for these tasks responsibility (for one personnel group) has to be put on one decisional level in the organization.

Primary tasks and personnel development tasks are also interrelated. Therefore much coordination is necessary between the responsible authorities. In our opinion this coordination is so important that it has to be formalized in the responsibility structure of the organization. In the next section we will give a few examples of (coordination) problems which often occur on management control level.

3. Coordination Problems on Management Control Level at the Universities of The Netherlands

3.1. Outline of the organization anno 1984

In the sixties and seventies the universities in The Netherlands have grown explosively by an enormous increment of students. Financial means were abundant and many people were hired for regular jobs. The economical situation and an (expected) decrease of the numbers of students have caused budget cuts by now. The manpower planning process of the organization, which has been based on the career principle in the sixties and seventies (see section 1) soon will be based on the establishment principle.

In The Netherlands the universities are almost completely financed by the national government and therefore the ministry of education and sciences plays an important role in the university system. On the other hand, within the universities, departments are quite independent and, as a result, have their own manpower policy. One may conclude that manpower planning takes place on three levels, namely the ministerial level, the university level and the departmental level, such that the higher level puts constraints on the freedom of the lower one. As a result of these three levels, each having its own goals and problems, the decisional structure is complicated. Moreover, since each level wants to control the planning process, the interchange of information between the levels is problematic.

Each year the budgets of the universities are allocated by the minister on the basis of the output of an allocation model. The aim of this model is to transfer the research, teaching and management activities of all departments of a university into a required establishment for that university (as a sum of the required establishment of all its departments). The (estimated) budget of a university is obtained by multiplication of the required establishment with the average salary costs of a staff member. Important input parameters of this model are the expected numbers of students of the departments of the university and some time-standards for the preparation of different kinds of lectures. Values of many model parameters are determined by the first year's output of the model; the first year the model was used, budgets at least had to equal budgets of the year before, to make the use of the model acceptable.

The universities have to subdivide their budgets over the departments. Some universities don't divide budgets, but they only allocate a required establishment to the departments on the basis of their activities. For instance, at the university of technology in Eindhoven this required establishment for a department is determined by a model, which also transfers research, teaching and management activities into a required establishment. This model is more detailed than the model of the ministry (e.g. when the mathematical department gives lectures for students in physics, it is registrated in this model). But also similar model and input parameters have different values. The fact that positions are allocated to the departments instead of budgets, implies that the university doesn't use the average salary costs which are used by the ministry, but that real salary costs of the staff members of the university are used, which in general are not equal to the average salary costs.

3.2. Problems on Management Control Level

The model used by the ministry to allocate budgets to the universities, is so much detailed, that not only budgetary constraints are given to the universities, but in fact budgets are determined by the ministry. The model transfers research, teaching and management tasks into a required establishment, so the model is task-oriented.

Clearly the establishment principle is a basis for this model, so one may conclude that on ministerial level the planning process is based on the establishment principle, although on this level no information is available about the tasks which are really executed by the departments of a university. The budget of a university is obtained by multiplication of the required establishment with the average salary costs of a staff member. Since the ministry only has very global personnel information, this only can be an average which is measured over the whole country. In reality salary costs of a university will be below or above this average. It is strange that the minister treats all universities in a uniform way, without investigating why there are differences in salary costs between them. Moreover this calculation of salary costs is not task-oriented. Fluctuations in the budget will usually be caused by short term fluctuations of the tasks (e.g. fluctuations in student numbers).

In 3.1 it has been remarked that departments of universities are quite independent. Moreover the responsibility structure of the organization w.r.t. manpower planning tasks is rather vague and detailed personnel information is only available at the departmental level. As a result of that, departments make their own manpower policies which are often based on the career principle (in accordance to the past). They also have detailed information about the research, teaching and management activities which are executed in reality. If the evaluation of these activities is not in accordance to the desired manpower policies, these activities can be adjusted or it can be refused to give information w.r.t. these activities to the other levels.

The impact of the university level on management control activities is not clear. The only thing which is clear, is the fact that in general the planning models used by the universities are not in accordance with the allocation model which is used by the ministry. In both kinds of models in one way or another the total required establishment of a university can be calculated. In general results of this calculation are not the same. Moreover it has been remarked that in some cases information w.r.t. salary costs is different on these two levels.

It is evident that the situation, described here, will cause problems. Considering the primary tasks (see section 2), the following observations can be made:

- Medium (and long) term organization activity plans can only be made by departments (because of available and required information).
- Apparently the minister of education and sciences has drawn the responsibility of the primary tasks of manpower planning towards him, but:
  - . the allocation model which is used, only pictures short term variations of roughly estimated research, teaching and management tasks
  - . medium term (detailed) information about those tasks is not available on the ministerial level
  - . estimations of the required financial means for the personnel are too global (no

vertical task differentiation, which means that no differences in qualities of personnel groups are distinguished in the required establishment).

With respect to the personnel development tasks it can be remarked that the calculated (required) establishment for a department soon will become rigid because of required cuts of expenses, but:

. fluctuations in the manpower distribution in general do not follow short term fluctuations in the required establishment (low relative flexibility)
. the relation between the calculated (required) establishment and the tasks to be executed by the department in reality, is not clear
. the department has been made responsible for the adjustment of the manpower distribution to the calculated establishment; according to what he says, the minister doesn't want to have this responsibility because of the independentness of the departments, but it is more likely that he doesn't want to have responsibility for the painful personnel measures, which have to be taken in the near future.

Coordination between primary tasks and personnel development tasks in fact doesn't take place at this moment. The distance between the departmental level and the ministerial level is too great for that. There are several institutions which might coordinate, but they can only advice and in practice they haven't any authority. For instance, the university level could coordinate, but at this moment responsibilities of this level are vague and not formalized.

3.3. Conclusions with respect to the Manpower Planning Process in the Organization

One can conclude that either responsibility to primary tasks has to be put on the departmental level (decentralization) or detailed information has to be interchanged between departmental level and ministerial level (centralization). In the first case the minister can only give financial constraints for the longer term and another planning model should be used. In the second case also another model should be used, which would transfer detailed information about the tasks to be executed in reality into a required establishment. In that case also a detailed match with available personnel means is necessary on the ministerial level. Another possibility is to put responsibility for the primary tasks and for the match of primary tasks and personnel development tasks on the university level. In all cases the university level can have a coordinative function. However, responsibilities of this level have to be formalized then.

4. Some Concluding Remarks

In this paper it has been shown that a very simple model of manpower planning tasks on management control level (and their corresponding responsibilities) can be used to analyse the manpower planning process of an organization. This model can be extended to strategic tasks and operational tasks. In this way inconsistent or inefficient parts of the whole manpower planning process can be analysed and insight can be obtained in possible alternatives.

5. References

/1/ ANTHONY R.N.
PLANNING AND CONTROL SYSTEMS; A FRAMEWORK FOR ANALYSIS
HARVARD UNIVERSITY PRESS (1965).

/2/ BEMELMANS T.M.A.
ADMINISTRATIVE INFORMATION SYSTEMS AND AUTOMATION
STENFERT KROESE (1981) (IN DUTCH).

/3/ KLABBERS J.H.G.; VAN NUNEN J.A.E.E.; DE ROOY P.G.M.; WESSELS J.
SOME ASPECTS OF MANPOWER PLANNING WITHIN THE DUTCH UNIVERSITIES
(PPP-REPORT 8)
DEPT. OF MATH. AND COMPUT. SC.
EINDHOVEN UNIVERSITY OF TECHNOLOGY (1983).

/4/ VERHOEVEN C.J.
TECHNIQUES FOR CORPORATE MANPOWER PLANNING
KLUWER/NIJHOFF PUBL. (1982).

STUNDENPLÄNE AUS DEM COMPUTER - EIN BERICHT ZUR MOMENTANEN LAGE IN DEUTSCHLAND

Werner Junginger, Hamburg

Die Anfänge der computerunterstützten Stundenplanerstellung gehen in Deutschland bis 1964 zurück. Damals wurden zum ersten Mal Stundenpläne aus dem Computer in Schulen eingesetzt. Dann folgte bis etwa 1976 eine Zeit, in der zahlreiche Stundenplanprogramme entwickelt wurden. Viele von ihnen kamen allerdings über ein Stadium einer kurzzeitigen Erprobung nicht hinaus. Einige jedoch wurden in größerem Umfang eingesetzt, z. T. aufgrund von Bemühungen der Kultusministerien, die auch organisatorische Unterstützung gaben. Bis heute finden einige dieser Stundenplanprogramme für Großrechner wie UNTIS oder INTEGA Einsatz in verschiedenen Bundesländern. Die erforderliche Rechenkapazität liefern dabei kommunale Gebietsrechenzentren.

Daneben bekamen in den letzten Jahren immer mehr Schulen Kleinrechner. Dies führte zur Entwicklung verschiedener Stundenplanprogramme für Kleinrechner. Seit etwa 1980 finden diese zunehmende Verbreitung an zahlreichen Schulen im ganzen Bundesgebiet. Die Stundenplanerstellung ist dabei in der Regel stark dialogorientiert: entspricht ein gerechneter Stundenplan nicht den Vorstellungen einer Schule, dann lassen sich im Dialog Änderungen der Eingabedaten oder am gerechneten Plan durchführen. Die Gesamtzeit für eine Stundenplanerstellung reduziert sich bei Verwendung eines Kleinrechners beträchtlich gegenüber dem rein manuellen Vorgehen. Zwar gibt es auch kritische Stimmen, die Stundenpläne aus dem Computer ablehnen. Doch bei richtigem Gebrauch kann ein solches Stundenplanprogramm eine beträchtliche Hilfe für eine Schule sein.

MODELLGESTÜTZTE ANALYSE DER AUSWIRKUNGEN ALTERNATIVER SYSTEMGESTALTUNGEN DER GESETZLICHEN KRANKENVERSICHERUNG

Friederike Lohse, Kiel

1. Problemstellung

Das System der Krankenversicherung hat einen explosionsartigen Ausgabenanstieg in den 70er Jahren hinter sich. Kostendämpfende Bemühungen haben Erfolge gezeigt, doch es mehren sich die Anzeichen für eine neue Beschleunigung des Wachstumstempos. Eine Reformierung ist nicht nur unter finanzpolitischen, sondern auch unter sozial-, ordnungs-, wachstums- und verteilungspolitischen Aspekten unausweichlich. Die Betrachtung wird im folgenden auf die GKV (Gesetzliche Krankenversicherung) beschränkt, in der ca. 94% der Bevölkerung versichert sind.

Entscheidend für die Auswahl der vorzunehmenden Eingriffe in das System der GKV sind:

- Politische Zielvorstellungen; die stark qualitativ geführte Diskussion in Theorie und Praxis beschränkt sich darauf.
- Vorstellungen über die quantitativen Auswirkungen der Neuerungen. Hierzu bedarf es Systeme, die folgenden Anforderungen genügen:
  * systemgetreue Abbildung der GKV-relevanten Realität unter Einbeziehung aller entscheidenden Einflußfaktoren
  * Prognose der langfristigen Entwicklung der Einnahmen und Ausgaben für verschiedene Szenarien
  * Aufzeigen der Sensitivität bei Parameteränderungen
  * Simulation der Auswirkungen von Reformen auf die Einnahmen-/Ausgabenseite im Rahmen von What-if-Aussagen.

2. Darstellung und Kritik bekannter Modellansätze

Für die Bundesrepublik existieren einige Gesamtmodelle zur Simulation der Ausgabenentwicklung vor allem der GKV, die alle einen hohen Abstraktionsgrad aufweisen. Hierbei handelt es sich entweder um einfache Trendextrapolationen wie bei Töns (1975), Geißler (1976), Bundesminister für Arbeit und Sozialordnung (1976) und Linder (1979), oder aber um Prognosen, die nur sehr wenige Determinanten einbeziehen wie etwa die Altersstruktur bei Schmähl (1983) und Brenner (1984).

Nur für Teilgebiete sind Untersuchungen bekannt, die relevante Einflußfaktoren der verschiedenen Gesundheitsleistungsarten zu quantifizieren versuchen mittels statistischer Verfahren, um die Ausgabenentwicklung aufgrund ihrer signifikanten Deter-

Operations Research Proceedings 1984

minanten zu prognostizieren. Für den Sektor "Ausgaben für ambulante ärztliche Leistungen" sind zu nennen Borchert (1979), Krämer (1981), Schmidt (1983), Henke/ Adam (1983) und Breyer (1984).

Im vorliegenden Ansatz soll eine Integration der detaillierten Teilmodelle zu einem Gesamtmodell der Ausgaben- und Einnahmenentwicklung in der GKV versucht werden, das die Betrachtungsweise der Sektoren auf ihre Bestimmungsgrößen im einzelnen übernimmt, aber darüberhinaus die Gesamtzusammenhänge und Interdependenzen zwischen den Sektoren einbezieht.

3. Systemgestaltung

3.1. Modellkonzeption

Das Modell in seiner jetzigen Entwicklungsstufe ist zu den makroökonomischen Modellen zu rechnen. Das Gesamtbudget der GKV kann in verschiedene Module disaggregiert werden nach:

- Ausgabe- und Einnahmearten
- Kassen
- Versichertengruppen
- Regionen.

Für das Modell wurden 6 Ausgabe- und 4 Einnahmearten betrachtet, die soweit möglich noch in eine Preis- und eine Mengenkomponente bzw. in Beitragssatz und Grundlohn zerlegt werden. Jede dieser Größen wird dann aufgespalten nach RVO- bzw. Ersatzkasse und Nichtrentner bzw. Rentner (auf der Einnahmenseite ist eine tiefere Aufgliederung durchgeführt). Eine regionale Differenzierung wurde vorerst nicht vorgenommen. Eine Zerlegung in weitere Module entsprechend den genannten Disaggregationsansätzen wäre möglich.

Das Modell gehört zu den dynamisch deterministischen Simulationsmodellen. Die Werte der betrachteten Größen werden zu äquidistanten Zeitpunkten, nämlich in Jahresabständen, bestimmt. Das Gleichungssystem setzt sich zusammen aus nichtlinearen Differenzengleichungen erster und zweiter Ordnung sowie einfachen linearen und nichtlinearen Gleichungen.Die Parameterschätzung erfolgte zum kleineren Teil durch Regressionsanalysen; größtenteils wurde eine sog. Expertenschätzung vorgenommen, in die Ergebnisse aus eigene Regressionsrechnungen und aus veröffentlichten Untersuchungen eingingen. Die Überprüfung der Hypothesen findet an der Realität durch Retrodiktion statt.

Die verwendeten Daten stammen aus allgemein zugänglichen Statistiken und sonstigen Veröffentlichungen; in Ausnahmefällen wurden Datenschätzungen zum Zweck der Disaggregation vorgenommen.

3.2. Formale Struktur des Modells

Das Modell ist aufgegliedert in verschiedene Submodelle, denen jeweils eine übergeordnete Definitionsgleichung zuzuordnen ist. Ihre Anordnung zeigt Abb.1. Im einzelnen sind dies vier Submodelle zur Berechnung der größten Ausgabeposten, ein Submodell für die Einnahmeseite und ein Submodell zur Bestimmung von Zahl und Struktur der Vesicherten. Die Submodelle sind teilweise voneinander abhängig. Ihre Ergebnisse fliessen ins Hauptmodell ein, wo aus der Gegenüberstellung von Gesamteinnahmen und Gesamtausgaben der Beitragssatz resultiert.

Im weiteren wird das Modell exemplarisch am Submodell "Ausgaben für ambulante ärztliche Leistungen" erläutert.

3.3. Szenarien, Parameter und Instrumente

Die Daten für die exogenen Variablen für die Jahre nach 1980 wurden zunächst aktuellen amtlichen Prognosen entnommen. Um verschiedene Szenarien zu konstruieren, können einige der fundamentalen exogenen Variablen variiert werden, zu denen zählen:

- Zahl und Struktur der Bevölkerung
- Bruttosozialprodukt
- Zahl der berufstätigen Ärzte
- Morbidität
- Medizinischer Fortschritt.

Die Hypothesen wurden hinsichtlich ihres empirischen Gehalts parametrisch-generell formuliert. Das erleichtert den Test der Sensitivität des Systems, für den neben den geschätzten auch alternative Werte für die Reaktionsparameter eingesetzt werden.Im Submodell für ambulante ärztliche Leistungen betrifft dies:

- Reaktion auf Veränderungen der Geschlechtsstruktur
- Reaktion auf Veränderungen der Altersstruktur
- Reaktion auf Veränderungen der sozialen Umwelt
- Reaktion auf Veränderungen der Ärztedichte
- Reaktion auf Veränderungen des Facharztanteils
- Reaktion auf Konjunkturschwankungen
- Reaktion auf medizin. und med.-techn. Fortschritt.

An Instrumenten der Gesundheitspolitik sind für den ambulanten Sektor vorgesehen:

- Reformierung des Vergütungsverfahrens
- Reduktion des Leistungskatalogs
- Einführung einer Selbstbeteilgung

Abb.1: Struktur des Modells

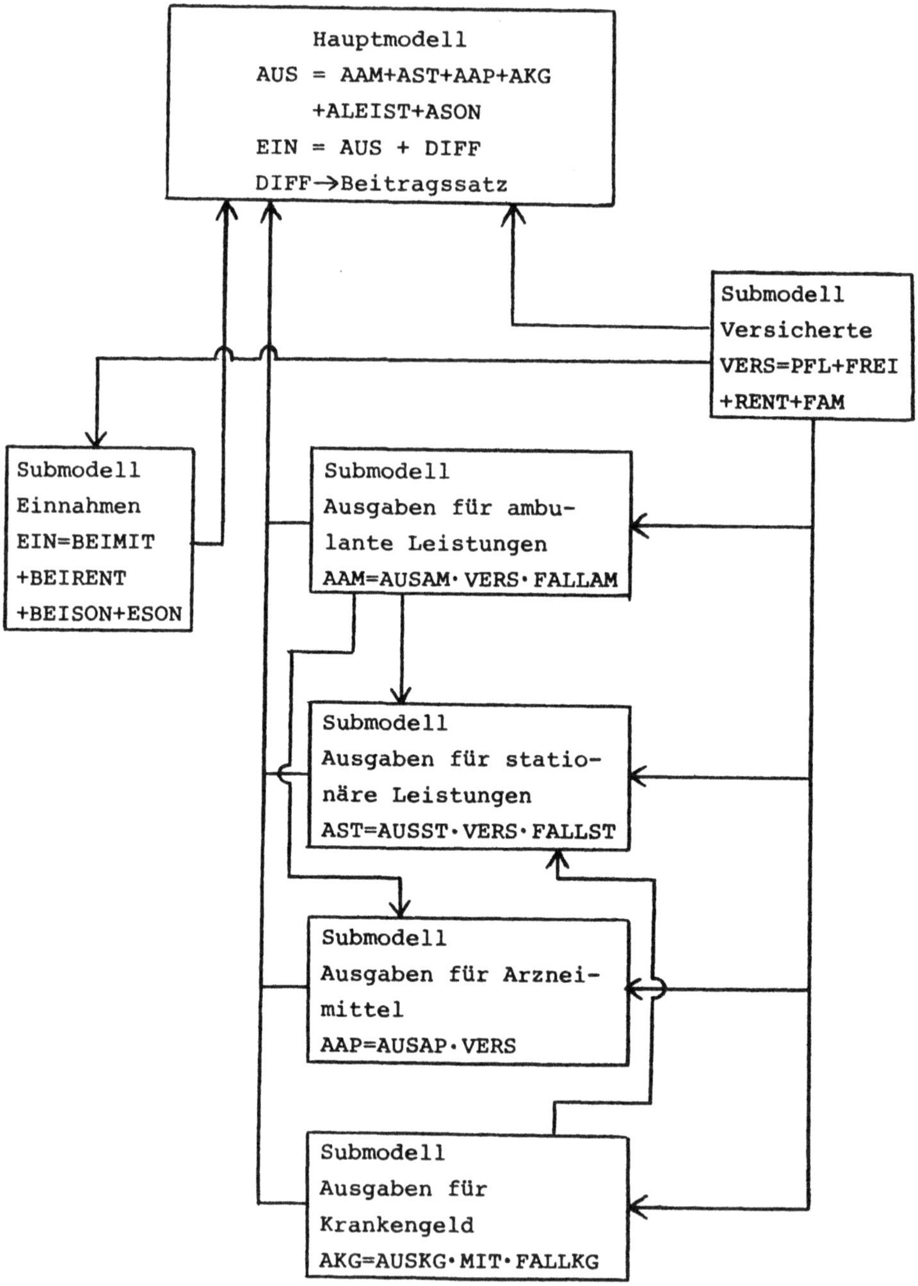

Diese Reformen können einzelnen oder wahlweise kombiniert auf ihre Auswirkungen untersucht werden.

4. Simulation alternativer Systemgestaltungen

4.1. Beschreibung des Simulationsprogrammsystems

Als Programmierhilfe wurde das Modellgerüst des Instituts für Weltwirtschaft Kiel, mit dem die vierteljährlichen Konjunkturprognosen für die Bundesrepublik berechnet werden, benutzt. Die Rechnungen erfolgten an der PDP 10 des Rechenzentrums der Universität Kiel.

Das System verlangt:

- Festlegung der funktionalen Zusammenhänge zwischen den endogenen und exogenen Variablen
- Eingabe der vorher geschätzten Koeffizienten
- Eingabe von Zeitreihen in eine Datenbank für exogene und endogene Variablen.

Das System erlaubt jede Rechenoperation und damit jeden Gleichungstyp im Rahmen zeitdiskreter Modelle. Die Modellform kann rekursiv oder interdependent sein. Neben der deterministischen Simulation ist auch die stochastische möglich. Der Lösungsalgorithmus ist ein leicht modifiziertes Gauß-Seidel-Verfahren.

4.2. Darstellung erster Ergebnisse

In einem ersten Schritt wurde das Modell getestet mittels einer Ex-Post-Prognose. Ein Maß für die Abbildungsgenauigkeit ist der Variationskoeffizient (Standardabweichung: Mittelwert), der vom System berechnet wird. Abb.2 zeigt die Ergebnisse für die Gesamtausgaben der GKV AAM, die realen Ausgaben pro Fall und pro Versichertem für Nichtrentner in RVO-Kassen RAUSAMRN und die Fallzahl pro Versichertem FALLAMRN, ebenfalls für Nichtrentner in RVO-Kassen. Die Abweichungen vom Mittelwert sind recht gering; damit bestätigt sich die Modellstruktur für die Vergangenheit.

Für die Ex-Ante-Prognose wurde der Zeitraum 1980 bis 2000 gewählt. Diesem nach amtlichen Prognosen bei dem vorliegenden Modell zu erwartenden Verlauf der endogenen Variablen werden zwei alternative Verläufe gegenübergestellt, denen verschiedene Umweltszenarien bezüglich der Entwicklung von BSP, Bevölkerung und der Anzahl der berufstätigen Ärzte zugrundeliegen. Die Ergebnisse für die Gesamtausgaben der GKV AAM können der Graphik in Abb. 3 entnommen werden. Danach steigen diese Ausgaben von ca. 15 Mrd. DM 1980 auf 62 Mrd. DM (AAM1) bzw. 75 Mrd. DM (AAM2) bzw. 47 Mrd. DM (AAM3) im Jahre 2000.

Abb.2: Simulation: 1970 bis 1980 Retrodiktion

```
BEDEUTUNG DER ERGEBNISZEILEN :
 1. ZEILE: VARIABLENNAME,
           VARIATIONSKOEFFIZIENT = STANDARDABWEICHUNG/MITTELWERT DER TATSAECHLICHEN WERTE
 2. ZEILE: ERGEBNISSE DER SIMULATION
 3. ZEILE: TATSAECHLICHE WERTE
 4. ZEILE: DIFFERENZ: SIMULATIONSERGEBNISSE - TATSAECHLICHE WERTE

MODELL: BEISPIEL      SIMULATION : 1970 BIS 1980    RETRODIKTION
```

	1970	1971	1972	1973	1974	1975	1976	1977	1978	1979	1980
AAM				VARK:	0.05 =		481.79/10	641.58			
	6 051	6 994	7 864	8 710	9 933	11 172	11 975	11 857	12 445	13 742	14 668
	5 408	6 806	7 583	8 682	9 931	11 268	11 924	12 752	13 195	14 143	15 365
	643	189	281	28	1	-96	51	-895	-750	-401	-697
RAUSAMRN				VARK:	0.07 =		3.96/	53.24			
	41.40	47.08	48.14	49.20	50.25	51.31	52.39	47.83	48.83	54.84	56.01
	43.82	50.96	51.36	52.46	55.27	54.92	54.32	55.89	53.40	56.18	57.02
	-2.42	-3.88	-3.22	-3.26	-5.02	-3.61	-1.93	-8.06	-4.57	-1.34	-1.01
FALLAMRN				VARK:	0.01 =		0.05/	4.38			
	4.02	4.07	4.14	4.22	4.31	4.40	4.48	4.50	4.58	4.66	4.65
	4.01	4.06	4.13	4.17	4.30	4.49	4.57	4.54	4.62	4.64	4.67
	0.01	0.01	0.01	0.05	0.01	-0.09	-0.09	-0.04	-0.04	0.02	-0.02

Abb.3: Entwicklung der Gesamtausgaben der GKV für ambulante ärztliche Leistungen (AAM) für drei Szenarien

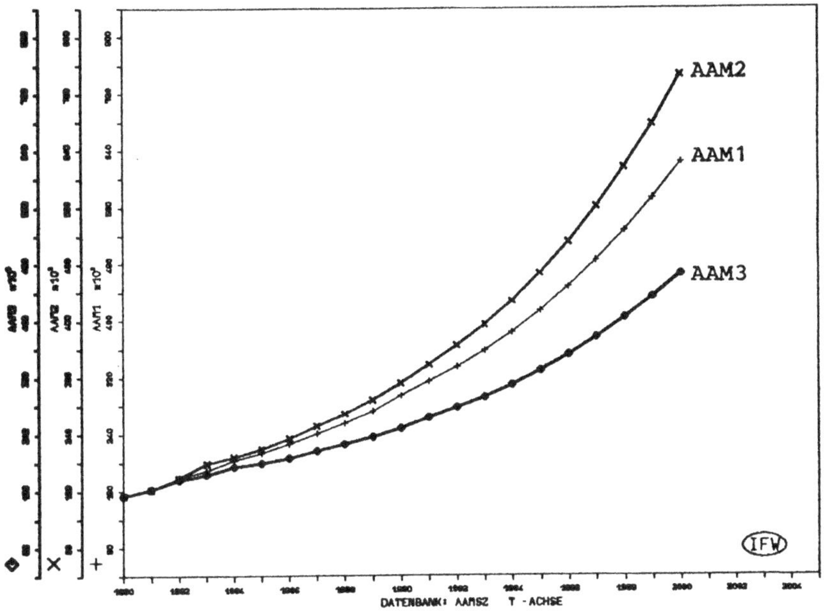

5. Ausblick

Für den weiteren Lauf der Arbeit ist geplant, alle Submodelle zu implementieren, zu testen und analog die Szenarien, Parameter und Instrumente zu variieren. Im Gesamtmodell können dann die verschiedenen Instrumente zu Strategien zusammengestellt werden und auf ihre Auswirkungen getestet werden. Hierbei scheint es sinnvoll, Reaktionslags, mögliche Friktionen oder auch Einführungsstrategien zu berücksichtigen.

Literaturverzeichnis

Borchert, G.
Untersuchung der Zusammenhänge zwischen Umfang/Struktur des ambulanten ärztlichen Leistungsvolumens und der Arztdichte.
In: Bundesminister für Arbeit und Sozialordnung (Hrsg.), Gesundheitsforschung Band 25, Bonn (1979).

Brenner, G.
Der Einfluß der Altersstruktur auf die Nachfrage nach ambulanten ärztlichen Dienstleistungen in ihren finanziellen und personellen Auswirkungen.
Vortrag vor der Gesellschaft für Versicherungswissenschaft und -gestaltung, Köln (1984).

Breyer, F.
Die Nachfrage nach medizinischen Leistungen - Eine empirische Analyse von Daten aus der gesetzlichen Krankenversicherung. Berlin-Heidelberg-New York-Toronto (1984).

Bundesminister für Arbeit und Sozialordnung (Hrsg.).
Sozialbericht 1976.
Bonn (1976).

Fleissner, P.K.
Das österreichische Gesundheitswesen im ökonomischen, demographischen und politischen Kontext: Ein Simulationsmodell.
Göttingen (1977).

Geißler, H.
Krankenversicherungs-Budget '80.
Bundesminister für Soziales, Gesundheit und Sport des Landes Rheinland-Pfalz (Hrsg.), Mainz (1976)

Henke, K.-D.; Adam, H.
Die Finanzlage der sozialen Krankenversicherung 1960-1978 - Eine gesamtwirtschaftliche Analyse.
In: Wissenschaftliche Reihe des Zentralinstituts für die kassenärztliche Versorgung, Band 24, Köln-Lövenich (1983).

Krämer, W.
Eine ökonometrische Untersuchung des Markts für ambulante kassenärztliche Leistungen.
In: Zeitschrift für die gesamte Staatswissenschaft, Heft 137 (1981), S. 45-61.

Linder, P.
Zur Ausgabenentwicklung im Gesundheitswesen - Modellrechnungen für die zukünftige Entwicklung.
In: Statistisches Landesamt Baden-Württemberg (Hrsg.), Baden-Württemberg in Wort und Zahl, 28. Jg., Heft 2 (1979).

Page, B.
Methoden der Modellbildung in der Gesundheitssystemforschung.
In: Medizinische Informatik und Statistik, Band 37, Berlin-Heidelberg-New York (1982).

Rüschmann, H.-H.
Vergleichende Analyse verschiedener Ansätze zu einer sozioökonomischen Modellierung von Gesundheitssystemen.
In: Bundesminister für Arbeit und Sozialordnung (Hrsg.), Gesundheitsforschung Band 79, Bonn (1982).

Schmähl, W.
Auswirkungen von Veränderungen der Altersstruktur der Bevölkerung auf die Finanzsituation der gesetzlichen Krankenversicherung im Vergleich zur gesetzlichen Rentenversicherung - Eine modelltheoretische Analyse.
In: Konjunkturpolitik, 29. Jahrgang, Heft 2 (1983), S. 100-120.

Schmidt, U.
Kosteneinflußfaktoren im Gesundheitswesen - Eine theoretische und empirische Arbeit unter besonderer Berücksichtigung der Nachfrage nach ambulanter ärztlicher Versorgung.
Frankfurt am Main (1983).

Töns, H.
Die finanzielle Entwicklung der Ortskrankenkassen 1975 bis 1980.
Bundesverband der Ortskrankenkassen (Hrsg.), Bonn-Bad Godesberg (1975).

MIKROSIMULATION MIT GKV-PROZESSDATEN AM BEISPIEL DER AMBULANTEN ÄRZTLICHEN VERSORGUNG

Helmut Vetterle, Augsburg

EINLEITUNG

Unter Mikrosimulation wird ein Simulationsansatz verstanden, bei dem individuelle Entscheidungsträger, wie z. B. Individuen, Haushalte oder auch Unternehmen, die Elemente des Modells sind, deren Verhalten im Interaktionszusammenhang simuliert wird (ORCUTT, GREENBERGER, KORBEL, RIVLIN 1961). Mikrosimulationsmodelle werden daher auch als Individualverhaltensmodelle bezeichnet. Für ihre Konstruktion benötigt man disaggregierte Daten zur Generierung der Ausgangsbestände und zur Schätzung von Verhaltensparametern. Mikrosimulationsmodelle eignen sich besonders dazu, die distributiven Auswirkungen von Gesetzesänderungen sowie die quantitativen Folgen von Struktur- und Verhaltensänderungen in den Ausgangsbeständen zu untersuchen. Beides Fragestellungen, die besonders auch in der gesetzlichen Krankenversicherung von großer Bedeutung sind (DENNERLEIN, SCHNEIDER 1981).

DAS SIMULATIONSMODELL

Das hier vorgestellte Mikrosimulationsmodell verwendet einen Teil der von der AOK Dortmund routinemäßig erfaßten Prozeßdaten des zweiten Quartals 1981 zur Spezifizierung von Verhaltensparametern und zur Festlegung der Ausgangsbestände von Patienten und Ärzten. Das Simulationsmodell ist dabei auf die ambulante ärztliche Behandlung und das Überweisungsverhalten beschränkt. Ihm liegen die anonymisierten Bestandsdaten von ca. 90 000 Versicherten und 491 Dortmunder Ärzten aller Fachrichtungen zugrunde.

In Abbildung 1 ist das simulierte System der Leistungserstellung gemeinsam mit den theoretisch zugehörigen, aber noch nicht in die Simulation integrierten Modellteilen im Systemzusammenhang dargestellt.

Operations Research Proceedings 1984

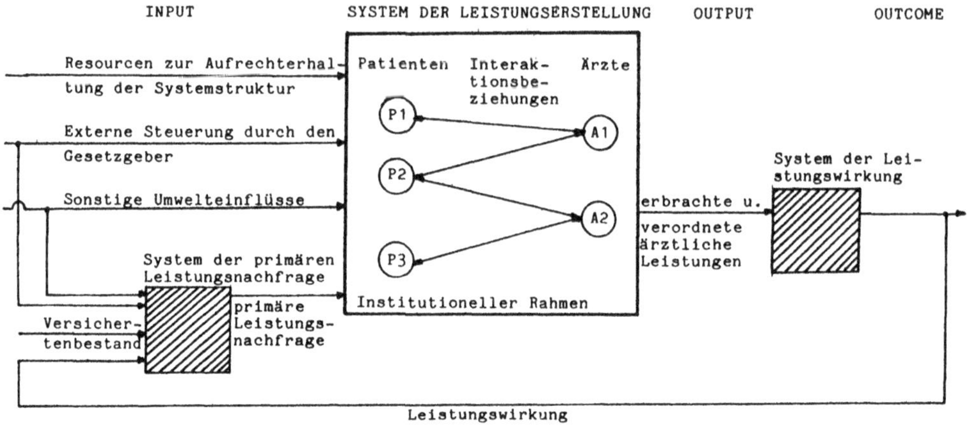

Abb. 1: Der Prozeß der Leistungserstellung im Systemzusammenhang mit primärer Leistungsnachfrage und Leistungswirkung

Die einzelnen Systeme haben dabei folgende Funktionen:

- Durch die primäre Leistungsnachfrage werden die Versicherten bestimmt, die in einer Periode überhaupt einen Arzt aufsuchen. Diese Versicherten werden im weiteren als Patienten bezeichnet.

- Im System der Leistungserstellung erfolgt die Zuordnung der Patienten zu einzelnen Ärzten und die Erstellung der erbrachten und verordneten ärztlichen Leistungen aus der Arzt-Patienten Interaktion.

- Die Leistungswirkung transformiert schließlich den Output an erbrachten ärztlichen Leistungen in den gesundheitlichen Ertrag (Outcome).

Als erster Schritt wurde bisher ein Simulationsmodell für das System der Leistungserstellung entwickelt, für das die Patienten- und Arztdaten eines Quartals als Anfangsbestände dienen. Das System der primären Leistungsnachfrage, das aus dem Versichertenbestand der Kasse die Patienten eines Quartals selektiert, wurde bisher, ebenso wie das System der Leistungswirkung, bei dem dann medizinische Kategorien zu berücksichtigen wären, noch nicht modelliert.

Die übrigen Inputgrößen für das System der Leistungserstellung sind implizit durch das verwendete Datenmaterial und der Konstruktion des

Simulationsprogramms in dem Modell enthalten. Auswirkungen von Änderungen in diesen Input-Größen können durch apriori Annahmen oder durch empirisch gesicherte Hypothesen mit Hilfe von Simulationsexperimenten untersucht werden.

Da die Abrechnung von Leistungen und damit auch die Organisation der Daten in der gesetzlichen Krankenversicherung quartalsweise erfolgt, wurde das Quartal auch als Einheit für einen Simulationsschritt gewählt.

Im Simulationsprogramm erfolgt nach der Initialisierung der für die gesamte Simulationsdauer konstanten Systemstrukturen die sequentielle Abarbeitung des Patientenbestands.

Nachdem ein Arztbesuch vorausgesetzt wird, umfaßt die Simulation noch folgende Teile:

- Bestimmen der Fachgruppe des Erstkontakts.

- Zuordnen eines einzelnen Arztes.

- Festlegen, ob eine Überweisung erfolgt.

- Bestimmen der Fachgruppe, an die überwiesen wird.

- Zuordnen des Arztes, der die Überweisung abrechnet.

- Berechnen der Behandlungskosten.

Bei der Bestimmung der Facharztgruppe des Erstkontakts wird nur unterschieden in Allgemeinärzte, Internisten und sonstige Fachärzte. Zur Bestimmung der Entscheidungsalternativen in Abhängigkeit von den Bestandsvariablen der Patienten wurde der gruppierte Logitansatz verwendet (THEIL 1967):

$$\ln \frac{p_{ij}}{1-p_{ij}} = a + b_1 \overline{\ln \text{Alter}}_{ij} + b_2 \overline{\ln \text{Einkommen}}_{ij} + e_{ij} \quad (1)$$

mit i = 1,2,....,An (Altersklassen),

j = 1,2,....,En (Einkommensklassen),

p_{ij} = die relative Häufigkeit einer Entscheidungsalternative (z. B. Wahl eines Prakt. Arztes beim Erstkontakt) in der Einkommens- und Alterklasse ij.

Aus den qualitativen Bestandsvariablen Geschlecht, Versichertenstatus und Arztbesuch im Vorquartal wurden dabei disjunkte Klassen gebildet, für welche die Schätzungen der Verhaltensparameter getrennt mit Hilfe des GLS-Ansatzes erfolgten.

Die Schätzung erfolgte in in zwei Schritten:

Der ersten Schätzung liegen alle Versicherten eines Quartals zugrunde, die überhaupt einen Arzt aufsuchen (Patienten). Ihre Parameter liefern in der Simulation die Wahrscheinlichkeit für den Erstkontakt mit einem Allgemeinmediziner (W(A)).

Der zweiten Schätzung liegen nur die Patienten zugrunde, die zwar zum Arzt gehen, aber keinen Allgemeinarzt als erstes aufsuchen. Die geschätzten Parameter liefern eine bedingte Wahrscheinlichkeit für das Aufsuchen eines Internisten, falls kein Erstkontakt mit einem Allgemeinmediziner stattfindet ($W(I|\bar{A})$).

In der Tabelle 1 sind die Schätzergebnisse beispielhaft für die Gruppe der Mitglieder (ohne Rentner) dargestellt.

Gruppe	Patientenzahl	Erwartungswert	Parameter: Konst. glied $\tilde{a}$	Alter $\tilde{b}1$	Einkommen $\tilde{b}2$	R^2
		Zielgröße W(A)				
weiblich						
mit Arztbesuch i. Vorq.	20 535	0,44	-1,87*	0,49*	-0,01	0,74
ohne Arztbesuch i. Vorq.	4 802	0,42	-1,70*	0,38*	0,02	0,84
männlich						
mit Arztbesuch i. Vorq.	15 335	0,49	0,04	0,47*	-0,21*	0,63
ohne Arztbesuch i. Vorq.	6 276	0,49	-0,17	0,33	-0,12	0,25
		Zielgröße $W(I/\bar{A})$				
weiblich						
mit Arztbesuch i. Vorq.	11 798	0,35	-6,55*	1,51*	0,10	0,84
ohne Arztbesuch i. Vorq.	2 788	0,28	-4,00*	0,88*	0,03	0,69
männlich						
mit Arztbesuch i. Vorq.	7 987	0,42	-4,06*	1,32*	-0,08	0,91
ohne Arztbesuch i. Vorq.	3 177	0,35	-0,96	0,83*	-0,30*	0,67

*) signifikant bei $\alpha = 0,05$

Quelle: BASYS

Tabelle 1: Ergebnisse der Logitschätzung für die Auswahl Allgemeinarzt bzw. Internist beim Erstkontakt für Mitglieder (ohne Rentner)

Wie daraus ersichtlich ist, hat die Variable Alter einen signifikanten Einfluß auf die Arztwahl des Erstkontakts, während der Variable Einkommen für die Arztwahl kaum Bedeutung zukommt.

Das signifikant negative konstante Glied bei den weiblichen Patienten läßt sich durch die Bedeutung der Gynäkologen für diese Patientengruppe deuten.

In der Simulation kann dann für jeden Patienten entsprechend der geschätzten Parameter seiner disjunkten Klasse mit Hilfe der Gleichung (2) und dem Monte-Carlo-Verfahren eine Entscheidungsalternative festgelegt werden.

$$W\,(.) = \frac{1}{1 + \mathrm{Exp.} - (\breve{a} + \breve{b}_1 \ln \mathrm{Alter} + \breve{b}_2 \ln \mathrm{Einkommen})} \qquad (2)$$

mit $\breve{a}$, $\breve{b}_1$, $\breve{b}_2$ sind geschätzte Parameter.

Ergibt sich daraus die Entscheidungsalternative sonstiger Facharzt, erfolgt die Zuordnung an eine Facharztgruppe nach den Anteilen der sonstigen Fachgruppen an der Gesamtheit der von ihnen abgerechneten Originalscheine, differenziert nach dem Geschlecht des Patienten. Nach der Zuordnung der Fachgruppe des Erstkontakts erfolgt, um den Prozeß der erbrachten und verordneten Leistungen aus der Arzt-Patienten Interaktion zu simulieren, die Zuordnung des Patienten zu einem einzelnen Arzt, gemäß dem Anteil dieses Arztes an den abgerechneten Originalscheinen seiner Fachgruppe.

Für die Simulation der Überweisungsentscheidung wird ein zu dem vorhergehenden analoges Logitmodell verwendet, in dem allerdings Arzt- und Patientenmerkmale gleichermaßen als erklärende Größen Verwendung finden.

Wird eine Überweisung simuliert, erfolgt die Zuordnung an eine Facharztgruppe über eine im Simulationsprogramm erzeugte Überweisungsmatrix. Die Zuordnung zu einem einzelnen Arzt erfolgt wie beim Erstkontakt. Die Höhe der abgerechneten Leistungen auf dem Originalschein und dem Überweisungsschein wird mit den Arzt- und Patientenvariablen als exogene Größen und mit Verhaltensparametern, die mit Hilfe eines linearen Regressionsmodells geschätzt wurden, festgelegt.

Die durch die Simulation bestimmten Output-Variablen werden für jeden Patienten zusammen mit den Bestandsvariablen des Patienten und denen der beteiligten Ärzte abgespeichert und stehen nach Beendigung der Simulation für Auswertungen zur Verfügung.

ERGEBNISSE DER SIMULATION

Das Modell ist in der Lage, das Überweisungsverhalten und die Überweisungsstruktur zu simulieren. In der Tabelle 2 sind die Ergebnisse dieser Simulation den echten Werten für das 2. Quartal 1981 bei der AOK Dortmund, differenziert nach den verschiedenen Facharztgruppen, gegenübergestellt. Wie daraus ersichtlich, wird die Überweisungsstruktur der Realität annähernd erreicht, obwohl der Simulation ein mehrstufiger, nicht linearer Entscheidungs- und Zuordnungsprozeß zugrunde liegt.

	abgerechnete Überweisungen in v.H.		veranlaßte Überweisungen in v.H.	
	simulierte Werte	echte Werte	simulierte Werte	echte Werte
Augenärzte	19,8	18,8	3,7	2,7
Chirurgen	6,6	5,9	1,6	2,6
Gynäkologen	12,1	12,5	7,1	6,5
HNO-Ärzte	11,2	10,0	2,7	3,2
Hautärzte	8,7	8,8	3,4	3,4
Internisten	9,2	9,6	30,0	31,5
Kinderärzte	0,8	0,8	5,3	2,8
Orthopäden	9,6	9,2	2,8	3,7
Röntgenologen	7,9	8,8	0,1	0,1
Urologen	3,0	3,3	0,7	1,0
Prakt. Ärzte	5,1	4,9	41,7	40,3
sonst.	6,0	7,4	0,9	2,2
	100,0	100,0	100,0	100,0

Quelle: BASYS

Tabelle 2: Gegenüberstellung der simulierten und der tatsächlichen Überweisungsstruktur für das 2. Quartal 1981 bei der AOK Dortmund

WEITERENTWICKLUNG

Für eine Simulation des Modells über mehrere Quartale ist es erforderlich, den Patientenbestand fortzuschreiben. Dies bedeutet für die Simulation, daß nach jedem Quartal die GKV-Versicherten aus dem Mitgliederbestand neu zu bestimmen sind, die im folgenden Quartal einen Arzt aufsuchen, d.h. das System der primären Leistungsnachfrage ist zu modellieren.

Nach Implementierung dieser Bestandsfortschreibung können mit dem hier vorgestellten Simulationsmodell eine Reihe von Simulationsexperimenten durchgeführt werden, indem z. B. folgende Verhaltens- und Strukturänderungen auf ihre kostenmäßigen Auswirkungen für die Kasse untersucht werden:

- Verringerung der Häufigkeit des Erstkontakts mit Fachärzten zugunsten der Allgemeinmediziner mit gleichzeitiger Annahme einer höheren Überweisungshäufigkeit bei den Allgemeinärzten.

- Reduzierung der Überweisungshäufigkeiten bei verschiedenen Facharztgruppen unter Erhöhung der abgerechneten Leistungen auf Originalscheinen.

- Veränderung der Überweisungsstruktur zwischen den Facharztgruppen.

- Senkung der Behandlungskosten auf dem Originalschein, falls der Patient auch noch überwiesen wird.

Durch das Mikrosimulationsmodell lassen sich vor allem auch die Auswirkungen von Änderungen in der Patienten- bzw. Mitgliederstruktur oder von gesetzlichen Maßnahmen auf die Inanspruchnahme von Leistungen, auf die Kostenbelastung der Krankenkasse und auf die Praxiseinnahmen bei den verschiedenen Facharztgruppen untersuchen.

LITERATUR

DENNERLEIN R.; SCHNEIDER M.: DER EINSATZ DER MIKROSIMULATION ZUR AUSWERTUNG DER PROZESSDATEN DER GESETZLICHEN KRANKENVERSICHERUNG, FORSCHUNGSBERICHT NR. 82, (HRSG.: BUNDESMINISTER FÜR ARBEIT UND SOZIALORDNUNG), BONN (1981).

ORCUTT G.H.; GREENBERGER M.; KORBEL J.; RIVLIN A.M.: MICROANALYSIS OF SOCIOECONOMIC SYSTEMS: A SIMULATION STUDY, NEW YORK (1961).

THEIL H.: ECONOMICS AND INFORMATION THEORY, AMSTERDAM (1967).

DIE EFFIZIENZ VON KRANKENHÄUSERN - EIN VORSCHLAG ZU IHRER ERMITTLUNG MIT HILFE DER MATHEMATISCHEN PROGRAMMIERUNG

Viktor Wohlmannstetter, Nürnberg

Zunächst wird untersucht, welche Ziele eine Bewertung ganzer Krankenhäuser verfolgen soll. Daraus ergeben sich dann Vorstellungen über quantitative Inhalte solcher Bewertungen und der Vorschlag, in diesem Zusammenhang nur noch von "Effizienzmessungen" (und nicht mehr von "Messungen der Wirtschaftlichkeit") zu sprechen, da ökonomische und medizinisch/pflegerische Meßkomponenten zu berücksichtigen sind.

Darauf basierend wird dann ein neues Verfahren der Effizienzmessung für Krankenhäuser vorgestellt. Es verwendet die auf Charnes, Cooper und Rhodes zurückgehende Data Envelopment Analysis (DEA) und besteht in einer Serie von Modellen der Quotientenprogrammierung, die jedoch leicht in LP-Modelle transformiert werden können. Wesentlich ist, daß das Verfahren ohne eine Vorab-Festlegung von Gewichtungen für die Meßkomponenten auskommt. Solche Gewichtungen resultieren vielmehr aus der Lösung der LP-Modelle.

Schließlich werden das Verfahren selbst, Interpretationsmöglichkeiten für seine Ergebnisse sowie rechentechnische Aspekte anhand von Beispielrechnungen erläutert. Hier geht es vor allem darum, aufzuzeigen, wie durch eine Differenzierung des Verfahrens analysiert werden könnte, inwiefern festgestellte Ineffizienzen (eines Krankenhauses) auf vorgegebene Strukturen (Alter des Krankenhausbaues, Betriebsgröße etc.) und/oder Schwächen im Management (Organisation, Personal-, Investitionspolitik etc.) zurückzuführen sind.

Literatur

Charnes A.; Cooper W.W.; Rhodes E.
Measuring the Efficiency of Decision Making Units. European Journal of Operational Research 2 (1978), S. 429 ff.

Meyer, M.; Wohlmannstetter, V.
Die Effizienz von Krankenhäusern - Ein Vorschlag zu ihrer Ermittlung mit Hilfe der Linearen Programmierung. Arbeitsbericht Nr. 84-2 der Forschungsgruppe MEDIZINÖKONOMIE am Lehrstuhl für Betriebswirtschaftslehre und Operations Research, Universität Erlangen-Nürnberg (1984).

ZUR ANALYSE STRATEGISCHER ASPEKTE MIT GEMISCHT-GANZZAHLIGER PROGRAMMIERUNG

Werner Popp, Bern

Die gemischt-ganzzahlige Programmierung hat sich bei der Analyse strategischer Aspekte in verschiedenen Branchen als aussagefähiges Arbeitsinstrument erwiesen.

Den einschlägigen Modellen liegen dynamische Planungszeiträume zugrunde, wobei es im Hinblick auf Datenerfassung und Rechenaufwand zweckmässig sein kann, mit im Zeitablauf zunehmend grossen Teilzeitintervallen zu arbeiten.

Je nach Wahl des Zielsystemes in einem Modell kann die Zielfunktion für verschiedene Optimierungskriterien definiert werden, wie z.B. das Kapitalwert- oder das Vermögenswertkriterium bzw. für abdiskontierte Gewinne. Zielvorstellungen, die nicht in die Zielfunktion eingehen, können über das restriktive System Berücksichtigung finden. Das restriktive System dient auch zur Erfassung der übrigen Strukturbedingungen des Modelles, vielfach nach betrieblichen Funktionsbereichen gegliedert, wie z.B. für Absatz, Produktion, Finanzen.

Die Optimierung von gemischt-ganzzahligen Modellen kann über Routineprogramme erfolgen. Probleme mit ca. 400 kontinuierlichen Variablen und 100 ganzzahligen Variablen benötigen in der Regel weniger als 10 Minuten CPU-Zeit.

Aenderungen strategischer Aspekte können u.a. auftreten durch:
- neue Produkte und den damit verbundenen Umwälzungen der Nachfragestruktur
- neue Produktionsprozesse, zusammen mit Aenderungen des Kosten- und Preisgefüges, gegebenenfalls unter Berücksichtigung von Lerneffekten
- Umbrüche auf dem Beschaffungsmarkt.

Durch modellgestützte Analysen besteht für die Unternehmungen die Möglichkeit, sich rasch an neue Gegebenheiten anzupassen.

Schliesslich sei noch darauf verwiesen, dass sich über Ansätze der gemischt-ganzzahligen Programmierung die Gefahren für Analysen unter simplen Zielsystemen veranschaulichen lassen.

RISIKOANALYTISCHE UNTERSTÜTZUNG DER STRATEGISCHEN AUSWAHLENTSCHEIDUNG

Michael Gaitanides, Hamburg
R. Lütke Schwienhorst, Hamburg

1. Risiken im strategischen Planungsprozeß

Strategische Entscheidungen sind immer mit diversen Risiken behaftet. Um die Vielschichtigkeit dieser Risiken sichtbar zu machen, wurde ein dialogfähiges Programm zur risikoanalytischen Auswertung alternativer SGE-Strategien entwickelt. Über die traditionelle Risikoanalyse hinausgehend soll das Modell vier Varianten des Risikos strategischer Entscheidungen begrenzen helfen.

(1) Das Paradigmenrisiko
Es beinhaltet die Wahrscheinlichkeit, einen falschen Bezugspunkt für den Aufbau und die Ausnutzung strategischer Wettbewerbsvorteile gewählt zu haben. Solche Bezugspunkte bilden entweder interne Stärken und externe Chancen.

(2) Das Modellierungsrisiko
Es resultiert aus dem Dilemma, im Rahmen des Modellierungsprozesses zwischen Komplexitätsreduktion einerseits und Komplexitätsgenerierung andererseits abwägen zu müssen. Die Unterstützung des strategischen Planungsprozesses ist ineffizient, wenn ungefragte Informationen geliefert bzw. nachgefragte nicht erzeugt werden.

(3) Das Prognoserisiko
Es beinhaltet die Wahrscheinlichkeit, mit der eine erwartete Variablenausprägung trotz zutreffender Annahmen im Bereich von Paradigma und Modellstruktur nicht eintritt. Unsicherheiten bezüglich der zu schätzenden Variablen werden durch Prognoseintervalle erfaßt.

(4) Das Handlungsrisiko
Es entsteht bei Transformation von Planvorgaben in praktisches Verhalten. Wissen, Können und Wollen können Abweichungen hinsichtlich der geplanten Handlungsergebnisse verursachen.

2. Die strategische Risikoanalyse (SRA) als Instrument der Risikohandhabung

Ein Instrument, das den Entscheidungsträger bei der Explizierung des Risikos strategischer Entscheidungen unterstützt, soll hier mit dem Begriff der <u>strategischen Risikoanalyse (SRA)</u> belegt werden. Bei Ent-

Operations Research Proceedings 1984

wicklung des Modells zur Explizierung dieses Risikos haben wir uns von zwei Zielen leiten lassen. Zum einen wollen wir dem Gestaltungsprinzip einer nachfrageorientierten Modellkonstruktion Geltung verleihen und zum anderen dem Modellbenutzer die Möglichkeit einer schrittweisen Spezifizierung des Risikos eröffnen.

2.1 Das Gestaltungsprinzip der nachfrageorientierten Modellkonstruktion

Eine effiziente strategische Steuerung verlangt, daß die zu verarbeitenden Informationen nicht nur hinsichtlich ihres Detaillierungsgrades, sondern auch nach dem Inhalt des subjektiv wahrgenommenen Planungs- und Kontrollproblems und somit der Informationsnachfrage des Entscheidungsträgers selbst entsprechen. Die Problemkomplexität eines Modells kann deshalb erst in der jeweiligen konkreten Situation handlungsgerecht entwickelt werden. Ein Modell, das an diesem Ziel orientiert ist, muß so variierbar beschaffen sein, daß es jederzeit der Informationsnachfrage angepaßt werden kann.

Bevor wir jedoch erläutern, wie diese Forderung nach Anpassungsfähigkeit im Modellentwurf berücksichtigt werden kann, wollen wir uns den Konsequenzen, die aus der Forderung nach Einfachheit zu ziehen sind, zuwenden.

2.1.1 Einfachheit

Traditionelle Anwendungen der Risikoanalyse sind hier gekennzeichnet durch die Abhängigkeit von zentraler (Groß-)EDV und die mangelnde Durchschaubarkeit des Programmaufbaus.[1] Die erste dieser beiden Schwierigkeiten ist durch den Einsatz eines leistungsfähigen Personalcomputers zu beheben. In Verbindung mit einer konsequenten Nutzung der Dialogprogrammierung können Risikoanalysen so auch für den EDV-Laien ermöglicht werden. Neben diesen beiden technischen Voraussetzungen kann die hierarchische Strukturierung der betrachteten Variablen die Risikoanalyse auch von den mehr inhaltlichen Anforderungen erheblich vereinfachen.

Geht man z.B. davon aus, daß sich der Ergebnisbeitrag (EB) einer SGE quantifizieren läßt als

$$EB = (\text{Preis} - \text{variable Stückkosten}) \cdot \text{Absatz} - \text{Fixkosten} + \text{Abschreibungen} - \text{Investitionen},$$

so kann man, ausgehend von dieser Grundgleichung, "Variablenbäume" entwickeln [2], die zur Ermittlung der o.a. Größen dienen. Erläutert sei diese Vorgehensweise am Beispiel der Stückkosten, für die wir folgenden Variablenbaum vorschlagen:

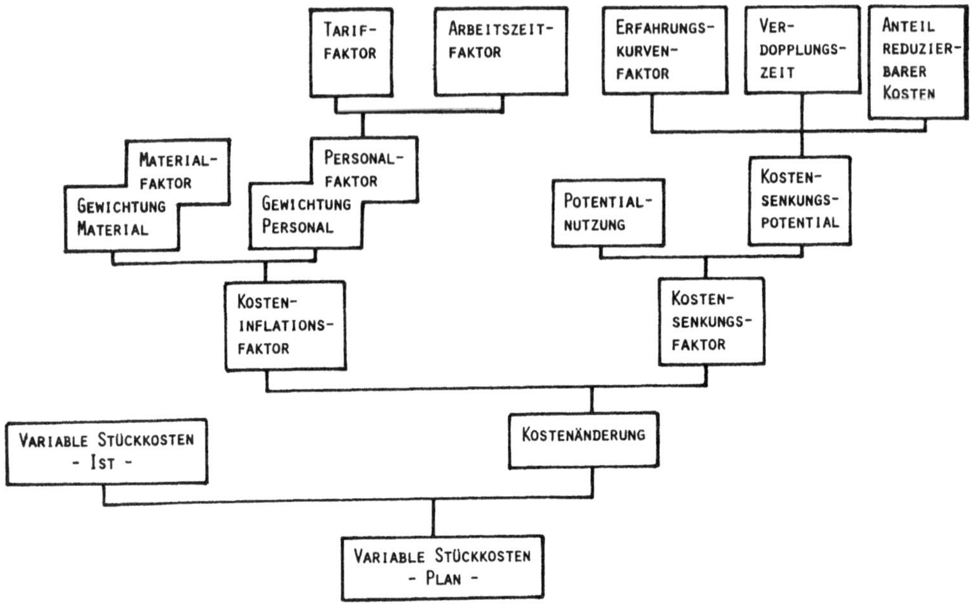

Abb. 1: Eingabebaum für Stückkosten

Das Kostensenkungspotential z.B. kann gemäß der Erkenntnisse, die sich in der Erfahrungskurve niederschlagen, ermittelt werden als

$$\text{Kostensenkungspotential} = \frac{\text{Erfahrungs-kurvenfaktor} \times \text{Anteil reduzierbarer Kosten}}{\text{Verdopplungseffekt}}$$

Damit demonstriert dieses Beispiel recht gut, wie man trotz einer Einfachstruktur des Modells strategisch relevante Größen - auch wenn deren Effekt nach wie vor umstritten ist [3)] - berücksichtigen kann.

Weitere Variablenbäume wurden für Preis, Absatzmengen, Fixkosten und Investitionen ermittelt.

2.1.2 Die Anpassungsfähigkeit

Wie bereits erwähnt, bezieht sich Anpassungsfähigkeit als Gestaltungsziel auf den Bedarf an Inputinformationen und den nachgefragten Probleminhalt seitens des Benutzers. Es sind im wesentlichen drei Maßnahmen, die zur Erreichung dieses Ziels vorgeschlagen werden sollen:

- An erster Stelle steht das Prinzip der freien Wahl der Abstraktionsebene in allen Ästen sämtlicher Variablenbäume. Das Dialogprogramm ist zu diesem Zweck so aufgebaut, daß der Benutzer für jede Planungsperiode und für jeden Ast gefragt wird, auf welcher Differenzierungsebene er arbeiten möchte.

- Darüber hinaus erlaubt das Programm für jede Inputgröße alternative Eingabemöglichkeiten, da in allen Planungsperioden z.B. zwischen Absolutgrößen und Trendfaktoren gewählt werden kann.
- Die dritte Methode zur Steigerung der Anpassungsfähigkeit ist der modulare Aufbau des Programms, wodurch die Struktur einzelner Variablenbäume relativ einfach an wandelnde Problemstrukturen angepaßt werden kann.

Die Prinzipien Anpassungsfähigkeit und Einfachheit führen zu einer informationsnachfragegerechten Modellstruktur. Bei der Anwendung eröffnen sich Möglichkeiten zur Risikoexplikation, die im folgenden skizziert werden.

2.2 Die Möglichkeiten der schrittweisen Spezifizierung des Risikos

Betrachten wir zunächst das Gesamtrisiko einer Strategie. Die klassische Risikoanalyse [4)] wird allgemein als geeignetes Instrument zur Quantifizierung dieses Risikos empfohlen. Mit ihrer Hilfe werden auch in unserem Modell Verteilungsfunktionen für verschiedene Ergebnisgrößen wie Gewinn, Cash Flow oder Ergebnisbeitrag einer SGE ermittelt und graphisch dargestellt.

Die daran summarisch zu erkennenden Auswirkungen der Unsicherheiten in den Inputdaten auf die Ergebnisse können dann in einem zweiten Schritt durch gezielte Manipulation einzelner Inputgrößen (Sensitivitätsanalyse) weiter spezifiziert werden.

2.2.1 Das Handlungsrisiko

Als Handlungsrisiko verstehen wir im folgenden speziell den Teil des strategischen Gesamtrisikos, der durch das Verhalten der Mitarbeiter bedingt ist. Um dieses zu analysieren, müssen beeinflußbare Größen in den Bäumen selektiert werden. Im Baum der variablen Stückkosten gibt z.B. ein Faktor den Teil des Kostensenkungspotentials an, der in der betrachteten Periode tatsächlich realisiert werden kann. Aber auch für Größen wie Marktanteil oder Marktdurchdringung ist eine Differenzierung nach beeinflußbaren und unbeeinflußbaren Faktoren vorstellbar.

2.2.2 Das Prognoserisiko

Als Prognoserisiko wurde die Wahrscheinlichkeit bezeichnet, mit der das vorausgesagte Ereignis nicht im prognostizierten Schätzintervall liegt. Eine explizite Berücksichtigung dieses Risikos wird ermöglicht durch Eingabe unterschiedlicher Wahrscheinlichkeitsverteilungen in Abhängigkeit von maximal 3 Szenarien für alle Inputvariablen. Jede dieser Verteilungen wird dabei durch einen pessimistischen, einen mittleren und einen optimistischen Wert charakterisiert. Da es u.E. jedoch den oben proklamierten Zielen der Einfachheit und Anpassungsfähigkeit widerspricht, 9 Einzelwerte pro Inputvariable, Strategie und Planperiode zu fordern, kann der Benutzer stets zwischen vier Eingabearten wählen. Sie bewegen sich auf einem Kontinuum abnehmenden Detaillierungsgrades. Dieses beginnt mit der Eingabe von 9 Einzelwerten. Als zweite Eingabeart besteht die Möglichkeit, jeweils den mittleren Wert für jedes der drei Szenarien einzugeben, der wiederum mit einem Variationsfaktor zur Bestimmung der zugehörigen optimistischen bzw. pessimistischen Werte ausgestattet ist. Noch geringere Anforderungen an das Schätzvermögen stellt die dritte Alternative, Ausgehend von einem mittleren Wert im mittleren Szenario werden alle anderen acht Werte mit Hilfe zweier Variationsfaktoren bestimmt. Die vierte Möglichkeit besteht in der "Eingabe eines Trendfaktors" für den Vorperiodenwert der Inputvariablen (vgl. hierzu Abbildung 2).

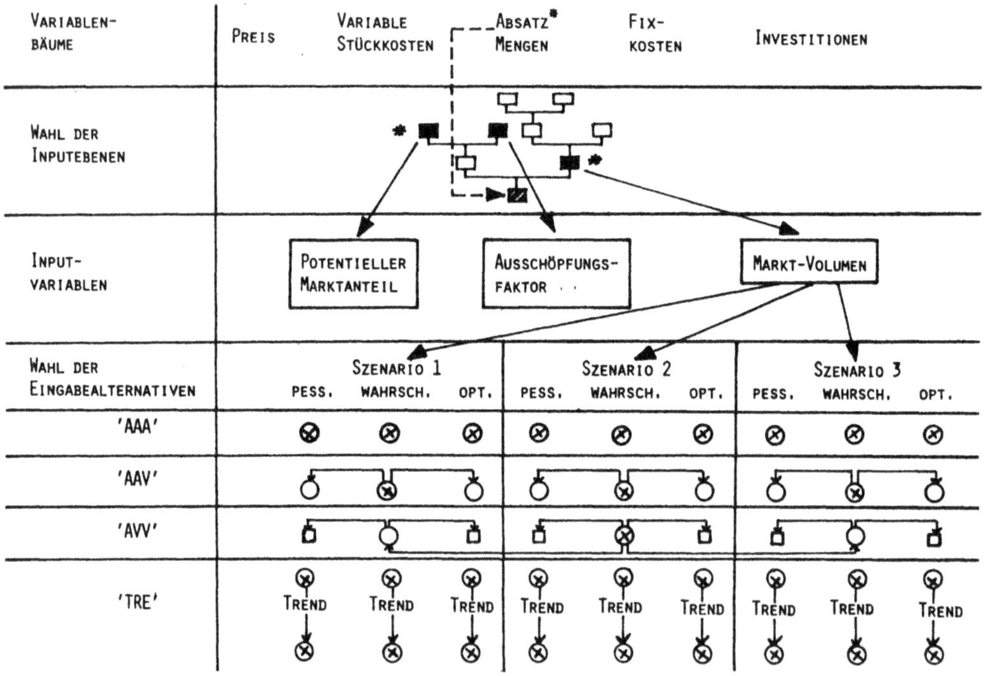

Legende: ⊗ Eingegebene Werte; O,□ Errechnete Werte (Variationsfaktoren)

Abb. 2: Wahlmöglichkeiten im Prozeß der Dateneingabe

Das oben beschriebene Prognoserisiko läßt sich auch so deuten, daß aufgrund einer Über- oder Unterbewertung der Eintrittswahrscheinlichkeiten einzelner Inputvariablen eine in der ex post Betrachtung nicht optimale Strategie gewählt wurde.

Dieses Risiko kann nun dadurch expliziert werden, daß die Ergebnisverteilungen der einzelnen Strategien nicht nur aus den Durchschnittswerten der drei Szenarien, sondern auch jeweils für jedes der alternativen Szenarien gesondert erzeugt werden. Hierdurch läßt sich zeigen, unter welchen Bedingungen welche Strategie bevorzugt wird. Darüber hinaus läßt ein Vergleich der Strategien bei optimistischer, mittlerer und pessimistischer Schätzung untereinander sowie mit der durchschnittlichen Schätzung Schlüsse auf das einzugehende Prognoserisiko zu.

2.2.3 Das Modellierungsrisiko

Wie eingangs erläutert, besteht das Modellierungsrisiko der Planung hautpsächlich in der Gefahr fehlerhafter Prämissen bezüglich der Relevanz und Komplexität der ausgewählten Variablen und ihrer untersuchten Wirkungsbeziehungen.

Das Risiko der Modellierung von Anzahl und Interdependenzen der Variablen wird durch die freie Wahl des Detaillierungsgrades begrenzt, da diese nahezu beliebige Variationen innerhalb der 5 Bäume zuläßt.

Schwieriger ist dagegen die Variation der Inhalte von Variablen und Wirkungsbeziehungen. Für eine weitere Ausbaustufe ist geplant, dem Benutzer auch diese Möglichkeit im Dialog zu eröffnen. Derzeit kann nur auf den modularen Aufbau des Gesamtprogramms verwiesen werden, wodurch Änderungen in den Wirkungszusammenhängen mit geringstem Aufwand angepaßt werden können.

2.2.4 Das Paradigmenrisiko

Je mehr eine solche Änderung der Modellstruktur einen Wandel in der strategischen Perspektive ausdrückt, um so mehr rückt damit das Paradigmenrisiko in den Mittelpunkt des Interesses. Daneben erscheint ein Paradigmenwechsel grundsätzlich aber auch im Rahmen des vorgegebenen Strukturierungsvorschlages möglich. Liegt z.B. auf der Absatzseite die wichtigste Bestimmungsgröße der Wettbewerbsposition, so kann der Entscheider seinem strategischen Denken dadurch Rechnung tragen, daß er den Schwerpunkt seines Interesses auf den entsprechenden Baum legt und die anderen Bäume auf globalerem Niveau abhandelt.

Die freie Wahl der Ergebnisgrößen und der Eingabeart der Inputgrößen unterstützt darüber hinaus diese Möglichkeit des Perspektivenwechsels innerhalb der vorgegebenen Modellstruktur.

3 Risikoausgleich zwischen verschiedenen Geschäftseinheiten

Wenn es nun also gelungen ist, die Risiken alternativer Strategien auf der SGE-Ebene deutlicher zu explizieren, so liegt es besonders unter strategischen Gesichtspunkten nahe, zu fragen, welche Konsequenzen die alternativen Kombinationen der Einzelstrategien auf der Gesamtunternehmensebene zeigen. Denn das Problem des Risikoausgleichs zwischen mehreren SGEs ist ja eines der Hauptanliegen der strategischen Planung. Der Vergleich der über alle SGEs aggregierten Verteilungen von Ergebnisgrößen wie Gewinn, Cash Flow, Ergebnisbeitrag oder Barwertsumme für die einzelnen Planungsperioden zeigt sehr deutlich die Risiken unterschiedlicher Strategiekombinationen für das jeweilige Planjahr und im Zeitablauf.

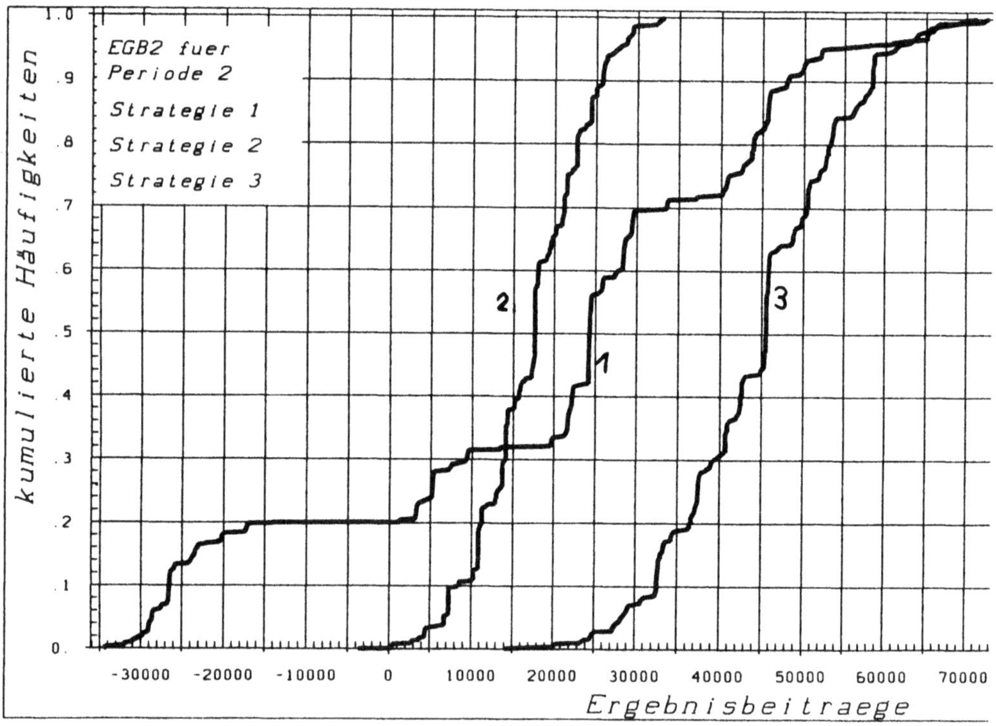

Abb. 3: Drei Strategien einer SGE

Da es sehr unwahrscheinlich erscheint, daß unter den Alternativen jeder SGE eine ist, die bzgl. aller Ziele (Ergebnisgrößen) die anderen dominiert (vgl. Abbildung 3), wird es sich bei der Ermittlung der Wunschkombination i.d.R. um ein nichttriviales Problem handeln. Ein Lösungsalgorithmus hierfür wäre nur dann programmierbar, wenn die individuelle Risikopräferenz des Entscheidungsträgers bekannt ist.

Geht man davon aus, daß die Ermittlung einer individuellen Risikopräferenz im Computerdialog nicht mit dem Ziel der Einfachheit vereinbar ist, erscheint uns die "Try and Error"-Methode als die zunächst gangbare Alternative. Ausgehend von einer Startkonfiguration, welche z.B. durch die Favoriten der SGE-Leiter gebildet wird, können alternative Kombinationen ausgewertet und beurteilt werden, bis eine Unternehmensstrategie gefunden wird, die in den Augen der zentralen Geschäftsleitung ein günstigeres gesamtunternehmerisches Risikoprofil aufweist als die Startkonfiguration.

Literatur:

1) HANSEN, H.R.; OHS, W.; Risikoanalyse - Entwicklung eines Dialogprogramms für Kleinrechner und Anwendung auf qualitative Bewertungsprobleme, S. 205-235, in: PEEMÖLLER, V.H. (Hrsg.), Führung in Organisationen (1979)

KÖHLER, R., UEBELE, H.; Planung und Entscheidung im Absatzbereich industrieller Großunternehmen (Ergebnisse einer empirischen Untersuchung), Arbeitsbereicht Nr. 77/9 des Inst. f. Wirtsch. Wiss. der RWTH Aachen

2) FELZMANN, H.; Ein Modell zur Unterstützung der strategischen Planung auf der Ebene strategischer Geschäftseinheiten (1982)

GÄLWEILER, A.; Zur Abstimmung zwischen Unternehmensstrategie und Finanzierungspotential, S. 246-297, in: TÖPFER, A., AFHELDT, H. (Hrsg.), Praxis der strategischen Unternehmensplanung (1983)

3) LANGE, B.; Die Erfahrungskurve: Eine kritische Beurteilung, ZfbF 36, S. 229-245 (1984)

4) HERTZ, D.B.; Risk Analysis in Capital Investment, HBR, S. 95-206 (Jan.-Feb. 1964)

STRATEGIEUNTERSTÜTZUNGSMODELLE

Erich Zahn, Stuttgart

Eine kardinale Aufgabe der strategischen Planung/Unternehmensführung ist das Formulieren von Strategien. Bei diesem Vorgang geht es um die Lösung von sog. schlecht-strukturierten Problemen, die vor allem daraus resultieren, daß bei ihrer Lösung z.T. unscharfe und oft konfliktäre Informationen aus verschiedenen Quellen zu verarbeiten sind und daß dabei gewöhnlich mehrere Entscheidungsträger mit häufig divergierenden Problemsichten involviert sind.

Der Beitrag versucht aufzuzeigen, welche Art von Informationen für die Strategieformulierung benötigt werden, von welchen Faktoren die Eignung einer Information bei einer strategischen Entscheidung abhängt und durch welche formalen Hilfsmittel (Modelle) der Prozeß der Strategieformulierung unterstützt werden kann.

Nach einer grundsätzlichen Diskussion der Problematik wird aufgezeigt, wie und mit welchen Leistungspotentialen Modelle vom Typ System Dynamics bei der Strategieformulierung eingesetzt werden können.

Die Hauptergebnisse des Beitrages lassen sie wie folgt zusammenfassen:

1. Der Prozeß der Strategieformulierung hängt vom individuellen Bezugsrahmen der einzelnen Entscheidungsträger und von der Organisation des Entscheidungsprozesses ab.

2. Modelle, die bei der Strategieformulierung eingesetzt werden, sollten darauf abzielen, den Entscheidungsträger dort zu unterstützen, wo er Schwächen hat.

3. Der Schlüssel für den wirkungsvollen Einsatz von Modellen zur Strategieunterstützung ist ihre dialektische Verwendung zur kritischen Hinterfragung von Meinungen.

4. Modelle zur Strategieunterstützung sollten das ganze Spektrum strategisch relevanter Informationen berücksichtigen.

PRODUKTINNOVATIONSRATE ALS PLANUNGSINSTRUMENT

Klaus Brockhoff, Kiel

Einleitung

In den letzten Jahren ist mehrfach zu beobachten gewesen, daß Unternehmen den Umsatzanteil "neuer" Produkte ausweisen. Als "neu" gelten dabei alle Produkte, die während der jüngsten fünf, zehn oder fünfzehn Jahre in das Sortiment aufgenommen wurden. Dieser Umsatzanteil kann als Produktinnovationsrate bezeichnet werden.

Intertemporäre Vergleiche und Betriebsvergleiche von Produktinnovationsraten sind problematisch, weil sie, um sinnvolle Ergebnisse zu ermöglichen, zusätzliche Informationen erfordern. Diese stehen dem unternehmensexternen Analytiker selten zur Verfügung.

Die unternehmensinternen Einsichten zur Interpretation der Produktinnovationsrate legen es nahe, sie nicht allein als Zustandsdokumentation zu benutzen. Vielmehr könnte geprüft werden, ob sie auch als Steuerungsinstrument brauchbar ist. Diesem Gedanken wird hier im Rahmen eines Simulationsexperiments nachgegangen.

Modellannahmen

Es wird angenommen, daß in einem Unternehmen in regelmäßigen Abständen ein Vergleich zwischen der Ist-Innovationsrate und einer Sollwertvorstellung der Innovationsrate vorgenommen werde. Überschreitet der Istwert den Sollwert, so wird eine Reduktion der Forschungs- und Entwicklungsaufwendungen (FuE) vorgenommen, bei Unterschreitung sollen sie erhöht werden. Allerdings soll diese Änderung nicht proportional zum Verhältnis der Innovationsraten vorgenommen werden, sondern gegen Grenzwerte streben, wenn die Abweichungen vom angestrebten Wert Eins aus zunehmen. Das hat seinen Grund darin, daß in der Praxis weder eine beliebig große Kapazitätserweiterung von Labors als realisierbar gilt, noch eine beliebige Reduktion der Laborkapazität als vernünftig angenommen wird. Dies ist zu erreichen durch

$$\Delta F = F(T) \cdot h \cdot \tanh \frac{S(T,J)}{I(T,J)} -1), \qquad (1)$$

Operations Research Proceedings 1984

worin

F(T)	die Forschungs- und Entwicklungsaufwendungen,
S(T,J)	die Soll-Innovationsrate,
I(T,J)	die Ist-Innovationsrate,
T	die Periode,
J	die zeitliche Abgrenzung für "neue" Produkte,
$h \geq 0$,	ein Parameter (Anpassungsstärke)

bedeuten.

Aus F(T) resultieren mit der Wahrscheinlichkeit $0<\beta<1$ neue Produkte oder Produktverbesserungen, die hier zunächst nur hinsichtlich ihrer Umsatzwirkung interessieren. Allerdings ist dafür eine Entwicklungszeit von k Perioden (k>0) erforderlich. Der Umsatz entwickelt sich dann nach einer üblichen Lebenszyklus- Funktion über $l = 1,2,...,L$ Perioden. Wir nehmen an:

$$U_{T,k,l} = a(F(T-l-(k-1)),k,\beta_k) \cdot l^b e^{-cl} , \tag{2}$$

worin b,c nicht-negative Parameter sind und $a(\cdot)$ eine nichtnegative Funktion ist, für die $\partial a/\partial F>0$ und $\partial a/\partial\beta>0$ gelten soll. Die Wirkung $\partial a/\partial k$ ist branchenmäßig sehr unterschiedlich.

Der Periodenumsatz setzt sich additiv aus den Umsätzen zusammen, die durch frühere Forschung und Entwicklung ermöglicht wurden. Hier erhalten wir nach Ablauf einer Startperiode von L+K Perioden:

$$U(T) = \sum_{l=1}^{L} l^b e^{-cl} \sum_{k=1}^{K} a(F(T-l-(k-1)),k,\beta_k) . \tag{3}$$

Die Kosten einer Periode werden hier auf die variablen Kosten reduziert. Diese sind abhängig vom Absatz der einzelnen "Artikel". Die variablen Kosten je "Artikel" werden definiert als:

$$K_{T,k,l} = g_o \, U_{T,k,l} \left[\sum_{\tau=1}^{l} U_{T,k,\tau} \right]^{g_1} , \tag{4}$$

wobei $g_o>0$ das Verhältnis der variablen Stückkosten zum Preis angibt und die Elastizität $g_1 \leq 0$ von der Lernrate abhängig ist. (Es muß gesichert sein, daß für $[\cdot] < 0$ stets $g_1 = 0$ gilt.) Die gesamten variablen Kosten einer Periode ergeben sich als:

$$K(T) = \sum_{l=1}^{L} \sum_{k=1}^{K} K_{T,k,l} \; . \qquad (5)$$

Wir definieren nun den Brutto-Gewinn

$$B(T) = U(T) - K(T) \qquad (6)$$

und den Netto-Gewinn

$$G(T) = B(T) - F(T). \qquad (7)$$

Die Ist-Innovationsrate errechnet sich als:

$$I(T,J) = \frac{\sum_{l=1}^{J} l^b e^{-cl} \sum_{k=1}^{K} a(F(T-l-k+1),k,\beta_k)}{U(T)} \; . \qquad (8)$$

Erklärte Variablen und Modellparameter

Es soll geprüft werden, wie die Steuerung in (1) auf die Unternehmensentwicklung wirkt, wenn unterschiedlich hohe Soll-Innovationsraten gefordert werden und außerdem die Erfolgswahrscheinlichkeiten β_k, die Anpassungsstärke h, die Lernrate und der Zeitpunkt des Umsatzmaximums des Lebenszyklus (b/c) bei gleichem kumulierten Basis-Umsatz $\sum_{l=1}^{L} l^b e^{-cl}$ variieren. Unternehmensentwicklung ist dabei operationalisiert als

- Horizontwert der Nettogewinne,
- Streuung der Horizontwerte,
- Häufigkeit von Unternehmenszusammenbrüchen (bei erstmals negativem kumulierten Nettogewinn, genauer: aufgezinsten Nettogewinnen),
- Umsatzwachstum.

Weitere Parameter des Modells sind so gewählt worden, daß sie empirischen Lebenszyklus-Schätzungen aus der Automobil- Industrie entsprechen oder plausible Werte annehmen (K=7, L=10, J=5, g_0=0,4).
Für die Größe a(·) wird angenommen:

$$a\ (\cdot) = \beta_k \cdot F(\cdot) \cdot (d_0 - d_1\ (k - \frac{K}{2})^2)\ .$$

Der letzte Term, mit den Parametern $d_0, d_1 > 0$, bringt zum Ausdruck, daß kurze und lange Entwicklungszeiten c.p. geringere "Artikelumsätze" ermöglichen als mittlere Entwicklungszeiten.

Untersuchungstechnik

Form und Bedeutung des Einflusses der unabhängigen auf die abhängigen Variablen, insbesondere den "Netto-Gewinn-Horizontwert", könnten varianzanalytisch untersucht werden. Allerdings kommt dem nur ein deskriptiver Wert zu, weil die notwendigen Voraussetzungen über die Verteilung der abhängigen Variablen nicht erfüllt sind. Signifikanzaussagen werden deshalb auf den Kruskal-Wallis- H-Test gestützt. Im übrigen werden deskriptive Aussagen vorgelegt.

Ergebnisse

Die Überlebensdauer der simulierten Entwicklungsverläufe wird vermutlich mit steigender Soll-Innovationsrate sinken und der Zusammenbruch wird relativ häufiger eintreten, weil hohe Forschungsanstrengungen ausgelöst werden, die die Liquidität zunächst belasten und erst später zu Umsätzen führen. Läuft der Umsatz schnell an, das heißt, nimmt b/c relativ niedrige Werte an, so ist ein Überleben eher zu erwarten als bei relativ hohen Werten für b/c, da damit einmal schnell für die Heranführung einer die Soll-Innovationsrate unterscheidende Ist-Innovationsrate an jene gesorgt ist und zum anderen relativ schnell Liquidität generiert wird. Beide Vermutungen werden bestätigt (vgl. Tab. 1).

Außerdem zeigt sich eine geringe Streuung der Zusammenbruchszeitpunkte (wobei zu beachten ist, daß die Auswertung mit der Periode 20 beginnt). Wenn also bis zur 31. Periode eine den Zusammenbruch vermeidende Steuerung gefunden wurde, so reichen die kumulierten Nettogewinne zur weiteren Überlebenssicherung aus.

Tabelle 1 : Zusammenbruchshäufigkeit und Medianwerte der Lebensdauer (in Klammern) in Abhängigkeit von Soll-Innovationsrate und Zeitpunkt des Umsatzmaximums (l* = b/c)

	l* = 4	l* = 5	l* = 6	l* = 7	Summe
S(T,5) = 0,15	0	0	0	0	0
S(T,5) = 0,40	0	14(28)	75(27)	115(27)	204
S(T,5) = 0,65	175(26)	374(24)	437(23)	450(23)	1434
S(T,5) = 0,90	468(21)	480(21)	480(21)	480(21)	1908
Summe	643	868	992	1045	3548
(Zellenbesetzung: 480, Gesamtzahl der Fälle: 7680)					

Das Umsatzwachstum wird für die jeweils überlebenden Unternehmen als durchschnittliche Wachstumsrate je Periode ermittelt. Generell zeigt sich ein Anstieg der Wachstumsrate mit steigender Soll-Innovationsrate, zunehmenden mittleren Forschungserfolg und wachsenden Lernraten in der Produktion. Allerdings ist die Wahl der Modellparameter so getroffen worden, daß das Umsatzwachstum insbesondere bei niedrigen Soll-Innovationsraten negativ ist, d.h. die simulierten Unternehmen schrumpfen (vgl. Tab. 2). Nur eine hohe Soll-Innovationsrate regt hier die Forschung so stark an, daß es zu positivem Wachstum kommt.

Tabelle 2 : Umsatzwachstumsraten in Abhängigkeit von Soll-Innovationsraten S(T,5) und l* = b/c

	Soll-Innovationsrate S(T,5)			
	0,15	0,40	0,65	0,90
l* = 4	0,752	0,902	0,970	1,081
l* = 5	0,817	0,956	0,989	1,125
l* = 6	0,830	0,955	1,003	1,137
l* = 7	0,839	0,950	1,014	1,145

Interessanterweise ist dies um so eher zu erwarten, je größer b/c wird. Höhere Werte b/c lassen cet. par. geringere Ist-Innovationsraten erwarten. Damit ist eine zusätzliche Anregung für eine forschungsintensive Politik gegeben (vgl.(1)), die zu weiteren Umsätzen beiträgt.

Auf den ersten Blick erscheint es unerklärlich, daß die Wachstumsrate mit zunehmender Anpassungsstärke sinkt. Hier ist aber zu bedenken, daß Schrumpfungsprozesse regelmäßig bei niedrigen Soll-Innovationsraten zu beobachten sind, bei diesen aber anfangs die Ist-Innovationsraten (aufgrund der Startbedingungen des Modells) über den Soll-Innovationsraten liegen. Niedrige Anpassungsraten führen dann dazu, daß die Forschungsaufwendungen im Vergleich zu hohen Raten langsamer abgesenkt werden und deshalb die Schrumpfung gebremster verläuft. Bei positiv wachsenden Unternehmen und einer die Soll-Innovationsrate unterschreitenden Ist-Innovationsrate fördern dagegen hohe Anpassungsstärken das Umsatzwachstum.

Für die Horizontwerte der Nettogewinne sind für alle Verhältnisse b/c folgende Aussagen mit $p < 0,01$ signifikant:

- Die Nettogewinn-Horizontwerte steigen mit zunehmenden mittlerem Forschungserfolg und wachsenden Lernraten der Produktion an.
- Mit wachsender Soll-Innovationsrate steigen die Nettogewinn-Horizontwerte zunächst an, fallen dann aber wieder ab. In der polynominalen Varianzanalyse wird ein annähernd quadratischer Zusammenhang erkennbar. Hieraus wird deutlich, daß es eine optimale Soll-Innovationsrate gibt. Abweichungen vom Optimum nach unten generieren keine genügenden Forschungsaufwendungen (und damit Umsätze) als Basis von Nettogewinnen. Abweichungen nach oben stellen so hohe Anforderungen an die Forschungsaufwendungen, daß diese nicht mehr durch die Bruttogewinne zu decken sind.
- Die optimale Soll-Innovationsrate liegt um so höher, je früher das Umsatzmaximum im Produktlebenszyklus erreicht wird.
- Mit zunehmender Anpassungsstärke sinken die Nettogewinn-Horizontwerte. Hier kann auf die frühere Erklärung entsprechend zurückgegriffen werden (vgl. Tab. 3, Abb. 1).

Allerdings ist hinsichtlich der Nettogewinn-Horizontwerte zu beachten, daß das Optimum hinsichtlich der Nettogewinn-Horizontwerte nicht mit einer Situation des Umsatzwachstums zusammenfallen muß. Tatsächlich ist es schwierig, bei den gegebenen Parametern beide Kriterien zu befriedigen. In der Suche nach diesem Steuerungsfenster liegt die Herausforderung an Simulationen und "what if" - Modelle mit realistischen Datensätzen.

Erweiterungen

Das Modell ist in mehrerer Hinsicht erweiterungsfähig. Es liegen z.B. Ergebnisse für den Fall vor, daß die Forschungsaufwendungen zusätzlich durch eine Selbstfinanzierungsschranke beschränkt sind. Zusätzliche Annahmen, z.B. über sinkende Grenzerfolge wachsender Forschungsaufwendungen, oder unternehmensspezifische Eigenheiten können leicht berücksichtigt werden. Damit sind Grundlagen für die Bewertung einer an der Innovationsrate orientierten Unternehmensstrategie gelegt.

Tabelle 3 : Ergebnisse der (polynomialen) Varianzanalyse der Nettogewinn-Horizontwerte (Auszug) für das Modell reiner Innovationsraten-Steuerung

	l* = 4	l* = 5	l* = 6	l* = 7
Gesamte Varianz	788715	714441	904733	1134976
Durch Innovationsraten erklärte Varianz(oneway)	190815	430770	548952	670050
(davon: linearer Term	(16724)	(314312)	(470240)	(581770)
quadr. Term)	(159960)	(107122)	(74605)	(87017)
Mittelwerte der Horizontwerte bei				
S(T,5) = 0,15	109,0	296,9	367,2	409,7
S(T,5) = 0,40	449,3	532,1	401,6	389,0
S(T,5) = 0,65	596,0	-16,8	-165,2	-172,2
S(T,5) = 0,90	-218,1	-726,4	-919,3	-1044,4
Haupteffekte:	334257	513902	642125	789598
(Innovationsrate)	(190815)	(430770)	(548952)	(670050)
(Forschungserfolg)	(40334)	(6810)	(8305)	(11424)
(Anpassungsstärke)	(43651)	(59407)	(70311)	(91032)
(Lernrate)	(59567)	(16914)	(14556)	(17092)
Zweifache Interaktionen	196075	165142	221952	283748
(Innvr.x Anpass.st.)	(86882)	(158101)	(209015)	(265353)
Dreifache Interaktionen	122280	29988	29468	40894
Anteil der Residuen (%)	17,27	0,76	1,23	1,81

Abb. 1: Mittlerer Horizontwert der Nettogewinne in Abhängigkeit von der Soll-Innovationsrate und dem Zeitpunkt des Umsatzmaximums des Produktlebenszyklus.

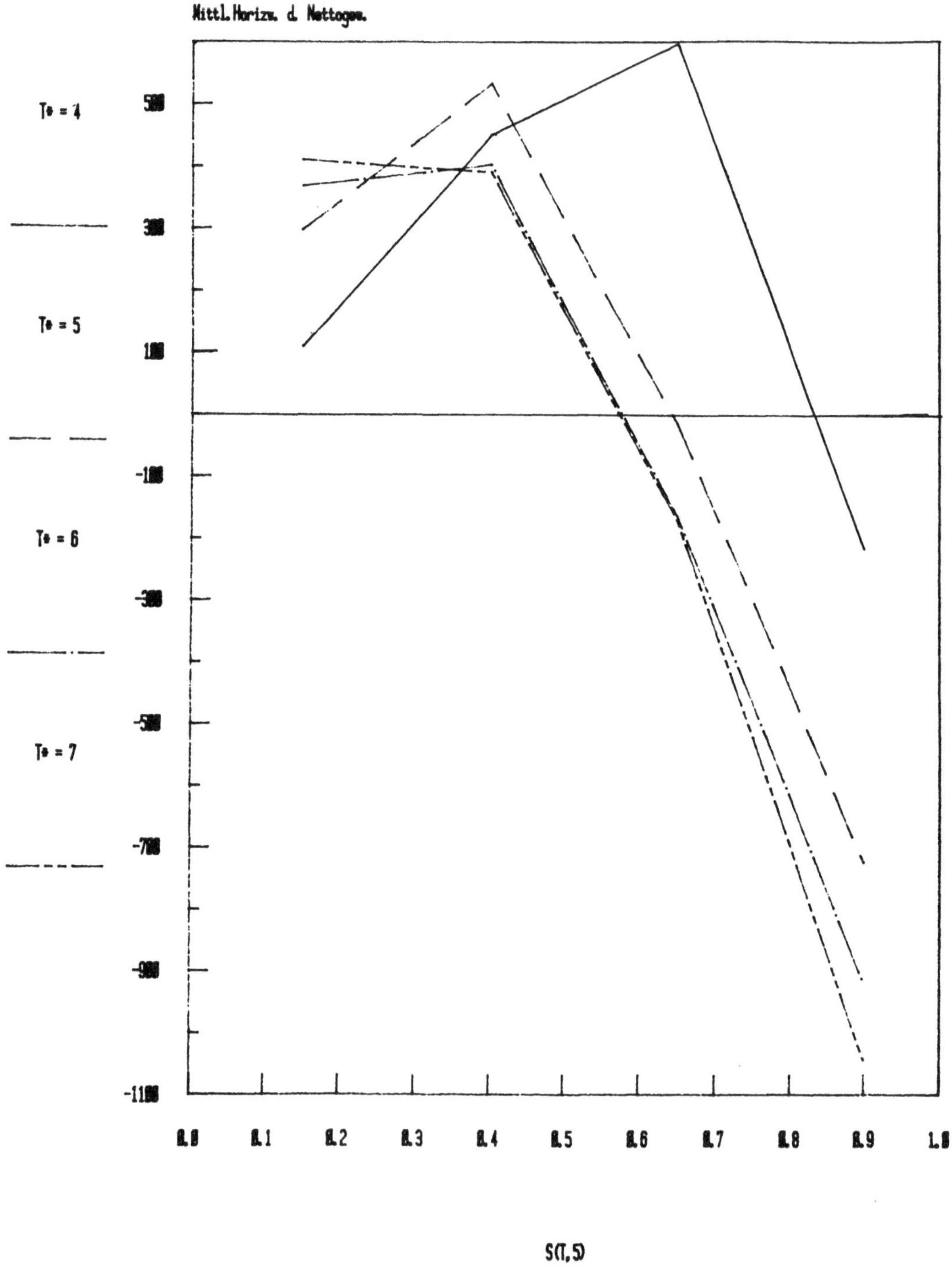

ANWENDUNG DES KONZEPTES DER LEBENSZYKLUSKOSTEN BEI DER PLANUNG, NUTZUNG UND STILLEGUNG VON GROßANLAGEN

Klaus L. Wübbenhorst, Gütersloh

Lebenszykluskosten bezeichnen die totalen Kosten, die ein System während seines gesamten Lebens verursacht. Ziel des Konzeptes ist, durch eine frühzeitige und umfassende Beschreibung, Erklärung und Prognose von Leistungs-, Zeit- und Kostenparametern Gestaltungsempfehlungen zu geben, um eine möglichst große Systemeffizienz über den gesamten Lebenszyklus zu gewährleisten.

Mit der vorliegenden Untersuchung sollte überprüft werden,inwieweit bei der Planung, Nutzung und Stillegung von Großanlagen in der Bundesrepublik Deutschland auf Elemente des Konzeptes zurückgegriffen wird. Die schriftlich befragten Unternehmungen sind einer Aufstellung des Industriemagazins über die Großanlagenbauer entnommen.

Schwerpunkte der Untersuchung waren folgende Problembereiche: die Kenntnis des Konzeptes, Strategien bei der Vergabe von Aufträgen, die Relation der in den einzelnen Phasen des Lebenszyklus entstehenden Kosten, die Bewertung von Ursachen für Kostenüberschreitungen, die Anwendung von Vergleichsrechnungen (Trade-Off's), der Einsatz unterschiedlicher Kostenprognosemethoden in Abhängigkeit von Phasen und letzlich die Bedeutung des Konzeptes im Rahmen der Marketingpolitik.

Einige Ergebnisse sind u.a. die Dominanz von Leistungszielen bei der Auftragsvergabe, das große Ausmaß der Folgekosten im Vergleich zu den Anfangskosten, der Einfluß von externen und nicht vorhersehbaren Faktoren, sowie die häufige Änderung der Systemkonfiguration als Ursachen für Kostenüberschreitungen und Einsichten über die angewendeten Kostenprognosemethosen.

EXPERIMENTE MIT NICHTLINEAREN, INTERDEPENDENTEN UNTERNEHMENSMODELLEN

Werner Ente, Kiel
Reinhart Schmidt, Kiel

1. Problemstellung

Der praktische Einsatz von Unternehmensmodellen hängt - wenn man das Datenbeschaffungsproblem nicht betrachtet - vor allem davon ab, inwieweit die Modellstruktur durch folgende Eigenschaften gekennzeichnet wird:
- Rekursivität/Interdependenz
- Linearität/Nichtlinearität
- Determiniertheit/Stochastik.

Bleibt man im Bereich der deterministischen Modelle, so ist zunächst festzustellen, daß rekursive, lineare Modelle keinerlei methodische Schwierigkeiten verursachen. Auch rekursive, nichtlineare Modelle [vgl. z.B. Bucher (1972)] können recht einfach gerechnet werden.

Die Struktur linearer, interdependenter Unternehmensmodelle ist in der Literatur ausführlich behandelt worden. Für den Fall von Optimierungsmodellen sei verwiesen auf die Arbeiten von Schweim (1969), Hamilton/Moses (1973), Rosenberg (1975), Metz (1978), Popp (1980) und Schmidt (1980). Weiterhin existieren lineare, interdependente What-if-Modelle [z.B. Metz (1978), Schug (1980)], und es werden auch Übergänge zwischen linearen What-if-Modellen und Optimierungsmodellen angesprochen [Schmidt (1976)].

Praxisrelevante Modellstrukturen für den Fall nichtlinearer, interdependenter Unternehmensmodelle findet man jedoch in der Literatur nicht, es gibt nur Hinweise auf solche Modelle [z.B. Rosenkranz (1979)]. Nichtlinearitäten sind aber in der Praxis von nicht zu unterschätzender Bedeutung, weil folgende Typen nichtlinearer Hypothesen und Definitionsgleichungen vorkommen [vgl. Zwicker (1981), S. 259ff.]:
1. Definition einer endogenen Variablen durch Multiplikation oder Division zweier erklärender Variablen
2. Existenz monokausaler Hypothesen mit abnehmendem Grenzzuwachs - auch über Tabellenfunktionen -
3. Hypothesengleichungen mit oberen und unteren Grenzen (Konditionalstrukturen).

Daneben treten Interdependenzen in zeitdiskreten Modellen auf, wenn eine Disaggregation in kürzere Zeitintervalle nicht vorgenommen werden kann [vgl. Bucher (1972), S. 38]. Dies kann daran liegen, daß Daten für kürzere Periodenlängen nicht verfügbar sind, weil sie nicht gemessen werden können. Es ist aber auch denkbar, daß die Planungskosten durch das Erstellen zusätzlicher Daten ansteigen, selbst wenn die Rechenzeiten für entsprechende Modelle sinken.

Aus diesen Feststellungen folgt die Notwendigkeit, sich mit nichtlinearen, interdependenten Unternehmensmodellen zu befassen, und zwar im Hinblick auf die praktischen Berechnungsmöglichkeiten der Modellgrößen. Während im Falle linearer, interdependenter Modelle algebraische Verfahren oder der Gaußsche Algorithmus eingesetzt werden können, ist man im Falle nichtlinearer, interdependenter Systeme auf numerische Lösungsverfahren eingeengt. In diesem Zusammenhang wird die "Relevanz von Computersimulationen deutlich" [Zwicker (1981), S. 268]. Ziel des vorliegenden Beitrages ist es daher, durch Experimente mit solchen Unternehmensmodellen festzustellen, inwieweit die Berechenbarkeitseigenschaften von bestimmten Faktoren abhängen. Als Lösungsverfahren wird dabei das Gauß-Seidel-Verfahren herangezogen, das sich als Standard-

Operations Research Proceedings 1984

verfahren für solche Modelle etabliert hat [vgl. dazu Rosenkranz (1979), Zwicker (1981)].

2. Das Programmsystem zur Prognose zeitdiskreter, nichtlinearer, interdependenter Modellgrößen

Im Institut für Weltwirtschaft an der Universität Kiel ist seit 1980 ein in der Sprache SIMULA geschriebenes Programmsystem entwickelt und an der PDP10 der Universität Kiel implementiert worden. Das System ermöglicht dynamische Ex-post- und Ex-ante-Prognosen und Politiksimulationen sowie entsprechende Monte-Carlo-Studien mit beliebigen zeitdiskreten Modellen. Der verwendete Lösungsalgorithmus ist das Gauß-Seidel-Verfahren.

Die Anzahl der endogenen und exogenen Variablen in den Modellen ist prinzipiell beliebig, in der Praxis jedoch durch den zur Verfügung stehenden Speicherplatz begrenzt. Die Variablen werden dynamisch über verkettete Listen und nicht über Arrays verwaltet, so daß der tatsächliche Platzbedarf eines Modells direkt von der Zahl der Variablen abhängig ist. Ein kleineres Modell mit ca. 50 endogenen und 35 exogenen Variablen benötigt weniger als 50 K Worte, ein größeres ökonometrisches Modell mit ca. 500 Variablen und weit über 1000 Funktionen (Berechnung von Wachstumsraten, gleitenden Durchschnitten, Erzeugung von Dummyvariablen) benötigt etwa 100 K Worte. Ein weiterer Vorteil verketteter Listen besteht darin, daß die Variablen recht leicht umsortiert werden können, z.B. um bestimmte Variablen in einem interdependenten Block von den anderen zu trennen. Zur Matrixtriangulation steht ein entsprechendes Programm zur Verfügung [vgl. Kiesner (1982)].

Die Daten werden mit Hilfe eines separaten Datenverwaltungssystems gewartet, so daß sie auch für andere Programme zur Verfügung stehen. Es existiert nur eine zentrale Schnittstelle zu diesem System, so daß ein Anschluß an eine anders strukturierte Datenbank einfach zu realisieren ist. Die Eingabesprache richtet sich nach der Syntax des SIMULA-Compilers; dadurch stehen neben einer Menge von selbstentwickelten Funktionen auch die Standardfunktionen des Compilers zur Verfügung. Durch die Vielzahl der vorhandenen Funktionen wird der Eingabeaufwand erheblich reduziert und die Lesbarkeit deutlich erhöht. Die Definition eigener Funktionen ist sehr einfach möglich.

Die Gleichung

$$INV = a + b * \begin{Bmatrix} MASCH - MASCH_{-1} \\ 1 \end{Bmatrix}, \text{ falls } (MASCH - MASCH_{-1}) \begin{Bmatrix} > 1 \\ \leq 1 \end{Bmatrix}$$

wird unter der Kennung INV folgendermaßen codiert:

```
P1 (Wert, RMAX(1, D1 (0, MASCH) ) ).
```

Dabei werden die Koeffizienten nicht angegeben, sie werden automatisch vom Programm aus der entsprechenden Datenbasis gelesen. Die Reihenfolge der Gleichungen ist frei wählbar, da das Programm im allgemeinen die Abarbeitungsreihenfolge selbst wählt. Das Modell wird nach der Eingabe kompiliert und anschließend gerechnet. Der Vorteil einer Kompilation gegenüber einer Interpretation liegt darin, daß Rechenzeit und Speicherplatz stark reduziert sind. Während der Durchführung werden interaktiv die Namen der Datenbasen, Prognosezeitraum und weitere Steuerungen eingegeben. Dadurch ist es sehr einfach möglich, mit demselben Modell verschiedene Szenarien zu simulieren, z.B. durch Änderung der Datenbank der Exogenen bzw. der Koeffizienten. Bei Berechnung eines neuen Wertes wirft das System für alle Endogenen als Anfangswert für die Iteration automatisch den (berechneten) Wert der vorhergehenden Periode aus.

Im Hinblick auf die Konvergenz werden alle im iterativen Block stehenden Variablen getestet. Das Verfahren läuft dazu wie folgt ab: Die Iteration wird abgebrochen, wenn entweder die vorgegebene Maximalzahl der Iterationsschritte (MAXITER) oder der Konvergenzpunkt erreicht ist. Dazu sind drei Kriterien implementiert:

1. Die absolute Veränderung V_A einer Variablen zwischen zwei Iterationsschritten ist kleiner als ein vorgegebener Wert E_A oder
2. die relative Veränderung V_R ist kleiner als ein vorgegebenes E_R und zusätzlich muß
3. die durchschnittliche Veränderung $V_M = \mathrm{Min}(E_A * V_A, E_R * V_R)$ kleiner als ein vorgegebenes E_M sein.

Die Ausgabe der Ergebnisse erfolgt entweder über ein integriertes Ausgabeprogramm, oder es wird eine Datenbank erzeugt, so daß die Ergebnisse vielfältig weiterverarbeitet werden können (Plots, Saisonbereinigung, Weiterberechnungen aller Art). Diese Eigenschaften stellen für Systeme mit integrierter Datenbank - wie TROLL - ein Problem dar.

3. Untersuchte Modelle und methodisches Vorgehen

Für Zwecke dieser Untersuchung wurden drei Basis-Modelle entwickelt, die im Hinblick auf die Anzahl der Variablen übereinstimmen: Die betrieblichen Teilbereiche Produktion (P), Absatz (A) und Finanzen (F) enthalten jeweils sechs endogene Variablen, der übergeordnete Bereich (T) enthält 30 solche Variablen. Die drei Basis-Modelle unterscheiden sich im Hinblick auf Linearität/Nichtlinearität und auf Rekursivität/ Interdependenz:

Modell GOR: Lineares, fast vollständig rekursives Modell, wobei nur durch die Beziehungen zwischen Steuern, Fremdkapitalzinsen und Bilanzgewinn Interdependenz gegeben ist.

Modell LLG: Lineares, interdependentes Modell, in dem bis auf die Definitionsgleichungen Interdependenz gegeben ist.

Modell NLG: Nichtlineares Modell, wobei bis auf die Definitionsgleichungen Interdependenz gegeben ist.

Bei der Formulierung der interdependenten Zusammenhänge wurden sinnvolle ökonomische Hypothesen zugrundegelegt. Das Ausmaß der Interdependenz für die Modelle LLG und NLG kann Abb. 1, in der die Verflechtungsstruktur wiedergegeben wird, entnommen werden: Eine Blockstruktur ist nicht herstellbar.

Die drei Modelle wurden mit denselben Daten bestückt.

```
TLZINER   X...................X................X..........
TNZINKBA  .X...X..........................................
TLLIEF    ..X..................................X..........
TLLBANK   ...X.......X....................................
TLBGEW    ....X.......................................X...
TLKBANK   ..XXXX..X.X...................X.................
TLTHES    ......X.....................................X...
FLRL      .......X.X......................................
TLRL      ......XXX.......................................
FLGK      .........X....................X.................
TLGK      .........XX.....................................
FLLBANK   ........X.XX.......X.........X..................
FLZINAU   ...........XX...............................X...
TLZINAU   .X...X......XX..................................
ALSONAU   ..............X................................X
TLSONAU   ..............XX.............................X..
PLPERSM   ................X.......................XX......
PLPERSAU  ................XX..................X...........
PLRHB     ..................X.....................X.......
TLRHB     ..................XX............................
TLLIQM    ....................XX.............X............
TLUMS     .....................X.........................X
TLFORD    .....................XX.........................
TLSEEVT   .......................X....................X...
TLSEEVA   ........................X...................X...
TLSEEV    .......................XXX......................
TLJERG    .........................XX.................X...
TLBVERL   ..........................XX....................
TLINV     ............................X.............X.....
TLAV      ............................XX.............X....
TLAKTIVA  ...................XX.X....X.XX.......X.........
FLPERSM   ..............................XX................
FLPERSAU  ...............................XX...........X...
ALPERSM   .................................X............X.
ALPERSAU  .................................XX............X
TLPERSAU  .................X..............X.XX............
PLMATAU   ....................................X...XX......
TLMATAU   ....................................XX..........
TLFF      ......................................X.X.....X.
TLBV      ......................................XX........
PLX1      ........................................X.....X.
PLMASCHM  ........................................XX......
TLMASCHM  .........................................XX.....
TLABSCHA  ..........................................XX....
TLVOR     X............X.X.....X.............X.X.X...XX...
ALWERB    ............................................XX.X
ALX1      .............................................XX.
ALUMS     ..............................................XX
```

Abb. 1: Interdependenz im nichtlinearen Basismodell NLG

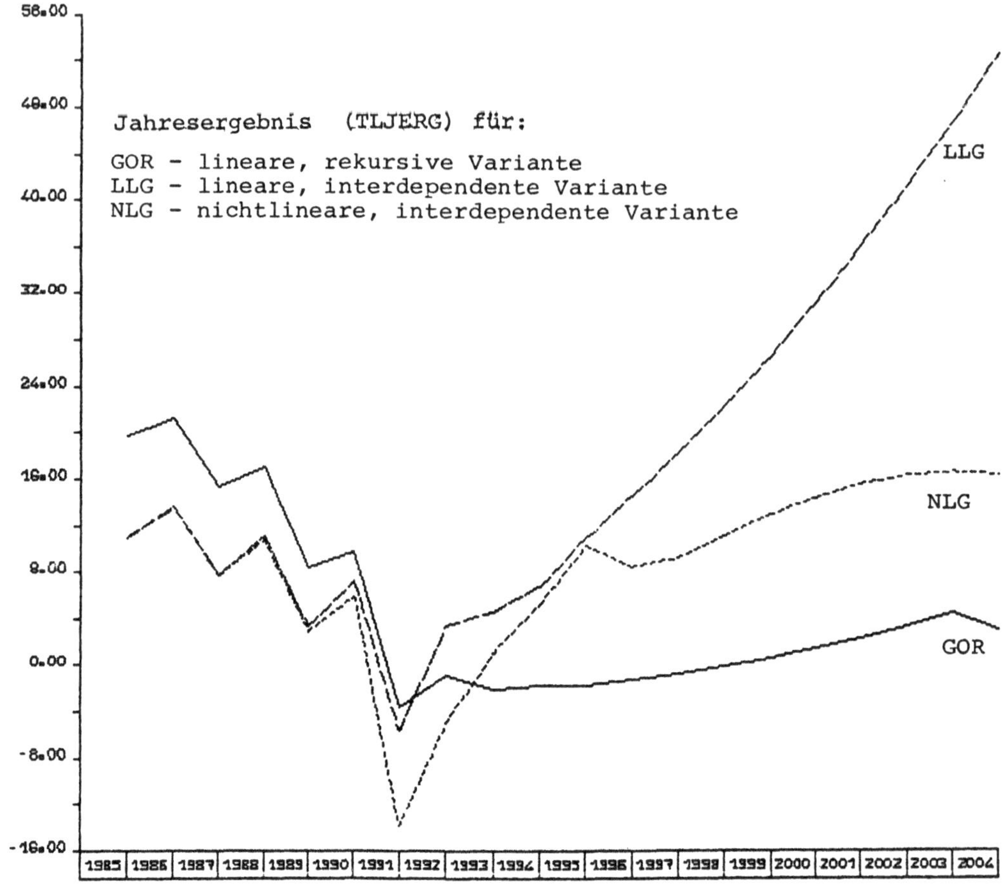

Abb. 2: Modellergebnisse unterschiedlicher Modellvarianten

Die Plausibilität der Ergebnisse für die drei Basismodelle wurde in der Form überprüft, daß für alle drei Modelle für die ersten zehn Perioden in etwa die gleichen Entwicklungen zu verzeichnen waren. Am Beispiel der Abb. 2 kann man für die Modellgröße "Jahresüberschuß" (TLJERG) die Unterschiede erkennen.

Im Rahmen der Experimente wurde insbesondere auf Konvergenz und die Anzahl der Iterationen geachtet. Im einzelnen wurden folgende Vergleiche vorgenommen:

- Linearität (LLG) versus Nichtlinearität (NLG)
- Einfluß der Anfangswerte auf die Iterationenzahl
- Abhängigkeit der Konvergenz von der Art der Formulierung derselben ökonomischen Sachverhalte (vgl. unten).

- Abhängigkeit der Iterationenzahl von dem Interdependenzgrad des Modells.

Der Interdependenzgrad des Modells wurde dadurch variiert, daß die jeweils sechs Gleichungen der Teilmodelle P, A, F und T willkürlich in zwei Gleichungsblöcke unterteilt wurden. Diese Gleichungsblöcke wurden entweder mit Gleichungen des linearen, rekursiven Modells oder des nichtlinearen, interdependenten Modells gefüllt. Auf diese Weise entstand "mittlere" Interdependenz dadurch, daß für alle Teilmodelle jeweils die erste Hälfte der Gleichungen rekursiv und die zweite Hälfte der Gleichungen interdependent ausgestaltet wurde. Entsprechend wurde der Interdependenzgrad dadurch erhöht bzw. erniedrigt, daß einzelne Teilmodelle nur interdependent bzw. rekursiv gestaltet wurden. Unter einer so formal bestimmten Kombination von Modellelementen kann allerdings die ökonomische Plausibilität leiden.

4. Ergebnisse

In Tab. 1 ist dargestellt, inwieweit die Iterationenzahl bis zur Konvergenz von dem Interdependenzgrad abhängt. Ausgehend von dem fast vollständig rekursiven Modell GOR folgen schwach interdependente Modelle vom Typ RRRI, mittelmäßig interdependente Modelle M, stark interdependente Modelle IIIR sowie die vollständig interdependenten Modelle NLG und LLG. Dabei zeigt sich über die Matrixstruktur zunächst ein "qualitativer" Einfluß: die durchschnittliche Iterationenzahl wächst mit steigendem Interdependenzgrad. Daneben existiert ein "quantitativer" Einfluß unterschiedlicher Koeffizientenwerte, wenn man nämlich die Modelle NLG und LLG vergleicht, die von der Matrixstruktur her denselben Interdependenzgrad haben. Der Koeffizienteneinfluß zeigt

Tab. 1: Iterationenzahl bei unterschiedlicher Interdependenz*

	Modell bzw. Modelle								
	GOR	RRRI1	RRRI2	M1	M2	IIIR1	IIIR2	NLG	LLG
minimal	7	7	7	7	8	8	8	9	22
durchschnittlich	7.5	10.4	8.5	12.1	8.5	15.2	13.4	18.2	25.4
maximal	8	16	10	15	10	31	26	27	28
Anzahl der Modelle	1	6	6	1	1	6	6	1	1

* Je Modell wurden Werte für 20 Perioden berechnet.

sich auch - hier nicht zahlenmäßig berichtet - innerhalb von jeweils sechs Modellen der schwachen oder starken Interdependenz (RRRI bzw. IIIR).

Die mit Ausnahme von LLG niedrigen minimalen Iterationszahlen sind dadurch zu erklären, daß in Verlustperioden die durch die Steuern zusätzlich bedingte Interdependenz "abgeschaltet" wird, also erst innerhalb des Rechenverfahrens in Abhängigkeit von den Werten. Es ist daher äußerst schwierig, Interdependenz allgemeingültig zu erfassen. Ein wesentlicher Einfluß auf die Iterationenzahl ist aber feststellbar.

Um die Wirkungen von Koeffizientenwerten zu demonstrieren, genügt eine Gegenüberstellung von drei Zwei-Gleichungsmodellen (vgl. Abb. 3). Ausgehend von einem konstanten Gewinn vor Steuern (TLVOR = 100) werden unter Verwendung eines Steuersatzes (FAKTOR) die Steuern (TLSEEV) und Gewinne nach Steuern (TLJERG) berechnet. Bei den drei kleinen Modellen in Abb. 3 handelt es sich um triviale mathematische Umformungen desselben Problems. Tab. 2 zeigt nun das Konvergenzverhalten in Abhängigkeit von dem Koeffizienten FAKTOR.

Modell 1

$$\mathrm{TLSEEV} = \mathrm{FAKTOR} * \mathrm{TLJERG}$$

$$\mathrm{TLJERG} = \mathrm{TLVOR} - \mathrm{TLSEEV}$$

Modell 2

$$\mathrm{TLJERG} = \frac{1}{\mathrm{FAKTOR}} * \mathrm{TLSEEV}$$

$$\mathrm{TLSEEV} = \mathrm{TLVOR} - \mathrm{TLJERG}$$

Modell 3

$$\mathrm{TLSEEV} = \left(1 - \frac{1}{1+\mathrm{FAKTOR}}\right) * \mathrm{TLVOR}$$

$$\mathrm{TLJERG} = \mathrm{TLVOR} - \mathrm{TLSEEV}$$

Abb. 3: Zwei-Gleichungsmodelle zur Konvergenzuntersuchung

Aus Tab. 2 kann abgeleitet werden: das Modell 1 konvergiert bei Standardeinstellung des Systems bei einem Steuerfaktor zwischen 0 und 0.45, Modell 2 konvergiert bei einem Steuerfaktor zwischen 0.55 und 1.0, und Modell 3 konvergiert schließlich für alle Werte des Steuerfaktors. Dies zeigt allgemein, daß

- bei bestimmten Formulierungen Konvergenz für eine gegebene Systemeinstellung nicht garantiert werden kann
- Umformulierungen des Modells - wenn sie machbar erscheinen - die Iterationenzahl verringern helfen oder Konvergenz überhaupt erst ermöglichen.

Bei größeren Modellen dürfte es im allgemeinen äußerst schwierig sein, die Auswirkungen unterschiedlicher Modellformulierungen auf Konvergenz und Iterationenzahl a priori befriedigend einzuschätzen. Erfahrung und/oder Zufall scheinen hier Faktoren für den Erfolg des OR-Prozesses zu sein.

Tab. 2: Iterationenzahl bei Variation des Koeffizienten FAKTOR

FAKTOR	0.01	0.1	0.2	0.3	0.4	0.5	0.6	0.7	0.8
Modelle 1 und 2	6	9	13	17	21	27	35	49	>50
Modell 3	2	3	3	3	3	3	3	3	3

Schließlich konnte im Hinblick auf unterschiedliche Anfangswerte (Periode 0) kein Einfluß auf die Iterationenzahl festgestellt werden. Nicht untersucht wurden einfache Umstellungen der Gleichungen, die nach Zwicker (1981, S. 345ff.) Auswirkungen haben sollten.

5. Schluß

Programmsysteme wie das hier benutzte machen es möglich, recht komplizierte nichtlineare, interdependente Modelle einer Lösung zuzuführen. Damit wird ein neuer Anwendungsbereich auch für Unternehmensmodelle erschlossen, es kann wirklichkeitsnäher und unter Verwertung ökonometrisch ermittelter Zusammenhänge modelliert werden: Unternehmensgesamtplanung kann mehr sein als Tabellenkalkulation.

Literaturverzeichnis

Bucher, J.H.: Integrierte Langfristplanung eines Industriebetriebs mittels Simulation (eine Fallstudie). Diss. Universität München (1972).

Hamilton, W.F.; Moses, M.A.: An Optimization Model for Corporate Financial Planning. In: Operations Research, Vol. 21 (1973), P. 677-692.

Kiesner, Ch.: STABIL-Triangulation von quadratischen Matrizen, Kiel, Institut für Weltwirtschaft, Dez. 1982 (vervielfältigt).

Metz, M.: Bilanz- und Ergebnisplanung für internationale Unternehmen. Frankfurt, Bern, Las Vegas (1978).

Popp, W.: Simultane strategische Planung betrieblicher Funktionsbereiche. In: Hahn, D.; Taylor, R. (Hrsg.), Strategische Unternehmungsplanung, Würzburg (1980), S. 324-336.

Rosenberg, O.: Investitionsplanung im Rahmen einer simultanen Gesamtplanung. Köln (1975).

Rosenkranz, F.: An Introduction to Corporate Modeling. Durham (1979).

Schmidt, R.: Zur Planungsflexibilität bei der Planung von Bankbilanzen. In: Proc. Operations Research 6, Würzburg, Wien (1976), S. 484-495.

Schmidt, R.: Modellgestützte Generierung von Planbilanzen mit PLASMA. In: Stahlknecht, P., Online-Systeme im Finanz- und Rechnungswesen, Berlin, Heidelberg, New York (1980), S. 201-219.

Schug, Ch.: Integrierte finanzielle Unternehmensplanung. Frankfurt, Bern, Cirencester (1980).

Schweim, J.: Integrierte Unternehmungsplanung. Bielefeld (1969).

Zwicker, E.: Simulation und Analyse dynamischer Systeme in den Wirtschafts- und Sozialwissenschaften, Berlin, New York (1981).

DEKOMPOSITIONSVERFAHREN UND INTEGRIERTE PLANUNG

Paul Stähly, St. Gallen

1. Problemstellung und Problemabgrenzung

Die integrierte Planung wird hinsichtlich der nachfolgenden Ueberlegungen einzig auf die optimale Koordination und Abstimmung verschiedener Sparten bzw. Funktionsbereiche der gleichen hierarchischen Stufe durch die hierarchisch übergeordnete Stufe bezogen. Im Gegensatz zur zentralen Planung, bei der alle Aktivitäten der untergeordneten Einheiten auf der übergeordneten Entscheidungsstufe festgelegt werden, steht bei einer dezentralen Planung die Führung über Vorgabe von Spartenzielen und -budgets im Vordergrund. Für die einzelne Sparte stellt sich dabei das Problem, den vorgegebenen Handlungsspielraum optimal auszuschöpfen und die vorgegebenen Ziele möglichst weitgehend zu erreichen. Auf der übergeordneten Stufe handelt es sich demgegenüber darum, die Einzelziele und die Handlungsspielräume an die untergeordneten Organisationseinheiten derart festzulegen, dass die Summe der erreichbaren Teiloptima der untergeordneten Einheiten jenen Wert annimmt, welcher theoretisch bei zentraler gesamtoptimaler Planung erreichbar wäre.

Dass Gesamtmodelle, welche sämtliche Aktivitäten aller untergeordneten Einheiten enthalten und dabei auch die Funktion der optimalen Abstimmung und Integration der untergeordneten Einheiten beinhalten, in den meisten Fällen in der Wirtschaftspraxis keine Akzeptanz fanden, ist aus der Phase der Globalmodelle der späten 60-er und frühen 70-er Jahre hinlänglich bekannt. Neben der Unübersichtlichkeit und Grösse der Modelle, der Vermengung langfristiger mit kurzfristigen Aspekten und damit verbunden den entsprechend verschieden gesicherten Ausgangsdaten für die Modellkoeffizienten sowie im weiteren den verschiedenen fein strukturierten Teilbereichen lag der Hauptmangel in der fehlenden Berücksichtigung der Entscheidungskompetenzen und insbesondere des Fähigkeitspotentials der untergeordneten Führungskräfte (siehe dazu /11/).

Die Entwicklung der Dekompositionsverfahren reicht interessanterweise in die gleiche Zeitperiode zurück. Mit ihnen gelang prinzipiell die Abbildung der hierarchischen Struktur einer Unternehmung und der Nachweis, dass über eine ausgewählte Vorgabe von Spartenzielen und -budgets an die Teilbereiche optimale Teiloptima bestimmt werden können, deren Summe dem

Operations Research Proceedings 1984

Gesamtoptimum der Unternehmung bei globaler Betrachtungsweise entspricht. Dabei wurden Verfahren entwickelt, bei denen die übergeordnete Entscheidungsstufe entweder Teilziele für die untergeordneten Teilbereiche definiert und an diese vorgibt oder bei denen sie die knappen gemeinsamen Faktoren, d.h. Faktoren, um deren Zuteilung mehrere Teilbereiche miteinander konkurrieren, auf diese aufteilt, oder bei denen drittens eine Kombination von Zielvorgaben in Verbindung mit Krediten an knappen gemeinsamen Faktoren einhergeht. Die Teilbereiche bestimmen im Rahmen dieser Vorgaben ihre optimalen Bereichsprogramme und melden bereichsspezifische Daten (wie etwa optimale Bereichslösung, erreichbarer Zielfunktionswert, duale Variablen bzw. zusätzlicher Nutzen im Falle der Zuteilung zusätzlicher knapper gemeinsamer Faktoren) an die übergeordnete Entscheidungsstufe. Dort erfolgt auf Grund der eingetroffenen Daten eine Neubestimmung der Teilbereichsziele bzw. eine Umverteilung der knappen gemeinsamen Faktoren; die Ergebnisse werden als neue Vorgaben an die untergeordneten Teilbereiche weitergeleitet, wo wiederum neue Bereichsoptima ermittelt werden, usw. Dieser Iterationsprozess bricht ab, wenn aus einer weiteren Modifizierung der Bereichsziele bzw. Umverteilung von knappen gemeinsamen Faktoren keine Verbesserung des Gesamtoptimums mehr zu resultieren vermag.

Diese Dekompositionsverfahren, die ursprünglich aus rechen- und speichertechnischen Gründen entwickelt worden sind, weisen im Hinblick auf ihren Einsatz in der integrierten Planung einerseits attraktive Aspekte auf, besitzen indessen Eigenschaften, welche ihren Einsatz in diesem Anwendungsbereich in Frage stellen. Als positive Aspekte sind hervorzuheben:

- die Berücksichtigung der Kompetenzbereiche und die Ausschöpfung des Fähigkeitspotentials der untergeordneten Führungskräfte, was insbesondere auch hinsichtlich ihres grösseren Detailwissens in ihren Teilbereichen und hinsichtlich ihrer Motivation zur Behebung allfälliger im Verlaufe des Realisierungsprozesses auftretender Friktionen bedeutsam ist,
- die differenzierte und stufengerechte Verfeinerung der Teilbereiche sowie
- die Konzentration auf das Fällen der stufenspezifischen Entscheide, einschliesslich der Führung und Koordination der untergeordneten Teilbereiche.

Der Einsatz von Dekompositionsverfahren im Rahmen der integrierten Planung hängt im weitern von der Erfüllung der folgenden Voraussetzungen ab:

- Die Anzahl Abstimmungsschritte zwischen der übergeordneten Entscheidungsstufe und ihren unterstellten Teilbereichen muss der im Planungsprozess üblichen Anzahl von 2 - 4 Abstimmungsrunden entsprechen oder im Falle eines vorzeitigen Abbruchs des Iterationsprozesses nach 2 - 4 Rechenschritten eine gute Näherungslösung für optimale Bereichszielvorgaben und Zuteilungen an gemeinsamen knappen Faktoren liefern; es dominiert diesbezüglich die Reduktion an Interationsschritten gegenüber zusätzlichem Rechenaufwand je Abstimmungsschritt auf über- und untergeordneter Stufe;
- Die untergeordnete Entscheidungsstufe soll in ihrem Kompetenzbereich autonom bleiben; es sind in dieser Hinsicht einzig Daten an die übergeordnete Stufe weiterzuleiten, welche für die dort zu treffenden Entscheide unbedingt erforderlich sind. Wenn dagegen spartenspezifische Daten wie Zielfunktionskoeffizienten oder Produktionskoeffizienten bezüglich der sparteneigenen Engpassfaktoren, aber auch bezüglich der gemeinsamen knappen Engpassfaktoren an die übergeordnete Stelle zu liefern sind, die ihr einen Einblick in die Teilbereiche und deren zweckmässige bzw. optimale Verwendung der knappen gemeinsamen Faktoren erlauben, so würde das dezentrale Führungsprinzip mit der Kompetenzdelegation insofern eingeschränkt, als die übergeordnete Stufe dadurch in die Lage versetzt wäre, entsprechend dem zentralen Führungsprinzip die bereichsoptimalen Verhaltensweisen direkt zu bestimmen und vorzugeben.
- Die Vorgaben der Spartenziele bzw. der Spartenkredite an gemeinsamen knappen Faktoren sollen im Ablauf des Planungsprozesses derartige Modifikationen erfahren, dass die darauf basierenden Spartenlösungen je Sparte schrittweise gegen jene Spartenlösungen konvergieren, welche Bestandteil der gesamtoptimalen Lösung sind.

Nachfolgend werden Vertreter aus den beiden Gruppen der Dekompositionsverfahren mittels Zielvorgaben und jener mittels Ressourcenvorgaben hinsichtlich der drei formulierten Voraussetzungen eines Einsatzes in der integrierten Planung analysiert.

2. Analyse von Dekompositionsverfahren mit Vorgabe von Teilbereichszielen

Sofern sich die Struktur einer Unternehmung durch lineare Beziehungen angemessen abbilden lässt, kann die dezentrale Planung durch das folgende lineare Entscheidungsmodell, die sog. Dekompositionsform, dargestellt werden:

$$\sum_{t=1}^{T} p_t x_t \rightarrow \text{Max} \qquad (1.1)$$

u.d.N.

$$A_t x_t \leq s_t \qquad (t=1,\ldots, T) \qquad (1.2)$$

$$\sum_{t=1}^{T} D_t x_t \leq s_{T+1} \qquad (1.3)$$

$$x_t \geq o \qquad (1.4)$$

t ist ein Index für die Teilbereiche 1 bis T

p_t ist ein n_t-dimensionaler Vektor mit den Zielfunktionskoeffizienten des Teilbereichs t

x_t ist ein n-dimensionaler Variablenvektor für die Aktivitäten des Teilbereichs t

A_t ist eine $(m_t \times n_t)$-Koeffizientenmatrix mit den Produktionskoeffizienten für die m_t-teilbereichseigenen Engpassfaktoren des Bereichs t

s_t ist ein m_t-dimensionaler Vektor mit den m_t beschränkt verfügbaren Faktormengen bzw. Ressourcen des Bereichs t

D_t ist eine $(m \times n_t)$-Koeffizientenmatrix mit den Produktionskoeffizienten der m gemeinsamen Engpassfaktoren im Bereich t

s_{T+1} ist ein m-dimensionaler Vektor mit den beschränkt verfügbaren gemeinsamen Faktormengen, welche in verschiedenen Bereichen zum Einsatz gelangen können.

Die Entwicklung von Dekompositionsverfahren mit Steuerung der unterstellten Teilbereiche über die Vorgabe von Bereichszielen, entsprechend dem Prinzip des "Management by objectives", wurde von G. B. Dantzig und P. Wolfe bereits 1960 eingeleitet /2/. Das Konzept basiert vorerst auf einer Transformation der Dekompositionsform (1.1) bis (1.4) in das sog. vollständige Hauptprogramm (2.1) bis (2.4), in welchem der Lösungsraum eines jeden Bereichs t der Form (1.2) als konvexe Linearkombination der Eckpunkte seines Bereichs t dargestellt wird:

$$\sum_{t=1}^{T} \sum_{k=1}^{k(t)} Q_t^k \lambda_t^k \rightarrow \text{Max} \qquad (2.1)$$

u.d.N.

$$\sum_{t=1}^{T} \sum_{k=1}^{k(t)} d_t^k \lambda_t^k \leq S_{T+1} \qquad (2.2)$$

$$\sum_{k=1}^{k(t)} \lambda_t^k = 1 \quad (t=1,\ldots, T) \qquad (2.3)$$

$$\lambda_t^k \geq 0 \quad (t=1,\ldots, T; \; k=1,\ldots,k(t)) \qquad (2.4)$$

Dabei gilt:

λ_t^k ist als neue Variable das Gewicht des k-ten Eckpunktes bzw. Programmvorschlags des Bereichs t

$Q_t^k := p_t \cdot x_t^k$ ist der Wert der t-ten Bereichszielfunktion des k-ten Bereichseckpunktes bzw. Programmvorschlags

$d_t^k := D_t \cdot x_t^k$ ist der Verbrauchsvektor an gemeinsamen Ressourcen durch den Bereich t bei Realisierung seines Bereichseckpunktes bzw. Programmvorschlags k.

Durch (2.3) in Verbindung mit (2.4) wird die Darstellung des Lösungsraumes des Bereichs t gemäss (1.2) und (1.4) als konvexe Linearkombination seiner Eckpunkte gewährleistet, durch (2.2) analog die Einhaltung der Restriktionen bezüglich der gemeinsamen knappen Produnktionsfaktoren (1.3).

Durch die Transformation der Dekompositionsform (1.1) bis (1.4) in die Form des vollständigen Hauptprogramms entsprechend (2.1) bis (2.4) erfolgt eine bedeutsame Abnahme der Anzahl Restriktionen, da bei jedem Bereich t die m_t bereichseigenen Engpassrestriktionen (1.2) auf eine einzige Konvexitätsbedingung (2.3) reduziert werden. In Verbindung mit geeigneten Rechenverfahren, beispielsweise der revidierten Simplexmethode, kann die Anzahl Iterationsschritte bis zur Herleitung der optimalen Lösung stark vermindert werden. Da indessen die Eckpunkte der zulässigen Teilbereichsräume nicht bekannt sind bzw. nur mit unverhältnismässig grossem Aufwand ermittelt werden könnten, wird im Verfahren von Dantzig/Wolfe bezüglich der Anzahl Spalten vorerst ein sog. reduziertes Hauptprogramm zusammengestellt, aus welchem unter Verwendung des revidierten Simplexalgorithmus eine Basislösung gebildet werden kann. Anschliessend werden schrittweise einzig noch jene Spalten des vollständigen Hauptprogrammes aufbereitet und in das reduzierte Hauptprogramm einbezogen, deren Variablen λ_t^k bei den nächstfolgenden Simplexschritten als neue Basisvariablen ausgewählt werden, bis dass das Simplexkriterium erfüllt ist.

Dies erfordert je Simplexschritt jeweils die Ermittlung von

$$\underset{t}{\text{Max}} \ \underset{k}{\text{Max}} \ (Q_t^k - wd_t^k - v_t), \qquad (3)$$

wobei w der Vektor der dualen Variablen der gemeinsamen Engpassfaktoren (2.2), v_t die duale Variable der t-ten Konvexitätsbedingung von (2.3) ist. Die Ermittlung von (3) entspricht der aequivalenten Berechnung der nachfolgenden Teilbereichsprogramme (4.1) bis (4.3)
für alle Teilbereiche t=1,..., T:

$$Q_t = (p_t - wD_t)\, x_t - v_t \rightarrow \text{Max} \qquad (4.1)$$

u.d.N.

$$A_t x_t \leq s_t \qquad (4.2)$$

$$x_t \geq 0 \qquad (4.3)$$

Beim Dekompositionsalgorithmus von Dantzig/Wolfe werden im Hauptprogramm somit die dualen Variablen w und v_t ermittelt und an die Teilbereiche weitergeleitet. Diese modifizieren gemäss (4.1) ihre Zielfunktionen, berechnen ihre optimalen Teilbereichslösungen und melden die zugehörigen Zielfunktionswerte Q_t und Gesamtbedarfsmengen an gemeinsamen Faktoren $d_t := D_t x_t$ als Q_t^k bzw. d_t^k, d.h. als Ergebnisse des k-ten Schrittes an das Hauptprogramm weiter, wo (3) bestimmt und entweder der nächste Simplexschritt eingeleitet bzw. das Verfahren auf Grund des erfüllten Simplexkriteriums abgebrochen wird.

Obwohl die Anzahl der Iterationsschritte bei der Überführung der Dekompositionsform (1.1) - (1.4) in (2.1) - (2.4) normalerweise stark reduziert wird, ist diese gegenüber der in der Praxis üblicherweise anzutreffenden Anzahl von 2 - 4 Abstimmungsrunden übermässig gross. Als Vorteil für dieses Verfahren ist festzuhalten, dass im Falle des zu erwartenden und aus praktischen Gründen sich aufdrängenden vorzeitigen Abbruch des Iterationsprozesses eine obere Schranke für den Gesamtzielfunktionswert ermittelt werden kann. Die Autonomie der Teilbereiche bleibt gewahrt, da jeweils einzig die Gesamtbedarfsmengen für die verschiedenen gemeinsamen Engpassfaktoren sowie der Zielfunktionswerte des

Teilbereichs, somit keine Produktions- und Zielfunktionskoeffizienten preisgegeben werden. Bezüglich des dritten angeführten Kriteriums, der Konvergenz der Spartenlösungen im Ablauf des Planungsprozesses gegen jene Spartenlösung, die Bestandteil der gesamtoptimalen Lösung ist, würde der Einsatz des Verfahrens von Dantzig/Wolfe für die Teilbereiche zu untragbaren Auswirkungen führen. Die Zentrale strebt durch unterschiedliche Zielvorgaben an den Teilbereich im Verlauf des Iterations- bzw. Planungsprozesses die Ermittlung von relevanten Extremlösungen des Teilbereichs an, um schlussendlich über eine konvexe Linearkombination dieser Extrempunkte das durch den Teilbereich zu realisierende Programm vorzugeben. Dies wirkt sich auf der Stufe des Teilbereichs im Ablauf der Abstimmungsschritte in konträren Programmentscheidungen aus, was bei ihm zu einer Desorientierung hinsichtlich seiner endgültigen Ausrichtung führen muss.

S.F. Maier und J.H. Vander Weide /9/ modifizierten den Algorithmus von Dantzig/Wolfe, indem im Koordinationsprogramm der übergeordneten Entscheidungsstufe (2.1) - (2.4) der Bedarf an gemeinsamen Engpassfaktoren je Teilbereich t im Rahmen der derzeit gültigen optimalen Lösung des Systems (2.1) - (2.4) über

$$r_t := \sum_{k=1}^{k(t)} d_t^k \cdot \lambda_{t,opt}^k \qquad (t = 1,\ldots,T) \qquad (2.5)$$

berechnet und zusätzlich zu den w und v_t an die Teilbereiche weitergeleitet wird. Die Teilbereiche ihrerseits lösen je Abstimmungsschritt zwei Teilbereichsprogramme, einerseits das Programm (4.1) - (4.3) entsprechend Dantzig/Wolfe, andererseits (4.1) - (4.3) erweitert um die Restriktion (4.4) hinsichtlich verfügbarer gemeinsamer Engpassfaktoren für den Bereich t gemäss

$$D_t \; x_t \leq r_t \qquad (4.4)$$

und melden die beiden Teilbereichslösungen, soweit deren Zielfunktionswerte positiv sind, an die übergeordnete Stufe zurück. Im Unterschied zu Dantzig/Wolfe, welche einzig die Spartenlösung $\max_t (Q_t, Q_t > 0)$ für den nächsten Abstimmungsschritt berücksichtigen, werden bei Maier/Vander Weide alle, höchstens somit 2T eingetroffene Teilbereichslösungen ins reduzierte Hauptprogramm (2.1) - (2.4) einbezogen und dieses neu optimiert. Wie Leichtfuss /8/ untersucht hat, kann dadurch die Anzahl Abstimmungsschritte zwischen über- und untergeordneten Stufen gegenüber jener bei Dantzig/Wolfe bedeutend reduziert werden; dies konnte infolge erhöhtem Rechenaufwand je Abstimmungsschritt sowohl auf der über- als auch der untergeordneten Stufe erreicht werden, was auf Grund der verfügbaren Rechnerleistungen in den Hintergrund tritt. Hinsichtlich der übrigen Aspekte gelten die bei Dantzig/Wolfe angestellten Überlegungen weiter. Indessen ist auch bei Maier/Vander Weide die Anzahl verbleibender Abstimmungsschritte im Hinblick auf die Bedürfnisse einer dezentralen integrierten Planung gross.

3. Analyse von Dekompositionsverfahren mit Vorgabe von Krediten an gemeinsamen Engpassfaktoren an die Teilbereiche

Die Entwicklung von Dekompositionsverfahren, welche die Koordination bzw. Abstimmung der unterstellten Teilbereiche über die Zuteilungsmengen der knappen gemeinsamen Engpassfaktoren vornehmen, geht ebenfalls bis in die 60-er Jahre zurück. Der erste diesbezügliche Algorithmus von J. Kornai und T. Liptak aus dem Jahre 1965 /7/ weist indessen verschiedenartige Konvergenzprobleme auf, indem der Gesamt-Zielfunktionswert langsam, d.h. unter Vornahme vieler Abstimmungsschritte, und nicht monoton wachsend, verbunden mit grossen Anschlägen, zunimmt. Von den darauf bis Ende 1982 aufbauenden Algortihmen ist derjenige von Ten Kate /12/ neben jenem von Maier/Vander Weide als einer der effizientesten Algorithmen einzustufen.

Der 1966 von D. Adam und W. Röhrs publizierte Algorithmus weist durch seinen engen Bezug zu den herkömmlichen Simplexverfahren eine attraktive Struktur auf. Für den ersten Abstimmungsschritt werden den Teilbereichen von der übergeordneten Stufe Kredite an gemeinsamen Engpassfaktoren im Umfang r_t (beliebige Zuteilungsmengen, beispielsweise Vorjahrs- bzw. Vorperiodenwerte) im Rahmen der verfügbaren Gesamtmengen zugeteilt, so dass gilt (vgl. ursprüngliche Problemstellung (1.1) - (1.4)):

$$\sum_{t=1}^{T} r_t = s_{T+1} \qquad (5.2, \text{ s.u.})$$

Die Teilbereiche t lösen je das Programm

$$Q_t = p_t\, x_t \rightarrow \text{Max} \qquad (6.1)$$

$$A_t\, x_t \leq s_t \qquad (4.2)$$

$$D_t\, x_t \leq r_t \qquad (4.4)$$

$$x_t \geq 0 \qquad (4.3)$$

und melden an die Zentrale ihre teilbereichsspezifischen dualen Variablenvektoren w_t für die gemeinsamen Engpassfaktoren, welche gemäss (4.4) im Umfang r_t zur Verfügung stehen und welche den Zusatznutzen je zusätzlicher Einheit an gemeinsamen Engpassfaktoren für den Teilbereich t verkörpern, zurück. Die übergeordnete Stelle verwendet die w_t als Zielfunktionskoeffizienten für die Umverteilung der gemeinsamen Engpassfaktoren auf die Teilbereiche und somit für die Neufestlegung der r_t gemäss:

$$\sum_{t=1}^{T} w_t \cdot r_t \rightarrow \text{Max} \tag{5.1}$$

u.d.N.

$$\sum_{t=1}^{T} r_t = s_{T+1} \tag{5.2}$$

$$r_t \geq 0 \tag{5.3}$$

Da jeder Extrempunkt des zulässigen Bereichs des Teilbereichs t sowohl eine bestimmte primale als auch eine bestimmte duale Lösung besitzt, gilt der an die Zentrale übermittelte duale Variablenvektor w_t einzig für jenen Wertbereich von r_t, welcher die zu w_t gehörende Basis im Teilbereich t nicht verändert. Es muss im Zentralprogramm somit je Teilbereich t jener Wertbereich von r_t durch zusätzliche Restriktionen mitberücksichtigt werden, welcher entsprechend der Sensivitätsanalyse der r_t in (4.4) die gleiche Basis gewährleistet. Wenn mit A_{Bt} bzw. D_{Bt} Koeffizienten - Teilmatrizen definiert werden, welche aus jenen Spalten zusammengesetzt sind, die zum Basisvariablenvektor x_{Bt} des Teilbereichs t gehören, so bleibt die Basis so lange erhalten, als gilt

$$x_{Bt} := \begin{bmatrix} A_{Bt} \\ D_{Bt} \end{bmatrix}^{-1} \cdot \begin{bmatrix} s_t \\ r_t \end{bmatrix} \geq 0 \text{ , bzw. bei } \begin{bmatrix} A_{Bt} \\ D_{Bt} \end{bmatrix}^{-1} =: \begin{bmatrix} A^* \\ D^* \end{bmatrix}$$

als gilt

$$x_{Bt} := A^* . s_t + D^* . r_t \geq 0,$$

bzw. - da der Vektor der teilbereichseigenen Ressourcen konstant ist, so dass sich die Sensivitätsanalyse einzig auf die r_t bezieht - als gilt

$$D^* r_t \geq - A^* s_t \qquad (t=1,\ldots,T) \tag{5.4}$$

Die Erweiterung des vorläufigen Zentralprogramms (5.1) - (5.3) um (5.4) führt zu einer Aufblähung des Modells, indem (5.2) und (5.4) des Zentralprogramms von Adam/Röhrs gegenüber (1.2) und (1.3) der ursprünglichen Dekompositionsform m T (m... Anzahl gemeinsamer Engpassfaktoren) zusätzliche Restriktionen aufweist; an sich ein relativ hoher "Preis" an zusätzlichem Rechenaufwand allein auf der übergeordneten Entscheidungsstufe - und dies je Abstimmungsschritt - für die Gewährleistung eines kooperativen Führungsstils im Rahmen der dezentralen Planung. Bei relativ wenig gemeinsamen Engpassfaktoren führt die duale Formulierung des Zentralprogramms in Verbindung mit dem revidierten Simplexalgorithmus zu einer ausserordentlich grossen Effizienzsteigerung.

Dieses Verfahren erfordert einzig dann relativ wenige Abstimmungsschritte zwischen Zentrale und unterstellten Teilbereichen zur Ermittlung der gesamtoptimalen Ressourcenaufteilung, wenn zu Beginn des Planungsprozesses mit einer relativ guten Ressourcenaufteilung gestartet werden kann. Anderenfalls wird die Anzahl erforderlicher Abstimmungsschritte im Hinblick auf einen allfälligen Einsatz in der dezentralen Planung untragbar gross. Dies ist u.a. darauf zurückzuführen, dass mit (5.4.) je t Variierungsbereiche für die r_t vorgegeben werden, welche nicht den gesamten Handlungsspielraum des Teilbereichs t beinhalten, sondern auf den Gültigkeitsbereich der in (5.1) eingebrachten Zielfunktionskoeffizienten w_t ausgelegt sind. Der Vorteil dieses Verfahrens gegenüber jenen von Dantzig/Wolfe und Maier/Vander Weide liegt darin, dass bei einer gesamtoptimalen Ressourcenvorgabe die darauf basierende Teilbereichslösung durch den Teilbereich direkt in entsprechende Massnahmen umgesezt werden kann. Dagegen kann bei diesem Verfahren im Hinblick auf einen vorzeitigen Abbruch des Iterationsprozesses entsprechend der in der Praxis anzutreffenden Anzahl Abstimmungsschritte keine obere Schranke für den Gesamtzielfunktionswert angegeben werden. Je nach der Bedeutung, die dem Aspekt des Datenschutzes zukommt, muss im weiteren der Einsatz dieses Verfahrens allenfalls wegen der Informationen, die je Iterationsschritt für die Restriktionen (5.4) an die Zentrale zu liefern sind, abgelehnt werden.

Das Verfahren von Ten Kate ist ebenfalls auf die Umverteilung knapper Ressourcen ausgerichtet. Seine Struktur kann insofern auf den Algorithmus von Dantzig/Wolfe zurückgeführt werden, als hier eine duale Problemformulierung herangezogen wird. Die ursprüngliche Dekompositionsform (1.1)-(1.4) wird dabei bezüglich der Restriktionen (1.3) wie folgt modifiziert:

$$D_t\, x_t - r_t = 0 \qquad (t=1,\ldots,T) \tag{1.5}$$

$$\sum_{t=1}^{T} r_t \leq s_{T+1} \tag{1.6}$$

Das duale Modell zu (1.1), (1.2), (1.4) - (1.6) lautet:

$$\sum_{t=1}^{T} s_t \cdot y_t \qquad + s_{T+1} \cdot w \rightarrow \min \tag{6.1}$$

u.d.N.

$$\left.\begin{array}{ll} A_t' \cdot y_t + D_t' w_t \geq P_t & (6.2) \\ - w_t + w = 0 & (6.3) \\ y_t \geq 0 & (6.4) \end{array}\right\} (t=1,\ldots,T)$$

$$w \geq 0 \tag{6.5}$$

y_t ist ein m_t-dimensionaler Vektor der dualen Variablen der teilbereichsspezifischen Restriktionen gemäss (1.2).

w_t ist ein m -dimensionaler Vektor der dualen Variablen der gemeinsamen Engpassfaktoren für den Teilbereich t gemäss (1.5).

w ist ein m -dimensionaler Vektor der dualen Variablen der gemeinsamen Engpassfaktoren aus der Sicht der übergeordneten Zentrale gemäss (1.6)

Die Transformation des Modells (6.1) - (6.5) analog dem Ausgangsschritt bei Dantzig/Wolfe in die Form einer konvexen Linearkombination von Extremlösungen der Teilbereichsmodelle ergibt:

$$\sum_{t=1}^{T} \sum_{k=1}^{k(t)} s_t^k \cdot \mu_t^k + s_{T+1} \cdot w \rightarrow \min \tag{7.1}$$

u.d.N.

$$-\sum_{k=1}^{k(t)} w_t^k \cdot \mu_t^k + w = 0 \quad (t=1,\ldots,T) \tag{7.2}$$

$$\sum_{k=1}^{k(t)} \mu_t^k = 1 \quad (t=1,\ldots,T) \tag{7.3}$$

$$\mu_t^k \geq 0 \tag{7.4}$$

$s_t^k := s_t \cdot y_t^k$ ist der Gesamtwert der teilbereichseigenen Ressourcen, bewertet mit den dualen Variablenwerten y_t^k der k-ten Extremlösung. w_t^k ist ein Vektor, welcher die dualen Variablenwerte der gemeinsamen Engpassfaktoren aus der Sicht des Teilbereichs t im Rahmen seiner k-ten Lösung angenommen hat. μ_t^k sind analog den λ_t^k die Gewichte für die ermittelten Teilbereichslösungen im Hinblick auf eine aus ihnen zu bildende konvexe Linearkombination.

Die duale Formulierung des Systems (7.1) - (7.4) ergibt das folgende neue primale Zentralprogramm (bzw. Hauptprogramm):

$$\sum_{t=1}^{T} v_t \rightarrow \max \tag{8.1}$$

u.d.N.

$$-w_t^{k'} \cdot r_t + v_t \leq s_t^k \quad (t=1,\ldots,T;\ k=1,\ldots,k(t)) \tag{8.2}$$

$$\sum_{t=1}^{T} r_t = s_{T+1} \tag{8.3}$$

In Analogie zu Dantzig/Wolfe wird (8.1) - (8.3) als reduziertes Hauptprogramm betrachtet, wobei jeder Teilbereich - ähnlich wie bei Maier/Vander Weide - eine Teilbereichslösung je Iterationsschritt in das reduzierte Hauptprogramm einbringt. Die zugehörigen Teilbereichsmodelle können wie folgt formuliert und berechnet werden, nachdem von der Zentrale die Werte r_t an die Teilbereiche übergeben worden sind:

$$s_t \cdot y_t + r_t\, w_t \rightarrow \min \quad (9.1)$$

u.d.N.

$$A_t' \cdot y_t + D_t'\, w_t \geq p_t \quad (9.2)$$

$$y_t \geq 0 \quad (9.3)$$

$$w_t \geq 0 \quad (9.4) \,.$$

An die Zentrale werden der Wert $s_t^k := s_t \cdot y_t^k$, wobei y_t^k den Lösungsvektor y_t im k-ten Iterationsschritt entspricht, und der Vektor w_t^k, welcher analog dem Lösungsvektor w_t entspricht, übergeben. An Stelle von (9.1)-(9.4) kann wahlweise auch die duale Formulierung verwendet werden:

$$p_t \cdot x_t \rightarrow \max \quad (6.1)$$

u.d.N.

$$A_t \cdot x_t \leq s_t \quad (4.2)$$

$$D_t \cdot x_t \leq r_t \quad (4.4)$$

$$x_t \geq 0 \quad (4.3)$$

Hinsichtlich der Beurteilung kann als Vorzug dieses Algorithmus analog wie bei Dantzig/Wolfe bzw. bei Maier/ Vander Weide angeführt werden, dass bei vorzeitigem Abbruch des Iterationsprozesses eine obere Schranke für den Gesamtzielfunktionswert angegeben werden kann. Der Algorithmus von Ten Kate in seiner ursprünglichen Formulierung bietet Probleme und somit längere Rechenphasen, indem zulässige Ausgangslösungen nicht gewährleistet sind. Die durch Kohel /6/ vorgenommenen Modifikationen beheben diese Mängel und bieten eine Ausgangslösung, die insbesondere für die ersten Iterations- bzw. Abstimmungsschritte im Planungsprozess ein überaus starkes monotones Wachstum des Gesamtzielfunktionswertes zur Folge haben, insbesondere weil sie hinsichtlich eines zu erwartenden vorzeitigen Abbruchs des Iterationsprozesses eine gute Lösung für die auf ihr basierenden Massnahmen erwarten lässt. Gegenüber der ursprünglichen Version von Ten Kate konnten Einsparungen an Iterationsschritten zur Herleitung der optimalen Lösung im Ausmass von bis zu 80% erzielt werden. Bezüglich Datenschutz und Konvergenz der Teilbereichslösung im Rahmen des Abstimmungsprozesses in Richtung auf die Teilbereichslösung im Rahmen des gesamtoptimalen Programms verhält sich das Verfahren von Ten Kate wie jenes von Dantzig/Wolfe.

4. Schlussbetrachtungen

Mit den vier berücksichtigten Dekompositionsverfahren werden repräsentative und hinsichtlich ihrer Bedeutung für die dezentrale Planung dominierende Verfahren ausgewählt und im Hinblick darauf umformuliert, eine vergleichende Betrachtung zu erleichtern. Es zeigte sich dabei, dass mit Ausnahme des Verfahrens von Adam/Röhrs sowohl die Verfahren mit Vorgaben von Teilbereichszielen als auch jene mit Vorgaben von Krediten an gemeinsamen knappen Ressourcen auf jenes von Dantzig/Wolfe zurückgeführt werden können. Darüber hinaus wurde die Kombination dieser beiden Führungsstile im Verfahren von Maier/Vander Weide aufgezeigt. Die Beurteilung dieser Verfahren erfolgte hinsichtlich der drei Kriterien "Anzahl Abstimmungsschritte", "Autonomie bzw. Datenschutz" sowie "Konvergenz" bei den Teilbereichslösungen. Vorzüge und Mängel, insbesondere der Anzahl der Abstimmungsschritte werden aufgezeigt, ebenso auf Verbesserungen hingewiesen (vgl. /6/). Die Mängel beruhen darauf, dass diese Verfahren ursprünglich für andere Einsatzbereiche entwickelt worden sind. Ein Verfahren, welches ausschliesslich im Hinblick auf die drei genannten Kriterien ausgelegt ist (vgl. Frauendorfer /5/), wird nachfolgend separat vorgestellt.

5. Literaturverzeichnis

/1/ ADAM D.;ROEHRS W.: Ein Algorithmus zur Dekomposition linearer Planungsprobleme, in: Zeitschrift für Betriebswirtschaft 37, S. 395-417, (1967).

/2/ DANTZIG G.B.;WOLFE P.: Decomposition Principle for Linear Programs, in: Operations Research 8, S. 101-111, (1960).

/3/ FRAUENDORFER K.;KOHEL K.;STÄHLY P.: Determination of Significant Bounds of Common Resources as an Aid for Decomposition Principles, Working Paper, Universität Linz und Hochschule St.Gallen, 13S., (1983).

/4/ FRAUENDORFER K.;KOHEL K.;STÄHLY P.: The Effects of Significant Resource-Allocation in Decentralized Planning, Working Paper, Universität Linz und Hochschule St.Gallen, 15S., (1983).

/5/ FRAUENDORFER K.: Decentralized Planning in Hierarchical Organizations, (Dissertation), Universität Linz, 94S., (1984).

/6/ KOHEL K.: Direkte und effiziente Ressourcenaufteilung in Unternehmen, (Diplomarbeit), Universität Linz, 109S., (1984).

/7/ KORNAI B.;LIPTAK T.: Two Level Planning, in: Econometrica 33, S.141-169, (1965).

/8/ LEICHTFUSS R.: Zur Anwendbarkeit von Dekompositionsprinzipien bei der Kapitalbudgetierung in divisionalisierten Unternehmen, Working Paper, Kiel, 8S., (1981).

/9/ MAIER S.F.;VANDER WEIDE J.H.: Capital Budgeting in the Decentralized Firm, in: Management Science 23, S.433-443, (1976).

/10/ STÄHLY P.: Integrierte Planung, in: Quantitative Wirtschafts- und Unternehmensforschung (Hrsg.: Henn R.; Schips B.; Stähly P.) Springer - Verlag Berlin-Heidelberg-New York, S.550-559, (1980).

/11/ STÄHLY P.: Optimale Koordination in der integrierten Planung, in: Beiträge zur Systemforschung (Hrsg.: Beran H.;Pichler F.), Springer - Verlag Berlin-Heidelberg-New York, S.292-301, (1984).

/12/ TEN KATE A.: Decomposition of Linear Programs by Direct Distribution, in: Econometrica 40, S.883-889, (1972).

AN APPLICABLE DECOMPOSTION-PRINCIPLE

Karl Frauendorfer, Zürich

Abstract: The aim of this paper is to present a decomposition-principle with which decentralized planning is enabled in hierarchical firms. The algorithm is based on the necessary conditions for realizing decentralized planning, i.e. keeping the iteration-steps small; saving autonomy and importance of the several divisions inside the organization. In the first part we induce significant resource allocations, that ensure an efficient information exchange in the several iteration-steps. In the second part a decomposition-algorithm is described - characterized by generating supporting hyperplanes in respect of the divisions - which strictly reduces the number of iteration-steps. In the third part the advantages and the differences to the existing algorithms are discussed

Introduction

The economic interpretation of decomposition-principles includes a possible interpretation as dezentralized planning in hierarchical organizations, which consist of two levels: the central level and the divisional level (see [6]). To judge whether decomposition-principles are qualified to be applied in dezentralized organisation, the following decisive conditions must be fulfilled: a) keeping the number of iterations between central and divisional level small for determining the optimal solution or the according neighbourhood, b) saving autonomy and importance of the divisions inside the organisation (i.e. divisional data should be kept within the divisions; divisional decisions should converge to the final decision, that optimize the global objective).
In the existing decomposition algorithms (see [1],[2],[3],[6],[7]) the problem is seen in the unpractically large number of iteration-steps. This is mainly caused by a small and inefficient information-exchange between the divisional-level and central-level, as divisional information concerning the common resources is not adapted to the central information. Our aim is to present a decomposition-algorithm, which was developed for decentralized planning. For that purpose we

Operations Research Proceedings 1984

consider the "Classical Decomposition-Model":

$$\begin{aligned} \Phi(x) := \sum_t (p^t, x^t) \quad &\rightarrow \quad \max \\ \text{s.t.} \qquad A^t . x^t \quad &\leqq \quad s^t \\ x^t \quad &\geqq \quad 0 \\ \sum_t D^t . x^t \quad &\leqq \quad b \end{aligned} \qquad (M)$$

The index t=1,..,T symbolizes the divisions; $\Phi(x)$ is a linear overall objective with the coefficients $p^t \varepsilon R^{n_t}$; $A^t \varepsilon R^{m_t x n_t}$ ($D^t \varepsilon R^{m x n_t}$) represent the consumption coefficients concerning divisional resources (common resources); $s^t \varepsilon R^{n_t}$ ($b \varepsilon R^m$) denote the quantities available for the divisional resources (common resources). The vector x^t_{opt} , t=1,...T denotes the global optimal solution.

In the first part we induce significant resource allocations to ensure an efficient information exchange in the iteration-steps. In the second part a decomposition-algorithm is described - based on the required conditions for applicability in decentralized planning. In the last part the advantages and the differences to the existing algorithms are briefly outlined.

1.) Determination of Significant Bounds for Common Resources

The aim of this section is to determine significant bounds of common resources for each division t, that are cutting off those feasible divisional solutions $\hat{x}^t \varepsilon S^t := \{x^t / A^t x^t \leqq s^t, x^t \geqq 0\}$, which imply infeasibility for the global model M or which have no influence on the final optimal solution x^t_{opt}. For that fact division t has to calculate the minimal and maximal quantity ($u^{t,k}, o^{t,k}$) of common resource k, the division is able to require:

$$u^{t,k} := \min \{(d^t_k, x^t) / x^t \varepsilon S^t\}$$

$$o^{t,k} := \max \{(d^t_k, x^t) / x^t \varepsilon S^t\}$$

where d^t_k denotes the k-th row of D^t.

Definition 1: The bounds $o^{t_o,k}$ are called globally feasible iff for all $t \neq t_o$ there exists $x^t \varepsilon S^t$ with

$$\sum_{t \neq t_o} d_k^t . x^t + o^{t_o,k} \leqq b_k . \qquad (1.1)$$

A general form of the global feasibility condition is discussed in detail in [4],[5]. If $o^{t_o,k}$ does not satisfy the global feasibility it can be sharpened in the following way:

$$\hat{o}^{t_o,k} := \min \{o^{t_o,k}, b_k - \sum_{t \neq t_o} u^{t,k}\} \qquad \text{for all } t_o=1,\ldots,T$$

$S^t \setminus \hat{S}^t := \{x^t / x^t \varepsilon S^t, d_k^t . x^t \leq \hat{o}^{t,k}\}$ contains the divisional solutions which imply infeasibility of M.

For testing whether $x^t \varepsilon \hat{S}^t$ has any influence on the final optimal solution we have to define significant bounds of common resources:

Definition 2: The m-dimensional vector $\hat{r}^t$ is called a vector of significant bounds, iff condition (1) and (2) are satisfied:

$$x^{t,*}(\delta^t) \ \varepsilon \ S(\hat{r}^t,0) \qquad \text{for all } \delta^t \ \varepsilon \ \Delta^t(\hat{r}^t) \qquad \ldots(1)$$

for all k there exists a $\bar{\delta}^t \ \varepsilon \ \Delta^t(\hat{r}^t)$ with $\bar{\delta}_k^t = 0$ such that $(d_k^t, x^{t,*}(\bar{\delta}^t)) = \hat{r}_k^t$ ...(2)

with the notations:

$$u^{t,k} \leqq \hat{r}_k^t + \delta_k^t \leq \hat{o}^{t,k} ,$$

$$S(\hat{r}^t,\delta^t) := \{x^t / x^t \varepsilon \hat{S}^t , u^t \leqq D^t . x^t \leqq \hat{r}^t + \delta^t\},$$

$$\Delta^t(\hat{r}^t) := \{\delta^t / S(\hat{r}^t,\delta^t)\} \neq \emptyset,$$

$$(p^t,x^{t,*}(\delta^t)) = \max \{(p^t,x^t) / x^t \varepsilon S(\hat{r}^t,\delta^t), \delta^t \varepsilon \Delta^t(\hat{r}^t)\},$$

The uniqueness of significant bounds is proofed; further a procedure for determining significant bounds for common resources is given together with a general form of conditions (1) and (2). For details see [4].

If $u^t \leqq r^t \leq \hat{r}^t$, then r^t is called a significant resource allocation. From the practical point of view we may assume that $u^t, \hat{r}^t$ are finite.

2.) Description of the Algorithm

Considering the properties of global feasibility and of significancy we are able to formulate $\hat{M}$, that is equivalent to the original model M.

$$\begin{aligned} &\sum_t (p^t, x^t) \rightarrow \max \\ &\quad x^t \in S(\hat{r}^t, 0) \\ &\sum_t D^t x^t \leq b \end{aligned} \qquad (\hat{M})$$

Subsequently we describe an algorithm, that strictly reduces the number of iteration-steps between central and divisional level without delegating detailed divisional information to the central unit, and that saves the importance of the divisions. Within one iteration-step the central-level determines a price-system for all divisions , concerning the common resources and further a direction of resource allocation based on approximating $S(\hat{r}^t,0)$ by generating supporting hyperplanes in a neighbourhood of the final optimal solution. The set P^t contains the divisional proposals $x^{t,i}$, which have been obtained by determining the significant bounds. The set R^t represents the according resource requirements $r^{t,i} := D^t x^{t,i}$, with the objective $q^{t,i} := (p^t, x^{t,i})$. R^t and $\hat{r}^t$ are transferred to the central level.

Central-Level

Taking the above information into consideration the central-unit solves the following problem C1 :

$$\sum_t \sum_i \mu^{t,i} . q^{t,i} \rightarrow \max \qquad \ldots 2.1.a$$

$$\sum_t \sum_i \mu^{t,i} . r^{t,i} \leq b \qquad \ldots 2.1.b$$

$$\mu^t \leq \sum_i \mu^{t,i} . r^{t,i} \leq \hat{r}^t \qquad \ldots 2.1.c$$

$$\mu^{t,i} \text{ unrestricted in sign}$$

The optimal solution $r^{t,*} := \sum_i \mu_{opt}^{t,i} . r^{t,i}$ $(t=1,\ldots,T)$ represents a resource allocation that is optimal if the divisional constraints are neglected. $r^{t,*}$ and the price-system (π^c, σ^t) - obtained by solving the main program of Dantzig-Wolfe [3] - are transferred to the divisions.

Divisional Level

It is not the resource allocation that is important for the divisions but the direction Δr^t , which is defined as follows:

$$\Delta r^t := \begin{cases} r^{t,*} - r_o^t & \text{if C1 is bounded} \\ 0 & \text{if C1 is unbounded} \end{cases}$$

where x_o^t denotes a point $x_o^t \varepsilon S(\hat{r}^t,0)$ - freely eligible for each division - and r_o^t its resource requirements $D^t.x_o^t$.

Next, division t determines a corresponding direction Δx^t, that satisfies $\Delta r^t = D^t.\Delta x^t$ with $(p^t,\Delta x^t) > 0$ - for details see [4] - and considers

$$\varepsilon_o^t := \max \{\varepsilon^t / A^t.(x_o^t + \varepsilon^t.\Delta x^t) \leq s^t\} \quad .$$

- if $\varepsilon_o^t \geq 1$ and $\Delta r^t \neq 0$ then $r^{t,*}$ satisfies also the divisional constraints;
- if $\varepsilon_o^t < 1$ (or $\varepsilon_o^t = \infty$ in the case $\Delta r^t = 0$) division t determines a supporting hyperplane $\tau^{t,j}$ of $S(\hat{r}^t,0)$, which contains $x_o^t + \varepsilon_o^t.\Delta x^t$;

Further division t solves the divisional program with the modified objective $(p^t - \pi^c.D^t, x^t)$ of the Dantzig-Wolfe algorithm - related to $S(\hat{r}^t,0)$ instead of S^t. This yields an extreme point $x^{t,i}$ of $S(\hat{r}^t,0)$ or an extreme ray, that is accepted in P^t.($r^{t,i}$ is accepted in R^t)

R^t and the supporting hyperplane $\tau^{t,j}$ are transferred to the central-level. The central-unit starts again with solving C1 taking into account $\tau^{t,j}$ in the constraints 2.1.c .

This algorithm stops as soon as $x_o^t + \Delta x^t \varepsilon S(\hat{r}^t,0)$ for all t. Further stopping rules are discussed in detail in [4].

This technique can be described as well for price-directive decomposition principles as for resource-directive decomposition principles. (For detailed description see [4].)

Remark: Integration of the significant bounds in the algorithm of Ten Kate [7] implies the elimination of the infeasible phase of the according central program (see[4]).

3.) Applicability of the Algorithm in Decentralized Planning - Comparison to the Existing Algorithms

The partition of the decomposition-principles in indirect resource-allocation and direct resource-allocation points out the different ways optimal resource-allocation can be determined. However the problem of resource-allocations of itself is the same in both principles: The scarce resources - required by all divisions - have to be distributed optimally by the central level. Transferring too much of a scarce resource to a division implies a decreasing of the global objective. An excess or a lack of common resources is always recognized a posteriori, and therefore slows down the calculations of a feasible solution as well as for the optimal solution. Subsequently, this situation is briefly analysed when using the algorithm of Dantzig-Wolfe - as a representativ of price-directive principles - and when using the algorithm of Ten Kate - as a representativ of resouce-directive principle.

The Dantzig-Wolfe Algorithm deals with prices that are transferred by the central unit to the divisions. The divisions optimize their divisional programs with the modified objective $(p^t - \pi^c . D^t)$. The according optimal solution $\hat{x}^t$ is characterized by an extreme-point (extreme-ray) of the set S^t. An indirect resource allocation r^t is implied by $r^t = D^t \hat{x}^t$ that is transferred to the central unit. As the divisions are not informed about upper and lower bounds of the common resources they occasionally calculate a resource allocation which cannot be wholly accepted by the central unit; further, the resource allocation is not necessarily significant according to the intention that they have any influence to the final optimal solution.

A similar problem exists in the application of the algorithm by Ten Kate. There the central unit calculates for the divisions a direct resource allocation by means of price vectors - related to common resources - transferred by the divisions to the central level. As long as the central unit is not familiar with feasible and significant bounds of common resources, a feasible and significant resource allocation is not ensured. This fact causes the infeasible phase of the Ten Kate-Algorithm and hence slows down the solution process; therefore the applicability is strongly reduced.

The convergence and the finiteness of the algorithm - described in the sections 1 and 2 - is ensured as the technique of Dantzig- Wolfe is includedin the solution process. First numerical results induce an amazing reduction of iteration-steps , about seventy to eighty percent, for obtaining the global optimal solution. This is caused by the following facts:

- determination of globally feasible and significant bounds - i.e. adapting divisional information with central information and therefore reducing the set of divisional solutions;
- considering - additionally to the price-system - a direction of resource allocation, for which the divisions have to strive and transferring the corresponding limits to the central level; this direction can be interpreted as forecast that is expected in the subsequent iteration steps; if the directions are completely accepted by all divisions, the global optimum is obtained;
- the available information at the beginning of the solution-process is dependent on the number of common constraints; the more commom constraints the more is known; further, the positions of the hyperplanes, related to the common resources, are also included implicitly in the initially created set of proposals P^t;
- the divisions are able to accelerate the solution-process, by changing the inner point x_o^t during the iteration-steps; hence the divisions modify - without informing the central-level - the direction of resource allocation in such a way that the corresponding supporting hyperplanes represent more efficient restriction for the central level;
- the optimal objective value of C1 represents an upper bound on the actual optimal value, that is monotone decreasing during the iterations;

As the information-exchange corresponds only to the common resources the autonomy of the divisions is completely saved.

Considering the importance of the divisions inside the organisation the following effects of the algorithm can be summarized:

- the weights μ^t possess less influence to the divisions than in the algorithm of Dantzig-Wolfe, caused by stressing resource-allocations and modified objectives;

- the divisions are autonomous in determining the direction of resource allocation, the corresponding divisional direction Δx^t respectively, and hence in determining the supporting hyperplanes;
- as soon all divisions are able to accept their resource allocations, they have obtained the final divisional solution; the divisional solution $\{x_o^{t,l}+\varepsilon^{t,l}.\Delta x^{t,l}\}$ - l represents the iteration step - converge to the final optimal solution x_{opt}^t.

As implementing and developing of the algorithm has been done at the same time, the realization of the technique was executed only in such a detailed way, that allows us to judge the applicability of the algorithm for decentralized planning. As the first numerical results, related to smaller problems, induce the desired improvements, our aim for the future is to verify such an implementation, that enables the application of this decomposition algorithm to large-scale problems.

References:

/1/ Adam, D., Röhrs, W.:
Ein Algorithmus zur Dekomposition Linearer Planungssysteme
in: Zeitschrift zur Betriebswirtschaft 36 (1966), 395-417

/2/ Beer, K.:
Lösung grosser linearer Optimierungsaufgaben
Berlin 1977

/3/ Dantzig,G.B., Wolfe, Ph.:
The Decomposition Algorithm for Linear Programs
in: Econometrica 29 (1961), 767-777

/4/ Frauendorfer, K.:
Decentralized Planning in Hierarchical Organizations
(Diss.), Johannes-Kepler-Universität Linz, 1984

/5/ Frauendorfer, K., Kohel K., Stähly P.:
Determination of Significant Bounds for Common Resources
Working Paper, Johannes-Kepler-Universität Linz, 1983

/6/ Kornai J., Liptak T.:
Two-Level Planning
in: Econometrica 33 (1965), 141-169

/7/ Ten-Kate A.:
Decomposition of Linear Programs by Direct Distribution
in: Econometrica 40 (1972), 883-898

In der Sektion "Strategische Planung / Integrierte Gesamtplanung" wurden ferner die folgenden Vorträge gehalten, von denen keine Kurzfassungen vorlagen:

WETTBEWERBSSTRATEGIEN BEI MARKTÜBERGREIFENDER KONKURRENZREAKTION

Johannes M. Ruhland, München
Klaus D. Wilde, München

COMPUTERGESTÜTZTE INTEGRIERTE UNTERNEHMENSPLANUNG BEI DER NIXDORF COMPUTER AG

Heinrich Spatz, Paderborn

SOME EXPERIENCES WITH A BANK BALANCE SHEET MODEL

J. Koene, Zeist

FERTIGUNGSKOSTENBASISZAHLEN

Willi Borchers, Frankfurt am Main

Es wird eine Methode der flexiblen Fertigungskostenplanung als Teil einer umfassenden Unternehmensplanung im System der Vollkostenrechnung vorgestellt. Die Methode entfaltet ihren Nutzen vor allem in Unternehmungen mit sehr großen, differenzierten Sortimenten und dementsprechend vielen Kostenstellen in der Produktion. Das Verfahren beruht im wesentlichen auf der Festlegung eines Kranzes von relativ konstanten, aber bei Bedarf mühelos anpassungsfähigen Daten, die auf die flexiblen Parameter aus der Unternehmensplanung - insbesondere auf den aus der Verkaufsplanung sich ergebenden Produktionsplan - unter Nutzung der EDV/APL angewendet werden und dabei mit geringstem Aufwand zu den individuellen Fertigungskosten pro Einheit aller einzelnen Produkte führen. Die erwähnte festzulegenden Daten bezeichnen wir im Hause Hoechst AG als Fertigungskosten-Basiszahlen, abgekürzt FKB. Die FKB haben allen Anforderungen gerecht zu werden, die sich aus dem Kostenverhalten (fix oder variabel) und aus der Beobachtung des Verursachungsprinzips bei der Verteilung der Kosten innerhalb der Kostenstellen auf die verschiedenen Produkte ergeben. Dementsprechend haben wir bestimmte Belege bzw. Datengruppen vorgesehen, die für jeden Produktionsbetrieb bzw. für jedes Produkt zu bilden sind. Es handelt sich dabei um die Betriebsblätter mit den Summen der fixen Kostenarten pro Jahr und um die Produktblätter mit den variablen Kosten pro Mengeneinheit und mit den Schlüsselzahlen (Aquivalenzziffern) für die Aufteilung der fixen Kostenarten. Im Produktblatt erscheinen außerdem die für das jeweilige Produkt genutzten oder nutzbaren Anlagenteile bezogen auf eben dieses Produkt. Diese Angaben sind erforderlich für die im Programm automatisch erfolgende Bildung der Schlüsselzahlen für die Verteilung der fixen kapitalabhängigen Kosten. Als Nebenprodukte der Fertigungskosten-Ermittlung ergeben sich die Auslastung der Betriebe und die Fixkostenanteile an den einzelnen Kostenarten, die als Relationen abhängig sind vom jeweiligen Produktionsplan. Letztere Daten sind besonders wichtig für die Anwendung bei Optimierungsrechnungen.

KOSTENABWEICHUNGSANALYSE MITTELS FRONTIER-PRODUKTIONSMODELLEN

Wolfgang Teusch, Dortmund

A. EINFÜHRUNG

Die Kontrolle bildet einen wesentlichen Bestandteil der Betriebsführung. Sie hat zwei Aufgaben zu erfüllen: Einerseits soll die Kontrolle dazu dienen, die betrieblichen Planungsansätze auf ihre Gültigkeit zu überprüfen, andererseits soll durch Kontrollen die Wirtschaftlichkeit des Betriebsablaufs überprüft werden. Dieser Beitrag konzentriert sich auf die letztgenannte Kontrollaufgabe, die eine sorgfältige Planung voraussetzt.

Der gesamte Kontrollvorgang beginnt mit der Festlegung von Kontrollinhalten. Diese bestehen in einer Auflistung von Merkmalen, die ständig überprüft werden sollen. Danach sind für die Kontrolle der Merkmale Sollstandards, mit denen die entsprechenden Istgrößen zu vergleichen sind, zu formulieren und aufzustellen. In einem weiteren Schritt des Kontrollvorgangs werden Entstehungsorte und Ausmaß von Abweichungen der Istgrößen von den Sollstandards festgehalten. Nun setzt die Abweichungsanalyse ein. Ihre Aufgabe ist es, erstens Ursachen für eingetretene Abweichungen zu finden und zweitens das Ausmaß einer Abweichung, die auf die jeweilige Ursache zurückzuführen ist, zu ermitteln, d.h. eine Zerlegung der gesamten Abweichung in ursachenbedingte Teilabweichungen vorzunehmen.

Abweichungsanalysen müssen, wenn sie ein taugliches Hilfsmittel der Unternehmensleitung sein sollen, auf Kontrollobjekte - seien es Unternehmensteilbereiche und/oder Personen, die Fehler und Irrtümer zu verantworten haben, hinweisen und dadurch während des Kontrollzeitraums und darüber hinaus für die weitere Planung und Steuerung des Wirtschaftsgeschehens in einer Unternehmung wertvolle Informationen liefern.

In den folgenden Ausführungen werden die Kontrollinhalte auf Kostenmerkmale beschränkt. Ziel dieses Beitrags ist es, eine Art von Kostenabweichungsanalyse vorzustellen, die weitgehend die durch Unsicherheiten bedingten Planungsfehler eliminiert und damit zu einer wirksamen Kontrolle der ausführenden Betriebsabteilungen [*operative Kontrolle*, vgl. *Laßmann*, 1968, S. 35] beiträgt. Ferner sollen die Schwächen bisheriger Ansätze vermieden werden.

Operations Research Proceedings 1984

Die Kritik an bisherigen Ansätzen der Abweichungsanalyse läßt sich an folgenden Punkten verdeutlichen:

(i) Die meisten Verfahren zur Analyse von Kostenabweichungen sind geprägt durch Partialüberlegungen: Oft wird ceteris paribus die Auswirkung entweder einer einzigen Mengen- oder einer einzigen Preisabweichung untersucht. Regelmäßig erstreckt sich eine Abweichungsanalyse nur auf eine Betriebsabteilung, etwa auf eine Kostenstelle. Solche Partialüberlegungen werden den Erfordernissen zur Wirtschaftlichkeitskontrolle in der betrieblichen Praxis nicht gerecht. Einerseits treten dort in der Regel mehrere Abweichungen simultan auf, andererseits vermag bei komplexen Produktionsstrukturen mit einer starken Verflechtung der Unternehmensbereiche die isolierte Betrachtung einer einzigen Abteilung die Ursachen für Abweichungen nicht zu klären; denn eine Abweichung in einem Teilbereich kann eine Abweichung in einem nachgelagerten Teilbereich nach sich ziehen (*Abweichungsinterdependenz zwischen Betriebsabteilungen*).

(ii) Bedingt durch Partialüberlegungen sind zahlreiche, recht unterschiedliche spezielle Verfahren der Abweichungsanalyse entwickelt worden [vgl. *Kosiol*, 1981, und die dort genannte Literatur]. Eine solche Vorgehensweise wollen wir als *inhomogenen Modellansatz* bezeichnen.

(iii) Ferner werden bei Abweichungsanalysen mehr oder minder fragwürdige Indizes und/oder gewogene Standarddurchschnittsmengen oder -preise gebildet, deren ökonomische Bedeutung weitgehend verschwommen bleibt und deren Anwendbarkeit daher nur unter sehr restriktiven Bedingungen möglich ist [vgl. *Mensah*, 1982, S. 685-688, und die dort genannte Literatur].

(iv) Schließlich werden im Rahmen der Abweichungsanalyse Sollstandards herangezogen, die sowohl zu vorteilhaften Abweichungen (favorable variances) als auch zu unvorteilhaften Abweichungen (unfavorable variances) führen. Plakativ gesprochen bedeutet eine vorteilhafte Abweichung: Das Ist ist besser als das Soll. Erachtet man jedoch den Sollstandard als Norm, die angestrebt werden, aber auch erreichbar sein soll, so treten fast nur noch unvorteilhafte Abweichungen auf. Denn unter dieser Voraussetzung impliziert eine vorteilhafte Abweichung die Gleichung Ist=Soll.

In einer neueren Arbeit von *Mensah* [1982] finden sich einige Überlegungen, wie die anhand der obigen Kritikpunkte (i)-(iv) skizzierten Schwächen bisheriger Ansätze überwunden werden können. In dieser Studie sollen die in der erwähnten Arbeit vorgetragenen Gedanken vertieft werden. Der Kern der von *Mensah* [1982] entwickelten Technik zur Abweichungsanalyse bildet das Frontier-Konzept einer Produktionsfunktion, das von *Farrell* [1957] zur Konstruktion von Indizes herangezogen wurde, die nicht die Mängel vieler verwendeter Indizes aufweisen [vgl. Kritikpunkt (iii)] und mit denen der Grad der Effizienz eines Produktionssystems ermittelt werden kann [vgl. *Teusch*, 1983, S. 1-11, 158-186].

In den Arbeiten von *Teusch* [1983 und 1983a] wurde *Farrells* Frontier-Konzept mit der modernen Produktionstheorie *Shephards* [1970] verknüpft. Dadurch ist es möglich, *Farrells* Konzept, das nur für die Einprodukt-unternehmung entwickelt wurde, auf die Mehrproduktunternehmung anzuwenden.

Das Ziel dieser Arbeit ist es, eine Technik zur Abweichungsanalyse zu entwickeln, die den Erfordernissen für die Kontrolle der Wirtschaftlichkeit in der betrieblichen Praxis gerecht wird. Es wird ein in sich geschlossener (homogener) Modellansatz entwickelt, der eine Analyse simultan auftretender Abweichungen in einer Mehrproduktunternehmung erlaubt.

Zunächst wird als Sollstandard ein Sollmengengerüst in Form eines Frontier-Produktionsmodells, das die Beziehungen zwischen den Produktquantitäten (Outputs) und den Produktionsfaktorquantitäten (Inputs) beschreibt, erstellt. Anschließend wird dieses Mengengerüst durch Einbeziehung von Kostenwerten der Produktionsfaktoren zu einem Wertgerüst erweitert, das der Analyse von Kostenabweichungen dient. Neben den theoretischen Ausführungen wird ein numerisches Beispiel die Durchführbarkeit des gewählten Ansatzes verdeutlichen.

B. DAS FRONTIER-PRODUKTIONSMODELL

In diesem Abschnitt erläutern wir das Aufstellen des Sollmengengerüstes. Dieses soll durch ein *Produktionsmodell* repräsentiert werden, das die technologischen Relationen zwischen den Einsatzgütermengen und den Outputs in einer Unternehmung quantitativ beschreibt.

Legen wir als Konsequenz aus dem Kritikpunkt (iv) des Abschnitts A das Produktionsmodell als einen Maßstab zugrunde, anhand dessen die Sollmengen mindestens so günstig sein sollen wie die Istmengen, so hat das Produktionsmodell folgende Eigenschaften zu erfüllen:
(a) Wurde in einer vergangenen Produktionsperiode das Outputbündel $\underline{u}^{(i)}$ durch Einsatz des Inputvektors $\underline{x}^{(i)}$ hergestellt, so muß es gemäß dem Produktionsmodell eine *Soll-Inputkombination* $\underline{x}^{(s)}$ geben[1], mit der sich

1) Im folgenden bezeichnet der Index (i) stets einen Istzustand und (s) einen Sollzustand.

$\underline{u}^{(i)}$ ebenfalls produzieren läßt, wobei jedoch bei $\underline{x}^{(s)}$ von jedem Produktionsfaktor höchstens soviel eingesetzt wird wie bei $\underline{x}^{(i)}$, also $\underline{x}^{(s)} \leqq \underline{x}^{(i)}$. Mithin ist bei $\underline{x}^{(s)}$ der Faktorverbrauch mindestens ebenso günstig wie bei $\underline{x}^{(i)}$, d.h. das Ist-Inputbündel $\underline{x}^{(i)}$ ist nicht vorteilhafter als der Soll-Inputvektor $\underline{x}^{(s)}$.

(b) Betrachten wir wiederum den in (a) gegebenen Vektor $(\underline{u}'^{(i)},\underline{x}'^{(i)})'$, der auch als *Ist-Aktivität* bezeichnet sei, so muß sich nach dem Produktionsmodell eine *Soll-Outputkombination* $\underline{u}^{(s)}$ finden lassen, die mit $\underline{x}^{(i)}$ produzierbar ist und von jedem Produkt mindestens eine so hohe Quantität enthält wie $\underline{u}^{(i)}$, also $\underline{u}^{(s)} \geqq \underline{u}^{(i)}$. Folglich ist die Gütererzeugung bei $\underline{u}^{(s)}$ mindestens ebenso günstig wie bei $\underline{u}^{(i)}$, d.h. das Ist-Outputbündel $\underline{u}^{(i)}$ ist nicht vorteilhafter als die Soll-Outputkombination $\underline{u}^{(s)}$.

(c) Kombiniert man (a) und (b), so muß es nach dem Produktionsmodell zu der Ist-Aktivität $(\underline{u}'^{(i)},\underline{x}'^{(i)})'$ eine *Soll-Aktivität* $(\underline{u}'^{(s)},\underline{x}'^{(s)})'$ geben, bei der die Güterzeugung mindestens so hoch ist wie bei $\underline{u}^{(i)}$ und bei der gleichzeitig der Faktorverbrauch mindestens so niedrig ist wie bei $\underline{x}^{(i)}$, also $\underline{u}^{(s)} \geqq \underline{u}^{(i)}$ und $\underline{x}^{(s)} \leqq \underline{x}^{(i)}$. Mithin ist die Ist-Aktivität $(\underline{u}'^{(i)},\underline{x}'^{(i)})'$ nicht vorteilhafter als die Soll-Aktivität $(\underline{u}'^{(s)},\underline{x}'^{(s)})'$.

Bei einem Produktionsmodell, das den Eigenschaften (a)-(c) genügt, stellt der Sollzustand eine Grenze (frontier) dar, die vom Istzustand nicht überschritten werden kann. Deshalb soll bei einem solchen Produktionsmodell von einem *Frontier-Produktionsmodell* gesprochen werden.

Im folgenden werden wir uns auf solche Frontier-Produktionsmodelle beschränken, die unter die folgenden drei Formen *Shephardscher* Produktionsmodelle subsum ierbar sind, die "Outputkorrespondenz", die "Inputkorrespondenz" und im Einproduktfall zusätzlich die "Produktionsfunktion".

Unter einer *Outputkorrespondenz* wird eine Punkt-Mengenabbildung (Korrespondenz) $P: R_+^n \to R_+^m$ verstanden, die jedem Inputvektor $\underline{x} \in R_+^n$ eine Menge von Outputkombinationen $P(\underline{x}) \subset R_+^m$ derart zuordnet, daß jedes Outputbündel $\underline{u} \in P(\underline{x})$ durch Einsatz von $\underline{x}$ hergestellt werden kann [vgl. *Shephard*, 1970, S. 179].

Shephard [1970, S. 185f.] stellt an eine Outputkorrespondenz eine Reihe von Anforderungen, auf deren Auflistung hier verzichtet sei [vgl. auch *Teusch*, 1983a, S. 44f.].

Ist P: $R_+^n \to R_+^m$ eine Outputkorrespondenz, so heißt die zu P inverse Punkt -Mengenabbildung L: $R_+^m \to R_+^n$, definiert durch $\underline{u} \to L(\underline{u}):=\{x \in R_+^n |$ $\underline{u} \in P(\underline{x})\}$, die zu P gehörige *Inputkorrespondenz* und im Einproduktfall, d.h. m=1, heißt die Funktion π: $R_+^n \to R_+$, definiert durch $\underline{x} \mapsto \pi(\underline{x}):=$ $\max\{u | u \in P(\underline{x})\} = \max\{u | \underline{x} \in L(u)\}$ die zu P (bzw. L) gehörige *Produktionsfunktion* [vgl. *Shephard*, 1970, S. 179ff.]. Sind aus vergangenen Produktionsperioden folgende Daten in Form von k, k ∈ N, Ist-Aktivitäten $(\underline{u}_1'^{(i)}, \underline{x}_1'^{(i)})', \ldots, (\underline{u}_k'^{(i)}, \underline{x}_k'^{(i)})' \in R_+^m \times R_+^n$ gegeben, so heißt die Outputkorrespondenz P: $R_+^n \to R_+^m$ eine *Frontier-Outputkorrespondenz* (bzgl. des gegebenen Datenmaterials), falls $\underline{u}_j^{(i)} \in P(\underline{x}_j^{(i)})$ für alle j=1,...,k. Analog ist eine *Frontier-Inputkorrespondenz* und eine *Frontier-Produktionsfunktion* definiert [vgl. *Teusch*, 1983a, S. 51].

Um Frontier-Produktionsmodelle zur Kostenabweichungsanalyse einsetzen zu können, müssen sie zuvor geschätzt, d.h. numerisch spezifiziert werden. Verfahren hierzu wurden in *Farrell* [1957] und in verallgemeinerter Form in *Teusch* [1983, S. 143-157; 1983a, S. 51-55] entwickelt.

C. KOSTENABWEICHUNGSANALYSE

Bei Abweichungsanalysen werden vor allem zwei Arten von Abweichungen untersucht: ex-ante-Abweichungen und ex-post-Abweichungen. Unter *ex-ante-Abweichungen* seien Unterschiede verstanden, die sich aus einem Vergleich von geplanten Größen und den später beobachteten Ist-Größen ergeben, wobei die Plangrößen zu Beginn der Planperiode festliegen müssen. Diese Plangrößen werden auch *ex-ante-Größen* genannt. Werden im nachhinein unter Verwendung aller verfügbaren Informationen für eine abgelaufene Periode Größen festgelegt und diese mit den beobachteten Ist-Größen derselben Periode verglichen, so heißen die Differenzen, die sich aus dem Vergleich ergeben, *ex-post-Abweichungen* und die im nachhinein festgelegten Größen *ex-post-Größen* [vgl. *Laßmann*, 1968,S.141; *Demski*, 1969, S.701f.].

Infolge mangelnder Kenntnis zukünftiger Entwicklungen sind ex-ante-Größen immer mit Unsicherheit behaftet. Im Verlauf der Planperiode wird durch Planrevisionen versucht, stets die aktuellen Informationen zu berücksichtigen. Diese Umplanungen führen dann nach Ablauf der Planperiode zu den ex-post-Größen. Dieser Vorgang verdeutlicht, warum in der Regel Abweichungen zwischen ex-ante-Größen und ex-post-Größen auftreten. Für diese Abweichungen ist die Planungsabteilung verantwortlich. Daher sind ex-ante-Abweichungen für eine Wirtschaftlichkeitskontrolle ungeeignete Größen, da deren Entstehungsursachen zu vielfältig sein können [vgl. *Demski*, 1969, S. 702f.]. Demgegenüber sind die Ursachen für das Auftreten von ex-post-Abweichungen nicht so zahlreich. Werden ex-post-Größen in geeigneter Weise bestimmt, so kann man erreichen, daß weitgehend die ausführenden Abteilungen ex-post-Abweichungen zu verantworten haben. Im folgenden soll die Festlegung von ex-post-Größen und eine darauf aufbauende ex-post-Abweichungsanalyse beschrieben werden.

Die Ermittlung der ex-post-Größen erfolgt in mehreren Schritten. Ausgangspunkt sind erstens die nach Ablauf der Planperiode realisierten Inputs und Outputs, die wir in der Ist-Aktivität $(\underline{u}'^{(i)}, \underline{x}'^{(i)})' \in R_+^m \times R_+^n$ zusammenfassen, zweitens die Kostenwerte pro Mengeneinheit der verwendeten Produktionsfaktoren, die wir zu dem Vektor $\underline{b}$ vereinigen, und drittens eine Frontier-Inputkorrespondenz L oder eine Frontier-Outputkorrespondenz P bzgl. $(\underline{u}'^{(i)}, \underline{x}'^{(i)})'$.

Im <u>1. Schritt</u> bestimmen wir unter rein technischen Aspekten die "minimale" Inputkombination $\underline{x}^{(s)}$, mit der $\underline{u}^{(i)}$ produzierbar ist und die das gleiche Inputmix wie $\underline{x}^{(i)}$ aufweist, d.h. bei der die Faktoreinsatzverhältnisse mit denen von $\underline{x}^{(i)}$ übereinstimmen. Hierzu ermitteln wir zuerst eine nichtnegative reelle Zahl ε durch $\varepsilon := \varepsilon(\underline{u}^{(i)}, \underline{x}^{(i)}) := \min\{\lambda \mid \lambda \underline{x}^{(i)} \in L(\underline{u}^{(i)})\}$. Wir definieren $\underline{x}^{(s)} := \varepsilon\, \underline{x}^{(i)}$ und bezeichnen diesen Vektor als *Soll-Inputkombination.*

Im <u>2. Schritt</u> wird eine kostenminimale Faktorsubstitution im Rahmen der durch $\underline{x}^{(i)}$ gegebenen Beschränkungen mit dem Ziel vorgenommen, $\underline{u}^{(i)}$ zu produzieren. Eine solche kostenminimale Inputkombination $\underline{x}^{(e)}$ muß dann folgende Gleichung erfüllen: $\underline{b}'\underline{x}^{(e)} = \min_{\underline{x}}\{\underline{b}'\underline{x} \mid \underline{x} \in L(\underline{u}^{(i)}),\ \underline{x} \leq \underline{x}^{(i)}\}$.

Mittels der Vektoren $\underline{x}^{(s)}$ und $\underline{x}^{(e)}$ lassen sich in einem <u>3. Schritt</u> folgende drei Mengenabweichungen bilden: $\Delta\underline{x}(\alpha,\beta) := \underline{x}^{(\alpha)} - \underline{x}^{(\beta)}$, wobei $(\alpha,\beta) \in \Omega := \{(i,e),(i,s),(s,e)\}$. **Offensichtlich** trifft folgende Aufspaltung der Mengenabweichung $\Delta\underline{x}(i,e)$ zu: $\Delta\underline{x}(i,e) = \Delta\underline{x}(i,s) + \Delta\underline{x}(s,e)$. **Dabei** gilt stets $\Delta\underline{x}(i,s) > \underline{0}$, während $\Delta\underline{x}(s,e)$ positive und negative Komponenten haben kann.

Aus den drei Mengenabweichungen können in einem <u>4. Schritt</u> folgende Kostenabweichungen gebildet werden: $\underline{b}'\Delta\underline{x}(\alpha,\beta)$, $(\alpha,\beta) \in \Omega$. $\underline{b}'\Delta\underline{x}(i,e)$ heißt die *gesamte ex-post-Kostenabweichung*, $\underline{b}'\Delta\underline{x}(i,s)$ die *technische ex-post-Inputeffizienz-Abweichung* und $\underline{b}'\Delta\underline{x}(s,e)$ die *ex-post-Inputwahl-Abweichung* [vgl. *Mensah*, 1982, S. 685]. Aus der Aufspaltung von $\Delta\underline{x}(i,e)$

resultiert unmittelbar folgende Zerlegung der gesamten ex-post-Kostenabweichung: $\underline{b}'\Delta\underline{x}(i,e) = \underline{b}'\Delta\underline{x}(i,s) + \underline{b}'\Delta\underline{x}(s,e)$. In dieser Summe sind beide Summanden nichtnegative reelle Zahlen.

Ein kleines Beispiel soll die in den vier Schritten beschriebene ex-post-Kostenabweichungsanalyse verdeutlichen. Ein Unternehmen produziert durch Arbeits- und Materialeinsatz die Güter G_1 und G_2. u_j bezeichne den Output an G_j, $j=1,2$, x_1 sei die Arbeitszeit und x_2 der Materialinput. Gegeben sei die Ist-Aktivität $(\underline{u}'^{(i)};\underline{x}'^{(i)})' = (4,3;7/2,6)$, der Bewertungsvektor $\underline{b}:=(5,3)'$ und die Frontier-Inputkorrespondenz L: $R^2_+ \to R^2_+$, $\underline{u} \mapsto L(\underline{u}):=\{\underline{x} \in R^2_+ | \begin{pmatrix}1 & 2\\ 2 & 3\end{pmatrix} \underline{\gamma} \leq \underline{x}, \begin{pmatrix}1 & 3\\ 2 & 1\end{pmatrix}\underline{\gamma} \geqq \underline{u}, \underline{\gamma}=(\gamma_1,\gamma_2) \geqq \underline{O}\}$.

Die reelle Zahl ε läßt sich algebraisch durch ein LP-Modell oder graphisch (vgl. Abb.) ermitteln. Man erhält $\varepsilon=6/7$. Damit lautet $\underline{x}^{(s)}=\varepsilon\underline{x}^{(i)}$ $=(3,36/7)'$. Folglich hätte $\underline{u}^{(i)}$ durch eine Reduzierung des Prozeßniveaus, die zu einer Einsparung von 1/2[h] Arbeitszeit und von 6/7[ME] Material geführt hätte, hergestellt werden können. Durch Faktorsubstitution erfolgt eine Anpassung an die kostenminimale Inputkombination $\underline{x}^{(e)}$. Diese kann wiederum algebraisch durch ein LP-Modell oder graphisch (vgl. Abb.) bestimmt werden. Man erhält $\underline{x}^{(e)}=(3,5)'$.

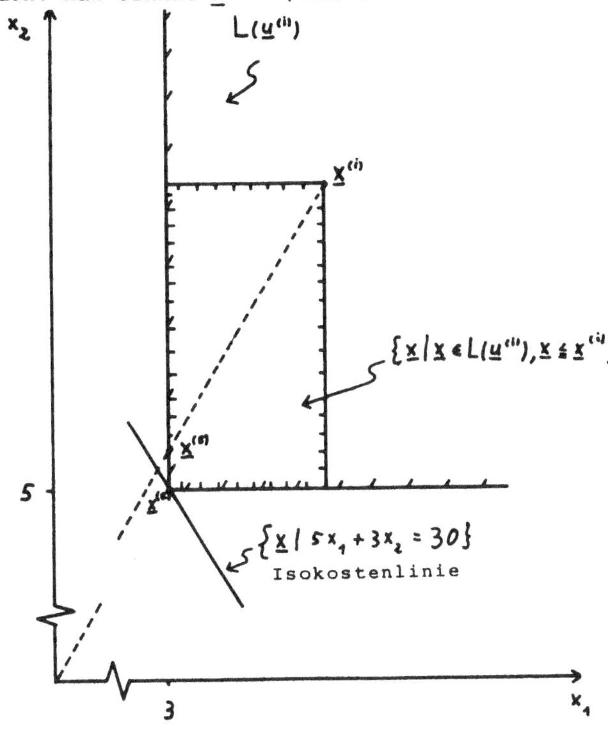

Damit erhalten wir als Resultate die gesamte ex-post-Kostenabweichung $\underline{b}'\Delta\underline{x}(i,e) = (5,3)\begin{pmatrix}1/2\\1\end{pmatrix} = 5.5$ [GE], technische ex-post-Inputeffizienz-Abweichung $\underline{b}'\Delta\underline{x}(i,s) = (5,3)\begin{pmatrix}1/2\\6/7\end{pmatrix} = 71/14 \approx 5.07$[GE] und die ex-post-Inputwahl-Abweichung $\underline{b}'\Delta\underline{x}(s,e) = (5,3)\begin{pmatrix}0\\1/7\end{pmatrix} = 3/7 \approx 0.43$[GE]. Gemäß der Aufspaltung der gesamten ex-post-Kostenabweichung lassen die ermittelten Zahlen folgende Interpretationen zu: 92,2 % der gesamten Kostenabweichung gehen auf technische Ineffizienz zurück, während nur 7,8 % aus einer falschen Wahl des Inputmix und damit aus einer fehlenden Anpassung an Preisverhältnisse auf dem Beschaffungsmarkt herrühren.

LITERATUR

Demski J.S.
An Accounting System Structured on a Linear Programming Model.
Accounting Rev. 44, 701-712 (1969).

Farrell M.J.
The Measurement of Productive Efficiency.
J. Royal Stat. Soc., Series A 120, 253-290 (1957).

Kosiol E.
Analyse der Kostenabweichungen.
Handwörterbuch des Rechnungswesens, 2. Aufl., Stuttgart, 983-998 (1981).

Laßmann G.
Die Kosten- und Erlösrechnung als Instrument der Planung und Kontrolle in Industriebetrieben.
Düsseldorf 1968.

Mensah Y.M.
A Dynamic Approach to the Evaluation of Input-Variable Cost Center Performance.
Accounting Rev. 57, 681-700 (1982).

Shephard R.W.
Theory of Cost and Production Functions.
Princeton (NJ) 1970.

Teusch W.
Aufbau und Gewinnung Shephardscher Produktionsfunktionen unter Berücksichtigung empirischer Aspekte.
Königstein/Ts. 1983.

Teusch W.
Analysis and Construction of Uniformly Compact Production Correspondences.
Quantitative Studies on Production and Prices.
Symposium on Natural Resources and Production, Karlsruhe 1980,41-56 (1983a).

ARCHITEKTUR EINES METHODENBANKSYSTEMS ZUR INTEGRIERTEN NUTZUNG DER DATEN DER FINANZBUCHHALTUNG FÜR DISPOSITIVE FINANZ- UND ERFOLGSPROGNOSEN

Miklós Géza Zilahi-Szabó, Gießen

Die Architektur von Methodensystemen tendiert dahin, ein Daten und Prozesse widerspiegelndes Modell zu konzipieren. Dieses Modell vereinigt somit sowohl datenspezifische (statische), wie auch prozeßspezifische (dynamische) Elemente. Zu diesem Sachverhalt gesellt sich noch ein weiterer Aspekt: Künftige Systeme werden mit großer Wahrscheinlichkeit auf die Gesamtheit der das Unternehmen betreffenden Informationen zurückgreifen. Ein nicht unbedeutender Anteil dieser Informationen wird durch die Finanzbuchhaltung gestellt. Gelingt es, Prognoseverfahren in ein Methodenbanksystem des Rechnungswesens einzubauen und die dort erfaßten Daten zu nutzen, so kann bereits heute ein wichtiger Beitrag zur Entschärfung der beim Übergang auf ein komplexes System auftretenden Probleme geleistet werden.

Die durchgeführte Untersuchung hat in erster Linie die pragmatischen Aspekte eines im oben beschriebenen Sinne integrierten Methodenbanksystems verfolgt. Besonderer Wert wurde auf eine fundierte, praxisbezogene und beweisführende Vorgehensweise gelegt. In der Wiedergabe der Untersuchungsergebnisse werden daher die für das Design des Methodenbanksystems maßgebenden Informationen (Daten) und Methoden (Rechnungswesen, Prognoseverfahren) definiert, systematisiert und entsprechend den Anforderungen des Endbenutzers selektiert. Sodann wird gezeigt, wie sich ein Realitätsausschnitt aufgrund von Beispielen modellieren läßt. Die Datenbasis wird vorrangig durch die Finanzbuchhaltung gestellt. Da das erarbeitete Verfahren rollierend genutzt werden soll, gehören die aktuellen Werte ebenso dazu, wie die der vorangegangenen Perioden, in der Regel Jahre aufgteilt in Monatsabschnitte. Im ersten Rechenschritt wird der Autokorrelationskoeffizient der Zeitreihe für verschiedene time lags errechnet. Die Signifikanzprüfung erfolgt bei 5 % Irrtumswahrscheinlichkeit. Besteht keine Signifikanz, so liegt ein Zufallprozeß vor. Bei Signifikanz wir ein Trendtest berechnet, um das geeignete Prognoseverfahren (naive, glättende etc.) auszuwählen, mit dessen Hilfe prognostiziert wird. Abweichungen werden festgehalten und durch wiederholten (rollenden) Einsatz realitätsnah behandelt. Abschließend werden Beispiele aus der betrieblichen Praxis tabellarisch und graphisch vorgestellt und die Gründe zur Diskussion gestellt, welche die erarbeitete Arbeitsweise rechtfertigen.

INTERMEDIÄRE INFORMATIONSGEWINNUNG ZUR STRATEGIEVERBESSERUNG UND INVESTITIONS-/PLANUNGSKONTROLLE IN DER GASWIRTSCHAFT

Horst Günther, Dortmund
Klaus Homann, Dortmund

1. Einleitung

In den vergangenen 10 Jahren hat sich das Erdgas von einem zunächst unbedeutenden zum zweitwichtigsten Energieträger im Endenergie- und Wärmemarkt entwickelt. Das anhaltende Wachstum des Erdgasanteils insbesondere im Raumheizungsmarkt hat für die Gasversorgungsunternehmen (GVU) nicht nur positive Seiten. Die umgekehrt proportional von der stochastisch schwankenden Außentemperatur abhängende Heizenergienachfrage stellt die GVU wegen der Leitungsgebundenheit des Erdgases und der besonderen Lieferverträge vor bedeutende Planungs- und Entscheidungsprobleme.

Nach den üblichen Verträgen zwischen Vorlieferant und GVU setzen sich die Gasbezugskosten eines Versorgungsunternehmens aus Arbeitspreis und Leistungspreis zusammen. Der Arbeitspreis bezeichnet die gesamte während eines Jahres bezogene bewertete Gasmenge. Der Leistungspreis stellt ein Entgelt für die Kapazitätsvorhaltung und jederzeitige Lieferbereitschaft des Vorlieferanten dar und ergibt sich als die bewertete im Laufe eines Jahres aufgetretene höchste Bezugsleistung (höchste Tagesmenge).

Der Leistungspreis kann bis zu 20 % der gesamten Bezugskosten eines Unternehmens ausmachen, bei der Vereinigte Elektrizitätswerke Westfalen AG (VEW) mit fast 30 Mrd kWh Gasabsatz wären dies weit über 100 Mio DM im Jahr. Abgesehen von wenigen Großkunden ist aufgrund gesetzlicher Regelungen eine gleichartige Leistungspreisbildung zwischen GVU und Endverbraucher unmöglich, der Endverbraucher zahlt als Leistungsbereitstellungsentgelt einen fixen Grundbetrag. Dadurch muß das GVU ein erhebliches Planungs- und Ausgabenrisiko für den Gasbezug tragen ohne es überwälzen zu können.

Damit Nachfragespitzen nicht auch zu kostenwirksamen Gasbezugsspitzen werden, können Spitzendeckungsmittel (z.B. Untertagespeicher) angeschafft und eingesetzt werden. Zur Findung und Bewertung von Strategien zur Begrenzung bzw. Reduktion der Gasbezugskosten müssen die potentiellen Bezugskostenersparnisse den durch Anschaffung und Betrieb der Spitzendeckungsmedien entstehenden Kosten gegenübergestellt werden.

Die Komplexität des gesamten Zusammenhanges zwischen stochastischer Temperaturentwicklung, Gasabgabe, technischen Eigenschaften der Spitzendeckungsmittel und

Operations Research Proceedings 1984

komplizierten Regelungen des Gasbezugsvertrages macht ein die Entscheidungsrisiken abbildendes Simulationsmodell auf der Basis der Monte-Carlo-Methode als Entscheidungshilfe erforderlich. Einzelheiten dazu sind in /1/ veröffentlicht. Auf die Anwendungseignung geht Edelmann in einer im Rahmen des DGOR-Studentenwettbewerbes 84 prämierten und anläßlich der Jahrestagung vorgestellten Diplomarbeit /2/ ausführlich ein. Außer zur Auslegung und Vorteilhaftigkeitsberechnung von Spitzendeckungsmitteln wird das Modell zur Bildung einer kostenoptimalen Einsatzstrategie für die Spitzendeckungsmittel benötigt. Letzteres ist insofern wichtig, als das alleinige Vorhandensein von Spitzendeckungsmitteln noch nicht zwingend zu einer Bezugskostenreduzierung führt. Die kostenoptimale Gestaltung erfordert eine Handlungsweise, die festlegt, ab welcher Tagesbezugsmenge die vorhandenen Spitzendeckungsmittel in welcher Reihenfolge zum Einsatz kommen sollen. Die Planung dieser Höchstbezugsgrenze stellt ein besonderes Problem dar. Es ist aus der Planungsrechnung eine Zielvorgabe für den höchsten Tagesbezug im wesentlichen unter Kostengesichtspunkten abzuleiten. Die unten stehende Abbildung 1 zeigt ein Ergebnis dieser risikoanalytischen Planungsrechnung: würde z.B. ein Höchstbezug von 85 Mio kWh/d angesteuert, so ergäbe sich wahrscheinlich, bedingt durch entsprechende Charakteristika der Temperaturhäufigkeiten ein Höchstbezug von 93 Mio kWh/d, das rechts ausgeworfene Streudiagramm der simulierten Höchstbezüge weist jedoch auch für den Wert 85 Mio kWh noch eine angemessene Wahrscheinlichkeit aus, sofern nicht unvorhergesehene Ereignisse (s.u.) eine Strategieanpassung notwendig machen.

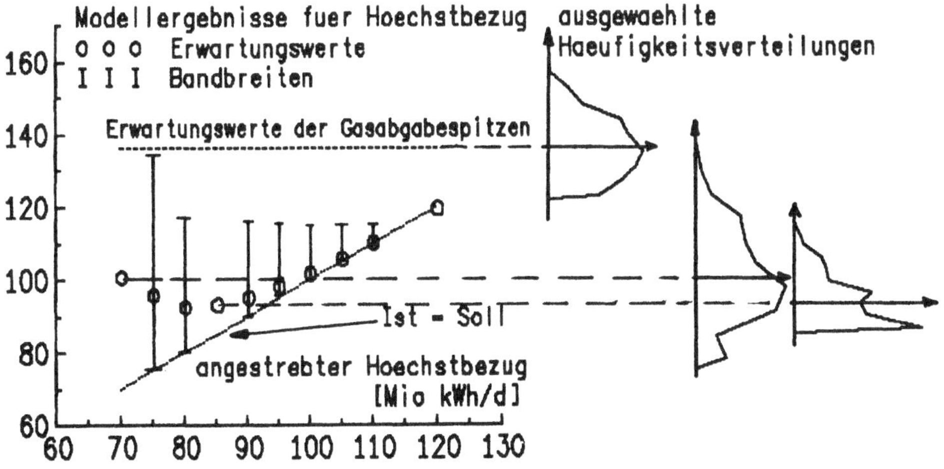

Bei sehr hoher vorgewählter Bezugsgrenze steigt die Wahrscheinlichkeit, diese auch tatsächlich einzuhalten, jedoch sinkt damit auch der Beitrag der Bezugsoptimierung zum Unternehmensergebnis. Zu niedrige Steuervorgaben erhöhen die Gefahr des "Speicherleerfahrens" und damit das Kostenrisiko.

2. Problemstellung

Von zentraler Bedeutung für die Simulation ist eine zeitlich stabile sog. "Regressionsgerade", welche die tägliche Gasabgabe als Funktion der Außentemperatur darstellt. Die Vorgabe simulierter Temperaturverläufe ermöglicht die Errechnung der Gasabgabe über die Regressionsgerade. Unter Berücksichtigung der vorhandenen Spitzendeckungsmittel lassen sich die erforderlichen Gasbezüge ermitteln und entsprechend der im Gasbezugsvertrag getroffenen Regelungen bewerten. Die Abbildung dieses Zusammenhanges ermöglicht es, durch entsprechend häufige Läufe des Modells die kostengünstigste Höchstbezugsgrenze für die jeweils kommende Heizperiode zu ermitteln.

Die bisherigen Erfahrungen mit dem Modell waren in allen Anwendungsbereichen sehr gut, jedoch zeigte sich, daß bei der Planung der Höchstbezugsgrenze eine intermediäre Informationsgewinnung noch zur Strategieverbesserung beitragen könnte. Veranlaßt wurde diese Überlegung folgende Erfahrungen:

- Die Regressionsgerade wird aus Daten der vorhergehenden Heizperiode gewonnen. Ihre Parameter werden durch Anzahl der Heizgaskunden, Zusammensetzung der Kunden (Haushalt/Gewerbe), Verhalten der Endverbraucher, technischer Zustand der Heizanlagen, Wärmedämmung etc. bestimmt, also Größen, die sich mit der Zeit ändern können.

- Die Ermittlung der Bezugsstrategie beruht auf der Simulation von je 80 Jahrestemperaturzeitreihen und stellt somit auch die gefundene optimale Strategie im Hinblick auf die Bezugskosten und die Streuung einen Durchschnittswert dar. Die konkrete Temperaturentwicklung der bevorstehenden Heizperiode könnte zusätzliche Strategiespielräume eröffnen oder Anpassungen sogar erforderlich machen (z.B. bei einer sehr frühzeitig im Herbst eintretenden länger anhaltenden Kälteperiode mit entsprechend starker Inanspruchnahme der Spitzendeckungsmittel).

- Es können Sonderentwicklungen eintreten, die bisher nicht modellmäßig berücksichtigt sind, z.B. Abschluß eines neuen abschaltbaren Vertrages.

Diese Überlegungen machen es erforderlich, möglichst frühzeitig ab Beginn des Gasjahres (1. Okt.) Parameterkontrollen durchzuführen und die täglich anfallenden Daten im Rahmen von prozeßbegleitenden Simulationen zu verwerten.

3. Lösungsmöglichkeiten und Ergebnisse

Am Beispiel des Gasjahres 1983/84 soll dargestellt werden, wie intermediäre Informationsgewinnung zur Strategieverbesserung und Planungskontrolle bei VEW angewendet wird. Unmittelbar vor Beginn des "Gasjahres" (1.10.-30.9.) wird mit Hilfe des Simulationsmodells, das die auf Vergangenheitsdaten basierende Regressionsgerade enthält, eine Höchstbezugsgrenze ermittelt, die eine vorläufige Handlungsanweisung für die Gasbezugssteuerung darstellt.

Unmittelbar nach Beginn des Gasjahres, möglichst noch bevor Außentemperaturen erreicht werden, die den Gasbezug bis zur Höchstbezugsgrenze steigen lassen, sollten die Parameter der Regressionsgeraden kontrolliert werden. Bei genügend langen Zeitreihen (z.B. alle Werktage eines Jahres) ergibt sich eine hinreichend genaue Regressionsgerade aus Tagesmitteltemperatur und Gasabgabe. Da nun aber zur Kontrolle nur wenige (15 bis 25) Werktage zur Verfügung stehen, wobei mit zunehmender Wartezeit zur Erfassung weiterer Daten das Risiko, an die Höchstgrenze zu gelangen, steigt, muß berücksichtigt werden, daß die jeweilige Tagesmitteltemperatur unter ganz unterschiedlichen klimatischen Bedingungen (z.B. klarer oder bewölkter Himmel) realisiert werden kann, die kurzfristig einen Einfluß auf die tägliche Gasabgabe haben. Deshalb müssen die Daten um die relevanten Einflüsse bereinigt werden. In den Abbildungen sind zwei Regressionsgeraden mit unbereinigten und bereinigten Daten dargestellt. Die Bereinigung um Windgeschwindigkeit, Wochentagseinflüsse und Temperaturvorgeschichte (Dreitagesmitteltemperatur) bewirkt eine deutliche Verringerung der Regressionsstreuung.

Im Gasjahr 1983/84 führte dies schon am 15. November mit den bis dahin aufgelaufenen Daten zu der Erkenntnis, daß sich die Regressionsgerade gegenüber dem Vorjahr signifikant verschoben hatte, und zwar in Richtung auf höheren Heizgasabsatz bei geringfügig niedrigerer Abgabe an die Industrie. Damit tauchte die Frage auf, ob das geänderte Abnehmerverhalten eine Änderung der Höchstbezugsstrategie erforderlich macht. Durch Simulationen mit der neuen Regressionsgeraden zeigte sich, daß die Höchstbezugsgrenze nicht revidiert werden mußte und somit keine neue Handlungsanweisung an die Bezugssteuerung erforderlich war. Entscheidende Kriterien für diese Planungskontrollen sind die erwarteten Gasbezugskosten sowie die in jedem Fall wegen der großen gelogischen Probleme auszuschließende Möglichkeit eines Leerfahrens des Untergrundspeichers.

Bei der am 15. November durchgeführten Simulationsrechnung wurden außer der korrigierten Regressionsgeraden auch die seit dem 1. Oktober bereits aufgelaufenen Tagesbezüge benutzt und dem Modell als determiniert vorgegeben. Simulationen erstrecken sich bei dieser Vorgehensweise also jeweils nur noch über das Restjahr (bis zum 30.9.). Das Modell und seine Vorhersagen werden also mit

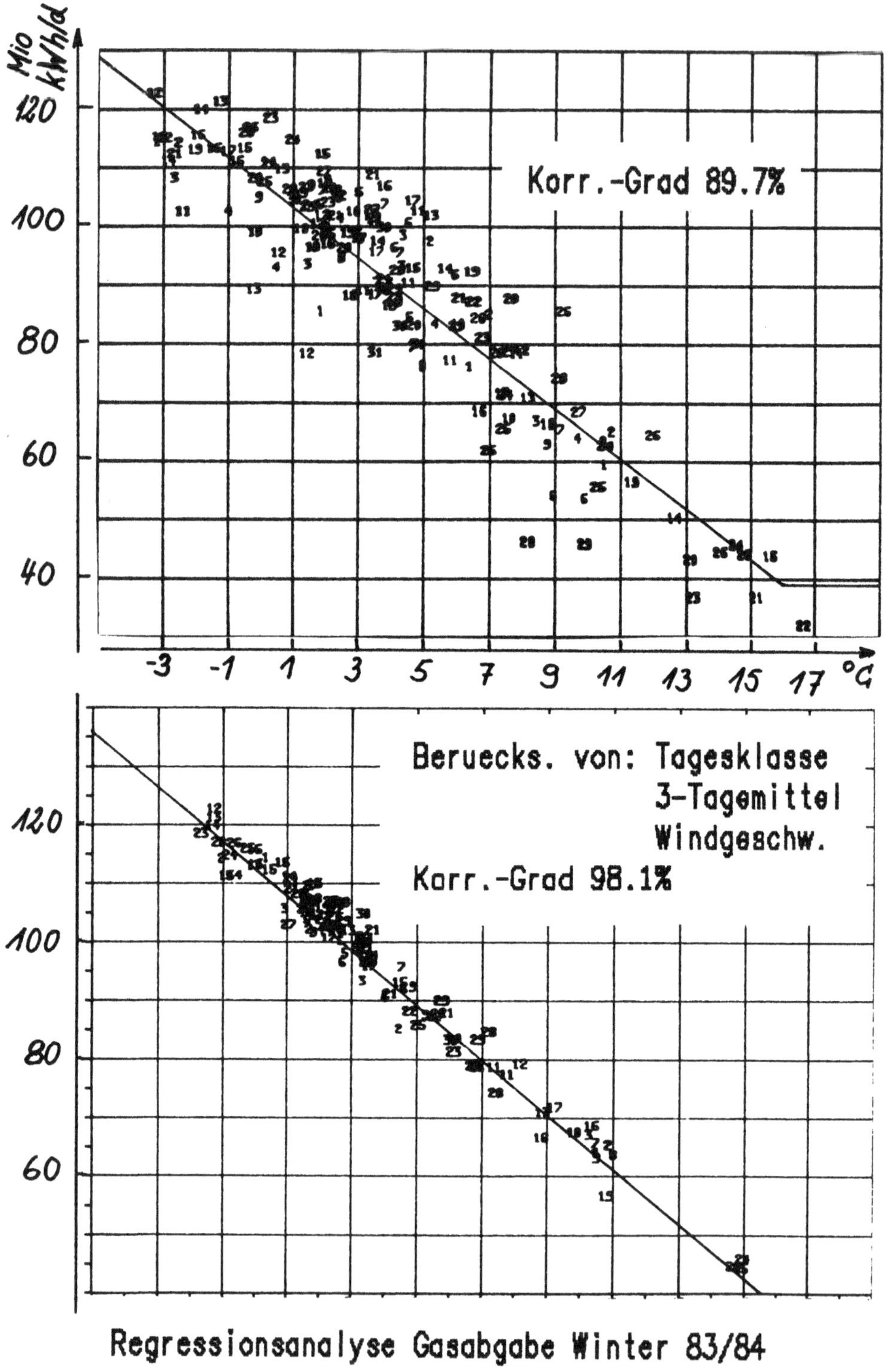

Regressionsanalyse Gasabgabe Winter 83/84

fortschreitendem Wirtschaftsjahr deterministischer, gleichzeitig sinkt natürlich auch die Bedeutung dieser Rechnungen für eine ergebniswirksame Strategieanpassung. Es bietet sich jedoch die Möglichkeit, die aus Rechnerkapazitätsgründen durch Begrenzung der Simulationen auf N = 80 eingeschränkte Vielfalt möglicher Außentemperaturverläufe zumindest in der Anfangsphase zu erweitern.

Die Notwendigkeit einer Planungsrevision ergab sich dann wieder am 1. Januar 1984. War es bis dahin möglich, bei niedrigen Temperaturen einen bedeutenden Kunden bei allgemein ansteigender Gasabgabe von Gaslieferungen zeitweise auszuschließen und somit diese Liefermengen für die übrige Versorgung freizusetzen, fiel diese Möglichkeit nun weg. Dadurch mußten die im Modell abgebildeten Spitzendeckungsmittel entsprechend gekürzt und unmittelbar eine Antwort auf die Frage der Einhaltbarkeit der geplanten Höchstbezugsgrenze gegeben werden. Die Auswertung von 80 Simulationen über den Restwinter bei geänderter Auslegung der Spitzendeckungsmittel signalisierte die Einhaltbarkeit der Höchstbezugsgrenze, allerdings unter Inkaufnahme eines erheblich höheren Risikos.

An Hand der letzten Abbildung soll zusammenfassend gezeigt werden, in welcher Weise die intermediäre Informationsgewinnung zu einer verbesserten Einschätzung der Lage geführt hat. Ausgangspunkt zu Beginn des Gasjahres war es, gegenüber dem Vorjahr eine niedrigere Bezugsgrenze mit entsprechend niedrigeren Bezugskosten zu realisieren. Dargestellt ist die Risikoentwicklung am Beispiel des Speicherfüllstandes, der am 1. Oktober 120 Mio m^3 Gas enthielt. Die Simulation zu diesem Zeitpunkt zeigt, daß am Ende des Winters wahrscheinlich noch ein Füllstand von 80 bzw. im ungünstigsten Fall von ca. 30 Mio m^3 vorhanden sein würde.

Die Revision der Regressionsgeraden am 15. November mit deutlich höher als ursprünglich geplanten Gasabgaben zeigt, daß der Endfüllstand des Speichers im Mittel auf knapp 60 Mio m^3 und im ungünstigsten Fall nahe Null liegen würde. Aus dem o.a. Wegfall der Unterbrechbarkeit eines Vertrages zum 1. Januar ergab sich, daß das Risiko der vollständigen Speicherentleerung bei Einhaltung der vorgegebenen Bezugsgrenze mit in Betracht gezogen werden mußte. Erst die prozeßbegleitende Simulation mit den tatsächlich aufgelaufenen Temperaturdaten bis zum 15. Februar 1984 erbringt schließlich die Erkenntnis, daß die Bezugsstrategie bis zum Ende durchgehalten werden kann, ohne ein Risiko für den Speicher eingehen zu müssen. Die tatsächlich realisierte Speicherstandentwicklung zeigt, daß im März wegen des lang anhaltenden Winters das Speicherminimum von nur 16 Mio m^3 erreicht wurde, ein Wert, welcher jedoch voll in der Erwartungsbandbreite der Simulation vom 1. Januar und 15. Februar lag.

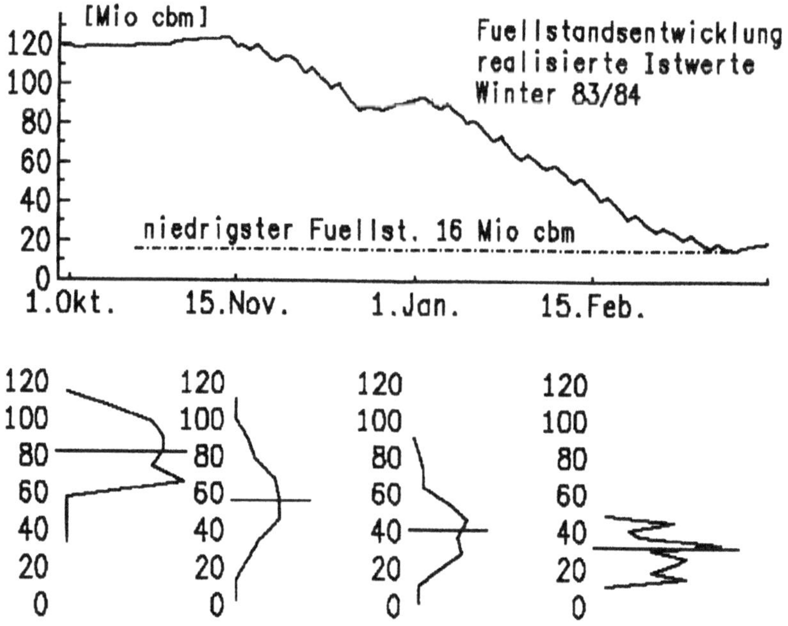

Errechnete Streubreiten fuer niedrigsten Speicherfuellstand. Simulationen am 1.Okt,15.Nov,1.Jan,15.Feb

Literatur

/1/ Günther, H., Homann, K.: "Investitionsplanung für Anlagen zur Deckung von Bedarfsspitzen in der Gaswirtschaft", Operations Research Proceedings 1982, S. 133-139, Springer Verlag, Berlin, Heidelberg, 1983

/2/ Edelmann, H.: "Untersuchungen zur betriebswirtschaftlichen Anwendungseignung eines EDV-gestützten Simulationsmodells der VEW (Dortmund) zur Spitzendeckung in der Gaswirtschaft für die optimale Auslegung von Gasspeicher- und Transportsystemen", Diplomarbeit Universität Essen GH, 1983.

INVESTITIONSPLANUNG IN EINEM DIALOGGESTÜTZTEN LP-MODELLGENERATOR

Bernd H. Eitschberger, Gelsenkirchen

Es werden die Rahmenbedingungen für die Entwicklung eines dialoggestützten LP-Modellgenerators dargestellt, der besonderes Gewicht auf die Berücksichtigung des Investments legt.

Die Problemstellung beinhaltet die optimale Investitionsplanung bei gleichzeitiger Einhaltung des Bilanzschlusses und einer Verfahrensoptimierung aller beteiligten Anlagen. Bei einer derartigen Entwicklung sind zusätzlich gewisse Rahmenbedingungen einzuhalten.

Die Benutzung des Handwerkzeuges soll weitgehend ingenieurorientiert und nicht DV-orientiert sein. Das wirft besondere Probleme bei den Schnittstellen zwischen Batch und Dialog auf, da sie automatisch vom Generator versorgt werden müssen. Das Design des Dialogs unterliegt ebenso besonderen Anforderungen, um von dem angestrebten Benutzerkreis akzeptiert zu werden.

Die notwendige Flexibilität muß eine Wahlmöglichkeit bzw. Beeinflußbarkeit der ökonomischen Berechnungen beinhalten. Verschiedene Möglichkeiten der Ankoppelung der Investitionskosten an die VP-Variablen werden geprüft. Die Zielfunktion sollte neben dem Investment die Personalkosten, Importkosten, Exporterlöse und die variablen Operationskosten berücksichtigen. Wegen der korrekten Modellierung des Investmentablaufs ist ein mehrperiodisches Modell zu erstellen.

Der hohe Aufwand für eine solche Entwicklung verlangt, daß das System mehrfach installierbar ist. Lösungsvorschläge für die dabei auftretenden Probleme der Wahl der Softwaretools, Programmiersprachen, Datenbank und Dialogsysteme werden vorgestellt.

FLEXIBLE INVESTITIONSPLANUNG MIT FUZZY-ZAHLUNGSREIHEN

Randolf Hanuscheck, Frankfurt am Main

1. Einführung

Zum Lösen von Problemen der flexiblen Planung eines Investitionsprogramms unter Risiko finden u.a. Modelle der linearen Programmierung auf der Grundlage eines Zustandsbaums Verwendung, vgl. /2/.

Die mit den zum Zeitpunkt t ($t=0,1,..,T-1$) realisierbaren Aktionen $a_{i_t} \in A_t$ ($i_t=n_t+1,..,n_{t+1}; n_o=0$) korrespondierenden Nettoeinzahlungsüberschüsse $w_{i_t\tau}$ ($\tau=t,..,T$) können als antizipative Größen für $\tau > 0$ i.a. nur als Intervall $W_{i_t\tau} = [\underline{w}_{i_t\tau}, \bar{w}_{i_t\tau}]$ angegeben werden.

Wählt der Entscheider gemäß der klassischen Entscheidungstheorie als Repräsentanten seiner Unsicherheit eine Menge $\{z_{j_\tau}\}$, $j_o=0$; $j_\tau=m_\tau+1,..,m_{\tau+1}$ $\forall$ $\tau > 0$ und $m_1=0$, von Umweltzuständen aus, so ist er aus Gründen der Modelloperationalisierung gezwungen, aus der hinsichtlich $W_{i_t\tau}$ unendlich elementigen Zustandsmenge einige wenige von ihm als repräsentativ erachtete Umweltzustände zu bestimmen. Dieses als Problem des optimalen Komplexionsgrades in der Literatur diskutierte Problem führt dazu, daß anstatt der verfügbaren Informationen $W_{i_t\tau}$ nur wenige Punktschätzungen $w_{i_tj_\tau}$ in das Entscheidungsmodell eingehen und der Aussagewert möglicher Endresultate nur sehr gering ist.

2. Ein Beispiel

Ein Investor habe hinsichtlich dreier Konjunkturlagen für T = 3 folgende Erwartungsstruktur

t=0	t=1	t=2	t=3	t=0	t=1	t=2	t=3	t=0	t=1	t=2	t=3
z_o	$z_1/.4$	$z_4/.3$	$z_{13}/.2$	z_o	$z_2/.4$	$z_7/.2$	$z_{22}/.2$	z_o	$z_3/.2$	$z_{10}/.2$	$z_{31}/.2$
.	.	.	$z_{14}/.6$	.	.	.	$z_{23}/.6$	.	.	.	$z_{32}/.6$
.	.	.	$z_{15}/.2$	.	.	.	$z_{24}/.2$	.	.	.	$z_{33}/.2$
.	.	$z_5/.5$	$z_{16}/.2$	.	.	$z_8/.5$	$z_{25}/.2$	.	.	$z_{11}/.3$	$z_{34}/.2$
.	.	.	$z_{17}/.6$	.	.	.	$z_{26}/.6$	.	.	.	$z_{35}/.6$
.	.	.	$z_{18}/.2$	.	.	.	$z_{27}/.2$	.	.	.	$z_{36}/.2$
.	.	$z_6/.2$	$z_{19}/.2$	.	.	$z_9/.3$	$z_{28}/.2$	.	.	$z_{12}/.5$	$z_{37}/.2$
.	.	.	$z_{20}/.6$	.	.	.	$z_{29}/.6$	.	.	.	$z_{38}/.2$
.	.	.	$z_{21}/.2$	.	.	.	$z_{30}/.2$	.	.	.	$z_{39}/.6$

Tab.1: Erwartungsstruktur in t=0

Operations Research Proceedings 1984

Mit ... z_{14}/.6 wird dabei, einem Ast im Zustandsbaum entsprechend, die Zustandsfolge z_0, z_1, z_4, z_{14} bezeichnet.
Die jeweiligen Übergangswahrscheinlichkeiten sind den Zuständen nachgestellt.

Für die Entscheidungszeitpunkte t = 0,1,2 und das Planungsende T = 3 unterstellt der Entscheider folgende umweltspezifischen, einelementigen Zahlungsgrößen:

τ	z_{j_τ}	a_1	a_2	a_3	a_4
0	z_0	-100 x_1	-110 x_2		
1		[-100,-70]	[60,100]	[-160,-120]	
	z_1	-95	68	-160 x_3	
	z_2	-90	75	-145 x_4	
	z_3	-75	90	-135 x_5	
2		[80,130]	[-50,20]	[20,100]	[-160,-100]
	z_4, z_7, z_{10}	85	-30	35	-120 x_6, x_7, x_8
	z_5, z_8, z_{11}	100	0	50	-130 x_9, x_{10}, x_{11}
	z_6, z_9, z_{12}	120	10	80	-145 x_{12}, x_{13}, x_{14}
3		[300,500]	[-50,150]	[120,200]	[130,200]
	(z_{13+3k})	330	-20	135	170
	(z_{14+3k})	380	40	150	160
	(z_{15+3k}) k=0,1,..,8	450	100	180	155

Tab.2: Nettoeinzahlungsüberschüsse $w_{i_t j_\tau} \in W_{i_t \tau}$ *und Variable* x_{i_t}

Weiterhin verfüge der Investor unabhängig vom Eintritt eines Zustands z_{j_τ} über liquide Mittel LM_t in Höhe von LM_0 = 300, LM_1 = 200 und LM_2 = 100; zusätzliche Möglichkeiten der Kapitalbeschaffung existieren nur in den Umweltzuständen $z_3, z_{10}, z_{11}, z_{12}$ in Form eines Kredits f_{j_τ} zum Zinssatz $\hat{r}$ = 0,1 mit maximalem Volumen von 200 GE, dessen Niveau durch die Variablen $x_{15},..,x_{18}$ gegeben wird. Die Investitionsobjekte können ebenfalls nur beschränkt realisiert werden, und zwar $x_1, x_2 \leq 2$; $x_3, x_4, x_5 \leq 2$; $x_6,..,x_{14} \leq 3$. Ziel des Entscheiders sei es, den erwarteten Vermögensendwert V im Liquidationszeitpunkt T zu maximieren.
Unter der Annahme, daß in t nicht investierte Mittel kurzfristig über eine Periode zum Zinssatz r = 0,05 angelegt werden, läßt sich der optimale flexible Plan berechnen als Lösung des stochastischen LP-Problems

$$V = \sum_{j_3=13}^{39} [p(z_{j_3}) \cdot \sum_{i_t=1}^{18} b_{i_t j_3} \cdot x_{i_t}] + \sum_{t=0}^{2} LM_t \cdot (1+r)^{3-t} \rightarrow \text{Max}$$

unter Beachtung der Restriktionen

$$-\sum_{t=o}^{\tau} \sum_{i_t} b_{i_t j_\tau} \cdot x_{i_t} \leq \sum_{t=o}^{\tau} LM_t \cdot (1+r)^{\tau-t} \qquad \tau=0,..,3;\ \forall_{j_\tau}$$

$$x_{i_t} \leq \bar{x}_{i_t} \qquad \text{(I.1)}$$

$$x_{i_t} \geq 0 \qquad i_t=1,..,18 \quad ,$$

wobei $b_{i_t j_\tau}$ die mit r auf den Zeitpunkt τ aufgezinste Zahlungsreihe der Aktion a_{i_t} bzw. f_{i_t} ist, die der in t beginnenden und in z_{j_τ} endenden Zustandsfolge entspricht.

Für (I.1) ergibt sich dann der optimale flexible Plan $(x_1;x_2;..;x_{18})$ = (2;0;0,72; 0,86 ;2;2,46;2,58;2,74;2,5;2,64;2,82;3;3;2,58;115;146,5; 116,5;0), der zu einem maximalen Erwartungswert des Endvermögens in Höhe von V_{Max} = 1.352,51 führt.

Bereits dieses einfache Beispiel umfaßt 18 Strukturvariable sowie 18 Niveau- und 40 Liquiditätsrestriktionen, obwohl aus den relevanten Zahlungsintervallen nur drei repräsentative Werte ausgewählt wurden und in jedem Zustand z_{j_τ}, $\tau < 3$, maximal 2 Aktionen zur Wahl standen.

Mit Hilfe der Fuzzy Set-Theorie soll dem flexiblen Planungsansatz nun eine wesentlich größere Informationsbreite zugrunde gelegt werden unter gleichzeitiger Reduktion des Problems des optimalen Komplexionsgrades.

3. Komplexionsreduktion mit Hilfe der Fuzzy Set-Theorie

Um einen Vergleich mit der im Abschnitt 2 dargestellten traditionellen Vorgehensweise zur Unsicherheitsbewältigung ziehen zu können, sei im folgenden unterstellt, daß der Investor über die in Tab. 1 beschriebene Erwartungsstruktur verfüge, obwohl dies für das Fuzzy-Verfahren selbst nicht notwendig ist.

Die Reduktion der komplexen Erwartungsstruktur erfolgt retrograd. Anstatt die vorliegenden Daten $W_{i_t\tau} = [\underline{w}_{i_t\tau}, \bar{w}_{i_t\tau}]$ in einelementige, zustandsspezifische Surrogate zu verdichten, werden die Einzahlungsüberschüsse $w_{i_t\tau}$ nun als unscharfe Größen aufgefaßt und durch unscharfe Mengen

$$\tilde{W}_{i_t\tau j_{\tau-1}} = \{(w_{i_t\tau}, f_{i_t\tau j_{\tau-1}}(w_{i_t\tau})) \mid w_{i_t\tau} \in W_{i_t\tau}\}$$

mit normierten, eingipfligen Zugehörigkeitsfunktionen (ZGF) $f_{i_t\tau j_{\tau-1}} : W_{i_t\tau} \to [0,1]$ beschrieben, die vom direkten Vorgängerzustand $z_{j_{\tau-1}}$ abhängen können.

Nehmen wir z.B. an, daß der Investor die Einzahlungsüberschüsse w_{1T} durch die in Abb. 1 dargestellte unscharfe Menge beschreibt, wenn in t = 2 der Umweltzustand z_4 vorgelegen hat.

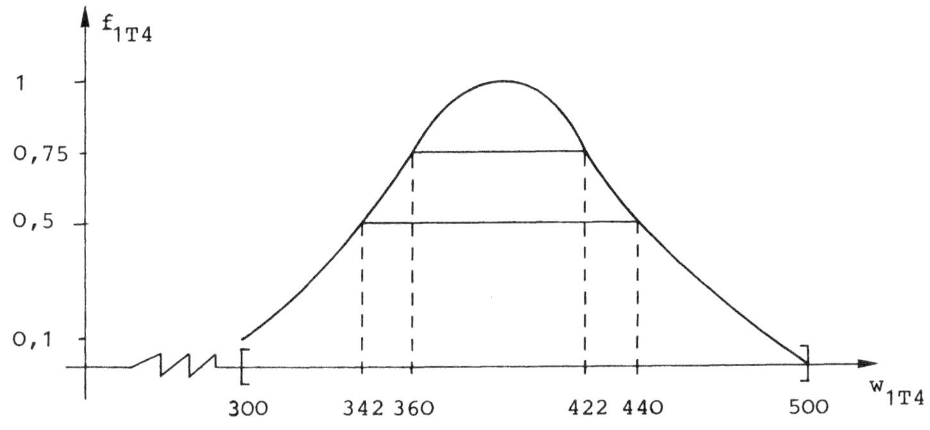

Abb.1: ZGF für $\tilde{W}_{1T4}$

Da die Wahrscheinlichkeitsverteilung $\{p(j_3|z_4)\}$ analog auch für die von z_5 bis z_{11} ausgehenden Äste des Zustandsbaumes gilt und außerdem für alle Äste auch die gleichen Einzahlungsüberschüsse angenommen werden, vgl. Tab. 2, wird der Entscheider konsequenterweise für jede dieser Verästelungen die in Abb. 1 dargestellte ZGF unterstellen.

Da für Bewertungen zum Zeitpunkt t = 2 davon ausgegangen werden muß, daß auch die zustandsspezifischen Bewertungen nur durch ein Intervall ausgedrückt werden können und daß außerdem die Übergangswahrscheinlichkeiten i.a. nicht bekannt sind, fehlt die Rechtfertigung für eine Verzweigung des Zustandsbaumes in t = 1. Eine Verzweigung ist nur dann durchzuführen, wenn für t = 2

i. Zustände mit unterschiedlichen Aktionenmengen unterschieden werden können.

ii. Zwischen Zuständen mit gleicher Aktionenmenge aber unterschiedlichem Mindest- bzw. Höchstniveau zu differenzieren ist.

iii. Ausreichende Kenntnisse vorliegen, die es gestatten, die Aktionen in Abhängigkeit der unterschiedenen Zustände verschieden (durch unscharfe Mengen) zu bewerten.

Zusätzlich muß man dabei noch in der Lage sein, die Übergangswahrscheinlichkeiten anzugeben.

Diesen Überlegungen folgend, sind in t = 2 nur die Zustände $z_{4/6}, z_{7/9}$ und $z_{10/12}$ zu unterscheiden.

Da in t = 1 die Bedingung i zum Tragen kommt, muß zwischen den Zuständen $z_{1/2}$ und z_3 differenziert werden: es gilt aber: $\tilde{W}_{i_t 2 z_{1/2}} = \tilde{W}_{i_t 2 z_3}$, $i_t = 1,2,3$. In den Wahrscheinlichkeiten $p(z_{1/2}) = p(z_1) + p(z_2) = 0{,}8$ und $p(z_3) = 0{,}2$ drückt sich dann lediglich die Tatsache aus, daß der Entscheider mit einer Wahrscheinlichkeit von $p(z_3)$ über einen Kredit verfügen kann.

Eine Verzweigung von $z_{1/2}$ in $z_{4/6}$ und $z_{7/9}$ ist nach i.-iii. ebenfalls nicht erforderlich, da annähernd gilt $p(z_{j_2}|z_1) \approx p(z_{j_2}|z_2)$ und somit $\tilde{W}_{i_t 3 z_{4/6}} \approx \tilde{W}_{i_t 3 z_{7/9}}, i_t=1,..,4$, gilt. $z_{4/6}$ und $z_{7/9}$ können somit zusammengefaßt werden zu $z_{4/9}$. Analoge Überlegungen führen in T zu den Zuständen $z_{13/30}$ und $z_{31/36}$. Da für $(z_{37/39}|z_{12})$ andere Übergangswahrscheinlichkeiten und damit andere ZGFen als für $z_{31/36}$ angenommen wurden, ist nach iii. eine Verzweigung in $z_{31/36}$ und $z_{37/39}$ gerechtfertigt.

Durch diese Vorgehensweise, anstatt Punktschätzungen die Intervalle selbst als Dateninputs zu benutzen und eventuell vorhandene Informationen über Realisierungschancen statt durch Wahrscheinlichkeiten über ZGFen einfließen zu lassen, reduziert sich die komplexe Erwartungsstruktur aus Tab. 1 in:

z_o	$z_{1/2}/.8$	$z_{4/9}$ /1.	$z_{13/30}/1.$
.	z_3 /.2	$z_{10/12}$ /1.	$z_{31/36}/.5$
.	.	.	$z_{37/39}/.5$

Die Wahrscheinlichkeit $p(z_{37/39}) = 0{,}5$ berechnet sich hierbei als $\sum_{j_3=37}^{39} p(z_{j_3}|z_{12}) \cdot p(z_{12}|z_3)$.

Das LP-Problem zu obigem Beispiel läßt sich somit auf 8 Strukturvariable, 8 Niveau- und 8 Liquiditätsrestriktionen reduzieren, wobei 7 Liquiditätsbedingungen und die Zielfunktion unscharfe Mengen als Koeffizienten aufweisen.

Um die in den ZGFen enthaltenen Informationen als deterministische Größen zu erfassen, wird gemäß dem auf /3/ zurückzuführenden und von /4/ auf unscharfe Zielfunktionen erweiterten Lösungsvorschlag zunächst eine endliche Menge $N_\alpha = \{\alpha_1,..,\alpha_s\} \subset [0,1[$ von α-Niveaus gewählt und für jeden unscharfen Koeffizienten die entsprechenden α-Niveaumengen ermittelt. Werden die unscharfen Ziel- bzw. Restriktionskoeffizienten durch die α-Niveaumengen substituiert, dann erhält man s Zielfunktionen und für jede unscharfe Restriktion ein System von s Restriktionen mit Intervallkoeffizienten.

Für die vom Investor subjektiv festgelegten α-Niveaus $\alpha_1 = 0{,}75$; $\alpha_2 = 0{,}5$; $\alpha_3 = 0$ ergeben sich für $W_{1z_{13/30}}$ gemäß Abb. 1 die α-Niveaumengen $W^{0,75}_{1z_{13/30}} = [360,422] \subseteq W^{0,5}_{1z_{13/30}} = [342,440] \subseteq W^{0}_{1z_{13/30}} = [300,500]$.

Analog sind auch für die übrigen unscharfen Koeffizienten die α-Niveaumengen zu bestimmen.

Die Restriktionen mit Intervallkoeffizienten werden gemäß /3,S.85f/ in Restriktionen mit einelementigen Koeffizienten transformiert, z.B.

gilt in $z_{1/2}$ für α_1

$$[187,201]x_1 + [33{,}5,52{,}5]x_2 + [140,159]x_3 \leq 515$$
$$\longrightarrow \quad 201\ x_1 + 52{,}5\ x_2 + 159\ x_3 \leq 515.$$

Die Lösungsmenge des sich so ergebenden scharfen Restriktionssystems soll mit X_s symbolisiert werden.

Die Bestimmung der Intervallkoeffizienten für die einem α-Niveau zugeordnete Zielfunktion V^α wird stellvertretend für $\alpha_1 = 0{,}75$ und die Variable x_1 durchgeführt. Die Einnahmeüberschußintervalle $W^{0,75}_{1z_{1/2}}$ $W^{0,75}_{1z_{4/9}}$, $W^{0,75}_{1z_{13/30}}$ bzw. $W^{0,75}_{1z_3}$, $W^{0,75}_{1z_{10/12}}$, $W^{0,75}_{1z_{31/36}}$ bzw. $W^{0,75}_{1z_3}$, $W^{0,75}_{1z_{10/12}}$, $W^{0,75}_{1z_{37/39}}$ werden auf t = 3 aufgezinst und gruppenweise unter Berücksichtigung von w_{1z_0} zu den Intervallen $[\underline{b}^{0,75}_{1z_{13/30}}, \bar{b}^{0,75}_{1z_{13/30}}]$ bzw. $[\underline{b}^{0,75}_{1z_{31/36}}, \bar{b}^{0,75}_{1z_{31/36}}]$ bzw. $[\underline{b}^{0,75}_{1z_{37/39}}, \bar{b}^{0,75}_{1z_{37/39}}]$ aufaddiert. Die Intervallenden des Zielfunktionskoeffizienten $[\underline{b}^{0,75}_1, \bar{b}^{0,75}_1]$ berechnen sich dann als

$$\underline{b}^{0,75}_1 = p(z_{13/30})\cdot\underline{b}^{0,75}_{1z_{13/30}} + p(z_{31/36})\cdot\underline{b}^{0,75}_{1z_{31/36}} + p(z_{37/39})\cdot\underline{b}^{0,75}_{1z_{37/39}}$$
$$\bar{b}^{0,75}_1 = p(z_{13/30})\cdot\bar{b}^{0,75}_{1z_{13/30}} + p(z_{31/36})\cdot\bar{b}^{0,75}_{1z_{31/36}} + p(z_{37/39})\cdot\bar{b}^{0,75}_{1z_{37/39}}$$

Entsprechend dem Verfahren der α-*Niveaubezogenen Paarbildung* von /4/, vgl. auch /1/, wird jede α-Niveauspezifische Zielfunktion mit unscharfen Koeffizienten durch zwei scharfe Zielfunktionen mit den Intervallendpunkten als einelementige Zielkoeffizienten ersetzt, z.B.

$$-V^{0,75} = [-342,-244]x_1 + \ldots + [-6{,}56,0{,}25]x_8 - 672{,}79 \rightarrow \text{Max}$$
$$\Rightarrow \begin{pmatrix} -V^{0,75}_{Inf} \\ -V^{0,75}_{Sup} \end{pmatrix} = \begin{pmatrix} -342x_1 + \ldots - 6{,}56x_8 - 672{,}79 \\ -244x_1 + \ldots + 0{,}25x_8 - 672{,}79 \end{pmatrix} \rightarrow \text{Max}$$

Zur Lösung des sich so ergebenden linearen Vektoroptimierungsproblems kann das Fuzzy Set-Verfahren von /5/ in der speziellen Version von /4/ zur Bestimmung einer Kompromißlösung herangezogen werden, vgl. auch /1/.

Hierzu werden die ZGFen $f^\alpha_{Inf}(\mathbf{x})$ und $f^\alpha_{Sup}(\mathbf{x})$, $\alpha \in N_\alpha$ definiert in den Intervallen

$$[\bar{V}^\alpha_{Inf}, \overset{*}{V}{}^\alpha_{Inf}] \text{ bzw. } [\bar{V}^\alpha_{Sup}, \overset{*}{V}{}^\alpha_{Sup}]$$

$$\text{mit } \overset{*}{V}{}^\alpha_{Inf} := V^\alpha_{Inf}(\overset{*}{\mathbf{x}}{}^\alpha_{Inf}) = \max_{\mathbf{x}\in X_s} V^\alpha_{Inf}(\mathbf{x}) \quad \text{und}$$
$$\overset{*}{V}{}^\alpha_{Sup} := V^\alpha_{Sup}(\overset{*}{\mathbf{x}}{}^\alpha_{Sup}) = \max_{\mathbf{x}\in X_s} V^\alpha_{Sup}(\mathbf{x})$$

Für die monistisch optimalen Investitionsprogramme $\overset{*}{\mathbf{x}}{}^\alpha_{Inf}$ respektive $\overset{*}{\mathbf{x}}{}^{\alpha}_{Sup}$ sichert sich der Investor bzgl. der jeweils anderen Zielsetzung dann die Werte

$$\bar{V}^{\alpha}_{Inf} := V^{\alpha}_{Inf}(\overset{*}{\mathbf{x}}{}^{\alpha}_{Sup}) \quad \text{bzw.} \quad \bar{V}^{\alpha}_{Sup} := V^{\alpha}_{Sup}(\overset{*}{\mathbf{x}}{}^{\alpha}_{Inf})$$

Unterstellt man, daß die Zufriedenheit des Entscheiders eine lineare Funktion der Zielwerte ist, dann haben die ZGFen die Gestalt

$$f^{\alpha}_{j}(\mathbf{x}) = \frac{V^{\alpha}_{j}(\mathbf{x}) - \bar{V}^{\alpha}_{j}}{\overset{*}{V}{}^{\alpha}_{j} - \bar{V}^{\alpha}_{j}} \quad \text{für } \bar{V}^{\alpha}_{j} \leqslant V^{\alpha}_{j}(\mathbf{x}) \leqslant \overset{*}{V}{}^{\alpha}_{j} \qquad j=\text{Inf},\text{Sup};\ \alpha \in N_{\alpha}$$

Benutzt man zur Bestimmung einer Kompromißlösung des zu lösenden Vektoroptimierungssystems den ZADEHschen Minimumoperator als Präferenzfunktional, so ist das Ziel, die Gesamtbefriedigung

$$\lambda = \text{Min}(f^{\alpha_1}_{Inf}(\mathbf{x}),\ f^{\alpha_1}_{Sup}(\mathbf{x}),\ldots,f^{\alpha_r}_{Inf}(\mathbf{x}),\ f^{\alpha_r}_{Sup}(\mathbf{x}))$$

zu maximieren. Zu lösen ist dann das LP-Problem

$$\lambda \rightarrow \text{Max}$$

unter Beachtung der Restriktionen (I.2)

$$\mathbf{x} \in X_s$$

$$(\overset{*}{V}{}^{\alpha}_{j} - \bar{V}^{\alpha}_{j})\lambda - V^{\alpha}_{j}(\mathbf{x}) \leqslant -\bar{V}^{\alpha}_{j}, \qquad j=\text{Inf},\text{Sup};\alpha \in N_{\alpha}$$

Um die Stabilität der Lösung für $N^1_{\alpha} = \{0;0,5;0,75\}$ zu untersuchen, wird das Investitionsproblem zusätzlich für die verringerte Anzahl von α-Niveaus $N^2_{\alpha} = \{0,5;0,75\}$ und $N^3_{\alpha} = \{0,75\}$ gelöst. Als Lösungen des LP-Modells (I.2) zur flexiblen Investitionsbudgetplanung erhält man dann

	N^1_{α} ; N^2_{α} ; N^3_{α}		N^1_{α} ; N^2_{α} ; N^3_{α}
λ	= 0,58; 0,72; 0,74	f_{z_3}	= 200,00; 200,00; 200,00
a_{1z_o}	= 2,00; 2,00; 2,00	$f_{z_{10/12}}$	= 85,33; 200,00; 200,00
a_{2z_o}	= 0,00; 0,18; 0,17	$a_{4z_{4/9}}$	= 1,71; 1,99; 2,26
$a_{3z_{1/2}}$	= 0,66; 0,62; 0,65	$a_{4z_{10/12}}$	= 1,02; 2,12; 2,67
a_{3z_3}	= 1,91; 1,87; 1,91	V^F_{Max}	= 1360,30; 1357,09; 1363,71

Tab.3

mit $V^F_{Max} = \frac{1}{2s}\sum_{k=1}^{s}[V^{\alpha_k}_{Inf}(\overset{*}{\mathbf{x}})+V^{\alpha_k}_{Sup}(\overset{*}{\mathbf{x}})] + 672,79.$

Die Höhe des erreichten Gesamtbefriedigungsniveaus läßt erkennen, daß die gewonnenen Lösungen insgesamt befriedigen können. Die Lösung ist recht stabil. Werden die mit geringeren Realisierungschancen verbundenen Einzahlungsüberschüsse stärker in Betracht gezogen (Lösung N^1_{α}), so wird in t = 2 eine vorsichtigere Investitionspolitik mit geringeren Fremdfinanzierungsaufwendungen vorgeschlagen.

4. Verfahrensanalyse

Da der auf unscharfen Zielsetzungen V_j^{α} basierende und damit selbst unscharfe Wert V_{Max}^F im Vergleich zu V_{Max} ebenfalls wenig aussagefähig ist, kann er lediglich einen Richtwert hinsichtlich der Größenordnung des sich tatsächlich einstellenden Zielwertes darstellen. Ein Vergleich der Höhe zwischen V_{Max} und V_{Max}^F ist daher wenig sinnvoll. In die Berechnung des Wertes V_{Max}^F ist aber wesentlich mehr Information eingegangen.

Auch die Höhe der Gesamtbefriedigung λ ist allein kein Gütekriterium für die Optimallösung. In Verbindung mit den Zugehörigkeiten für die einzelnen Zielfunktionen lassen sich aber weitreichende Stabilitätsaussagen angeben.

Das durch die Einführung eines Zustandsraumes zur Unsicherheitsbewältigung beschriebene Komplexionsproblem wird mit Hilfe des Fuzzy Set-Verfahrens auf die Wahl der Anzahl von im Modell zu berücksichtigenden α-Niveaumengen reduziert. Das Entscheidungsproblem wird damit aber nicht zu einem Scheinproblem abstrahiert, da schon mit wenigen α-Niveaus aus informationsverarbeitender Sicht ein hohes Niveau erreicht wird. In den ZGFen lassen sich außerdem auch vage Vorstellungen ausdrücken. Schwierigkeiten bei der Bestimmung der ZGFen sind kaum zu erwarten, da lediglich die Intervallendpunkte der α-Niveaus festzulegen sind.

5. Literaturverzeichnis

/1/ HANUSCHECK R./ROMMELFANGER H.: OPTIMALKOMPLEXION UND FUZZY SETS. DISKUSSIONSPAPIER DES INSTITUTS FÜR STATISTIK UND MATHEMATIK, UNIVERSITÄT FRANKFURT AM MAIN 1984

/2/ LAUX H.: FLEXIBLE PLANUNG DES KAPITALBUDGETS MIT HILFE DER LINEAREN PROGRAMMIERUNG. INVESTITIONSTHEORIE, HRSG. H. ALBACH, KÖLN 411-426 (1975)

/3/ NEGOITA C.V./MINOIU S./STAN E.: ON CONSIDERING IMPRECISION IN DYNAMIC LINEAR PROGRAMMING. ECONOMIC COMPUTATION AND ECONOMIC CYBERNETICS STUDIES AND RESEARCH 3,83-95 (1976)

/4/ WOLF J.: LINEARE FUZZY-INVESTITIONSMODELLE - DIE FORMULIERUNG UND LÖSUNG REALITÄTSKONFORMERER INVESTITIONSMODELLE DURCH VERWENDUNG UNSCHARFER MENGEN. DIPLOMARBEIT DES FB. WIRTSCHAFTSWISSENSCHAFTEN DER UNIVERSITÄT FRANKFURT AM MAIN 1983

/5/ ZIMMERMANN H.J.: FUZZY PROGRAMMING AND LINEAR PROGRAMMING WITH SEVERAL OBJECTIVE FUNCTIONS. FUZZY SETS AND SYSTEMS 1,45-55 (1978).

KURZFRISTIGE LIQUIDITÄTSPLANUNG BEI SCHWEIZER BANKEN MIT MATHEMATISCHER PROGRAMMIERUNG

Helmut Vollert, Bern

1. PROBLEMSTELLUNG

Die kurzfristige Liquiditätsplanung befasst sich mit der Steuerung der Fälligkeitsstruktur im kurzfristigen Bereich - sowohl auf der Aktiv- als auch auf der Passivseite der Bankbilanz - unter der Maxime, einen festzulegenden Grad an Zahlungsbereitschaft zu gewährleisten.

Der Gesetzgeber hat Liquiditätsvorschriften erlassen, die im internationalen Vergleich als sehr streng eingeschätzt werden (vgl. Ortner [3]). So errechnen sich die Liquiditätserfordernisse für die beiden Stufen Kassa- bzw. primäre Liquidität (Ultimo-Bestand an greifbaren Mitteln) und allgemeine bzw. sekundäre Liquidität (täglicher Bestand an greifbaren Mitteln und leicht verwertbaren Aktiven) aus dem Verhältnis der kurzfristigen zu den sog. massgebenden Verbindlichkeiten mit einer progressiven Staffelung (vgl. Hirszowicz [1]). Erschwerend wirken dabei die ziemlich restriktive Abgrenzung der leicht verwertbaren Aktiven und die Kompensationspflicht von Bankendebitoren und -kreditoren (vgl. Studer [4]). Der im Bankengesetz vorgesehene Zeithorizont zur Erstellung der Liquiditätsrechnung beträgt 30 Tage, so dass als kurzfristig die Fälligkeiten bis zu einem Monat zu verstehen sind.

Daneben sind geschäftspolitische Grundsätze und exogen vorhandene Einschränkungen, wie z.B. Markt-, Delkredere- und Länderlimiten, zu berücksichtigen.

Die zur Verfügung stehenden Dispositionsinstrumente, wie Interbank- und Geldmarktgeschäfte, Diskont- und Lombardkredite, sind - vor allem im Hinblick auf den Ultimo - betrags- und fristenmässig so zu dimensionieren, dass die Einhaltung aller Bedingungen gewährleistet ist und der dabei resultierende Zinsüberschuss, d.h. die Differenz aus Zinsertrag und Zinsaufwand, maximal wird.

Die Problemstellung erfordert aufgrund ihrer Komplexität ein subtil arbeitendes Planungsinstrument. Dies kann durch ein (lineares) gemischt-ganzzahliges Optimierungsmodell geleistet werden, dessen Struktur im folgenden Abschnitt zu beschreiben ist. Zur Erläuterung der praktischen Anwendung kann in Kapitel 3 ein Beispiel vorgestellt werden, dessen Daten zwar hypothetisch aber nicht unrealistisch sind.

---

*) Dieser Aufsatz bezieht sich auf eine Studie von Dr. K. Aeberhard, Schweizerische Bankgesellschaft Zürich, Prof. Dr. W. Popp, Betriebswirtschaftliches Institut der Universität Bern, und dem Autor über "Einsatzmöglichkeiten von Optimierungsrechnungen bei der kurzfristigen Liquiditätsdisposition", die zur Publikation in der Schweizerischen Zeitschrift für Volkswirtschaft und Statistik vorgesehen ist.

Operations Research Proceedings 1984

2. MODELLBESCHREIBUNG

2.1. Planungszeitraum

Der dynamische Planungszeitraum sollte entsprechend dem im Bankengesetz vorgegebenen Zeithorizont mindestens einen Monat umfassen. Die Teilzeitintervalle [TZI] werden durch die Arbeitstage definiert, wobei Wochenenden und Feiertage den vorangehenden Arbeitstagen zuzurechnen sind. Der Planungszeitraum ist so zu wählen, dass das Modell eine Ueberprüfung und Generierung von Strategien vor und nach dem Ultimo erlaubt.

2.2. Bilanzgliederung

Abweichend von der Bilanzgliederung für Publikationszwecke ist die Bilanz so zu strukturieren, dass die für die Liquiditätsrechnung wesentlichen Einflussgrössen und die Dispositionsinstrumente separat aufgeführt werden, während die übrigen Positionen aggregiert werden können (vgl. Abbildung 1).

Abbildung 1: Bilanzgliederung zur kurzfristigen Liquiditätsplanung

AKTIVEN	PASSIVEN
* Kasse, Giro, Postscheck	* Bankenkreditoren Sicht
* Bankendebitoren Sicht	* Bankenkreditoren Zeit <1M
* Bankendebitoren Zeit <1M	* davon: - 1 Woche
* davon: - 1 Woche	* - 2 Wochen
* - 2 Wochen	* - 1 Monat
* - 1 Monat	Kreditoren Sicht
(*) Wechsel und Geldmarktpapiere	Kreditoren Zeit <1M
* (Wechsel rediskontiert)	Spar- und Depositenhefte
(*) Wertschriften	Kassenobligationen und sonstige Passiven <1M
* davon lombardiert	übrige Passiven
(*) Gold	Zinsensaldo
(*) Lombarddebitoren	Eigenkapital
übrige Aktiven	
Aktiven total davon leicht verwertbar	Passiven total davon kurzfristig davon massgebend

Legende:
- * Dispositionsinstrument
- (*) Dispositionsinstrument mit Einschränkung
- <1M fällig innerhalb eines Monats

2.3. Zielfunktion

Mit der kurzfristigen Liquiditätsplanung ist eine Reihe von Zielen verbunden. Dabei lassen sich Zielvorstellungen mit dem Charakter von begrenzten Zielen, d.h. Ziele mit einem vorgegebenen Anspruchsniveau (vgl. z.B. Meyer zu Selhausen [2]), wie etwa die Sicherung der Zahlungsbereitschaft, die Einhaltung der bankengesetzlichen Liquiditätsvorschriften oder auch die Erfüllung einer Vereinbarung mit der Schweizerischen Nationalbank [SNB], Diskont- und Lombardkredit in der Regel nur über den Ultimo zu beanspruchen, problemlos in Form von Nebenbedingungen im Modell berücksichtigen. Im Unterschied dazu ist die Zielsetzung, den Zinsenüberschuss zu maximieren, als unbeschränktes Ziel zu betrachten und damit als Zielfunktion zu wählen. Dieser Zinsenüberschuss wird berechnet als Differenz der entscheidungsabhängigen Aktiv- und Passivzinsen mit Rechnungsabgrenzung auf dem Planungszeitraum; d.h. es werden nur diejenigen Zinsen erfasst, die für im Planungszeitraum getätigte Geschäfte während des Planungszeitraums anfallen.

2.4. Restriktives System

Für jedes Teilzeitintervall, d.h. für jeden Arbeitstag, sind die folgenden Gruppen von Restriktionen zu berücksichtigen:

a) Fortschreibungs- bzw. Bestandsgleichungen

Zur Erfassung der intertemporalen Beziehungen für jede Bilanzposition und der Interdependenzen zwischen den Bilanzpositionen, sowohl in zeit- und fristen- als auch volumenmässiger Hinsicht, sind die in Abbildung 1 aufgeführten Positionen über den Planungszeitraum hinweg fortzuschreiben.

Von besonderer Bedeutung ist die Position Kasse, Giro- und Postscheckguthaben (greifbare Mittel), denn sie wird von sämtlichen - ob exogen vorgegebenen oder durch Entscheidungen über Dispositionsinstrumente induzierten - Veränderungen aller Aktiv- und Passiv-Positionen entsprechend beeinflusst. Zu erwähnen ist dabei, dass die mit fälligen Geldern verbundenen Zinsen unter dem Titel Zinsensaldo verbucht werden, und hier im Unterschied zur Zielfunktion alle im Planungszeitraum anfallenden Zinsen erfasst werden - unabhängig davon, ob die zugehörigen Geschäfte vor oder im Planungszeitraum getätigt wurden.

b) Variablenbeschränkungen

Zur Berücksichtigung diverser Markt-, Delkredere, Länder- und geschäftspolitischer Limiten im Modell sind für die entsprechenden Entscheidungsvariablen (Dispositionsinstrumente) Ober- bzw. Unterschranken oder auch Fixierungen auf bestimmte Werte vorzusehen. Zur Verdeutlichung seien einige wesentliche Beispiele aufgeführt.

Zur Sicherung der Zahlungsbereitschaft ist für die greifbaren Mittel ein täglicher Mindestbestand einzuhalten. Speziell für den Ultimo ist diese Grösse in der Regel so bemessen, dass damit die Vorschriften über die primäre Liquidität mit Sicherheit erfüllt sind. Es kann jedoch von Interesse sein, durch Berücksichtigung beider Restriktionen das exakte Ausmass der freiwilligen Ueberfüllung und Anhaltspunkte für die damit verbundenen Kosten zu ermitteln.

Für die täglichen Abschlüsse im Interbankengeschäft sind sowohl auf der Aktiv- als auch Passivseite Oberschranken je Laufzeit und gegebenenfalls auch insgesamt zu beachten. Dies kann - falls erforderlich - auf einzelne Banken und Länder ausgedehnt werden.

Für den Diskont- und Lombardkredit sind die von der SNB eingeräumten Limiten so einzusetzen, dass eine Beanspruchung nur über den Ultimo möglich ist, wobei die Laufzeit in der Regel fünf und maximal sieben Tage beträgt.

c) Definitionsgleichungen

Aus den entsprechenden Bilanzpositionen sind das Total der Aktiven und Passiven, die leicht verwertbaren Aktiven sowie die kurzfristigen und massgebenden Verbindlichkeiten zu erfassen, wobei für die letzten drei Grössen Bankendebitoren und -kreditoren mit Laufzeit bis zu einem Monat zu verrechnen sind. Der entsprechende Saldo ist mithilfe von zwei nichtnegativen Variablen - positiver Saldo von Bankendebitoren oder Bankenkreditoren - zu ermitteln. Da stets nur eine dieser beiden Variablen einen positiven Wert annehmen darf, sind mithilfe von (0,1)-Variablen Exklusivitätsbedingungen zu formulieren. Darauf kann verzichtet werden, falls eine Bank aus Prestigegründen auch im Bereich bis zu einem Monat einen aktiven oder wenigstens ausgeglichenen Inter-Banken-Status fordert.

d) Bankengesetzliche Nebenbedingungen

Die bankengesetzlichen Liquiditätsvorschriften weisen implizit die logische Struktur von Ungleichungen auf und lassen sich deshalb ohne grössere Schwierigkeiten in Restriktionen für das Planungsmodell umsetzen. Zu beachten ist, dass die Restriktionen zur Kassa-Liquidität nur für den Ultimo gelten.

e) Nebenbedingungen zur Erfassung des Fristentransformations- und Zinsänderungsrisikos

Da eine Bank auch im Interbankengeschäft bis zu einem Monat ein Fristentransformations- und Zinsänderungsrisiko zu tragen hat, ist es zur Ueberwachung angebracht, stets den Finanzierungsüberschuss bzw. das Finanzierungsdefizit für die Restlaufzeiten bis zu einer Woche ("kurzfristig") bzw. von einer Woche bis zu einem Monat ("langfristig") zu berechnen. Finanzierungsüberschuss bedeutet, dass die Kreditoren um diesen Betrag die Debitoren übertreffen, während als Finanzierungsdefizit der umgekehrte Fall bezeichnet wird. Diese Grössen können dann gegebenenfalls zur Risikodämpfung begrenzt werden.

3. BEISPIEL

Das im Ueberblick dargestellte Modell zur kurzfristigen Liquiditätsplanung weist eine lineare Struktur mit kontinuierlichen und ganzzahligen Variablen auf, und kann mit Hilfe von Standardprogrammen der gemischt-ganzzahligen linearen Programmierung, wie z.B. dem MPSX/MIP der IBM, berechnet werden. Zur Veranschaulichung liegt ein Beispiel vor, dessen Daten zwar weitgehend hypothetisch aber nicht unrealistisch sind. So umfasst der Planungszeitraum die Zeitspanne vom 26.3. bis 24.4.1984, womit dem Kalender entsprechend die Teilzeitintervalle (20) definiert werden konnten und realistische Zinssatzschätzungen für Interbankengelder möglich waren.

3.1. Eingabedaten

Die benötigten Daten können danach unterschieden werden, ob sie mit Sicherheit bekannt oder mit Unsicherheit behaftet sind. Zu den sicheren Daten zählen die Zinssätze und Limiten für Rediskontierung und Lombardierung, die Parameter der geschäftspolitischen und bankengesetzlichen Vorschriften sowie - in wachsendem Mass durch vermehrten Einsatz der EDV - die Fälligkeiten. Auf Schätzungen und Erfahrungswerte ist man u.a. bei den Geldmarktzinssätzen, den Marktlimiten und den exogenen Veränderungen der übrigen Aktiven (z.B. durch Inanspruchnahme von Kreditlimiten) und Kreditoren Sicht - vor allem über das Monatsende hinweg - angewiesen. Die Grössenordnung des Beispiels geht aus Abbildung 2 hervor. Sie zeigt die Bestandsgrössen der einzelnen Bilanzpositionen zu Beginn des Planungszeitraums mit den dafür einzuhaltenden Limiten ($\geqq$ bzw. $\leqq$) und Schrankenwerten für die täglichen Veränderungen ($+\leqq$). Aus den Fälligkeiten der Bankendebitoren und -kreditoren auf Zeit, den Veränderungen der übrigen Aktiven und Kreditoren Sicht resultieren bis zum Ultimo tägliche Kassa-Abflüsse zwischen 2 und 9 Mio Sfr., unmittelbar nach dem Ultimo Rückflüsse bis zu 16 Mio Sfr. bei unerheblichen Veränderungen in der restlichen Zeit. Die Zinssätze für den Diskont- und Lombardkredit sind mit 4 bzw. 5 1/2 % von der SNB vorgegeben. Im Interbankenmarkt bewegen sich die geschätzten Zinssätze für Bankendebitoren Sicht zwischen 1 1/2 und 4 % mit Ausnahme des Ultimo-Satzes von 15 %; Bankenkreditoren Sicht liegen durchschnittlich 1/4 - 1/8 % tiefer. Die Sätze für Bankendebitoren und Bankenkreditoren auf Zeit orientieren sich an den Erwartungen für die Tageszinssätze in der jeweiligen Laufzeit. Als Indiz für die Güte der Vorhersagen sei erwähnt, dass das zu realisierten Zinssätzen bewertete Modellergebnis nur um 4.2 % nach unten abweicht. Die Bestände an Wechsel und Geldmarktpapieren sowie an Wertschriften werden im Beispiel als nicht disponibel betrachtet.

Abbildung 2: Ausgangsbilanz und Limiten (Mio Sfr.)

A K T I V E N	23.3.	Limiten	P A S S I V E N	23.3.	Limiten
Kasse, Giro, Postscheck	27	≧ 25/90	Bankenkreditoren Sicht	172	+≦ 17.5
Bankendebitoren Sicht	127	+≦ 25	Bankenkreditoren Zeit <1M	185	+≦ 9
Bankendebitoren Zeit <1M	372	+≦ 12.5	davon: - 1 Woche	/	+≦ 6
davon: - 1 Woche	/	+≦ 5.5	- 2 Wochen	/	+≦ 1
- 2 Wochen	/	+≦ 2	- 1 Monat	/	+≦ 4
- 1 Monat	/	+≦ 7.5	Kreditoren Sicht	233	/
Wechsel und Geldmarktpapiere	180	/	Kreditoren Zeit <1M	375	/
(Wechsel rediskontiert)	/	≦ 13	Spar- und Depositenhefte	390	/
Wertschriften	33	/	Kassenobligationen und sonstige Passiven <1M	10	/
(davon lombardiert)	/	≦ 10			
Gold	66	/	übrige Passiven	1384	/
Lombarddebitoren	5	/	Zinsensaldo	1	/
übrige Aktiven	2090	/	Eigenkapital	150	/
Aktiven total	2900	≦ 3000	Passiven total	2900	≦ 3000
davon leicht verwertbar	426	/	davon kurzfristig	676.5	/
			davon massgebend	2393	/

3.2. Resultate

Die optimale Lösung liefert u.a. eine nach Zeit und Volumen optimale Auslese der Dispositionsinstrumente, d.h. des Diskont- und Lombardkredits und der Interbankengeschäfte auf Sicht und Zeit. Aufgrund der Unsicherheit der vielfältigen exogenen Einflüsse ist es angezeigt, diese Resultate primär für die Generierung und Ueberprüfung von Verhaltensregeln (Strategien) einzusetzen. Ist man jedoch an der Ableitung von optimalen Plänen (Programmen) interessiert, so ist im Sinne einer rollenden Planung mit einem gleitenden Planungszeitraum zu arbeiten.

Die Ergebnisse können durch folgende Aussagen charakterisiert werden:

1. In Abweichung von der in der Praxis vorherrschenden Meinung zeigt die Modellrechnung, dass bei der kurzfristigen Liquiditätsplanung ein positiver Zinsenüberschuss (17'830 Sfr.) erzielt werden kann.
2. Eine Refinanzierung bei der SNB wird folgendermassen vorgesehen:

   a) Diskont 11.6 Mio mit Laufzeit 28.3. - 2.4.

   1.4 Mio " 29.3. - 3.4.

   b) Lombard 10 Mio " 29.3. - 3.4.

   Für den Fall, dass sich dieses gestaffelte Vorgehen als nicht praktikabel erweist, ist jedoch nur mit einer Zinseneinbusse von maximal 1 % zu rechnen, wie Sensitivitätsanalysen für eine gleichzeitige Beanspruchung am 28., 29. bzw. 30.3. ergeben.

3. Deutlichere Zinseinbussen ergeben sich für eine über die gesetzlichen Anforderungen hinausgehende freiwillige Kassenhaltung. So müssen die greifbaren Mittel am Ultimo gemäss geschäftspolitischer Vorschrift 90 Mio Sfr. betragen, während zur Erfüllung der bankengesetzlichen Vorschriften 67 Mio Sfr. genügen. Die Opportunitätskosten in Form entgangener Zinsüberschüsse betragen 417 Sfr. je Mio und Ultimotag, was bei jährlich 23 Ultimotagen (Ultimotermine inkl. mitzurechnender Wochenenden und Feiertage, z.B. im Jahr 1984) ca. 0.96 % p.a. ergibt. Aehnlich verhält es sich mit den bankengesetzlichen Erfordernissen für die allgemeine Liquidität, die ebenfalls stets deutlich übertroffen werden, so dass auch von der täglich gültigen Limite "25 Mio Sfr. greifbare Mittel" abgewichen werden könnte. Hier belaufen sich die Opportunitätskosten auf 80 Sfr. je Mio und Tag, was bei jährlich 342 Tagen, die nicht zu einem Ultimo gehören, ca. 2.74 % p.a. ausmacht. Insgesamt errechnen sich damit etwa 3.7 % p.a. an entgangenen Zinsen für eine überhöhte freiwillige Kassenhaltung.
4. Diese Sensitivitätsanalysen zeigen auf, dass die Beschaffung der erforderlichen Ultimoliquidität mit beachtlichen Kosten verbunden ist. Andererseits deutet der insgesamt resultierende Zinsüberschuss darauf hin, dass es gelingt, diesen Zinsaufwand im Planungszeitraum zu kompensieren. Verantwortlich dafür ist das Ausnützen von Arbitragemöglichkeiten im Interbankengeschäft - vor allem durch Fristentransformation. So wird aus den Einzelresultaten des Modells eine Tendenz zu vermehrten Abschlüssen von kurzfristigen Bankendebitoren und längerfristigen Bankenkreditoren vor dem Ultimo und längerfristigen Bankendebitoren und kurzfristigen Bankenkreditoren nach dem Ultimo ersichtlich.

   Einen Ueberblick über das Volumen der Fristentransformation im Interbankengeschäft vermittelt die Abbildung 3. Man erkennt, dass in der zweiten Hälfte des Planungszeitraums ein ansehnliches langfristiges Finanzierungsdefizit bei einem entsprechenden kurzfristigen Finanzierungsüberschuss entsteht. Zu Beginn ist die Fristentransformation mit umgekehrten Vorzeichen weniger ausgeprägt und gleichlaufend, was auf die Ultimooperationen und starke exogene Einflüsse zurückzuführen ist.

   Da ein Zinsänderungsrisiko vor allem für die zweite Hälfte des Planungszeitraums besteht, ist es von Interesse, die Auswirkungen einer schrittweisen Begrenzung der Fristentransformation, d.h. hier des langfristigen Finanzierungsdefizits, auf den Zinsenüberschuss zu untersuchen, wie dies in Abbildung 4 dargestellt ist.

   Ob tatsächlich eine Beschränkung der Fristentransformation angezeigt ist, hängt von der Einschätzung des Risikos einer Zinsänderung mit negativen Auswirkungen, d.h. mit der Folge negativer Zinsmargen, ab. Denn die beabsichtigte Risikodämpfung ist mit einem Verzicht auf einen Teil des sonst erzielbaren Zinsüberschusses verbunden.

Abbildung 3: Fristentransformation im Zeitablauf

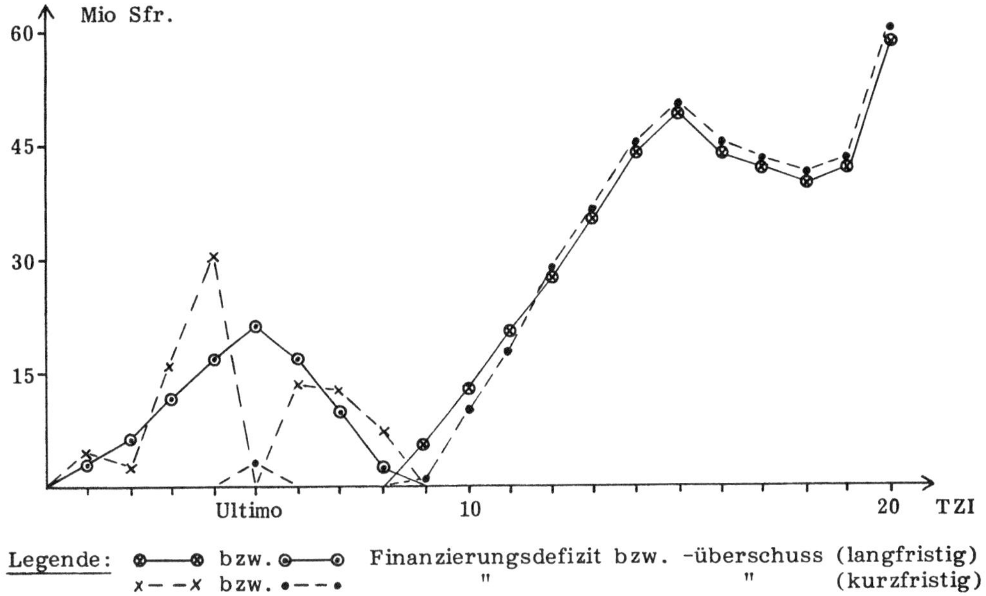

Abbildung 4: Optimaler Zinsüberschuss in Abhängigkeit der Fristentransformation

Optimaler Zinsüberschuss (Sfr.)	17830	12800	7690	2100	-3950
Limite für langfristiges Finanzierungsdefizit (Mio Sfr.)	/	40	30	20	10

LITERATUR

[1] Hirszowicz Chr.
Schweizerische Bankpolitik
Verlag Paul Haupt Bern, Stuttgart (1983)

[2] Meyer zu Selhausen H.
Optimalplanung von Aktiv- und Passiv-Geschäft einer Bank
in: Rühli E.; Thommen J.-P. (Hrsg.): Unternehmensführung aus finanz- und bankwirtschaftlicher Sicht; C.E. Poeschel Verlag Stuttgart, 177-194 (1981)

[3] Ortner R.
Betriebswirtschaftliche Ueberlegungen zum § 13 KWG 1979 (Zahlungsbereitschaft) unter Berücksichtigung ausländischer Aufsichtsnormen
Oesterreichisches Bank-Archiv, Heft 9, 317-334 (1983)

[4] Studer R.
Erfahrungen der Banken mit staatlicher Regulierung
Schweiz. Zeitschrift für Volkswirtschaft und Statistik, Heft 3, 253-265 (1982)

DER EINSATZ EINES EINFACHEN OR-MODELLS ZUR ABSCHÄTZUNG VON WÄHRUNGSKURSRISIKEN IN EINEM UNTERNEHMEN DER CHEMISCHEN INDUSTRIE

Joachim Fischer, Berlin
Johannes Hofmann, Berlin

<u>Problemstellung</u>: Ziel der Arbeit war

1. die Erfassung des Translationsrisikos in der Ergebnisrechnung
2. die Untersuchung der Einsatzmöglichkeiten von Entscheidungsmodellen zur Verringerung von Translationsrisiken.

<u>Analyse des Translationsrisikos</u>: Die Umrechung der Ergebnisrechnung erscheint vordergründig methodisch einfach, wirft jedoch eine Fülle von Detailproblemen auf, die aus den Vorgehensweisen bei der Konsoldierung der von den Tochtergesellschaften gelieferten Ergebnisrechnungen, den in Landeswährungen anfallenden Kostenanteilen etc. resultieren. Diese Probleme wurden durch detaillierte Berechnungsprozeduren gelöst.

<u>Analyse des Transaktionsrisikos</u>: Zum einen sollte untersucht werden ob Entscheidungsmodelle zur verbesserten Auswahl von Sicherungsstrategien auf den Terminmärkten geeignet sind. Hier wurden eine Reihe von Heuristiken konzipiert.Zum anderen sollte für Controlling-Zwekke eine Abschätzung des maximalen Transaktionsrisikos geleistet werden. Auf der Basis der Prognose z.B. der Zahlungsströme aus dem Umsatz und der bekannten Konditionen auf den Devisentermin-/Devisenoptionsmärkten lassen sich fiktive Kurssicherungsgeschäfte abschließen. Die resultierenden Zahlungsströme lassen sich mit einer Strategie auf Basis prognostizierter Kassakurse vergleichen; die Differenz wurde als Kosten des Transaktionsrisikos definiert.
Auf Basis dieser Abschätzung können dann Entscheidungen über den Umfang der durchzuführenden Kurssicherungsmaßnahmen getroffen werden.

<u>Zusammenfassung</u>: Das auf einem PC implementierten Modell ist von Datengewinnung und Methodik relativ einfach und konnte deshalb mit vertretbarem Aufwand entwickelt werden.

In der Sektion "OR im Finanz- und Rechnungswesen" wurde ferner der folgende Vortrag gehalten, von dem keine Kurzfassung vorlag:

EIN PROGRAMMSYSTEM ZUR KONSOLIDIERUNG DER PLANBILANZEN UND FINANZPROGRAMME AUSLÄNDISCHER TOCHTERGESELLSCHAFTEN

Gunther Settelmeier, Bochum

EDV-EINSATZ BEI DER PRODUKTIONSPLANUNG UND -STEUERUNG

August Wilhelm Scheer, Saarbrücken

Den Produktionsbereich durchziehen zwei computergestützte Informationssysteme (vgl. Abbildung 1), wobei das primär betriebwirtschaftlich-planerisch orientierte System zur Produktionsplanung und -steuerung einem Stufenplanungskonzept folgt, das sich in Standardsoftware sowie in vielen Eigenentwicklungen in der Praxis durchgesetzt hat. Kernpunkte dieses Informationssystems sind die Ermittlung des Primärbedarfs, dessen Ergebnisse in der Materialwirtschaft durch Bedarfsauflösung zu Fertigungsaufträgen für eigenerstellte Teile sowie Beschaffungsaufträge für fremdbezogene Teile umgeformt werden. Im Rahmen der Zeitwirtschaft werden die Fertigungsaufträge über Arbeitspläne mit den Kapazitäten in Verbindung gebracht und Belastungsübersichten erstellt. Bei Kapazitätsengpässen werden durch zeitliche Verlagerungen, Einführung von Überstunden, Erhöhung der Intensität oder Einsatz von Ausweichaggregaten Kapazitätsspitzen abgeglichen. Für die Realisierung der Fertigungsaufträge ist die Auftragsfreigabe entscheidend. Hier wird festgelegt, welche geplanten Fertigungsaufträge in die kurzfristige Disposition und damit in die Realisierung übernommen werden. Hierbei ist zu prüfen, ob die erforderlichen Kapazitäten, Komponenten und Werkzeuge vorhanden sind. In der anschließenden Feinsteuerung werden Reihenfolgen vor Betriebsmittelgruppen gebildet. Der Fertigungsausführung schließt sich die Betriebsdatenerfassung mit Rückmeldungen über Aufträge, Arbeitskräfte und Betriebsmittel an. Im Rahmen eines Soll-/Ist-Vergleiches können Soll- und Istwerte zur Steuerung der kurzfristigen Planung eingesetzt werden.

OR-Modelle werden in der Standardsoftware mit Ausnahme von Prognosemodellen zur Unterstützung der Primärbedarfsermittlung, der verbrauchsgesteuerten Materialdisposition sowie Priotätsregeln im Rahmen der Kapazitätsplanung und Reihenfolgeplanung kaum angeboten. Auch die viel diskutierte Losgrößenproblematik hat sich durch die methodisch angreifbaren heuristischen Losgrößenformeln in der Anwendung nicht behauptet. Vielmehr ist durch Begriffe wie "just in time production" eine Gegenbewegung zur algorithmischen Unterstützung der Losoptimierung eingetreten. Es wird vielmehr gefordert, durch organisatorische und technische Maßnahmen die Umrüstzeiten zu verkürzen, im Extrem auf Null zu reduzieren, um dadurch die Losgrößenproblematik aufzulösen.

Neue Ansätze im Bereich der kurzfristigen Produktionssteuerung werden durch die belastungsorientierte Auftragsfreigabe diskutiert, die den oben bereits herausgestellten Eingriffspunkt der Auftragsfreigabe bezüglich der Kapazitätsverfügbarkeit optimiert.

Das KANBAN-Prinzip bildet mit der Dezentralisierung von Steuerungsfunktionen und Betonung des Hol-Prinzips eine Alternative zu den komplizierten EDV-gestützten Steuerungssystemen. Hierbei muß allerdings betont werden, daß das KANBAN-Prinzip zur Fertigungssteuerung erst auf einer relativ tiefen Stufe des gesamten Planungskonzeptes aufsetzt und somit weitreichende EDV-Unterstützungen in vorgelagerten Stufen voraussetzt. Auch sind seiner Anwendbarkeit enge Grenzen gesetzt.

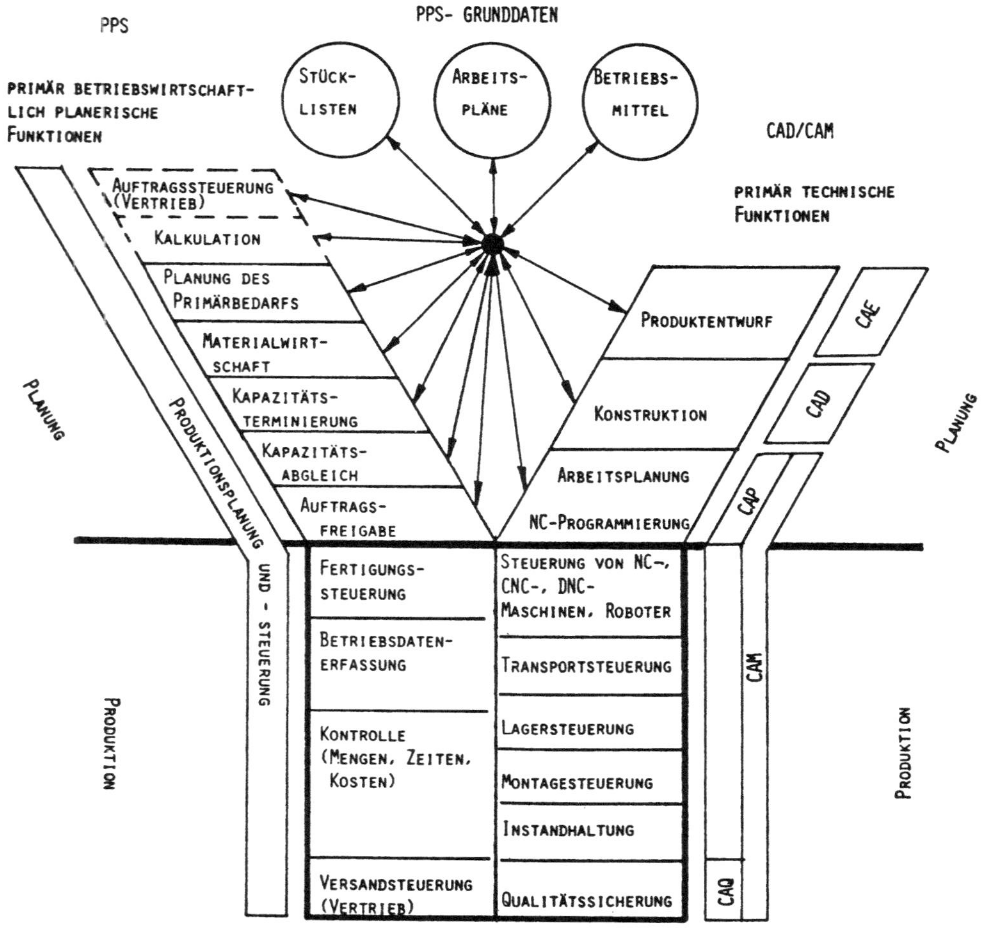

Abb. 1 INFORMATIONSSYSTEME IM PRODUKTIONSBEREICH

Das mehr technisch orientierte Informationssystem gewinnt zunehmend an Bedeutung und beeinflußt auch die Konzeption des geschilderten Systems zur Produktionsplanung und -steuerung.
Im Rahmen des Computer Aided Design werden dem Konstrukteur nicht nur Hilfestellungen bei der Zeichnungserstellung und -verwaltung gegeben, sondern über Belastungsberechnungen (Finite Elemente Methoden) sowie Simulationen weitreichende Unterstützungen zur alternativen Berechnung angeboten. Mit der Festlegung von Geometriedaten in einer Zeichnung sind auch wesentliche Informationen der Stückliste definiert, die von der Grunddatenverwaltung des Produktionsplanungs- und -steuerungssystems übernommen werden können. Aufgrund der hohen Bedeutung der Stücklistendaten für den gesamten Planungsprozeß in Unternehmungen der Fertigungsindustrie ist die organisatorische und datentechnisch enge Verzahnung dieser Bereiche zu fordern. Ähnlich verhält es sich auch mit Arbeitsplandaten. Im Rahmen der CAD/CAM-Problematik werden aus den Geometrie-Informationen der elektronisch gespeicherten Zeichnung automatisch Steuerungsinformationen für numerisch gesteuerte Produktionsanlagen generiert (Computer Aided Manufacturing). Damit wird auch hier der Übergang zur Realisierung hergestellt. Besondere Bedeutung gewinnen auch die Planung der Instandhaltung sowie Qualitätssicherung als technisch-orientierte Informationssysteme.
Die Datenverbindungen zwischen beiden Bereichen, dem betriebswirtschaftlich orientierten Informationssystem sowie dem technisch orientierten Informationssystem, sind sehr eng. Dieses führt zu der Forderung, beide Informationssysteme stärker miteinander zu verzahnen. Lösungen werden gegenwärtig von allen größeren EDV-Herstellern diskutiert. Eine "Anwendung-zu-Anwendung"-Verbindung, in der Programmsysteme aus einem Informationssystem Funktionen des anderen Informationssystems aufrufen, ist z.Zt. noch nicht gelöst.
Dagegen werden bereits Verbindungen auf der Datenverwaltungsebene angeboten, mit denen Daten aus einem Bereich automatisch über Dateischnittstellen (auch im Transaktionsmodus) an einen anderen Bereich überstellt werden. Auch der Einsatz von Personal Computern kann über deren Eigenschaft als offene Systeme zur Verbindung beider Bereiche genutzt werden.
Gerade durch den Einsatz dezentraler EDV-Systeme, sowohl im Bereich der Planung, als auch im Bereich der technischen Informationssysteme, werden sich für das Operations Research neue Möglichkeiten bieten. Hierbei sind zunächst isolierte Lösungen im Bereich der Fertigung, z.B. Zuschnittprobleme, Reihenfolgeoptimierungen in überschaubaren organisatorischen Bereichen (Fertigungsinseln), Transportoptimierung im Rahmen von automatisch gesteuerten Transportsystemen sowie Optimierung von Robotersteuerungen zu nennen.

Literatur:

Scheer, A.-W.: EDV-orientierte Betriebswirtschaftslehre
Berlin, Heidelberg, New York, Tokyo 1984.

Scheer, A.-W., Schnittstellen zwischen betriebswirtschaftlicher und technischer Datenverarbeitung in der Fabrik der Zukunft
Veröffentlichungen des Instituts für Wirtschaftsinformatik, Heft 44, Saarbrücken 1984.

REVIDIERENDE PRODUKTIONSPLANUNG BEI SORTENFERTIGUNG

Hans-Otto Günther, Mannheim

1. Charakterisierung der revidierenden Planung

Wegen der Unsicherheit der externen Nachfrage müssen Produktionspläne laufend angepaßt werden, wenn aktuelle Nachfrageprognosen verfügbar sind oder wenn sich die Auftragslage signifikant geändert hat. Hierbei kann man in rollender Planung (Neuaufwurfprinzip) vorgehen, d.h. man wiederholt die Planung in fest vorgegebenen Zeitabschnitten, oder ereignisorientiert (Netchange-Prinzip), indem Zeitpunkt und Ausmaß der Planänderungen von den aktuellen Informationen abhängen (vgl. SCHEER [6]). Hinsichtlich der EDV-Systeme entspricht die rollende Planung dem batchorientierten und die ereignisorientierte Vorgehensweise dem Dialogprinzip.

Die revidierende Planung kann folgendermaßen charakterisiert werden: 1) Der Anstoß zur Neuplanung erfolgt ereignisorientiert. 2) Die Planänderungen beziehen sich nur auf einen kurzen Ausschnitt aus dem Gesamtplanungshorizont. 3) Sie berühren nur die operativen Teile des Planungssystems. 4) Sie erfolgen auf der Grundlage eines vorgegebenen Plans ohne eine vollständige Neulösung des gesamten Entscheidungsproblems.

Die Problematik der revidierenden Planung soll am Beispiel eines Unternehmens, das Waschpulver in Sortenfertigung herstellt, untersucht werden (siehe hierzu auch [1] und [3]).

2. Problemstellung

2.1 Produktionsprozeß

Die Produktion ist zweistufig und gliedert sich in die Herstellung von verschiedenen Produkten (Waschpulvermarken), die auf einer einzigen Anlage erfolgt, und in das Abfüllen von einzelnen Artikeln (Packungsformaten) in entsprechenden Abpacklinien (siehe Abb. 1). Der Produktionsprozeß weist die folgenden Besonderheiten auf:

- Während einer Schicht kann nur ein Produkt hergestellt werden. Dage-

Operations Research Proceedings 1984

gen kann das Abpacken der Artikel gleichzeitig erfolgen.

- Die Losgrößen sind ganzzahlige Vielfache einer Schichtleistung.
- Bei einem Produktwechsel entstehen Anlaufverluste und Rüstkosten. Die Spezialmaschinen zum Abpacken der Artikel werden jedoch nicht umgerüstet.
- Der Produktionsausstoß an Rohprodukten gelangt unmittelbar bzw. über ein Pufferlager in die Abpacklinien.

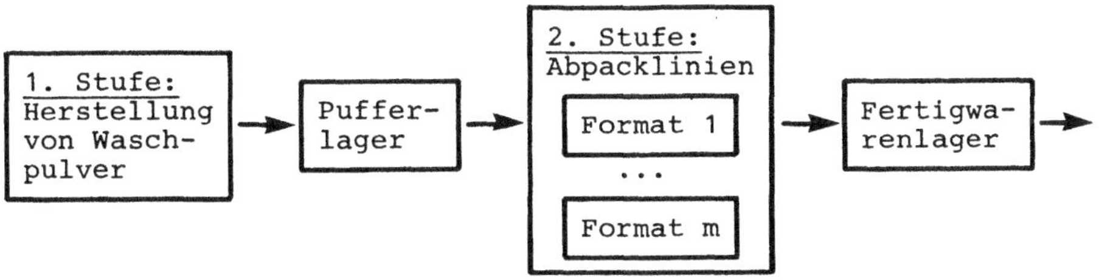

Abb. 1: Produktionsprozeß

2.2 Entscheidungsproblem

Ausgegangen wird von einem gegebenen mittelfristigen Produktionsplan, der kurzfristig unter Berücksichtigung aktueller Informationen (insbesondere über die zukünftige Nachfrage) anzupassen ist. Fehlmengen sind nicht zugelassen. Die folgenden Entscheidungen sind zu treffen:

- Welche Produkte sind aufzulegen, und wie sind die Losgrößen zu wählen?
- Wie sind die Lose zeitlich zu schalten, damit sich ein zulässiger Maschinenbelegungsplan ergibt?
- Wie sind die Ausbringungsmengen eines Produktes auf die dazugehörigen Artikel aufzuteilen (Disaggregation)?

3. Strukturierung des Gesamtproblems

Die exakte Lösung des Entscheidungsproblems kann mit Hilfe der gemischt ganzzahligen Programmierung erfolgen. Allerdings kommt dieser Lösungsweg für eine dialogorientierte, revidierende Planung wegen des erheblichen Rechenaufwandes nicht in Frage. Es bietet sich daher an, das Entscheidungsproblem entsprechend zu strukturieren. Hierzu sollen zunächst zwei Planungsebenen gebildet und für die kurzfristige Planung ein Entscheidungsfenster als relevanter Ausschnitt aus dem Planungshorizont abgegrenzt werden.

3.1 Planungsebenen

Die Produktionsplanung wird häufig in einen mittelfristigen und einen kurzfristigen Teil aufgespalten. Beide Planungsebenen unterscheiden sich durch ihren Horizont und ihren Aggregationsgrad. Vollzieht sich der Planungsprozeß hierarchisch, so gehen die mittelfristigen Pläne als Daten in die kurzfristige Planungsebene ein und werden dort im Hinblick auf Realisierungsentscheidungen operationalisiert.

Die Abb. 2 stellt einen zweistufigen hierarchischen Prozeß der Produktionsplanung im Überblick dar. Da sich die Nachfrage nach einem Produkt (Waschpulvermarke) erfahrungsgemäß mit einem geringeren Fehler prognostizieren läßt als die Nachfrage nach einzelnen Artikeln (Pakkungsformaten), geht man zunächst von aggregierten (produktbezogenen) Nachfrageprognosen und Lagerbeständen aus. Die mittelfristige Produktionsplanung liefert dann Produktlosgrößen und deren Reihenfolgen für einen mehrmonatigen Zeitraum.

Die kurzfristige Produktionsplanung operationalisiert den vorgegebenen mittelfristigen Produktionsplan für einen kürzeren Zeitraum unter Berücksichtigung aktueller Nachfrageprognosen und Lagerbestände der einzelnen Artikel. Ergebnis sind die endgültigen Losgrößen und die genaue zeitliche Schaltung der Produktlose sowie die Disaggregation der Produkt- in Artikellose. Auf der Basis eines gegebenen mittelfristigen Plans kann die kurzfristige Produktionsplanung revidierend erfolgen.

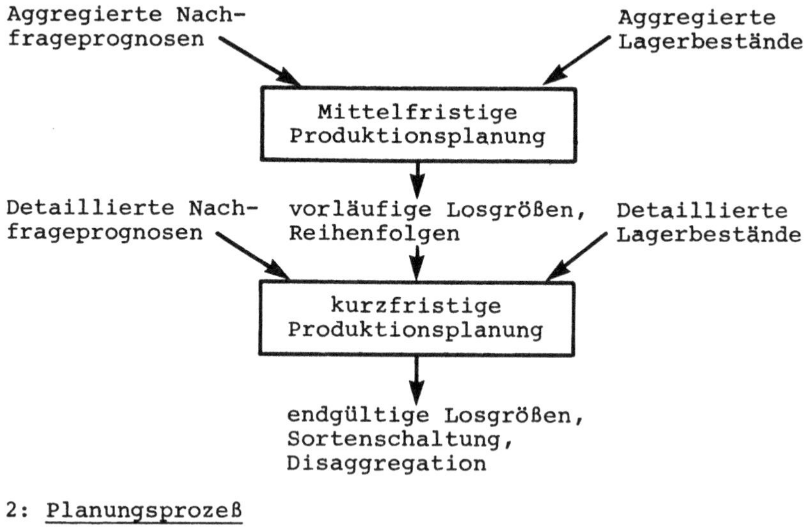

Abb. 2: Planungsprozeß

3.2 Entscheidungsfenster

Im Rahmen einer revidierenden Planungskonzeption bezieht sich die kurzfristige Produktionsplanung auf einen begrenzten Zeitabschnitt, der als Entscheidungsfenster bezeichnet werden soll und sich wie folgt in den gesamten Planungshorizont eingliedert (siehe [1]):

- Für einen Festplanungsabschnitt ("frozen horizon") von etwa zwei Wochen ist der Produktionsplan festgeschrieben.
- Die Revision des Produktionsplans bezieht sich auf ein Entscheidungsfenster von etwa vier Wochen.
- Der nachfolgende Abschnitt von etwa sechs Wochen vermittelt lediglich Projektionen der zukünftigen Produktionspläne.

Das Entscheidungsfenster umfaßt damit nur einen kurzen Zeitabschnitt, für den verläßliche artikelbezogene Nachfrageprognosen vorliegen sowie bereits Kundenbestellungen eingegangen sind. Es beginnt jeweils mit dem ersten, nach Abschluß des Festplanungsabschnitts (Schicht 20) aufgelegten Los und endet mit dem letzten, vor Beginn des Projektionszeitraumes (Schicht 60) aufgelegten Los. (Siehe das Beispiel in Abb. 3, bei dem das Entscheidungsfenster von Schicht 25 bis 64 reicht und die Lose k=1,2,3,4 der Produkte C-A-B-C umfaßt.)

```
                        k=1  k=2    k=3       k=4          Lose

AAAAAAAAABBBBBBBBBCCCCAAAAAABBBBBBBBBCCCCCCCCCCAAAAA       Produkte
!--------!--------!---!-----!--------!---------!----
1        13       25  29    37       49        65          Schichten
```

Abb. 3: Entscheidungsfenster

4. Revision des Produktionsplans

Der Anstoß zu einer Planrevision erfolgt durch aktualisierte Nachfrageprognosen, die im allgemeinen von den der mittelfristigen Ausgangsplanung zugrunde gelegten Prognosen abweichen. Für das Entscheidungsfenster müssen dann die Losgrößen und die Auflegungstermine der aktuellen Nachfrageentwicklung angepaßt sowie die Produkt- in Artikellose disaggregiert werden. Die Anbindung der kurzfristigen an die mittelfristige Planung erfolgt dadurch, daß die Anzahl und die Reihenfolgen der Produktlose übernommen werden.

4.1 Aggregation und Disaggregation

Die aus der mittelfristigen Produktionsplanung über das Entscheidungsfenster mit den Schichten $s=\underline{s},\dots,\bar{s}$ gegebenen Produktlose seien mit $k \in K$ und die jeweiligen Losgrößen mit Q_k bezeichnet. Zu jedem Produktlos $k \in K$ gehören die Artikel $j \in J(k)$.

Jedes Produktlos $k \in K$ muß die Nachfrage aller Artikel $j \in J(k)$ des betreffenden Produktes bis zu dem Zeitpunkt befriedigen, in dem ein neues Los dieses Produktes aufgelegt wird. Bei der Prüfung der Nachfragesicherung kann man von dem sog. effektiven Nettobedarf eines Produktes als aggregierter Größe anstelle des individuellen Artikelbedarfs ausgehen (siehe [4]) und damit den Lösungsweg erheblich vereinfachen.

Der Nettobedarf d_{jks} der Artikel $j \in J(k)$ eines Produktloses $k \in K$ wird in einem Zeitpunkt $\bar{r}$ für die nachfolgenden Schichten $s \geq \bar{r}$ wie folgt berechnet:

$$(1) \quad d_{jks} = \min \left\{ \max \left\{ 0 \; ; \; -z_{j,\bar{r}-1} + \sum_{r \geq \bar{r}} d_{jr} \right\} ; \; \bar{d}_{js} \right\} \qquad s \geq \bar{r},\; j \in J(k),\; k \in K$$

wobei $\bar{d}_{js}$ = kurzfristig prognostizierte Nachfrage für Artikel j in Schicht s

und $z_{j,\bar{r}-1}$ = Lagerbestand von Artikel j am Ende der Schicht $\bar{r}-1$

Der zugehörige effektive Nettobedarf D_{ks} wird als die Summe der Nettobedarfe aller zugehörigen Artikel $j \in J(k)$ definiert.

$$(2) \quad D_{ks} := \sum_{j \in J(k)} d_{jks} \qquad k \in K$$

Es sei angenommen, ein bestimmtes Produkt werde nacheinander in zwei Losen k und k' in den Schichten r_k und $r_{k'}$ aufgelegt. Jede Produktlosgröße Q_k, die den effektiven Nettobedarf des betrachteten Produktes über den Zeitraum $[r_k, r_{k'}-1]$ nicht unterschreitet, ermöglicht eine sog. konsistente Disaggregation der Produkt- in Artikellose (siehe [2]). Hierbei lassen sich Artikellosgrößen q_{jk} bestimmen, die den Nettobedarf aller Artikel $j \in J(k)$ für den betrachteten Zeitraum befriedigen. Es muß gelten:

$$(3) \quad Q_k = \sum_{j \in J(k)} q_{jk} \quad \text{und} \quad q_{jk} \geq \sum_{s=r_k}^{r_{k'}-1} d_{jks} \qquad j \in J(k),\; k \in K$$

Die folgende Beziehung liefert beispielsweise eine solche konsistente Disaggregation (vgl. auch [3]):

$$(4) \quad q_{jk} = Q_k \cdot \sum_{s=r_k}^{r_{k'}-1} d_{jks} \Big/ \sum_{m \in J(k)} \sum_{s=r_k}^{r_{k'}-1} d_{mks} \qquad j \in J(k),\; k \in K$$

Der Lagerbestand der Artikel kann schließlich über den Zeitraum $[r_k, r_{k'}-1]$ fortgeschrieben werden, wobei von dem gemäß (1) ermittelten Nettobedarf ausgegangen wird.

(5) $z_{j,r_{k'}-1} = q_{jk} - \sum_{s=r_k}^{r_{k'}-1} d_{jks}$ $j \in J(k),\ k \in K$

Die Verwendung des effektiven Nettobedarfs der Produkte gestattet es, die Revision des Produktionsplans ohne Optimalitätsverlust auf einem aggregierten Niveau durchzuführen. Dadurch ergeben sich erhebliche lösungstechnische Vereinfachungen. Liegt ein revidierter, aggregierter Produktionsplan vor, so können anschließend die Produktlose gemäß der Disaggregationsformel (4) in Artikellose aufgeteilt werden.

4.2 Sortenschaltung

Die Produktlose sind auf der einzigen zur Verfügung stehenden Anlage zeitlich so zu schalten, daß sich bei einer zulässigen Maschinenbelegung die Nachfrage aller Artikel befriedigen läßt. Unter Umständen müssen die aus der mittelfristigen Produktionsplanung übernommenen Produktlosgrößen entsprechend angepaßt werden.

Ein Produkt ist spätestens dann erneut aufzulegen, wenn die zuvor aufgelegte Menge im Lager abgebaut ist bzw. wenn die Anfangslagerbestände erschöpft sind. Für alle Produktlose $k \in K$ lassen sich durch Aufrechnung der Losgrößen Q_k gegen den kumulierten effektiven Nettobedarf Regenerationsperioden r_k als diejenigen Perioden bestimmen, in denen das betreffende Produkt zur Vermeidung von Fehlmengen spätestens wieder aufgelegt werden muß.

(6) $r_k = \min_{s \geq r_{k*}} \{s \mid Q_{k*} < \sum_{r=r_{k*}}^{s} D_{k*,r}\}$ $k=1,\ldots,n$

wobei $k*$ = Vorgängerlos des gleichen Produktes bzw. = 0, falls kein Vorgängerlos existiert; $Q_0 = 0$; $r_0 = \underline{s}$

Man erhält somit eine Sequenz von Produktlosen $k=1,\ldots,n$ mit den jeweiligen Belegungszeiten Q_k/A_k, wobei A_k die Schichtleistung für das Los k bezeichnet. Frühestens kann mit der Bearbeitung eines Produktloses in der Anfangsperiode $\underline{s}$ des Entscheidungsfensters begonnen werden bzw. wenn die Bearbeitung des vorhergehenden Loses abgeschlossen ist. Die frühestmöglichen Starttermine F_k der Produktlose lassen sich dann vorwärtsschreitend wie folgt berechnen:

(7)
$$F_1 = \underline{s}$$
$$F_k = F_{k-1} + Q_{k-1}/A_{k-1} \qquad k=2,\ldots,n$$

Die spätestzulässigen Starttermine S_k der Produktlose liegen bei den gemäß (6) ermittelten Regenerationsperioden r_k bzw. so frühzeitig, daß die termingerechte Bearbeitung der nachfolgenden Lose nicht beeinträchtigt ist. Man berechnet rückwärtsschreitend:

$$(8)\quad \begin{aligned} S_n &= \max\{r_n ; F_n\} \\ S_k &= \min\{r_k ; S_{k+1} - Q_k/A_k\} \qquad k=n-1,\dots,1 \end{aligned}$$

Die Pufferzeiten P_k der Produktlose werden als Differenz zwischen spätestzulässigen und frühestmöglichen Startterminen berechnet. Negative Pufferzeiten zeigen zunächst Unzulässigkeiten in der Maschinenbelegung an.

$$(9)\quad P_k = S_k - F_k \qquad k=1,\dots,n$$

Der folgende Algorithmus führt zu einer zulässigen zeitlichen Schaltung der Produktlose k=1,...,n. Fehlmengen treten nicht auf. Dabei wird von dem Grundgedanken ausgegangen, daß zur Minimierung der Lagerungskosten die Produktlose so spät wie möglich eingeplant werden. Um Interferenzen in der Maschinenbelegung zu vermeiden, werden Produktlose nötigenfalls gekürzt. Es wird unterstellt, daß in der Anfangsperiode höchstens ein Produktlos aufgelegt werden muß.

(i) Berechne die Regenerationsperiode r_k für alle Produktlose gemäß (6).

(ii) Ermittle für alle Produktlose die frühestmöglichen und spätestzulässigen Starttermine F_k bzw. S_k sowie die Pufferzeiten P_k gemäß (7), (8) und (9).

(iii) Plane die Auflegung aller Produktlose zum spätestzulässigen Starttermin S_k ein.

(iv) Falls die Pufferzeiten P_k für alle Produktlose $\geq$ Null sind, gehe nach (viii); sonst ermittle das erste Produktlos k' mit negativer Pufferzeit.

(v) Kürze das Produktlos k' um $-P_{k'} \cdot A_{k'}$ Mengeneinheiten.
$Q_{k'} \leftarrow Q_{k'} + P_{k'} \cdot A_{k'}$

(vi) Korrigiere die Regenerationsperioden r_k für die Produktlose $k \geq k'$, die frühestmöglichen und spätestzulässigen Starttermine F_k bzw. S_k sowie die Pufferzeiten P_k für alle Produktlose $k > k'$.

(vii) Plane alle Produktlose $k > k'$ zum spätestzulässigen Starttermin S_k ein und gehe nach (iv).

(viii) Disaggregiere alle Produktlosgrößen Q_k in die zugehörigen Artikellosgrößen q_{jk} gemäß (4).

(ix) STOP.

5. Abschließende Bemerkungen

Die jüngsten Entwicklungen im Bereich der Datenverarbeitung haben die Tendenz zu einer Dialogorientierung der Anwendungen verstärkt. Vielfach beschränkt man sich noch auf eine Dialogisierung der Datenerfassung und -abfrage, während der eigentliche Planungsvorgang häufig noch im Batchbetrieb erfolgt (vgl. SCHEER [6]). Die Dialogisierung der Entscheidungsvorbereitung und -findung erfordert die Abkehr von starr rollierenden zugunsten flexibler, revidierender Planungssysteme. Quantitative Modelle der Produktionsplanung müssen hierzu geeignet strukturiert und die Partialmodelle sinnvoll integriert werden.

Das hier vorgestellte Modell besteht aus einer mittelfristigen Produktionsplanung, die eine Ausgangslösung liefert, und einer kurzfristigen Produktionsplanung, die Feinabstimmungen und Operationalisierungen für einen kurzen Zeitabschnitt (Entscheidungsfenster) nach einem revidierenden Prinzip durchführt. Treten kurzfristig signifikante Änderungen der Nachfrage ein, so können in einem derartigen Planungssystem Anpassungen der Produktionspläne vorgenommen werden, ohne daß eine vollständige Neuplanung vorgenommen werden muß.

Offen geblieben ist, ab welcher Signifikanzschwelle der Datenänderungen eine Planrevision ausgelöst werden soll. Jedoch lassen sich zur Vermeidung nervöser Systemreaktionen entsprechende Überlegungen (siehe z.B. [5]) ohne weiteres in den hier dargestellten Ansatz einbeziehen. Auch ist die Anwendbarkeit der revidierenden Planung keineswegs auf den hier untersuchten Praxisfall der Sortenfertigung beschränkt.

Literatur

[1] FESER, P., GÜNTHER, H.O., SCHNEEWEISS, CH.
Coordination of Production Schedules and Distribution (A Case Study). Proceedings of the Third International Working Seminar on Production Economics (erscheint demnächst).

[2] GABBAY, H.
Optimal Aggregation and Disaggregation in Hierarchical Planning. Disaggregation Problems in Manufacturing and Service Organizations (ed. L.P. Ritzman et al.). Boston (1979).

[3] GÜNTHER, H.O.
Integrierte Produktions- und Distributionsplanung in einem Unternehmen der Waschmittelindustrie. (erscheint demnächst).

[4] HAX, A.C., MEAL, H.C.
Hierarchical Integration of Production Planning and Scheduling. Studies in Management Science, Vol. I, Logistics, (ed. M.A. Geisler). Amsterdam (1975).

[5] RIEPER, B.
Die Planung von Produktionsvorgaben - ein hierarchischer Planungsansatz. ZfB, 51. Jg. (1981), S. 1183-1203.

[6] SCHEER, A.-W.
Stand und Trends der computergestützten Produktionsplanung und -steuerung (PPS) in der Bundesrepublik Deutschland. ZfB, 53. Jg. (1983), S. 138-155.

SIMULATIONSMODELL MIT "SEE-WHY" FÜR EINE WERKZEUGSCHMIEDE

Wolfgang Jahn, Köln

Ziel des Vortrages ist es, an einem ausgewählten Beispiel die Vorteile eines visuellen, interaktiven Simulationssystems zu zeigen.

Die Aufgabe bestand darin, die optimale Auslegung eines geplanten Flexible Manufacturing System in der Werkzeugschmiede eines Automobilunternehmens festzustellen. Bei feststehendem Teilespektrum, Bearbeitungsfolgen und -zeiten und Maschinenkapazität kann die Anzahl der Maschinen pro Typ, die Anzahl der Transportfahrzeuge und die Anzahl von Warteplätzen innerhalb des Systems variiert werden. Es handelt sich also um eine Minimierungsaufgabe, da ein bestimmtes Produktionsprogramm mit minimalem Investitionsaufwand zu realisieren ist.

Wegen der sehr unterschiedlichen Bearbeitungsfolgen war zu erwarten, daß es häufiger zu Engpässen und damit zu Warteschlangen und Blockaden vorgelagerter Maschinen kommt, dessen Ausmaß unvorhersehbar war. Aus diesem Grunde bot sich das Simulationspaket "See-why" zur Problemlösung an.

Im Gegensatz zu herkömmlichen Batch-Simulationspaketen, deren Output aus mehr oder weniger umfangreichen Statistikalben besteht, ist es mit "See-why" zusätzlich möglich, den Prozeß auf einem farbigen Bildschirm darzustellen. Somit ist nicht nur das Ergebnis erkennbar, sondern auch wie es im einzelnen zustande kommt. Außerdem ist es möglich, interaktiv in den Prozeß einzugreifen, Einzelheiten der Konstellation zu ändern und die dadurch entstehenden neuen Situationen zu beobachten.

FORMULIERUNG VON REIHENFOLGEBEDINGUNGEN IN LP-PRODUKTIONSPLANUNGSMODELLEN

Dieter B. Pressmar, Hamburg

Reihenfolgebedingungen werden in Produktionsplanungsmodellen formuliert, um beispielsweise den Wechsel des Produktionszustands einer Produktionsanlage im Hinblick auf Umrüstkosten oder Kosten der Stillegung bzw. des Wiederanlaufs zu beeinflussen. In gleicher Weise wird durch den Zustandswechsel einer Produktionsanlage die nutzbare Produktionskapazität infolge von Umrüstzeiten oder sonstigen damit verbundenen betriebstechnisch notwendigen Leerzeiten reduziert. Darüber hinaus können auch nicht zulässige Belegungsreihenfolgen ausgeschlossen werden. Eine explizite Berücksichtigung derartiger Wirkungen wird in Produktionsplanungsmodellen durch Indikatorvariable realisiert, die in Verbindung mit Nebenbedingungen definitorisch fixiert werden.

Zur modelltechnischen Erfassung des Zustandswechsels von Produktionsanlagen stehen unterschiedliche Ansätze zur Verfügung, je nachdem ob der Produktionszustand durch eine Binärvariable oder eine kontinuierliche Variable abgebildet ist. Für beide Fälle sind mehrere mathematische Formulierungen denkbar, die sich nach Anzahl der Variablen oder der Nebenbedingungen und der Besetzungsdichte für Nicht-Null-Koeffizienten unterscheiden. Im Rahmen einer Systematik werden die gegebenen Möglichkeiten aufgezeigt, wobei der mathematischen Eigenschaft der Zustandsvariablen als Element eines Special Ordered Set vom Typ 1 (S1) eine wesentliche Bedeutung zukommt.

Grundsätzlich werden reihenfolgeunabhängige bzw. reihenfolgeabhängige Zustandswechsel unterschieden. Die Logik der Zustandstransition kann bei der Verwendung von binären Zustandsvariablen durch Addition oder Differenzenbildung formuliert werden. Für kontinuierliche Zustandsvariablen muß dagegen ein wesentlich geänderter Ansatz gewählt werden. Dabei wird von der S1-Eigenschaft der Indikatorvariablen für den Zustandswechsel Gebrauch gemacht.

Abschließend wird gezeigt, wie spezielle Strukturen von Übergangsmatrizen (Umrüstmatrizen, Reihenfolgematrizen) insbesondere unter Berücksichtigung von Koeffizienten gleicher Größe genutzt werden können, um zusätzliche Vereinfachungen bei der Modellformulierung zu erreichen.

EIN FLEXIBLES LÖSUNGSVERFAHREN FÜR ZUSCHNEIDEPROBLEME IN EINEM KALTWALZWERK

Gerhard Wäscher, Bochum
Peter Carow, Bochum
Hermann Müller, Bochum

In einem Kaltwalzwerk wird am Anfang einer jeden Woche festgelegt, wie ein gegebener, in früheren Planungsperioden erstellter Bestand an Blechen unterschiedlicher Abmessungen in die von den Kunden gewünschten Breiten und Längen geschnitten werden soll. Charakteristischerweise müssen die Aufträge nicht unbedingt exakt erfüllt werden, vielmehr sind - im gewissen Rahmen - Differenzen zwischen Bestell- und Liefergewichten zugelassen. Für den Schneidevorgang stehen zwei Schneideanlagen zur Verfügung. Der Zuschnitt erfolgt jeweils über die gesamte Länge des Einsatzmaterials, wobei in der Regel auch Streifen nicht benötigter Breiten anfallen. Derartige Reststreifen können gelagert und in einer späteren Planungsperiode erneut eingesetzt werden, wenn sie eine bestimmte Mindestbreite überschreiten. Andernfalls stellen sie Verschnitt dar. Schließlich lassen sich normalerweise nicht sämtliche Einsatzbleche nach dem gleichen Schnittmuster zerteilen. Dann ist eine Umstellung der Schneideanlage erforderlich, wodurch Stillstandszeiten entstehen.

Für die dargestellte Problemsituation wurde ein heuristisches Verfahren zur Bildung von Schnittmustern entwickelt, das den Mitarbeitern in der Arbeitsvorbereitung ermöglicht, flexibel auf wechselnde Umweltsituationen (Beschäftigungslage, Schrottpreise, zur Verfügung stehender Lagerraum usw.) zu reagieren. Die Flexibilität wird dadurch erreicht, daß der Planer durch das Festsetzen bestimmter Parameter den Ablauf des Verfahrens steuern kann. Eine Simulationsstudie zeigte, welche Strategien bei der Parameterwahl im Hinblick auf bestimmte angestrebte Wirkungen besonders erfolgversprechend sind.

DYNAMISCHE ANALYSE DER INPUT-OUTPUT-BEZIEHUNGEN BEI MEHRSTUFIGER MEHRPRODUKTFERTIGUNG

Ernst Troßmann, Tübingen

I. Problemstellung einer dynamischen Analyse von Input-Output-Beziehungen bei komplexer Produktionsstruktur

Grundlage einer zielgerichteten Planung und Steuerung von Produktionsprozessen sind detaillierte Kenntnisse über ihre Struktur. Dabei kann eine Artenstruktur, eine Mengenstruktur und eine Zeitstruktur auseinandergehalten werden. Die Untersuchung der Arten- und Mengenstruktur bildet seit langem einen Schwerpunkt betriebswirtschaftlichen Bemühens (vgl. z. B. Schweitzer/Küpper, 1974; Schweitzer, 1979). Die zeitliche Struktur der Produktion rückt dagegen erst in den vergangenen Jahren in den Vordergrund. Besondere Probleme für eine dynamische Analyse wirft der allgemeine Fall einer vernetzten Produktionsstruktur mit folgenden Eigenschaften auf:

- Es liegt mehrteilige, mehrstufige Mehrproduktfertigung vor.
- Es ist von einem beliebigen Vergenztyp des Güterflusses auszugehen. Insbesondere haben die einzelnen Güter verschiedene Verwendungsweisen (Divergenz),und die Produkte werden aus mehreren verschiedenen Güterarten zusammengesetzt (Konvergenz).
- Jeder Einsatzprozeß hat eine eigene Vorlaufzeit, wobei die gleiche Güterart auch in mehreren Einsatzprozessen auftreten kann.
- Durch Einfügen von Lagerzeiten und Wartezeiten können sich Einsatzzeitpunkte und Produktionsdauern verschieben bzw. verkürzen oder verlängern.
- Derartige Verzögerungen sind teils frei disponierbar, teils auch aus Kapazitätsgründen erforderlich.
- Welche Zwischenprodukte selbst hergestellt werden (derivativ sind) und welche von außen beschafft bzw. von Lagervorräten entnommen werden (originär sind), hängt vom Betrachtungszeitpunkt und vom angestrebten Fertigungszeitpunkt ab. Die Art der Bedarfsermittlung ist daher güter- und periodenabhängig.
- Zum Planungszeitpunkt laufen bereits Beschaffungs- und Fertigungsprozesse, die zu bestimmten (späteren) Zeitpunkten zu Güterabgängen und Güterzugängen führen.
- Zum Planungszeitpunkt sind von manchen Repetiergütern Lagervorräte sowie von manchen Potentialgütern Kapazitäten an Leistungsabgaben vorhanden. Die Potentialgüter-Leistungsabgaben sind jedoch nicht beliebig abrufbar, sondern stehen pro Zeiteinheit nur in gewissem Umfang zur Verfügung.

Die aufgeführten Charakteristika der Problemstellung erfordern zu ihrer

Operations Research Proceedings 1984

Abbildung einen umfassenden Modellansatz. Vor allem wegen des allgemeinen Vergenztyps sowie der Möglichkeit, Zwischenlagerprozesse einzufügen, ist ferner davon auszugehen, daß sich eindeutige Beziehungen nach Art einer herkömmlichen Produktionsfunktion nicht ergeben.

II. Abbildung der mengenmäßigen und zeitlichen Produktionsstruktur in einem System von Direktbedarfszahlen

Zur adäquaten Abbildung der gekennzeichneten Realprobleme wird von einem periodisierten Input-Output-Modell folgender Grundstruktur ausgegangen (vgl. Küpper, 1980, 83 ff.): Es gibt J Güterarten $i \in \mathfrak{J} = \{1, 2, \ldots, J\}$. Alle Güterarten können sowohl als Input- als auch als Outputgüter auftreten. Daher werden zwischen allen Güterarten Liefer-Empfangs-Beziehungen vorgesehen. Die Mengenverhältnisse werden dabei als linear angenommen und durch Produktionskoeffizienten (Direktbedarfskoeffizienten) a_{ij} erfaßt. Zur Abbildung der Zeitstruktur wird der Betrachtungszeitraum in T gleichlange Teilperioden t = 1, ..., T aufgeteilt. Ein Produktionsprozeß zur Erstellung eines Gutes j erstreckt sich höchstens über die Maximalverweildauer von θ Perioden. Die einzelnen Gütereinsätze zur Herstellung eines Produkts j werden terminlich auf den Fertigstellungszeitpunkt dieses Produkts bezogen. Für jeden Produktionsprozeß j sind $\theta+1$ J-komponentige (Spalten-)Vektoren vorgesehen. Ihre Komponenten a^{τ}_{ij} geben den Direktbedarf an, der von Gut i zur Produktion von Gut j τ Perioden vor Fertigstellung des Gutes j einzusetzen ist. Arten-, Mengen- und Zeitstruktur der Produktion werden so in einem Matrizentupel folgender Art erfaßt:

$$(\mathfrak{F}^{\theta}, \mathfrak{F}^{\theta-1}, \ldots, \mathfrak{F}^{1}, \mathfrak{F}^{0})' = \left(\begin{pmatrix} a^{\theta}_{11} & a^{\theta}_{12} & \cdots & a^{\theta}_{1J} \\ \vdots & \vdots & \ddots & \vdots \\ a^{\theta}_{J1} & a^{\theta}_{J2} & \cdots & a^{\theta}_{JJ} \end{pmatrix}, \begin{pmatrix} a^{\theta-1}_{11} & a^{\theta-1}_{12} & \cdots & a^{\theta-1}_{1J} \\ \vdots & \vdots & \ddots & \vdots \\ a^{\theta-1}_{J1} & a^{\theta-1}_{J2} & \cdots & a^{\theta-1}_{JJ} \end{pmatrix}, \ldots, \begin{pmatrix} a^{1}_{11} & a^{1}_{12} & \cdots & a^{1}_{1J} \\ \vdots & \vdots & \ddots & \vdots \\ a^{1}_{J1} & a^{1}_{J2} & \cdots & a^{1}_{JJ} \end{pmatrix}, \begin{pmatrix} a^{0}_{11} & a^{0}_{12} & \cdots & a^{0}_{1J} \\ \vdots & \vdots & \ddots & \vdots \\ a^{0}_{J1} & a^{0}_{J2} & \cdots & a^{0}_{JJ} \end{pmatrix} \right)'$$

Eine eindeutige Darstellung der Zeitstruktur ist hier unter der Annahme möglich, daß jedes Einsatzgut so spät wie möglich in den Herstellungsprozeß eingeht.

III. Terminierte Bedarfsauflösungen als Grundstufe der dynamischen Analyse von Input-Output-Beziehungen

1. Prinzip der periodenweisen Bedarfsauflösung

Von den Direktbedarfsdaten ausgehend, können zu einem gegebenen Ausbringungsprogramm $(\xi_1, \xi_2, \ldots, \xi_T)$, nach den Teilperioden des Planungszeitraums gegliedert, die erforderlichen Bedarfsmengen ermittelt werden. Abb. 1 zeigt das Prinzip der periodenweisen Bedarfsauflösung, die, bei der höchsten Teilperiode beginnend, rückwärtig fortschreitet. Für die Besonder-

Periode	Bedarf in 1	Bedarf in 2	...	Bedarf in T-Θ-2	Bedarf in T-Θ-1	Bedarf in T-Θ	...	Bedarf in T-2	Bedarf in T-1	Bedarf in T
Primärbedarf	$\mathfrak{x}_1$	$\mathfrak{x}_2$	...	$\mathfrak{x}_{T-\theta-2}$	$\mathfrak{x}_{T-\theta-1}$	$\mathfrak{x}_{T-\theta}$	...	$\mathfrak{x}_{T-2}$	$\mathfrak{x}_{T-1}$	$\mathfrak{x}_T$
Initialbedarf in T Sekundärbedarf für Periode T	0	0	...	0	0	$\mathfrak{J}^\theta\mathfrak{G}^0\mathfrak{x}_T$	...	$\mathfrak{J}^2\mathfrak{G}^0\mathfrak{x}_T$	$\mathfrak{J}^1\mathfrak{G}^0\mathfrak{x}_T$	$=: \mathfrak{y}_T$ $(\mathfrak{G}^0-\mathfrak{E})\,\mathfrak{x}_T$
Gesamtbedarf bei Auflösung bis T	$\mathfrak{x}_1$	$\mathfrak{x}_2$	...	$\mathfrak{x}_{T-\theta-2}$	$\mathfrak{x}_{T-\theta-1}$	$\mathfrak{x}_{T-\theta}+\mathfrak{J}^\theta\mathfrak{G}^0\mathfrak{x}_T$	...	$\mathfrak{x}_{T-2}+\mathfrak{J}^2\mathfrak{G}^0\mathfrak{x}_T$	$\mathfrak{x}_{T-1}+\mathfrak{J}^1\mathfrak{G}^0\mathfrak{x}_T$	$\mathfrak{G}^0\mathfrak{x}_T$
Initialbedarf in T-1 Sekundärbedarf für Periode T-1	0	0	...	0	$\mathfrak{J}^\theta\mathfrak{G}^0\mathfrak{y}_{T-1}$	$\mathfrak{J}^{\theta-1}\mathfrak{G}^0\mathfrak{y}_{T-1}$	...	$\mathfrak{J}^1\mathfrak{G}^0\mathfrak{y}_{T-1}$	$=: \mathfrak{y}_{T-1}$ $(\mathfrak{G}^0-\mathfrak{E})\,\mathfrak{y}_{T-1}$	
Gesamtbedarf bei Auflösung bis Periode T-1	$\mathfrak{x}_1$	$\mathfrak{x}_2$	...	$\mathfrak{x}_{T-\theta-2}$	$\mathfrak{x}_{T-\theta-1}+\mathfrak{J}^\theta\mathfrak{G}^0\mathfrak{y}_{T-1}$	$\mathfrak{x}_{T-\theta}+\mathfrak{J}^{\theta-1}\mathfrak{G}^0\mathfrak{y}_{T-1}+$ $+\mathfrak{J}^\theta\mathfrak{G}^0\mathfrak{x}_T$	...	$\mathfrak{x}_{T-2}+\mathfrak{J}^1\mathfrak{G}^0\mathfrak{y}_{T-1}+$ $+\mathfrak{J}^2\mathfrak{G}^0\mathfrak{x}_T$	$\mathfrak{G}^0\mathfrak{y}_{T-1}$	$\mathfrak{G}^0\mathfrak{x}_T$
Initialbedarf in T-2 Sekundärbedarf für Periode T-2	0	0	...	$\mathfrak{J}^\theta\mathfrak{G}^0\mathfrak{y}_{T-2}$	$\mathfrak{J}^{\theta-1}\mathfrak{G}^0\mathfrak{y}_{T-2}$	$\mathfrak{J}^{\theta-2}\mathfrak{G}^0\mathfrak{y}_{T-2}$	...	$=: \mathfrak{y}_{T-2}$ $(\mathfrak{G}^0-\mathfrak{E})\,\mathfrak{y}_{T-2}$		
Gesamtbedarf bei Auflösung bis Periode T-2	$\mathfrak{x}_1$	$\mathfrak{x}_2$	...	$\mathfrak{x}_{T-\theta-2}+\mathfrak{J}^\theta\mathfrak{G}^0\mathfrak{y}_{T-2}$	$\mathfrak{x}_{T-\theta-1}+\mathfrak{J}^{\theta-1}\mathfrak{G}^0\mathfrak{y}_{T-2}+$ $+\mathfrak{J}^\theta\mathfrak{y}_{T-1}$	$\mathfrak{x}_{T-\theta}+\mathfrak{J}^{\theta-2}\mathfrak{G}^0\mathfrak{y}_{T-2}+$ $+\mathfrak{J}^{\theta-1}\mathfrak{G}^0\mathfrak{y}_{T-1}$ $+\mathfrak{J}^\theta\mathfrak{G}^0\mathfrak{x}_T$	...	$\mathfrak{G}^0\mathfrak{y}_{T-2}$	$\mathfrak{G}^0\mathfrak{y}_{T-1}$	$\mathfrak{G}^0\mathfrak{x}_T$
								absoluter Gesamtbedarf		

Abb. 1: Systematik mehrperiodiger Bedarfsauflösung

heit nullperiodiger Verweildauern ist gemäß dem statischen Input-Output-Ansatz (vgl. z. B. Kloock, 1969, 66 ff.) der Gesamtbedarf durch den Ausdruck

$$\mathfrak{G}^0 = (\mathfrak{E} - \mathfrak{J}^0)^{-1} \tag{3.1}$$

darstellbar.

Wichtiges Element der in Abb. 1 dargestellten Bedarfsauflösung ist der Initialbedarf $\mathfrak{y}_t$ einer Periode. Mit ihm beginnt die Bedarfsauflösung dieser Periode. Er läßt sich rekursiv wie folgt bestimmen:

$$\mathfrak{y}_{T-\tau} = \mathfrak{x}_{T-\tau} + \sum_{v=1}^{\min(\tau,\theta)} \mathfrak{J}^v\,\mathfrak{G}^0\,\mathfrak{y}_{T-\tau+v} \quad \text{für } \tau = 0, \ldots, T-1. \tag{3.2}$$

Für eine direkte Berechnung lassen sich allgemein Matrizensummen $\mathfrak{J}_v^*$ zusammenstellen, mit denen der Initialbedarf unmittelbar aus dem angestrebten Ausbringungsprogramm $(\mathfrak{x}_1,\ldots,\mathfrak{x}_T)$ hergeleitet werden kann:

$$\mathfrak{y}_t = \sum_{v=0}^{T-t} \mathfrak{J}_v^* \cdot \mathfrak{x}_{t+v} \quad \text{für } t = 1, \ldots, T. \tag{3.3}$$

Die Matrizensummen verhalten sich allgemein nach dem Entwicklungsgesetz (vgl. Küpper, 1980, 98; Troßmann, 1983, 96):

$$\begin{aligned} v &= 0: \quad \mathfrak{J}_0^* = \mathfrak{E} \\ v &= 1: \quad \mathfrak{J}_1^* = \mathfrak{J}^1\mathfrak{G}^0 \\ v &\geqq 1: \quad \mathfrak{J}_v^* = \sum_{\mu=1}^{v} (\mathfrak{J}^\mu\mathfrak{G}^0)\,\mathfrak{J}_{v-\mu}^*. \end{aligned} \tag{3.4}$$

2. Zeitlich eingeschränkte Bedarfsauflösung

Bei Auflösung von Initialbedarfen, die in Periode θ oder einer früheren Periode liegen, wird im allgemeinen auch ein Bedarf in Perioden negativer Indizes, d. h. in schon abgelaufenen Perioden ausgewiesen. Dies bedeutet, daß zur Realisierung (mindestens) eines Gutes des aufgelösten Initialbedarfs der Transformationsprozeß für dieses Gut bereits in Gang sein müßte. Ein derartiges Setzen von Bedingungen an die Vergangenheit ist unzweckmäßig. Stattdessen ist als Realisierbarkeitsbedingung entsprechender Initialbedarfe zu fordern, daß die betreffenden Güter in der Bedarfsperiode bereits vorrätig sind. Solche Güter können also wie die von außen bezogenen, originären Einsatzgüter behandelt werden. Alle Güter einer Periode, für die daher keine Bedarfsauflösung durchgeführt werden kann (oder soll), seien als periodenoriginär bezeichnet; die jeweils anderen sollen periodenderivativ heißen. Über die Definition von Indexmengen $\mathfrak{H}^\tau$ der Prozesse mit einer maximalen Verweildauer von τ Perioden ($\tau = 0, 1, \ldots, \theta$) sowie entsprechenden Auswahlmatrizen $\mathfrak{W}^\tau$ läßt sich diese Güterartenaufteilung exakt fassen. Einzelheiten verdeutlicht Abb. 2.

Berücksichtigt man die zeitliche Einschränkung in der Bedarfsauflösung, sind in den Perioden $t = 1, \ldots, \theta+1$ anstelle der gewöhnlichen Direktbedarfsmatrizen $\mathfrak{J}^0, \mathfrak{J}^1, \ldots, \mathfrak{J}^\theta$ die Matrizen $\mathfrak{J}^0\mathfrak{W}^\tau, \mathfrak{J}^1\mathfrak{W}^\tau, \ldots, \mathfrak{J}^\theta\mathfrak{W}^\tau$ und dementspre-

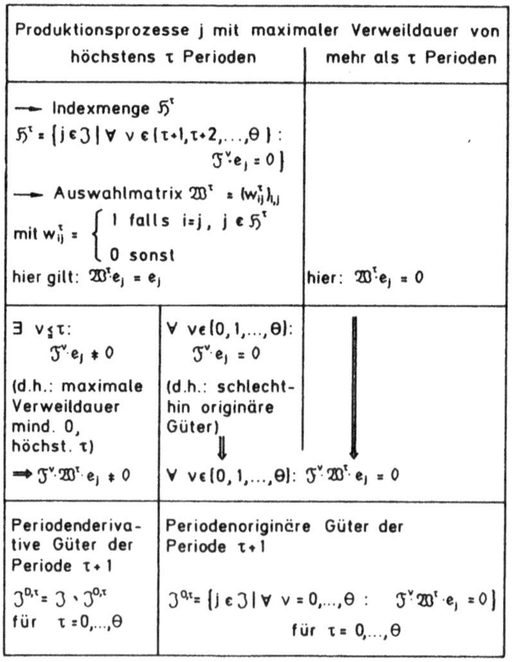

Abb. 2: Unterscheidung periodenoriginärer und periodenderivativer Güter

chend folgende Gesamtbedarfsmatrizen bei nullperiodiger Auflösung zu verwenden:

$$\mathfrak{G}^{\tau,0} := (\mathfrak{E} - \mathfrak{I}^0 \mathfrak{W}^{\tau})^{-1} \quad \text{mit } \tau = t-1. \tag{3.5}$$

Zur Berechnung des Initialbedarfs treten an die Stelle der Matrizensummen $\mathfrak{I}_v^*$ (vgl. 3.4) für die ersten θ-1 Perioden des Betrachtungszeitraums modifizierte Größen. Sie sind für jede dieser Perioden unterschiedlich (vgl. Troßmann, 1983, 113):

$$\mathfrak{y}_t = \sum_{v=0}^{T-t} \mathfrak{I}_v^{t,*} \cdot \mathfrak{x}_{t+v} \quad \text{für } t=1,\ldots,\theta. \tag{3.6}$$

Allgemein verändern sich in den Matrizenkoeffizienten $\mathfrak{I}_v^*$ für die Periode t die ersten $\theta-\tau$ Summanden (wo überhaupt so viele Summanden vorliegen):

$$\mathfrak{I}_0^{\tau,*} = \mathfrak{E} \qquad \text{für } \tau=0,\ldots,\theta,$$

$$\mathfrak{I}_v^{\tau,*} = \sum_{\mu=1}^{\min(\theta-\tau,v)} \mathfrak{I}^{\mu} \mathfrak{W}^{\tau+\mu-1} \mathfrak{G}^{\tau+\mu-1,0}\, \mathfrak{I}_{v-\mu}^{\tau+\mu,*} + \sum_{\mu=\theta-\tau+1}^{v} \mathfrak{I}^{\mu} \mathfrak{G}^0 \mathfrak{I}_{v-\mu}^* \quad \text{für } v=1,\ldots,T-\tau;\ \tau=1,\ldots,\theta. \tag{3.7}$$

IV. Erfassung der zeitlichen Mehrdeutigkeiten in den Input-Output-Beziehungen mit Produktionskorrespondenzen

1. Darstellung von Realisierbarkeitsbedingungen der Produktion

Um von der (bisher eindeutigen) Bedarfsberechnung auf der Grundlage spätestterminierten Inputs auf die Abbildung sämtlicher bestehender Produktionsmöglichkeiten überzugehen, sind vorhandene Kapazitäten in die Darstellung mit einzubeziehen. Hierzu werden Kapazitätsvektoren $(\mathfrak{b}_1, \mathfrak{b}_2, \ldots, \mathfrak{b}_T)$ definiert. In ihnen können nicht nur zu Betrachtungsbeginn vorhandene Bestände erfaßt werden, sondern vor allem auch die periodenweisen Leistungsabgabe-Kapazitäten von Potentialgütern. Ferner können hier externe Zugänge weiterer originärer Einsatzgüter sowie Fertigstellungen von derivativen Gütern aus bereits laufenden Prozessen periodengenau abgebildet werden. Die eingeführten Kapazitätsvektoren gestatten es, die Realisierbarkeitsbedingungen der Produktion adäquat abzubilden. Zunächst wird von Zwischenlagerungen abgesehen.

Geht man davon aus, daß Kapazitäten nicht nur periodenoriginärer, sondern auch periodenderivativer Güter gegeben sind, muß angesichts der verschiedenartigen Verwendbarkeit der einzelnen Güter auf eine eindeutige Formulierung der Realisierbarkeitsbedingungen geachtet werden. Eine Möglichkeit ist, alle Kapazitäten auf die originären Einsatzgüter umzurechnen. Dies entspricht der Überlegung, daß vorhandene Vorräte periodenderivativer Güter bei gegebenem Ausbringungsprogramm zur Einsparung originärer Einsatzgüter führen. Daher ist für das Ausbringungsprogramm $(\mathfrak{x}_1, \mathfrak{x}_2, \ldots, \mathfrak{x}_T)$ zu fordern:

$$\mathfrak{K}^{t-1}\cdot\mathfrak{G}^{t-1,0}\cdot\sum_{v=0}^{T-t}\mathfrak{J}_v^{t,*}\cdot\mathfrak{x}_{t+v} = \mathfrak{K}^{t-1}\cdot\mathfrak{G}^{t-1,0}\cdot\sum_{v=0}^{T-t}\mathfrak{J}_v^{t,*}\cdot\mathfrak{b}_{t+v} \quad \text{für } t=1,2,\ldots,\Theta$$
$$\mathfrak{K}\cdot\mathfrak{G}^{0}\cdot\sum_{v=0}^{T-t}\mathfrak{J}_v^{*}\cdot\mathfrak{x}_{t+v} = \mathfrak{K}\cdot\mathfrak{G}^{0}\cdot\sum_{v=0}^{T-t}\mathfrak{J}_v^{*}\cdot\mathfrak{b}_{t+v} \quad \text{für } t=\Theta+1,\ldots,T. \tag{4.1}$$

Die Multiplikation mit der Matrix $\mathfrak{K}^{t-1}$ bzw. $\mathfrak{K}$ soll dabei kennzeichnen, daß nur die periodenoriginären Güter des Gesamtbedarfs ausgewählt werden:

$$\mathfrak{K}^{\tau} = (k_{ij}^{\tau})_{i,j} \quad \text{mit } k_{ij}^{\tau} = \begin{cases} 1 & \text{falls } i=j,\ j\in\mathfrak{J}^{0,\tau} \\ 0 & \text{sonst} \end{cases} \quad \text{für } \tau=0,1,\ldots,\Theta;\ \mathfrak{K}=\mathfrak{K}^{\Theta}. \tag{4.2}$$

Zusätzlich muß sichergestellt werden, daß die periodenderivativen Güter in ihrer vorliegenden Form in irgendeinem Prozeß (d.h. zum Wiedereinsatz oder zur Ausbringung) verwendet werden. Die Abbildung dieser Bedingung ist über den Gesamtbedarf möglich. Es muß gelten:

$$\mathfrak{G}^{t-1,0}\cdot\sum_{v=0}^{T-t}\mathfrak{J}_v^{t,*}\cdot\mathfrak{x}_{t+v} \geqq \mathfrak{G}^{t-1,0}\cdot\sum_{v=0}^{T-t}\mathfrak{J}_v^{t,*}\cdot\mathfrak{b}_{t+v} \quad \text{für } t=1,2,\ldots,\Theta$$
$$\mathfrak{G}^{0}\cdot\sum_{v=0}^{T-t}\mathfrak{J}_v^{*}\cdot\mathfrak{x}_{t+v} \geqq \mathfrak{G}^{0}\cdot\sum_{v=0}^{T-t}\mathfrak{J}_v^{*}\cdot\mathfrak{b}_{t+v} \quad \text{für } t=\Theta+1,\ldots,T. \tag{4.3}$$

2. Herleitung dynamischer Outputkorrespondenzen bei erlaubter Zwischenlagerung

Faßt man alle nichtnegativen Ausbringungsprogramme $(\mathfrak{x}_1,\mathfrak{x}_2,\ldots,\mathfrak{x}_T)$, die 4.1 und 4.3 erfüllen, in einer Menge zusammen, hat man den Wert einer dynamischen Outputkorrespondenz für die gegebenen Kapazitäten $(\mathfrak{b}_1,\mathfrak{b}_2,\ldots,\mathfrak{b}_T)$:

$$\mathbb{P}((\mathfrak{b}_1,\mathfrak{b}_2,\ldots,\mathfrak{b}_T)) = \{(\mathfrak{x}_1,\mathfrak{x}_2,\ldots,\mathfrak{x}_T)\geqq 0 \mid (\mathfrak{x}_1,\mathfrak{x}_2,\ldots,\mathfrak{x}_T) \text{ erfüllt 4.1 und 4.3}\}. \tag{4.4}$$

Diese Outputkorrespondenz ordnet gegebenen Kapazitäten als Input die Menge aller Ausbringungsprogramme zu, die mit ihnen realisierbar sind. Die Outputkorrespondenz tritt damit an die Stelle einer inputorientierten Produktionsfunktion, die im vorliegenden Fall der Mehrdeutigkeiten wegen nicht formulierbar ist (vgl. zur Konzeption von Produktionskorrespondenzen allgemein Shephard, 1970, 178 ff., Shephard/Färe, 1980). Die in 4.4 angegebene Menge umfaßt indessen nur einen Teil der tatsächlich ausbringbaren Mengen, da im allgemeinen durch Zwischenlagerungen nicht nur Ausbringungsmengen über die einzelnen Perioden verschoben werden können, sondern manche Produktionsprozesse durch Periodenverschiebung ihrer Einsatzgüter erst zusätzlich möglich werden. Zur vollständigen Erfassung aller Produktionsmöglichkeiten ist daher die Abbildung der Zwischenlagerprozesse von hervorragender Bedeutung. Hierzu werden Lagervariable $(\mathfrak{l}_1,\mathfrak{l}_2,\ldots,\mathfrak{l}_T)$ eingeführt. Sie symbolisieren Gütermengen, die am Periodenende in die nächste Periode übertragen werden. Längerfristige Lagerprozesse werden als Anneinanderreihung einperiodiger Lagerungen dargestellt. Die Tatsache, daß einige Güter gar nicht, andere nur zum

Teil lagerfähig sind, wird durch Lagerkoeffizienten d_i $(0 \leq d_i \leq 1)$ abgebildet, die in einer Diagonalmatrix $\mathfrak{D}$ zusammengefaßt sind. Sie geben den nach einer Lagerperiode noch verfügbaren Mengenanteil an. Die zu erzeugenden Mengen der einzelnen Perioden ergeben sich als Differenz von Ausbringungsmengen sowie Lageraufstockung der jeweiligen Periode und verwendbarem Rest des Lagerübertrags aus der Vorperiode sowie den zugeführten Kapazitäten:

$$\mathfrak{x}_t + \mathfrak{l}_t - \mathfrak{D}\cdot\mathfrak{l}_{t-1} - \mathfrak{b}_t \quad \text{für } t = 1,2,\ldots,T \ [\text{wobei } \mathfrak{l}_0 = 0]. \tag{4.5}$$

In der ersten Betrachtungsperiode ist kein besonderer Lagerübertrag aus Vorperioden zu berücksichtigen; da nicht mehr beeinflußbar, ist er bereits im Kapazitätsvektor $\mathfrak{b}_1$ enthalten. Mit der zusätzlichen Bedingung der Nichtnegativität der Lagervariablen $(\mathfrak{l}_1, \mathfrak{l}_2, \ldots, \mathfrak{l}_T)$ wird die Outputkorrespondenz bei erlaubter Zwischenlagerung ebenso hergeleitet wie im bisher betrachteten Fall. Als Kapazitätsrestriktion ist also zu fordern, daß durch die Erzeugungsmengen über den Gesamtvorrat erschöpfend verfügt wird (insbesondere nicht mehr als vorhanden verbraucht wird):

$$\begin{aligned}
\mathfrak{K}^{t-1}\cdot\mathfrak{G}^{t-1,0}\cdot\sum_{v=0}^{T-t}\mathfrak{J}_v^{t,*}\cdot(\mathfrak{x}_{t+v}+\mathfrak{l}_{t+v}-\mathfrak{D}\cdot\mathfrak{l}_{t+v-1}) &= \mathfrak{K}^{t-1}\cdot\mathfrak{G}^{t-1,0}\cdot\sum_{v=0}^{T-t}\mathfrak{J}_v^{t,*}\cdot\mathfrak{b}_{t+v} && \text{für } t = 1,2,\ldots,\Theta\\
\mathfrak{K}\cdot\mathfrak{G}^{0}\cdot\sum_{v=0}^{T-t}\mathfrak{J}_v^{*}\cdot(\mathfrak{x}_{t+v}+\mathfrak{l}_{t+v}-\mathfrak{D}\cdot\mathfrak{l}_{t+v-1}) &= \mathfrak{K}\cdot\mathfrak{G}^{0}\cdot\sum_{v=0}^{T-t}\mathfrak{J}_v^{*}\cdot\mathfrak{b}_{t+v} && \text{für } t = \Theta+1,\ldots,T.
\end{aligned} \tag{4.6}$$

In dieser Bedingung werden wieder alle Kapazitäten auf periodenoriginäre Güter umgerechnet. Da aber eine Zerlegung periodenderivativer Güter nicht zulässig ist, wird wie oben zusätzlich gefordert, daß in jeder Periode der Gesamtbedarf eines Gutes mindestens so groß ist wie der vorhandene Vorrat. Dieser Vorrat setzt sich zusammen aus extern zugeführter Kapazität und Lagerübertrag aus der Vorperiode:

$$\begin{aligned}
\mathfrak{G}^{t-1,0}\cdot\sum_{v=0}^{T-t}\mathfrak{J}_v^{t,*}\cdot(\mathfrak{x}_{t+v}+\mathfrak{l}_{t+v}) &\geqq \mathfrak{G}^{t-1,0}\cdot\sum_{v=0}^{T-t}\mathfrak{J}_v^{t,*}\cdot(\mathfrak{b}_{t+v}+\mathfrak{D}\cdot\mathfrak{l}_{t+v-1}) && \text{für } t = 1,2,\ldots,\Theta\\
\mathfrak{G}^{0}\cdot\sum_{v=0}^{T-t}\mathfrak{J}_v^{*}\cdot(\mathfrak{x}_{t+v}+\mathfrak{l}_{t+v}) &\geqq \mathfrak{G}^{0}\cdot\sum_{v=0}^{T-t}\mathfrak{J}^{*}\cdot(\mathfrak{b}_{t+v}+\mathfrak{D}\cdot\mathfrak{l}_{t+v-1}) && \text{für } t = \Theta+1,\ldots,T.
\end{aligned} \tag{4.7}$$

Das System der Ungleichungen 4.6 und 4.7 erlaubt es, die insgesamt im Betrachtungszeitraum überhaupt realisierbaren Ausbringungsprogramme zu erfassen. Realisierbar ist ein Ausbringungsprogramm genau dann, wenn es nichtnegativ ist und wenn (mindestens) ein nichtnegatives Lagerprogramm dazu existiert, mit dem die beiden Arten von Nebenbedingungen 4.6 und 4.7 erfüllt werden. Damit kann die Outputkorrespondenz wie folgt formuliert werden:

$$\mathbf{P}^L((\mathfrak{b}_1,\mathfrak{b}_2,\ldots,\mathfrak{b}_T)) = \{(\mathfrak{x}_1,\mathfrak{x}_2,\ldots,\mathfrak{x}_T)\geqq 0 \mid \exists(\mathfrak{l}_1,\mathfrak{l}_2,\ldots,\mathfrak{l}_T)\geqq 0, \text{ so daß 4.6 und 4.7 erfüllt werden}\}. \tag{4.8}$$

V. Verwendbarkeit detaillierter Informationen über dynamische Input-Output-Zusammenhänge

Mehr als die Gesamtmenge alternativ realisierbarer Ausbringungsprogramme interessieren bei der Produktionsplanung konkrete Fragen folgender Art:

- Läßt sich ein bestimmtes Ausbringungsprogramm mit den gegebenen Kapazitäten (auf irgendeine Weise) realisieren?
- Kann ein Zusatzauftrag in den Produktionsplan aufgenommen werden?
- Wie groß ist die Maximalausbringung eines Produkts (einer Produktgruppe) in einer bestimmten Periode bzw. in allen Perioden regelmäßig?

Solche Fragen sind mit Hilfe der hergeleiteten Outputkorrespondenz beantwortbar. Formal handelt es sich um die Prüfung einzelner Punkte bzw. um die Feststellung von Eckpunkten des Lösungsraums, der die Outputkorrespondenz kennzeichnet. Im Gegensatz zur Bestimmung der gesamten Outputkorrespondenz ist dies auch bei größerer Zahl von Güterarten mit Standardmethoden linearer Planungsrechnung bei noch vertretbarem Aufwand durchführbar. Wegen der speziellen Problemstruktur lassen sich jedoch auch modifizierte, besondere Rechentechniken entwickeln, wobei z. B. die in der Regel sehr dünne Besetzung der Koeffizientenmatrix ausgenutzt werden kann (vgl. hierzu z. B. Kurbel, 1983, 337 ff.). Ferner ist es u. U. zweckmäßig, den Ansatz auf potentielle Engpaßgüter zu beschränken.

Der dargestellte Ansatz läßt sich um die spiegelbildliche Herleitung dynamischer Inputkorrespondenzen erweitern und bildet damit die Grundlage zur Berechnung von Mengen- und Zeitpuffern. Diese drücken Variationsbereiche der Produktion in den einzelnen Perioden aus. So kann das dargestellte Grundmodell als Baustein in ein dialogorientiertes Produktionsplanungsprogramm eingebracht werden. Es bildet die bestehenden Mehrdeutigkeiten bei komplexer Produktionsstruktur ab und macht sie einer heuristischen Planung zugänglich.

Literatur

Kloock J.: Betriebswirtschaftliche Input-Output-Modelle. Wiesbaden (1969).

Küpper H.-U.: Interdependenzen zwischen Produktionstheorie und der Organisation des Produktionsprozesses. Berlin (1980).

Kurbel K.: Software Engineering im Produktionsbereich. Wiesbaden (1983).

Schweitzer M.: Produktionsfunktionen. In: Handwörterbuch der Produktionswirtschaft. Hrsg. v. W. Kern. Stuttgart, 1494 - 1512 (1979).

Schweitzer M.; Küpper H.-U.: Produktions- und Kostentheorie der Unternehmung. Reinbek (1974).

Shephard R. W.: Theory of Cost and Production Functions. Princeton (1970).

Shephard R. W.; Färe R.: Dynamic Theory of Production Correspondences. Königstein/Ts., Cambridge (Mass.) (1980).

Troßmann E.: Grundlagen einer dynamischen Theorie und Politik der betrieblichen Produktion. Berlin (1983).

DYNAMISCHE DISPOSITIONSMETHODEN ALS BASIS DER KANBANSTEUERUNG

Erich Soom, St. Gallen

Bei der sog. "just in time production" geht es um ein sehr rasches Reagieren auf die konkreten Kundenwünsche. Das Tagesprogramm in der Produktion resp. Montage muss bestmöglichst auf die eingegangenen Kundenbestellungen und Veränderungen der Planungsdaten abgestimmt werden, damit möglichst das produziert oder montiert wird, was unmittelbar von dem Kunden gewünscht wird. Hierzu eignen sich vor allem zwei Dispositionsverfahren, nämlich das sog. Höchstbestandesverfahren und das sog. Mindestbestandesverfahren. Beim ersten Verfahren erfolgt die Auslösung eines Wiederauffüllauftrages in periodischen Abständen, z.B. täglich und zwar in der Menge "Höchstbestand minus aktuellem Lagerbestand" am Ende des Tages. Diese Menge entspricht dabei genau der Menge, die am Vortag effektiv verbraucht oder verkauft wurde. Dieses Verfahren eignet sich vor allem zur Steuerung der letzten Prozessstufen (Montage, Vormontage), in denen der Wechsel von einem Artikel zum andern keine oder nur sehr geringe Umrichtekosten verursacht. Trifft dies nicht mehr zu, wie z.B. in der Vorfertigung, dann muss losweise gefertigt werden. Die Auslösung eines Wiederauffüllauftrages erfolgt dann durch Erreichen oder Unterschreiten des Mindestbestandes. Die Wiederauffüllmenge rechnet sich dabei nach den klassischen Regeln der Materialbewirtschaftung.

Die Anwendung dieser beiden Verfahren bedeutet, dass sich die Streuung der Verkäufe ab Produktelager voll auf die Montage und damit auf alle vorgelagerten Fertigungsstufen übertragen, so dass auf allen Stufen mit stark schwankenden Fertigungsmengen gerechnet werden muss. Diese Schwankungen im Kapazitätsbedarf können entweder durch einen hohen Elastizitätsgrad der Kapazitäten oder durch hohe Lager aufgefangen werden. Mit Hilfe von Simmulationen kann gezeigt werden, dass die Lagerbestände bei gegebenem Lieferbereitschaftsgrad mit abnehmendem Elastizitätsgrad progressiv zunehmen, was jedoch der Idee des Kanban widersprechen würde. Deshalb muss der Weg über einen hohen Grad von Elastizität in der Kapazität gefunden werden.

EVOLUTIONSSTRATEGISCHE MODELLE BEI EINSTUFIGER, LOSWEISER PRODUKTION - SIMULTANE PROGRAMM-, LOSGRÖßEN - UND LOSSEQUENZPLANUNG MIT SIMULATION AUF DER BASIS BIOLOGISCHER EVOLUTIONSFAKTOREN

August Zimmermann, Stuttgart

Jene Mechanismen, nach denen sich die biologische Evolution vollzieht, werden seit über einem Jahrzehnt mit Erfolg zur Optimierung technischer Probleme nachgeahmt. Für das vorliegende Problem wurden mehrere, bisher unberücksichtigte Evolutionsfaktoren zielfunktional simuliert.

Mit Hilfe des Evolutionsprinzips sog. Multigensysteme, nämlich dem ungleichen crossing-over, lassen sich sowohl das optimale qualitative Produktionsprogramm wie die optimalen Losgrößen der produzierten Sorten innerhalb des Planungszeitraums bestimmen. Durch die Simulation biologischer Inversionen bzw. Transpositionen wird eine optimale Produktionsreihenfolge angestrebt.

Das evolutionsstrategische Modell wurde an die absatz- und produktionswirtschaftlichen Bedingungen (der Mode unterworfenes Produktsortiment, ausgeprägt saisonale Nachfragestrukturen, Notwendigkeit der Verbunddisposition etc.) eines mittelständischen Pilotunternehmens der Tapetenbranche angepaßt und dort installiert.

Mehrere evolutionsstrategische Varianten sind in diesem Unternehmen in die Dispositionskonzeption der Marktdurchdringungsphase einer Kollektion eingebettet. Sie dienen dort zur Unterstützung der deckungsbeitragsorientierten Steuerung der Produktion.

UNTERSUCHUNG ÜBER DAS VERHÄLTNIS VON WERKSTATTSBESTANDSKOSTEN ZU KAPAZITÄTSLEERZEITKOSTEN UND DIE RESULTIERENDE KOSTENMINIMALE KAPAZITÄTSAUSLASTUNG

Franz Otto Brückner, Kirchheim

Die Existenz auffällig hoher produktionsablaufbedingter Wartebestände (Puffer, Warteschlangen) führt zu der Überlegung, die Bestände durch Ausweitung der Kapazitäten abzubauen. Dabei erhebt sich die Frage, in welchem Ausmaß der Kostenvorteil der Bestandssenkung durch entstehende Kapazitätsleerzeitkosten aufgezehrt wird. M.a.W., was ist bei gegebenem Auftragsvolumen unter Berücksichtigung des Wartebestandswertes die kostenminimale Kapazitätsauslastung und in welchem Umfang müssen vorhandene Kapazitäten geändert werden?

Nach der Warteschlangentheorie ist bei Annäherung an eine 100%-ige Kapazitätsauslastung ein asymptotisches Ansteigen der Warteschlangen gegen ∞ zu erwarten. Andererseits fallen bei nicht ausgelasteten Bearbeitungskapazitäten zumindest die Abschreibungskosten an. Bei 100%-ger Auslastung entfallen diese Kosten. Da keine fundierten Untersuchungen über den Leerzeitkostenverlauf vorlagen und in der beschränkten Projektzeit nicht detailliert darauf eingegangen werden konnte, wurde ein linearer Verlauf angenommen (siehe folgende Abb.).

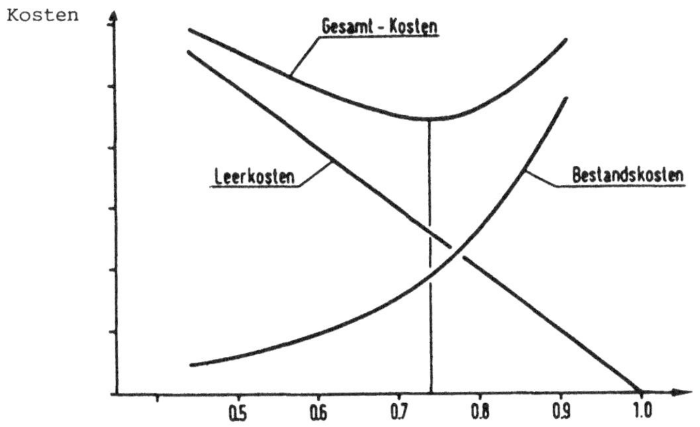

Abb.: Gegenüberstellung von Bestands- und Leerzeitkosten

Dieser Sachverhalt wurde in drei Praxisfällen bei der Produktion medizinischer Geräte überprüft. In allen Fällen zeigte sich, daß der stochastische Ansatz des Bestandskostenverlaufs nicht gegeben war. Vielmehr wurde festgestellt, daß der Meister in der Werkstatt angesichts des auf ihn zukommenden Auftragszuflusses die Kapazitäten (besonders den Personaleinsatz) variierte und so die Bestands- und Leerzeitkosten zwischen gegebenen Grenzen hielt.

GRAPHISCHES MODELL DES MEHRPHASENPROZESSES

Ivan Meško, Maribor

Einem Mehrphasenprozess kann ein einfaches graphisches Modell zugeordnet werden, wenn der Prozess in quantitativ meßbare Elementarprozesse zerlegt werden kann. Geschieht die Zerlegung so, daß der Verbrauch bzw. Gewinn der einzelnen Elemente mit der Menge des Prozesses proportional ist, so kann dem Prozess ein graphisches Modell folgendermaßen zugeordnet werden: jedem Elementarprozess ist ein Transformationsknoten in Form eines Quadrates und jedem Element ein Allokationsknoten in Form eines Kreises zugeordnet. Mit bewerteten Kanten, die als Pfeile veranschaulicht sind, werden die Verbräuche und Gewinne bzw. Produktionen der Elemente pro Einheit des betreffenden Elementarprozesses dargestellt.

Wenn es sich um einen Wirtschaftsprozeß handelt, werden die Rohstoffe, Zwischenprodukte und Endprodukte als Elemente betrachtet und die Produktionsverfahren, Verkäufe und Anschaffungen je Element als Elementarprozesse. Bei der Optimierung eines solchen Prozesses wird jedem Elementarprozeß und damit jedem Transformationsknoten eine Entscheidungsvariable und jedem Element und damit jedem Allokationsknoten eine von den Entscheidungsvariablen linear abhängige Variable zugeordnet. Die Variablen können nach unten oder nach oben begrenzt sein. Wenn die Anzahl der Variablen groß ist, wird sowohl die Konstruktion, Diskussion und Verbesserung des mathematischen Modells als auch die Analyse des Prozesses und der Optimallösung mittels des graphischen Modells erleichtert und auch ohne besondere Kenntnisse verständlich.

Das Modell wurde mit Erfolg in der Nahrungs- und Metallverarbeitungsindustrie verwendet. Das größte benutzte Modell hatte 1161 Entscheidungsvariablen bzw. Transformationsknoten und 1429 abhängige Variablen bzw. Allokationsknoten.

Literatur:

/1/ MESKO I., OTIMIZING MULTIPHASE BUSINESS PROCESSES. EKONOMSKA ANALIZA XVIII, 269-275, BEOGRAD (1984).

/2/ MESKO I.; PEVEC B., PRODUCTION PLANNING BY LOMP INFORMATICA 1, 14-19, LJUBLJANA (1983).

DISAGGREGIERTE VERKEHRSERZEUGUNGSMODELLE FÜR GESCHÄFTSREISEN

Edwin Fischer, Mannheim

Die Methoden der Verkehrsplanung auf dem Gebiet der privaten Verkehre (Einkaufsfahrten, Urlaubsfahrten) und der Pendlerverkehre sind weit fortgeschritten. Dagegen ist die Erforschung von Geschäftsreiseverkehren bisher vernachlässigt worden, und das, obwohl diese infolge der Internationalisierung der Unternehmen und einer zunehmenden Arbeitsteiligkeit eine immer gewichtigere Rolle spielen. Zwar gibt es erste Ansätze, das Verkehrsaufkommen bei Geschäftsreisen zu prognostizieren, die jedoch durchweg makroökonomischen Charakter haben. D. h. zur Aufkommensbestimmung werden das Bruttosozialprodukt, die Höhe des Exports, die Zahl der in einem Sektor Beschäftigten u.a. herangezogen.

Das hier diskutierte Modell setzt dagegen bei der Entscheidungseinheit an, also dem Unternehmen bzw. Reisenden, der über die Durchführung von Reisen zu entscheiden hat. Ausgehend von direkten Kausalbeziehungen zwischen Geschäftsreisen und den sie verursachenden Faktoren, liefert das Modell als Ergebnis Aussagen z.B. darüber, mit welcher Wahrscheinlichkeit eine Reise stattfindet bzw. ein substituierendes Kommunikationsmittel eingesetzt wird. Eine Hauptschwierigkeit des disaggregierten Ansatzes ist die simultane Berücksichtigung einerseits von produktions- und informationstheoretischen Erfordernissen und andererseits der individuellen Nutzenbewertung durch den Reisenden selbst. Die Verknüpfung dieser beiden Komponenten erfolgt unter Einfluß stochastischer Einflüsse im Rahmen eines erweiterten Logit-Modells. Aufgrund des Modellaufbaus eignet sich das Instrument sowohl für die Unternehmensplanung als auch für die gesamtwirtschaftliche Verkehrsplanung.

Der Verkehrsplaner erarbeitet sich aus den einzelwirtschaftlichen Daten mittels zweckmäßiger Aggregation die ihn interessierenden Aufkommensraten.

GLEICHGEWICHTSMODELLE UND IHRE ANWENDUNG ZUR ZIELORIENTIERTEN VERKEHRSPLANUNG

Heinrich Hönerloh, Bremen

1. Zielorientierte Verkehrsplanung

Heutzutage wird allgemein anerkannt, daß die Anpassung der Straßen in Städten an den wachsenden Bedarf des motorisierten Individualverkehrs zu einer unerträglichen Umweltbelastung führt. Der RAT DER SACHVERSTÄNDIGEN FÜR UMWELTFRAGEN 1978 erklärt hierzu im Umweltgutachten 1978:

> "Die Durchsetzung verkehrlicher Leitbilder wie 'freie Wahl des Verkehrsmittels', 'Erhöhung der Mobilität', usw. findet dort ihre Grenzen, wo die Erhöhung der Lebensqualität des Einzelnen zu Lasten der Allgemeinheit und der Umwelt geht"

und stellt u.a. die Frage:

> "Kann eine steigende Verkehrsnachfrage durch ein konkurrierendes und bisher nicht ausgelastetes Verkehrsmittel übernommen werden?"

Im Hinblick auf die Weiterentwicklung der bekannten Verkehrsmodelle wird dort festgestellt:

> "Als wesentliches Kriterium für die Verkehrsmittelwahl gilt im Personennahverkehr die Reisezeit bzw. der Reisezeitvergleich ..., die Umsetzung von solchen qualitativen Aussagen in mathematische Funktionen kann jedoch noch nicht als zufriedenstellend gelöst angesehen werden."
>
> "Die Beeinflussung der Verkehrsmittelwahl wird als ein wichtiger Ansatzpunkt zur Verminderung der Umweltbeeinträchtigung angesehen."

Daher wird als Zielsetzung die Verlagerung eines Teiles des Pkw-Verkehrs auf öffentliche Verkehrsmittel angegeben und folgender Vorschlag gemacht:

> "Da der Reisezeitvergleich nach Meinungsumfragen neben Komfort und Fahrpreis das entscheidende Kriterium für die Verkehrsmittelwahl ist, bietet sich die Möglichkeit, diese Wahl durch planerische Maßnahmen zu beeinflussen, welche die Reisezeit im Individualverkehr (IV) erhöhen und im öffentlichen Verkehr (ÖV) herabsetzen."

Diese Aufgabenstellung wird im Umweltgutachten als "Zielorientierte Verkehrsplanung" bezeichnet. Dabei wird allerdings übersehen, daß vor allem einfach oder schwach besetzte Pkw "konkurrierende und bisher nicht ausgelastete Verkehrsmittel" im obigen Sinne sind.

Das entsprechend dieser Zielsetzung zu entwickelnde Planungsinstrument sollte deshalb nicht nur die Alternativen IV und ÖV berücksichtigen, sondern in der Lage sein, innerhalb des IV zwischen Einzelfahrern (EF) und Fahrgemeinschaften (FG) zu unterscheiden, um die daraus folgenden Möglichkeiten wenigstens modellmäßig untersuchen zu können, sowie weitere umweltschonende Verkehrsmittel bzw. -arten einbeziehen.

Operations Research Proceedings 1984

Das Problem läßt sich an der Verkehrsmittelwahl in Bremen 1977 veranschaulichen: Entsprechend den Erhebungen von DORSCH 1977 benutzen von den Teilnehmern am motorisierten Straßenverkehr 31,8 % ein öffentliches Verkehrsmittel und 68,2 % einen Pkw. Der mittlere Besetzungsgrad der Pkw beträgt stadteinwärts 1,2 Personen pro Pkw. Nimmt man an, daß die Fahrgemeinschaften im Mittel aus 2,5 Personen bestehen, so erhält man die Aufteilung des IV nach FG und EF.

Als grobes Maß für die Umweltbelastung durch den Verkehr kann die Betriebszeit der Fahrzeuge angesehen werden. Um ÖV und IV vergleichen zu können, sei angenommen, daß 10 im ÖV beförderte Personen pro Zeiteinheit dieselbe Belastung darstellen wie ein Pkw. Aus der mittleren Reiseweite von 6 km in Bremen (DORSCH 1977) und den mittleren Reisegeschwindigkeiten von 20 km/h für den ÖV und 30 km/h für den IV (HOTOP 1975) lassen sich die Reisezeiten bestimmen. Für die Bildung einer Fahrgemeinschaft werden 5 min Betriebszeit addiert (WOOD 1979).

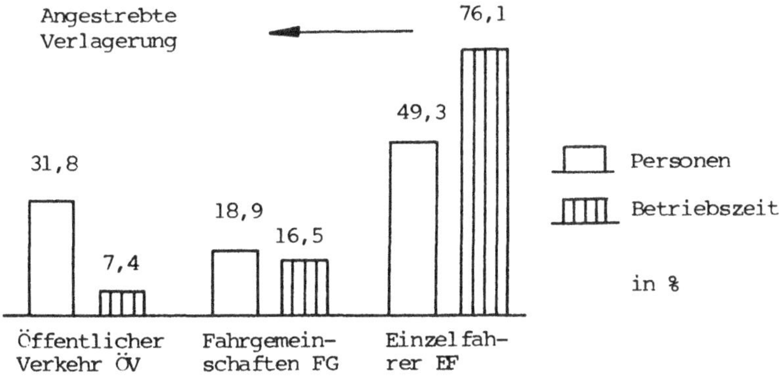

Bild 1: Verkehrsmittelwahl und Betriebszeit in Bremen, 1977

Von den Verkehrsteilnehmern, die mit IV oder ÖV fahren, sind die Hälfte Einzelfahrer und tragen mit 76 % zur Umweltbelastung bei, während die andere Hälfte, die den öffentlichen Verkehr benutzt oder zu mehreren im Pkw fährt, nur 24 % der Belastung verursacht.

2. Die Beeinflussung der Verkehrsmittelwahl

Die Verkehrsmittelwahl erfolgt im Personennahverkehr in erster Linie aufgrund der Reisezeiten der dem Verkehrsteilnehmer verfügbaren Verkehrsmittel. Über die Reisezeiten hat der Verkehrsplaner die Möglichkeit, auf die Verkehrsmittelwahl Einfluß zu nehmen. Zur Beschreibung dieser Abhängigkeit eignet sich ein beschränktes Logit-Modell (DARGEL et al. 1981, HÖNERLOH 1982, vgl. auch KITAMURA, LAM 1984):

A = (ö, f, e) = Menge der Alternativen

ö = Benutzen des öffentlichen Verkehrs

f = Fahren in einer Fahrgemeinschaft

e = Fahren als Einzelfahrer

$P'_{ö}$, P'_{f}, P'_{e} = Entscheidungswahrscheinlichkeiten für Pkw-Besitzer

$$P'_{ö} = \frac{1}{N} * \exp(b * t_{ö} + c_{ö})$$

$$P'_{f} = \frac{1}{N} * \exp(b * t_{f} + c_{f})$$

$$P'_{e} = 1 - P'_{ö} - P'_{f}$$

$$N = \exp(b * t_{ö} + c_{ö}) + \exp(b * t_{f} + c_{f}) + \exp(b * t_{e})$$

mit

$t_{ö}$, t_{f}, t_{e} = Reisezeiten mit den Verkehrsmitteln von Tür zu Tür

$c_{ö}$, c_{f} = Konstanten zur Kalibrierung

b = Einfluß der Reisezeit auf die Verkehrsmittelwahl

Die Kalibrierung erfolgt aufgrund des aktuellen Zustandes des Verkehrssystems. Die Konstante b ist eine "menschliche Konstante". Sie hängt nicht vom Verkehrsmittel ab und beträgt etwa - vgl. DARGEL et al. 1981 -

$$b = -0.085 / \text{min} .$$

Die Wahrscheinlichkeiten für alle Verkehrsteilnehmer betragen dann

$$P_{ö} = F_{ö} + (1 - F_{ö} - F_{f}) * P'_{ö}$$

$$P_{f} = F_{f} + (1 - F_{ö} - F_{f}) * P'_{f}$$

$$P_{e} = (1 - F_{ö} - F_{f}) * P'_{e}$$

mit

$F_{ö}$ = relative Anzahl der ÖV-Benutzer ohne eigenen Pkw,

F_{f} = relative Anzahl der Benutzer von FG ohne eigenen Pkw,

$1 - F_{ö} - F_{f}$ = relative Anzahl der Pkw-Besitzer.

Für die Ermittlung dieser Werte benötigt man die Verhältnisse

$F_{ö}/P_{ö}$ = 0,8 (DORSCH 1977) und F_{f}/P_{f} = 0,34 (WOOD 1979).

Mit diesem Modell läßt sich berechnen, wie sich die Verkehrsmittelwahl der Personen ändert, wenn man gegenüber dem jetzigen Zustand 1. dem ÖV einen Reisezeitvorteil von t1 gegenüber dem IV verschafft oder 2. dem ÖV und den FG einen Vorteil von t2 gegenüber den EF. Dabei werden zur Bestimmung der Reisezeiten zu den reinen Fahrzeiten nach JUNG 1974 und WOOD 1979 noch folgende Systemzeiten addiert: für EF 5 min, für FG 10 min (Abholen der Mitfahrer), für ÖV 13 min (Fußwege und Wartezeiten).

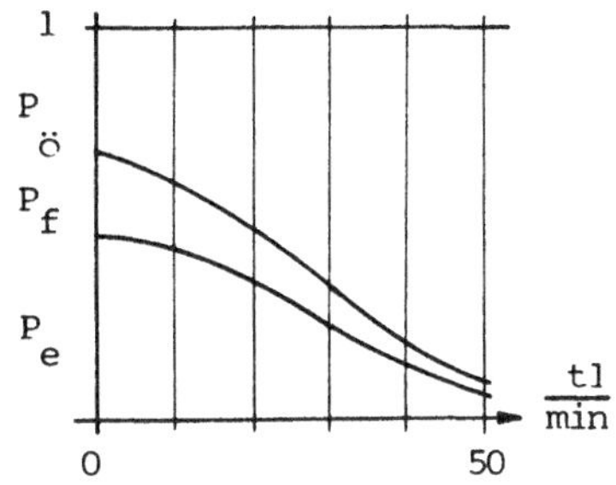

Bild 2: Bevorzugung des ÖV gegenüber dem IV um t1

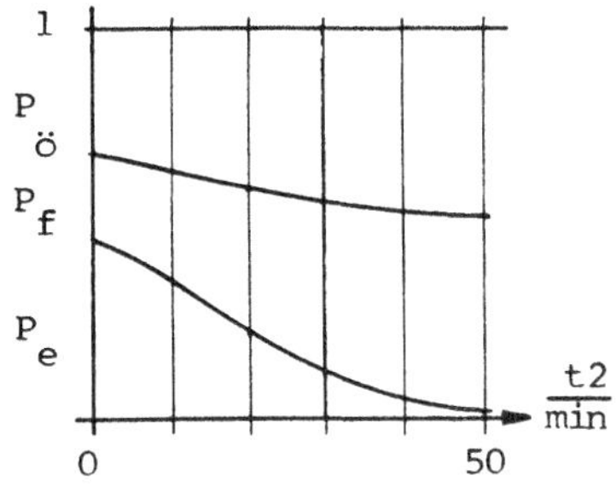

Bild 3: Bevorzugung von ÖV und FG gegenüber den EF um t2

3. Beurteilungskriterien

Geht man davon aus, daß im ungünstigsten Fall keine Beschleunigung des ÖV bzw. des ÖV und der FG erreicht werden kann, so bedeuten die Zeitdifferenzen t1 und t2 Verzögerungen des IV bzw. der EF durch die zu treffenden Maßnahmen. Die Wirkung auf die Umwelt läßt sich durch Berechnung der Gesamtbetriebszeit veranschaulichen, die Wirkung auf die Qualität der Verkehrsbedienung durch die mittlere Personen-Reisezeit. Dem ist gegenüberzustellen, daß keine Prioritätenregelung stattfindet, d.h. die Verkehrsarten bei zunehmendem Aufkommen oder Rückbaumaßnahmen alle in gleicher Weise um t verzögert werden.

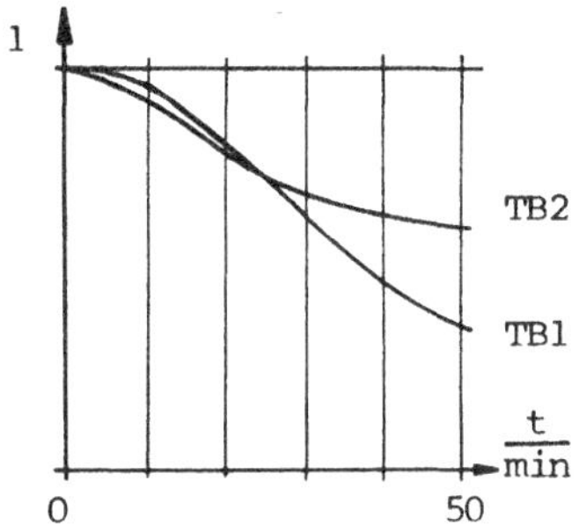

Bild 4: Relative Gesamtbetriebszeiten TB1, TB2

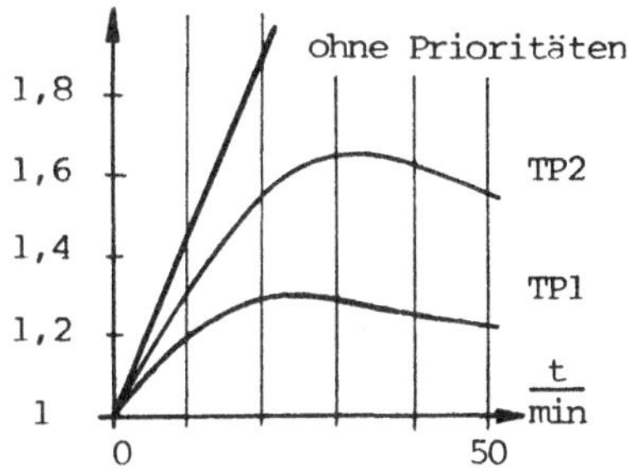

Bild 5: Relative mittlere Personen-Reisezeiten TP1, TP2

Hinsichtlich der Umweltentlastung ist zunächst die Bevorzugung von ÖV und FG bzw. die Verzögerung der EF die wirksamere Maßnahme, ab t = 24 min zeigt die Bevorzugung des ÖV allein bzw. die Verzögerung des gesamten IV die größere Wirkung. Die Qualität der Verkehrsbedienung wird bei einer Prioritätenregelung zunächst schlechter, wenn aber die Verkehrsmittelwahl sich wesentlich geändert hat, stabilisiert sich die Personen-Reisezeit bei einem höheren Wert. Es ist wesentlich günstiger, nur die EF zu verzögern als den gesamten IV. Da die Verkehrsmittelwahl von den Reisezeitdifferenzen und nicht von den absoluten Reisezeiten abhängt, werden die Ergebnisse günstiger, wenn die Reisezeiten größer sind. Nach HAUTZINGER 1977 beträgt die mittlere Entfernung zum Arbeitsplatz 11 km, Bremen ist mit 6 km eine Ausnahme.

4. Gleichgewichtsmodelle

Um zu einem Planungsinstrument zu kommen, das den Einfluß der bisher bereits in der Praxis eingeführten Maßnahmen (Sonderspuren für den ÖV, Parkplatzbeschränkung für den IV) ebenso wie noch wenig erprobte Eingriffe (Umwege für EF) auf die Umweltentlastung und die Verkehrsbedienung modellmäßig nachbildet, ist die Verkehrsmittelwahl mit einem Umlegungsverfahren zu verknüpfen. Dieses Umlegungsverfahren muß in der Lage sein, die für die Verkehrsmittelwahl und die Beurteilungskriterien wesentlichen Reisezeiten exakt zu berechnen. Da der prinzipielle Fehler der herkömmlichen heuristischen Successivumlegung - einmal umgelegte Flußanteile können im Verlauf des Verfahrens nicht wieder verlagert werden - hinsichtlich der Reisezeiten bei starker Belastung zu nicht vertretbaren Fehlern führt (vgl. BOTHNER 1983), können nur Gleichgewichtsverfahren den Zweck erfüllen .

Gleichgewichtsverfahren liefern für ein Verkehrsmittel eine exakte Lösung, die dem 1. Prinzip von WARDROP 1952 entspricht, nach welchem jeder Verkehrsteilnehmer den bzw. einen - zeitlich - kürzesten Weg wählt. Die Fahrzeiten auf den einzelnen Straßenabschnitten sind dabei stark nichtlineare, monoton wachsende Funktionen des Verkehrsflusses. Das Problem der Verkehrsumlegung nach diesem Prinzip hat BECKMANN 1956 als äquivalentes, nichtlineares Optimierungsproblem formuliert:

$$\text{Min} \sum_{(ij)} \int_0^{F_{ij}} t_{ij}(f) * df \quad , \quad F_{ij} = \sum_{qs} f_{ij}^{qs}$$

$$\text{u.d.N.} \quad F^{qs} = \sum_k f_{qk}^{qs} \quad ,k = \text{Nachfolger von } q$$

$$\sum_i f_{ij}^{qs} = \sum_k f_{jk}^{qs} \quad ,i = \text{Vorgänger von } j,\ i = q,\quad k = \text{Nachfolger von } j,\ k = s$$

$$\sum_i f_{is}^{qs} = F^{qs} \quad ,i = \text{Vorgänger von } s$$

für alle Flüsse F^{qs} von einer Quelle q zu einer Senke s

mit

F_{ij} = Gesamtfluß auf der Verbindung (ij) von i nach j,

f_{ij}^{qs} = Teil des Flusses F^{qs} auf der Verbindung (ij),

$t_{ij}(f)$ = Reisezeitfunktion der Verbindung (ij).

Die Lösung des Gleichgewichtsproblems ist bezüglich der Reisezeiten auf den Verbindungen (ij) - und damit der Reisezeiten zwischen den Quellen q und Senken s - und der Gesamtflüsse auf den Verbindungen eindeutig. Wenn es zwischen q und s mehrere gleichkurze Wege gibt, können sich die Gesamtflüsse auf den zugehörigen Verbindungen auf unterschiedliche Weise aus den Teilflüssen zusammensetzen.

Für dieses NLP hat LEBLANC 1973 ein Lösungsverfahren angegeben, das auf dem Frank-Wolfe-Verfahren beruht und die linearen Unterprobleme durch Bestwegumlegungen ersetzt. Es macht sich die Tatsache zunutze, daß in der Zielfunktion des NLP nur die Summen der Teilflüsse auf den Verbindungen (ij) auftreten, und benötigt pro Verbindung zwei Speicherplätze.

Von SAHLING 1977 stammt ein graphentheoretisches Verfahren, das zunächst nur für lineare Reisezeitfunktionen angegeben wurde, aber von BOTHNER 1983 so ergänzt wurde, daß es mit denselben nichtlinearen Reisezeitfunktionen arbeiten kann wie das o.a. NLP. Das Verfahren berechnet die zu den einzelnen Quellen q gehörenden kürzesten Bäume und belastet diese im ersten Schritt mit den gesamten Flüssen. Ändert sich in einem nachfolgenden Schritt der kürzeste Baum der Quelle q, so wird ein Inkrementgraph konstruiert, in welchem Zyklen anzeigen, wo Quellflüsse ganz oder teilweise zu verlagern sind, um die Reisezeitdifferenzen auszugleichen. Das Verfahren benötigt für jede Verbindung (ij) die Angabe aller von den einzelnen Quellen stammenden Teilflüsse.

BOTHNER 1983 setzt das 1. Prinzip von Wardrop direkt in einen Algorithmus um. In seinem Verfahren "Ausgleich" wird zunächst für jede Quelle der kürzeste Baum bestimmt, mit den Flüssen von dieser Quelle belastet und die Reisezeiten nachgestellt. Alle kürzesten Wege werden gespeichert. Ergibt sich beim nächsten Durchgang für eine Verkehrsbeziehung (qs) ein anderer kürzester Weg, so werden die Reisezeiten der beiden Wege ausgeglichen, indem der Fluß F von q nach s ganz oder zum Teil auf den kürzeren Weg verlagert wird. Bei diesem Verfahren müssen für jede Verkehrsbeziehung (qs) alle benutzten Wege und die zugehörigen Teilflüsse gespeichert werden. Da die Lösung hinsichtlich der Zusammensetzung der Flüsse auf den Verbindungen mehrdeutig ist, kann der hohe Speicheraufwand in gewissem Maße dadurch eingeschränkt werden, daß stets versucht wird, einen Fluß von q nach s vollständig auf den kürzeren Weg zu legen und damit den längeren zu löschen.

Alle Gleichgewichtsverfahren werden von BOTHNER 1983 hinsichtlich der Rechenzeit, des Speicherplatzes und des Konvergenzverhaltens an zwei kleineren Netzen untersucht. Als Maß dient die maximale relative Abweichung der Reisezeit einer Verkehrsbeziehung vom exakten Gleichgewicht. Bild 6 zeigt diese Abweichung als Funktion der Rechenzeit für das Hauptstraßennetz der Stadt Alexandria (vgl. El BAKRY et al. 1984). Das Verfahren "Ausgleich" ist das mit Abstand schnellste Verfahren. Das Verfahren von LeBlanc zeigt das für den Frank-Wolfe-Algorithmus typische schlechte Konvergenzverhalten, es ist aber besser als das Verfahren von Sahling, das zudem auch mehr Speicherplatz benötigt. Der Fehler der heuristischen Successivumlegung stabilisiert sich bei 22%. Dieser Fehler wächst jedoch sehr rasch mit zunehmender Netzbelastung.

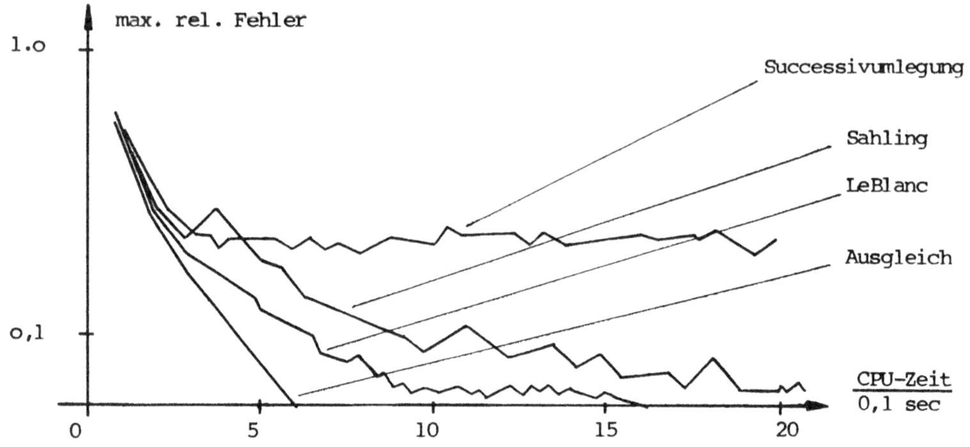

Bild 6: Rechenzeit von Gleichgewichtsverfahren, Hauptstraßennetz von Alexandria (12 Quellen und Senken, 40 Knoten, 125 Verbindungen), Rechner: Siemens 7880

Von allen Gleichgewichtsverfahren ist "Ausgleich" das einzige, mit dem es möglich ist, die verbleibende Abweichung vom Gleichgewicht zwischen den Reisezeiten benutzter Alternativwege einer Verkehrsbeziehung als Abbruchkriterium vorzugeben. Das Verfahren von LeBlanc erlaubt nur den Vergleich der Reisezeiten aus aufeinanderfolgenden Schritten, deren Differenz wegen der schleichenden Konvergenz bereits sehr klein sein kann, wenn das Ergebnis noch wesentlich vom gesuchten exakten Wert abweicht.

Rechenzeit und Zuverlässigkeit der Ergebnisse sprechen für die Anwendung des Verfahrens "Ausgleich", das immer dann eingesetzt werden sollte, wenn der verfügbare Platz im Arbeisspeicher bei der gegebenen Netzgröße noch ausreicht. Wenn dies nicht der Fall ist, sollte das Verfahren von LeBlanc verwendet werden. In diesem Sinne werden die Überlegungen zur Kombination der Verkehrsmittelwahl mit der Wegewahl entsprechend der o.a. Zielsetzung fortgeführt (Lutter 1984).

Während die Reisezeiten unabhängig von der Belastung der Verbindungen mit gleicher Genauigkeit bestimmt werden, können bei schwach belasteten Verbindungen die Flüsse nur ungenau ermittelt werden, weil die Reisezeiten sich hier nur wenig mit den Flüssen ändern. Außerdem gilt das den Geleichgewichtsverfahren zugrundeliegende 1. Prinzip von Wardrop für starke Belastungen im Berufsverkehr. In Verbindung mit Maßnahmen zur Verkehrsberuhigung ist aber auch die genaue Bestimmung der Flüsse auf schwach belasteten Kanten wichtig. Wie dies im Rahmen von Gleichgewichtsverfahren möglich ist, wird von MARTE 1984 untersucht.

Literatur:

BECKMANN, MCGUIRE, WINSTEN 1956: Studies in the economics of transportation. Cowles Commission, Monograph, Yale University Press

BOTHNER 1983: Exakte und heuristische Verfahren zur Verkehrsumlegung in stark belasteten Netzen. Operations Research Proceedings 1983, Springer-Verlag Berlin Heidelberg 1984

DARGEL, HÖNERLOH, MARTE, RUWENSTROTH 1981: Die Beeinflussung der Verkehrsmittelwahl durch unterschiedliche Reisezeiten zwischen einfach besetzten Pkw und leistungsfähigen Verkehrsmitteln. Gesellschaft für Landeskultur GmbH, Bremen

DORSCH CONSULT INGENIEURGESELLSCHAFT 1977: Untersuchungen zur Generalverkehrsplanung der Stadt Bremen. Wiesbaden

EL BAKRY, HASSAN, HÖNERLOH 1984: Untersuchung geplanter Ausbaumaßnahmen des Straßennetzes von Alexandria mit Hilfe eines Verfahrens zur Gleichgewichtsumlegung. Bericht der Forschungsgruppe Verkehrssysteme der Universität Bremen

HAUTZINGER 1977: Mobilität im Personenverkehr. Forschung Straßenbau und Straßenverkehrstechnik 231

HÖNERLOH 1982: Oversaturated road traffic in large urban areas. Bericht der Forschungsgruppe Verkehrssysteme der Universität Bremen

HOTOP 1975: Reisegeschwindigkeit in einer deutschen Großstadt - Ein Vergleich zwischen Individualverkehr und öffentlichem Nahverkehr. In: Verkehr und Technik 1, Köln

JUNG 1974: Möglichkeiten der Verlagerung von Verkehrsanteilen auf spurgebundene öffentliche Verkehrsmittel durch Verkürzung der Reisezeit In: Verkehr und Technik 12, Köln

KITAMURA, LAM 1984: A Model of Constrained Binary Choice. Ninth International Symposium on Transportation and Traffic Theory VNU Science Press, Utrecht, The Netherlands

LEBLANC 1973: Mathematical programming algorithms for large scale network equilibrium and network design problems. Ph.D. Diss., Dpt. of Industrial Engineering and Management Sc., Northwestern University, Evanston, Ill.

LUTTER 1984: Simultane Verkehrsmittel- und Wegewahl. DGOR-Jahrestagung 1984

MARTE 1984: Ein elektrisches Modell zur Verkehrsumlegung in stark und schwach belasteten Straßennetzen. DGOR-Jahrestagung 1984

RAT DER SACHVERSTÄNDIGEN FÜR UMWELTFRAGEN 1978: Umweltgutachten, Umweltbundesamt Berlin

SAHLING 1977: Verkehrsablauf in Netzen, ein graphentheoretisches Optimierungsverfahren. Diss. Universität Karlsruhe, Institut für Verkehrswesen

WARDROP 1952: Some theoretical aspects of Road traffic Research. In: Proceedings of the Institute of Civil Engineering 2.1, London, pp. 325 - 378

WOOD 1979: Carpooling - Travel to work at an isolated site. TRRL Laboratory Report 462, Crowthorne

SIMULTANE VERKEHRSMITTEL- UND WEGEWAHL

Wolfgang Lutter, Bremen

Die Verkehrsplanung ist u.a. an Massnahmen interessiert, die eine Entlastung der Ballungsräume zur Verringerung der Sicherheits- und Umweltprobleme mit sich bringen.

Dies führt zu Verkehrsbeschränkungen, die eine Verlagerung zu leistungsfähigeren Verkehrsmitteln wie öffentlicher Verkehr, mehrfach besetzte PKW und Fahrräder zur Folge haben.

Um solche Massnahmen im planerischer Stadium quantitativ beurteilen zu können, ist eine Beschreibung des Verkehrssystems als mathematisches Modell notwendig, das alle konkurrierenden Verkehrsmittel enthält. Die Beschränkungen beeinflussen die Reisezeiten der Verkehrsmittel und somit die Verkehrsmittelwahl, sowie im Individualverkehr die Wegewahl. Deshalb ist eine gemeinsame Lösung der beiden Teilmodelle Verkehrsmittelwahl und Wegewahl notwendig.

Es wird gezeigt, daß die beiden Teilmodelle wegen ihrer gegenseitigen Beeinflussung nicht sequentiell gelöst werden können, sondern eine simultane Lösung erfordern.
Das Logit-Modell bildet das Verhalten der Verkehrsmittelwahl in Abhängigkeit von den spezifischen Eigenschaften, insbesondere den Fahrzeitdifferenzen, der betrachteten Verkehrsmittel ab.
Für die Wegewahl wird ein nutzeroptimales Verhalten angenommen, das zum Gleichgewicht nach Wardrop führt, d.h., gleiche und minimale Reisezeiten auf allen benutzten Wegen zwischen einer Quelle und einem Ziel.
Die in der Literatur beschriebenen Verfahren zur simultanen Lösung der Verkehrsmittel- und Wegewahl beschränken sich auf den Individualverkehr und den öffentlichen Verkehr.
In dem vorgestellten Verfahren können noch weitere Verkehrsmittel betrachtet werden, insbesondere Fahrgemeinschaften und Radfahrer.
Es basiert auf einem graphentheoretischen Ansatz und auf der Lösung von nichtliniearen Gleichungen, wodurch der Modal Split für jede Quelle- Ziel- Beziehung direkt eingestellt wird und sich das Gleichgewicht implizit ergibt.

EIN ELEKTRISCHES MODELL ZUR VERKEHRSUMLEGUNG IN STARK UND SCHWACH BELASTETEN STRASSENNETZEN

Gert Marte, Bremen

Zusammenfassung

Bei der Verkehrsumlegung in stark belasteten Straßennetzen kann man in guter Näherung annehmen, daß alle Fahrer die kürzesten Wege wählen. Bei schwach belasteten Netzen muß man berücksichtigen, daß einige Fahrer auch etwas längere Wege wählen. In der vorliegenden Arbeit wird ein zu einem nichtlinearen elektrischen Netzwerk analoges Modell vorgestellt. das elektrische Modell bildet gemessene Zeitfaktorkurven für die Wahl unterschiedlich langer Wege nach. Das elektrische Modell führt auf eine modifizierte Widerstandskennlinie, deren Integral konvex ist, sodaß diese Kennlinie in allen Gleichgewichtsverfahren benutzt werden kann. Man gewinnt damit Umlegungsverfahren, die für stark und schwach belastete Netze gegeinet sind.

1. Einleitung

Bei der Verkehrsumlegung von gegebenen Quelle-Senken-Flüssen auf ein Straßennetz kann man annehmen, daß alle Fahrer den jeweils kürzesten Weg von der Quelle zur Senke wählen. Bei stark belasteten Netzen oder Netzteilen führt diese Annahme zu brauchbaren Ergebnissen für die Verkehrsflüsse.

Für schwach belastete Netze oder Netzteile muß man berücksichtigen, daß Fahrer auch Wege benutzen, die etwas länger als der kürzeste Weg sind. Für schwach belastete Netze sind sogenannte stochastische Umlegungsverfahren geeignet, bei denen längere Wege als der kürzeste Weg mit einer gewissen Wahrscheinlichkeit gewählt werden.

Die stochastischen Umlegungsverfahren kann man in Simulationsverfahren und analytische Verfahren unterteilen. Bei dem Simulationsverfahren nach FALKENHAUSEN (1967) wird angenommen, daß die Fahrer die Weglängen unterschiedlich einschätzen. Das Simulationsverfahren ist rechenaufwendig oder kann bei kleinem Stichprobenumfang zu Fehlern führen. Außerdem kann man nach JANSEN (1983) nicht alle Gleichgewichtsverfahren anwenden. Nach SHEFFI (1982) kann man das Gleichgewichtsverfahren mit vorgegebenen Interpolationswerten zu einem stochastischen Simulationsverfahren erweitern, wobei eine Schätzung der Widerstände für alle Quellen durchgeführt wird. Nach BOTHNER (1983) läßt sich die sukzessive Gleichgewichts-

Operations Research Proceedings 1984

umlegung ebenfalls zu einem stochastischen Simulationsverfahren erweitern, wobei für jede Quelle eine eigene Schätzung der Widerstände erfolgt, was die Konvergenz des Verfahrens wesentlich verbessert. Das analytische Verfahren nach DIAL (1971) hat den Vorteil, daß keine Simulation notwendig ist. Es führt aber bei speziellen Netzkonfigurationen zu unrealistischen Ergebnissen.

In der vorliegenden Arbeit wird ein neues elektrisches Modell vorgestellt, bei dem kein zusätzlicher Rechenaufwand notwendig ist, und alle Gleichgewichtsverfahren benutzt werden können.

2. Elektrisches Modell

Bei dem elektrischen Modell wird von dem in Bild 1 dargestellten elektrischen Netz ausgegangen.

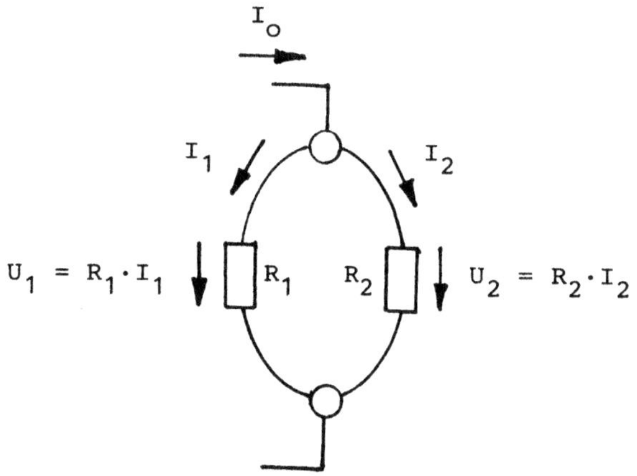

Bild 1 Elektrisches Netz mit Spannungsgleichheit auf Alternativrouten.

Für das elektrische Netz gelten die Gleichungen

$$R_1 \cdot I_1 = R_2 \cdot I_2 \tag{1}$$

und

$$I_1 + I_2 = I_o, \tag{2}$$

woraus sich

$$P_2 = \frac{I_2}{I_o} = \frac{1}{1+\frac{R_2}{R_1}} = \frac{1}{1+f} \tag{3}$$

ableiten läßt.

In Bild 2 ist ein zu dem elektrischen Netz nach Bild 1 analoges Verkehrsnetzt dargestellt. Das elektrische Modell nach Bild 2 hat den Vorteil, daß die bekannten Verfahren für die Verkehrsumlegung benutzt werden können. Man muß nur die Widerstände durch die belastungsabhängigen Scheinwiderstände ersetzen.

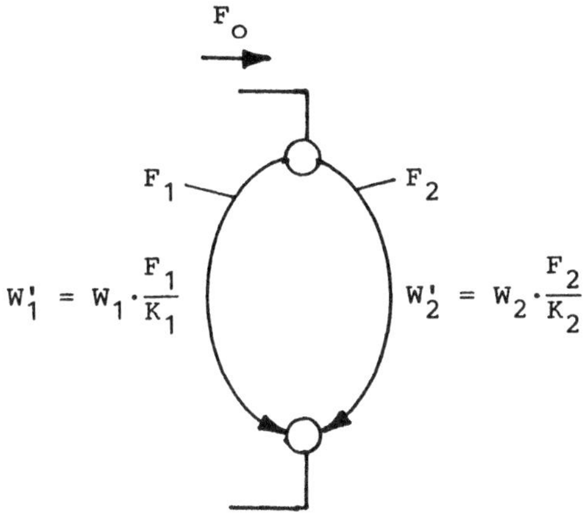

Bild 2 Elektrisches Modell für ein Verkehrsnetz mit gleichen Scheinwiderständen auf Alternativrouten.

Die zueinander analogen Größen sind: Strom - Verkehrsfluß, Spannung - Scheinwiderstand, Widerstand - Verkehrswiderstand/Kapazität. Der Begriff Scheinwiderstand soll ausdrücken, daß es sich nicht um die realen Verkehrswiderstände handelt. Die Kapazität wurde berücksichtigt, um zu erreichen, daß eine rechnerische Zusammenfassung paralleler Strecken zu keinen Änderungen der Verkehrsflüsse im restlichen Netz führt.

Für das Verkehrsnetz nach Bild 2 ergeben sich die zu den Gln. (1) bis (3) analogen Gleichungen

$$W_1 \cdot \frac{F_1}{K_1} = W_2 \cdot \frac{F_2}{K_2} \,, \tag{4}$$

$$F_1 + F_2 = F_o \tag{5}$$

und

$$P_2 = \frac{F_2}{F_o} = \frac{1}{1 + \frac{W_2 K_1}{W_1 K_2}} \,, \tag{6}$$

woraus für $K_1 = K_2$

$$P_2 = \frac{1}{1+f} \tag{7}$$

folgt.

Die Funktion $P_2(f)$ nach Gl. (7) wird Zeitfaktorkurve genannt, da die Verkehrswiderstände wesentlich durch die Reisezeiten bestimmt werden. Gemessene Zeitfaktorkurven werden durch die leicht zu handhabende Funktion

$$P_2 = \frac{1}{1+f^{\alpha}} \tag{8}$$

angenähert. Nach SCHAECHTERLE (1977) liegen die Zahlenwerte für α bei Stadtnetzen zwischen 6 und 10. Der Wert $\alpha = 1$, der sich nach Gl.(7) ergibt, ist also wesentlich zu klein (Bild 3).

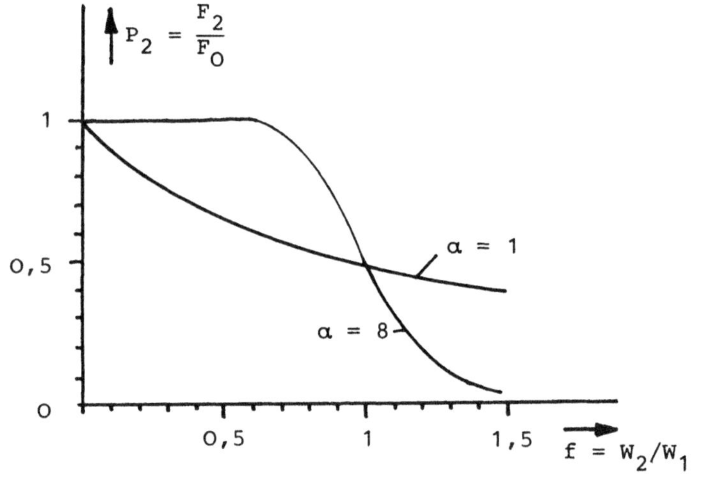

Bild 3 Zeitfaktorkurven

Zur Erzeugung realistischer Zeitfaktorkurven ist eine Modifikation des Modells notwendig. Man muß nichtlineare Widerstände annehmen.

Wenn man den Ansatz

$$W_i' = W_i \sqrt[\alpha]{\frac{F_i}{K_i}} \tag{9}$$

macht, dann ergeben sich die Gleichungen

$$W_1 \sqrt[\alpha]{\frac{F_1}{K_1}} = W_2 \sqrt[\alpha]{\frac{F_2}{K_2}} , \tag{10}$$

$$\frac{F_2}{F_1} = \frac{K_2}{K_1} \left(\frac{W_1}{W_2}\right)^{\alpha} \tag{11}$$

und

$$F_1 + F_2 = F_0 \tag{12}$$

woraus

$$P_2 = \frac{F_2}{F_O} = \frac{1}{1+ \frac{K_1}{K_2}(\frac{W_2}{W_1})^{\alpha}} \tag{13}$$

und für $K_1 = K_2$

$$P_2 = \frac{1}{1+f^{\alpha}} \tag{14}$$

folgt.

Durch den Ansatz nach Gl.(9) ergibt sich nach Gl.(14) genau die Zeitfaktorkurve, die nach Gl.(8) zur Annäherung an die Meßwerte benutzt wird.

3. Belastungskennlinien

Bei der Berechnung der Scheinwiderstände

$$\frac{W_i'}{W_i} = \sqrt[\alpha]{\frac{F_i}{K_{i1}}} \tag{15}$$

für das elektrische Modell wurde bisher nicht berücksichtigt, daß sich auch der reale Widerstand mit der Belastung ändert

$$\frac{W_i}{W_{iO}} = (1+(\frac{F_i}{K_{i2}})^4). \tag{16}$$

Wenn man erreichen will, daß sich Verkehrsflüsse auf gleich lange Alternativrouten entsprechend den Kapazitäten aufteilen, dann muß man nach MARTE (1983) die Konstanten K_{i1} und K_{i2} proportional zur Kapazität K_i der Strecke wählen. Da ein gemeinsamer Faktor für alle Widerstände das Umlegungsverfahren nicht beeinflußt, kann man z.B. $K_{i1} = K_{i2} = K_i$ setzen. Aus den Gln.(15) und (16) erhält man dann den Scheinwiderstand

$$\frac{W_i'}{W_{iO}} = \sqrt[8]{\frac{F_i}{K_i}}(1+(\frac{F_i}{K_i})^4) \tag{17}$$

der in Bild 4 dargestellt ist.

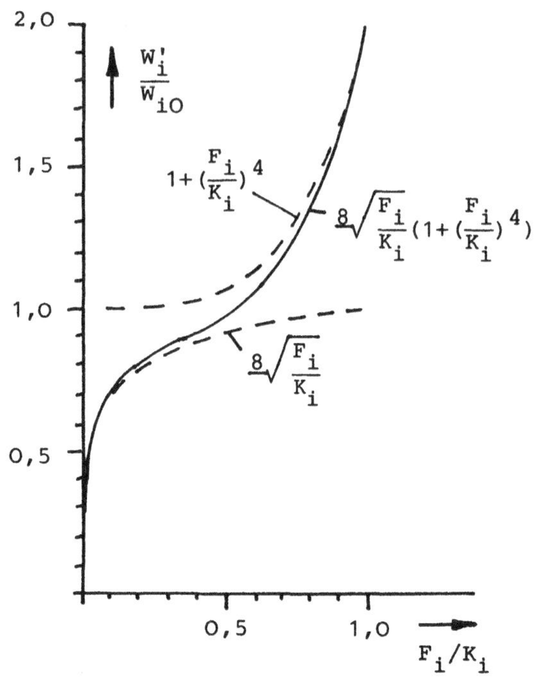

Bild 4 Scheinwiderstand W_i' für einen belastungsabhängigen realen Widerstand W_i

Der Scheinwiderstand W_i' nach Gl.(17) nähert sich für kleine Belastungen dem Scheinwiderstand nach Gl.(15) an. Für geringe Belastungen wird daher die Zeitfaktorkurve mit $\alpha = 8$ realisiert. Für hohe Belastungen nähert sich der Scheinwiderstand W_i' nach Gl.(17) dem belastungsabhängigen Widerstand nach Gl.(16) an. Für hohe Belastungen kann man deshalb davon ausgehen, daß die Eigenschaften des bisherigen Umlegungsverfahrens mit belastungsabhängigen Widerständen erhalten bleiben.

Durch die Verwendung einer Widerstandskennlinie nach Bild 4 in einem der Gleichgewichtsverfahren nach BOTHNER (1983) ergeben sich Umlegungsverfahren, die für schwach und stark belastete Netze geeignet sind. Die Verwendung der Kennlinie nach Bild 4 in Gleichgewichtsverfahren ist zulässig, da das in die Zielfunktion der nichtlinearen Optimierungsaufgabe eingehende Integral über diese Kennlinie konvex ist.

Von BAKRY, HASSAN, HÖNERLOH (1984) wurde das elektrische Modell in einem Gleichgewichtsverfahren für ein grobes Straßennetz von Alexandria mit 40 Knoten benutzt. Wie zu erwarten war, führte das elektrische Modell zu einer gleichmäßigeren Auslastung des Netzes. Da für schwach belastete Kanten keine Querschnittsmessungen vorlagen, konnte nicht überprüft werden, ob die Flüsse auf schwach belasteten Kanten mit den realen Flüssen besser übereinstimmen oder nicht.

Literatur

BAKRY M.E.; HASSAN A.; HÖNERLOH H.
UNTERSUCHUNG GEPLANTER AUSBAUMASSNAHMEN DES STRASSENNETZES VON ALEXANDRIA MIT HILFE EINES VERFAHRENS ZUR GLEICHGEWICHTSUMLEGUNG.
BERICHT DER FORSCHUNGSGRUPPE VERKEHRSSYSTEME DER UNIVERSITÄT BREMEN, 84/1, 50 S. (1984).

BOTHNER P.
EXAKTE UND HEURISTISCHE VERFAHREN ZUR VERKEHRSUMLEGUNG IN STARK BELASTETEN NETZEN.
OPERATIONS RESEARCH PROC., 228-235 (1983).

DIAL R.B.; VORHEES A.M.; LEAN M.
A MULTIPATH TRAFFIC ASSIGNMENT MODEL.
HIGHWAY RESEARCH RECORD, 199-210 (1971).

VON FALKENHAUSEN
EIN STOCHASTISCHES MODELL ZUR VERKEHRSUMLEGUNG.
STRASSENBAU UND STRASSENVERKEHRSTECHNIK, HEFT 58, 25 S. (1967).

JANSEN G.; BOVY P.
EIN BELASTUNGSABHAENGIGES UMLEGUNGSVERFAHREN: THEORIE UND ANWENDUNG DES GLEICHGEWICHTSMODELLS.
STRASSENVERKEHRSTECHNIK, HEFT 1, 17-26 (1983).

MARTE G.
MODELLE ZUR MEHRWEGE-VERKEHRSUMLEGUNG.
BERICHT DER FORSCHUNGSGRUPPE VERKEHRSSYSTEME DER UNIVERSITÄT BREMEN, NR. 83/1, 58 S. (1983).

SCHAECHTERLE K.; BRAUN J.
VERGLEICHENDE UNTERSUCHUNG VORHANDENER VERFAHREN FÜR VERKEHRSUMLEGUNGEN UNTER ANWENDUNG ELEKTRONISCHER RECHENANLAGEN.
FORSCHUNG STRASSENBAU UND STRASSENVERKEHRSTECHNIK, HEFT 222, 104 S. (1977).

SHEFFI Y.; POWELL W.B.
AN ALGORITHM FOR THE EQUILIBRIUM ASSIGNMENT PROBLEM WITH RANDOM LINK TIMES. NETWORKS, VOL. 12, 191-207 (1982).

STANDARDISIERTE BEWERTUNG VON VERKEHRSWEGEINVESTITIONEN DES ÖFFENTLICHEN PERSONENNAHVERKEHRS - METHODISCHE ANSÄTZE UND PRAKTISCHE ERFAHRUNGEN

Werner Meier, Stuttgart

Die Vergabe öffentlicher Investitionsmittel für Großvorhaben des öffentlichen Personennahverkehrs in der Bundesrepublik Deutschland ist an die Durchführung einer standardisierten Nutzen-Kosten-Untersuchung geknüpft. In diesem Beitrag wird der aktuelle Stand dieses Bewertungsverfahrens vorgestellt. Schwerpunkte liegen in der Darstellung der methodischen Weiterentwicklungen und in einer ersten Auswertung von Erfahrungen aus der derzeit laufenden Erprobungsphase.

Die wesentlichen Elemente der standardisierten Bewertung lassen sich wie folgt umschreiben:

- Das Verfahren sieht eine konsequente Trennung zwischen Erfassung und Ausweisung der Projektwirkungen in originären Meßgrößen und deren Bewertung vor.
- Dem unterschiedlichen Genauigkeits- bzw. Sicherheitsgrad bei der Erfassung und Bewertung der Einzelwirkungen wird durch ein mehrstufiges Verfahren Rechnung getragen. Dabei werden die folgenden Indikatorengruppen gebildet:
  - betriebswirtschaftliche Indikatoren
  - Kosten-Nutzen-Indikatoren
  - ein nutzwertanalytischer Indikator und
  - ein Güteklassenindikator bzw. verbale Erörterung in Kurzform.
- Bei der Ermittlung des nutzwertanalytischen Indikators konnten die bisher gebräuchlichen Verfahren nicht befriedigen. Der hier verwendete Ansatz baut daher auf der Bestimmung einer Wertrelationsmatrix unmittelbar zwischen den Meßgrößen der Einzelwirkungen auf. Daraus ergibt sich eine bedeutend größere Transparenz für den Entscheidungsträger.
- Die Möglichkeit, nichtquantifizierbare Teilwirkungen verbal zu erörtern bzw. über Ordinalskalen zu einem Güteklassenindikator zusammenzufassen, erlaubt die theoretisch wie praktisch bedeutsame vollständige Erfassung von Kriterien/Zielen.
- Der Bewertungsvorgang ist vom vorausgehenden Beurteilungsabschnitt getrennt und wird vom Zuwendungsgeber selbst durchgeführt. Für ihn ist dadurch der Zusammenhang zwischen den Auswirkungen in ihren originären Meßgrößen und deren Bewertung jederzeit gegenwärtig.
- Die bisherigen Erfahrungen zeigen, daß das Verfahren dank seiner durchgängigen Transparenz geeignet ist, selbst bisher umstrittene Vorhaben einer allseits akzeptierten Beurteilung zuzuführen. Weitere Erfahrungen stützen sich auf die wissenschaftliche Begleitung der z.Zt. laufenden Erprobungsphase, an der der Verfasser mitwirkt.

OPTIMIERUNG DER BAU- UND BETRIEBSKOSTEN BEI STRASSENTUNNELPROJEKTEN - BERICHT ÜBER EIN FORSCHUNGSPROJEKT

Rainer Hasenauer, Wien

1. Aufgabenstellung und Forschungsproblem

Der Verkehrsraum Österreichs ist überwiegend von Alpen bedeckt. Aus dieser topographischen Situation ergibt sich für das höherrangige Straßennetz die grundlegende Bedeutung des Tunnelbaues. Besondere Anforderungen an die technisch-ökonomische Projektgestaltung von Tunnelprojekten stellen die gegenseitigen Abhängigkeiten der Projektierungselemente.

Aufgabenstellung des vorliegenden interdisziplinären Forschungsauftrages war die Konstruktion eines Modelles, welches die bisher gewonnenen Kenntnisse der technisch-ökonomischen Tunnelforschung miteinander in Beziehung setzt, mit dem Ziel, eine computerunterstützte Berechnung von wirtschaftlich optimaler Tunnelauslegung und Tunnelbetrieb zu erreichen.

Die Optimierung von Straßentunnelprojekten hinsichtlich der Errichtungs- und Betriebskosten stellt eine hochkomplexe, technisch-wirtschaftliche Aufgabe dar. Die Komplexität der Kostenoptimierung wird durch die vielfachen technischen Wechselwirkungen von Projektierungsvariablen bewirkt. Um zu praktikablen Rechenwerken zu gelangen, ist daher die Verringerung der Problemkomplexität durch Aufspalten des Optimierungsproblems in Teilprobleme erforderlich.

2. Gewählter Untersuchungsgang

Um realistische Aussagen über Optimierungszusammenhänge und Beeinflussung von Kostenoptima zu gewinnen, bieten sich grundsätzlich zwei Wege an:

empirisch-statistische Untersuchungen,

analytisch-simulative Untersuchungen.

Da die Durchführung empirisch-statistischer Untersuchungen mit großen Datenproblemen bezüglich der Identifizierbarkeit, Vergleichbarkeit, Stichprobengröße und Detaillierungsgrad der Daten in Frage zu stellen ist, bietet sich der kombiniert analytisch-simulative Weg an:

Aufbau eines Rechenmodelles, an dem Optimierungsrechnungen rasch und mit erforderlicher Detaillierung durchgeführt werden können.

Operations Research Proceedings 1984

Die Hauptanforderungen an ein derartiges Modell lauten:

- Numerische Bestimmbarkeit von Kostenverläufen in Abhängigkeit interdependenter Projektvariabler.
- Anwendbarkeit für beliebige Tunnel.
- Vermeidung unsicherer ökonomischer Größen bzw. Rückführung ökonomischer Optimierungszusammenhänge soweit wie möglich auf technisch-quantitative Optimierungszusammenhänge.

3. Darstellung des Rechenmodells und ausgewählter Optimierungsbereiche

3.1 Gesamtmodell

Eine Übersichtsdarstellung der Modellzusammenhänge bietet die folgende Abbildung:

Abbildung 1: Gesamtmodell-Übersicht

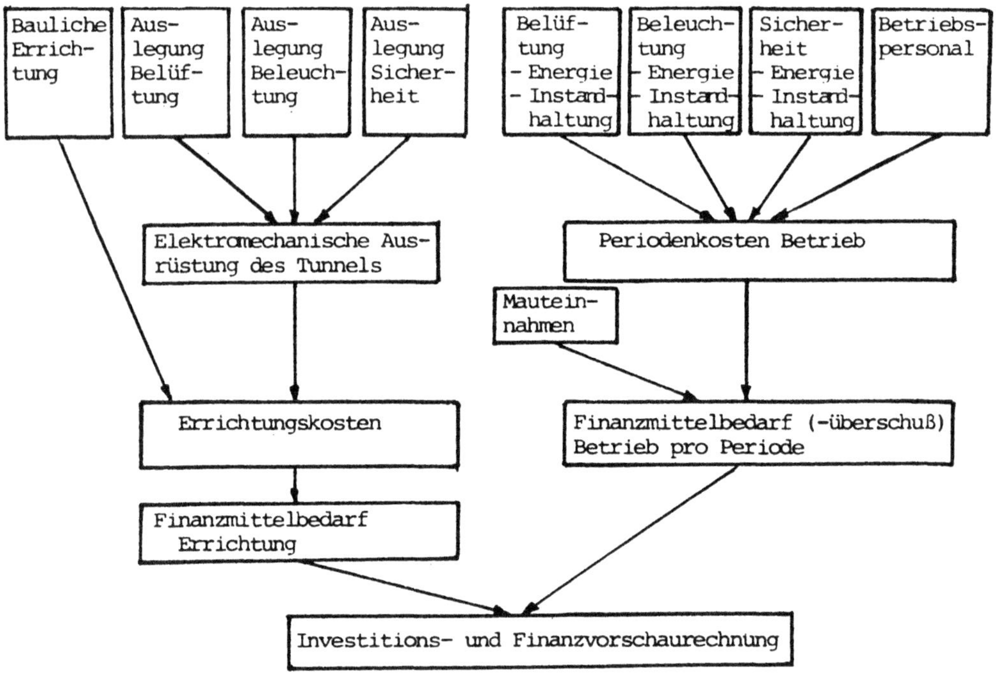

Das Modell wurde auf einer Rechenanlage UNIVAC 1108, Betriebssystem EXEC 8, in Fortran IV installiert.

3.2 Ausgewählte Optimierungsbereiche

Es werden nun typische Optimierungsaufgaben ausgewählt, an denen die Wechselwirkung der Projektierungsvariablen und die Beeinflussung der Kostenoptima dargestellt werden können.

3.2.1 Tunnelausbruch und Leistungsbedarf der Lüfter

Die Optimierung des Zusammenhanges zwischen der Tunnelausbruchsgeometrie (Ausbruchsquerschnitt und Krümmung der Luftkanäle) und dem Leistungsbedarf der Lüfter an der Gebläsewelle stellt eine Wechselwirkung zwischen einer Projektierungsvariablen in der Errichtungsphase und einer Projektierungsvariablen in der Betriebsphase dar.

Das folgende Struktogramm zeigt die Optimierungslogik:

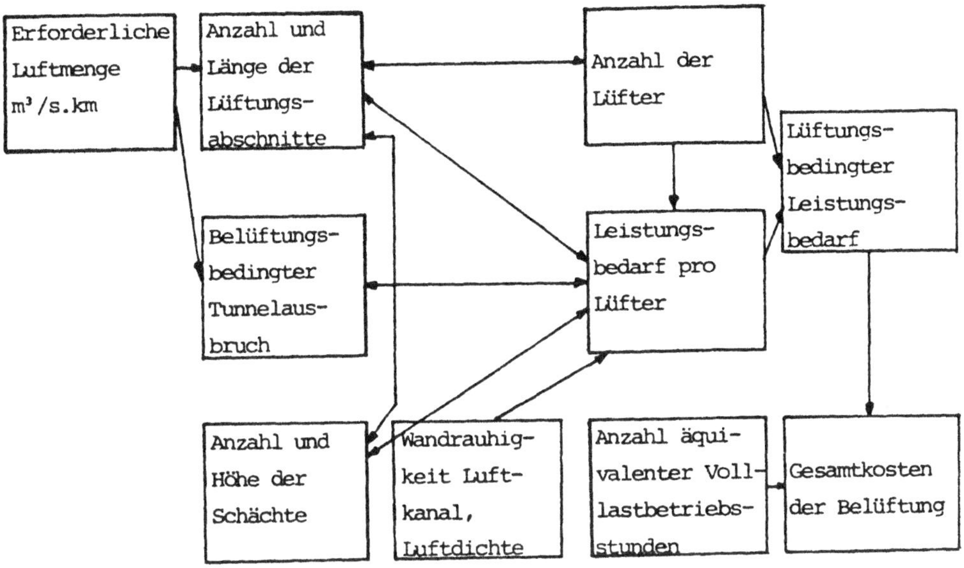

Die Ergebnisse dieser Optimierung sind in den Szenariorechnungen für realistische Tunnelwerte österreichischer Straßentunnel in der Tabelle 1 dargestellt. Analoge Rechnungen sind für den schachtbedingten Leistungsbedarf der Lüfter an der Gebläsewelle und unter Berücksichtigung der Schachtgeometrie und deren variable prozentuelle Abluftreduktion durchgeführt worden.

Tabelle 1: Leistungsbedarfsermittlung für alternative Tunnellängen und Belüftungssysteme

System LL HQL VQL	ZU AB	Ausbruchsquerschnitt m²	LA/Schacht		Längen:															
					2.000 m				4.000 m				6.000 m				10.000 m			
					Zahl LA	mit Schacht	Zahl LA	ohne Schacht	Zahl LA	mit Schacht	Zahl LA	ohne Schacht	Zahl LA	mit Schacht	Zahl LA	ohne Schacht	Zahl LA	mit Schacht	Zahl LA	ohne Schacht
LL			Druckdifferenz	N/m²	—	—	1	51,73	2	478	1	103,46	—	—	—	—	—	—	—	—
			Leistungsbedarf	kW	—	—	1	77,6	2	218,2	1	155,20	—	—	—	—	—	—	—	—
HQL	ZU	19,3	Druckdifferenz	N/m²	—	—	1	633,2	—	—	2	1.266,4	4	2.335,6	2	3.106	4	4.408,6	—	—
			Leistungsbedarf	kW	—	—	1	237,5	—	—	2	475,0	4	727,2	2	1.746	4	2.031,4	—	—
			Geschwindigkeit	m/s	—	—	1	15,5	—	—	2	15,5	4	11,66	2	23,32	4	19,4	—	—
		13,37	Druckdifferenz	N/m²	—	—	1	1.363,5	—	—	2	2.727	4	3.626,88	2	7.800	4	9.951	—	—
			Leistungsbedarf	kW	—	—	1	511,3	—	—	2	1.022,6	4	1.090,4	2	4.387,8	4	4.628	—	—
				m/s	—	—	1	22,4	—	—	2	22,4	4	16,83	2	33,66	4	28,05	—	—
VQL 1	ZU	10,49	Druckdifferenz	N/m²	—	—	—	—	—	—	2	3.752	4	4.364	2	10.978	4	15.009	6	8.612
			Leistungsbedarf	kW	—	—	—	—	—	—	2	1.408	4	1.228	2	6.174	4	7.034	6	2.692
			Geschwindigkeit	m/s	—	—	—	—	—	—	2	28,6	4	21,45	2	42,9	4	35,76	6	23,84
	20%	8,81	Druckdifferenz	N/m²	—	—	—	—	—	—	2	3.864	4	3.908	2	11.708	4	15.452	6	8.104
	Red.		Leistungsbedarf	kW	—	—	—	—	—	—	2	1.160	4	880	2	5.268	4	5.794	6	2.028
	AB			m/s	—	—	—	—	—	—	2	27,4	4	20,43	2	40,86	4	34,05	6	22,71
VQL 1			Summe kW		—	—	—	—	—	—	—	—	4	2.108	2	11.442	4	12.228	6	4.720
VQL 2	ZU	7,3	Druckdifferenz	N/m²	—	—	—	—	—	—	—	—	4	9.016	—	—	4	35.087	6	19.029
			Leistungsbedarf	kW	—	—	—	—	—	—	—	—	4	2.536	—	—	4	16.446	6	5.636
			Geschwindigkeit	m/s	—	—	—	—	—	—	—	—	4	30,9	—	—	4	51,47	6	34,3
	20%	6,0	Druckdifferenz	N/m²	—	—	—	—	—	—	—	—	4	9.524	—	—	4	37.546	6	19.229
	Red.		Leistungsbedarf	kW	—	—	—	—	—	—	—	—	4	2.142	—	—	4	14.080	6	4.810
	AB			m/s	—	—	—	—	—	—	—	—	4	29,6	—	—	4	49,32	6	32,9
VQL 2			Summe kW		—	—	—	—	—	—	—	—	4	4.678	—	—	4	30.526	6	10.446

LL = Längslüftung

HQL = Halbquerlüftung

VQL = Vollquerlüftung

3.2.2 Substitution von Luft durch Licht bei dominant trübungsbedingtem Frischluftbedarf

Die technische Optimierungsrechnung liefert die energieverbrauchsminimale Lösung unter Berücksichtigung der folgenden Zielwerte:

- Halten der CO-Konzentration im Tunnel auf einem hinreichend niedrigen Niveau, um ein gefahrloses Passieren des Tunnels zu gewährleisten, und
- Aufrechterhaltung einer Sichtweite, die zumindest der Haltesichtweite bei der zulässigen Höchstgeschwindigkeit entspricht.

Das folgende Struktogramm zeigt die Optimierungslogik:

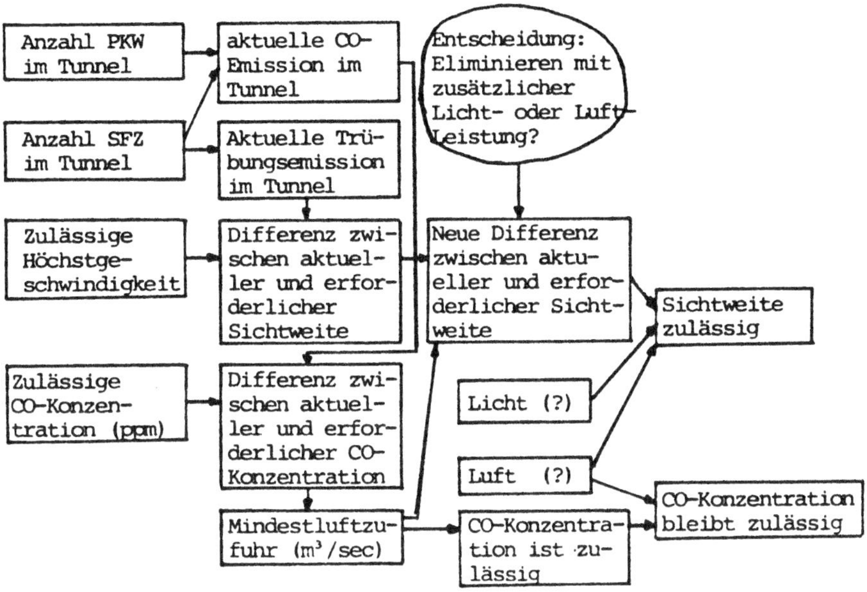

SFZ = Schwerfahrzeug (LKW, Bus)

Folgendes Szenario wurde mit realen Werten gerechnet:

K(Betr.)	= 0,006/m	Zulässiger Extinktionskoeff.f.Betrieb mit 1 cd/m2
SW(erf)	= 96 m	erforderliche Sichtweite
g	= 1 : 1	Längsungleichmäßigkeit
l	= 2000 m	Länge des Lüftungsabschnitts
WG(LME)	= 80 %	angenommener Lüfter-Motor-Wirkungsgrad
WG(LE)	= 0,3	angenommener Leuchtenwirkungsgrad (W/m2 : cd/m2)
V(Ausl)	= 400 m3/sec	Auslegungsluftmenge
V(erf)	= 200 m3/sec	erforderliche Luftmenge zur Erreichung von K(zul)
L(f)	= 1 cd/m2	Fahrbahnleuchtdichte
W(Luft)	= 500 kW	installierte Lüfterleistung

W(Licht)	= 20 kW	installierte Beleuchtungsleistung
FBB	= 8 m	Fahrbahnbreite
WLI(erf)	= 5,3 kW	erforderliche Lichtleistung zur Erzeugung von 1 cd/m2
WLU(erf)	= 62,5 kW	erforderliche Luftleistung zur Erzeugung von 200 m3/sec Frischluft.

Das Ergebnis der Luft-Licht-Substitution zeigt folgendes Energieverbrauchsminimum:

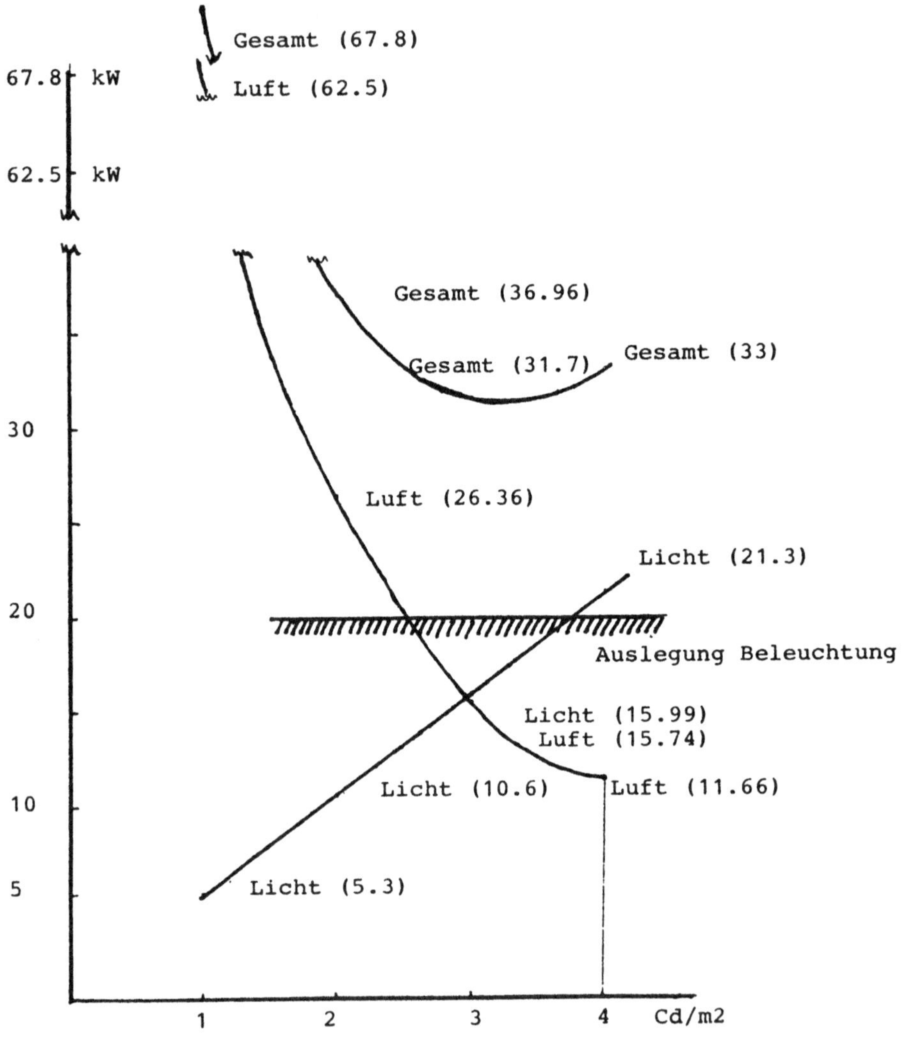

Bei gleicher Sichtweite führt eine Steigerung der Fahrbahnleuchtdichte zu folgenden Ergebnissen:

	Verdoppelung:	Verdreifachung:	Vervierfachung:
L(f)	= 2 cd/m2	= 3 cd/m2	= 4 cd/m2
K(Betr)	= 0,008/m	= 0,0095/m	= 0,0105/m
V(erf)	= 150 m3/sec	= 126,3 m3/sec	= 114,2 m3/sec
WLI(erf)	= 10,6 kW	= 16 kW	= 21,3 kW
WLU(erf)	= 26,36 kW	= 15,74 kW	= 11,66 kW
ΔW(LI)	= + 5,3 kW	= + 5,3 kW	= + 5,3 kW
ΔW(LU)	= - 36,13 kW	= - 20,38 kW	= - 4,08 kW

3.2.3 Näherungsmodell für die kostenoptimale Lüftereinsatzsteuerung für Zuluft

Gesucht ist jene 2-Punkt-Regelung (S: Einschaltpunkt, s: Ausschaltpunkt für den Zulüfter), für die die Summe aus Ventilatoranlaufkosten ("einschaltfixe Kosten") und Laufzeitkosten ("einschaltvariable Kosten") minimiert wird. Es gelten dabei die vereinfachenden Annahmen, daß die sekundliche Produktion an CO im Tunnel im betrachteten Zeitraum konstant und bekannt ist; daß der Lüfter nur selektiv auf eine bestimmte Laststufe mit gegebener Lüfterleistung eingeschaltet werden kann und daß in der Zeit des Lüfteranfahrens keine Luft eingeblasen wird, sondern nur Strom verbraucht wird. Als Gesamtkostenfunktion ergibt sich:

$$K(T,s,S) = \frac{p.T.FK}{S-s+[\ln(S-u)-\ln(s-u)].u} + \frac{T.u.VK.[\ln(S-u)-\ln(s-u)]}{S-s+[\ln(S-u)-\ln(s-u)].u}$$

$$\text{mit } u = \frac{p-TV}{LL+p} \quad \text{und} \quad \frac{p}{u} = \frac{LL+p}{TV}$$

Symbole:

TV(m3): Volumen des betrachteten Tunnelabschnitts

LL(t)(m3/sec): Lüfterleistung bei der betrachteten Einschaltstufe im Zeitpunkt t

p(t)(m3/sec): CO-Produktion des betrachteten Verkehrsstromes als sekundliche m3-Produktion [p(t)=p]

FK(S): Kosten einer Einschaltung der betrachteten Einschaltstufe

VK(S/sec): Kosten der Lüfterlaufzeit pro Sekunde (= aufgenommene Leistung * Schilling pro kWsec)

S(m3): Einschaltpunkt (= höchste zugelassene CO-Konzentration, bei der noch nicht belüftet werden muß)

s(m3): Ausschaltpunkt der 2-Punkt-Regelung

K(T,S,s): Gesamtkosten einer bestimmten Ein-Ausschaltstrategie über eine Periode der Länge T.

Interpretation:

Der Nenner der Kostenfunktion ist für den Fixkostenteil und für den variablen Teil gleich und stellt das p-fache der Bruttozeit pro Einschaltung des Lüfters dar.

Der Fixkostenteil von K(T,s,S) ist daher als "Fixkosten pro Einschaltung mal Anzahl der Einschaltungen in einer gegebenen Periode der Länge T" zu verstehen.

Der variable Teil ist durch "Anzahl der Einschaltung mal Lüfterlaufzeit pro Einschaltung mal variable Kosten pro Laufsekunde" charakterisiert.

Die Funktion ist bei gegebenem S unimodal in s. Durch Nullsetzen der ersten Ableitung nach s entsteht eine transzendente Gleichung, welche nur numerisch auflösbar scheint. Daher wurde die Vorgangsweise einer numerischen Bestimmung des Optimalwertes für s gewählt.

Rechenergebnisse:

Die folgende Grafik zeigt für die Laststufe 2 den Gesamtenergieverbrauch für Zuluft bei variablem Ausschaltpunkt s für einen gegebenen Einschaltpunkt S_o 0.

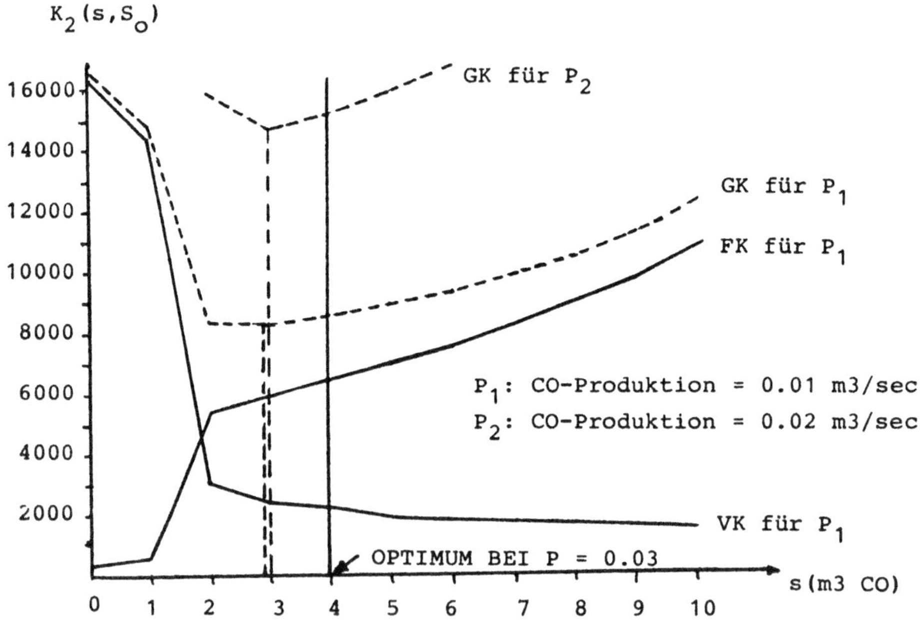

Literatur: (1)

HASENAUER R., STROHMEIER E., MAK O.
Optimierung von Straßentunnelprojekten
hinsichtlich Bau- und Betriebskosten.
Bundesministerium für Bauten und Technik,
Wien (1983), und die dort angegebene
Literatur.

(2)

An dieser Stelle sei den mitarbeitenden wissenschaftlichen Beratern, Herrn o. Univ.Prof.Dr.Pischinger, Herrn a.o. Univ.Prof.Dr.Pucher, beide TU Graz, Herrn Prof.DI Dr.Pacher, Salzburg und Herrn Prof.DI Hopferwieser, Salzburg, für deren Beratung herzlich gedankt.

DIE THEORIE DER LOSEN KOPPLUNG ZUR VERBESSERUNG VON NETZSTRUKTUREN DARGESTELLT AM BEISPIEL DER PROJEKT-LOGISTIK

Karl Herbert Sommer, Mannheim

Projekte zeichnen sich durch einen hohen Komplexitätsgrad aus. Die Vielzahl der bestehenden Interdependenzen teilautonomer Bereiche (Unterlieferanten, Spediteure, Frachtführer, externe Baustellen) erschwert ihre Beherrschbarkeit. Gesucht ist eine leistungsfähige Methode der Gesamtplanung. In der Praxis werden hierzu Verfahren der Netzplantechnik angewandt. Besondere Probleme ihrer Anwendung stellen sich bei der Strukturanalyse. Die Netzplantechnik optimiert den zeitlichen Ablauf eines Projektes eben nur aufgrund einer gegebenen Struktur. Diese ändert sich im Projektverlauf jedoch häufig. Die Kosten- und Kapazitätsplanung wird aus dem zeitlich determinierten Netz abgeleitet.

Mit Hilfe der Theorie der losen Kopplung, die eine Verwandtschaft zur Petri-Netz-Theorie aufweist, soll die Strukturanalyse verbessert werden. Grundidee ist, Restriktionen herauszufinden, die einen sukzessiven Ablauf erforderlich machen. Da beliebige Restriktionen neben der Zeit als nur einer möglichen Restriktion berücksichtigt werden, wird die simultane Zeit-, Kosten- und Kapazitätsplanung ermöglicht. Alle Aktivitäten, die keine Restriktion verletzen, können gleichzeitig ablaufen.

Die Vorgehensweise des wechselseitigen Ausschlusses (Interaktionsrelation) zeigt, daß es sich hierbei um keine Optimierungsmethode handelt.

Projekte können abgebildet, lokal verändert und die Veränderungswirkungen im Hinblick auf ein bestimmtes Befriedigungsniveau getestet werden. Die Theorie der losen Kopplung ermöglich nicht nur die Integration teilautonomer logistischer Subsysteme in ein Projekt. Sie ist auch für ein Multi-Projekt-Management angelegt.

ENUMERATIONSVERFAHREN ZUR EXAKTEN LÖSUNG DES KVO-OPTIMIERUNGSPROBLEMS IM GEWERBLICHEN GÜTERFERNVERKEHR

Herbert Kopfer, Bremen

Zusammenfassung

Gegenstand des vorliegenden Beitrags ist das Frachtoptimierungsproblem (FOP) im gewerblichen Güterfernverkehr, der sich als Straßentransport mit Lastkraftwagen vollzieht. Das FOP lautet: Für eine Menge von Beförderungs-Teilaufträgen, die gemeinsam mit einem LKW abgewickelt werden sollen, sind Transportwege zwischen Be- und Entladeorten so festzulegen, daß sämtliche Teilaufträge ausgeführt werden und die Gesamtfracht als Summe der Frachtbeträge der einzelnen Sendungen minimal wird. Vorgestellt und verglichen werden zwei Verfahren, die sich in der Interpretation zulässiger Lösungen unterscheiden. Das erste Verfahren beruht auf der Enumeration aller Gerüste, während das zweite Verfahren ein rekursiver Algorithmus zur Generierung von Transportmatrizen ist. Berechnungsergebnisse zeigen, daß mit vertretbarem Aufwand Problemstellungen bis zu 8 Orten für praktische Belange exakt gelöst werden können.

1. Problemstellung

Da die zur Berechnung der Frachtkosten einer Sendung zugrundeliegenden Tarif-Formeln eine starke Kostendegression bei steigender Transportmenge und in gewissen Übergangsbereichen einen stückweise konstanten Verlauf aufweisen, nimmt das FOP für Problemstellungen mit nur einem Beladeort die Form eines Umladeproblems mit nichtlinearer Zielfunktion an. Die Frachtkosten einer Sendung hängen von dem Gewicht der Sendung, von der Entfernung zwischen den beteiligten Orten und von der Art der transportierten Güter ab.

Für Problemstellungen mit einem Beladeort und insgesamt n Orten lautet das Modell zur Frachtoptimierung also:

$$\text{Minimiere } FK = \sum_{i=1}^{n} \sum_{\substack{j=1 \\ j \neq i}}^{n} F(x_{ij}, e_{ij}, g_{ij}), \tag{1}$$

unter den Nebenbedingungen

$$\sum_{\substack{i=1 \\ i \neq j}}^{n} x_{ij} - \sum_{\substack{k=1 \\ k \neq j}}^{n} x_{jk} = b_j - a_j, \qquad j = 1,\dots,n, \tag{2}$$

Operations Research Proceedings 1984

wobei:

x_{ij} - die von i nach j zu transportierende Menge (in kg),

e_{ij} - die Entfernung (in km) zwischen diesen Orten,

g_{ij} - die Ladungsklasse der zwischen diesen Orten transportierten Güter,

$F(x_{ij}, e_{ij}, g_{ij})$ - die Fracht für den Transport von Gütern der Ladungsklasse g_{ij} mit dem Gewicht x_{ij} zwischen diesen Orten,

a_j - Beladeменge in Ort j (nur ein $a_j > 0$) und

b_j - Entlademenge in Ort j

bezeichnen.

Der Verlauf der Frachtkosten in Abhängigkeit von dem Gewicht - bei fester Entfernung und gegebener Güterart - ist in Abbildung 1 schematisch dargestellt.

Abbildung 1: Schematischer Verlauf $F_{e,g}(x)$ der RKT-Frachtfunktion in Abhängigkeit von dem Gewicht x einer Sendung.

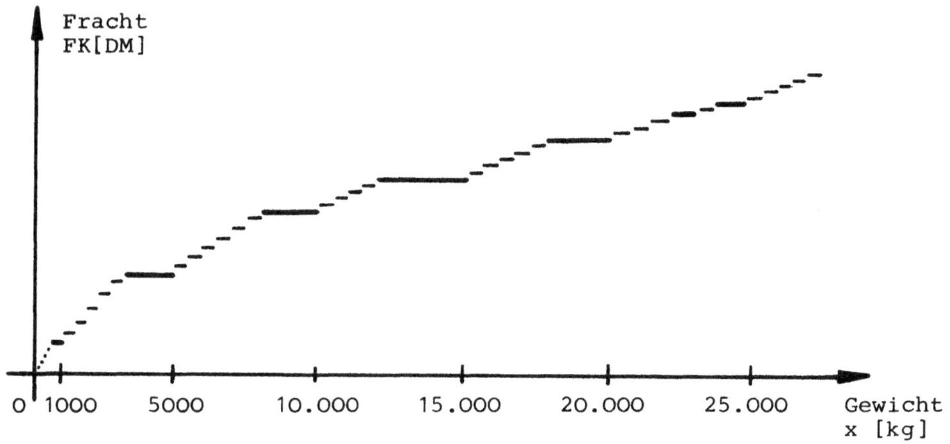

Die Beziehung (2) stellt sicher, daß für jeden Ort die entsprechende Mengenbilanz erfüllt ist. Das FOP fordert darüber hinaus, daß alle Güter über entsprechende Transportverbindungen zu ihrem jeweiligen Bestimmungsort gelangen. Somit können Problemstellungen mit mehreren Beladeorten und inhomogenen Gütern nicht als Umladeproblem formuliert werden. Sie führen vielmehr zu einem Modell, welches eine größere Anzahl von linearen Restriktionen besitzt als ein entsprechendes Umladeproblem. Bei geeigneter Modellformulierung erweist sich das FOP als ein gemischt-ganzzahliges Optimierungsproblem, welches mit kommerziell angebotener Software für Mathematische Programmierungssysteme gelöst werden kann. Die Lösung erfordert jedoch einen so hohen Lösungsaufwand, daß nur sehr kleine Problemstellungen (maximal 5 Orte) mit vertretbarem Aufwand gelöst werden können.

Da die Zielfunktion (1) nicht quasikonkav ist, muß die optimale Lösung des FOP nicht notwendigerweise in einem Extrempunkt des durch die Beziehung (2) definierten Polyeders P liegen. Wie eine Untersuchung konkreter Fälle gezeigt hat, ist die optimale Lösung jedoch für viele Problemstellungen ein Extrempunkt des Lösungsraums des FOP. Überdies zieht man in der Praxis ohnehin nur Lösungen in Betracht, welche einem Extrempunkt von P entsprechen. Deshalb führt die Einschränkung des Lösungsraums auf die Extrempunkte von P zu einem Modell, das für praktische Belange exakte Lösungen zur Frachtoptimierung liefert. Das auf diese Weise eingeschränkte Problem sei im folgenden als KVO-Optimierungsproblem (KOP) bezeichnet. Nachfolgend werden Möglichkeiten und Verfahren zur exakten Lösung des KOP untersucht. Im Gegensatz dazu ermitteln in der Praxis verwendete Verfahren nur suboptimale Lösungen.

2. Enumerationsverfahren zur Lösung des KVO-Optimierungsproblems

Ein Graph, dessen Knotenmenge aus allen Orten einer Problemstellung des KOP besteht und dessen Kanten Transportverbindungen repräsentieren, sei als Transportgraph der Problemstellung bezeichnet. Jede Lösung des KOP entspricht eineindeutig einem Gerüst des entsprechenden vollständigen Transportgraphen. Das Gerüst einer Lösung besteht aus allen Kanten, welche mit Orten inzidieren, zwischen denen - entsprechend dieser Lösung - eine Transportverbindung realisiert wird. Andrerseits stellt jeder Extrempunkt des Polyeders P eine Transportmatrix dar, welche die Beziehung (2) erfüllt und in jeder Spalte höchstens ein Element mit einem von 0 verschiedenen Wert besitzt. Diesen beiden Darstellungsformen zufolge gibt es zwei Lösungsverfahren zur KVO-Optimierung, die auf der Enumeration der zulässigen Lösungen einer Problemstellung basieren: Gerüst-Enumerationsverfahren (GE-Verfahren) und Matrix-Enumerationsverfahren (ME-Verfahren).

Das GE-Verfahren generiert alle Gerüste des vollständigen Transportgraphen einer gegebenen Problemstellung. Für jedes generierte Gerüst wird die entsprechende Transportmatrix ermittelt. Aus den Transportvariablen der Transportmatrix, den Entfernungen der Transportverbindungen und der Güterart der transportierten Güter berechnet das GE-

Verfahren die anteiligen Frachtkosten einer Transportverbindung. Die Gesamtfracht eines Gerüsts ergibt sich aus der Summe der Frachtkosten aller Transportverbindungen, und die optimale Lösung einer Problemstellung wird durch Vergleich der Gesamtfrachten der generierten Gerüste bestimmt.

Da eine Lösung des KOP einen Graphen ohne Zyklus definiert, können die Elemente einer bezüglich des KOP zulässigen Transportmatrix X nur solche Werte annehmen, die sich als Summe von Entlademengen ergeben. Ein Wert der Transportvariablen x_{ij} (i= Beladeort, j= Entladeort) definiert i.a. zwei Teilprobleme einer Problemstellung des KOP:

- Der Entladeort j stellt den Beladeort des ersten Teilproblems dar. Die Menge der Entladeorte des ersten Teilproblems enthält alle von j verschiedenen Entladeorte, deren Entlademengen entsprechend x_{ij} zu dem Ort j transportiert werden.
- Alle Entlademengen, die aufgrund des Wertes von x_{ij} in dem Beladeort i verbleiben, müssen über noch festzulegende Transportverbindungen zu ihrem Bestimmungsort gelangen. Das zweite Teilproblem besitzt also gegenüber der ursprünglichen Problemstellung eine reduzierte Menge von Entladeorten.

Die prinzipielle Vorgehensweise des ME-Verfahrens besteht in der Ausführung der nachfolgend beschriebenen Stufen.

<u>Erste Stufe</u>

Zunächst werden alle Werte der Transportvariablen x_{ij} (i= Beladeort, j= Entladeort mit der zahlenmäßig kleinsten Knotenbezeichnung) generiert, welche durch die Addition der Entlademenge von j mit den Entlademengen beliebiger anderer Entladeorte gebildet werden können. Die Lösung der durch die Generierung dieser Werte entstehenden Teilprobleme bleibt den nachfolgenden Stufen des Verfahrens vorbehalten. Die Transportvariable x_{ij} bildet gemeinsam mit den optimalen Lösungen der zugehörigen Teilprobleme die frachtkostenminimale Erweiterung von x_{ij} zu einer vollständigen Transportmatrix. Deshalb stellt die Transportmatrix, welche eine minimale Summe von Frachtkosten - bestehend aus den anteiligen Frachtkosten von x_{ij} und den Frachtkosten der optimalen Lösungen der entsprechenden Teilprobleme - aufweist, eine optimale Lösung der Problemstellung des KOP dar.

Nachfolgende Stufen

Die nachfolgenden Stufen besorgen in ihrer Gesamtheit die Lösung aller auf der ersten Stufe entstandenen Teilprobleme. Die optimale Lösung eines Teilproblems wird entsprechend der für die erste Stufe beschriebenen Vorgehensweise ermittelt.

Da auf allen Stufen identische Teilprobleme zu lösen sind, ist das ME-Verfahren als rekursives Verfahren implementiert worden. Das ME-Verfahren stellt ein Entscheidungsbaumverfahren dar, welches die Lösung des KOP aus den optimalen Lösungen unabhängiger Teilprobleme zusammensetzt und enumeriert daher nicht alle der n^{n-2} Lösungen einer Problemstellung mit n Orten. Da die Menge der Entladeorte eines Teilproblems jeweils alle Entladeorte umfaßt, deren Entlademengen in dem jeweiligen Beladeort des Teilproblems verfügbar sind, stellt das ME-Verfahren nach einer geringfügigen Erweiterung ein Lösungsverfahren für Problemstellungen mit mehreren Beladeorten und inhomogenen Gütern dar.

3. Lösungsverhalten der Verfahren

Das Lösungsverhalten des GE-Verfahrens, bzw. des ME-Verfahrens, ist abhängig von der Problemgröße und unabhängig von der Struktur einer Problemstellung. Tabelle 1 enthält den bei der Durchführung von Rechentests auf einer VAX 11/751 ermittelten Lösungsaufwand der Verfahren in Abhängigkeit von der Problemgröße n. (n= Anzahl der Orte)

Tabelle 1: Lösungszeitaufwand des GE-Verfahrens L(GE) und des ME-Verfahrens L(ME) und durchschnittlicher Rechenzeitaufwand [in sec . 10^{-3}] pro zulässiger Lösung einer Problemstellung.

Problemgröße	n = 4	n = 5	n = 6	n = 7	n = 8
L(GE)	0,08 sec	0,92 sec	12,3 sec	3,3 min	66 min
M(GE)	0,06 sec	0,31 sec	2,9 sec	37 sec	8,8 min
L(GE): n^{n-2}	5,0	7,4	9,4	11,8	15,1
L(ME): n^{n-2}	3,8	2,5	2,3	2,2	2,0

Sowohl der Lösungszeitaufwand des GE-Verfahrens als auch der des ME-Verfahrens wächst bei zunehmender Problemgröße größenordnungsmäßig schneller als exponentiell an. In Abhängigkeit von der Anzahl der zulässigen Lösungen (n^{n-2}) nimmt der Rechenzeitaufwand des GE-Verfahrens überproportional zu, während der Lösungsaufwand des ME-Verfahrens in Abhängigkeit von n^{n-2} weniger als proportional ansteigt.

Der Verzweigungsprozess des ME-Verfahrens kann durch die Betrachtung der anteiligen Frachtkosten der Transportvariablen beschränkt werden. Dies führt zu einem beschränkten ME-Verfahren, welches den Verzweigungsprozess abbricht, wenn es erkennt, daß die einem Knoten des Entscheidungsbaums entsprechende, teilweise generierte Transportmatrix nicht zu einer optimalen Transportmatrix erweitert werden kann. Da die auf einer Kante eines Gerüsts transportierten Mengen und somit auch die anteiligen Frachtkosten einer Kante nur für ein vollständig generiertes Gerüst bekannt sind, kann der Verzweigungsprozess des GE-Verfahrens nicht in gleicher Weise beschränkt werden.

Die Bedingungen, die zum Abbruch des Verzweigungsprozesses des ME-Verfahrens führen, resultieren aus

(1) dem Vergleich der Frachtkosten einer teilweise generierten Transportmatrix mit den Frachtkosten der bisher besten bekannten Lösung,

(2) dem Wert der optimalen Lösung einer Problemstellung, welche eine Relaxation des jeweiligen Teilproblems darstellt,

(3) dem Ergebnis logischer Tests, welche prüfen, ob die Frachtkosten einer unvollständig generierten Transportmatrix durch - die Erweiterung der unvollständig generierten Transportmatrix nicht betreffende - Modifikationen verringert werden können,

(4) aus dem Vergleich der Entfernungen von dem Beladeort eines Teilproblems zu den Entladeorten des Teilproblems mit den Entfernungen zwischen den Entladeorten.

Die Bedingungen (1), (2) und (3) dienen zur Auslotung von Knoten des Entscheidungsbaums aufgrund der bei der Generierung von Transportvariablen zu erwartenden Kostenzuwächse, während mit Hilfe der Bedingung (4) die Anzahl der realisierbaren Transportverbindungen aufgrund der Topologie einer Problemstellung reduziert werden kann. Jede der vier Bedingungen kann einzeln oder in beliebiger Kombination mit anderen Bedingungen zur Beschränkung des Entscheidungsbaums genutzt werden.

Der Lösungsaufwand des durch Ausnutzung der obigen Bedingungen beschränkten ME-Verfahrens ist von der Problemgröße und von der Struktur einer Problemstellung abhängig. Die Beschränkung des Verzweigungsprozesses des ME-Verfahrens führt zu einer erheblichen Reduzierung des durchschnittlichen Rechenaufwands, welcher zur Lösung von Problemstellungen aus der Praxis benötigt wird. So wurde bei der Durchführung von Rechentests ermittelt, daß die Beschränkung des Verzweigungsprozesses je nach Struktur der Problemstellung eine Beschleunigung des ME-Verfahrens um den Faktor 7 bis 12 bewirkt.

4. Schlußbemerkungen

In vielen Speditionsbetrieben treten nur Problemstellungen mit maximal 8 Orten auf. Problemstellungen dieser Größenordnung können mit Hilfe des beschränkten ME-Verfahrens recht schnell gelöst werden (weniger als eine Minute auf einer VAX 11/751). Andrerseits kommen aber Problemstellungen mit mehreren Beladeorten recht häufig vor. Da der Rechenaufwand, den das beschränkte ME-Verfahren zur Lösung einer Problemstellung benötigt, mit zunehmender Anzahl der Beladeorte i.a. nicht so stark anwächst wie bei der Zunahme der Anzahl der Entladeorte, erfordern auch Problemstellungen mit mehreren Beladeorten und insbesamt 8 Orten einen relativ geringen Lösungsaufwand. Das ME-Verfahren stellt also ein für die meisten Speditionsbetriebe praktisch einsetzbares Verfahren zur exakten Lösung des KVO-Optimierungsproblems dar.

Problemstellungen mit mehr als 8 Orten können mit vertretbarem Aufwand nicht mehr exakt gelöst werden. Wenn man die zum Abbruch des Verzweigungsprozesses führenden Bedingungen durch - nicht die Optimalität bewahrende - Plausibilitätstests ersetzt, wird das ME-Verfahren in ein Verfahren überführt, welches für große in der Praxis vorkommende Problemstellungen zufriedenstellende suboptimale Lösungen liefert. Geeignete Plausibilitätstests können einerseits in Analogie zu den oben erwähnten logischen Tests formuliert werden, und andrerseits bieten sich Plausibilitätstests an, welche sich auf die Topologie einer Problemstellung beziehen. Durch Hinzunahme und/oder Modifikation von Plausibilitätstests kann das Lösungsverhalten des Verfahrens auf sehr einfache Weise dem speziellen Anspruchsniveau eines Benutzers angepaßt werden.

Die vorgestellten Enumerationsverfahren eignen sich zur Lösung des Modells zur Frachtoptimierung bei beliebiger Funktion F, wobei F einem Summanden der Zielfunktion (1) entspricht. Folglich sind diese Verfahren auch zur Bestimmung eines kostenminimalen Gerüsts bei beliebiger trennbarer Zielfunktion verwendbar. Mit Hilfe des ME-Verfahrens können also insbesondere dem KOP entsprechende erweiterte Umladeprobleme mit quasikonkaver Kostenfunktion exakt gelöst werden. Für Umladeprobleme mit tendenziell degressiver Kostenfunktion ermittelt das ME-Verfahren suboptimale Lösungen, indem es einen optimalen Extrempunkt des entsprechenden Lösungsraums bestimmt.

Literatur

/1/ Christofides, N.
Graph Theory - An Algorithmic Approach.
London - New York - San Francisco (1975).

/2/ Dehnert, G.
Ein Branch-and-Bound-Verfahren für Distributionsprobleme mit nichtkonkaven, degressiven Kostenfunktionen.
In: ORV 35 (1979), S. 89-101.

/3/ Domschke, W.
Logistik: Transport.
München - Wien (1981).

/4/ Kopfer, H.; Gehring, H.
Zur exakten Lösung des Frachtoptimierungsproblems im gewerblichen Güterfernverkehr.
Informatik-Fachbericht 2/84 der Universität Bremen.
Bremen (1984).

/5/ Reichskraftwagentarif für den Güterfernverkehr (RKT).

/6/ Kraftverkehrsordnung für den Güterfernverkehr mit Kraftfahrzeugen (KVO).

ABSTIMMUNG VON BESTELLPOLITIKEN DER LÄGER EINES MEHRSTUFIGEN DISTRIBUTIONS-SYSTEMS ZUR FESTLEGUNG DER NOTWENDIGEN MITTELFRISTIGEN KAPAZITÄTEN

Bruno Hall, Mannheim

Die Aufgabe der Distribution innerhalb des betrieblichen Leistungsprozesses besteht in der Überwindung von zeitlichen und räumlichen Disparitäten zwischen Güterherkunft und Güterverwendung. Wird die Distribution als eigenständiges System betrachtet, so erfolgt die Bewertung durch den Vergleich der Distributionsleistung mit den dafür eingesetzten Ressourcen, die sich entsprechend ihrer Disponibilität in lang-, mittel- und kurzfristige einteilen lassen. Diese unterschiedlichen Dispositionszeiträume bedingen eine abgestimmte hierarchische Planung.

Es wird ein Modell vorgestellt, das der Planung der mittelfristigen Ressourcen in einem mehrstufigen Distributionssystem dient. Für ein bestimmtes Systemsdesign als Ergebnis der übergeordneten Planungsebene werden die notwendigen Kapazitäten für die jeweiligen Ressourcen in Abhängigkeit der gewählten Bestellpolitiken aufgezeigt. Dabei wird besonders auf die Abstimmung der Bestellpolitiken der Läger sowohl innerhalb als auch zwischen den Distributionsstufen eingegangen. Im Modell können sowohl aggregierte als auch einzelne Kapazitätsgrößen minimiert werden, mit und ohne Verwendung von Restriktionen. Es läßt sich somit sowohl zur Ermittlung der minimal notwendigen Kapazitäten als auch zur Bewältigung bestimmter Engpaßsituationen einsetzen.

EIN MODELL ZUR KOSTENGÜNSTIGEN KAPAZITÄTSZUWEISUNG IN FERNSPRECHNETZEN

Ruth Kleinewillinghöfer-Kopp, Darmstadt

Die Kapazitätszuweisung in Fernsprechnetzen wird aufgrund der Verschiedenheit der jeweils zu berücksichtigenden Technik in zwei Bereiche aufgeteilt:

- die Kapazitätszuweisung im Vermittlungsnetz
- die Kapazitätszuweisung im Übertragungsnetz

Von den zahlreichen technischen Problemstellungen einmal abgesehen, steht bei der Planung des Vermittlungsnetzes die Frage

1. Welche Vermittlungsstellen werden mit wieviel Fernsprechleitungen miteinander verbunden?

und bei der Planung des Übertragungsnetzes die Frage

2. Welche Übertragungssysteme werden wo installiert, um die in 1. bestimmten Leitungen zu realisieren?

im Vordergrund. Das Ziel, ein möglichst kostengünstiges "Gesamt"-Netz zu erhalten, erfordert es offensichtlich, die sich gegenseitig beeinflussenden Fragen 1. und 2. nicht unabhängig voneinander zu behandeln. Die Anzahl der Variablen und Nebenbedingungen des dann zu lösenden Gesamtproblems spricht aber u. a. gegen eine solche Verfahrensweise. Deshalb wird die oben genannte Aufteilung auch bei der Modellbildung nachvollzogen, wobei mittels einer iterativen Verknüpfung der Teilprobleme 1. und 2. die Abhängigkeit zwischen beiden berücksichtigt wird.

Im weiteren wird speziell das 1. Teilproblem diskutiert. Zunächst werden die Eingangsparameter erläutert und das Problem dargestellt. Die Berechnung der Anzahl der notwendigen Fernsprechleitungen aus der Zahl der Fernsprechwünsche der Teilnehmer (Ankunftsprozeß) ist gleichbedeutend mit der Berechnung der Anzahl der "Bedienungsstationen" in einem Warteschlangenmodell ohne Warteraum. Eine der grundlegenden Schwierigkeiten ergibt sich dabei aus den unterschiedlichen stochastischen Eigenschaften der auftretenden Ankunftsprozesse. Zur Lösung dieses Problems wird hier ein Näherungsverfahren angegeben und, darauf aufbauend, das mathematische Modell formuliert.
Abschließend werden einige Lösungsansätze diskutiert.

MINIMIERUNG DER FAHRZEUGANZAHL BEI TRANSPORTPROBLEMEN

Wolfgang Lindenberg, Sankt Augustin

Wirtschaftswissenschaftliche Untersuchungen führten zu dem Ergebnis, daß die Kosten beim Schulbusverkehr nicht von der erbrachten Kilometerleistung abhängen, sondern von der Anzahl der zum Einsatz kommenden Busse. Dieses zunächst nur einen Spezialverkehr betreffende Resultat ist jedoch für eine Vielzahl anderer Verkehrs- und Transportarten (z.B. Werks- und Pendlerverkehr, öffentlicher Personennahverkehr (ÖPNV), Warentransporte etc.) von großer wirtschaftlicher Bedeutung und führt auf folgende allgemeine Fragestellung:
Auf welche Weise ist es möglich, die Orte $L_i (i=1,...,n)$ eines Orts-Wegenetzes G innerhalb vorgegebener zeitlicher Randbedingungen so von einem Zentrum S ($\in$ G) mit $g_i (i=1,...,n)$ Gütereinheiten zu beliefern, daß die Anzahl der dazu erforderlichen Fahrzeuge (aus einem vorgegebenen Fahrzeugpark) minimal wird?

Die hier genannte Problemstellung der Ressourcenminimierung erweist sich als äußerst komplex und ist grundlegend andersgeartet als die der bekannten und häufig benutzten Streckenminimierung. Die Untersuchung der Ressourcenproblematik führte zur Entwicklung und Implementierung eines EDV-Programmsystems, das zur Lösung diverser Planungs- und Entscheidungsaufgaben ebenso einsetzbar ist wie zur Durchführung von Simulationen.

Der Vortrag umfaßt sowohl die Erörterung theoretischer Aspekte zur Lösung der Aufgabe als auch Beispiele und Ergebnisse aus dem praktischen Einsatz des Programmsystems.

TOURENPLANUNG IM DIALOG

Rudolf Paulik, Regensburg

Seit geraumer Zeit existieren heuristische Verfahren zur Lösung von Ein-oder Mehrdepot-Tourenplanungsproblemen mit homogenem Fuhrpark. In der Praxis treten dagegen Probleme auf, die häufig eine Vielzahl von Nebenbedingungen aufweisen und von Standardverfahren wie Savings oder Sweep deshalb nur bedingt oder überhaupt nicht gelöst werden können. Beispiele sind Tourenplanungsprobleme mit inhomogenem Fuhrpark, Mehrdepot-Probleme mit begrenzter Depotkapazität usw. Derartige Problemstellungen lassen sich mit speziellen Algorithmen lösen, die oftmals Standardverfahren als Subroutinen verwenden. Es existieren jedoch auch Problemrestriktionen, die kaum formalisierbar sind. Oftmals sind auch Bedingungen zu erfüllen, die nur für kleine Teilprobleme erfüllt sein müssen, deren explizite algorithmische Berücksichtigung jedoch sehr aufwendig ist. In solchen Fällen ist die Konstruktion eines Spezialalgorithmus meistens unwirtschaftlich. So kann etwa der Fall auftreten, daß einige Orte in derselben Tour angefahren werden müssen oder umgekehrt, daß bestimmte Orte nicht auf derselben Tour liegen dürfen. Häufig geübte Praxis ist auch, daß für ausgewählte Orte Prioritäten bezüglich der Anfahrtreihenfolge vergeben werden.
Hier soll nun das an der Universität Regensburg entwickelte Programmpaket DITOS (Dialogorientiertes Touren-Optimierungs-System) vorgestellt werden. DITOS basiert auf dem Savings-Verfahren, gestattet jedoch die Berücksichtung einer Reihe spezieller Nebenbedingungen. Die Offenheit gegenüber zusätzlichen Restiktionen wird durch eine interaktive Mensch-Maschine-Kommunikation erreicht.
Ausgangspunkt für die Entwicklung von DITOS war die bereits Anfang der 70er Jahre von Krolak et.al. geäußerte Vermutung, daß in Fällen, in denen die Lösungsqualität höher als ein niedriger Rechen- oder Arbeitsaufwand zu bewerten ist, durch den Einsatz der kognitiven Fähigkeiten des Tourenplaners bessere Ergebnisse als durch häufig "kurzsichtig denkende" Heuristiken zu erreichen sind. Spezielle Strukturen eines Kartenwerks, die durch einen Algorithmus nur sehr aufwendig zu ermitteln sind, kann ein geübter Tourenplaner manchmal leicht visuell erkennen. Dennoch sollte nicht gänzlich auf den Einsatz eines effizienten

Operations Research Proceedings 1984

Lösungsalgorithmus für Tourenplanungsprobleme verzichtet werden.
DITOS ist logisch aufgeteilt in zwei Segmente.
Das erste Segment beinhaltet das Savings-Verfahren in der Variante von Matthäus zur Lösung von Ein- oder Mehrdepot-Tourenplanungsproblemen. Matthäus verzichtet darauf, zu Beginn eines Optimierungslaufs eine komplette Savings-Matrix zu erstellen. Stattdessen ermittelt er vor jeder Verknüpfung von Teiltouren die Savingswerte neu und sortiert sie, wobei wegen der Existenz von Abbruchschranken nicht die Berechnung aller Werte erforderlich ist. Diese Methode zur Berechnung der Savingswerte ist besonders speichergünstig. Für Mehrdepotprobleme, bei denen üblicherweise unterstellt wird, daß Start- und Zieldepot identisch sind, ist diese Methode sogar unumgänglich, da sich die Savingswerte nach jeder Verknüpfung ändern.
Das zweite Segment von DITOS beinhaltet eine Reihe von Kommandos, die interaktiv eine manuelle Tourenplanung unterstützen. Jeder Kommandoname setzt sich aus drei Buchstaben zusammen, die nach mnemotechnischen Gesichtspunkten ausgewählt werden. Die folgende Liste gibt einen Überblick über die wichtigsten derzeit implementierten Kommandos.

1. SPO: Sperren Ort
2. LSO: Freigeben Ort
3. SPB: Sperren Bereich
4. LSB: Freigeben Bereich
5. SPD: Sperren Depot
6. LSD: Freigeben Depot
7. DGO: Display gesperrte Orte
8. DPT: Display Pendeltouren
9. DEN: Display Entfernung zwischen zwei Orten
10. DBE: Display Bedarf eines Ortes
11. DET: Display Einzeltouren
12. DAT: Display alle Touren
13. VER: Verbinden von zwei Teiltouren
14. AUF: Auflösen einer Tour
15. TRN: Trennen einer Tour
16. EOR: Entfernen eines Ortes aus einer Teiltour
17. ETR: Entfernen einer Teiltour aus einer Tour
18. PUT: Speichern eines Tourenplans
19. GET: Lesen eines Tourenplans
20. KAP: Fahrzeugkapazität ändern
21. VAU: Verbindungsausschluß

Die ersten vier Kommandos sperren Orte oder geben vorher gesperrte Orte frei, d.h. die Menge der verplanbaren Orte wird um bestimmte Orte vermindert oder vermehrt.
Die Nummern 5 und 6 sperren Depots bzw. geben sie frei.
Die Kommandos 7 - 12 dienen dazu, alle wesentlichen Daten am Bildschirm zur Verfügung zu stellen.
Zur manuellen Tourenkonstruktion kann man die Kommandos 13 - 17 einsetzen. Sie gestatten, Touren über Tastatureingabe zu konstruieren, wieder aufzulösen, Teiltouren aus Touren herauszulösen usw.
Die Kommandos 18 und 19 speichern komplette oder halbfertige Tourenpläne bzw. lesen gespeicherte Pläne wieder ein. Das Kommando 20 dient zur Änderung der Fahrzeugkapazität.
Durch "Verbindungsausschluß" (Nr. 21) können Orte festgelegt werden, die nicht einer gemeinsamen Tour angehören dürfen.
Weitere hier nicht aufgeführte Kommandos steuern die Druckausgabe.
DITOS gewährleistet ein hohes Maß an Datenintegrität durch spezielle Eingaberoutinen, die die eingegebenen Daten auf Plausibilität überprüfen. Die Liste der Kommandos kann zusammen mit einer kurzen Kommandobeschreibung am Bildschirm aufgelistet werden. Darüberhinaus erscheinen wesentliche Informationen am Bildschirm.
An Hand praktischer Beispiele, deren Daten von zwei Molkereien zur Verfügung gestellt wurden, soll nun das Zusammenwirken aller Komponenten verdeutlicht werden.

Beim ersten Problem sind folgende Daten gegeben:
Es existiert ein Depot, eine Molkereizentrale, von dem aus morgens die Milchsammelfahrzeuge aufbrechen und die Milch von ca. 280 Haltestellen bei den Landwirten abholen. Die jeweiligen Milchmengen sind bekannt. Es stehen vier Fahrzeuge mit einer Kapazität von je 11 t zur Verfügung. Zusätzlich ist ein Hänger mit einer Kapazität von 8 t vorhanden, der von einem der Sammelfahrzeuge gezogen wird. Dieser Hänger wird zusammen mit dem Zugfahrzeug nur für eine Tour eingesetzt. Alle anderen Fahrzeuge können mehrere Touren fahren.
Es liegt also ein Problem mit inhomogenem Fuhrpark vor, wobei die Inhomogenität jedoch als geringfügig zu erachten ist. Ziel ist es, die Summe der zurückgelegten Entfernungen zu minimieren.
Dieses Problem kann mit DITOS folgendermaßen gelöst werden:
Die Fahrzeugkapazität wird mit Kommando 20 auf die Summe der Kapazitäten eines Sammelfahrzeugs und des Hängers, also auf 19 t festgelegt.
Anschließend ermittelt das Savings-Verfahren einen Tourenplan. Dieser

setzt sich aus Touren zusammen, deren jeweilige Gesamtlast maximal 19 t beträgt. Da jedoch lediglich eine Tour mit 19 t zulässig ist, muß eine Tour ausgewählt werden, die als besonders günstig erscheint, etwa weil sie dasjenige Sammelgebiet enthält, das am weitesten vom Depot entfernt liegt oder weil das bediente Gebiet homogen wirkt. Nun löst man die restlichen Touren auf, setzt die Fahrzeugkapazität auf 11 t zurück und startet das Savings-Verfahren erneut. Dies führt zu einem endgültig zulässigen Tourenplan. Auf diese einfache Weise kann der Einsatz eines Spezialalgorithmus bei derartigen Problemstellungen umgangen werden.
Die Verbesserung gegenüber der bisherigen manuellen Planung beträgt ca. 7 % bezüglich der gesamten gefahrenen Kilometer.

Das zweite Problem ist wesentlich komplizierter. Es handelt sich erneut um die Planung von Milchsammeltouren mit ca. 300 Haltestellen. Zwar existiert wiederum nur eine Molkereizentrale. Da jedoch dieses Depot am Rand des Sammelgebietes liegt, fährt ein Großtransporter zu einer fest installierten Umpumpstation, wo die bereits von Sammelfahrzeugen aufgenommene Milch übernommen wird. Durch den Einsatz dieses Großtransporters entsteht ein Zweidepotproblem, bei dem überdies die Schwierigkeit auftaucht, daß die Kapazität des einen Depots beschränkt ist.
Die Sammelfahrzeuge mit einer jeweiligen Kapazität von 10 t sind nun nicht in den Depots stationiert, sondern in Orten, die meist am Rand des Sammelgebietes liegen. Da der Großtransporter genau die Milchmenge von zwei Sammelfahrzeugen faßt, beginnen die Touren von zwei Fahrzeugen an ihrem Standort und enden an der Umpumpstation. Nach der Entleerung fahren sie jeweils eine weitere Tour, die in der Molkereizentrale endet. Die Route aller anderen Fahrzeuge führt von deren Standort zur Molkereizentrale. Von dort aus können sie noch weitere Touren fahren. Nach Beendigung der letzten Tour kehren die Fahrzeuge an ihren Standort zurück. Gesucht sind nun nicht nur zulässige Touren, sondern auch die Zuordnung von Touren zu dem Großtransporter. Das Ziel ist wiederum, die Summe der zurückgelegten Kilometer zu minimieren.
Zur Lösung dieses Problems kann DITOS folgendermaßen eingesetzt werden: Zunächst definiert man für jeden Fahrzeugstandort einen fiktiven Ort mit gleicher geographischer Lage und mit einem Kapazitätsbedarf von 0. Diese fiktiven Orte werden in die Distanzmatrix eingearbeitet, mit dem nächstgelegenen Kundenort zu einer Teiltour verknüpft und anschließend gesperrt. Dies bewirkt, daß bei Anwendung des Savings-Verfahrens nur mehr an einem Ende dieser Teiltour weitere Orte angefügt werden können. Im Endeffekt führt dies dazu, daß so initialisierte Touren den jeweili-

gen Fahrzeugstandort als Tourbeginn haben. Nun wird das Depot "Molkereizentrale" gesperrt, so daß nur noch die Umpumpstation als Depot existiert. Durch Anwendung des Savings-Verfahrens auf dieses neue Problem erhält man Touren, die alle an der Umpumpstation enden. Aus der Menge dieser Touren kann der Disponent nun zwei auswählen, die als besonders günstig erscheinen. In diesem speziellen Fall sind dies Touren, die das Sammelgebiet in der Nähe der Umpumpstation abdecken und bei denen die Fahrzeuge zeitlich kurz hintereinander an der Umpumpstation eintreffen, so daß die Wartezeit des Großtransporters minimiert wird. Die Kapazität des Depots "Umpumpstation" ist nunmehr erschöpft; der Benutzer sperrt es und gibt das andere Depot frei. Die übrigen, nicht ausgewählten Touren sind aufzulösen. Nun werden zwei neue fiktive Standorte für diejenigen Sammeltransporter definiert, die an der Umpumpstation entleert werden und mit Orten verbunden, die von diesen Fahrzeugen als erste angefahren werden sollen. Sperrt man nun die fiktiven Standorte, so resultieren nach dem erneuten Start von Savings Touren, die an den realen oder den fiktiven Standorten beginnen und in der Molkereizentrale enden. Die realen Standorte der Fahrzeuge, die zur Umpumpstation geleitet wurden, sind nun selbstverständlich nicht mehr Ausgangspunkt einer weiteren Tour.

Alle Orte, die noch nicht von den bisher festgelegten Touren bedient werden, liegen auf Routen, die in der Molkereizentrale beginnen und dort auch enden. Bei dieser Vorgehensweise kann folgendes Problem auftreten:

Zwar werden bei Touren, die an den Fahrzeugstandorten beginnen, nur Orte an einem Ende der Teiltour angefügt. Es kann jedoch der Fall eintreten, daß Savings Touren konstruiert, die nicht im Depot sondern in einem Fahrzeugstandort enden. Diesem Umstand begegnet DITOS folgendermaßen: Mit Hilfe des Kommandos "Verbindungsausschluß" wird eine Menge von Orten festgelegt, die nicht gemeinsam einer Tour angehören dürfen. Das sind hier die Fahrzeugstandorte. Dies führt im Laufe des Verfahrens dazu, daß Touren mit so gekennzeichneten Anfangsorten nie miteinander verbunden werden.

Diese Vorgehensweise liefert bereits akzeptable Ergebnisse. Dennoch läßt sich ein so erhaltener Tourenplan weiter verbessern, wobei oftmals sogar das Grundgerüst der bisher erhaltenen Touren aufgegeben werden muß.

Bei der Lösung des zweiten Problems tauchen folgende Probleme auf:

- Durch bevorzugte Verknüpfung von Orten, die weit von den Depots entfernt liegen, bleiben gegen Ende des Verfahrens einige Orte übrig, die unter Inkaufnahme langer Umwege von einer letzten Tour bedient werden müssen.
- Je engmaschiger das Ortsnetz ist, desto schlechter wird die von Savings ausgewählte Routenführung.
- Savings und auch die meisten anderen Verfahren der Tourenplanung tendieren dazu, überschneidungsfreie Cluster bezüglich der geographischen Lage zu bilden. Dies ist in manchen Fällen nicht erwünscht.

Diese Nachteile des Savings-Verfahrens können nachträglich noch korrigiert werden. Durch manuellen Austausch von Orten zwischen Touren, die teilweise dieselbe Straße befahren und durch geschicktes Vertauschen von Teiltouren ergibt sich meistens eine bessere Lösung. Auch führt der Einsatz eines Traveling-Salesman-Algorithmus gelegentlich zu besseren Routen. Eine nachgeschaltete manuelle Tourenplanung für das zweite Problem lieferte ein Verbesserung von ca. 5 % bezüglich der gesamten gefahrenen Kilometer.

Ein weiteres Problem aus der Optimierung von Milchsammeltouren und die Lösungsidee soll hier nur kurz angedeutet werden.
Manchmal wird einem Sammelfahrzeug ein Hänger mit meist gleicher Kapazität zugeteilt. Kann das Sammelfahrzeug jedoch nur ohne Hänger betankt werden, so muß der Hänger an einem günstigen Standort abgestellt werden. Das Sammelfahrzeug fährt eine Tour ab, kehrt zum Hänger zurück, pumpt seine Ladung um, fährt eine neue Tour, kehrt wiederum zurück, koppelt den Hänger an und liefert die Ladung beim Depot ab. In diesem Fall liegt zusätzlich ein Standortproblem vor. In der Praxis kommt jedoch meist nur eine begrenzte Anzahl von Hängerstandorten in Frage. Zur Lösung dieses Problems kann man dieselbe Vorgehensweise wie beim zweiten Problem anwenden, wobei noch alternative Hängerstandorte untersucht werden können.
Der Lösungsweg für die oben beschriebenen Probleme kann folgendermaßen charakterisiert werden:
Die Lösungsstrategie ist sequentiell aufgebaut. Der Disponent manipuliert mit DITOS die Datenbasis derart, daß Teilprobleme entstehen, die mit dem Savings-Verfahren gelöst werden können. Eventuelle Disproportionalitäten an den Schnittstellen der Teilprobleme können durch eine manuelle Tourenplanung bereinigt werden. Kann das Problem auf diese

Weise nicht gelöst werden, bietet DITOS das geeignete Handwerkszeug für eine totale manuelle Tourenplanung, wobei die Lösungsqualität von der Leistungsfähigkeit des Disponenten abhängig ist.

DITOS wurde in der Programmiersprache PASCAL/MT+ entwickelt. Es läuft derzeit unter dem Betriebssystem CP/M auf einem 8-bit-Mikrocomputer mit 64 KB Hauptspeicher. Als Hintergrundspeicher steht eine Festplatte mit 10 MB zur Verfügung. Das Programm kann jedoch auch allein mit Diskettenlaufwerken betrieben werden.
Die Laufzeit für ein Eindepotproblem mit etwa 300 Orten beträgt ca. 20 Minuten. Sie läßt sich dann senken, wenn das Sammelgebiet in disjunkte Gebiete aufgeteilt werden kann. Die maximale Ortsanzahl liegt derzeit bei ca. 500 Orten. Es existieren komfortable Routinen für die Eingabe des Ortsnetzes und der Transportmengen pro Ort. Als Distanzen benutzt DITOS gemessene Straßenkilometer. Dies ist immer dann erforderlich, wenn die Lösungsqualität im Vordergrund steht.

Als Resümee kann folgendes festgehalten werden:

- In vielen praktischen Fällen können die bekannten Tourenplanungsverfahren nicht eingesetzt werden, weil sie die gegeben Daten nicht ausreichend berücksichtigen.
- Der Disponent ist häufig in der Lage, vorausschauender als Heuristiken zu denken und gelangt damit zu besseren Tourenplänen.
- DITOS unterstützt den Anwender in diesen beiden vorher genannten Fällen. Einerseits können die Daten auch während eines Optimierungslaufs geeignet geändert werden. Andererseits ist DITOS eine komfortable Hilfe für eine manuelle Tourenkostruktion.
- Moderne Mikrocomputer sind in der Lage, auch größere Tourenplanungsprobleme zu lösen.

KROLAK P.; FELTS W.; NELSON J.
A MAN-MACHINE APPROACH TOWARD SOLVING THE GENERALIZED TRUCK-DISPATCHING PROBLEM.
TRANSPORTATION SCIENCE 6, 149-170 (1972).

MATTHÄUS F.
TOURENPLANUNG - VERFAHREN ZUR EINSATZDISPOSITION VON FUHRPARKS.
DARMSTADT 1978.

OPTIMIERUNG DER PERSONENBEFÖRDERUNG IM STEINKOHLENBERGBAU UNTER TAGE MIT EINEM HEURISTISCHEN DV-GESTÜTZTEN PLANUNGSMODELL

Werner Großeschallau, Dortmund
Armand Lange, Dortmund
Hans-Joachim Roeske, Dortmund

Allgemeine Problematik

Die Personenbeförderung im Steinkohlenbergbau unter Tage gewinnt immer mehr an Bedeutung, da die Wege der Belegschaft vom Tagesseilfahrtschacht zu den Arbeitsplätzen immer länger werden. Dies hat zur Folge, daß die Arbeitszeit vor Ort (AvO) entsprechend kürzer wird. Im Ruhrbergbau beträgt die mittlere AvO nur noch 6h je 8h Schicht. Hinzu kommt, daß bedingt durch die zunehmende Mechanisierung und infolge des Abbaufortschrittes weniger Leute an weniger, aber weit auseinanderliegenden Stellen beschäftigt sind.

Dadurch ist einerseits ein wirtschaftlicher Zwang gegeben, die kostengünstigsten und schnellsten Personenbeförderungsmittel einzusetzen. Andererseits besteht auch unter ergonomischen und sicherheitstechnischen Aspekten die Anforderung nach komfortabler mechanisierter Personenbeförderung.

Die Planung der Personenförderung erweist sich angesichts folgender Gründe als äußerst schwierig:

- Die Erschließung neuer Baufelder ebenso wie der Abbaufortschritt in den Betriebspunkten erfordern eine dauernde Aktualisierung der Grubenraumdaten und der Einsatzpläne der Belegschaften.
- Große Personenströme konkurrieren quasi gleichzeitig zu den Zeitpunkten des Schichtbeginns und des Schichtendes um die knappen Beförderungsmittel.
- Gegenseitige Behinderungen der zu unterschiedlichen Betriebspunkten strebenden Personengruppen sind nicht auszuschließen.

Dies kann nur durch eine ganzheitliche Planung verhindert werden, die die genannten Aspekte berücksichtigt. Die Vielzahl der Daten, die dabei zu verarbeiten sind, können rationell nur mit EDV- Unterstützung sinnvoll einander zugeordnet werden.
Das Planungsmodell PUTSI (Personenbeförderung - unter - Tage - Simulation) wurde

Operations Research Proceedings 1984

deshalb als dialogorientiertes DV-System entwickelt.

Aufbau und Modellfunktionen

Mit dem dialogorientierten Planungsmodell PUTSI ist es möglich, bereits bestehende oder in der Planung befindliche Personenförderungsanlagen zu untersuchen und zu optimieren.

Zu diesem Zweck bietet das Planungsmodell PUTSI dem Benutzer verschiedene Funktionen an, die die Abwicklung des Planungsprozesses unterstützen und vereinfachen. Dazu gehören die:

- o Eingabe-,
- o Änderungs-,
- o Planungs-,
- o Informations- und
- o Ergebnisfunktionen.

Das System ist so konzipiert, daß für den Anwender keinerlei Programmierarbeit entsteht oder spezielle EDV-Kenntnisse vorausgesetzt werden müssen. Dem Benutzer werden die einzelnen Systemfunktionen in Menüform angeboten, die er durch Eingabe von vordefinierten Kennziffern anwählen kann.

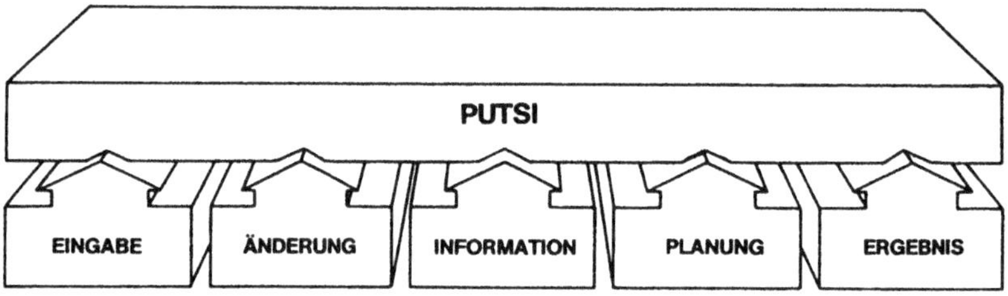

Modularer Aufbau des Planungsmodells PUTSI und die Systemfunktionen

Eingabefunktion

Die Eingabefunktionen diènen der Bereitstellung bzw. Aufnahme von Daten, die zur Abbildung des Grubengebäudes erforderlich sind.
Mit diesen Daten wird eine graphentheoretische Abbildung erzeugt. Die Knoten des Graphen werden bewertet durch die Betriebsraum (BTR)-Daten und Personenangaben anhand der Schichtanfahrtspläne, die Kanten des Graphen durch die techn. Daten der Personenbeförderungsmittel (PBM).

Änderungsfunktion

Mit den Änderungsfunktionen kann eine Aktualisierung der Grubendaten durchgeführt werden. Dies ist erforderlich, da sich durch die Aufgabe von BTR'en oder die Erschließung von neuen BTR'en die topologische Struktur und der Personeneinsatz an verschiedenen BTR'en ständig ändert.
Ferner lassen sich mit den Änderungsfunktionen unterschiedliche Varianten aufbauen, die nach erfolgtem Planungslauf bewertet werden können.

Planungsfunktionen

Diese Systemfunktion enthält die Berechnungsschritte des Planungsfalles. Ziele der Planungsfunktion sind im wesentlichen

- o Ermittlung der Gesamt AvO der Schachtanlage,
- o Erstellung eines Fahrplanes für alle diskontinuierlichen PBM,
- o Ermittlung der Fahrungszeit vom jedem Ziel-BTR zum Tagesseilfahrtsschacht,
- o Optimierung des Fahrungsablaufes in Teilsystemen des Grubengebäudes,
- o Ermittlung des Fahrungsbeginns für die Ausfahrt für alle Ziel- BTR'e und das
- o Aufzeigen von Schwachstellen im Fahrungsablauf.

Die Planungsfunktion ist in drei Simulationsschritte gegliedert, mit denen iterativ die Planungsergebnisse bestimmt und verdichtet werden. Dabei gilt es die Behinderungseinflüsse im Fahrungsablauf zu erfassen, die an den Zusammenführungspunkten des Grubengebäudes und durch die Fahrung von Personengruppen entstehen. Vor allem an den Punkten (Knoten) des Grubengebäudes, an denen ein BTR-Wechsel und/oder PBM- Wechsel stattfindet, können Verzögerungen auftreten. Insbesondere dann, wenn Personengruppen zusammengefaßt oder aufgeteilt werden müssen. Dies hängt entscheidend davon ab, welche Kapazitäts- und Taktzeitverhältnisse der PBM vor und hinter dem Knoten existent sind.
Es stehen drei Algorithmen (Operatoren) zur Verfügung, die je nach vorliegender PBM- Verknüpfung angewandt werden. Damit wird für jeden Knoten des Graphen der Ab-

fahrtszustand aufgrund einer beliebigen Ankunftssituation erzeugt.

Beispiel:

Betrachtet wird die PBM-Verknüpfung

Fussweg / Sessellift

mit folgenden Daten:

Anzahl der Personen: 4

Kapazität: c_{vor} = 1 Person; c_{nach} = 1 Person;

Taktzeit : t_{vor} = 1 sec.; t_{noch} = 1o sec.;

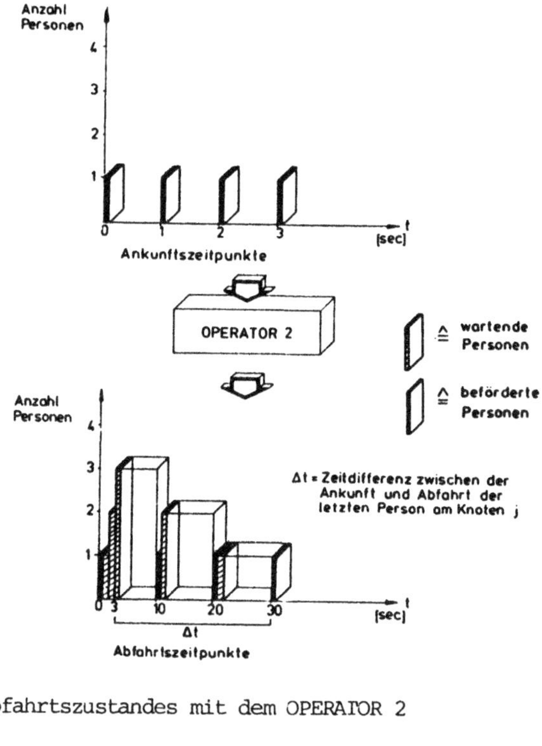

Bestimmung des Abfahrtszustandes mit dem OPERATOR 2

Die Organisation der Personenströme an den Zusammenführungspunkten sieht 2 Möglichkeiten vor. Ist die Anzahl der ankommenden Ketten größer als 5, werden die Ankunftssituationen der einzelnen Ketten zeitlich invariant überlagert. Anschließend wird mit Hilfe der Operatoren der Abfahrtszustand für diesen Zusammenführungspunkt erzeugt.

Ist die Anzahl der Ketten ≤ 5, werden die Abfahrtszustände aller möglichen Ankunftsreihenfolgen und der zeitlich invarianten Überlagerung gebildet. Aus diesen wird dann der günstigste Abfahrtszustand ausgewählt.

In dem nachfolgenden Bild ist die 14.oo Uhr-Ausfahrtssituation einer Schachtanlage dargestellt (Schachtanlage Walsum, Oktober 1982). Zu dem genannten Zeitpunkt befinden sich ca. 6oo Personen auf den Wegen von den Betriebsräumen zum Schacht zur Seilfahrt. Der sich ergebene komplexe Graph zeigt deutlich, an wie vielen Punkten eine Zusammenführung der Personengruppen erfolgt.

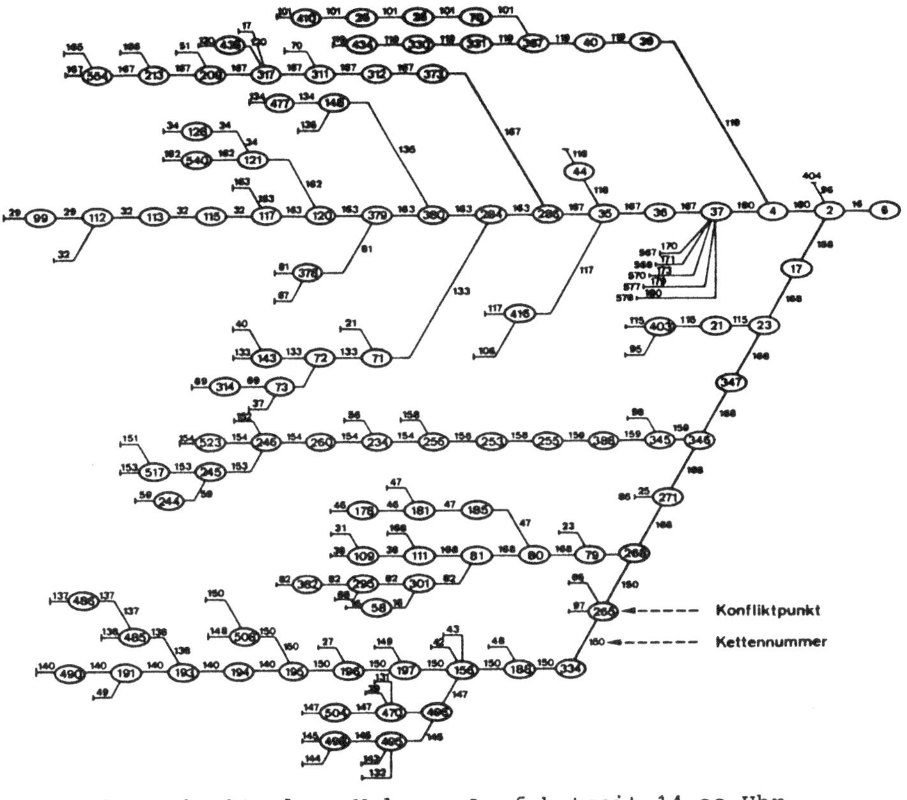

Graph der Schachtanlage Walsum, Ausfahrtzeit 14,oo Uhr

Es sei hier nochmals besonders erwähnt, daß mit den Planungsfunktionen eine zeitgleiche Betrachtung aller Fahrungsaktivitäten stattfindet. Dazu ist natürlich erforderlich, genau zu verfolgen, wann jede einzelne Person einfährt, welchen Weg sie nimmt und wieviele andere Personen zur gleichen Zeit an verschiedenen Zusammenführungspunkten vorhanden sind und sich gegenseitig behindern.

Informationsfunktion

Es ist mit Hilfe der Informationsfunktion möglich, schnell und gezielt Daten der Schachtanlage zu erhalten.
Dazu gehören z.B. die:

- o Schichten- und -ausfahrpläne,
- o PBM- Daten,
- o BTR- Daten zu denen Personen anfahren,
- o Reihenfolge der BTR'e nach fallender AvO.

Ergebnisfunktion

Nach Ablauf einer Planungsdurchführung können die Ergebnisse abgefragt und dargestellt werden. Die Ergebnisfunktionen beinhalten u.a. die Anzeige:

- 〉der AvO für alle BTR'e vor Ort der Schachtanlage,
- 〉der Fahrungszeit für Ein- und Ausfahrt,
- 〉des Fahrungsbeginns für die Ausfahrt,
- 〉der Abfahrzeiten für alle diskontinuierlichen PBM.

Damit ist jedoch noch nicht die Fülle der vorliegenden Ergebnisse eines Planungslaufes erschöpft. Viele Ergebnisse stehen in einem direktem Zusammenhang zu den BTR'en des Grubengebäudes und werden deshalb mit den Informationsfunktionen ausgegeben.
Anhand der Ergebnisse kann dann geprüft oder festgelegt werden,

- welches Beförderungsmittel (PBM) überlastet ist,
- ob ein PBM für die betrachtete Strecke richtig eingesetzt ist,
- die Einfahrt- oder Ausfahrtszeiten für einzelne Gruppen verlegt werden sollen,
- an welchem PBM-Wechsel es zu Wartezeiten kommt oder
- an welchem Zusammenführungspunkt sich Personenströme gegenseitig behindern.

Schlußbemerkungen

Das beschriebene System wurde vom Fraunhofer Institut für Transporttechnik und Warendistribution, Dortmund im Forschungsauftrag des Steinkohlenbergbauvereins, Essen entwickelt. Es ist auf der Institutsrechenanalge VAX 11/78o unter VMS implementiert. Zur Zeit wird eine Übertragung der Software auf einen Siemensrechner (BS 2ooo) der Bergbauforschung, Essen durchgeführt. Den interessierten Bergwerken steht das System zur Nutzung voll zur Verfügung.

AUFBAU UND ANWENDUNG ELEKTRONISCHER ARBEITS-, ENTSCHEIDUNGS- UND OPTIMIERUNGSHILFEN IM VERKEHR

Klaus Pierick, Braunschweig
Klaus-Dieter Wiegand, Braunschweig

Der Weg der Nutzung der elektronischen Datenverarbeitung im Verkehr begann mit einer deutlich zu hohen Einschätzung ihrer Möglichkeiten, wie sie beispielsweise im Entwurf vollautomatisierter Gesamtsysteme zum Ausdruck kam. Nach anfänglichen euphorischen Vorstellungen hinsichtlich der Automatisierungsmöglichkeiten setzt sich jetzt die Erkenntnis durch, daß Prozeßregelungen zumindest im Verkehr ohne eine Integration des Menschen nicht möglich sein können. Es hat sich ferner gezeigt, daß mit interaktiven grafischen EDV-Systemen die größte Wirksamkeit und Akzeptanz erzielt wird, wenn diese die maschinellen Informationsverarbeitungsprozesse transparent machen und die Mensch-Maschine-Schnittstelle an die Arbeits- und Entscheidungsfähigkeit des Menschen angepaßt ist.

Die Grundsätze für den Aufbau rechnergestützter Organisationshilfen werden an Beispielen der Liniennetzplanung, Fahrplangestaltung und Regel-/Bedarfsverkehrsplanung im öffentlichen Nah- und Fernverkehr dargestellt.

HEURISTISCHES VERFAHREN ZUR OPTIMIERUNG DER FAHRZEUGUMLÄUFE IM ÖPNV

Eckhard Schlüter, Braunschweig

Die Optimierung der Fahrzeugumläufe öffentlicher Nahverkehrssysteme ist im Kern ein mathematisches Zuordnungsproblem, das in einigen bekannten Programmsystemen mit Hilfe von Standardalgorithmen behandelt wird. Diese algorithmischen Lösungen sind in vielen Fällen von der Betriebspraxis mit Skepsis aufgenommen und abgelehnt worden, da fahr- oder dienstplantechnische Besonderheiten nicht genügend berücksichtigt werden konnten.

Das heuristische Verfahren des Programmsystems "PRO" ist speziell zur Berücksichtigung betriebsspezifischer, individuell z. T. verschiedenartiger Anforderungen von Nahverkehrsunternehmen konzipiert worden. Die Optimierung wird zweistufig durchgeführt, indem zunächst liniengebundene Verknüpfungen von Einzelfahrten zu Fahrzeugumläufen erfolgen und sich eine linienübergreifende nochmalige Verknüpfung der berechneten Umläufe anschließt. Sowohl die Menge der gemeinsam betrachteten Linien ist im Dialog wählbar als auch die Festlegung der gewünschten Randbedingungen in Form einer Vielzahl von betrieblich relevanten Parametern. Der eigentliche Algorithmus optimiert im Rahmen der gewählten Verknüpfungsrestriktionen mathematisch exakt. Durch entsprechende Programmierung sind dialogfähige Rechenzeiten realisiert. Die Programme sind in Standard-FORTRAN IV geschrieben und benötigen nicht mehr als 128 kB Kernspeicher.

FAHR- UND DIENSTPLANGESTALTUNG IM ÖPNV UNTERSTÜTZT DURCH GRAFISCHE DIALOGTECHNIK

Dieter Hentschel, Braunschweig
Klaus-Dieter Wiegand, Braunschweig

Die Braunschweiger Verkehrs-AG hat ein gemeinsam mit dem Consulting-Unternehmen IVV Braunschweig entwickeltes Programmsystem PRO erfolgreich für ihre Betriebseinsatzplanung eingeführt. Das Programmsystem besteht aus Dienstleistungsprogrammen in interaktiver grafischer Dialogtechnik. Es umfaßt Arbeitshilfen für die Fahrplanerstellung und den automatischen Druck der Aushangfahrpläne, grafischen Umlaufpläne, Tourenzettel und den EDV-Satz von Taschenbuchfahrplänen. Ferner sind Entscheidungshilfen für die Dienstplanerstellung und Optimierungshilfen für die Fahrzeugumlaufbildung im Einsatz.

Die Programme sind im Rechenzentrum des Versorgungsbetriebs auf Siemens/BS 2000 installiert. Die erforderliche Systemhardware, bestehend aus hochauflösendem Grafikterminal, Plotter und Drucker, befindet sich unmittelbar im Fahrplanbüro und ist über Standleitung an den Rechner für ständige Dialoganwendungen angeschlossen.

Die Erfahrungen der Braunschweiger Verkehrs-AG bestätigen die volle Akzeptanz durch das Betriebspersonal, das von manuellen Arbeiten entlastet wird und qualitativ bessere dispositive Arbeit leisten kann. Erweiterte Anwendungen im Bereich der Personal- und Fahrzeugdisposition sind in Vorbereitung.

MODELLGESTÜTZTE BEDARFSPLANUNG, EINSATZSTEUERUNG UND KONTROLLE VON PERSONAL BEI VARIABLER ARBEITSMENGE

Ludwig Söhngen, Ottobrunn

Zusammenfassung

Die Bedarfsplanung bei variabler Arbeitsmenge läßt sich in 3 Problembereiche aufteilen: Berechnung von Tagesbedarfsprofilen, Schichtplanung (Anfang, Dauer, Besetzung von Schichten), Personalumlaufplanung. Es werden 2 Lösungsansätze verglichen: Im ersten werden alle 3 Bereiche in einem geschlossenen Modellansatz zusammengefaßt (set partitioning und set covering Modelle). Im zweiten Konzept werden die 3 Problembereiche Schritt für Schritt gelöst, wobei unterschiedliche Verfahren bzw. Modelle zur Anwendung kommen (Warteschlangen-, Reihenfolgemodelle, LP, Heuristiken). Anwendungsfelder beider Konzepte werden diskutiert.

Summary

In planning personnel requirements with variable workloads, 3 problems have to be solved: calculation of workload profiles per day, shift planning (begin, duration, strength of shifts), rota planning. In this paper 2 different solution concepts are compared: (1) the 3 problem areas are integrated within one model (set partitioning or set covering models). (2) the 3 problems are handled step by step by using several procedures and models: waiting line-, sequence-models, LP, heuristics). The applications of using these concepts are discussed.

1. Einführung

Verkehrsgesellschaften (wie Bus-, Bahn-, Luftverkehrsunternehmen), Flughäfen, Krankenhäuser, Kassen in Supermärkten u.a. unterliegen starken Schwankungen im täglichen Bedarf an Personal. In einigen Bereichen werden die Tagesschwankungen durch wöchentliche und saisonale Bedarfswellen überlagert. Die bedarfsbildenden Elementartätigkeiten sind als Dienstleistungen in ihrer zeitlichen Lage i.a. nicht beeinflußbar und nicht auf "Lager" produzierbar. Der tägliche Bedarf erstreckt sich über mehr als 8 Stunden oftmals von Montag bis Sonntag, was einen Schichtwechselbetrieb erforderlich macht. Das Ausgangsdatenmaterial zur Bedarfsplanung kann determinierter (z.B. Flug- oder Fahrpläne) oder stochastischer Natur sein (z.B. Eintreffverhalten von Passagieren an Schaltern, Belegung von Krankenbetten, Käuferverhalten).

Operations Research Proceedings 1984

Zur wirtschaftlichen Bewältigung der Arbeitsmenge ist ein mehrstufiger Prozeß von Planung, Einsatzsteuerung und Kontrolle unumgänglich. Je nach Datenlage und tariflichen Vereinbarungen dauert die Planungsphase zwischen einer Woche und mehreren Monaten, gleiches gilt für den Gültigkeitshorizont eines Plans. Je länger der Planungshorizont, um so eigenständiger sind die Prozeßelemente Mittelfristplanung (Monate), Kurzfristplanung (ein Tag bis 2 Wochen), Einsatzsteuerung und Kontrolle ausgeprägt, was sich auch in der organisatorischen Aufgabenverteilung äussert.

Die Bedarfsplanung kann in folgende Aufgabenbereiche unterteilt werden:

1 Ermittlung und (u.U. statistische Aufbereitung) der Rohdaten
2 Aufteilung der Rohdaten in homogene Untergruppen
3 Berechnung von Tagesbedarfsprofilen
4 Schichtplanung (Anfang, Dauer, Besetzung der täglichen Schichten)
5 Personalumlaufplanung

2. Lösungsansätze

Die Datenaufteilung erfolgt nach organisatorischen und lösungspragmatischen Gesichtspunkten. 4 Lösungsansätze für die Bedarfsberechung können unterschieden werden (siehe Bild 1):

Bild 1 : Aufgabenbereiche der Bedarfsplanung

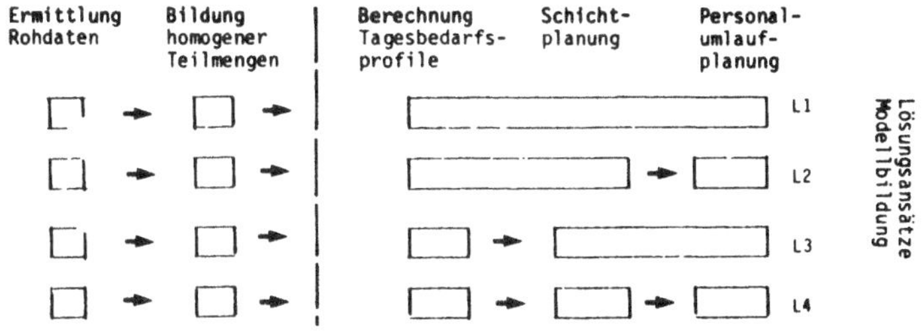

Bei L1 wird der Gesamtbedarf in einem geschlossenen Ansatz über die obigen Aufgabenbereiche 3,4 und 5 berechnet. Bei L4 wird schrittweise vorgegangen, indem zunächst die Tagesprofile berechnet werden, die Ergebnisse werden an die Schichtplanung übergeben usf. L2 und L3 sind Mischformen.

L1 und L2 kommen häufig bei Verkehrsunternehmen (Bus, Bahn, Luftverkehr) zur Anwendung. Auf der Basis eines Fahr(Flug)plans werden Arbeitseinsätze, hier Streckenabschnitt i (Fahrt von A nach B von ... Uhr bis ... Uhr) festgelegt (englische Literatur: leg). Unter Berücksichtigung u.U. zahlreicher tariflicher Randbedingungen werden die Abschnitte i zu alternativen Kombinationen j (pairings, roundtrips) zumeist mittels heuristischer Verfahren verknüpft. Im set partitioning Modellansatz werden die Kombinationen j mit minimalen Gesamtkosten k im Lösungsvekto gesucht: $SUM_j\ k_j \cdot x_j \stackrel{!}{=} min$ (mit $x_j = 1$, wenn j im Lösungsvektor, sonst 0).

Im set covering Ansatz wird die Anzahl benötigter Kombinationen zur Abdeckung der Abschnitte i minimiert: $SUM_j x_j \stackrel{!}{=} min$.

Manchmal wird gefordert, daß jeder Abschnitt i nur einmal in den Kombinationen des Lösungsvektors erscheint: $SUM_j a_{ij} = 1$ (für alle i, mit $a_{ij} = 1$, wenn Abschnitt i in Kombination j, sonst 0).

Zu diesen Basisansätzen wird in der Literatur eine Reihe von Varianten diskutiert (siehe z.B. (1), (2), (4) und die dort angegebene Literatur).

Bei Lösungsansatz 4 sind im dritten Aufgabenbereich (Tagesbedarfsprofile 3 Modelltypen zu unterscheiden:
(1) Summationsmodell (Für jeden Arbeitseinsatz i liegen Anfang und Dauer exakt fest. Die Arbeitseinsätze werden je Zeitintervall (z.B. 5-Minuten-Intervalle von 0 bis 24 Uhr) aufaddiert.)
(2) Reihenfolgemodell (Für die Dauer d der Arbeitseinsätze sind Zeitintervalle (Anfangszeit, Intervallänge l, $d \leq l$) vorgegeben. Es ist die leerzeitminimale Reihenfolge der Arbeitseinsätze zu bestimmen (i.a. heuristische Verfahren).
(3) Warteschlangenmodell

Ergebnis ist jeweils der summarische, im Tagesverlauf variable Personalbedarf (Bedarfsprofile). Diese Profile werden im nächsten Schritt mit Schichten so überlagert, daß die Leerzeiten zwischen Bedarfsprofil und Summenkurve der Schichtbesetzungsstärken minimiert werden:

$$SUM_n\ b_n \cdot y_n \stackrel{!}{=} min$$

unter der Bedingung : $SUM_n\ y_n \geq a_f$ (für alle $f\ /\ n \in f$)

wobei y die Besetzungsstärke und b die Dauer der Schicht n mit vorgegebener Anfangszeit darstellen. Mit a wird der Personalbedarf im Zeitintervall f wiedergegeben.

Schließlich ist das benötigte Personal in eine geeignete Reihung von Arbeitstagen und freien Tagen zu bringen unter Beachtung der u.U. tägichen wechselnden Bedarfsansätze und der tariflichen Bestimmungen (wie .B. Mindestfreizeiten zwischen 2 Schichten), (Heuristik) (siehe (3)).

ie Kombinationen j des Lösungsansatzes 1 umfassen die Arbeitseinsätze , die eine Person jeweils in einer Schicht in einer bestimmten Schichenfolge leisten kann. Schicht- und Personalumlaufplanung beziehen sich eweils auf eine Person. Der Lösungsvektor besteht aus einer problemösenden Anzahl solcher einzelpersonenorientierter Schicht- und Personalmlaufpläne, die bei einer bestimmten Datenkonstellation (Fahrplan) und iner bestimmten Einstellung der tariflichen Randbedingungen dem persoellen Gesamtbedarf pro Jahr (netto) entspricht.

Im Lösungsansatz L4 werden dagegen die Arbeitseinsätze i zunächst zum Gesamtbedarf pro Zeitintervall eines Tages aggregiert. (Aufgabenbereich 3). In der Schichtplanung wird als ein Ergebnis der Arbeitskräftebedarf pro Tag ermittelt, der in der Umlaufplanung zum Personalbedarf je Jahr (PB_b) transformiert wird.

Bei Summation des Bedarfs je Zeitintervall eines Tages für ein Jahr und Umrechung auf den Bedarf an Mitarbeitern pro Jahr (PB_i) und analoger Umrechung des Tagesbedarfs aufgrund Schichtplanung auf Bedarf pro Jahr (PB_s) zeigt sich: $PB_i \leq PB_s \leq PB_b$

Wie stark sich diese Bedarfszahlen unterscheiden, hängt wesentlich von den bei der Schicht- und Turnusplanung zu berücksichtigenden tariflichen Parametern sowie der Form der Bedarfsprofile pro Tag ab.

3. Anwendungsbereiche

Berechnungsverfahren des Lösungsansatzes 1 sind i.a. maßgeschneidert für spezifische Problemstellungen des Verkehrswesens. Im Gegensatz dazu weisen Berechnungsverfahren des Lösungsansatzes 4 eine größere Einsatzbreite auf. Bei allen Tätigkeitsfeldern, bei denen die Arbeitseinsätze i ortsfest verlaufen (die Arbeitseinsätze im Verkehrswesen sind i.a. ortsvariabel, d.h. die Tätigkeit startet an einem anderen Ort als sie endet (Fahrt von A nach B). Hieraus ergibt sich ein spezielles Planungsproblem), können zumindest die Verfahren der Schicht- und Personalumlaufplanung standardisiert zum Einsatz kommen. Lediglich bei der Berechnung der Bedarfsprofile pro Tag können problemspezifische Variationen der 3 Modelltypen auftreten. Der Bedarf an Pflegepersonal im Tagesverlauf läßt sich bei determinierter Datenlage (Anzahl Patienten bekannt) und Standardisierung der Pflegetätigkeiten nach Modelltyp 2 berechnen. Für die Ermittlung des Bedarfs an Kassenpersonal kommt Modelltyp 3 zur Anwendung, im Flughafenbereich treten Planungsprobleme auf, die mit den Modelltypen 1 bis 3 zu lösen sind.

Bei determinierter Datenbasis stellen die Ergebnisse der Bedarfsplanung enge Vorgaben für die Einsatzsteuerung dar. In vereinfachter Darstellung reduziert sich die Einsatzsteuerung auf den Ersatz ausgefallenen Personals im Personalumlaufplan.

Bei stochastischer Datenbasis liefert der Bedarfsplan nur Orientierungsgrößen, von denen konkrete Arbeitssituationen (aktuelle Bedarfsprofile) durch Unter- oder Überdeckung abweichen. Die Einsatzsteuerung hat täglich neu zu entscheiden, welcher Arbeitseinsatz i einer bestimmten Person zugeordnet wird. Von der Leistungsfähigkeit der Einsatzsteuerung hängt es deshalb wesentlich ab, wie risikobereit die Bedarfsplanung ausgelegt werden kann. Das Risiko besteht darin, daß eine Arbeitssituation vom jeweils verfügbaren Personal nicht bewältigt werden kann.

Wendet man für Kontrollprozeduren, insbesondere bei stochastischer Datenbasis und Anwendung des Lösungsansatzes 4 die skizzierte Berechnungslogik auf IST-Daten an, läßt sich der Erhebungs- und Analyseaufwand für IST-Daten zur Kontrolle von Planung, Einsatzsteuerung und Durchführung auf ein wirtschaftliches Maß reduzieren.

4. Literatur:

(1) Baker, E., Fisher, M.
Computational Results for very large Air Crew Scheduling Problems
in: Omega, Vol. 9 (1981) No. 6 pp. 613-618

(2) Marsten, R., Shepardson, F.
Exact Solution of Crew Scheduling Problems using the Set Partitioning Model: Recent Successful Applications
in: Networks, Vol. 11 (1981) pp. 165-177

(3) Söhngen, L.
Problembeschreibung und Konzeption zur Bedarfsplanung von Personal und Gerät auf Flughäfen
in: Operations Research Proceedings 1982
Springer-Verlag Berlin-Heidelberg-New York (1983)

(4) Wren, A. (Ed.)
Computer Scheduling of Public Transport
North Holland Publishing Company
Amsterdam, New York, Oxford (1981)

EIN VERGLEICH VON 30 "PRAXISNAHEN" LAGERHALTUNGSHEURISTIKEN

Gerhard Knolmayer, Kiel

1. Problemstellung

Die Materialwirtschafts-Module vieler PPS-Systeme zerlegen den Planungshorizont in Teilperioden und ermitteln einen terminierten Sekundärbedarf mit Hilfe von Stücklisten und Vorlaufzeiten. Dies hat zu einer Umorientierung der Lagerhaltungstheorie und zu zahlreichen Heuristiken für die Losbildung bei periodenabhängigen Bedarfen und diskreten Wiederbeschaffungszeitpunkten geführt. Diese Klasse einstufiger, dynamisch-deterministischer Lagerhaltungsmodelle wird wegen ihrer Orientierung an der Vorgangsweise von PPS-Systemen als "praxisnah" bezeichnet. Der vorliegende Beitrag berichtet über eine Simulationsstudie mit 30 Heuristiken unter den Prämissen dynamisch-deterministischer Modelle. Um die grundsätzlichen Eigenschaften der Heuristiken deutlich zu machen, wird auf die in vielfältigen Varianten vorgeschlagenen "Look-ahead-and-look-back"-Modifikationen (mit einer Ausnahme, wo die Heuristik nur dadurch eigenständig wird) verzichtet.

Da eine Wiederbeschaffung in diesen Lagerhaltungsmodellen nur zu bestimmten Zeitpunkten möglich ist, bleibt der Bedarfsverlauf innerhalb der einzelnen Perioden für die Bestimmung optimaler Lagerpolitiken entscheidungslogisch irrelevant. Dies trifft jedoch nicht für alle Heuristiken zu. Daher wird im folgenden angenommen, daß die intraperiodischen Bedarfe gleichförmig verlaufen.

2. Die Heuristiken

Für die betrachteten Heuristiken werden eine Kurzbezeichnung, eine knappe Beschreibung sowie ein Literaturhinweis gegeben.

Symbole:

- a ... Parameter zur Berücksichtigung der mit intraperiodischen Bedarfen verbundenen Lagerkosten
- B_t ... Bedarf in Periode t
- B ... Durchschnittsbedarf im Planungszeitraum
- F ... Fixkosten eines Loses
- k ... Lagerkosten je Stück und Periode
- r ... Bestellzeitpunkt
- s ... Ende des Eindeckungszeitraumes
- t,u ... Periodenindices
- TBO ... Time between orders [Eindeckungszeitraum]
- x_t ... Los in Periode t.

Operations Research Proceedings 1984

LFL (Lot for Lot): Jedes Los entspricht genau dem zugehörigen Periodenbedarf: $x_t = B_t$ (vgl. Orlicky (1975)).

POQ (Periodic Order Quantity): Für den Durchschnittsbedarf wird der durchschnittliche Eindeckungszeitraum $TBO=(2F/Bk)^{1/2}$ bestimmt und gerundet. Jedes Los entspricht einer Summe von Bedarfen während dieser Periodenzahl (Orlicky (1975)).

LUC (Least Unit Cost, gleitende wirtschaftliche Bestellmenge): Die Stückkosten $(F+k. \sum (t-r)B_t)/ \sum B_t$ werden minimiert (Orlicky (1975)). Die Lösung ändert sich nicht, wenn irrelevante Lager- oder Anschaffungs- bzw. Herstellkosten einbezogen werden (Glaser (1973)).

KAM (Kostenausgleichsmethode, Stückperiodenausgleich, LTC (Least Total Cost), Cost-Balancing, PPM (Part-Period-Method) von DeMattheis (1968)): Bestellfixe Kosten und Lagerkosten sollen sich in etwa ausgleichen. Dieses aus dem klassischen Lagerhaltungsmodell abgeleitete Grundprinzip wird im Hinblick auf die Berücksichtigung der intraperiodischen Lagerkosten und das verwendete Abbruchkriterium unterschiedlich präzisiert. Durch einen Parameter a=0 oder a=1/2 wird der Bedarfsverlauf innerhalb der Perioden bei Berechnung der Lagerkosten berücksichtigt. Eine Alternative zur Berücksichtigung irrelevanter Lagerkosten im Kostenausgleich besteht darin, den Kostenparameter F unter Berücksichtigung der TBO zu F' zu reduzieren, um im Durchschnitt den Wegfall der intraperiodischen Lagerkosten zu kompensieren (vgl. die "Order Moment-Method" von McLaren (1977)). Da ein völliger Ausgleich der beiden Kostenarten in diskreten Modellen meist unmöglich ist, kann man die berücksichtigte Zahl von Perioden abrunden (s^-), aufrunden (s^+), jene Periodenzahl wählen, bei der die absolute Abweichung minimal wird (s abs-min) oder bei der die relative (periodenbezogene) Abweichung minimal wird. In letzterem Fall kann man unterscheiden, ob das zuerst gefundene, möglicherweise bloß lokale Minimum (s rel-min-lok) oder das globale Minimum (s rel-min-glob) den Eindeckungszeitraum bestimmt. Auf diese Weise erhält man 15 Varianten der KAM (Knolmayer (1984)):

KAM1:	a=0	F	s^-
KAM2:	a=1/2	F	s^-
KAM3:	a=0	F	s^+
KAM4:	a=1/2	F	s^+
KAM5:	a=0	F	s abs-min
KAM6:	a=1/2	F	s abs-min
KAM7:	a=0	F	s rel-min-lok
KAM8:	a=1/2	F	s rel-min-lok
KAM9:	a=0	F	s rel-min-glob
KAM10:	a=1/2	F	s rel-min-glob
KAM11:	a=0	F'	s^-
KAM12:	a=0	F'	s^+
KAM13:	a=0	F'	s abs-min
KAM14:	a=0	F'	s rel-min-lok
KAM15:	a=0	F'	s rel-min-glob

WEM (Verfahren von Wemmerlöv (1981 a)): Wie KAM2, jedoch wird über die TBO ein datenabhängiger Faktor a<1/2 bestimmt, der die Probleme, die die Irrelevanz der intraperiodischen Lagerkosten für die Anwendung des Kostenausgleichsprinzips mit sich bringt, durch Anpassung des Lagerkostensatzes kompensieren soll.

SM (Verfahren von Silver/Meal): Diese Heuristik wählt jene Bestellmenge, die die Kosten je Periode $(F+k.\sum_t (t-r+a)B_t)/(t-r+1)$ minimiert. Von ihr werden 6 Varianten betrachtet:

SM1 :	a=0	lok	HK=0	(Silver/Meal (1973))
SM2 :	a=1/2	lok	HK=0	(Wemmerlov (1981 b))
SM3 :	a=0	glob	HK=0	(Silver/Meal (1973))
SM4 :	a=1/2	glob	HK=0	
SM5 :	a=0	lok	HK=1	
SM6 :	a=1/2	lok	HK=1	

HK=0: Die Anschaffungs- bzw. Herstellkosten werden nicht in die Minimierung einbezogen.
HK=1: Die Anschaffungs- bzw. Herstellkosten werden in den Zähler der obigen Formel aufgenommen.

SM5 und SM6 werden betrachtet, um den Einfluß von hohen, aber entscheidungslogisch irrelevanten Kosten in den Lagerhaltungsheuristiken veranschaulichen zu können.

LTC2 (Modifizierte Kostenausgleichsmethode von Mitra et al. (1983)): Die Heuristik korrigiert für $B_{r+1} > F/k$ und s=r+1 einen Mangel der KAM5. Sie läßt sich als Kombination von KAM5 mit SM1 interpretieren.

SELIM (Verfahren der Selektiv-Limes-Perioden von Trux (1968)): Als "Kosten-Limes-Periode" wird jene Periode u bezeichnet, in der erstmals $B_u k(u-r) > F$ ist. Nach ihrer Bestimmung wird versucht, die Kosten im Zeitraum r bis u durch Einfügung einer Bestellung in der "Selektiv-Periode" zu minimieren.

FRC (Verfahren von Freeland/Colley (1982)): Eine neue Bestellung wird in der "Kosten-Limes-Periode" des Selim-Algorithmus aufgegeben. FRC verzichtet aber auf eine Lösungsverbesserung durch Bestimmung der Selektiv-Periode.

GAI (Verfahren von Gaither (1981)): Ausgehend von der "Kosten-Limes-Periode" wird eine "Look-back-and-look-ahead"-Analyse vorgenommen, als deren Ergebnis sich der Bestellzeitpunkt um höchstens eine Periode nach vorne verschieben kann.

GRO (Verfahren von Groff (1979)): Ein neues Los wird gebildet, sobald $(B_t k(t-r+1)(t-r)/2) \geq F$ ist. Dieses Abbruchkriterium wird aus einem periodenorientierten Marginalprinzip abgeleitet.

3. Vergleich der Heuristiken

In der Literatur werden die jeweils vorgeschlagenen Heuristiken oft an 25 von Berry (1972) vorgelegten Beispielen, die sehr untypische Bedarfsverläufe und nur 12 Perioden umfassen, "getestet". Diese Vorgangsweise kann wissenschaftlich nicht befriedigen und hat zur Veröffentlichung vieler unbrauchbarer Heuristiken geführt. Die hier beschriebene Meta-Simulation umfaßt 1500 Fälle, in denen jeweils F=1000 und k=1 ist. Die Bedarfsmittelwerte B betragen 40, 80, 120, 160 oder 200 Stück je Periode, die zufällig erzeugten Bedarfe schwanken gleichverteilt mit 30, 50 oder 70 % um diese Mittelwerte. Damit wird ein weites Spektrum unterschiedlicher Datenkonstellationen abgedeckt. Zu jeder der 15 Klassen wurden 100 Bedarfsreihen mit einem Planungshorizont von 200 Perioden stochastisch generiert. Um den selbst bei dieser großen Periodenzahl noch bestehenden Einfluß des Abbruchs am Planungshorizont zu reduzieren, wurden die jeweils letzte Bestellung bei der Auswertung vernachlässigt und die Durchschnittskosten je Stück über alle anderen Bestellungen verglichen. Tab. 1 zeigt die durchschnittlichen Mehrkosten der Heuristiken gegenüber dem exakten Algorithmus von Wagner/Whitin (1958) für die einzelnen Bedarfsmittelwerte.

Zur Beurteilung der Signifikanz der Unterschiede wurde für das gesamte Experiment ein nichtparametrischer Multiple-Comparison-Vorzeichentest (Miller (1981), S. 138) vorgenommen, mit dessen Hilfe die einzelnen Verfahren für eine experimentweise Fehlerrate von 1 % in Gruppen ähnlicher bzw. signifikant unterschiedlicher Leistungsfähigkeit unterschieden werden. Heuristiken mit nicht signifikant unterschiedlichen Ergebnissen sind in Tab. 1 rechts mit einem Strich verbunden.

Am erfolgreichsten schneiden die in der deutschsprachigen Literatur weitgehend unbeachtet gebliebenen Heuristiken SM1 und GRO ab. Die mit ihnen verbundenen Ergebnisse liegen in allen betrachteten Datensituationen nur geringfügig über den mit dem Wagner-Whitin-Algorithmus erzielten Lösungen. Die hier berichteten Ergebnisse stimmen tendenziell mit jenen von DeMattheis (1968) und Ohse (1970) zu den Vorteilen von KAM1 gegenüber LUC überein. Obwohl LUC, die KAM- und die SM-Varianten ein enges Naheverhältnis zur klassischen Losgrößenoptimierung besitzen, liefern sie recht unterschiedliche Ergebnisse. Die Berücksichtigung irrelevanter Kosten ist sowohl bei KAM als auch bei SM unvorteilhaft. Von allen KAM-Varianten schneidet die ursprüngliche Version KAM1 am besten ab: Die bei ihr bestehenden entscheidungslogischen Schwächen (Knolmayer (1984)) kompensieren sich offenbar recht gut. Die in vielen Arbeiten intendierten "Verbesserungen" der ursprünglichen Kostenausgleichsmethode KAM1 blieben erfolglos. Insbesondere trifft die in der anglosächsischen Literatur weit verbreitete Annahme, KAM5 müsse besser als KAM1 sein, nicht zu. Manche der angeblichen KAM-Verbesserungen schneiden sogar schlechter als LUC ab. Wenn aber die Beseitigung entscheidungslogischer Schwächen von KAM1 zu signifikanten Verschlechterungen führt, so ist der Kostenausgleich als Abbruchkriterium ebenso wie die Stückkostenminimierung bei LUC abzulehnen.

Bemerkenswert ist, daß gerade neuere Verfahren wie FRC und GAI überaus schlecht abschneiden. Die ebenfalls erst vor kurzem vorgeschlagene LTC2 stimmt in allen untersuchten Datenkonstellationen mit KAM5 überein und liefert nur bei sehr kurzen Eindeckungszeiträumen abweichende Ergebnisse. In diesen Fällen eignet sich LTC2 zwar besser als KAM5, erreicht aber nicht die Lösungsqualität von KAM1. Diese Ergebnisse zeigen die Problematik des Tests von Heuristiken an wenigen ausgewählten Beispielen.

Die von Silver/Meal (1973) verwendete Zielfunktion stimmt mit jener des klassischen Modells am besten überein und bringt gute Ergebnisse. Das Verfahren von Groff (1979) ist entscheidungslogisch plausibel, weil die Entscheidung, ob der Bedarf B_t bereits in Periode r beschafft wird, im Gegensatz zu vielen anderen Heuristiken nicht von $B_r, B_{r+1}, \ldots, B_{t-1}$ abhängt; der mit ihm verbundene Rechenaufwand ist besonders niedrig. Eine Überlegenheit von SM1 und GRO gegenüber anderen Verfahren stellt auch Wemmerlöv (1982) fest. Der dort erhaltene signifikante Vorteil von GRO gegenüber SM1 könnte auf den Einfluß von Datenkonstellationen zurückzuführen sein, in denen viele Bedarfe Null sind. Eigene Untersuchungen zeigen, daß sich bei derartigen Datenkonstellationen die Lösungsqualität der Heuristiken erheblich verschlechtert. Am besten schneiden dabei die nach globalen Minima suchenden Heuristiken SM3 und SM4 sowie GRO ab. Silver/Miltenburg (1984) schlagen für diese Datensituationen vor, die mit der Silver-Meal-Heuristik erhaltenen vorläufigen Bestellmengen mit einer ergänzenden Heuristik zu korrigieren. Zusammenfassend ergibt sich die Empfehlung, die heute vorherrschenden LUC- und KAM-Darstellungen in den Lehrbüchern durch Beschreibung von SM1, SM3 und GRO abzulösen.

	Bedarfsmittelwert					
	40	80	120	160	200	Gesamt-experiment
SM1	1,30	1,09	1,09	1,02	1,23	1,15
GRO	1,10	1,12	1,18	1,06	1,35	1,16
SM2	1,35	1,15	1,10	1,10	1,28	1,20
SM3	0,98	1,24	1,35	1,27	1,54	1,27
SM4	1,04	1,34	1,48	1,55	1,83	1,45
KAM1	2,42	2,64	2,73	2,22	2,49	2,50
SELIM	8,46	2,13	1,64	2,46	3,16	3,57
KAM13	2,93	3,27	3,41	3,26	3,27	3,23
WEM	2,66	2,90	3,20	4,02	3,63	3,28
KAM14	2,93	3,34	3,57	3,49	3,31	3,33
KAM15	2,93	3,35	3,57	3,49	3,31	3,33
KAM11	2,69	2,92	3,19	4,04	3,69	3,30
KAM6	2,95	3,30	3,47	3,51	3,37	3,32
KAM8	2,97	3,38	3,54	3,61	3,49	3,40
KAM10	2,97	3,38	3,54	3,61	3,49	3,40
KAM2	2,73	3,03	3,40	4,21	4,09	3,49
POQ	3,45	3,78	3,98	4,93	4,07	4,04
KAM5	3,21	3,70	4,33	4,56	4,96	4,15
LTC2	3,21	3,70	4,33	4,56	4,96	4,15
KAM7	3,32	3,91	4,59	4,89	5,62	4,47
KAM9	3,32	3,91	4,59	4,89	5,62	4,47
LUC	3,65	4,24	4,47	5,47	4,94	4,55
KAM12	4,03	4,83	5,80	5,66	6,93	5,45
KAM4	4,04	4,86	5,81	5,70	6,84	5,45
KAM3	4,67	6,17	7,47	9,36	9,48	7,43
SM5	54,93	29,46	19,97	15,74	13,91	26,80
SM6	54,93	29,46	19,97	15,74	13,91	26,80
GAI	68,11	36,60	23,31	15,85	11,47	31,07
FRC	71,58	41,02	27,81	20,53	16,02	35,39
LFL	293,46	188,28	141,85	114,20	95,32	166,62

Tab. 1: Durchschnittlicher Anstieg der relevanten Kosten bei Anwendung von 30 Heuristiken der dynamischen Bestellmengenoptimierung gegenüber dem Wagner-Whitin-Algorithmus. Die vertikalen Striche verbinden Verfahren, zwischen denen für eine experimentweise Fehlerrate von 1 % mit einem Multiple-Comparison-Vorzeichentest keine signifikanten Unterschiede gefunden wurden.

Literatur

Berry, W.L.
Lot Sizing Procedures for Requirements Planning Systems: A Framework for Analysis.
Production & Inventory Management 13, Nr. 2, 19-34 (1972).

DeMatteis, J.J.
An economic lot-sizing technique I, The part-period algorithm.
IBM Systems Journal 7, 30-38 (1968).

Freeland, J.R., Colley, Jr., J.L.
A Simple Heuristic Method For Lot Sizing in a Time-Phased Reorder System.
Production & Inventory Management 23, Nr. 1, 15-22 (1982).

Gaither, N.
A Near-Optimal Lot-Sizing Model for Material Requirements Planning Systems.
Production & Inventory Management 22, Nr. 4, 75-89 (1981).

Glaser, H.
Zur Bestimmung kostenoptimaler Bestellmengen bei deterministisch gleichbleibendem und deterministisch schwankendem Bedarf.
(Dissertation).
Wirtschafts- und Sozialwissenschaftliche Fakultät der Universität Köln.
177 S. (1973).

Groff, G.K.
A Lot Sizing Rule for Time-Phased Component Demand.
Production & Inventory Management 20, Nr. 1, 47-53 (1979).

Knolmayer, G.
Zur Bedeutung des Kostenausgleichsprinzips für die Bedarfsplanung mit PPS-Systemen.
Manuskript Nr. 145 aus dem Institut für Betriebswirtschaftslehre der Universität Kiel, Kiel (1984).

McLaren, B.J.
A Study of Multiple Level Lot Sizing Procedures for Material Requirements Planning Systems.
(Dissertation).
Purdue University.
256 S. (1977).

Miller, Jr., R.G.
Simultaneous Statistical Inference, 2nd ed.
Berlin Heidelberg New York: Springer (1981).

Mitra, A., Cox, J.F., Blackstone, Jr., J.H., Jesse, Jr., R.R.
A re-examination of lot sizing procedures for requirements planning systems: some modified rules.
International Journal of Production Research 21, 471-478 (1983).

Ohse, D.
Näherungsverfahren zur Bestimmung der wirtschaftlichen Bestellmenge bei schwankendem Bedarf.
elektronische datenverarbeitung 12, 83-88 (1970).

Orlicky, J.
Material Requirements Planning.
New York et al.: Mc Graw Hill (1975).

Silver, E.A., Meal, H.C.
A Heuristic for Selecting Lot Size Quantities for the Case of a Deterministic Time-Varying Demand Rate and Discrete Opportunities for Replenishment.
Production & Inventory Management 14, Nr. 2, 64-74 (1973).

Silver, E.A., Miltenburg, J.
Two modifications of the Silver-Meal lot sizing heuristic.
INFOR 22, 56-69 (1984).

Trux, W.R.
Einkauf und Lagerdisposition mit Datenverarbeitung, 2. Aufl.
München: Moderne Industrie (1972).

Wagner, H.M., Whitin, T.M.
Dynamic version of the economic lot size model.
Management Science 5, 89-96 (1958).

Wemmerlöv, U.
The Part-Period Balancing Algorithm and Its Look Ahead-Look Back Feature: A Theoretical and Experimental Analysis.
American Institute for Decision Sciences (Ed.), Proceedings 13th Annual Meeting, Volume 2, 103-105 (1981 a).

Wemmerlov, U.
The Ubiquitous EOQ - Its Relation to Discrete Lot Sizing Heuristics.
Int. J. Oper. Prod. Manag. 1, 161-179 (1981 b).

Wemmerlöv, U.
A Comparison of Discrete, Single Stage Lot-Sizing Heuristics with Special Emphasis on Rules based on the Marginal Cost Principle.
Engineering Costs and Production Economics 7, 45-54 (1982).

SIMULATIONSMODELL ZUR PLANUNG VON INSTANDHALTUNGSSTRATEGIEN FÜR HOCHWERTIGE AUSTAUSCHTEILE IN LUFTFAHRZEUGEN

Klaus Müller, Trier

Zusammenfassung:

Die vorliegende Arbeit behandelt das Problem der mengenmäßigen Ermittlung des Instandsetzungsanfalls und des Bedarfes an instandgesetzten Aggregaten, die in Luftfahrzeugen (Lfz) verwendet werden. Mit Hilfe der Simulation der Nutzung des Aggregatebestandes gelingt es, eine günstige Instandhaltungsstrategie auszuwählen, die sich am Bedarf an instandzusetzenden Aggregaten orientiert.

1. Problembeschreibung:

Für einen Bestand von gleichartigen, hochwertigen Austauschteilen (z.B. Triebwerken eines bestimmten Typs) ist

- zu ermitteln, wieviele Aggregate in zukünftigen Perioden ausfallen werden (Prognoseaufgabe),

  und es ist

- festzulegen, wieviele Aggregate in den einzelnen Perioden instandgesetzt werden sollen (Planungsaufgabe).

Bei letzterem werden wir insbesondere prüfen, inwieweit es sinnvoll ist, noch betriebsbereite Aggregate vorzeitig der Instandsetzung zuzuführen.
Die Ableitung einer solchen Instandhaltungsstrategie soll sich an dem Ziel orientieren, die Flugbereitschaft in hohem Maße aufrechtzuerhalten und die Instandhaltungskapazitäten möglichst gleichmäßig auszulasten. Der Planungszeitraum umfaßt sechs Jahre und ist durch die Haushaltsmittelplanung vorgegeben.

2. Die Elemente des Modells:

Die einzelnen Aggregate des Bestandes können in unterschiedliche Luftfahrzeugtypen eingebaut werden, die ihrerseits verschiedenartigen Verwendungen zugeführt werden können (vgl. Abbildung 1). Die Nutzung (Flugstundenvorgaben pro Monat und Lfz) und die Bestandsentwicklung (Anzahl Lfz) sind für jeden Luftfahrzeugtyp bzw. die unterschiedlichen Verwendungsarten über den Sechsjahreszeitraum vorgegeben und im allgemeinen als nicht konstant anzusehen.

Operations Research Proceedings 1984

Abbildung 1: Verwendung der Aggregate in einem Luftfahrzeugbestand

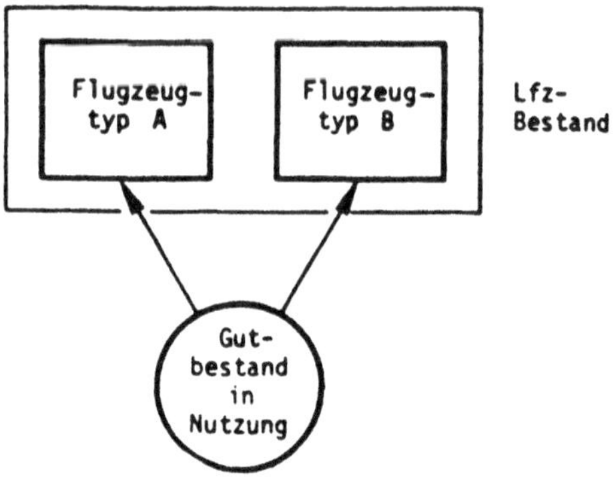

Die Nutzung des betreffenden Luftfahrzeugbestandes, gegliedert nach Verwendungsarten, entsprechend folgender Tabelle durch Angabe der Anzahl Luftfahrzeuge je Verwendungsart und der Zahl der pro Monat und Maschine zu erbringenden Flugstunden festgelegt:

Tabelle 1: Bestands- und Nutzungsvorgabe für einen Luftfahrzeugtyp

	1984	1985	1986	1987	1988	1989
Verwendungsart 1						
- Anzahl Lfz	123	122	122	121	120	120
- Anzahl Flugstunden pro Monat u. Lfz	20	20	20	20	20	20
Verwendungsart 2						
- Anzahl Lfz	5	5	5	5	5	5
- Anzahl Flugstunden pro Monat u. Lfz	4	4	4	4	4	4

Im Rahmen des Modells wird die Instandhaltung nur für ausgewählte Austauschteile geplant, die der Intensivüberwachung unterliegen. Für diese werden in einer Datenbank folgende Angaben verfügbar gehalten:

- die Gesamtbetriebsleistung in Stunden und das Alter in Kalendermonaten,
- die Laufzeit seit letzter Grundüberholung in Stunden und Kalendermonaten,
- der Zustand (intakt/defekt),
- der Verbleib (eingebaut, gelagert, in Instandsetzung).

Einen maßgeblichen Einfluß auf die Planung üben auch die Instandsetzungskriterien aus, die vorschreiben, nach wievielen Betriebsstunden/Kalendermonaten eine Grundüberholung durchgeführt werden muß, beziehungsweise nach welcher Gesamtbetriebsleistung das Gerät auszusondern ist. Weiterhin ist notwendig, die Instandsetzungskriterien nicht für den gesamten Planungszeitraum als unveränderlich anzusehen, sondern die Möglichkeit einer ein- oder mehrmaligen Herauf- oder Herabsetzung dieser Größen zuzulassen.

Eine weitere, für die Planung wichtige Größe ist die Zuverlässigkeit des Aggregatetyps, d.h. die Fähigkeit des Gerätes, zwischen zwei Grundüberholungen ohne Störung seine Funktion zu erfüllen. Die Zuverlässigkeit wird in Form einer Verteilungsfunktion über der Betriebsleistung angegeben. Diese Größe ist ein Maß für die Anzahl der zufällig auftretenden Störungen. Die Bestimmung der optimalen zulässigen Betriebsleistung zwischen zwei Grundüberholungen ist nicht Gegenstand dieser Arbeit.

Zu berücksichtigen ist auch die augenblickliche Betriebsleistungsverteilung des Aggregatebestandes. Ist nämlich die Verteilung der bisher erbrachten Betriebsleistung etwa infolge der Beschaffung und Einführung des Gerätes innerhalb einer kurzen Zeitspanne ungleichmäßig, so wird auch ein großer Teil des Bestandes - wie wir später an einem Beispiel sehen werden - innerhalb einer kurzen Frist zur Grundüberholung anfallen. Dieser ungünstige Fall wird sich zudem periodisch wiederholen, sofern nicht entsprechende planerische Maßnahmen rechtzeitig entgegenwirken.

Von der Planung zu berücksichtigen ist auch die Zeitdauer der Nichtverfügbarkeit d.h. die Zeit, die für die Instandsetzung und den Transport benötigt wird, sowie die bereits heute für die Zukunft geplanten Ersatzbeschaffungen.

Zusammenfassend läßt sich also sagen, daß der mengenmäßigen Planung des Instandsetzungsanfalles

- Individualdaten (Alter, Betriebsleistung, Zustand) des Gerätebestandes,
- Nutzungsintensitäten (Flugstundenvorgaben),
- Ausfallverhalten des Aggregatetyps,
- Ersatzbeschaffungen und
- die Nichtverfügbarkeitsdauern bei Instandsetzung und Transport

zugrunde zu legen sind.

Zu bestimmen sind die Zahl der zur Instandsetzung anfallenden Aggregate und der daraus resultierende Bedarf an instandzusetzenden Aggregaten in ihrem zeitlichen Verlauf über den Sechsjahreszeitraum.

3. Lösung des Problems

Ein mathematisches Modell des Materialkreislaufes in analytischer Form läßt sich aufgrund des Zusammenspiels einer großen Zahl von Einflußgrößen - davon viele nicht quantifizierbar - nicht erstellen.
Wir gehen deshalb von folgendem Modell des Materialkreislaufes aus und ermitteln die interessierenden Größen Instandsetzungsanfall und - bedarf durch Simulation der Nutzung, Lagerung und Instandsetzung der einzelnen Aggregate.

Abbildung 2: Modell des Materialkreislaufes

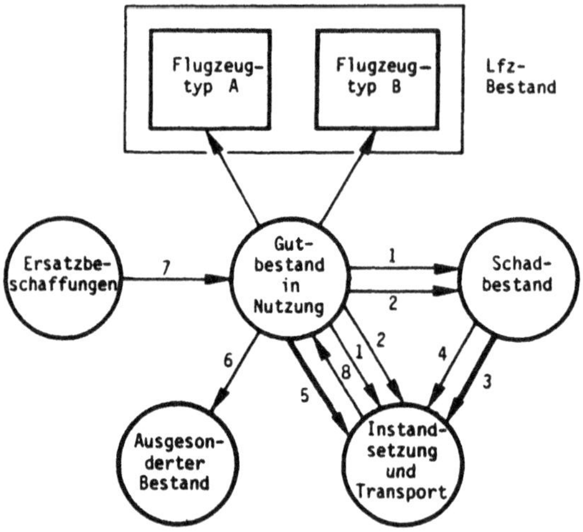

Übergangsbedingungen für Aggregate

1 zugelassene Betriebsdauer erreicht
2 zufälliger Ausfall
3 vorgezogene Reparatur schadhafter Aggregate aufgrund einer Planungs-Entscheidung
4 Reparatur schadhafter Teile wegen Bedarf
5 vorgezogene Grundüberholung intakter Aggregate aufgrund einer Planungs-Entscheidung
6 Aussonderung wegen Erreichens der zulässigen Gesamtlaufzeit oder Schadenshöhe
7 geplante Ersatzbeschaffung
8 Instandsetzung abgeschlossen

Zunächst befinden sich alle intakten Aggregate im "Gutbestand in Nutzung", die defekten verteilen sich auf die Bestände "Instandsetzung und Transport" sowie den "Schadbestand". Bei zukünftigen geplanten Beschaffungen wird der Gutbestand aus dem Bestand "Ersatzbeschaffungen" gespeist, und der Gutbestand wird durch Aussonderungen geschmälert.
Aggregate aus dem Gutbestand können bei Ausfall entweder im Schadbestand zwischengelagert oder bei sich abzeichnendem Bedarf sofort instandgesetzt werden. Aus dem Schadbestand werden nur im Rahmen des bestehenden Bedarfes an instandgesetzten Aggregaten mit dem zeitlichen Vorlauf der Reparatur- und Transportdauer Einheiten der Instandsetzung zugeführt (Bedarfsorientierung).

Die Simulation der Nutzung erfolgt über den gesamten Planungszeitraum von sechs Jahren in Monatsschritten und orientiert sich an den Ereignissen des Ausfalles und der Instandsetzung der einzelnen Aggregate. Die Laufzeit jedes einzelnen Aggregates bis zum Ausfall resp. zur Grundüberholung wird entsprechend der statistischen Lebensdauerverteilung mit Hilfe von Pseudozufallszahlen unter Berücksichtigung der bei Beginn bereits zurückgelegten Betriebsleistung ermittelt. Die insgesamt für den Luftfahrzeugbestand zu erbringende Betriebsleistung wird monatlich berechnet und auf den Gutbestand gleichmäßig umgelegt. Zum Ende des Monats wird die Anzahl der anfallenden Ausfälle und Grundüberholungen wie die Zahl der intakten, defekten und in Instandsetzung befindlichen Aggregate ermittelt. Dabei werden soviel Aggregate der Instandsetzung überwiesen, wie später zur Aufrechterhaltung des Mindestbestandes benötigt werden. Instandgesetzte Aggregate werden unverzüglich wieder dem "Gutbestand in Nutzung" zugeführt.

Nach Ausführung der Simulation kann somit beurteilt werden, ob die Zahl der aus der Instandsetzung zurücklaufenden Aggregate ausreicht, den Bedarf zu decken, oder ob sich zeitweise ein Engpaß an betriebsbereiten Aggregaten ergibt, der dazu führt, daß der Mindestbestand an intakten Geräten unterschritten wird. Der Mindestbestand ist die benötigte Anzahl der in die Luftfahrzeuge eingebauten Geräte zuzüglich einer Sicherheitsreserve von n Stück. Tritt dieser Fall auf, so geht es darum, mit Hilfe des Modells zu testen, in welchem Ausmaß von folgenden - auch kostenmäßig - eskalierenden Maßnahmen Gebrauch gemacht wird:

(1) Vorzeitige Abgabe von Aggregaten aus dem Schadbestand zur Instandsetzung über den aktuellen Bedarf an instandgesetzten Geräten oder, falls das nicht ausreicht,

(2) die vorgezogene Instandsetzung betriebsbereiter Geräte mit dem Ziel, einen erhöhten Anfall in einer kurzen Zeitspanne auf einen früheren Zeitraum zu verteilen und so das Absinken des Gutbestandes unter die Mindestgrenze zu vermeiden.

Die Festlegung der Vorgehensweise und gegebenenfalls des Umfanges und der Zeitpunkte der vorzeitigen Reparatur bezeichnen wir als Instandhaltungsstrategie.

Wir treffen noch folgende vereinfachende Annahmen, die jedoch durch die Wirklichkeit gerechtfertigt sind:

(1) Der Bestand an vorhandenen betriebsfähigen Aggregaten wird jeweils gleichmäßig genutzt, d.h. alle betriebsfähigen Aggregate erbringen monatlich dieselbe Betriebsleistung bis zum Erreichen ihrer Grundüberholungsgrenze bzw. bis zum Auftreten eines stochastischen Ausfalls. Diese Annahme bildet den tatsächlichen Vorgang der Nutzung der Aggregate nach, da diese ebenfalls bei periodischen Inspektionen zwischen den einzelnen Grundüberholungen gewechselt werden und sich so eine etwa gleichmäßige Inanspruchnahme aller betriebsbereiten Einheiten ergibt.

(2) Die statistische Zuverlässigkeit aller Aggregate ist gleich; d.h. die individuelle Laufzeit aller Aggregate bis zum Auftreten einer Störung oder bis zum Erreichen der Grundüberholungsgrenze unterliegt demselben wahrscheinlichkeitstheoretischen Verteilungsgesetz, das aus den in der Erfahrung gewonnenen Werten über die Ausfallhäufigkeit gebildet wird.

4. Die Wahl einer Instandhaltungsstrategie an einem Beispiel

Die Vorgehensweise wird nun am Beispiel eines Bestandes von gleichartigen Triebwerken erläutert, die in einem Luftfahrzeugbestand eingebaut sind. Dabei sollen die in Tabelle 1 aufgeführten Verwendungen, Bestands- und Flugstundenzahlen zugrunde liegen. In jedes Luftfahrzeug seien 2 Triebwerke eingebaut, und es seien 310 Triebwerke vorhanden, davon 280 intakt und 30 defekt mit folgender Betriebsleistungsverteilung der intakten Triebwerke (vgl. Abb. 3):

Abbildung 3: Verteilung der Betriebsleistung des Triebwerkbestandes

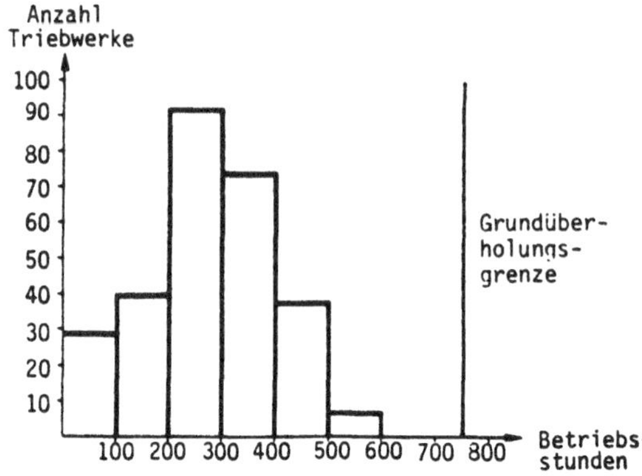

Die zulässige Laufzeit zwischen Grundüberholungen betrage 750 Stunden, 60 % der Triebwerke erreichen jeweils die Grundüberholungsgrenze von 750 Stunden; Die restlichen 40 % erleiden jeweils einen vorzeitigen Ausfall, wobei sich die Ausfälle in etwa gleichmäßig über das ganze Betriebsleistungsintervall verteilen (Zuverlässigkeit).

Als Nichtverfügbarkeitszeit bei Instandsetzungen sind etwa 7 Monate für Grundüberholungen und 5 Monate für die Behebung eines stochastischen Ausfalles zu veranschlagen.

Die monatliche erforderliche Triebwerksleistung von zu Beginn 2 * (123 * 20 + 5 * 4) = 2480 Stunden verteilt sich auf 280 Triebwerke. Die von jedem einzelnen Triebwerk erbrachte monatliche Laufleistung beträgt somit ungefähr 17,5 Std. Es ist also der ungünstige Fall zu erwarten, daß nach etwa 20 Monaten über einen Zeitraum von etwa einem Jahr ca. 55 % des Gesamtbestandes zur Grundüberholung anstehen und sich ein Unterschreiten des Mindestbestandes über eine Zeitdauer von ca. 1 1/2 Jahren andeutet. Diese Entwicklung wiederholt sich zudem im Abstand von 3 1/2 Jahren wie folgende Abbildung zeigt:

Abbildung 4: Entwicklung des Gutbestandes bei Instandsetzung nach momentanem Bedarf

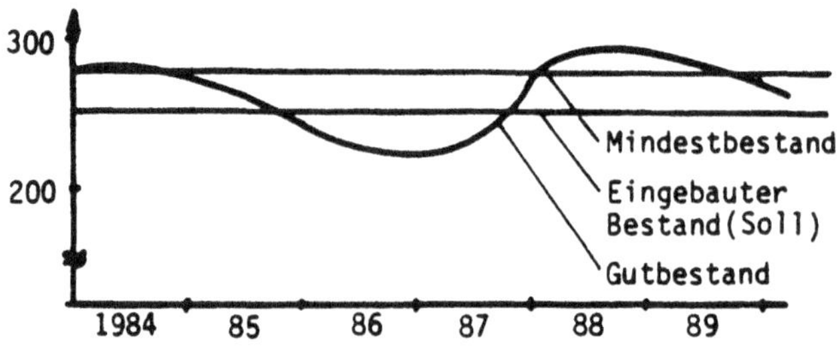

Dies ist die Folge eines verstärkten Anfalles von Triebwerken zur Instandsetzung, wodurch ein erheblicher Bedarf an instandgesetzten Triebwerken ausgelöst wird. Der Bedarf kann aber erst mit der zeitlichen Verzögerung der Instandsetzungsdauer befriedigt werden, da in diesem Falle wegen der knappen Bemessung des Triebwerkbestandes ein Schadbestand nicht entstehen kann und alle zur Instandsetzung anfallenden Aggregate sofort instandgesetzt werden, wie Abbildungen 5 und 6 zeigen:

Abbildung 5: Zahl der ausfallenden Aggregate

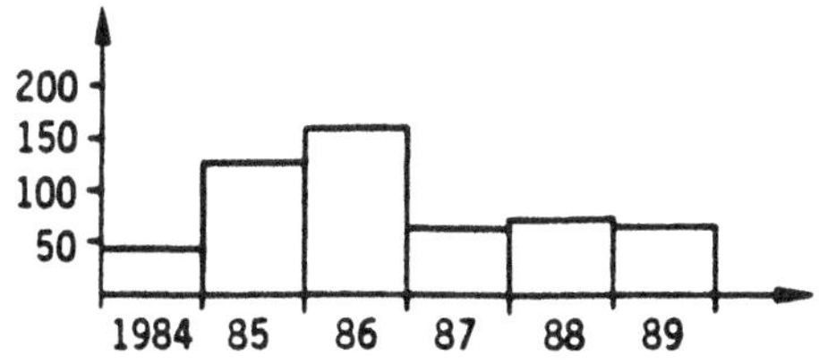

Abbildung 6: Zahl der instandgesetzten Aggregate

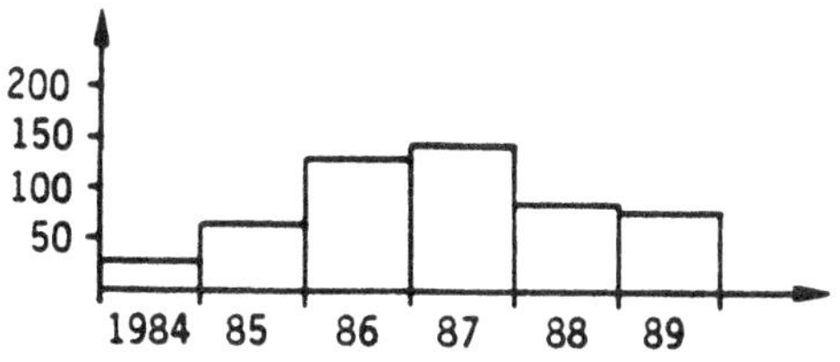

Der Planer wird nun versuchen, durch die Wahl einer anderen Instandsetzungsstrategie dem Absinken unter den Mindestbestand vorzubeugen. Da die erste oben genannte Möglichkeit wegen fehlendem Schadbestand nicht besteht, entscheidet er sich für die vorzeitige Instandsetzung noch betriebsfähiger Triebwerke. Als Zeitpunkt wählt er die erste Jahreshälfte 1984. Der Umfang beträgt insgesamt 30 Triebwerke aus der Betriebsleistungsklasse zwischen 200 und 400 Stunden, um so den in Abbildung 3 sichtbaren Gipfel vorzeitig abzubauen.
Damit wird erreicht, daß der erhöhte Anfall in den Jahren 1985 und 1986 zeitlich vorgezogen instandgesetzt werden kann und ein Unterschreiten des Mindestbestandes weitgehend vermieden wird. Der dabei in Kauf zu nehmende Verlust an Betriebsleistung wird ausgewiesen. Zum Vergleich nun die Entwicklung des Gutbestandes, wenn man im Jahre 1984 insgesamt 30 Triebwerke vorzeitig instandsetzt:

Abbildung 7: Entwicklung des Gutbestandes bei zusätzlicher Instandsetzung betriebsbereiter Aggregate

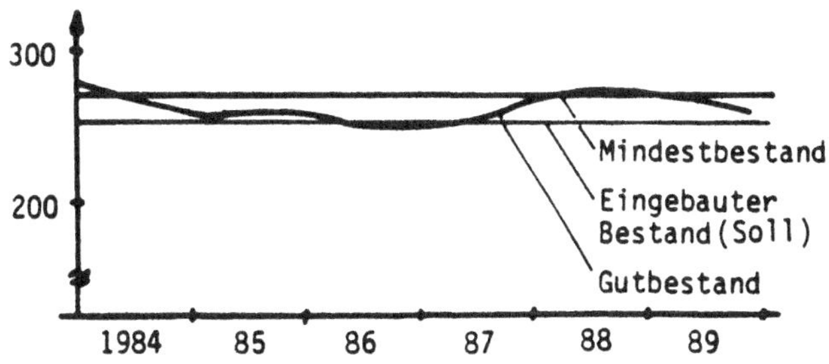

Man sieht, daß sowohl die Zeitdauer wie die Höhe der Unterdeckung wesentlich reduziert werden. Die dann noch verbleibende Lücke muß auf andere Art geschlossen werden, z.B. durch Ersatzbeschaffungen. Das Modell liefert also auch einen Hinweis auf die Zeitpunkte und das Ausmaß notwendiger Ersatzbeschaffungen.

Der Planer ist also schrittweise wie folgt vorgegangen:

(1) Als erste Näherung dient ihm ein Simulationslauf, bei dem die Instandsetzung schadhafter Aggregate ausschließlich nach dem momentanen Bedarf vorgenommen wird, da dies die kostengünstigste Lösung darstellt.

(2) Ergibt sich hieraus, daß während des Planungszeitraumes Engpässe auftreten werden, so wird zunächst von der Instandhaltungsstrategie "Vorzeitige Instandsetzung schadhafter Aggregate" und, falls das nicht ausreicht, von der "Vorzeitigen Instandsetzung intakter Aggregate" Gebrauch gemacht. Zeitpunkte und Umfang der vorzeitigen Instandsetzung werden solange variiert, bis das Ergebnis den Vorstellungen des Planers entspricht, der auch die Interdependenz der Instandsetzung dieser Aggregate mit der anderer Gerätearten zu beachten hat.

Mit dem hier vorgestellten Simulationsmodell besitzt der Planer ein Hilfsmittel, das es gestattet, die Auswirkungen seiner Planungsentscheidungen im vorhinein zu studieren, wie es an dem Beispiel der vorzeitigen Instandsetzung gezeigt wurde. So kann auch in Fällen von Änderungen der Planungsgrößen, wie z.B. der Flugstundenplanung oder der Änderung der Instandsetzungskriterien, die Auswirkung auf die Instandsetzungsplanung rechnergestützt schnell ermittelt werden und, soweit erforderlich, durch Planungsmaßnahmen wie vorgeführt entgegengewirkt werden.
Das hier vorgestellte Simulationsmodell ist in der Programmiersprache PL/1 programmiert und hat sich in einer Testversion bewährt. Ein Rechnerlauf mit einem Aggregatebestand wie in obigem Beispiel benötigt etwa 12 sec Rechenzeit auf einer Siemens-Anlage 7865 unter BS 3000.

EINE SPEZIELLE METHODE ZUR FERTIGUNGSSTEUERUNG BEI DER REPARATUR VON FLUGZEUGUMLAUFTEILEN

Helmut Schröder, Frankfurt am Main

Bei Lufthansa werden unter Flugzeugumlaufteilen Materialpositionen verstanden, die nach dem Erleiden eines Defekts aus dem Flugzeug ausgebaut, in der Werkstatt repariert, dann als Ersatzteile in ein Lager gebracht und schließlich bei Bedarf wieder in ein Flugzeug eingebaut werden.

Ein wichtiges Teilproblem in diesem Materialkreislauf besteht in der Festlegung der Reihenfolge der einzelnen Teile bei ihrer Reparatur in der Werkstatt.

Ziel des Beitrages ist es, eine für die Lufthansa-Anwendung neu konzipierte Methode zur Reihenfolgesteuerung darzustellen und einen Erfahrungsbericht über eine erste Erprobung dieser Steuerungsregel in den Elektronikwerkstätten zu geben.

Bei der entwickelten Fertigungssteuerungsregel dreht es sich um eine rückgekoppelte Prioritätsregel (als Rückinformation wird der aktuelle Lagerbestand benutzt), die der Minimierung einer festgelegten Risikofunktion entspricht.

Nach der Erläuterung der Steuerungsregel werden ihre Charakteristika diskutiert. Außerdem wird auf den Zusammenhang mit weiteren Problemen im Materialkreislauf hingewiesen.

ERFAHRUNGEN MIT EINEM SIMULATIONSMODELL IN EINEM GIESSEREIBETRIEB

Bernhard Fleischmann, Hamburg
Hartwig K. Jess, Hamburg

Die Hamburger Aluminium-Werk GmbH (HAW) betreibt eine Aluminiumhütte und eine Gießerei mit acht Schmelzöfen und vier Stranggußanlagen. Dort werden das Hüttenaluminium sowie eigene und fremdbezogene Schrotte zu Walzbarren verarbeitet; außerdem werden Sows und Masseln auf besonderen Anlagen gegossen. Das monatliche Produktionsprogramm von etwa 10.000 Tonnen umfaßt rund 25 Legierungsgruppen in 15 Formaten und 6 Qualitäten.

Vor zwei Jahren wurde ein Simulationsmodell für den Produktionsablauf der Gießerei entwickelt, das inzwischen für verschiedene Untersuchungen meist strategischer Art eingesetzt und dabei mehrfach erweitert wurde. Fragestellungen waren u.a. die Auswirkungen von Veränderungen der Einsatzmenge an Hüttenaluminium, von veränderten Schrottlagerbeständen, von Terminvorgaben und dem Horizont der Aufträge und von neuen Ofen-Technologien. Außerdem wurden die Möglichkeit und der Nutzen einer computergestützten Ablaufplanung untersucht.

Das deterministische Simulationsmodell, das nach einem ereignisorientierten Prozeß-Konzept aufgebaut ist, berechnet für einen bestimmten Zeitraum, i.a. für einen Monat, zu einem gegebenen Auftragsprogramm den detaillierten Produktionsablauf auf jeder Anlage und alle zugehörigen Zeit- und Mengengrößen sowie die relevanten Kosten. Dazu enthält das Modell eine Ablaufplanung, die über die Zuordnung der Aufträge zu den Anlagen, ihre Reihenfolge, ihre Aufteilung in Chargen und Güsse sowie über die jeweilige Höhe des Schrotteinsatzes entscheidet. Dabei werden komplizierte technologische Bedingungen und verschiedene knappe Produktionsfaktoren berücksichtigt.

Es wird über Erfahrungen beim Einsatz des Modells in Zusammenarbeit zwischen der HAW und der Universität Hamburg und über Ergebnisse der oben genannten Untersuchungen berichtet.

ZUR KOSTENKALKULATION FÜR CHEMISCHE PRODUKTE

Robin A. Gordon, Berlin

Zusammenfassung: Die Kostenkalkulation in der chemischen Industrie wird zum Teil durch gerichtete Zyklen und Koppelproduktionen im Produktionsgraphen erschwert. Bekanntlich lassen sich die mengen- und kostenmäßigen Verbräuche für die Herstellung eines Kostenträgers durch das Lösen linearer Gleichungssysteme ermitteln. Das entspricht der Invertierung einer Matrix mit den eingesetzten bzw. produzierten Mengen je Kostenträger und Herstellverfahren.

Ziel dieses Beitrages ist die inhaltliche Interpretation der inversen Matrix. Damit läßt sich die Frage nach der Existenz der Inversen anschaulich diskutieren. Der gedankliche Umgang mit den Ergebnissen wird außerdem erleichtert. Schließlich kann eine exakte Definition der Aufteilung von Verbräuchen nach Produktionsstufe und Vorstufen angegeben werden.

Summary: Calculating the costs of chemical products is complicated if directed cycles or coproductions occur in the production graph. The values and amounts of goods consumed when making a product can be computed by solving a system of linear equations. This corresponds to the inversion of the matrix containing the amounts of each product consumed/ produced by each step in the process.

The goal of this report is interpreting the content of the inverse matrix. This is usefull for discussing prerequisites for nonsingularity. It gives us a plausible context for working with the results. And lastly it allows us to distinguish between the costs attributable to a given step and to earlier steps in the production process.

1. Einleitung

Im Rahmen einer Überarbeitung der Erzeugniskalkulation der Schering AG bestand das Bedürfnis, die zu verwendenden, größtenteils bekannten Methoden der Kostenrechnung in geschlossener Form darzustellen. Ziel dabei war es, die Zusammenhänge der verschiedenen rechnerischen Größen überblickbar zu machen sowie die Überprüfbarkeit des entwickelten Softwares zu erhöhen.

Üblicherweise werden die einzelnen Arbeitsschritte in einer chemischen Produktion Verfahren genannt. Dabei werden neben preismäßig bekannten Einsätze auch Kostenträger, d.h. Zwischen- oder Endprodukte eingesetzt und produziert. Die Zusammenhänge zwischen Verfahren und Kostenträger lassen sich in einem bewerteten gerichteten Graphen darstellen.(siehe Abbildung). Für jeden Kostenträger sowie für jedes Verfahren ist ein Knoten vorhanden. Die Kanten zeigen den Einsatz bzw. die Produktion

Operations Research Proceedings 1984

eines Kostenträgers in einem Verfahren an. Deshalb ist ein Ende einer Kante immer ein Kostenträger und das andere ein Verfahren. Als Bewertung trägt die Kante die im Verfahren produzierte bzw. eingesetzte Menge des Kostenträgers.

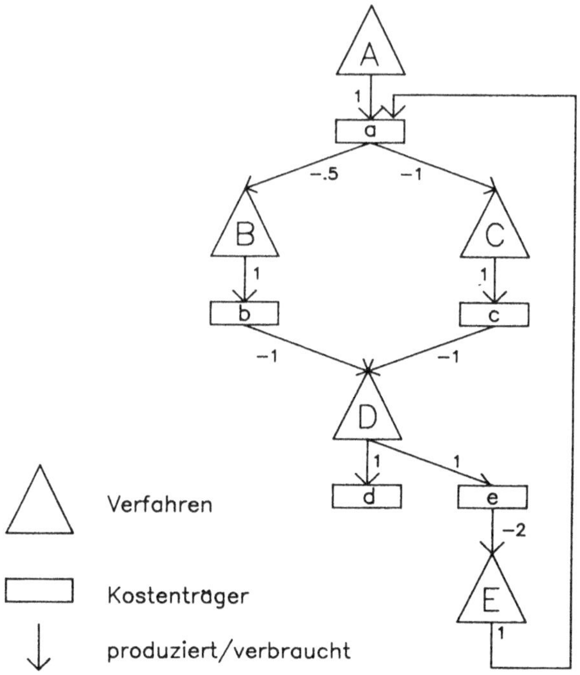

Beispiel eines Produktionsgraphen

Das Vorhandensein gerichteter Zyklen in diesem Graphen macht die schrittweise Berechnung der Kosten eines Kostenträgers (über die Vergabe von Dispositionsstufen) unmöglich. Stattdessen müssen die Gestehungskosten und die mengenmäßigen Verbräuche über lineare Gleichungssysteme der Form

$$MM \times X = W \qquad (1)$$

definiert werden. Grundgedanke dabei ist, daß die Werte, die über Kostenträger in ein Verfahren einfließen, zusammen mit den im Verfahren verbrauchten Werten an preismäßig bekannten Sachnummern genau die Werte ergeben müssen, die über produzierte Kostenträger wegfließen.

Die Mengenmatrix MM enthält eine Zeile pro Verfahren und eine Spalte pro Kostenträger. Die Einträge in MM sind die Bewertungszahlen aus dem Graphen. Je nach Fragestellung enthält der Spaltenvektor W verbrauchte

Werte oder verbrauchte Mengen an preismäßig bekannte Sachnummern pro Verfahren. Rechnerisch muß zur Lösung von (1) MM invertiert und die Inverse von rechts mit W multipliziert werden.

Um eine inhaltliche Interpretation dieses Vorgangs zu geben, benötigen wir analog zur Mengeneinheit "kg" für Kostenträger, eine gedankliche Messeinheit für den Maßstab,in dem ein Verfahren betrieben wird. Diese Messeinheit nennen wir Intensitätsgrad, abgekürzt "ig", und legen sie willkürlich so fest, daß das Betreiben eines Verfahrens mit 1 ig zur Produktion eines kg des Hauptprodukts führt. Dadurch wird deutlich zum Ausdruck gebracht, daß die Mengenangaben in MM genaugenommen nur Proportionalitätsfaktoren sind. Sie haben die physikalische Dimension "kg/ig".

MM beschreibt die gesamte Produktion in folgendem Sinne: Ist VI ein Zeilenvektor mit einer Intensität für jedes Verfahren, dann enthält der Zeilenvektor PM mit

$$(2) \qquad PM = VI \times MM \qquad (kg = ig \times kg/ig)$$

für jeden Kostenträger die insgesamt produzierte Menge. Die Einträge in VI können historische (z.B. aus der Vorjahresproduktion) oder fiktive (z.B. geplante) Intensitäten sein. Sie können sogar, ähnlich wie die Resultate in PM, negativ sein. Negative Intensitäten entsprechen einem "Rückwärtsfahren" des Verfahrens, was in der Realität natürlich nicht machbar ist. Aber genau so wie es für Banken sinnvoll ist, mit negativen Kontoständen zu rechnen, obwohl es in der Realität kein negatives Geld gibt, so ist es hier auch zweckmäßig bei Rechnungen negative Vorzeichen für Mengen bzw. Intensitäten zuzulassen.

2. Interpretation der Inversen

Nehmen wir nun an, MM sei invertierbar, d.h. daß eine Matrix MM^{-1} existiert mit

$$(3) \qquad MM \times MM^{-1} = \text{Identitätsmatrix.}$$

Da die Identitätsmatrix pysikalisch dimensionslos ist, müssen die Einträge in MM^{-1} die Dimension "ig/kg" haben.

Multipliziert man Gleichung (2) auf beiden Seiten von rechts mit MM^{-1}, so erhält man

$$(4) \qquad PM \times MM^{-1} = VI \qquad (kg \times ig/kg = ig).$$

Diese Gleichung ist so zu verstehen, daß man für PM einen beliebigen Zeilenvektor von insgesamt zu produzierenden Mengen der Kostenträger einsetzen kann. In VI erhält man dann die Intensitäten, mit denen die

Verfahren betrieben werden müßten, um genau diese Mengen zu produzieren. Die Invertierbarkeit von MM ist dabei gleichbedeutend mit der rein rechnerischen Möglichkeit, jeden beliebigen Vektor von Gesamtmengen durch entsprechende Wahl der Intensitäten zu erreichen. Als Inverse von MM entsprechen die Zeilen von MM^{-1} den Kostenträgern und deren Spalten den Verfahren. Zu einer Deutung der Zeilen von MM^{-1} gelangt man auf folgendem Weg: setzt man in Gleichung (4) für PM einen Zeilenvektor ein, der bei einem Kostenträger eine Eins und sonst nur Nullen enthält, dann ist das Resultat VI die entsprechende Zeile von MM^{-1}. Auf der anderen Seite bedeutet das Einsetzen eines solchen Vektors PM die restfreie Produktion von 1 kg des Kostenträgers. Die Zeilen von MM^{-1} geben also an, mit welchen Intensitäten die Verfahren betrieben werden müßten, um jeweils 1 kg des entsprechenden Kostenträgers <u>und</u> <u>sonst</u> <u>nichts</u> zu produzieren.

Betreibt man aber die gesamte Produktion so, daß 1 kg eines Kostenträgers und sonst nichts produziert wird, dann sind alle Kosten und Mengenverbräuche, die (proportional den Intensitäten) in den Verfahren anfallen zweifellos dem Kostenträger zuzurechnen. Ist W ein Spaltenvektor, in dem für jedes Verfahren Kosten oder Mengenverbräuche beliebiger Art in DM/ig (kg/ig, std/ig,...) eingetragen sind, dann enthält deshalb der Spaltenvektor

(5) $$MM^{-1} \times W \qquad (ig/kg \times DM/ig = DM/kg,..)$$

für jeden Kostenträger die insgesamt auf ihn entfallenden Kosten bzw. Mengenverbräuche der entsprechenden Art. Hier schließt sich der Kreis, denn (5) ist genau die Lösung von Gleichung (1).

3. Voraussetzungen für die Invertierbarkeit

Eine Erzeugniskalkulation läßt sich nur dann ohne zusätzliche Annahmen durchführen, wenn die Mengenmatrix MM invertierbar ist. Erste Voraussetzung für die Invertierbarkeit ist, daß MM genausoviele Zeilen wie Spalten hat. Dies läßt sich trivialerweise durch Abzählen der Verfahren bzw. Kostenträger überprüfen, aber die Behebung einer Differenz zwischen diesen beiden Anzahlen erfordert ggf. inhaltliche Hilfsmittel. Zumindest bei der Plankalkulation hat sich das folgende Vorgehen als praktikabele Möglichkeit herausgestellt.

Die Menge der Verfahren wird in zwei disjunkte Teilmengen V_1 und V_2 zerlegt: V_1 ist die Menge der Hauptverfahren, <u>Stufen</u> genannt, und V_2 ist die Menge der <u>Rückstandsaufarbeitungsverfahren.</u> Die Menge der Kostenträger wird ebenfalls in zwei disjunkte Teilmengen K_1 und K_2 zerlegt: K_1 ist die Menge der <u>eigentlichen</u> Kostenträger, K_2 die der <u>Rückstände.</u> In der Abbildung würde V_1 die Verfahren A bis D und K_1 die Kostenträger a bis d umfassen. Die Matrix MM ist dann quadratisch, wenn:

- jede Stufe als Hauptprodukt genau einen eigentlichen Kostenträger hat und umgekehrt
- jedes Rückstandsaufarbeitungsverfahren als Haupteinsatz genau ein Rückstand hat und umgekehrt.

Diese Bedingungen sind leicht zu überprüfen, und Verletzungen können ggf. gut lokalisiert werden.

Selbst eine quadratische MM kann singulär sein. Dies kann z.B. an Datenfehlern oder an widersprüchlichen Stücklisten für die Verfahren liegen. In diesem Fall kann man mindestens eine Zeile von MM als Linearkombination der anderen Zeilen darstellen. Es sei MR eine invertierbare Teilmatrix von MM von maximalem Rang und MA die Teilmatrix von MM, die durch Streichen der in MR vertretenen Zeilen und der <u>nicht</u> in MR vertretenen Spalten entsteht. Die Zeilen von MR sind definitionsgemäß linear unabhängig. Da MR außerdem maximalen Rang hat, läßt sich jede Zeile von MA in eindeutiger Weise als Linearkombination der Zeilen von MR schreiben. Betrachtet man die i-te Zeile von MA, dann sind die Koeffizienten $a_1, \ldots, a_k$ dieser Linearkombination leicht zu ermitteln, weil sie das Gleichungssystem

(6) $$(a_1, \ldots, a_k) \times MR = (MA_{i1}, \ldots, MA_{ik})$$

erfüllen, d.h.

(7) $$(a_1, \ldots, a_k) = (MA_{i1}, \ldots, MA_{ik}) \times MR^{-1} .$$

Die Inversion von MM kann nun so vorgenommen werden, daß im Singularitätsfall eine entsprechende Teilmatrix MR gleich ermittelt und zum Einsetzen in (7) invertiert wird. Für jede Zeile von MA wird dann eine Liste gebildet aus der Verfahrensnummer zu dieser Zeile und den Verfahrensnummer zu Koeffizienten a_j 0. Diese Listen dienen den datenerhebenden Stellen zur Lokalisierung der Fehler.

<u>4. Vorstufenfaktoren</u>

Für die Ermittlung von Ausbeutefaktoren sowie zur Lokalisation kostenintensiver Verfahren ist es notwendig, die Kosten und Mengenverbräuche einer Stufe aufzugliedern in solche, die über eingesetzte Kostenträger eingebracht und solche, die direkt in der Stufe verbraucht werden. Dazu muß für jeden eingesetzten eigentlichen Kostenträger bekannt sein, wieviel davon bei Intensität 1 ig der Stufe insgesamt verbraucht wird. Hier können die Angaben in MM irreführend sein, z.B. weil die Aufarbeitung eines in der Stufe anfallenden Rückstands zu einer Verminderung des Verbrauchs an der Vorstufe führen kann. Diese Mengenfaktoren

nennt man Vorstufenfaktoren, die eingesetzten eigentlichen Kostenträger Vorstufen. Die Vorstufenfaktoren zu einer Stufe kann man als Antwort auf die folgende Frage interpretieren:
Wieviel von jeder Vorstufe müßte eingekauft werden, um die restfreie Produktion von 1 kg des Hauptprodukts zu ermöglichen, wobei die Eigenproduktion dieser Vorstufen auf das beschränkt bleibt, was zur restlosen Aufarbeitung anfallender Rückstände notwendig ist?

Um diese Frage mathematisch zu formulieren, nehmen wir eine Stufe mit Hauptprodukt p und Vorstufen $v_1, \ldots, v_n$. Sei P die Zeile von MM^{-1} die p entspricht, dann enthält P die Intensitäten der Verfahren, die 1 kg von p restfrei produzieren. Seien $V_1, \ldots, V_n$ die Zeilen von MM^{-1} die $v_1, \ldots, v_n$ entsprechen, und seien $x_1, \ldots, x_n$ die (unbekannten) Vorstufenfaktoren von $v_1, \ldots, v_n$ in der Stufe, dann enthält $-x_i \cdot V_i$ die Intensitäten der Verfahren, die x_i kg von v_i restfrei verbrauchen(dies entspricht dem Einkauf von x_i kg von v_i). Folglich enthält

(8) $$1 \times P - x_1 \times V_1 - \ldots - x_n \times V_n \qquad (\text{kg} \times \text{ig/kg})$$

die Intensitäten der Verfahren, die 1 kg von p aus den eingekauften Mengen x_i kg von v_i restfrei produzieren.

Ein Verfahren, das an der Aufarbeitung von Rückständen aus der Stufe beteiligt ist, ist immer im Graphen entlang einem gerichteten Weg von der Stufe aus erreichbar. Deshalb hat die obige Beschränkung der Eigenproduktion an Vorstufen zur Folge: im Vektor (8) muß die Komponente eines Verfahrens null sein, wenn es von der Stufe aus entlang keinem gerichteten Weg erreichbar ist. Extrahiert man alle solche Komponenten aus (8), dann bekommt man ein System linearer Gleichungen, das nach den x_i zu lösen ist.

Aussagen darüber, wann dieses System von Gleichungen eindeutig lösbar ist, sind ausserordentlich schwer zu treffen. Einige eindeutig lösbare Spezialfälle decken allerdings den weitaus größten Teil der praktisch auftretenden Situationen ab. So haben die meisten Stufen sogar nur eine Vorstufe, d.h. das System hat nur eine Unbekannte. In vielen anderen Fällen ist es unnötig, mit graphentheoretischen Methoden diejenigen Verfahren zu ermitteln, die von der Stufe aus entlang keinem gerichtetem Weg erreichbar sind. Denn Verfahren ohne Kostenträger im Einsatz (sogenannte "Basisverfahren") sind einerseits entlang überhaupt keinem gerichtetem Weg erreichbar, andererseits leicht erkennbar.
Kann man nun zu jeder Vorstufe einer Stufe ein anderes daran beteiligtes Basisverfahren finden, dann ist das allein anhand der Basisverfahren aufgestellte Gleichungssystem meist lösbar. Anderenfalls

bleibt einem die graphentheoretische Suche nicht erspart.

Es ist möglich, daß das gesamte Gleichungssystem für die Vorstufenfaktoren unterbestimmt ist, also keine eindeutige Lösung besitzt. Ein einfaches Beispiel zu diesem Phänomen ist die Stufe D in der Abbildung. In diesem Falle ist eine begründete Aufteilung von Kosten oder Mengenverbräuche auf die Stufe und die Vorstufen nicht möglich

5. Zur Realisierung

Basierend auf diese Überlegungen wurde ein Programm erstellt, das für ein Teil der Kostenträger bei Schering die Kostenkalkulation durchführt. Das Augenmark wurde dabei auf die ca. 800 Kostenträger der pharmazeutischen Wirkstoffproduktion gerichtet. Diese Beschränkung ist erwünscht, um die Größe der beteiligten Matrizen klein zu halten und möglich weil außerhalb dieses Bereiches der Produktionsgraph praktisch zyklenfrei ist.

Zunächst wurden alle benötigten Größen als Ergebnis entsprechender Matrizenoperationen dargestellt. Durch die Verwendung allgemeiner FORTRAN-moduln für arithmetische Operationen mit dünnbesetzten Matrizen und Vektoren konnte dann eine stark modularisierte und sehr übersichtliche Struktur für das Programm erreicht werden.

EINE ANWENDUNG AUTOADAPTIVER EXPONENTIELLER GLÄTTUNG BEI DER BEVORRATUNG DEZENTRALER LÄGER

Karl Inderfurth, Berlin
Kurt Jäger, Berlin

Die Bevorratung der galvanochemischen Verkaufsprodukte der Schering AG erfolgt dezentral an den einzelnen Standorten der verkaufenden Tochtergesellschaften, wobei die Läger zentral von der deutschen Produktionsstätte aus versorgt werden.
Das eingesetzte Bevorratungssystem besteht aus einem Prognose- sowie einem Bestellteil. Im Rahmen des bisher angewandten Prognosesystems wurden für jedes Produkt auf Monatsbasis über eine Trendrechnung mit einfacher linearer Regression Absatzprognosen errechnet. Auf der Grundlage dieser Prognosen wurde über eine vorgegebene Lagerreichweite im Bestellsystem in einem 6-Wochen-Rhythmus Bestellvorschläge ermittelt sowie eine Fortschreibung des Lagerbestands vorgenommmen. Das Prognose- und Bestellsystem läuft im Rahmen rollender Planung ab.
Bei der Anwendung dieses Systems kam es häufig zu unglaubwürdigen Absatzprognosen und zu übertrieben hoch geplanten Lagerbeständen, so daß sehr oft manuelle Korrekturen der Prognosen und Bestellvorschläge vorgenommen werden mußten. Als Ursache für das unbefriedigende Funktionieren des Bevorratungssystems stellte sich insbesondere die mangelhafte Eignung der Trendprognose heraus.
Zur Beseitigung dieser Mängel wurde ein neues Prognosesystem installiert, das auf der von TRIGG und LEACH entwickelten autoadaptiven exponentiellen Glättung erster Ordnung beruht und eine automatische Anpassung des Glättungsparameters an Strukturveränderung im Absatz gewährleistet.
Für den in dieses Prognoseverfahren eingehenden Anpassungsparamter wurde mit Hilfe von Simulationsuntersuchungen ein problemspezifisch optimaler Wert bestimmt. Für den Start des Glättungsverfahrens wurde eine spezielle Initialisierungsprozedur entwickelt.
Bei einer Reihe von Tests mit realen Absatzdaten sowie mit speziell strukturierten Zeitwerten (z.B. Strukturbruch, Impuls) zeigte sich, daß die oben beschriebene exponentielle Glättung der Trendprognose in jedem Fall überlegen war und zum Teil den Prognosefehler um 5o% verringerte.
Das neue Bevorratungssystem ist inzwischen an einem Standort mit Erfolg eingeführt worden und wird auf weitere Standorte übertragen werden.

BERICHTE AUS DGOR-ARBEITSGRUPPEN

Aus den ständigen Arbeitsgruppen der DGOR berichteten im Verlauf der Jahrestagung:

Arbeitsgruppe: "Lagerhaltung"
Berichterstatter: Kurt E. Jäger, Berlin
Dieter Bartmann, München

Arbeitsgruppe: "OR im Gesundheitswesen"
Berichterstatter: K. Hansen, Hamburg

Arbeitsgruppe: "Prognoseverfahren"
Peter Miebach, Essen

UNTERSUCHUNGEN ZUR BETRIEBSWIRTSCHAFTLICHEN ANWENDUNGSEIGNUNG EINES EDV-GESTÜTZTEN SIMULATIONSMODELLS DER VEW (DORTMUND) ZUR SPITZENDECKUNG IN DER GASWIRTSCHAFT FÜR DIE OPTIMALE AUSLEGUNG VON GASSPEICHER- UND -TRANS PORTSYTEMEN

Helmut Edelmann, Essen

1. Problemstellung und Ausgangspunkt

Die stark temperaturbedingt schwankende Heizenergienachfrage, die im Gegensatz zu den technischen Gegebenheiten der Erzeugung und Verteilung leitungsgebundener Energien steht, führt in der Gaswirtschaft zu zahlreichen Problemen. Zum einen besteht für die Gaswirtschaft eine absolute Priorität zur jederzeitigen und ausreichenden Versorgung ihrer Kunden, zum anderen verfügen fast alle deutschen Gasversorgungsunternehmen über keine eigenen Erdgasquellen, so daß das an die Kunden verkaufte Gas (Gasabgabe) über Vorlieferanten bezogen werden muß (Gasbezug). Die Vereinigten Elektrizitätswerke Westfalen AG (VEW) - die neben Strom auch Gas und Fernwärme verkauft und mit einem Gasverkauf von rd. 33 Mill. kWh sowie einem Umsatz im Gasgeschäft von ca. 1,5 Mrd. DM im Jahr 1982 zu den größten Gasversorgern in der Bundesrepublik gehört - wird mit diesen Problemen ebenfalls ganz erheblich konfrontiert.

Von besonderer Tragweite, sowohl in erfolg- als auch finanzwirtschaftlicher Hinsicht, ist die Berechnung der Gasbezugskosten nach einem Leistungs- und einem Arbeitspreis. Der Arbeitspreis (A) wird für die im Laufe eines Jahres bezogene Gesamtmenge Gas (Q) in Ansatz gebracht, der Leistungspreis (L) für die Bewertung der innerhalb eines Jahres bezogenen höchsten Tagesmenge (P_{Max}). Die gesamten Gasbezugskosten (K) ergeben sich somit aus:

$$K = Q \times A + P_{Max} \times L$$

Dabei liegt der Anteil der leistungsabhängigen Kosten ($P_{Max} \times L$) an den gesamten Gasbezugskosten bei etwa 15 %, das bedeutet für VEW immerhin über 100 Mill. DM. Dadurch führen temperaturbedingte (Gasabgabe- und) Gasbezugsspitzen zu hohen und nicht exakt planbaren, schwankenden Gasbezugskosten. Zum Ausgleich der saisonalen Verbrauchsschwankungen und damit zur Senkung der Gasbezugsspitzen (P^*_{Max}), besteht die Möglichkeit, Gas in Gasspeicher- und -transportsystemen zwischenzuspeichern. Da die Bereitstellung und der Betrieb derartiger Systeme mit z.T. hohen Investitions- und Betriebskosten verbunden ist, den

Operations Research Proceedings 1984

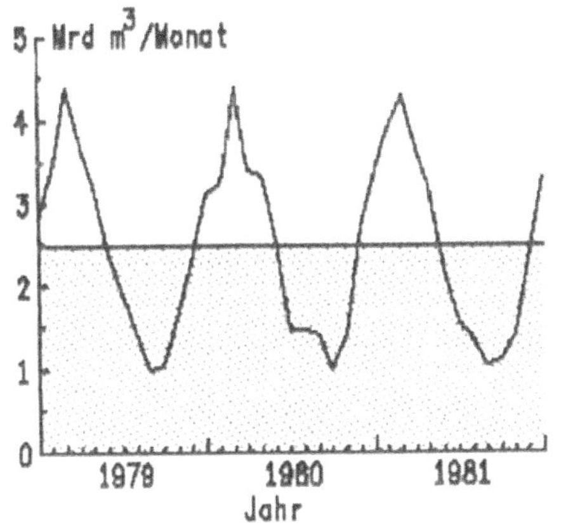

Bild 1

Kosten der Spitzendeckungsmaßnahmen (K_{sdm}), andererseits ein gleichverteilter Gasbezug am kostengünstigsten ist (Bild 1 zeigt diesen Idealfall und die empirische Gasabgabe), muß folgendes Grundproblem gelöst werden:

$K_{sdm} \lesseqgtr L \times (P_{Max} - P^{*}_{Max})$?

Besondere Schwierigkeiten bereiten dabei eine äußerst komplexe Berechnung von P_{Max}, die später noch beschrieben wird, und ein kaum zu bestimmender Zusammenhang zwischen den Kosten einzelner Spitzendekkungsmaßnahmen und den daraus erzielten Leistungskostenersparnissen ($L \times (P_{Max} - P^{*}_{Max})$).

Bei VEW ist zur Lösung der beschriebenen Probleme ein Simulationsmodell entwickelt worden (vgl. GÜNTHER/HOMANN). Die in diesem Zusammenhang angestellten Untersuchungen zur betriebswirtschaftlichen Anwendungseignung des Modells aus theoretisch-methodischer sowie aus pragmatischer Sicht sind Gegenstand dieses Beitrages.

2. Die theoretisch-methodische Fundierung des Modells

Die Untersuchung der theoretisch-methodischen Fundierung des Modells wird am Modellansatz, an inhaltlichen Aspekten der Modellkonstruktion und an der Modellhandhabbarkeit vorgenommen.

2.1 Der Modellansatz

Der zur Lösung der o.g. Probleme herangezogene Modellansatz muß insbesondere folgende Aspekte berücksichtigen:

- Die extreme Unsicherheitssituation aufgrund zumindest mittel- und langfristig kaum vorhersagbarer Temperaturen
- der hohe Komplexitätsgrad des gesamten Systems.

Der zweite Aspekt läßt analytische Ansätze ausscheiden, da die Interdependenzen zwischen den Systemelementen im Hinblick auf die Anwendungseignung nicht mit hinreichender Relevanz abgebildet werden können. Insbesondere Investitionsentscheidungen, die ebenfalls mit dem Modell getroffen werden sollen, mit Ausgaben von mehreren hundert Mill. DM, verlangen die Berücksichtigung der Unsicherheit sowie die explizite Darstellung ihrer Auswirkungen. Unter diesen Gesichtspunkten scheint eine Risikoanalyse auf Grundlage einer Monte-Carlo-Simulation am besten geeignet, die reale Entscheidungssituation widerzuspiegeln. Zu klären bleibt, ob innerhalb des gewählten Modellansatzes die konkrete Modellkonstruktion funktionale Zusammenhänge zwischen den Systemelementen im einzelnen auch isomorph abbildet.

2.2 Die Modellkonstruktion

Die wichtigsten Aspekte der Modellkonstruktion werden anhand der Modellstruktur kurz diskutiert.

2.2.1 Die Temperaturerzeugung

Ausgangspunkt des Modells ist ein stabiler funktionaler (quasideterministischer) Zusammenhang zwischen Temperatur und Gasabgabe, der im Modell als deterministisch abgebildet wird. Da die zukünftigen Temperaturen selbst über kurze Zeiträume nur sehr beschränkt prognostizierbar sind, werden Temeperaturen mit Hilfe eines Kompositionsverfahrens aus Zufallszahlen (vgl. KUCHARSKI) erzeugt. Dabei müssen die erzeugten Temperaturen sowohl hinsichtlich der absoluten Häufigkeitsverteilung als auch hinsichtlich der Änderungshäufigkeiten für das betrachtete Versorgungsgebiet statistisch repräsentativ sein. Das hier verwendete Verfahren erlaubt es, realistische Temperaturverläufe für beliebige Klimazonen zu erzeugen, so daß die Problematik auf der Seite der Datenerhebung liegt. Da für ein spezielles Versorungsgebiet die geforderten Klimadaten nur zm Teil vorliegen, eine eigene Datenerfassung aufwendig ist und darüber hinaus erst nach mehreren Jahren statistischen Wert gewinnt, muß auf statistisch repräsentative, vorhandene Klimadaten zurückgegriffen werden.

2.2.2 Temperatur und Gasabgabe

Nach Erzeugung alternativer Temperaturverläufe wird mit Hilfe empirisch ermittelter Regressionsgeraden zwischen Temperatur und Gasverbrauch die Gasabgabe bestimmt. Der Zusammenhang zwischen Temperatur und Gasabgabe ist außerordentlich hoch, was der Korrelationskoeffizient von -0,97 zeigt. Bild 2 stellt die empirischen Gasabgabedaten des Winters 83/84 und die daraus abgeleitete Regressionsgerade dar. Unterschiedliches Verbrauchsverhalten - nach Kundengruppen sowie nach Wochentagen differenziert - wird im Modell durch die Verwendung mehrerer Regressionsgeraden berücksichtigt. Dabei wird bei den Wochentagen aber nur eine Unterscheidung in Werktage und sog. lei-

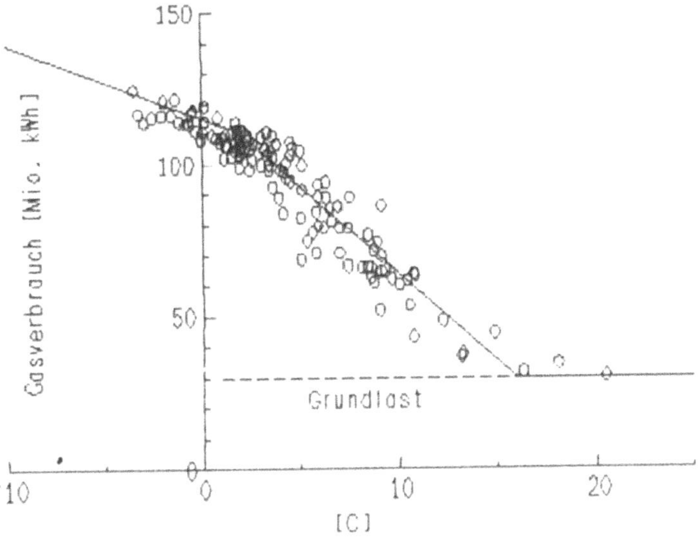

Bild 2

stungspreisfreie Tage (Sams-,Sonn- und Feiertage) vorgenommen, da hier erhebliche Differenzen im Verbrauchsverhalten festzustellen sind. Eine weitere Differenzierung ist zwar prinzipiell möglich, ergibt aber einen unvertretbar hohen Mehraufwand gegenüber kaum verbesserten Ergebnissen.

Da die Regressionsgeraden auf der Basis von Vergangenheitsdaten bestimmt werden, müssen sie durch die Erfassung der Kundenzu- und -abgänge aktualisiert werden, was technisch und datenerfassungsmäßig - zumindest mittel- und langfristig - keine Schwierigkeiten bereitet.

2.2.3 Die Gasbezugsstrategie

Der Gasabgabe steht der Gasbezug gegenüber, dessen Höhe und vor allem auch zeitliche Struktur ausschlaggebend für die entstandenen Gasbezugskosten sind. Da die Realisierbarkeit und die Effizienz der gewählten Strategie von außerordentlicher Wichtigkeit für das gesamte Problem sind, soll die im Modell verankerte Strategie näher erläutert werden.

Der Arbeitspreis, der für die gesamte im Laufe eines Jahres bezogene Gasmenge bezahlt wird, ist aufgrund der Versorgungspflicht nicht beeinflußbar, womit sich strategische Überlegungen zur Minimierung der Gasbezugskosten auf den Leistungspreis beschränken müssen. Dieser wird für das arithmetische Mittel der beiden höchsten Tagesmengen (Bezugsspitzen), die während eines Jahres auftreten, berechnet. Zu beachten ist aber noch:

- Eine Unterscheidung in leistungspreisfreie (s.o.) und in die allein für die Leistungsabrechnung relevanten nicht leistungspreisfreien Tagen

- die beiden in die Leistungsabrechnung eingehenden Bezugsspitzen müssen in verschiedenen Kalendermonaten und mindestens vierzehn Tage auseinanderliegen.

Zur Minimierung der Leistungspreiskosten wird von einer (möglichst) nicht zu überschreitenden Bezugsgrenze ausgegangen. Diese wird der Lastwarte, die den Gasbezug bzw. die -abgabe ständig steuert und kontrolliert, als Sollwert vorgegeben. Droht die Gasabgabe an einem Tag aufgrund tiefer Außentemperaturen über diese Bezugsgrenze zu steigen, so werden Spitzendeckungsmittel - etwa ein Speicher - eingesetzt, um die Bezugsgrenze einzuhalten. Gelingt dies während des gesamten Jahres, ist die Leistungspreisgrundlage (P^*_{Max}) höchstens kleiner gleich der Bezugsgrenze. Reichen dagegen die vorhandenen Spitzendeckungsmittel nicht aus, weil sie bereits erschöpft sind oder eine zu geringe Leistungsfähigkeit besitzen, so muß die vorgegebene Bezugsgrenze überschritten werden und es entsteht eine neue Gasbezugsspitze. Da in den nächsten vierzehn Tagen bzw. im selben Kalendermonat nur eine höhere Gasbezugsspitze leistungswirksam wird, kann in diesen Zeiträumen die einmal eingetretene Bezugsspitze auch als Bezugsgrenze vorgegeben werden. Nach Ablauf dieser Fristen muß die Bezugsgrenze erneut bestimmt werden. Die dabei anfallenden Überlegungen und Entscheidungen gibt die folgende Entscheidungstabelle in Bild 3 wieder, wobei zu Beginn eines Jahres erste und zweite Spitze mit der vorgegebenen Bezugsgrenze identisch sind. Durch das Modell können die insgesamt anfallenden Überlegungen und Entscheidungen zu Beginn eines Jahres antizipativ durchgespielt werden, was einen Vergleich mehrerer Bezugsgrenzen und damit letztendlich die Bestimmung einer optimalen Betriebsweise ermöglicht.

Leistungspreisfreier Tag ?	J	N	N	N	N
Lag die letzte 1.Spitze innerhalb von 14 Tagen ?	-	N	N	J	J
Lag die letzte 1.Spitze innerhalb desselben Kalendermonats ?	-	N	J	N	J
Beliebig hoher Bezug möglich	X				
Bezug nach der 1.Spitze fahren			X	X	X
Bezug nach der 2.Spitze fahren		X			

Bild 3

2.2.4 Ergebnisanalyse

Durch die abschließende Bewertung der Modellergebnisse mit Preis- und

Kostenkomponenten ermittelt das Modell Wahrscheinlichkeitsverteilungen für die Gasbezugskosten der getesteten Alternativen. Da dieser Schritt nur eine Transformation der Mengenergebnisse in Geldeinheiten darstellt, sowie die Problemstruktur "Temperatur - Gasabgabe - Gasbezug" im Modell isomorph abgebildet wird, können die Modellkonstruktion und die aus dem Modell abgeleiteten Ergebnisse als theoretisch-methodisch fundiert angesehen werden. Der kritische Punkt innerhalb des Modells ist die Erzeugung realistischer Temperaturverläufe, da hiermit letztendlich schon die Simulationsergebnisse determiniert werden, wobei statistische Verfahren und Intuition die Plausibilität und Richtigkeit der Temperaturen garantieren müssen.

2.3 Die Modellhandhabbarkeit

Die Handhabbarkeit des Modells wird aufgrund der hohen anfallenden Rechenleistungen in erster Linie durch die Umsetzung in ein EDV-Modell gewährleistet. Durch modularen Aufbau sowie Dialogführung mit graphischen Auswertungsmöglichkeiten werden insbesondere den Anforderungen der Anpassungsfähigkeit und der Einfachheit der Modellanalyse entsprochen, die bei VEW auch zu einer hohen Benutzerakzeptanz beigetragen haben.

3. Die pragmatische Nutzbarkeit des Modells

Da Modelle in der betrieblichen Praxis nicht reinen Selbstzweck darstellen, ist für die betriebswirtschaftliche Anwendungseignung die pragmatische Nutzbarkeit des Modells von besonderer Bedeutung. Dabei werden die beiden folgenden Aspekte näher betrachtet:

- Die Ableitung einer rationalen Entscheidung
- der Kosten-Nutzen-Aspekt des Modells.

3.1 Die Entscheidungsfindung

Die Ableitung einer rationalen Entscheidung aus den Modellergebnissen stellt interessanterweise das schwierigste Problem dar. Dabei stehen sich Einfachheit und Praktikabilität auf der einen und Berücksichtigung aller Umweltkonstellationen auf der anderen Seite gegenüber. Da bisher keinerlei Erfahrungen über das Verhalten des Systems bekannt sind, geben Risiko-Chancen-Diagramme (vgl. Bild 4) einen ersten Einblick in die Struktur und den relevanten Bereich der Ergebnisse. Durch die Existenz von Nebenzielen kann der relevante Bereich in praktischen Fällen häufig noch stark eingegrenzt werden. Problematischer ist dagegen die Bewertung der verbleibenden Alternativen. Dabei müssen insbesondere die starken Unterschiede hinsichtlich der Verteilungsparameter berücksichtigt werden, so daß ein- und zweiwertige Entscheidungskriterien

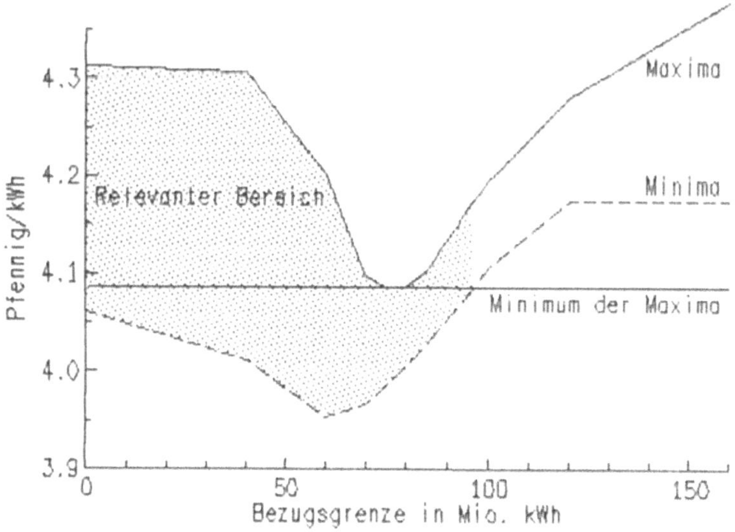

Bild 4

die erzielten Simulationsergebnisse für eine rationale Entscheidungsfindung nur unzureichend interpretieren. Als Lösung bietet sich die probalistische Entscheidung an, die auf Summenhäufigkeitsverteilungen basiert und somit sämtliche Umweltkonstellationen berücksichtigt. In Bild 5 sind die Summenhäufigkeitsverteilungen zweier hypothetischer Alternativen A und B abgebildet. Würde die Summenhäufigkeitskurve von A immer links von der B-Kurve liegen, so wäre A probabilistisch dominant zu B. Die Wahrscheinlichkeit, unterhalb beliebig vorgegebener Kosten zu bleiben, wäre bei A immer größer als bei B. Der tatsächliche Verlauf in Bild 5 zeigt, daß erst bei relativ starker Risikoaversion Alternative B vorzuziehen ist, da nur mit etwa 5 %-iger Wahrscheinlichkeit damit zu rechnen ist, daß

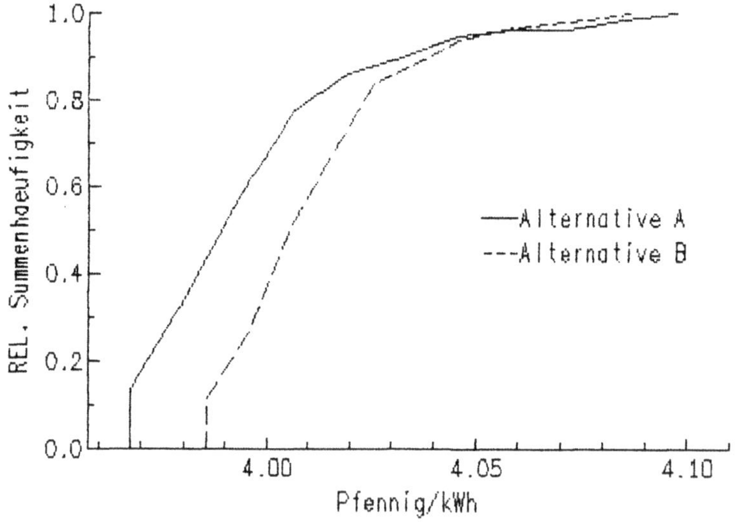

Bild 5

durch A schlechtere Ergebnisse als durch B erzielt werden. Insgesamt zeigte sich, daß praktische Probleme i.a. hinreichend gut durch die probabilistische Entscheidung gelöst werden konnten.

3.2 Der Kosten-Nutzen-Aspekt

Für einen im Rahmen dieser Arbeit durchgeführten praktischen Fall ergab sich ein Kosten-Nutzen-Verhältnis von etwa 20.000,-- DM an Rechenkosten gegenüber einer durchschnittlich zu erwartenden Gasbezugskostenersparnis von 5,5 Mio. DM. Auch wenn dieses Beispiel nur einen groben Einblick in den Kosten-Nutzen-Aspekt des Modells geben kann, so darf dem Modell doch eine hohe Wirtschaftlichkeit zugesprochen werden.

4. Zusammenfassung und Ausblick

Mit dem vorliegenden Simulationsmodell zur Spitzendeckung in der Gaswirtschaft wurden bisher eher pragmatisch-intuitiv getroffene Entscheidungen auf eine durch wissenschaftliche Methoden gesicherte Basis gestellt. Dadurch konnten in der Gasversorgung trotz der relativ hohen Rechenkosten - die durch eine zwischenzeitlich durchgeführten Optimierung noch drastisch reduziert wurden - erhebliche Kosteneinsparungen erzielt werden.
Die guten Ergebnisse, die mit dem Modell erreicht wurden, haben bereits Auswirkungen gezeigt, indem sie zur Änderung der bisherigen Strategie und besseren Ausnutzung maschineller Kapazitäten beigetragen haben. Es ist auch damit zu rechnen, daß das Modell in einer dynamischen, sich entwickelnden Umwelt seine Anwendungseignung vor allem für strategische Entscheidungen beibehält.

Quellenangaben:

GÜNTHER, H.; HOMANN, K.
INVESTITIONSPLANUNG FÜR ANLAGEN ZUR DECKUNG VON BEDARFSSPITZEN IN DER GASWIRTSCHAFT,
OPERATIONS RESEARCH, PROC. 1982, VORTR. JAHRESTAG, DGOR,
Frankfurt 1982, 133 - 139 (1983)

KUCHARSKI, H. J.
ERZEUGUNG VON STATISTISCHEN WINTERTEMPERATUREN MIT HILFE VON ZUFALLSZAHLEN,
GWF GAS/ERDGAS, 114, 535 - 540 (1973).

DIE ANALYSE VON KÄUFERTYPEN AUF DER BASIS VON PANELERGEBNISSEN MIT MULTIVARIATEN VERFAHREN ZUR VERARBEITUNG NOMINALSKALIERTER DATEN

Karin Lang, Mannheim

Im Rahmen der quantitativen Marktforschung stellt sich oftmals die Aufgabe, Beziehungen zwischen einer polytom nominalskalierten Kriteriumsvariablen und mehreren gleichfalls nominalskalierten Prädiktoren zu analysieren. Dazu sind die meisten dependenzanalytischen Verfahren (Regressionsanalyse, Diskriminanzanalyse, Kanonische Analyse, AID, MCA etc.) gar nicht oder nur bedingt in der Lage. Es soll daher mit der MNA (Multivariate Nominal Scale Analysis) ein multivariates Verfahren vorgestellt werden, das eine Analyse der obigen Datenstruktur ermöglicht.

Neben der Darstellung der methodischen Grundlagen des MNA-Verfahrens wird auch der praktische Einsatz der Methode am Beispiel einer Käufertypenanalyse demonstriert. Das Ziel der empirischen Käuferanalyse besteht in der Erklärung des Kaufverhaltens bestimmter vorgegebener Käufergruppen sowie der Prognose der Gruppenzugehörigkeit einer beliebigen Untersuchungseinheit (Haushalt) aufgrund ihrer demographischen und sozioökonomischen Merkmalsstruktur. Die Datenbasis bilden Stammdaten eines Haushaltspanels aus dem Jahre 1977. 3.763 erfaßte Panelteilnehmer wurden hierbei hinsichtlich ihrer Einkäufe in bestimmten Warengruppen sechs Käufertypen zugeordnet, die es, wie bereits erwähnt, zu erklären gilt.

1. Das Grundkonzept der MNA

Die MNA ist ein mathematisch-statistisches Verfahren, mit dem eine Größe (hier die abhängige Variable) durch mindestens zwei andere Größen (hier die Prädiktoren) erklärt bzw. prognostiziert wird. Das Verfahren wurde speziell zur Analyse von Variablen mit folgenden Eigenschaften entwickelt:

- Nominalskalierte Prädiktoren mit zwei und mehr Ausprägungen,
- eine nominalskalierte abhängige Variable mit mindestens zwei a priori definierten Gruppen, die sich gegenseitig ausschließen (Andrews, Messenger 1973, S. 5 ff.).

Operations Research Proceedings 1984

Die MNA basiert auf dem Prinzip der wiederholten Anwendung von Dummy-Regressionen. Da bei der MNA, im Gegensatz zur klassischen Dummy-Regressionsanalyse, die abhängige Variable nicht metrisch, sondern nominalskaliert ist, muß für jede Ausprägung bzw. Gruppe der abhängigen Variablen, die ebenfalls in Dummy-Variablen umkodiert sind, eine Regressionsanalyse durchgeführt werden. Hierzu sind einige Transformationen notwendig.

Das transformierte Regressionssystem der MNA läßt sich folgendermaßen darstellen:

$$\hat{y}_{kl} = \bar{y}_l + \sum_{ij} a_{ijl} \cdot x_{kij} \qquad \forall\, l, k$$

mit: $\hat{y}_{kl}$ = Prognosewert für die Zugehörigkeit der Person k zur Gruppe l

$$x_{kij} = \begin{cases} 1, & \text{falls die Person k, das Merkmal i mit der Ausprägung j aufweist} \\ 0 & \text{sonst} \end{cases}$$

Die Mittelwerte $\bar{y}_l$ stellen den Anteil jeder Gruppe der abhängigen Variablen in der Ausgangsstichprobe dar. Faßt man das eine Ziel der MNA, die Prognose der Gruppenzugehörigkeit, ins Auge, so kommt diesen Stichprobenanteilen eine weitere Bedeutung zu. Die $\bar{y}_l$-Werte geben unter diesem Gesichtspunkt auch die Wahrscheinlichkeit an, mit denen eine beliebige Person k den einzelnen Gruppen l angehört. Da die transformierten Regressionskoeffizienten a_{ijl} als Abweichungen von den entsprechenden $\bar{y}_l$-Werten zu interpretieren sind, geben sie an, um wieviel sich die Zugehörigkeitswahrscheinlichkeit zu den einzelnen Gruppen ändert, wenn eine Person k das betreffende Merkmal ij aufweist (Andrews, Messenger 1973, S. 28 / Gitlow 1979, S. 387 f.).

2. Empirische Untersuchung der Käufertypen

2.1. Die Datenbasis

Wie eingangs erwähnt, bilden 3.763 Mitglieder eines Haushaltspanels die Datenbasis der empirischen Untersuchung. Die Haushalte wurden von einem Marktforschungsinstitut hinsichtlich ihrer Einkäufe in den

Warengruppen

- Wasch- und Reinigungsmittel
- Körperpflegemittel
- Nahrungsmittel
- Heißgetränke und Spirituosen

in folgende Käufertypen eingeteilt:

- Markenartikel-Käufer
- Innovations-Käufer
- Billigprodukt-Käufer
- Aktions-Käufer
- Preisbewußte Markenartikel-Käufer
- Restliche Käufer

  In diese Kategorie fielen alle Haushalte, die nicht in die obige Käufertypologie eingeordnet werden konnten.

Diese Einteilung der Haushalte ist in Abb. 1 graphisch veranschaulicht. Aus ihr läßt sich auch die Segmentstärke der einzelnen Gruppen entnehmen.

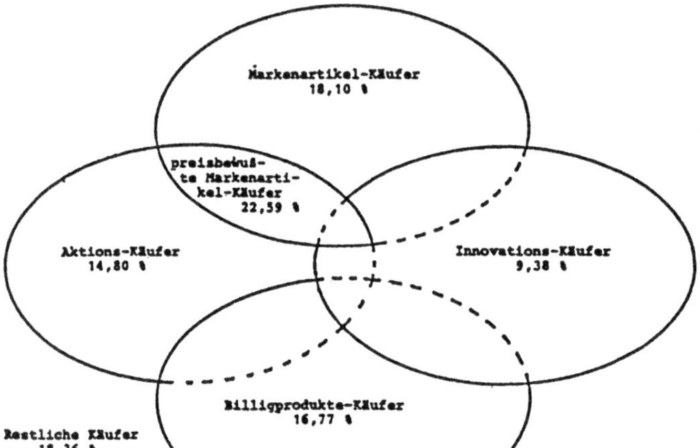

Abb. 1: Einteilung der Haushalte in die einzelnen Käufertypen

Da es hier in erster Linie um die Demonstration des MNA-Verfahrens an einem empirischen Beispiel geht, wurde das Spektrum der zur Erklärung der skizzierten Käufertypen verfügbaren Prädiktoren auf die folgenden Haushaltsmerkmale beschränkt:

- Bevorzugter Geschäftstyp, und zwar mit den Kategorien:

  1 Verbrauchermarkt
  2 Discounter
  3 Lebensmittelgeschäft mit Bedienung

4 Lebensmittelgeschäft mit Selbstbedienung, eine Kasse
5 Lebensmittelgeschäft mit Selbstbedienung, mehrere Kassen
6 Kauf- und Warenhaus
7 Großhandel / C & C
8 Keine eindeutige Bevorzugung eines Geschäftstyps

- Familienstruktur

  1 Alleinstehende Frau
  2 Alleinstehender Mann
  3 Mehrpersonenhaushalt

- Soziale Schicht

  1 Unterschicht
  2 Untere Mittelschicht
  3 Mittelschicht
  4 Obere Mittelschicht
  5 Oberschicht

2.2. Ergebnisse der empirischen Analyse

Die Analyse dieses Datensatzes mit der MNA zeigt, daß die herangezogenen Prädiktoren nur ca. 4 % der Variation innerhalb der abhängigen Variablen erklären. Trotz der stark eingeschränkten Fähigkeit des obigen Modells in bezug auf die Erklärung des Käuferverhaltens sollen hier exemplarisch weitere Einsatzbereiche der MNA verdeutlicht werden.

2.2.1. Prognose der Käufertypen aufgrund von Haushaltsmerkmalen

Das Hauptergebnis einer MNA-Analyse besteht in den MNA-Koeffizienten, die angeben, um wieviel Prozent die Wahrscheinlichkeit der Zugehörigkeit zu einer Käufergruppe verändert wird, wenn ein Haushalt ein bestimmtes Merkmal aufweist. Die Zu- und Abnahme der Gruppenzugehörigkeitswahrscheinlichkeit ist dabei bezüglich der Stichprobenanteile der einzelnen Käufertypen normiert. In Tab. 1 sind alle Koeffizienten der hier durchgeführten Analyse zusammengefaßt. Wenn z.B. ein Haushalt nur aus einem alleinstehenden Mann besteht, so wird die Grundwahrscheinlichkeit von 18,10 (Stichprobenanteil), Markenartikel-Käufer zu sein, um 16,40 % erhöht. Gemäß der Modalwertprädiktion kann der Haushalt dann der Käufergruppe mit der höchsten Wahrscheinlichkeit zugeordnet werden. Exemplarisch wird dieser Rechengang in Tab. 2 für das Käuferprofil "alleinstehender Mann, der bevorzugt in einem Lebensmittelgeschäft mit Bedienung einkauft und der unteren sozialen Schicht angehört" durchgeführt.

	Marken-artikel-Käufer	Innovations-Käufer	Billig-produkt-Käufer	Aktions-Käufer	Preisbew. Marken-artikel-Käufer	restliche Käufer
STICHPROBENANTEIL	18,10	9,38	16,77	14,80	22,59	18,36
FAMILIENSTRUKTUR						
1 Alleinstehende Frau	11.38	1.16	-4.20	-4.42	-2.38	-1.55
2 Alleinstehender Mann	16.40	-4.98	0.40	-9.93	1.26	-3.14
3 Mehrpersonen-Haushalt	-3.10	-0.16	0.99	1.29	0.58	0.44
BEVORZUGTER GESCHÄFTSTYP						
1 Verbrauchermarkt	-1.54	0.43	-2.04	3.47	-0.34	0.01
2 Discounter	-6.41	0.55	11.74	0.59	-6.21	-0.27
3 Lebensmittelgeschäft mit Bedienung	14.00	-3.98	-3.13	-3.35	-1.31	-2.23
4 Lebensmittelgeschäft mit Selbstbedienung, eine Kasse	3.78	1.00	-4.37	-1.84	2.88	-1.45
5 Lebensmittelgeschäft mit Selbstbedienung, mehrere Kassen	-0.77	-0.22	-0.06	-0.88	0.72	1.22
6 Kauf- und Warenhaus	-2.32	-1.09	1.18	-2.44	3.98	0.70
7 Großhandel, C & C	3.68	1.18	3.45	4.93	-0.15	-3.23
8 Keine eindeutige Bevorzugung eines Geschäftstyps	-7.50	3.12	2.68	4.23	-2.59	0.07
SOZIALE SCHICHT						
1 Unterschicht	1.69	-0.01	1.98	0.74	-6.04	1.64
2 Untere Mittelschicht	0.28	0.44	-1.33	-0.05	-1.61	2.28
3 Mittelschicht	0.49	0.45	-0.59	0.86	-0.72	0.41
4 Obere Mittelschicht	-1.78	1.50	-1.05	0.44	1.24	-0.35
5 Oberschicht	1.27	1.69	2.42	1.86	1.42	-1.57

Tab. 1: MNA-Koeffizienten in einem konkreten Fall

Käufergruppe / Käuferprofil	Markenartikel-Käufer	Innovations-Käufer	Billigprodukt-Käufer	Aktions-Käufer	preisbewußte Markenartikel-Käufer	restliche Käufer
Koeffizienten:						
Alleinstehender Mann (V-117, Code 2)	16,40	-4,98	0,40	-9,93	1,26	-3,14
Bevorzugter Geschäftstyp: Lebensmittelgeschäft mit Bedienung (V 9, Code 3)	14,00	-3,98	-3,13	-3,35	-1,31	-2,23
Untere soziale Schicht (V-26, Code 1)	1,69	-0,01	1,98	0,74	-6,04	1,64
Stichprobenanteil	18,10	9,38	16,77	14,80	22,59	18,36
Prognosewert Σ	50,19	0,41	16,02	1,26	16,50	14,63

Tab. 2: Berechnung der Gruppenzugehörigkeitswahrscheinlichkeit für ein ausgewähltes Käuferprofil

Ein Haushalt, der die obige Merkmalsstruktur aufweist, ist folglich mit einer Wahrscheinlichkeit von

- 50,19 % Markenartikel-Käufer
- 0,41 % Innovations-Käufer
- 16,02 % Billigprodukt-Käufer
- 1,26 % Aktions-Käufer
- 16,50 % preisbewußter Marenartikel-Käufer
- 14,63 % ein Käufer, der sich in die obigen Gruppen nicht einordnen läßt.

Nach der Modalwertprädiktion wird der Haushalt als Markenartikel-Käufer eingestuft.

Eine Gegenüberstellung der erhaltenen Prognosewerte und der Stichprobenanteile, die als Grundwahrscheinlichkeit für die Gruppenzugehörigkeit interpretiert werden können, verdeutlicht den Informationsgewinn, der durch die Einbeziehung der Merkmalsstruktur in die Prognose erreicht wird (vgl. Abb. 2).

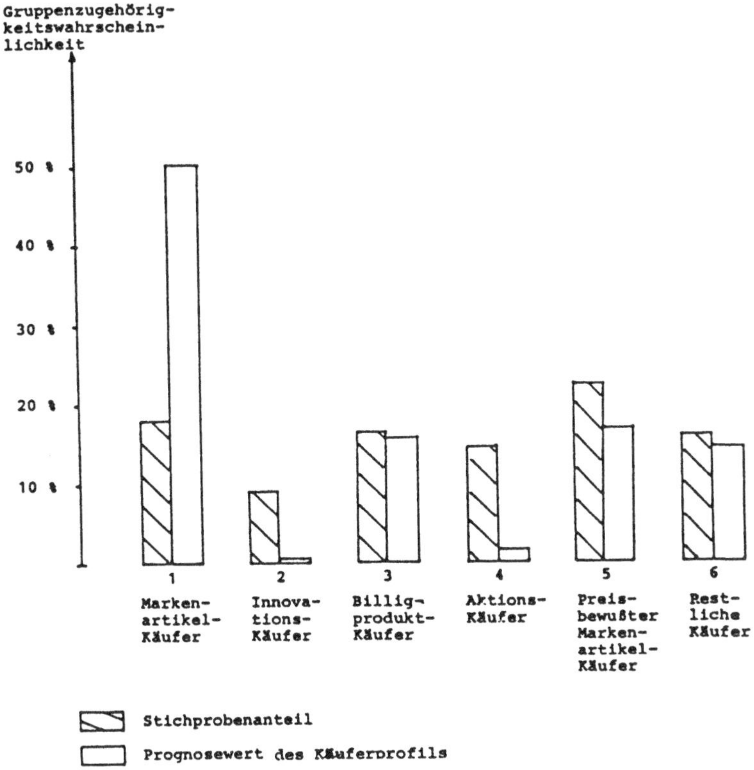

Abb. 2: Gegenüberstellung von Prognosewerten der Stichprobenanteile

2.2.2. Charakterisierung von Käufertypen

Oft stellt sich in der empirischen Marktforschung, d.h. insbesondere der Panelforschung,das Problem, daß Untersuchungseinheiten mit einem bestimmten Kaufverhalten ausfallen und daher durch neue ersetzt werden müssen.

Da das Kaufverhalten der Probanden, die nachgeschoben werden sollen, in der Regel nicht bekannt ist, müssen diese aufgrund anderer (meßbarer!) Kriterien ausgewählt werden. Welche Merkmale ein Ersatzhaushalt nun aufweisen sollte, damit er mit einer sehr hohen Wahrscheinlichkeit das gesuchte Kaufverhalten aufweist, läßt sich mit Hilfe der MNA-Koeffizienten bestimmen. Praktisch geht man bei der Festlegung des Käuferprofils so vor, daß alle Merkmalsausprägungen kombiniert werden, die sich durch sehr hohe MNA-Koeffizienten auszeichnen. Dabei sollten aber folgende Punkte beachtet werden:

- Es können oftmals mehrere idealtypische Käuferprofile bezüglich einer Gruppe aufgestellt werden, die ähnlich hohe Prognosewerte aufweisen.
- Die Merkmalsausprägungen mit sehr hohen Koeffizienten sind aus logischen Gründen nicht immer miteinander kombinierbar. Beispielsweise schließen sich die Merkmalsausprägungen "Alter der Hausfrau über 75 Jahre" und "Kinder unter 2 Jahre" zwangsläufig aus. Es kann sich daher als notwendig erweisen, Merkmale mit niedrigeren Koeffizienten zu kombinieren, damit aus der Analyse Käuferprofile resultieren, die auch von empirischer Relevanz sind.
- Auch wenn die Merkmalsausprägungen logisch vereinbar sind, muß das Segment, das durch ein oder mehrere idealtypische Käuferprofile gekennzeichnet ist, auf seine Größe hin untersucht werden.

Betrachtet man z.B. das in Tab. 2 untersuchte Käuferprofil, das den idealen Markenartikel-Käufer repräsentiert, so zeigt sich, daß in der Stichprobe kaum Haushalte mit einer derartigen Merkmalsstruktur vorkommen. Dieses Ergebnis löst den scheinbaren Widerspruch auf, daß einerseits den Prädiktoren wenig Erklärungskraft für das Kaufverhalten zukommt, jene andererseits aber durch die gewählten Prädiktorenausprägungen mit 50,19 % eine relativ gute Prognose abzugeben ermöglichen.

3. Abschließende Betrachtung zur empirischen Untersuchung

Die empirische Analyse hat gezeigt, daß das betrachtete Kaufverhalten nur unzureichend durch demographische und sozioökonomische Merkmale erklärt werden kann. Folgende Faktoren sind dafür verantwortlich:

- Die vorgegebene Käufertypologie (Abb. 1) ist nicht überschneidungsfrei, was zwangsläufig das Erklärungspotential der Prädiktoren negativ beeinflußt.
- Die Produkte, die der Analyse zugrunde liegen, sind geringwertige Güter. Die Preisspannen innerhalb einer Warengruppe sind relativ gering. Ökonomische Faktoren haben, isoliert gesehen, somit nur einen unbedeutenden Einfluß auf das Kaufverhalten.
- Die Produkte sind nicht für bestimmte soziale Schichten oder Familientypen konzipiert.

Zur genauen Erklärung des betrachteten Kaufverhaltens müßten vielmehr auch psychographische Merkmale der Konsumenten herangezogen werden.

Dennoch hat sich die MNA im Verlauf der empirischen Analyse als leistungsfähiges multivariates Verfahren erwiesen:

- Sie läßt eine detaillierte Betrachtung der Beziehungsstärke zwischen den Prädiktoren und der abhängigen Variablen zu.
- Die MNA-Ergebnisse können sehr leicht interpretiert werden.

Schließlich ist die Möglichkeit, einzelne Gruppen durch idealtypische Käuferprofile zu charakterisieren, nicht nur für das oben aufgezeigte Problem der Panelforschung von Bedeutung, sondern auch für den gesamten Bereich der Marktsegmentierung. Hierbei müssen jedoch die Größe und die ökonomische Bearbeitungsfähigkeit der erhaltenen Segmente überprüft werden, da das Ziel der Marktsegmentierung niemals darin bestehen kann, Ausnahmen aufzudecken, deren Bearbeitung ein ungünstiges Kosten-Ertrags-Verhältnis mit sich bringt.

LITERATUR

Andrews, F.M.; Messenger, R.C.
Multivariate Nominal Scale Analysis,
Ann Arbor, Michigan, 1973.

Gitlow, H.S.
Discrimination Procedures for the Analysis of Nominally Scaled Data Sets
Journal of Marketing Research, 16, 387-393 (1979).

ON A VARIANT OF THE METHOD OF HAN AND POWELL WITH CONTINUOUSLY DIFFERENTIABLE PENALTY FUNCTION

Matthias Kramp, Mainz

0. Introduction

In the last 15 years, many algorithms have been developed to solve the general nonlinear programming problem:

$$
\text{(NLP)} \quad \min_{x \in \mathbb{R}^n} f(x) \quad \text{s.t.} \quad g_i(x) = 0 \, , \; i = 1,\ldots, m_e \qquad g_i(x) \leq 0 \, , \; i = m_e + 1,\ldots, m
$$

In tests performed by Schittkowski [12], the method of Han and Powell ([4], [5], [10], [11]) proved to be quite successful. However, some theoretical and practical drawbacks led Schittkowski to introduce a new augmented Lagrangian-type penalty function ([13]). This paper deals with a modification in the penalty parameter choice of Schittkowski, which potentially keeps these parameters at a lower level, thus improving the overall speed of the algorithm. Section 1 introduces the original method of Han/Powell and discusses some drawbacks that led to modifications by Schittkowski. These modifications are presented briefly in section 2. Section 3 deals with problems arising from Schittkowski's penalty parameter choice, and introduces a new method which is able to overcome the problem. Section 4 presents the concept of restoration directions, which potentially also leads to an improvement of Schittkowski's method. A numerical example illustrating the effects of the various modifications is given in section 5, and finally, section 6 contains some summary results of comparative tests performed by the author.

1. The Algorithm of Han and Powell

The algorithm iteratively solves a quadratic programming problem, taking into account the linearized constraints, and basically works as follows:

---

*This paper presents excerpts from the author's Diploma Thesis, supervised by Prof. Dr. W. Börsch-Supan, and submitted to the Dept. of Mathematics, Univ. of Mainz, Federal Republic of Germany, on August 15, 1983.

Operations Research Proceedings 1984

1.1. Algorithm (Han/Powell)

0. For $k \in \mathbb{N}_0$ fixed, let $x_k \in \mathbb{R}^n$, and $B_k \in \mathbb{R}^{n,n}$ pos. def., be given.

1. Find a Kuhn-Tucker pair $(d_k^T, u_k^T)^T$ of the quadratic programming subproblem:

$$(QP)_k \quad \min_{d \in \mathbb{R}^n} \quad \nabla f(x_k)^T d + \frac{1}{2} d^T B_k d$$

$$\text{s.t.} \quad \nabla g_i(x_k)^T d + g_i(x_k) = 0, \quad i = 1, \dots, m_e$$

$$\nabla g_i(x_k)^T d + g_i(x_k) \leq 0, \quad i = m_e+1, \dots, m$$

2. Perform a line search in the direction of d_k, using a penalty function $\phi_r(.)$; i.e. find:

$$\alpha_k := \operatorname*{argmin}_{\alpha \in (0,1]} \phi_r(x_k + \alpha d_k)$$

3. Set $x_{k+1} := x_k + \alpha_k d_k$,

   transform B_k to B_{k+1} using a Quasi-Newton Update Formula, such as BFGS or DFP (cf. [10]),

   $k := k+1$, goto 1. .

The function ϕ_r used by Han/Powell is the exact nondifferentiable penalty function

$$(1) \quad \phi_r(x) := f(x) + \sum_{i=1}^{m_e} r_i |g_i(x)| + \sum_{i=m_e+1}^{m} r_i \max\{0, g_i(x)\}$$

This function is used only to control the line search procedure and to force global convergence of the method. Obviously, the penalty parameter(-vector) r plays a decisive role in the proofs of global convergence.

In the original method, the convergence results (cf. [5]) lead the user to choose relatively high r_i. This may lead to extremely short stepsizes and a "slowdown" of the global convergence, especially with highly nonlinear problems. Powell [10] modified the algorithm to allow variable penalty parameters, but could not show global convergence anymore (two counterexamples are given in [2]). Local convergence results rely heavily on the assumption that stepsize 1 is chosen in a neighbourhood of a solution of (NLP). Assuming further that the Hessian of the Lagrangian in a solution of (NLP) is positive definite, locally Q-superlinear convergence rates could be established (cf. [4]). Results with slightly relaxed assumptions have been published since, see e.g. [11], [1]. Han and Powell could not prove, however, that stepsize 1 is chosen always in a sufficiently small neighbourhood of a solution; a counterexample is given in [8].

2. The Variant of Schittkowski

To overcome some of the above drawbacks, Schittkowski ([13]) introduced a continuously differentiable augmented Lagrangian-type penalty function to replace (1):

$$(2)\quad \phi_r:\ \mathbb{R}^{n+m}$$

$$\phi_r\binom{x}{v} = f(x) + \sum_{i=1}^{m_e}\left(v_i g_i + \tfrac{1}{2} r g_i(x)^2\right) + \sum_{i=m_e+1}^{m} \begin{cases} v_i g_i(x) + \tfrac{1}{2} r g_i(x)^2, & \text{if } g_i(x) \geq \frac{-v_i}{r} \\ \frac{-v_i^2}{2r}, & \text{else.} \end{cases}$$

Otherwise, his algorithm follows the same basic pattern 1.1. as the one of Han/Powell. Only, instead of minimizing in $\mathbb{R}^n$, the line search is now performed in $\mathbb{R}^{n+m}$, using the vector $(d_k^T, (u_k - v_k)^T)^T$ as a search direction. Here, $(d_k^T, u_k^T)^T$ is again a Kuhn-Tucker pair of $(QP)_k$, and v_k is the current approximation to a Lagrange parameter in a solution to (NLP). Thus, the Lagrange parameter approximations for (NLP) are included in the line search, whereas Han/Powell automatically set $v_{k+1} := u_k$. Note that the choice of stepsize one makes both methods equal! The penalty parameter r in (2) is updated whenever necessary according to Schittkowski's update rule (see section 3); it can only be increased.

In all but some special cases, in which statements are not quite as strong, Schittkowski obtained global convergence results in the sense that each accumulation point $(x^{*T}, v^{*T})^T$ of the sequence $(x_k^T, v_k^T)^T$ is a Kuhn-Tucker pair of (NLP). Furthermore, he could show that under certain assumptions (mainly on the approximation of the Hessian of the Lagrangian in (x^{*T}, v^{*T}) by the matrix B_k), stepsize one is chosen in some neighbourhood of $(x^{*T}, v^{*T})^T$. Using the results of Han/Powell then, locally Q-superlinear convergence is obtained. The size of the neighbourhood of $(x^{*T}, v^{*T})^T$ in which stepsize one is chosen does not depend on the size of the penalty parameter r_k.

3. Modification of Schittkowski's penalty parameter update rule

In tests of Schittkowski's method, we found that penalty parameters tended to be relatively high. Although factors, even from 10^9 upward, still permitted stepsize one to be chosen in the neighbourhood of a solution, they could induce very small stepsizes during the process of approaching the solution, and thus showed the same drawback as the original (fixed) parameter choice of Han.

We could show, however, that an inequality motivating Schittkowski's penalty parameter update rule could be sharpened, permitting in turn a new rule, which potentially keeps the parameters lower the original rule. In this paper, it is only possible to present an outline of the idea; details can be found in [7]:

Let $p_k^T = (d_k^T, (u_k - v_k)^T)$,

$z_k^T = (x_k^T, v_k^T)$,

and $\hat{g}_k := \hat{g}(x_k) = (\hat{g}_1(x_k), \ldots, \hat{g}_m(x_k))^T$,

$$\text{where } \hat{g}_i(x_k) = \begin{cases} g_i(x_k), & \text{if } g_i(x_k) \geq \dfrac{-v_i}{r_k} \text{ or } i \leq m_e \\ \dfrac{-v_i}{r_k}, & \text{else.} \end{cases}$$

Norms are Euclidean norms.

It is of crucial importance for the proof of the global convergence theorem to establish the inequality:

$$(3) \quad -\nabla\phi_{r_k}(z_k)^T p_k \geq \gamma_k \|\nabla\phi_{r_k}(z_k)\| \, \|p_k\|$$

for all k and some $\gamma_k (\geq \gamma) > 0$.

Conditions (cf. [13]), from which he then derives the following penalty parameter rule for the "original" parameter r_k^0:

Let $r_{-1} > 0$, $\bar{\varepsilon} > 0$, $\bar{r} > 1$, r_{k-1}^0 be given ($k \in \mathbb{N}_0$ fixed)

$$r_k^0 := \max \{r_{k-1}^0, \min_{i \in \mathbb{N}_0} \{r := \bar{r}^i \; | r \text{ statisfies } (4)\}\},$$

where

(4) $r > \dfrac{4}{\varepsilon_k \delta_k (1-\delta_k/4)}$,

and

(5) $\delta_k = \min\{\delta_{k-1},\ d_k{}^T B_k\ d_k/\|\ d_k\ \|^2\}$

(6) $\varepsilon_k = \begin{cases} \dfrac{\|\ d_k\|^2}{\|u_k - v_k\|^2} & ,\ \text{if } u_k \neq v_k \\ \bar{\varepsilon} & ,\ \text{else} \end{cases}$

□

It is possible to show that (3) still holds, if we relax Schittkowski's assumptions (cf. [7], pp. 37-38); condition (4) on the penalty parameter then changes to the implicit requirement on the modified parameter r_k^M:

(7) $r_k^M \|\hat{g}_k\|^2 - 2\hat{g}_k{}^T(u_k - v_k) \geq - \frac{\delta_k}{2}\|d_k\|^2$

(This is implicit, since $\hat{g}_k$ may depend on r_k^M).

If the same $d_k, \delta_k, u_k, v_k, g_k$ are used in (4) and (7), and if r_k^M is the smallest number in the sequence $(c \cdot r^i)_{i\in\mathbb{N}_0}$ satisfying (7) $(c>0, r>1)$, and r_k^0 is the smallest number in the same sequence satisfying (4), then the desired property: $r_k^M \leq r_k^0$ can be proved. It can also be shown (cf. [7]) that the proofs in [13] still go through with the new rule (7); only minor modifications are necessary.

In order to correct for potentially bad initial choices of $r_k^M (k=0)$, it would be desirable to permit decreasing penalty parameters. Such decreases, however, must not occur infinitely often, if the convergence theory is not be affected. We modified our procedure accordingly and finally obtained the follwing parameter rule:

3.2. Final modified penalty parameter update procedure

Let $r_{-1}>0$, $r_{min}>0$, $r_{k-1}>0$, $\varepsilon>0$, $\bar{r}>1$, $\underline{r}>1$, $L:=1$, $c\geq 1$ be given.

Let z_0 be the starting point of the optimi zation algorithm, $\phi_r(.)$ is according to (2). For arbitrary but fixed $k\in\mathbb{N}_0$:

0. If r_{k-1} satisfies (7), goto 2.

1. compute $\tilde{r}_k$ as the smallest number in the sequence $(r_{-1}\cdot\bar{r}^i)_{i\in\mathbb{N}_0}$ satisfying (7); goto 4.

2. if $r_{k-1} > r_{min}$, then $s_k := \max\{r_{min}, \frac{r_{k-1}}{\underline{r}}\}$

3. if

(8) $\phi_{s_k}(z_o) - \phi_{s_k}(z_k) \geq L\varepsilon \max\{s_k, c\}$,

then

$\tilde{r}_k := s_k$, $L := L+1$,

else $\tilde{r}_k := r_{k-1}$

4. $r_k^M := \tilde{r}_k$

In (8), the requirement to be met by a decreased parameter s_k is raised each time a decrease is performed. It can be shown that eventually, under reasonable assumptions, (8) cannot be met anymore by any penalty parameter, thus permitting a decrease only finitely often (cf. [7].

An illustration for the different behaviour of the modified vs. the original version is provided in section 5.

4. Restoration Directions

Since one reason for the rejection of a steplength could be a strong violation of the constraints, one could, intuitively speaking, compute a "restoration direction" q_k, leading from the rejected point $x_k+\underline{\alpha}d_k$ closer to the feasible set, and perhaps a point with a sufficiently small penalty function value.

To compute a direction, we use linearized constraints; a typical restoration direction in $x_k+\underline{\alpha}d_k$ would be

$$q := -B_k^{-1} N_k \, (N_k^T B_k^{-1} N_k)^{-1} g\, (x_k+\underline{\alpha}d_k),$$

but others are reasonable (cf. [7]). The directions were incorporated into the optimization algorithm in such a way that global convergence could still be proved (using standard arguments found in [9]; for more details, cf. [7]).

5. Numerical Example

In the tests of Schittkowki´s original method, penalty parameters often became very large (10^9 and up) close to a solution. As predicted by the theoretical results, stepsize one was still chosen in the neighbourhood of a solution. In many examples, however, the size of the penalty parameters prevented a fast approach to this neighbourhood as demonstrated below.

Consider the problem (TP6 in [6]):

$$\min_{(x,y)^T \varepsilon \mathbb{R}^2} \{f(x,y):=(1-x)^2 \mid g(x,y):=10(y-x^2) = 0\}$$

The unconstrained minimum for this point on the line $x\equiv 1$, the constrained minimum lies at the point $X^* = (1,1)^T$ on this line. The initial parameter was set to 2, and doubled as long as it was too small to satusfy (4) or (7), resp. In the modified version 3.2., the "decrease factor" $\underline{r}$ was set to 4, $r_{min} := 1 \cdot 2 \cdot 10^{-4}$. The starting point was $X_0 = (-1 \cdot 2,1)^T$, $B_0 = I$, $v_0 = 0$.

Figure 1 illustrates the behaviour of the original version:
Once the iteration sequence gets close to the feasible region, very short steplengths are chosen because of too high penalty parameters ($r_k^0 = 4096$); the iteration sequence seems to "creep" around the arc $y=x^2$. Only for the last 6 of the 657 iterations necessary to reach the optimum, stepsize one is chosen. Figure 2 shows the resulting search directions and the iteration sequence, when the modified version is used. Decreasing penalty parameters (see Table 1) result in bigger steps and a fast approach to the neighbourhood of the solution; the whole process now takes only 11 iterations. To show the difference in the sizes required by (4) and (7) the modified penalty parameter is used to generate the iteration sequence but the original parameter is coumputed simultaneously.
Note especially k=9 in Table 1: r_k^0 has to be higher r_k^M at least by order of 10^7 !

k	r_k^0	r_k^M
0	2	.5
1	2	.125
2	4	.25
3	4	6.2 E-2
4	4	1.6 E-2
5	4	3.9 E-3
6	4	9.8 E-4
7	4	2.4 E-4
8	4	1.2 E-4
9	33000	1.2 E-4
10	33000	1.2 E-4

Table 1

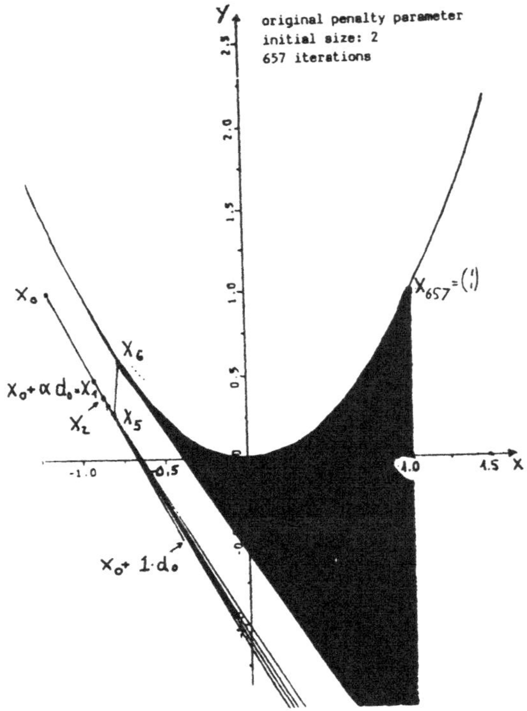

Figure 1

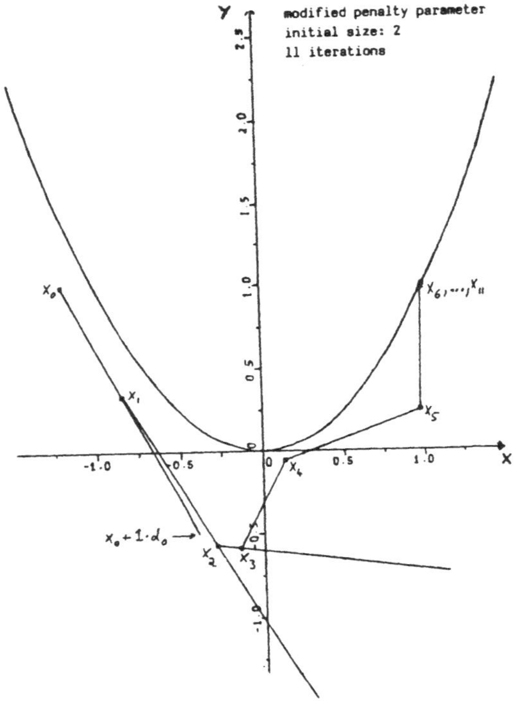

Figure 2

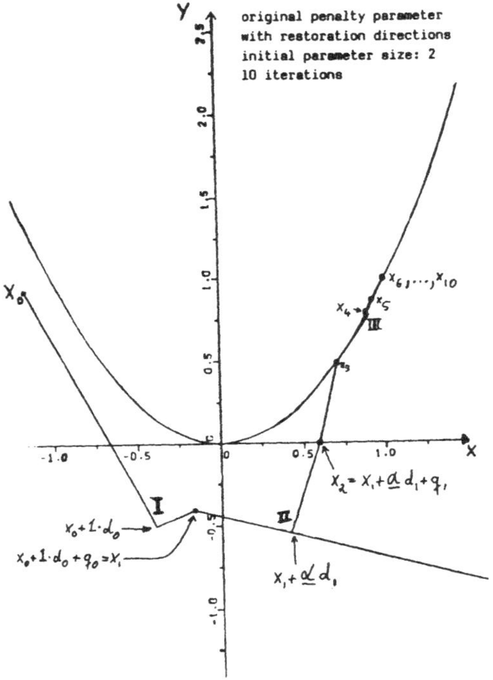

Figure 3

This is an extreme example of the different behaviour of both versions, but also on the average, the modified version proved to be considerably superior (see section 6).

The restoration directions did not result in as much an improvement as expected. Some of the tested directions were able to improve the performance of the original algorithm, but on the average did not do as well as the modified version alone. The directions hardly ever improved the method, when combined with the modified version. Only in examples with a very small number of constraints, or with equality constraints only, the restoration direction/original penalty parameter combination was comparable to the modified version. Figure 3 shows a typical behaviour for this case, using the introduced example. Again, the initial penalty parameter was set to 2. Restoration directions were tried and accepted at points marked I, II, III, after the respective steplength on the line $x+\alpha d$ had been rejected.

In the comparison in section 6, restoration directions are not taken into account. More detailed information on their performance is contained in [7].

6. Summary results of performed tests

We tested 109 of the examples from theory and applications published in [6]. These examples range from 2 to 16 variables and 1 to 59 constraints. For the quadratic programming problems, we used the algorithm of Gill and Murray ([3]).

Of the 109 examples,

- 3 could not be solved by any of the 2 versions,
- 5 could be solved only by the modified version ($n\geq 5$),
- 101 could be solved by both the modified and the orginal version.

Of these last 101 examples,

- 34 had the same iteration sequence in both versions (stepsize d throughout)
- 67 showed more or less different behaviour of both versions.

The following table presents only an overview based on computation time, which was the criterion the least in favour of the modified version. Results for the other criteria (e.g. number of iterations, number of function evaluations), exhibit basically the same pattern:

Of the 67 examples with differences between versions,

- 10 showed a difference in computing time of less than 2%.

16 resulted in worse behaviour of the modified version; the increase in computation time compared to the modified version lay in the

range of	2-5%	5-10%	10-20%	20-50%	over 50%
for	7	5	1	2	1

examples.

41 resulted in worse behaviour of the original version; the increase in computation time compared to the original version lay in the

range of	2-5%	5-10%	10-20%	20-50%	over 50%
for	7	5	8	6	15

The average improvement achieved by the modified version therefore does not depend on only very few extreme examples, but is quite broadly baded.

For the above mentioned 67 examples with differences, computation time was reduced from 100% (1164 sec.) for the original to 45% (522 sec.) for the modified version. The number of iterations required by the modified version was 37%, and the number of function evaluations in the modified version was 32% of the respective numbers required in the original version. If all 101 examples are taken into account, the total computing time for the modified version amounts to approximately 65% of the time used by the original version.

We also found hardly any differences (in the performance improvement) between different groups of examples (grouped by number of variables, type of constraints, feasible/infeasible starting point); the reductions in coumputation time lay mostly around 55% of the time used by the original version.
Based on these results, we conclude that the use of the modified penalty parameter in Schittkowski's version of the method of Han/Powell leads to considerable improvements; the original on basically unchanged.

7. Acknowledgements

I would like to express my sincerce thanks to my adivisor Prof. Boersch-Supan as well as to Dr. Crusius, both at University of Mainz, for their many valuable suggestions and comments on my thesis.

8. References

[1] Boggs, P.T./Tolle, J.W./Pyng Wang: On the Local Convergence of Quasi-Newton Methods for Constrained Optimization, SIAM Journal on Control 20 (1982) pp. 161-171

[2] Chamberlain, R. M. Some Examples of Cycling in Variable-Metric Methods for Constrained Optimization, Math. Programming 16 (1979), pp. 378-383

[3] Gill, P.E./Murray, W.: Numerically Stable Methods for Quadratic Programming, Math. Programming 14 (1978), pp. 349-372

[4] Han, S.P.: Superlinearly Convergent Variable Metric Algorithms for Genearl Nonlinear Programming Problems, Math. Programming 11 (1976), pp. 263-282

[5] Han, S.P: A Globally Convergent Method for Nonlinear Programming, Journal of Optimization Theory and Applications 22 (1977), pp. 297-309

[6] Hock, W./Schittkowski,K.: Test examples for Nonlinear Programming Codes, Lecture Notes in Economics and Mathematical Systems 1987, Springer, Berlin 1981

[7] Kramp, M.: Über eine Variante des Verfahrens von Han und Powell mit stetig differenzierbarer Straffunktion, Diplomarbeit, University Mainz, Federal Republic of Germany, 1983

[8] Maratos, N.: Exact Penalty Function Algorithms for Finite Dimensional and Control Optimization Problems, PhD Thesis, Imperial College, London, 1978

[9] Ortega/Rheinboldt, W.: Iterative Solutions of Nonlinear Equations in Several Variables, Academic Press, New York 1970

[10] Powell, M.J.D.: A Fast Algorithm for Nonlinearly Constrained Optimization Calculations, in: G.A. Watson (ed.), Numerical Analysis, Dundee 1977, Lecture Notes in Mathematics 630, Springer, Berlin 1978, pp. 144-157

[11] Powell, M.J.D.: The Convergence of Variable-Metric Methods for Nonlinearly Constrained Optimization, in: Mangasarian, O.L./ Meyer, R.R./Robinson, S. . (eds.), Nonlinear Programming 3, Academic Press, New York, 1978, pp. 27-63

[12] Schittkowski, K.: Nonlinear Programming Codes: Information, Tests, Performance, Lecture Notes in Economics and Mathematical Systems 183, Springer, Berlin, 1980

[13] Schittkowski,K.: The Nonlinear Programming Method of Wilson, Han and Powell with an Augemted Lagrangian Type Line Search Function. Part I: Convergence Analysis, Numerische Mathematik 38 (1981), pp. 83-115

EXPERT SYSTEMS - THE CHALLENGE FOR OR

Paul Thornton, London

Abstract

This paper discusses possible responses of the Operations Research community to current developments in Artificial Intelligence and Expert Systems. In particular, the author advances the case for OR practitioners and academics, supported by our professional societies, to take the initiative in the translation of AI concepts into practical applications.

The paper reflects the author's experiences as the head of a 15 strong OR group within a computer services consultancy which is actively involved in a number of Expert Systems projects, including a major demonstrator system for process plant management. Some of the ideas contained here were initially presented at an Expert Systems seminar organised by the UK Operational Research Society in June 1983.

Introduction

Artificial Intelligence has been a fruitful field for academic research for 20 years and more. However, interest in the commercial exploitation of computer systems utilising AI concepts was greatly stimulated by the publication, in 1981 of Japan's plans for 5th generation computing. Western nations have responded with highly-publicised inititatives such as the EEC's ESPRIT programme, the Alvey programme in the UK, and comparable funding programmes in other countries. These have made available substantial resources for research, development and implementation in a number of areas of Information Technology, of which Expert Systems is amongst the most prominent.

The OR community has viewed these developments with mixed emotions, including:

- envy at the media interest and ready availability of sponsorship for ES projects
- concern that in some way the advent of ES specialists might restrict the future scope of OR analysts as advisors to management
- some genuine doubts about the real value of ES applications in the commercial world

Operations Research Proceedings 1984

- astonishment that something which appears to be quite similar to what many of us have been doing for years should attract such publicity
- exhilaration at the avenues for OR application which ES developments might open up.

Although this is partly a reflection of a more widespread uncertainty about the evolution of OR in general and its role in the mature economies of the world, the issue is complicated by the similarities and overlaps between some of the concepts in OR and ES. This paper seeks to identify a natural role for the OR analyst in the development and exploitation of this new technology through an assessment of the long term durability and viability of ES applications.

The assumption is made that readers are generally familiar with Expert Systems concepts and terminology. Those encountering the topic for the first time are referred to items (1) and (2) in the list of references.

Are Expert Systems here to stay?

Although small-scale Expert Systems can be implemented using currently available computer hardware and software, major applications will require substantial development in hardware, operating systems, development aids and application packages. The total investment required will be many hundreds of millions or even billions of dollars.

In discussing possible roles for the OR community in respect of ES developments it is instructive to review the application areas which have been identified as primary targets for ES technology. Clearly these must be weighty enough and of sufficiently central importance to the organisations concerned to merit the massive investment required; otherwise the ES boom is likely to be short-lived !

The Expert Systems currently in existence reflect the academic origins of most of the activity to date and also the limitations of existing computing infrastructure. An analysis carried out in 1983 (3) of 35 projects for which published information was available showed the following breakdown by application area:

Medicine	35%
Applied Science	25%
Engineering	25%
Other	15%

Furthermore in 70% of cases the systems could only be applied by experts themselves. The remaining 30% of systems were designed to allow an auxiliary to carry out what had hitherto been an expert role. In other words current applications are concerned with enabling experts to do their jobs better through the provision of decision support facilities, or with reducing the skill level required to carry out specific tasks, particularly in the diagnostic area. No application areas could be identified, though, which had given rise to significant manpower savings, in contrast to commercial DP applications or even major technical applications such as Computer-Aided Design.

However, over the past year or so funding agencies, companies in the IT sector and user organisations have actively sought out application areas which can serve as worthwhile pilot projects in the context of the funding programmes mentioned above. These have included:

- Commodity purchasing expert
- Fault diagnosis in complex electronic equipment
- Intelligent industrial training tutor
- Technical translator
- Vehicle scheduler
- Process plant controller
- Insurance risk assessor
- Military tactical threat evaluation
- Credit risk assessment
- Social Security benefits advisor

Of course the widespread implementation of Expert Systems to carry out activities such as these presupposes:

- great improvements in the cost-effectiveness of suitable computer systems
- general acceptance of a machine interface for advisory services
- resolution of the implications for employment levels and patterns

The important point, though, is that these are major activities, central to the well-being of the organisations concerned. The prize for improving their cost-effectiveness is sufficiently great to justify substantial investment and ongoing experimentation. In the long term it is likely, therefore, that Expert Systems will be implemented on a widespread basis for these and other applications. Although the phrase Expert Systems may not survive the test of time, there can be little doubt that the use of intelligent knowledge-based computer sytems to augment or replace human judgement in carrying out tasks requiring skill and experience is here to stay.

Current state of the Art

Expert Systems can be characterised not only by the area of application as in the previous section but also in terms of the "depth" of the knowledge necessary for the task and the treatment of this knowledge in the application. At the simplest level, the application might be concerned with archiving certain knowledge about well defined phenomena (e.g. maintenance of aircraft engines). At the other extreme comes induction and execution based on complex and uncertain stimuli (e.g. battlefield commander).

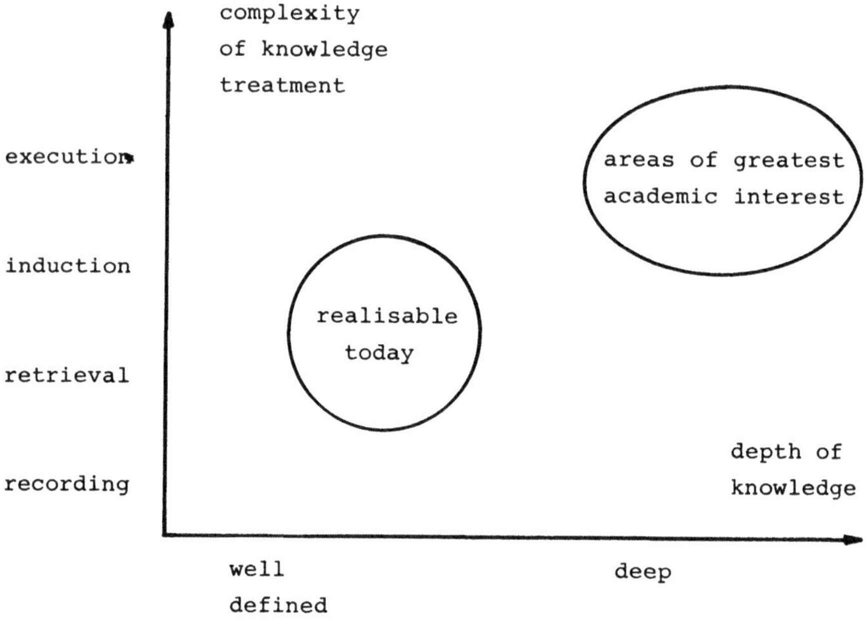

A recently published report in the UK(4) concluded that Expert Systems in the lower left-hand region of the space are realisable with today's restricted range of computer hardware and software, and will bring some limited benefits to the organisations concerned. However public attention has tended to be drawn towards the upper right-hand corner, since this is the region of greatest academic challenge. Projects of this kind are driving the research and development effort, and require major theoretical and practical advances in a number of areas for their successful implementation, including:

- knowledge elicitation methods
- knowledge representation methods
- inference based on uncertain knowledge
- computer system performance
- linkages to existing systems/databases.

Over the coming years, as the technology develops there will be a migration from the lower-left hand to the upper right-hand corner of the diagram. Also it is likely that Expert Systems will lose their distinct identity and become subsumed as ES modules within commercial systems, in much the same way as commercial materials management systems contain stock control/reorder algorithms as a matter of course.

The scope for OR participation

Accepting therefore that organisations could derive some limited benefits from ES applications today and that the opportunities will multiply as the technology develops, the question arises as to how these opportunities can be best exploited.

The first point to make is that there are a number of similarities between Expert Systems today and micro-computers in the late 1970s. A new technology is coming onto the marketplace, the characteristics and potential of which are more readily assimilated by OR workers and by the professionals they are designed to support, than by the commercial DP community. In fact many OR groups spearheaded their organisations' use of micro-computers and were responsible for spreading awareness, identifying and implementing applications and in some cases, providing technical support. They were supported - certainly in the UK - to a considerable extent by national and local OR associations, which arranged seminars, exhibitions, workshops etc. (It is worth noting that the academic OR community was scarcely involved.) Although many groups are still concerned with micro-computer applications, this field of endeavour has matured to the extent that micro-computer policy is now primarily a DP function.

In the Expert Systems context similar opportunities present themselves, particularly taking into account the shortage of AI/ES experts which has been highlighted by a number of studies in various countries. However, the very nature of Expert Systems also lends itself to a longer-term involvement in aspects of systems design.

Initially, it is helpful to examine the steps involved from feasibility study through to systems implementation, with a view to understanding the skills needed at each stage, (we shall assume that the appropriate technological infrastructure - computers and languages - exists, and that a range of working examples is available to illustrate knowledge representation and inference techniques, though lacking perhaps a comprehensive and widely-accepted theoretical underpinning).

The stages of systems development and implementation are likely to be the same as for more existing systems projects, namely:

- feasibility study
- analysis of requirements
- systems specification
- implementation.

At feasibility study stage, some of the key tasks will be:

a) to assess the suitability of an application for Expert Systems

b) to establish the business implications of augmenting or replacing current decision making practice with an Expert System

c) to carry out a cost benefit analysis for the project as a whole.

The OR practitioner is particularly well-placed to take on these tasks, and in particular task b). Indeed it is difficult to see who else in an organisation could muster the range of business and analytical skills, not to mention vision, to be able to get to grips with this topic at all.

Assuming that at least in the early years, it will generally not be possible to buy an off-the-shelf Expert System for individual applications (e.g. credit assessor, plant controller, etc.) then there is a clear need for analytical support to help resolve issues such as:

- which body of knowledge should the system be built upon (internal/external)?
- how should this knowledge be elicited and captured?
- how should the knowledge base be structured in the light of the inferential tasks to be carried out?
- what are the trade-offs between degree of uncertainty or non-determinism in system outputs and the need to maintain an expert or auxiliary presence?

- how can the quality of decision-making be improved through the system learning from its own experience and from experience elsewhere?

These tasks are addressable through the traditional OR approach, which seeks to create both a framework and the analytical tools to enable ill-defined situations to be structured and evaluated.

The previous sections have identified a natural role for the practitioner OR in the feasibility study, requirements and design phases of an expert systems project. It will be very much a matter of house style whether this intensive involvement continues through to implementation, though it may well make sense for the OR group to see the project right through to systems commissioning. In any event the training and initial bedding-in of the system certainly require the systems designer's participation.

It may well be that in the course of 10 or more years the appropriate role for the OR group changes as cheaper and better applications packages become available. As has been the case with financial modelling, the OR role may mature from that of bespoke system builder through to model builder using standard packages, ending up as advisor to line management on the procurement of applications packages. However, there is little doubt that for the next 5-10 years at least, OR practitioners have a pivotal role to play in the succesful introduction of Expert Systems within their organisations.

The way ahead

This paper has sought to highlight the opportunities which the advent of ES technology in creating for OR practitioners. Indeed many OR groups. Particularly in the UK and USA and probably elsewhere, are promoting the introduction of Expert Systems in their own organisations through the implementation of pilot demonstrator projects.

However, in the author's view this is not enough. The efforts of practitioners need to be supported by a comparable thrust on the part of OR academics, the national societies and the international federations. That is not to say that we should be duplicating the research efforts of the AI community. In certain specific areas such as fuzzy logic and inference we may be able to contribute to basic research but in general our efforts should be oriented towards the practical application of the technology. OR departments in Universities might, for example, undertake research in areas such as:

- the impact of ES support on the quality of decision-making
- organisational requirements for the succesful introduction of ES technology
- handling of incomplete knowledge.

Such research could be undertaken either alone or in collaboration with Computer Science/AI departments.

The role of national OR societies and the international federations would be to promote awareness and an exchange of experiences between academics and practitioners at a national and international level, in much the same way as happened with microcomputers. Through national and regional study groups, workshops, short conferences and exhibitions it should be possible to generate widespread "street credibility" on Expert Systems within the profession and enable practitioners to become focal points for their organisations' ES activities.

A broadly-based approach as outlined above should ensure that the OR community participates fully in the evolution of ES technology and applications. Furthermore it should stimulate and guide the exciting research work being carried out in the AI field towards worthwhile and practical ends. However, we should be aware of the corollary to the opportunities discussed here. Assuming that the long-term payoff is large enough, organisations will assuredly find a way to take advantage of ES technology. If the OR community does not provide the bridge between academic research and practical application then others will, and we may find the vacuum being filled by a new breed of "knowledge engineers". In short the OR community is well placed to guide, and in turn to benefit from developments in Expert Systems. However this is a role which must be earned through active participation at all levels in the profession.

References

(1) "Building Expert Systems", F. Hayes-Roth, D.A. Waterman & D. B. Lenat (eds), Addison Wesley, 1983.

(2) "The Fifth Generation", E. A. Feigenbaum & P. McCorduck, Pan, 1984.

(3) "Expert Systems and OR - Meeting the Callenge", P.Thornton. Paper to UK OR Society Seminar on Expert Systems, June 1983.

(4) "Report to the Alvey Directorate on a Short Survey of Expert Systems in UK Business", A. d'Agdapeyeff, 1984.

KÜNSTLICHE INTELLIGENZ IN DER BETRIEBSWIRTSCHAFT

Peter Mertens, Erlangen-Nürnberg

1. Einleitung

Nach der Erfindung des Computers wurden zunächst große Erwartungen in seine Fähigkeiten zur Nachahmung des menschlichen Geistes gesetzt, es entstand die Forschungsrichtung Künstliche Intelligenz, die insbesondere mit den Namen Newell, Shaw und Simon verbunden ist. Die ursprüngliche Forschungsrichtung sollte sich - nach Anfangserfolgen - nicht als sehr fruchtbar erweisen, die Komplexität menschlichen Denkens konnte in der Rechenanlage nicht genügend abgebildet werden.

In der zweiten Hälfte der siebziger Jahre setzte sich eine neue Entwicklung durch, die mit der Bezeichnung "Expertensystem" verbunden ist. Vereinfacht kann man den Wandel so umschreiben, daß "Fleiß an die Stelle der Intelligenz, Heuristiken an die Stelle der analytischen Lösung traten".

2. Wesen und Bestandteile von Expertensystemen

2.1. Überblick

Expertensysteme erweitern die vom von-Neumann-Rechner bekannte Zweiteilung in Programme und Daten in die Dreiteilung "Programm (= Problemlösungsvorschrift) - Regelbasis (Wissensbasis) - Daten". Ebenso wie beim von-Neumann-Rechner die Datenbasis verändert werden kann, ohne daß man das Programm anpassen muß, läßt sich bei Expertensystemen die Regelbasis modifizieren. Ergänzende Bestandteile eines Expertensystems sind:

1. Die Erklärungskomponente begründet die vom Problemlösungsmodul erarbeitete Lösung und veranschaulicht damit den eingeschlagenen Lösungsweg.

2. Die Wissenserwerbskomponente unterstützt den Systemarchitekten beim Zusammentragen und Dokumentieren des von den menschlichen Experten erfragten Wissens.

Operations Research Proceedings 1984

3. Die Dialogkomponente stellt die Schnittstelle zur Kommunikation des Systems mit seinem Benutzer dar.

2.2. Wissensbasis

Zur Repräsentation des Wissens wurden verschiedene Ansätze entwickelt. Die weiteste Verbreitung haben sogenannte Produktionssysteme gefunden. Sie beinhalten als zentrales Element die "Wenn-dann"- bzw. "Situations-Aktions"- bzw. "Produktions-Regel". Jede solche Regel stellt gewissermaßen ein "Wissensgranulat" dar und wird in folgender oder ähnlicher syntaktischer Form beschrieben:

WENN ((Vor.1), ... (Vor.m)),
DANN ((Kon.1), (Kon.2), ... (Kon.n)).

Diese Regeln können zu Strukturen wie Bäumen oder Netzwerken verknüpft werden (vgl. Abbildung).

2.3. Die Problemlösungskomponente

Geht man davon aus, daß das Wissen in Form von Produktionsregeln dokumentiert ist, so nimmt die Problemlösungskomponente die Gestalt eines Regelinterpretierers an. Er besteht im allgemeinen aus vier Teilen: Arbeitsspeicher, Mustervergleicher, Konfliktlöser, Regelausführer.

Bei der Arbeit des Regelinterpretierers können mehrere Strategien unterschieden werden, von denen hier die datengetriebene Strategie skizziert wird:

Ausgangspunkt sind die Eingabedaten des Benutzers. Sie werden in den Arbeitsspeicher gebracht und stellen erfüllte Voraussetzungen dar. Zur Problemlösung werden die Voraussetzungen aller Regeln daraufhin überprüft, ob sie durch die Zusicherungen aus dem Arbeitsspeicher erfüllt sind. Diese Aufgabe obliegt dem Mustervergleicher. Enthält die so gewonnene Menge mehr als ein Element, so muß der Konfliktlöser in Funktion treten, beispielsweise indem er nach der Prioritätsregel ("Metaregel") verfährt, wonach im Zweifel eine speziellere vor einer allgemeineren Regel zu selektieren ist. Die ausgewählte Regel wird angewandt und dadurch im Arbeitsspeicher ein neuer Zustand erzeugt. Dieser Zyklus wiederholt sich solange, bis keine Regeln mehr anwendbar sind bzw. ein Endzustand (Lösung des Problems) erreicht ist.

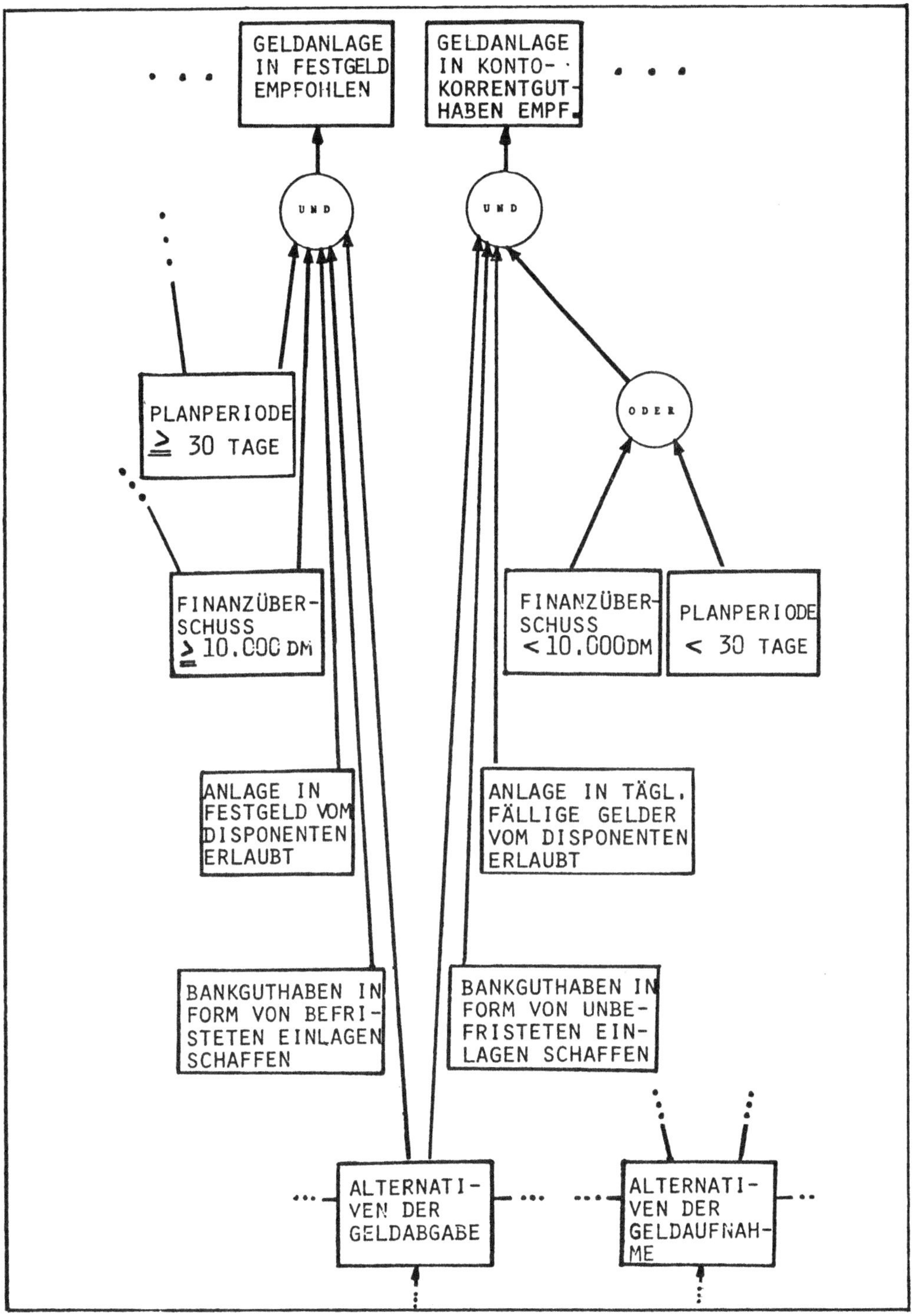

Ausschnitt aus dem Regelnetz eines Expertensystems

3. Zu den Anwendungsgebieten

3.1. Funktionsorientierte Übersicht

Duda und Gaschnig unterscheiden folgende Funktionen, die zumindest teilweise von Expertensystemen übernommen werden können:

1. Diagnose: Im Sinne der statistischen Entscheidungstheorie können Diagnoseprobleme als solche begriffen werden, deren Lösung gewöhnlich das Abschätzen einer multivariaten Wahrscheinlichkeitsfunktion aus großen Datenmengen verlangt. Das Expertensystem setzt das Wissen und die Urteilsfähigkeit von Fachleuten an die Stelle dieser unbekannten Funktion.

2. Suche: Es sollen mögliche Lösungen generiert und die Zulässigkeit von Lösungen dann beurteilt werden können, wenn die Anzahl der möglichen Lösungen so groß ist, daß ein erschöpfendes Durchsuchen des Lösungsraumes unmöglich ist.

3. Problemlösung und Planung: Es wird eine Sequenz von Maßnahmen gesucht, mit denen ein Ziel erreicht werden soll.

4. Computerunterstützter Unterricht (CUU): Klassische CUU-Systeme leiden unter der Begrenzung, daß Dialoge mit dem Lernenden nicht in natürlicher Sprache geführt, auf unerwartete Antworten nicht reagiert und die Fehler des Lernenden nur schwer analysiert werden können. Man erhofft sich von Expertensystemen langfristig Abhilfe.

5. Beratung: Eine gewisse Verallgemeinerung der computergestützten Lehre stellt die computergestützte Beratung dar.

3.2. Betriebswirtschaftliche Praxis-Beispiele

Im betriebswirtschaftlichen Sektor sind unter dem Namen R1/XSEL bzw. XCON Expertensysteme der Digital Equipment Corp. (DEC) bekannt geworden. Sie stellen die wohl ausgereiftesten Anwendungen in der betrieblichen Praxis überhaupt dar.

XSEL baut die Brücke von dem vom Kunden beabsichtigten Einsatz einer elektronischen Rechenanlage zu ihrer Konfiguration.

In einem ersten Schritt fragt das System den Benutzer, welche Komponenten er zu bestellen gedenkt. Der Benutzer muß sie nicht alle mit Namen angeben, vielmehr kann er gewünschte Leistungen beziffern, also z. B. die Zahl der Megabytes, die auf einer Festplatte gespeichert werden sollen. XSEL verfügt über Kriterien, unter verschiedenen Alternativen, diese Leistung zu erbringen, auszuwählen. Hierzu können auch Rechenvorgänge gehören, die nach bestimmten gespeicherten Regeln ausgeführt werden, so z. B. wenn die Größe des benötigten Hauptspeichers unter Berücksichtigung der rechenintensiven und der ein-/ausgabenintensiven Jobs zu ermitteln ist.

Eine bemerkenswerte Besonderheit von XSEL ist die zur Unterstützung von Verkaufsgesprächen nützliche Erklärungskomponente, die beispielsweise erläutert, warum das System bestimmte Baugruppen ausgewählt hat. R1 bzw. XCON konfiguriert dann die Maschinen, für die Kundenaufträge vorliegen, im einzelnen.

4. Überlegungen zu weiteren betriebswirtschaftlichen Anwendungen

4.1. Art der Problemstellung

Den besonderen Stärken und Schwächen von Expertensystemen entsprechend, dürften sie im betriebswirtschaftlichen Bereich dort gewisse Nutzeffekte versprechen, wo folgende Merkmale anzutreffen bzw. nicht vorhanden sind:

1. Die zu lösende Aufgabe muß halb-strukturiert in dem Sinne sein, daß der menschliche Problemlöser zwar eine Vielzahl von Regeln und Fakten in Betracht zieht, diese jedoch immer wieder in anderer Weise kombiniert. In Frage kommen vor allem Aufgaben, die man heute mit Mischungen aus unterschiedlichen Heuristiken und simulativen Elementen angeht.

2. Nicht geeignet für Expertensysteme sind wohldefinierte Problemstellungen, für die sich ein exakter Algorithmus angeben läßt. Freilich mögen solche exakten Optimierungsalgorithmen Komponenten umfassenderer Expertensysteme werden.

4.2. Betriebswirtschaftliche Funktionalbereiche

4.2.1. Forschung/Entwicklung/Konstruktion

Im engeren Konstruktionsbereich ist im Zusammenhang mit dem Aufkommen von CAD-Systemen wiederholt die Vermutung ausgesprochen worden, daß man "intelligente Konstruktionsarbeitsplätze" entwickeln könne, bei denen das EDV-System die Konstruktionsregeln des Ingenieurs mit Faktendatenbanken und einer Methodenbank der Berechnungsalgorithmen verbindet. Die Maschine könnte dem Konstrukteur dann Vorschläge bei der Ermittlung von günstigen Komponenten machen, sie könnte für die jeweilige Problemstellung geeignete Verfahren aus der Methodenbank auswählen, auf Widersprüche und Gefahren hinweisen. Überschreitet man von dieser im Prinzip rein technischen Aufgabe kommend die Grenze zur betriebswirtschaftlich orientierten Produktentwicklung, so sind zusätzlich aus betriebswirtschaftlichen Zielsetzungen stammende Regeln zu berücksichtigen, beispielsweise wären Bauteile so auszuwählen, daß die Entscheidungen des Konstrukteurs mit den Richtlinien der Materialdisposition und des Einkaufs harmonieren.

Ein weiterer Einsatzbereich könnte in der Projektplanung liegen. Die Operations-Research-Forschung hat sich bisher stärker auf die algorithmische Behandlung gegebener Netzpläne konzentriert. Expertensysteme bieten die Möglichkeit, die Entscheidungen der Projektplaner bei der Auswahl zwischen Netzplänen zu unterstützen.

4.2.2. Vertrieb

Im Anschluß an die skizzierten Überlegungen zur computergestützten Konstruktion liegt es nahe, an die Entwicklung von Angebotsvarianten in Abhängigkeit vom Kundenwunsch zu denken (vgl. XSEL). Ein für ein Expertensystem sehr geeignetes Aufgabengebiet ist wohl die Lieferplanung bzw. Marketing-Logistik. Von derartigen Modellen sind vielfältige Fragestellungen unter Berücksichtigung der gegenseitigen Abhängigkeit zu beantworten. Dabei sind zahlreiche Heuristiken zu benutzen, wie z. B. Gesichtspunkte, nach denen Teillieferungen gebildet werden, Aufträge mengenmäßig aufgerundet werden, um Transportkapazitäten besser auszulasten, Auslieferungen vor dem Termin stattfinden, Richtlinien bei der Zuordnung von Kunden, Tour und Personal unter Wahrung arbeitsrechtlicher Restriktionen u.v.a.m.

4.2.3. Produktion

Hier läßt sich in Fortführung früherer teilautomatischer Lösungen, bei denen Entscheidungstabellen eingesetzt werden, die Gewinnung von Arbeitsplänen als Aufgabe für ein Expertensystem sehen. Ein fruchtbares Einsatzfeld mögen die Expertensysteme bei der Kapazitätsdisposition im weitesten Sinne haben (Kapazitätsausgleich durch zeitliche Verschiebung von Betriebsaufträgen unter Berücksichtigung vielfältiger Restriktionen, die auch von anderen Fertigungsstufen kommen können; Kapazitätsterminierung). Die Expertensysteme kann man sich als Weiterentwicklung der heuristischen Regeln vorstellen, die in der Frühphase der Operations-Research-Forschung vorgeschlagen wurden.

Ein wichtiges Gebiet ist auch die Diagnose von Schwachstellen bei der Produktionsregelung im weitesten Sinne in Verbindung mit der Zuordnung geeigneter Steuerungsverfahren.

4.2.4. Finanzierung

Hier könnte die kurzfristige Liquiditätsdisposition zum Einsatzbereich von Expertensystemen werden, da Liquiditätsdisponenten in größeren Organisationen in Abhängigkeit von relativ komplizierten Datenmustern (Zinskonditionen, Eigen-Fremdkapital-Relation, gesetzliche Restriktionen, Wahrscheinlichkeiten von Geldzu- und -abflüssen) unter Verwendung von impliziten oder expliziten Regeln entscheiden (vgl. Abbildung).

Das automatische Durcharbeiten von Kennzahlensystemen, wie z. B. der ZVEI-Pyramide, mit dem Ziel, Diagnosen über die finanzwirtschaftliche Situation eines Unternehmens zu stellen und gegebenenfalls sogar unter Verwendung von gespeicherten Textkonserven diese Diagnose in Berichte für Außenstehende (z. B. WP-Berichte) zu kleiden, scheint eine sehr reizvolle Aufgabe für Expertensysteme.

4.2.5. Verwaltung

Geht man davon aus, daß im "Büro der Zukunft" ein großer Prozentsatz der Eingangspost auf dem Weg moderner Bürokommunikation (z. B. Teletex) und damit in maschinell lesbarer Form ankommt, so stellt sich die Frage, ob es mit Hilfe eines Expertensystems möglich wird, die Routinekorrespondenz zu bearbeiten und nur in Sonderfällen Sekretariatsmitarbeiter einzuschalten.

Bekannt geworden sind auch kleinere Expertensysteme zum Auffinden von Terminen für Konferenzen, an denen Führungskräfte mit zahlreichen und komplizierten Terminrestriktionen teilnehmen.

5. Beziehungen zwischen Expertensystemen und Operations Research

Es gibt eine Reihe von Gründen, weshalb sich die OR-Forschung mit Expertensystemen befassen sollte:

1. Expertensysteme treten in Konkurrenz zu herkömmlichen OR-Verfahren, z. B. in der Produktionsplanung.

2. Expertensysteme erweitern die Möglichkeiten der Entscheidungsvorbereitung über die bisherigen OR-Verfahren hinaus, z. B. in der Instandhaltung, in der Logistik oder in der Portfolio-Analyse.

3. Konventionelle OR-Verfahren werden Bestandteile von umfassenderen Expertensystemen, z. B. einfache Prognosemethoden, Lineare Programme oder die Netzplantechnik.

4. Algorithmen zur Bearbeitung komplexer hierarchischer Regelwerke ähneln sehr stark mathematischen Verfahren, mit denen das OR schon lange arbeitet, insbesondere aus der Klasse der dynamischen Programmierungsmethoden.

Es scheint deshalb angezeigt, Expertensysteme und Operations Research ebenso in wohlverstandenen Konkurrenz- als auch in Kooperationsbeziehungen zu sehen. Viele OR-Fachleute dürften ausgezeichnete Voraussetzungen mitbringen, erfolgreiche Expertensystem-Entwickler zu werden. Wenn sie ihr Wissen einbringen, können sie ebenso zu verhindern helfen, daß das "Rad neu erfunden" wird, wie sie dazu beitragen mögen, daß mit Expertensystemen "Böden beackert" werden, die sich bisher schon als unfruchtbar erwiesen haben.

Literatur

Duda, R. O. und Gaschnig, J. G.: Knowledge-based Expert Systems come of Age. Byte 6 (1981) 9, S. 238 ff.

Ossko, I., Konzeption und Implementierung eines kleinen Expertensystems zur Unterstützung der Liquiditätsplanung. Diplomarbeit. Nürnberg 1983.

OR AND DECISION SUPPORT SYSTEMS - THE BA EXPERIENCE

Tony Cooper, Hounslow

INTRODUCTION

The nature and role of OR together with its future or lack of one have been a perennial source of debate. See for example references 1 to 5. One strand in this debate has been a series of papers from Tobin, Butfield, Teather and Rapley at BA on the particular style of practical OR that has been developed at British Airways. [6 7 8]

Recently the idea of Decision Support Systems has become very fashionable - indeed so fashionable that it has become a chameleon word, in wide use but with a variety of meanings. Many software vendors, including IBM, are attempting to capture the term DSS as a description of their own products for anything from a souped-up spreadsheet to a fourth-generation language. This paper describes how the style of OR practised at BA for the fifteen years constitutes one very effective way of developing and implementing systems that support decision-making. By using this style, OR is thriving in at least one major industry in the UK.

A DECISION-SUPPORT STYLE OF OR

The style is based on two insights: the OR team never knows all about a problem at the beginning, so that inevitably any attempt to provide a complete solution, if not ignored, meets the reply: "But you forgot about ...". Secondly, the world changes fast. An initial version of a model must be up and running in not much more than three months or it will be obsolete before it is ever used. Robert Bittlestone of MicroAPL Ltd goes further and claims quite seriously that this period should never exceed one week and that such speed is possible with APL.

Recently these problems have led others to develop the technique of prototyping. This usually means the rapid development of a prototype - perhaps not much more than a user interface - which is then discarded after stimulating some client reactions. Our approach has a different emphasis, but is quite compatible. Together with the client, we define a 'minimal usable subset', a first version of the model that can be really used. It is put up quickly and is not usually discarded.

Operations Research Proceedings 1984

So at an early stage the client starts feeding back views about how useful the model really is, and this process never stops. A constant dialogue between analyst and client naturally develops, and a continual series of changes and enhancements to the model ensues. The main schedule-editing program, for example, has now reached about version 140, the result of a change being implemented on average once every three weeks over the eight years of its use.

Model Characteristics

Such a process tends to generate models with certain distincitve features.

- The model tends to be simple. As a result the client usually has a fairly full understanding of how it works, which makes him much more confident and effective in using it.
- The model is easy to reformulate to meet a changing environment: it is changing anyway as the clients' needs develop so an extra cause of change causes little fuss. Also, the simplicity of the model means that often, when circumstances change, the user can change his mode of using it rather than require a change in the model itself.
- Models are almost always interactive, as planners invariably become dissatisfied with having to wait for the result of overnight runs.

Benefits

Many benefits arise as a natural result of using this style.

- A balance can be reached between what the client can do best himself and what the model can do best. Clients use the models to enhance their own understanding of the problem area. The target is to use the computer as an enhancement of the planner's brain, not as a replacement for it. Usually this leads to very good analyst-client relationships and to positive attitudes on both sides.
- The model really is both useful and used. If a client misunderstands his own needs and an irrelevant module gets developed, the unused part is small and can be ignored, chnaged or discarded without fuss.
- Users often become very committed to models. And a full commitment by OR to keep them up-to-date develops naturally, so that it rarely needs to be stressed, though it is absolutely essential.
- Because most of the design work is done while the model is in use,

the model itself provides a common language for analyst and client. So the specification can be developed informally, both saving time and reducing the risk of misunderstanding.

- Models evolve to help with a whole class of problems rather than one-offs. These are frequently tackled by using or modifying models already in more routine use. For example, during the process of deciding whether BA should seek to use the new terminal 4 now being built at Heathrow extensive use was made of models whose main task is to help to minimise the terminal operation costs at the existing terminals.

Computing Tools Required

This DSS style can only work when effective computing environments are available. The computers must be powerful, easy to use, under OR control and must aid the development of a library of programs and routines that can be quickly adapted to new needs. A 10% share of a company mainframe is likely to be useless. Until recently it was necessary to have timesharing on a mini or a non-batch-oriented mainframe; now a network of micros will serve as well or better. The requirements have been discussed at more length elsewhere.[9]

THE SCOPE OF OR AT BRITISH AIRWAYS

From the late 60s on models have been developed in scheduling, maintenance planning, punctuality, fleet planning, finance, forecasting, schedule evaluation, budgetting, personnel planning, crew rostering, fuel planning, yield management, cargo container planning and many others. Many of these models are closely interrelated.

OR staff numbers have risen steadily, reaching about 40 with the merger with BOAC in 1973 and about 70 now. All programming is done by analysts themselves or by programmers fully integrated into OR project teams. OR's success has led to wider use of DSS in BA - the most visible result being the implementation and widespread use of a colour-graphics-based information system for directors and senior managers.

At the highest level of the airline, the crucial decisions concerning its future are essentially entirely political; for example the decision taken in 1979 to cut large numbers of staff. OR lacks the pol. itical power to influence such decisions. What it has done at BA is to get heavily involved in the interface between such a decision and the real world; by providing a framework of ideas and facts with which the decision can be taken and later implemented.

At the tactical level the tendency is surprisingly similar. Early ideas of developing an optimal airline timetable or crew roster have been dropped. The problems are far too complex and wide-ranging, so we must tackle one facet at a time. The airline schedule is a central tactical issue; models evaluate it and deliver their separate verdicts: how much will it cost, what is its crew requirement, how punctual is it, how commercially attractive, what is the effect on Heathrow? At this level the models become embedded in the planning process as a routinely used and essential component.

CASE STUDIES

Station Workload Model

The basic idea of this model is to take the schedule and deduce from it the varying requirements through time for staff whose work is schedule-related. The initial application was for check-in staff at Heathrow Terminal 1 and at the West London Air Terminal. Painstaking measurements of transaction times and passenger group sizes allowed us to develop a simple simulation. This led to a function relating passenger throughput to the number of desks required to prevent excessive queueing. Further measurements of how early passengers arrived then gave us rules to convert a schedule into a staff requirement.

Early on, this enabled schedules to be changed to permit large reductions in staff numbers and to maintain them at the new levels. Later the model was adapted to aircraft loaders, catering movements drivers, supervisors and dozens of others. It has been simplified so that in many cases the clients can extend it to a new group of staff without OR involvement. A module has been added to schedule work that can be performed at any stage of a long turnround, and the model has been extended to airports other than Heathrow. It provides a flexible tool for the planners to use - for example to evaluate the potential savings from combining jobs like loading and cleaning onto a common roster. It supports decisions in this area by providing accurate costs for the decision-maker to weigh up together with the intangible issues such as IR.

Ground Staff Rostering Model

BA has at Heathrow alone several thousand ground staff working an enormous variety of rosters and roster types. When the project was started, on OR's initiative, in 1970 management were playing little attention to rosters, dealing with them entirely at very low levels in the hierarchy. Staff on the other hand understood them execellently and had over the years manipulated them in successive negotiations to very good effect. A lanuguage had arisen that described rosters in ways that were relevant to those working them, but confused the issues and hindered understanding for the managers. Such jargonised obfuscating language is very common elsewhere, particulary in government circles, but rarely is it those in control who are the victims !

Early OR attempts used a semi-interactive LP approach; this was later dropped and a heuristic technique was developed. This permits a user to build up a roster in stages and then edit it, all at a vdu. A variety of imprecise constraints can then be more or less met. The model is now in regular use by both staff andmanagement during negotiations when rosters containing what both sides really want can be built by their sitting down together at a terminal.

Slot Control

A slot is a time allocated by an airport authority to an airline for a landing or take-off. Many airports subcontract such work to a major user and BA acts for the British Airports Authority at Heathrow. The slot allocation model essentially accepts the schedules of all the airlines using the airport and interactively focusses the planner's attention on problems or opportunities: it shows him where demand exceeds or falls short of capacity. It also permits the editing of a schedule to evalute possible changes, and can show which flights contribute to an unacceptable peak.

The model is regularly used online at the twice-yearly IATA timetable conferences to support decisions as the airlines bargain their schedules towards a combination that all the major airports can cope with. It has recently been sold to several other airlines for use at other airports.

Shuttle Control

The shuttle operation poses intriguing problems for OR. The product offered by BA is a guaranteed-seat, no-booking service from Heathrow to four UK destinations. Backup aircraft and crew are required and planning and controlling their best use is complex. Early OR involvement was to analyse past traffic trends to predict likely numbers of backups with various projected schedules and aircraft types. The model was used in a series of studies prior to the extension of Shuttle to new routes.

In 1983, some of the basic ideas were written into a new model on an IBMPC which is in use for on-the-day control of aircraft. Issues like actual aircraft location, delays, unserviceability, crew availability and so on mean there is no chance of the model actually taking decisions. Rather it supports the controllers by providing reasonable forecasts, with confidence bands, of the day's expected traffic.

DIFFICULTIES ENCOUNTERED WITH THE DSS APPROACH

So far, only the advantages and some succesful applications of the DSS approach have been presented. But it is not a panacea.

- There is a danger that the OR analyst comes to think of himself purely as a toolmaker rather than as a problem-solver. This can result in a distancing from the real issues and so to a lack of motivation and of interest in and responsibilty for the quality of the decisions emerging with the help of his models.
- Computer systems can lead to increased centralisation of the decision-making process so that involvement by the various people who have to implement the decisions is reduced. Despite attempts to prevent it, computer models can over time come to be regarded as black boxes that give the right answer, so reducing people's understanding of the real-world issues.
- The installation of decision-support systems that understand part of a complex process can lead to a concentration of effort on that part; rather than, as expounded above, on the freeing of human attention for the other parts. An example occurred recently when, in an area where the station workload model is a routine planning tool management were able to ignore a vital area of disagreement with staff on the subject of meal-break timing. The result was long queues at check-in.

- The ability to carry out complex computer processing can lead to the development of excessively complex procedures. This has occurred in negotiations to revise the way that shorthaul pilot's rosters are produced.

Overall, great care is needed when developing interactive planning models that are going to constitute a larg part of other peoples' working lives. To actually achieve the man-machine synergy extolled above is not always easy, there is a danger that the computer system will tend to dominate the planner rather than to help him.

In addition, use of the DSS approach does not render one immune to all the traditional difficulties associated with problem-oriented OR. One can be insufficiently radical. For example in 1973 we built a model in proper DSS style to simulate a newly-installed highly-mechanised cargo terminal complex. The model described the effect of various possible changes to the equipment layout and use. None was implemented because shortly afterwards all the automated equipment was removed and replaced by forklift trucks and standard racking. This was much more effective than anything that OR or their client had dared to investigate. Internal politics and power struggles have also at times prevented urgently-needed work from being done for long periods.

The aim of this description of some of the problems of a DSS approach to OR is not to undermine its effectiveness but rather to convey a sense of realism. Overall the approach has been highly successful at British Airways, and the growth in demand for this kind of service shows no sign of being checked.

ACKNOWLEDGEMENTS

The references involve several members of the British Airways OR Branch, but these are only a representative sample of many, past and present, who have made valuable contributions to conceiving, doing, talking and writing about the work. The key role has been played by Norman Tobin, who founded the branch and led it until 1981. More details about many of the models can be found in the Proceedings of the annual Agifors Symposia.
The presentation of this paper at the DGOR Tagung 1984 is due to a suggestion made by George Tingley of Swissair.

REFERENCES

[1] THE KING IS DEAD: LONG LIVE THE KING
Conference organised by the Operational Research Society, University of Aston, 1977

[2] ACKOFF R.L.
THE FUTURE OF OPERATIONAL RESEARCH IS PAST
J. OPL. RES. SOC. 30, 93-104 (1979)

[3] ACKOFF R. L.
RESURRECTING THE FUTURE OF OPERATIONAL RESEARCH
J. OPL. RES. SOC. 30, 189-199 (1979)

[4] TOMLINSON R.
SOME DANGEROUS MISCONCEPTIONS CONCERNING OPERATIONAL RESEARCH AND APPLIED SYSTEMS ANALYSIS
EUR. J. OPL. RES. 7, 203-212 (1981)

[5] CHECKLAND P.
OR AND THE SYSTEMS MOVEMENT: MAPPINGS AND CONFLICTS
J. OPL. RES. SOC. 34, 661-675 (1983)

[6] TOBIN N.R.
TIMESHARING, INTERACTIVE MODELS AND OR
OPL RES. Q. 27, 531-545 (1976)

[7] TOBIN N.R.: RAPLEY K.: TEATHER W.
THE CHANGING ROLE OF OR
J. OPL. RES. SOC. 31, 279-288 (1980)

[8] RAPLEY K.:
PROBLEMS, PROCESSES AND PURPOSES: THE SYSTEMS APPROACH TO OR
J. OPL. RES. SOC. 34, 787-795 (1983)

[9] COOPER A. G. B.
EFFECTIVE COMPUTING ENVIRONMENTS FOR OR
OR SOCIETY ANNUAL CONFERENCE; LANCASTER 1984

EINSATZMÖGLICHKEITEN VON ENTSCHEIDUNGSUNTERSTÜTZUNGSSYSTEMEN IN EINEM OFFENEN INFORMATIONS- UND KOMMUNIKATIONSSYSTEM

Roland Gabriel, Heidelberg

Zielsetzung des Einsatzes von Entscheidungsunterstützungssystemen ist insbesondere die Unterstützung des Problemlösers bzw. der Führungskraft bei der Lösung schlecht-strukturierter Problemstellungen. Häufig werden hierbei mehrere Lösungsalternativen generiert und evaluiert, so z.B. in Form von Risikoanalysen bei Investitionsentscheidungen. Bestehende Decision Support Systeme sind i.d.R. für spezielle Anwendungen konzipiert und vernachlässigen die Nutzung der modernen automatisierten Informations- und Kommunikationsmöglichkeiten. Diese Nachteile sollen in dem vorliegenden Bericht behoben werden.

Es wird die Systemarchitektur eines allgemein einsetzbaren Entscheidungsunterstützungssystems vorgestellt, das als Modell- und Methodenbanksystem definiert ist und das im Dialog von unterschiedlichen Anwendern genutzt werden kann. Die Lösung der Planungs- und Entscheidungsprobleme ist i.d.R. von der kooperativen Kommunikation mehrerer Personen abhängig. Werden bei der Problemlösung bereits häufig komplexe Modelle und Methoden eingesetzt, so bedient man sich bei der Informationsgewinnung, der -aufbereitung und beim Informationsaustausch noch weitgehend konventioneller und auch unwirtschaftlicher Verfahren und der Improvisation. Es wird deshalb ein Konzept entwickelt, das ein Decision Support System (DSS) in ein Informations- und Kommunikationssystem (IKS) einbettet. Als Trägersystem wird ein Lokales Netz (LAN) genutzt, das nach ISO-Standard ein Offenes System darstellt (OSI-Konzept) und demnach Schnittstellen nach externen Netzen aufweist. Ein praktisches Anwendungsbeispiel soll die Zusammenhänge von DSS und IKS näher verdeutlichen und ihre Vorteile bei der Problemlösung aufzeigen.

ON USING QUANTITATIVE METHODS IN DECISION SUPPORT SYSTEMS: DESIGN AND IMPLEMENTATION ISSUES

Adrie Beulens, Delft
Jo van Nunen, Delft

Abstract:

The purpose of decision support systems(DSS) is to support managers, who are faced with semi- and unstructured problems. DSS aim to be integrated in the decision making process. For financial planning and modeling there exists DSS generators, however they have limited possibilities to use mathematical and statistical models. We have been involved in building several DSS's, for location-allocation problems, for production planning, truck scheduling, personnel planning and for Box & Jenkins time series analysis which incorporate adequate mathematical tools. The first three incorporate a mixed-integer LP-package as a kernel. We have built a software library that enables us to construct and implement specific DSS's, that incorporate an LP-package, during iterative design cycles. Our experience with very large location-allocation and GAP-type problems indicates that even for these problems solutions can be obtained, interactively, via an LP relaxation and a heuristic. This can be done since for some problems it can be proven that the number of non-integer assignments in the solution of the LP relaxation is very limited and because of the efficiency of the system. We report on recent results both with building and implementing these types of DSS and on the development of our software tools.

1. Introduction.

During the past decade we have been involved in the design, construction and implementation of a large number of management information systems (MIS) and decision support systems (DSS). Examples of MIS 's incorporate inventory-, financial- and contract administrations etc.. Examples of DSS's incorporate systems for production-, location-allocation-, personnel- and financial planning, for Box and Jenkins time series analysis and forecasting, truck-scheduling etc.. Our experience, shared by others (see Sprague (7)), with building and imple-

Operations Research Proceedings 1984

menting these DSS's clearly show that they cannot effectively be build in the same way many MIS are being build. This is partly due to rapid changes of decision making situations and -procedures, to rapid changes in technology and to the ever increasing integration of the use of computers throughout organizations (networks, micro computers). We have also learned that DSS builders must be able to build adaptive DSS's iteratively and interactively, since such systems have to be under continuous development. This can only be achieved if efficient tools are available to the builder. For financial planning and modeling there are interactive DSS generators available, on micro- and mainframe computers, that enable the builder to develop quickly and easily adaptive DSS's. These packages have limited capabilities for using OR-models. For DSS's in which OR models are to be used the situation is quite different. For example there are no DSS generators that incorporate an LP-package as kernel. The other important parts of such a DSS must therefore be developed using traditional computer-languages or software packages that can be interfaced with the LP-package. The most important performance requirement for designing and implementing a DSS is that one must be able to develop a DSS quickly and easily. Therefore we have developed several sets of software tools that can be interfaced with LP-packages. One set interfaces with APEX and PDS-MAGEN, the other set interfaces on IBM with MPSX/ECL. In the remainder of this paper we will discuss a conceptual model for development and implementation for a DSS. We will give characteristics of a DSS generator, and describe our software tools that interface with MPSX/ECL. Furthermore we describe the use and current development of these tools for building DSS for large location allocation and generalized assignment (GAP)-type problems. Developments that are necessary to increase the effectiveness of the construction of DSS's and to be able to make use of personal computers.

2. A conceptual model for development and implementation of DSS.

Many people who have both designed and implemented DSS's and MIS's have probably experienced the tremendous difference in approach needed to develop these systems (see also Sprague (7)). MIS are being built in a number of development steps for well defined applications. There are not too many uncertainties about what and how the system must perform for a reasonable time ahead. DSS however deal with semi- and unstructured problems, with dynamic decision making situations and with evolving decision making procedures. Therefore one must be able

to build, adapt and implement a DSS during short periods of time. This should be done together with the user, such that gradually the type of support changes and the volume of support provided increases. These short development cycles, consisting of change-analysis, design, construction and implementation, must ensure that the system will not be obsolete before implementation is completed. In short one may state that it is imperative that a DSS is an adaptive system that is under continuous development, during iterative design cycles.
Managers or users are primarily concerned with what they can do, with a DSS or the DSS's at their disposal, for solving problems and decision making tasks they are faced with. Therefore they are mainly concerned with obtaining the required support and the integration of the use of the DSS in the decision making process. Generally stated the performance requirements of a user for a DSS may encompass that a DSS (see also Sprague(7)) should support:

- decision making for semi- and unstructured tasks;
- decisionmaking of (a) user(s) at all levels;
- all phases, intelligence, design, choice and implementation (see Simon(6)),of a decision making process;
- a variety of decision processes. This means that a system is user-driven and may be adapted to the cognitive style of the user.
- novice- and expert users by being very user friendly.

The builder must translate performance- into design requirements which enable the construction and implementation by means of available hardware and software tools. A conceptual model of a DSS may be of help to the builder to organize the capabilities required for the specific DSS to be constructed. The model we use, a modified version of Sprague's model(7), encompasses the following components:

-a datasubsystem, consisting of a database (DB) and database management system (DBMS) with a wide range of capabilities for creation, maintenance of the data model and data of the DB.
-a modelsubsystem, consisting of a modelbase (MB) and a modelbase management system (MBMS) with capabilities for modelbuilding, storage, use and maintenance of models in the MB.
-a function management subsystem, which controls the access to the components of the DSS.
-a user-system interface subsystem. Important characteristics of the dialogue capabilities of this subsystem, as identified by Bennett(5), are the action and presentation language and the knowledge base.

The quality of the design of the components of a DSS, as just described, depends on the software and hardware tools available. DSS generators, integrated packages of related software, and the hardware-configuration, enable a builder to quickly and easily build a DSS. They are integrated since they provide in one package, capabilities to build all components mentioned in the conceptual model of a DSS. The financial modeling packages FCS-EPS, IFPS and EXPRESS are examples of special purpose languages that have evolved into DSS generators. The use of OR models however is restricted to financial functions, regression, simple forecasting and some simulation capabilities. LP models cannot be generated and solved. In the next section we will therefore deal with DSS's that contain an LP-package as kernel.

3.DSS's with an LP-package as kernel.

During the last decade we have built DSS for problems like production planning, truck scheduling, location-allocation and assignment problems(GAP), which incorporate a mixed-integer LP-package as kernel. For each of the components of a DSS, in which the LP-package MPSX/ECL is used, we will now describe the software tools developed and the capabilities of these.

3.1. The data base and the DBMS software tools.

As we have experienced for these LP-type of applications the important data structures are lists, for example for index sets, and single- and multidimensional tables defined on index sets. The outputs of LP-packages can also represented in this manner. As an example, to clarify the idea, we may define the index set P for products, the index set T for time periods, and the tables of the product sales per timeperiod SALES(P,T), of the begin inventory per product per period BINV(P,T) and of the production per product per period PROD(P,T) etc.. If we assume that the products, sales and inventories for the first period are given then via some model the productions and unknown inventories can be calculated and represented in the form mentioned. For the database this means that one must be able to create and maintain a datamodel containing the descriptions of lists and tables and the data for these database elements. We have built software that enables us to interactively perform these tasks. Other commands enable simple reporting and the extraction of data from other DB's.

3.2. The LP-modelbase and MBMS.

The second component is the model subsystem. For LP-applications one must be able to generate and use the necessary LP-, report- and control-models and other programs that operate on the database. We have developed software tools that enable us to generate:

- modelgenerators for classes of specific LP-models.
- reportgenerators or other (control) software that uses the database contents and results of an LP-evaluation.

All generators and programs are datadriven. This means for example that a specific (LP-)model can be generated with a modelgenerator depending on the contents of the database. Technically speaking the software tools consist of framework programs with sets of necessary procedures. All models can easily be stored in, retrieved from, and interactively maintained in a modelbase.

3.3. The function management system and the user-system interface.

The last components are the function management system and the user-system interface. With a DSS run a user must be able to evaluate sequences of related models. The builder therefore must be able to develop control software that ensures that necessary programs are invoked in the right way and sequence. These control programs are also developed with the MBMS tools and stored in the modelbase. The last part of a DSS is the interactive control program which gives the user access to the database and the models of the modelbase. The builder may derive that from a master interactive controlprogram. For the dialogue we use a combination of the menu approach, e.g. for selections from optionlists, the question-answer approach and a command driven editor. Help can be obtained during interactive steps.

4. An example of a DSS.

As an illustration we give a simplified version of the distribution problem described in (1). The model is based on a distribution network as depicted in fig. 1. Each brewery consists of productionlines that can produce one or more products, that have to be transported and stored in warehouses throughout the country. Each buyer has to be supplied for all products from one warehouse. The demand of the buyers is supposed to be known. There are capacity constraints for lines and warehouses

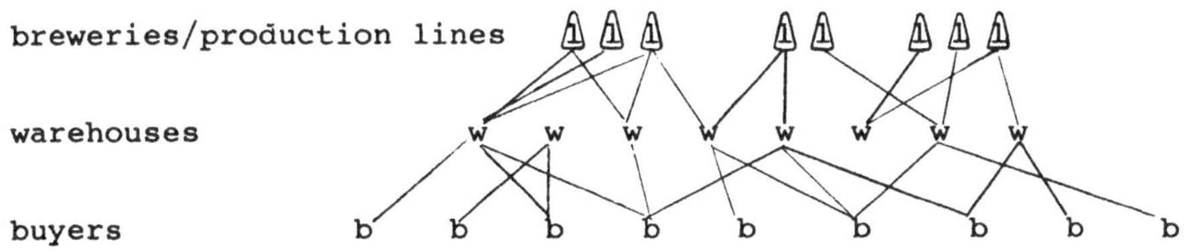

figure 1. Simplified distribution network.

The mathematical problem might be formulated as follows: determine the set of warehouses to be used and the allocation of buyers to these warehouses such that, within capacity constraints, the costs are minimal. We assume that the user is interested in evaluating consequences of decision alternatives by executing a number of steps with the simplified DSS as depicted in fig. 2. The first step is to create a problem database (PDB) interactively, the second is to obtain part of the data for the PDB from the master data base (MDB) by invoking proces option 1 (OP1) and the last step is to obtain a problem solution by invoking option2 (OP2). The simplified DSS of this example consists of an interactive control program (ICP), a DBMS, a MDB and PDB's, a modelbase which contains a modelgenerator (MG), a reportgenerator (RG), a MPSX control program (MPSXCP), a selection program to select data from a MDB (MDBSEL), and the proces control programs option 1 and 2 (OP1, OP2). The builder may build and maintain the contents of the modelbase interactively, using the software tools.

figure 2. A simplified picture of the DSS.

5. Our experience with location-allocation and GAP problems.

It can be shown that practical solutions for these large mixed-integer problems can be obtained via the solution of an LP-relaxation of the problem, followed by (simple) heuristics for the assignment of a very limited number of non-uniquely determined assignments. For part of these problems we can give tight bounds for the number of non-unique assignments in the solution of the LP relaxation and for some we can also give dynamic overcapacity requirements which enable the classification of easy solvable problems. Easy in the sense that we can prove that a feasible integer solution exists, and that we can construct a heuristic that delivers good solutions. These heuristics are starting from the solution of the LP relaxation. In recent papers (1), (2), (3), (4), (8), (9), we have described these results and part of the applications developed. Currently the list of applications comprises applications for the distribution of beer (1), an extension of this problem to a multi-period problem with inventories, an LP-gas distribution problem, time table problems, the assignment of aircraft to terminal gates on airports etc. Other projects are now being developed. Our experiences clearly show that our solution approach for assignment type problems, via LP relaxations is very practical in many cases, and it shows that we can built DSS for these problems that can be used integrated in decision making processes.

6. Further developments.

The users of DSS's that we have developed are to some extend satisfied with the performance. However, in general they require from their systems more functionality in terms of data management functions, reporting capabilities, more friendly user system interfaces, and more representation capabilities (e.g. graphics). For the DSS builders the present problems are of different types. First there is a software portability problem, as indicated by the existence of sets of tools for different machines, secondly an efficiency problem since our tools are not complete and cannot be seen as a generator, and finally a technical problem, since we can only use part of the capabilities of current intelligent workstations (e.g. personal computers). Therefore we are currently extending and improving the model building software tools, the datamanagement functions and the user-system interface. This involves changes of the user support, the dialogue, the representation capabilities and the capability to use more powerfull workstations like PC's. Which will result in more user friendly systems, provides graphical capabilities and autonomous possiblities to exchange data with other (DSS) applications. Furthermore, systems for new assignment type applications are being developed and we extend our work to find LP relaxations with favourable properties for finding feasible integer solutions starting from the solution of those relaxed problems.

7. Concluding remarks.

The integration of quantitative methods in DSS, the rapid changes of computer technology and the integration of the use of computer resources on all levels of organizations provide a great challenge to researchers in the area of DSS. Many applications are possible if we are able to develop good software and if we are able to make use of current technology.

References:

(1) Benders J.F.; van Nunen J.A.E.E., A linear programmimg based decision support system for location and allocation problems, Informatie 23, 693-703, 1981 (in Dutch)

(2) Benders J.F.; van Nunen J.A.E.E., A decision support system for location and allocation problems within a brewery, Operations research proceedings 1981, Springer Verlag Berlin,96-105, 1982.

(3) Benders J.F.; van Nunen J.A.E.E., A property of assignment type mixed integer linear programming problems, Operations Research Letters 2, 47-52, 1983.

(4) Benders J.F., A linear programming approach to the clustering problem in class-room scheduling, Memorandum COSOR, Eindhoven University of Technology, in preparation.

(5) Bennett J., User-Oriented Graphics, Systems for Decision Support in Unstructured Tasks, in User-Oriented Design of Interactive Graphics Systems, Treu S. (ed), Association for Computing Machinery, New York, New York, 3-11, 1977.

(6) Simon H., The New Science of Management Decision, Harper and Row, New York, New York 1960.

(7) Sprague R.H jr., A Framework for the Development of Decision Support Systems, MIS quarterly, 4, 1980.

(8) van Nunen J.A.E.E.; Beulens A.J.M.; Benders J.F., On solving assignment type mixed integer linear programming problems within decision support systems, Working paper Graduate School of Management, Delft, sept. 1983.

(9) van Nunen J.A.E.E.; Benders J.F.; Beulens A.J.M., On using the linear programming relaxation of assignment type mixed integer problems, Working paper Graduate School of Management, Delft, sept. 1983.

ON THE TOP OF A UNIFIED EXPERT SYSTEM

Ulrich Liebermeister, Ottobrunn

The third industrial revolution will be accompanied by many insecurities and social crises. Planning Science should respond by providing advanced tools. When assessing developments, defining objectives, planning and implementing large action programmes even experts might run into difficulties. They are asked for overview, detailed facts and differentiated knowledge processing in a scope of complexity and insecuritiy larger than actual tools can effectively support. New tools would have to cope with increasing range and meshing of planning requirements, support consensus on world pictures and value systems and provide high transparency.
Two time-tested tools - the Geographical Atlas and Physic's Collections of Formulae - are chosen for guidance. They are reverse engineered in their interaction with their maker and their user in a context of knowledge-processing systems. Transferable issues are elaborated. Guidelines of design for further complexity-crunching tools are derived. Orthogonal directions to be used in fundamental descriptions of the knowledge area play a decisive role.
In analogy to these investigations on user-friendly expert-system architecture the question arises whether there is something like a natural Origin in Planning Space and which ones are the prime directions emerging from it. A morphological analysis of heterogeneous planning issues and system components indicates the existance of such a canonical base. All "areas of provision for the human existance" seem to have - on a highly abstract level - a common description which links all details of planning space - well-known ones as well as those still to be detected.

INTEGRIERTES CONTROLLING

Volkmar Botta, Göttingen

Das aus der Literatur nur unzugänglich bekannte DuPont System of Financial Control ist Grundlage dieses Beitrags.

Dieses System, welches auch als Decision Support System verwendet werden sollte, bereitet das Zahlenmaterial des betriebswirtschaftlichen Rechnungswesens - entweder Zahlenmaterial der Finanzbuchhaltung oder der Kosten- und Leistungsrechnung - derartig auf, daß eine integrierte Planung, Steuerung und Kontrolle aller Bereiche einer Unternehmung im Hinblick auf die Kapitalverzinsung als oberste Zielsetzung erfolgen kann.

Das System hat sich in der Praxis bei der Fa. DuPont seit 1919 bewährt. Eine selbstentwickelte lauffähige Personalcomputerversion kann vorgestellt werden.

Ziel des Beitrags ist es, die Möglichkeiten aufzuzeigen, welche dieses Kennzahlensystem der obersten Geschäftsleitung jeder Unternehmung eröffnet. Bei richtigem Einsatz wird es mit Hilfe dieses Systems erstens möglich, visuell oder/und zahlenmäßig die wirtschaftliche Entwicklung der gesamten Unternehmung als auch vom Teilbereich derselben entweder kalkulatorisch oder unter Bezug auf Daten der Finanzbuchhaltung ohne Zeitaufwand zu erfassen. Die Anwendung dieses Systems ermöglicht es zweitens ebenso einfach und effektiv Schwachstellen aufzudecken, welche die betriebliche Erfolgsentwicklung beeinträchtigen. Die Logik dieses Systems stützt des weiteren die zeitsparende Erarbeitung von Entscheidungen, welche geeignet sind, die erkannten Schwachstellen zu beseitigen, damit die Erfolgsentwicklung in die gewünschte Richtung gesteuert wird.

Die Auswirkungen beabsichtigter Entscheidungen in Produktions-, Absatz-, Verwaltungs- und Finanzbereich auf das Jahresergebnis lassen sich unter Verwendung eines handelsüblichen Tabellenkalkulationsprogramm erstellten Modells mit einem Personalcomputer in weniger als 15 Sekunden berechnen und innerhalb von Minuten visualisieren.

Die praktische Implementierung dieses Systems kann auf der Basis jedes funktionierenden Rechnungswesens erfolgen. Die Nutzung des Systems ist nicht auf bestimmte Branchen beschränkt.

BEPPLAN: ANWENDUNGSERFAHRUNGEN MIT EINEM DECISION SUPPORT SYSTEM ZUR PLANUNG DER PREIS- UND BESUCHSPOLITIK EINES VERKAUFSAUSSENDIENSTES

Söhnke Albers, Kiel

Zusammenfassung: In diesem Beitrag wird das Marketing-Decision-Support-System BEPPLAN vorgestellt, mit dem die Planung einer nach Kundengruppen differenzierten Preis- und Besuchspolitik eines Verkaufsaußendienstes unter Beachtung einer begrenzten Produktions- und Arbeitszeitkapazität unterstützt werden kann. Zentraler Bestandteil des Systems ist eine Absatzreaktionsfunktion, deren Parameter aus subjektiven Reaktionsschätzungen des Verkaufsmanagement abgeleitet werden. Es wird ausführlich über Erfahrungen aus einer Anwendung in einem mittelständischen Unternehmen berichtet, wobei besonders die Implikationen der erzielten Ergebnisse für die Verbesserung der Absatzpolitik diskutiert werden.

Summary: We present the marketing decision support system BEPPLAN which facilitates the planning of price levels and number of calls differentiated across account groups subject to constraints on the production capacity and the total calling-time available. The decision model is based on a sales response function that is subjectively estimated by the sales management. Experience from a real application by a medium-sized firm is reported in detail emphasizing the managerial implications of the results.

1. Problemstellung

Unternehmen, die in reifen Märkten operieren und ohne die Möglichkeit, eine aktive Produktpolitik zu betreiben, einem harten Wettbewerb unterliegen, steht als strategische Option meist nur noch ein effektives operatives Management zur Verbesserung der Absatzchancen und Kostensituation zur Verfügung. Im Absatzbereich gilt es, vor allem mit Hilfe einer nach unterschiedlichen Absatzreaktionen differenzierten Preis- und Kommunikationspolitik die Effektivität der Marketing-Anstrengungen zu erhöhen. Bei diesem Erfordernis werden sich jene Unternehmen durchsetzen, die über erstklassige operative Planungsinstrumente, z.B. "Marketing Decision Support Systems" (MDSS) gemäß der Charakterisierung von Little (1979), verfügen. Hier wird das MDSS BEPPLAN vorgestellt, mit dem die Planung einer nach Kundengruppen differenzierten Preis- und Besuchspolitik eines Verkaufsaußendienstes unter Beachtung einer begrenzten Produktions- und Arbeitszeitkapazität unterstützt werden kann. Das System ist empfehlenswert für Unternehmen, die Produkte zusammen mit Serviceleistungen anbieten, deren Vorteile persönlich kommuniziert (durch Besuchstätigkeit) und deren Preise zusammen mit dem Umfang der Serviceleistungen mit den Kunden individuell ausgehandelt werden müssen.

Operations Research Proceedings 1984

2. Absatzreaktionsfunktion

Zentraler Bestandteil von BEPPLAN sind Reaktionsfunktionen differenziert nach Kundengruppen, mit denen die Beziehung zwischen der Absatzmenge und den absatzpolitischen Instrumenten Preis und Besuchshäufigkeit abgebildet wird. Dabei wird die Absatzmenge des gesamten Sortiments in Abhängigkeit von einem Leitpreis modelliert, da Kunden meist das gesamte Sortiment des Unternehmens beziehen und lediglich der Preis des umsatzstärksten Produktes verhandelt wird, während die Preise des übrigen Sortiments in einem festen Verhältnis dazu festgelegt werden:

$$x_i(h_i, p_i) = \left[z_i \cdot S_i + (1-z_i) S_i \cdot \left[\frac{h_i}{B_i}\right]^{\beta_i} \right] \cdot \left[\frac{p_i}{Q_i}\right]^{-\eta_i} \qquad (i \in I), \qquad (1)$$

I : Indexmenge der Kundengruppen (i: Index), wobei sich alle folgenden Symbolerläuterungen auf die i-te Kundengruppe beziehen ($i \in I$)

h_i : Mittlere Anzahl der Besuche pro Periode bei einem Kunden,

p_i : Leitpreis des umsatzstärksten Produktes,

$x_i(h_i, p_i)$: Absatzmenge in Abhängigkeit von Besuchshäufigkeit und Preis,

S_i : Bisherige Absatzmenge bei $h_i = B_i$ und $p_i = Q_i$,

B_i : Bisherige mittlere Anzahl von Besuchen pro Periode bei einem Kunden,

Q_i : Bisheriger Leitpreis,

z_i (Anteil der Null-Besuch-Absatzmenge an bisheriger Absatzmenge S_i);

β_i, η_i (Elastizitäten): Zu schätzende Parameter.

In dem System ist zusätzlich vorgesehen, daß unterschiedliche Elastizitätswerte β_i^S für $h_i \leq B_i$ und β_i^E für $h_i > B_i$ sowie η_i^S für $p_i \leq Q_i$ und η_i^E für $p_i > Q_i$ spezifiziert werden können, um asymmetrische Wirkungen der absatzpolitischen Instrumente bei verringertem bzw. erhöhtem Einsatz berücksichtigen zu können (Simon, 1982, S. 69).

Absatzreaktionsfunktion (1) zeichnet sich dadurch aus, daß sie mit 5 zu schätzenden Parametern so einfach wie möglich konstruiert ist und trotzdem die wichtigsten Einflußfaktoren abbildet. Durch die multiplikative Verknüpfung der Wirkungen des Preises und der Besuchstätigkeit können Interaktionseffekte zwischen den Instrumenten erfaßt werden. Dabei wird allerdings wie bei Lodish (1971) angenommen, daß auch bei Einstellung der Besuchstätigkeit positive Null-Besuch-Absatzmengen ($z_i S_i$) erzielt werden. Der Einfluß von Konkurrenzaktivitäten bleibt in (1) unberücksichtigt, da aufgrund der individuell pro Kunde ausgehandelten Preise und der nur schwer beobachtbaren Besuchshäufigkeiten eine gewisse Marktintransparenz besteht, die taktische Veränderungen der Preise und Besuchshäufigkeiten in engen Grenzen zulassen, ohne daß mit gezielten Konkurrenzreaktionen zu rechnen ist.

Zur Berechnung der Parameterwerte z_i, β_i^S, β_i^E, η_i^S, η_i^E ($i \in I$) der Reaktionsfunktion (1) wird auf subjektive Reaktionsschätzungen des Verkaufsmanagement zurückgegriffen. Verkaufsmanager zeichnen sich im allgemeinen durch gute Marktkenntnisse aus. Sie werden deshalb mit einfachen Fragen nach den subjektiv erwarteten Absatzmengenveränderungen auf Variationen des Preises (bei $h_i=B_i$) und Umsatzveränderungen auf Variationen der Besuchshäufigkeiten (bei $p_i=Q_i$) gebeten, ihr Wissen zu explizieren, das sie sonst ihren intuitiv getroffenen Entscheidungen zugrunde legen. Feld- und Laborexperimente haben gezeigt, daß man auf dieser Basis durchaus zu besseren Entscheidungen gelangt als auf intuitivem Wege (Fudge/Lodish, 1977; McIntyre, 1982). Voraussetzung dafür ist, daß entweder die abgegebenen Reaktionsschätzungen im Erfahrungsbereich der Manager liegen (Chakravarti/Mitchell/Staelin, 1981), was hier durch ein Variationsintervall von ± 20% für den Preis erfüllt war, oder aus den subjektiv parametrisierten Reaktionsfunktionen lediglich Allokationsentscheidungen abgeleitet werden (McIntyre, 1982), was hier auf die Bestimmung der Besuchshäufigkeiten zutrifft. Der eigentliche Prozeß der Berechnung der Parameterwerte von (1) läßt sich stark vereinfachen, da die Elastizitäten wegen $h_i = B_i \Longrightarrow (h_i/B_i)^{\beta_i} = 1$ und $p_i = Q_i \Longrightarrow (p_i/Q_i)^{-\eta_i} = 1$ unabhängig voneinander ermittelt werden können. Dies wurde mit Hilfe einer nichtlinearen Regression auf der Grundlage von 3-5 subjektiven Schätzwerten durchgeführt. Dabei erfolgte lediglich dieser letzte Berechnungsprozeß computergestützt, während die subjektiven Reaktionsschätzungen auf einem Fragebogen erhoben wurden. Es stellte sich nämlich heraus, daß die Schätzer ihre abgegebenen Werte untereinander und mit dem Systementwickler diskutieren wollten, hingegen die technische Dateneingabe als zweitrangig betrachteten und delegieren wollten. Diese Erfahrung deckt sich mit der Feststellung von Little (1979), daß Manager nur selten direkt mit einem MDSS kommunizieren möchten und eine Kommunikation über einen kundigen "Intermediary" bevorzugen, der auf diesem Wege für Management-Aufgaben vorbereitet wird.

3. Bestimmung der optimalen Preis- und Besuchspolitik

Auf der Basis der Absatzreaktionsfunktion (1) läßt sich eine deckungsbeitragsmaximierende Preis- und Besuchspolitik nach Maßgabe des folgenden Entscheidungsmodells bestimmen:

$$G(KAP,AZ) = \sum_{i \in I} \underbrace{(p_i - c(KAP))}_{\text{Stückdeckungs-beitrag}} \cdot \underbrace{x_i(p_i,h_i)}_{\text{Absatzmenge}} \Longrightarrow \text{Max!} \qquad (2)$$

$$P_i^u \leq p_i \leq P_i^o \qquad (i \in I), \qquad (3)$$

$$H_i^u \leq h_i \leq H_i^o \qquad (i \in I), \qquad (4)$$

$$\sum_{i \in I} x_i(p_i,h_i) \leq KAP \qquad \text{(KAP: Produktionskapazität)}, \qquad (5)$$

$$\sum_{i \in I} a_i \cdot t_i \cdot h_i \leq AZ \qquad \text{(AZ: Arbeitszeitkapazität)}, \qquad (6)$$

G(KAP,AZ): Deckungsbeitrag des Unternehmens in Abhängigkeit von der zur Verfügung stehenden Produktionskapazität (KAP) und Arbeitszeitkapazität (AZ),

c(KAP) : Stückherstellungskosten in Abhängigkeit von der Höhe der genutzten Produktionskapazität (KAP),

P_i^u, P_i^o : Unter- und Obergrenze für den Preis bei der i-ten Kundengruppe,

H_i^u, H_i^o : Unter- und Obergrenze für die Anzahl der Besuche bei einem Kunden der i-ten Kundengruppe,

a_i : Anzahl der Kunden in der i-ten Kundengruppe,

t_i : Mittlere Dauer eines Besuches bei einem Kunden der i-ten Kundengruppe.

In dieser Formulierung werden als Kosten lediglich Produktionskosten in Form von c(KAP) angenommen. Kosten für die Außendiensttätigkeit werden nicht berücksichtigt, da in der später beschriebenen Anwendung die Außendienstmitarbeiter feste Gehälter beziehen, die als fixe Kosten in (2) entscheidungsirrelevant sind, und die variablen Reisekosten vernachlässigbar gering sind. Das Entscheidungsmodell ist als ein in KAP und AZ parametrisch zu lösendes Problem formuliert worden, um mit der Kenntnis optimaler Preis- und Besuchspolitiken für unterschiedliche Kapazitätsniveaus eine bessere Grundlage zur Beurteilung der Vorteilhaftigkeit von Kapazitätserweiterungsinvestitionen zu erhalten. Die Restriktionen (3) und (4) bieten schließlich die Möglichkeit, den Entscheidungsspielraum für Preise und Besuchshäufigkeiten auf vom Verkaufsmanagement als sinnvoll erachtete Intervalle zu beschränken, so daß keine unglaubwürdigen Lösungen ermittelt werden können.

Infolge der Komplexität des Entscheidungsproblems und der Forderung nach einer parametrischen Lösung der Optimierungsaufgabe erscheint eine exakte Optimierung unmöglich. Statt dessen wird aufgrund der Eigenschaft, daß die Preise für die einzelnen Kundengruppen unabhängig von den Besuchshäufigkeiten bestimmt werden können, wenn es eine unbegrenzte Produktionskapazität gibt, eine sequentielle "Optimierung" zunächst der Preispolitik und danach der Besuchspolitik vorgenommen. In beiden Fällen wird dazu eine Inkremental-Analyse angewendet, bei der gleichzeitig Lösungen parametrisch für unterschiedliche Kapazitätsniveaus anfallen. In einem ersten Schritt wird ausgehend von den höchsten zulässigen Preisen (implizieren minimale Absatzmenge) diejenige Reduktion des Preises um eine Einheit bei einer der Kundengruppen gesucht, die den höchsten Deckungsbeitragszuwachs pro zusätzlich beanspruchter Kapazitätseinheit erbringt. Dabei wird bei konvexem Verlauf der Funktion der Deckungsbeiträge in Abhängigkeit vom Preis gleich der nächste Randpunkt (Q_i oder P_i^u ,$i \in I$) betrachtet. Die Prozedur wird solange fortgesetzt, bis alle Preise ihre Untergrenze erreicht haben. Als Ergebnis dieses Teils der Optimierung erhält der Entscheidungsträger u.a. eine Tabelle, in der für alle untersuchten Produktionskapazitätsniveaus jeweils die optimalen Preise pro Kundengruppe aufgelistet sind. Auf der Basis dieses Ergebnisses wird das Verkaufsmanagement gebeten, Preise zu spezifizieren, die es der folgenden separaten Optimierung der Besuchshäufigkeiten zugrunde legen möchte. Dabei kann es die Preise mit dem höchsten Gesamtdeckungsbeitrag wählen oder andere, hier nicht modellierte Gesichtspunkte in das Kalkül einbeziehen. In einem zweiten Schritt wird dann ausgehend von den geringsten zulässigen Besuchshäufigkeiten (implizieren minimale Arbeitszeit) nach derjenigen Kundengruppe gesucht, bei der ein zusätzlicher Besuch pro Kunde zum höchsten Deckungsbeitragszuwachs pro zusätzlich benötigter Arbeitszeiteinheit führt, und diese Prozedur solange fortgesetzt, bis alle Besuchshäufigkeiten ihre Obergrenze erreicht haben. Als Ergebnis erhält der Entscheidungsträger auch hier eine Tabelle, diesmal mit den optimalen Besuchshäufigkeiten jeweils für alle untersuchten Arbeitszeitkapazitätsniveaus. Dieser Prozeß kann mit Hilfe veränderter Preise solange fortgesetzt werden, bis das Verkaufsmanagement genügend Problemeinsicht gewonnen hat und eine simultan optimale Lösung für Preise und Besuchshäufigkeiten erkennt.

4. Anwendungserfahrungen

BEPPLAN wurde speziell für ein mittelständisches Unternehmen entwickelt, das ausgereifte Produkte zusammen mit standardisierten Dienstleistungen als "Service-Pakete" über einen eigenen Verkaufsaußendienst an etwa 500 Kunden vertreibt. Das Unternehmen steht mit einer größeren Anzahl von Anbietern in Preiswettbewerb, dem es sich nicht durch produktpolitische Aktivitäten entziehen kann. Implementierungs- und Anwendungserfolg von BEPPLAN in diesem Unternehmen lassen sich im wesentlichen dadurch erklären, daß

- das Verkaufsmanagement und die Geschäftsführung ein vitales Interesse an einer verbesserten operativen Planung der Preis- und Besuchspolitik hatten und sich als äußerst aufgeschlossen gegenüber innovativen Planungsinstrumenten zeigten,
- die Ausgestaltung der Reaktionsfunktion und des Entscheidungsmodells mit dem vom Anwender wahrgenommenen Problem übereinstimmten,
- die aus den subjektiven Reaktionsschätzungen gewonnenen Funktionsverläufe der Absatzreaktionsfunktionen und die Ergebnisse der darauf aufbauenden Optimierungen durch eine Vielzahl von Graphiken und Tabellen transparent gemacht werden,
- durch die Wahl einer Absatzreaktionsfunktion, die unabhängig von den Parameterwerten durch den bisher realisierten Punkt verläuft, das Verkaufsmanagement auf sehr einfache Weise SOLL-Empfehlungen und IST-Zustand miteinander vergleichen konnte.

Aus der Anwendung von BEPPLAN konnte das Unternehmen Nutzen in dreierlei Hinsicht ziehen. Zum ersten führten die Arbeiten an der Strukturierung des Entscheidungsmodells und die anschließende Abgabe der subjektiven Reaktionsschätzungen zu einer intensiven Diskussion über die Problemzusammenhänge, die in eine bessere Problemeinsicht mündete. Zum zweiten forcierte die Notwendigkeit, Kunden in Gruppen mit gleicher Absatzreaktion einzuteilen, Überlegungen in Richtung eines differenzierten Einsatzes der Absatzpolitik. Während das Verkaufsmanagement diese bisher lediglich nach 10 Kundengruppen, klassifiziert nach Branche und Dauer der Kundenbeziehung, differenzierte, wurden für die Anwendung von BEPPLAN nach langen Diskussionen und Probeschätzungen der Absatzreaktionen schließlich 39 Kundengruppen gebildet, bei denen die Kundengröße und die Intensität der Kundenbeziehung als zusätzliche Klassifikationskriterien dienten. Zum dritten wurden von der Entscheidungshilfe konkrete Maßnahmen zur Veränderung der Preise und Besuchshäufigkeiten vorgeschlagen, die mit erheblichen Deckungsbeitragszuwächsen verbunden sind.

Zunächst wurde auf der Basis einer nichtlinearen Stückkostenfunktion c(KAP), in die Abschreibungen aus Kapazitätserweiterungsinvestitionen eingerechnet sind, die bei Überschreiten von 110% bzw. 120% der bisherigen Absatzmenge erforderlich sind, die Kombination von Preisen pro Kundengruppe mit dem höchsten Gesamtdeckungsbeitrag bestimmt. Auf der Grundlage dieser Preise (beanspruchten 108% der bisherigen Kapazität) erfolgte dann die Optimierung der Besuchshäufigkeiten bei gleicher Arbeitszeit wie bisher. Aus den sehr differenzierten Empfehlungen (siehe Tab. 1) gewann das Verkaufsmanagement die wertvolle Erkenntnis, daß der Markt nach einer langen Periode permanenten Preisverfalls reif für partielle Preiserhöhungen ist und kleine Kunden in der Regel nicht so häufig wie große Kunden besucht werden sollten.

Besuchspolitik / Preispolitik	weniger Besuche	gleiche Besuche	mehr Besuche	Gesamt
Preissenkung	2	2	3	7
gleicher Preis	2	2	6	10
Preiserhöhung	5	12	5	22
Gesamt	9	16	14	39

Tab. 1: Anzahl der Kundengruppen mit bestimmten Empfehlungen zur Absatzpolitik als Ergebnis von BEPPLAN

Zusätzlich wollte das Verkaufsmanagement wissen, welche Auswirkungen sich ergeben, wenn es auf empfohlene Preissenkungen verzichtet, da es unter strategischen Gesichtspunkten nicht zu einem weiteren Preisverfall beitragen wollte, oder bei allen Kunden Preiserhöhungen durchsetzt und die Absatzverluste durch intensiveren Einsatz der Außendienstmitarbeiter versucht auszugleichen. Außerdem stand das Unternehmen vor dem Problem zu entscheiden, ob es die Akquisitionsbemühungen durch den Besuch einer doppelten Anzahl von potentiellen Kunden intensivieren sollte. Die Ergebnisse sind in Tab. 2 angegeben:

Preis-strategie	Akquisitions-strategie	Arbeitszeit-kapazität (in % zu bisher)	Produktions-kapazität (in % zu bisher)	Umsatz (in % zu bisher)	Deckungs-beitrag (in % zu bisher)
Optimale Preise	wie bisher	100,81 121,09	111,66 113,15	108,10 109,56	109,06 110,13
	ver-doppelt	100,34 120,02	122,63 125,75	116,69 119,44	100,02 101,42
Optimale Preise ohne Preis-senkungen	wie bisher	99,71 121,76	109,28 109,99	106,57 107,34	111,53 112,41
	ver-doppelt	100,28 120,41	118,28 120,49	113,64 115,69	111,18 101,51
Preiserhöhung bei allen Kunden	wie bisher	99,56 122,92	96,32 96,86	95,42 96,05	102,70 103,55
	ver-doppelt	101,33 121,24	98,66 99,40	97,50 98,32	104,55 105,58

Tab. 2: Ergebnis der Optimierung verschiedener Preis- und Akquisitionsstrategien

Aus Tab. 2 kann man entnehmen, daß alle Strategien, die die Absatzmenge stimulieren, unter Deckungsbeitrags-Gesichtspunkten nicht vorteilhaft sind, da sprungfixe Kapazitätserweiterungskosten bei Überschreiten von 110% und 120% der bisherigen Produktionskapazität anfallen. Auf der anderen Seite sind bei generellen Preiserhöhungen die Absatzverluste so gravierend, daß der Gesamtdeckungsbeitrag trotz des höheren Stückdekkungsbeitrages und eines vermehrten Einsatzes des Außendienstes beeinträchtigt wird. Als beste Strategie erweist sich ein Kompromiß zwischen den beiden zuletzt diskutierten Strategien, nämlich die Strategie "Optimale Preise ohne Preissenkungen" und Akquisitionsbemühungen wie bisher. Zusätzlich führte ein Vergleich der Ergebnisse für die beiden Arbeitszeitniveaus (100% und 120%) zu der Erkenntnis, daß der Außendienst bereits im ineffektiven Bereich äußerst geringer Umsatzzuwächse bei Erhöhung der Besuchshäufigkeit arbeitet und deshalb genügend Zeitreserven besitzt, um eine qualitativ höherwertige, aber pro Besuch zeitaufwendigere Besuchspolitik zu verfolgen. Entsprechende Maßnahmen hat das Unternehmen inzwischen getroffen und erwartet davon eine Steigerung des Deckungsbeitrages von wenigstens 10%.

Literaturverzeichnis

Chakravarti, D.; Mitchell, A.; Staelin, R.: Judgment Based Marketing Decision Models: Problems and Possible Solutions, Journal of Marketing, 45 (Fall), 13-23 (1981)

Fudge, W.K.; Lodish, L.M.: Evaluation of the Effectiveness of a Model Based Salesman's Planning System by Field Experimentation, Interfaces, 8, No. 1, Part 2, 97-106 (1977)

Little, J.D.C.: Decision Support Systems for Marketing Managers, Journal of Marketing, 43 (Summer), 9-26 (1979)

Lodish, L.M.: CALLPLAN: An Interactive Salesman's Call Planning System, Management Science, 18, No. 4, Part II, 25-40 (1971)

McIntyre, S.H.: An Experimental Study of the Impact of Judgment-Based Marketing Models, Management Science, 28, 17-33 (1982)

Simon, H.: Preismanagement, Wiesbaden 1982

DSS FOR MULTICRITERIA AND GROUP DECISIONS

Matthias Jarke, New York

Multicriteria decision-making methods (MCDM) have been among the first used for interactive computer-assisted decision-making. They support creativity by allowing multiple views of a problem. Quantitative and qualitative evaluation criteria can be used in conjunction and the criterion values can either be computed from stored information about the decision alternatives, or entered spontaneously by the decision-maker. Finally, since MCDM methods naturally handle goal conflicts, they are prime candidates for extensions to situations where decisions are made by groups rather than individual.

However, a stand-alone MCDM method is not a DSS. Therefore, a series of research projects at New York University and the Universite Paris-Dauphine investigate sophisticated decision support environments for MCDM. Currently, two major phases of integration are being investigated.

Integration with databases, method bases, and user interface generators. A system architecture based on a combination of abstraction hierarchies with the view concepts of relational databases has been developed /3/. It provides generalized menu selection screen generation to permit the user to zoom in on a particular application area, MCDM method, and data set of interest to the current decision problem. It also allows the interactive usage or even alteration of a method bank for data analysis and preparation which may be used to retrieve and compute criterion values from data stored in a set of large mainframe databases (although the DSS works with a local sub-database loaded by our system on a personal computer). Such a system, using the example of car selection and design based on the UTA method /2/, is currently being installed and tested in a major car-manufacturing company.

Support for group decisions. When more than one decision-maker is involved in a decision, several new problems arise. First, the various users may wish to use differen MCDM which thus have to be interfaced, especially in hierarchical decisions. Second, a 'group DSS' must be developed which not only aggregates preferences but also supports communication and negotiation in a locally and temporally distributed decision situation. Third, the requirements to a single-user DSS change if it has to interface with a group DSS: in addition to supporting the decision-making process of the individual, it should also help in negotiations with the other group members.

In summary, the system architecture for group decision-making involves the coupling of a group DSS containing methods for preference aggregation and negotiation support, with individual DSS for each group member which contain an integrated system as presented above plus negotiation support tools for the individual. The group DSS can either be implemented as a passive medium (i.e., a method bank on a shared disk that can be started from any individual DSS), or as a DSS for the group leader or mediator /4/. A prototype using the former architecture has been implemented on a personal computer network /1/; experiments with the latter architecture are currently under design.

/1/ Bui, X.T., Jarke, M., "A DSS for cooperative multiple criteria group decision making", **Proc. 5th Intl. Conf. on Information Systems**, Tucson, AZ, November 1984
/2/ Jacquet-Lagreze, E., Siskos, J., "Assessing a set of additive utility functions for multiple criteria decision-making -- the UTA method", **EJORS 10**(1982), 151-164
/3/ Jarke, M., Jelassi, M.T., Stohr, E.A., "A data-driven user interface generator for a generalized multiple criteria decision support system", **Proc. IEEE Workshop on Languages for Automation**, New Orleans, November 1984
/4/ Shakun, M., "Decision support systems for negotiation", submitted for publication

In der Sektion "Decision Support Systems" wurden ferner die folgenden Vorträge gehalten, von denen keine Kurzfassungen vorlagen:

KONZEPTION, REALISIERUNG UND EINSATZ EINES DECISION SUPPORT SYSTEMS FÜR DIE UNTERNEHMENSPLANUNG

Christoph Mandl, Wien

DISTRIBUTED DSS OR MICRO-MAIN FRAME INTEGRATION FOR DECISION SUPPORT SYSTEMS

W. Crendall, Paris

ERFAHRUNGEN MIT DEM EINSATZ VON OR-ALGORITHMEN AUF MIKROCOMPUTERN

Bernhard Geppert, Karlsruhe
Heinrich Paessens, Karlsruhe
Heinz-Konrad Weuthen, Karlsruhe

Die Autoren beschäftigen sich seit mehreren Jahren mit Problemen der

- Tourenplanung im regionalen Bereich (knotenorientiert)
- Tourenplanung im innerstädtischen Bereich (kantenorientiert)
- Standortplanung.

Zur Lösung dieser Aufgabenstellungen wurden Algorithmen entwickelt, die auf Verfahren der Graphentheorie basieren.

Aufgrund der günstigen Entwicklung im Bereich der Mikrocomputer, die sich in einer starken Leistungssteigerung bei sinkenden Preisen dokumentiert, lag es nahe, zu überprüfen, ob es möglich und sinnvoll ist, die entwickelten Verfahren auf Mikrocomputern zu implementieren.

Die Rechenzeittests wurden auf verschiedenen Systemen, 8- und 16-bit Rechner, durchgeführt. Die Programme wurden z.T. in mehreren Sprachen (FORTRAN, C und BASIC) geschrieben, um Anhaltspunkte darüber zu erhalten, wie groß der Einfluß der gewählten Programmiersprache auf die Rechenzeit ist. Der Rechenzeitvergleich mit dem Großrechner dient zur Abschätzung der Leistungsfähigkeit der Mikrocomputer.

Es wurden Verfahren aus den Bereichen

- Matrixoperationen
- Sortierung
- Berechnen kürzester Wege
- regionale Tourenplanung
- innerstädtische Tourenplanung

bzgl. der Rechenzeit überprüft.

Aus den umfangreichen Testreihen lassen sich folgende Erkenntnisse ableiten:

- für den OR-Bereich scheint die Programmiersprache C keine Bedeutung zu erlangen. Gegenüber FORTRAN-77 sind bei

REAL4-Arithmetik 2-4fach höhere Ausführungszeiten zu verzeichnen

- nach Möglichkeit sollte eine Programmiersprache ausgewählt werden, für die ein Compiler auf dem betreffenden Mikro vorhanden ist; die Rechenzeit erhöht sich etwa um den Faktor 40, wenn z.B. statt des BASIC-Compilers ein BASIC-Interpreter eingesetzt wird
- es lassen sich durchaus Programme bearbeiten, die größer sind als der real vorhandene Hauptspeicher, wenn man größere Teile der Problemdaten auf externem Speichermedium hält (Anm.: die virtuellen Betriebssysteme verfolgen eine ähnliche Strategie). Die Rechenzeit steigt, bedingt durch die Zugriffe auf dieses Medium, stark an. Die maximale Problemgröße ergibt sich somit aus der Zeit, die man zu investieren bereit ist, um auf das Ergebnis zu warten
- die Mikrocomputer sind in der Rechengeschwindigkeit den Großanlagen etwa um den Faktor 100 unterlegen. Berücksichtigt man die Tatsache, daß viele Benutzerprogramme um die CPU-Zeit konkurrieren, und daß das Großsystem üblicherweise total ausgelastet ist, so liegt es durchaus im Bereich des Möglichen, daß die turn-around-time auf dem Großrechner der Rechenzeit auf dem Mikrocomputer entspricht. Ihre Leistung ist somit für den jeweiligen Endbenutzer äquivalent.

Zusammenfassend kann festgestellt werden, daß der Mikrocomputer durchaus seine Berechtigung im Bereich des OR hat.

Literaturhinweise:

Geppert, B., Tourenplanung bei der innerdeutschen Hausmüllentsorgung, (Dissertation in Vorbereitung).

Kernighan, Brian W., Ritchie, Dennis, Programmieren in C, Carl Hanser Verlag München Wien (1983).

Hewl tt Packard, HP 9000 Computers Series 200 and 500 Performance Guide.

Paessens, H., Tourenplanung bei der regionalen Hausmüllentsorgung, (Dissertation) Nr. 26 der Schriftenreihe des Instituts für Siedlungswasserwirtschaft der Universität Karlsruhe (1981).

Ralston, A., Wilf, Herbert S., Mathematische Methoden für Digitalrechner I, Deutsche Ausgabe, R. Oldenbourg Verlag München Wien (1967).

Weuthen, H.-K., Tourenplanung - Lösungsverfahren für Mehrdepotprobleme, (Dissertation) Universität Karlsruhe (1983).

ERFAHRUNGEN MIT MIKROCOMPUTERN IN DER FORSCHUNG

Henning A. Paul, Gersthofen

Erfahrungen mit Mikrocomputern in der Forschung

Mikrocomputer bieten i.a. die Möglichkeit zur kurzfristigen spontanen Problembearbeitung durch ihre größere Nähe zum Arbeitsplatz und durch wesentlich schnellere Anwortzeiten bei kleineren Programmen als sie mit Großrechnern im Multiprogramming üblich sind. Der einfache Übergang vom Editier- zum Runsystem und spezielle Testhilfen ermöglichen eine wesentlich schnellere Programmerstellung. Wenn ein Filetransfer zur Großanlage möglich ist, sollte daher auch die Entwicklung großer Programme ausschließlich auf Mikrocomputern erfolgen. Speicherplatzprobleme sind in vielen Fällen durch spezielle Verfahrensmodifikationen bewältigbar. Nachteilig kann das Fehlen von Softwarepaketen für Standardprobleme der Statistik und der Optimierung sein.

0. Einleitung

Die Einsatzmöglichkeiten von Mikrocomputern sind einerseits sehr stark abhängig von ihrer Hardwareausstattung, ihrer Beziehung zu Großrechnern und insbesondere ihrer Nähe zum Arbeitsplatz. Andererseits ist auch das spezielle Forschungsgebiet von entscheidender Bedeutung. Forschungsarbeit sei hier charakterisiert durch den kurzfristigen Anfall kleinerer Rechnungen und Informationsbedürfnisse, durch mittelfristige Verfahrensentwicklungen und langfristige, sehr rechenzeitintensive Auswertungen eventuell mit umfangreichen Datenbeständen oder Ergebnisdateien.

Im technischen Bereich kann ein Mikrocomputer außerdem zur Datenerfassung an Meßgeräte angeschlossen werden. Dieser Aspekt soll allerdings im folgenden nicht weiter betrachtet werden.

Mit geringen Einschränkungen lassen sich aber einige allgemeine Aspekte des Einsatzes von Mikrocomputern in den hier aufgezählten Aufgabenbereichen angeben.

1. Nähe zum Arbeitsplatz

Mikrocomputer können i.a. unmittelbar am Arbeitsplatz oder in seiner Nähe aufgestellt werden. Dadurch ist es möglich, Fragestellungen sofort zu beantworten, die theoretisch eventuell nur schwierig oder gar

Operations Research Proceedings 1984

nicht beantwortet werden können aber mit Hilfe einfacher Rechnungen.

Dazu gehört z.B. das Lösen von Gleichungssystemen, wie z.B. die Abhängigkeit von μ und σ der abgeschnittenen Normalverteilung von der Untergrenze a bei festem Erwartungswert und Varianz gemäß:

k-te Iteration:

$$\theta_k = \frac{\phi\left(\frac{a - \mu_{k-1}}{\sigma_{k-1}}\right)}{1-\Phi\left(\frac{a - \mu_{k-1}}{\sigma_{k-1}}\right)}$$

$$\sigma_k = \sqrt{\frac{\mathrm{Var}(X)}{1+\frac{a-\mu_{k-1}}{\sigma_{k-1}}\theta_k-\theta_k^2}}$$

$$\mu_k = E(X) - \sigma_k \cdot \theta_k$$

die mit einem einfachen Iterationsprogramm gelöst werden kann.

Aufwendigere Optimierungsverfahren können bisweilen durch interaktive Programmsteuerung erheblich vereinfacht werden. Die Nullstellensuche x_o mit $f^{-1}(0) = x_o$ benötigt nur die Berechnung und Angabe von (x,y) mit y=f(x), wenn neue x-Werte in Abhängigkeit der alten (x,y) Werte eingegeben werden. Exponentenüberlauf, Konvergenzprobleme und Genauigkeitsfragen brauchen nicht besonders berücksichtigt zu werden. Gleichzeitig fallen Informationen über Konvergenzverhalten und numerische Probleme an, die gegebenenfalls in späteren größeren Programme berücksichtigt werden können.

Kleinere Datenauswertungen, die die Richtung der weiteren Arbeit stark beeinflussen, wie Regressionsrechnungen, Anpassungstests, insbesondere zur Kontrolle, ob notwendige Verteilungsannahmen gerechtfertigt sind, usw. können in wenigen Minuten durchgeführt werden. Selbst Arbeiten, die bisher auf Taschenrechnern durchgeführt wurden, lassen sich mit geringerer Fehlerwahrscheinlichkeit als Kleinstprogramm auf einem Mikrocomputer durchführen, da die Rechenanweisung und Daten übersichtlich auf dem Bildschirm erscheinen.

Anstelle umfangreicher Tafelwerke können deren Berechnungen gespeichert und so für ungewöhnliche Funktionswerte abgerufen werden. Mit Hilfe mehrerer Eingagen im Dialogverfahren oder mit Hilfe des schnell zu programmierenden Halbierungsverfahrens lassen sich auch Umkehrfunktionen bestimmen, z.B. zur F-Verteilung, von der i.a. nur wenige Werte vertafelt sind.

Als Such- und Auskunftssystem mit unmittelbarem Zugang führt ein Arbeitsplatzrechner eventuell zur genaueren Betrachtung auszuwertender Daten bzw. durch entsprechende Vorabfragen zur besseren Aufgabenstellung.

Das gilt insbesondere, wenn man einen graphikfähigen Bildschirm und Drucker zur Verfügung hat. Histogramme und Funktionen können unmittelbar auf dem Bildschirm betrachtet und als Inspiration für weiteres Arbeiten benutzt werden.

2. Einzelplatzrechner

Die Benutzung der Mikrocomputer als Einzelplatzrechner bietet in mehrfacher Hinsicht Vorteile. Sowohl die Verarbeitungszeit als auch die Handhabung werden günstig beeinflußt.

Die benötigte CPU-Zeit eines Mikrocomputers ist etwa 10 bis 100 mal größer als die eines Großrechners. Infolge Multiprogramming und Paging im virtuellen Speicher wächst die Verarbeitungsdauer eines Großrechners in vergleichbare Zeiten.
Beim Compilen sind die Zeitverhältnisse für die Mikrocomputer wesentlich günstiger. Ein TURBO-PASCAL Programm mit 300 Anweisungen benötigt etwa 10 sec. Ein entsprechendes FORTRAN Programm benötigt über 50 sec CPU-Zeit mit dem FOR1-Compiler auf einer Siemes 7738 bzw. etwa 5 Minuten Verweilzeit für den Compilierlauf.

Dazu kommen noch die Zeiten in der Warteschlange, die i.a. von der angekündigten Rechenzeit und dem Speicherbedarf abhängen und meist die Verarbeitungsdauer noch wesentlich übersteigen.

Als Einplatzrechner ist das Handling auch wesentlich erleichert. Der TURBO-PASCAL-Compiler erfordert vier Tastendrücke (^KD und R) für den Start zum Compilieren und Run-System und einen einzigen (E) zum Übergang in das Editier-System. Gegebenenfalls lassen sich auch konfigurierbare Funktionstasten benutzen.

Die entsprechendenden Anweisungen im BS 2000 der Siemens 7738 erfordern für den Programmaufruf etwa

```
@ SAV'progname'◁▷
y ◁▷
@ SY◁▷
/ DO P.FOR1 (progname,LIST = prg.LST,D=J,datenfile)
```

und für den Editoraufruf zur Verbesserung

```
/EXEC $EDT◁▷
@ REA 'prg.LST' ◁▷        }
@ ON & P' nr '  ◁▷        }  Suchen des
@ P n1 - n2 ◁▷            }  Inhalts der
                          }  Abbruchzeile
@ D ◁▷                    }
@ GET'progname' ◁▷
@ P n3 - n4 ◁▷

                Korrekturen

@ SAV'progname' ◁▷
```

Als Einzelplatzrechner am Arbeitsplatz gibt es keinerlei Beschränkung in der Online-Benutzung. Auch bei längeren Programmen können alle zu Testzwecken benötigten Werte auf dem Bildschirm ausgegeben werden, was die Fehlersuche erheblich erleichtert. Entsprechendes gilt für die Möglichkeit, gerade erstellte Programme oder Ergebnisse auf dem Drucker auszugeben. Dadurch können die erheblichen Beschränkungen in der Bildschirmausgabe umgangen werden.

Insgesamt benötigt die Programmentwicklung auf einem Mikrocomputer nur etwa ein Fünftel bis die Hälfte der Zeit, wie auf einem Großrechner.

Am Arbeitsplatz können aber auch längere Wartezeiten ohne Behinderung der übrigen Arbeit hingenommen werden. Tests von Programmteilen können fast ohne zusätzlichen Aufwand durchgeführt werden.

Wenn ein Filetransfer, Diskettentransport oder Online für Programm und Daten zu einem Großrechner möglich ist, ist der Mikrocomputer das ideale Hilfsmittel zur Programmerstellung.

3. Speicher-Aspekte

Mikrocomputer sind aber auch zur Ausführung mittlerer und größerer Programme geeignet. Programmabläufe von mehreren Tagen bieten keinerlei Probleme. Allerdings sind sie nicht nur langsamer als Großrechner, sondern sie haben i.a. auch einen kleineren Arbeitsspeicher. Bei geeignetem Vorgehen lassen sich aber auch Programme auf Mikrocomputern berechnen, für die der Arbeitsspeicher zu klein erscheint.

Programmteile bieten die gerinsten Schwierigkeiten, sie lassen sich mit der Chain- oder Overlaytechnik auslagern. Entsprechendes gilt für die Daten. An zwei kurzen Beispielen soll gezeigt werden, wie man durch Zwischenspeichern auf Disketten auch relativ große Datenfelder bearbeiten kann.

Die dynamischer Otpimierung sei als erstes Beispiel herangezogen. Sie ist besonders einfach durchzuführen, wenn in allen Entscheidungsperioden die gleichen Aktionen und die gleichen Übergangswahrscheinlichkeiten gelten. Durch Überschreiben nicht mehr benötigter Zustände und Zwischenzustände können Probleme mit etwa 1000 Zustände je Periode und beliebig viele Perioden behandelt werden.

Wenn die Aktionsmengen und Übergangswahrscheinlichkeiten je Periode nicht einfach aus den Zustandsdaten berechnet werden können, müssen wesentlich mehr Informationen je Zustand gespeichert werden. Außerdem müssen alle Zustände, Aktionen und Zwischenzustände im "Vorwärtslauf" konstruiert und gespeichert werden. Bei etwa fünf Aktionen je Zustand und 10 verschiedenen Übergangsmöglichkeiten je Aktion benötigt man etwa 500 Byte je Zustand auf der Diskette. Es können also etwa 500 Zustände je Diskette gespeichert werden. In dem Arbeitsspeicher brauchen nur wenige Zustände der gerade bearbeiteten Perioden geladen werden.

In anderen Fällen, wenn sehr viele Zugriffe auf alle Daten erfolgen, kann eine Verfahrensmodifikation die Anzahl der Zugriffe auf extern gespeichert Daten reduzieren und so die Arbeitsgeschwindigkeit erhöhen.

Wenn z.B. bei der linearen Optimierung, $\max z=c\cdot x$ unter $Ax\leq b$, die Matrix $A=(a_{ij})_{m\times n}$ nicht im Arbeitsspeicher gehalten werden kann, ist es zeitaufwendig, bei jedem Eckenaustausch auf alle extern gespeicherten Matrixelemente zuzugreifen. Mit Hilfe einer Faktorenmatrix $D=(d_{ij})_{m+2\times n_o}$ $n_o<n$, kann man die Anzahl ℓ der Zugriffe auf die extern gespeicherten Matrixelemente auf etwa $\frac{2\cdot\ell}{n_o}$ reduzieren.
Die **Matrix** A ohne Schlupfvariable sei spaltenweise indexsequentiell auf einem externen Datenträger mit wahlfreiem Zugriff gespeichert. In den Arbeitsspeicher werden n_o Spalten a_{*j} der Matrix A mit mit $c_j<0$ eingelesen. Ebenso die zugehörigen Zielfunktionskoeffizienten c_j und der gesamte Restriktionenvektor b ; außerdem die Liste der Basisvariablen B_y und Nichtbasisvariablen N_x. Im Arbeitsspeicher seien dann

$$\underset{(y_i)_{m\times 1}}{\tilde{b}}\ ,\ \tilde{A}=\underset{(x_j)_{1\times n}}{(\tilde{a}_{ij})_{m\times n_o}}\ ,\ (\tilde{c}_j)_{1\times n_o}\ ,\ B_y\ N_x\ .$$

Zusätzlich werde eine Faktormatrix $D=(d_{ij})_{m+2\times n_1}$ eingerichtet.

In $\tilde{A}$ wähle man ein Pivotelement $\tilde{a}_{pq}$ gemäß den üblichen Auswahlregeln.[1] Dann werde die Matrix $\tilde{A}$ wie üblich transformiert

$$\tilde{a}_{iq}^{neu} := -\frac{\tilde{a}_{iq}}{\tilde{a}_{pq}} \qquad \text{für } i \neq p$$

$$\tilde{a}_{ij}^{neu} := \tilde{a}_{ij} + \tilde{a}_{pj} \cdot \tilde{a}_{ip}^{neu} \qquad \text{für } i \neq p,\ j \neq q$$

$$\tilde{c}_{q}^{neu} := -\frac{\tilde{c}_{j}}{\tilde{a}_{pq}}$$

$$\tilde{c}_{j}^{neu} := \tilde{c}_{j} + \tilde{a}_{pj} \cdot \tilde{c}_{q}^{neu} \qquad \text{für } j \neq q$$

$$\tilde{a}_{pj}^{neu} := \frac{\tilde{a}_{pj}}{\tilde{a}_{pq}} \qquad \text{für } j \neq q$$

$$\tilde{a}_{pq}^{neu} := \frac{1}{\tilde{a}_{pq}}$$

Auch die Indexlisten werden wie üblich korrigiert

$$B_y^{neu}(p) := N_x(q)\ ,\ N_x^{neu}(q) := B_y(p).$$

Zusätzlich wird die Spalte q in die erste freie Spalte k der Faktormatrix übertragen

$$d_{ik} := \tilde{a}_{iq}^{neu} \qquad \text{für} \quad 1 \leq i \leq m$$

$$d_{ok} := \tilde{c}_{q}^{neu}$$

Die Nummer q der Pivotzeile kann z.B. mit $d_{m+1,k}=q$ gespeichert werden. Nach Heraufsetzen von k, $k := k + 1$, kann der nächste Austauschschritt erfolgen. Wenn in $\tilde{A}$ kein Pivotelement mehr auffindbar ist, oder die Faktormatrix D gefüllt ist, müssen die bisher unbearbeitet gebliebenen externen Elemente von A und c transformiert

[1] Neumann a.a.O.

werden. Dazu werden die Spalten von $\tilde{A}$ auf die vorgesehenen externen Speicherplätze von A geschrieben. Die übrigen Spalten j^* von A werden einzeln eingelesen und transformiert.

Für alle j^*, für alle k :

$$p := d_{m+1,k}$$

$$c_{j^*}^{neu} := c_{j^*} + a_{pj^*} \cdot d_{ok} \,, \quad a_{pj^*}^{neu} := a_{pj^*} \cdot d_{pk}$$

$$a_{ij^*}^{neu} := a_{ij^*} + a_{pj^*} \cdot d_{ik} \quad \text{für} \quad i \neq p$$

Spalten mit negativem $c_{j^*}^{neu}$ können entweder im Arbeitsspeicher verbleiben, oder in einem weiteren Suchvorgang werden die Spalten mit möglichst kleinem $\tilde{c}_j^{neu}$ in $\tilde{A}$ eingelesen und das Verfahren wie beschrieben fortgesetzt.

Wenn das Problem primal nicht zulässig ist, kann die Phase 1 oder 2 in gleicher Weise vorgeschaltet werden.[1)]

Durch die Verringerung der Anzahl der relativ langsamen Zugriffe auf externe Speicher kann die gesamte Bearbeitungszeit t etwa auf $\frac{2}{n_o} \cdot t$ gesenkt werden.

4. Software

Die für Mikrocomputer erhältliche Software ist weitgehend auf dialogorientierten, benutzerführenden Betrieb ausgerichtet. Das gilt sowohl für die Systemsoftware, Copieren, Inhaltsverzeichnisse, als auch für die Ein- und Ausgabetechniken, Datenbankverwaltungssysteme und Editoren.

Auch die Programmerstellung wird durch besonders einfache Sprachen wie BASIC und APL weniger geübten Benutzern erleichtert, wobei nochmals auf den schnellen und leichten Übergang von Editieren zum Programmlauf hingewiesen sei.

Die auch auf Großrechnern vorhandenen Sprachen FORTRAN, PL/I, PASCAL haben fast den gewohnten Sprachumfang, so daß man ohne Schwierigkeiten von einer Anlage zur anderen wechseln kann. Ein erheblicher Mangel ist das Fehlen von Programmpaketen für Statistik oder Optimierung, wie z.B. IMSL, IDEN usw. Insbesondere spezielle Funktionen,

---

1) Neumann a.a.O.

wie z.B. die Berechnung des Signifikanzniveaus zum Testfunktionswert D beim Kolmogoroff-Smirnoff-Test usw. fehlen. Derartige Programmpakete, der Portabilität wegen möglichst im Sourcecode, sollten in geeignetem Umfang entwickelt werden. Soweit Programme auf Großrechner übertragen werden können, kann man bisher durch eine Trennung von Programmentwicklung auf Mikrocomputer und Programmablauf auf Großrechner eine wesentliche Verringerung des Arbeitsaufwandes erreichen.

Literatur:

NEUMANN, K. H. (1975):
Operations Research Verfahren I, Carl Hanser Verlag, München

INTEGRIERTES PROJEKTINFORMATIONSSYSTEM - EIN WEG BEI SEL

Ulrich Göller, Stuttgart

Die ursprüngliche Konzeption eines zentralen Projektplanungs, -kontroll und -steuerungssystems (PPKS) geht von zwei Stufen aus:

PPKS-"Kosten"	Kostenplanung, Kostenüberwachung in Projekt- und Fachbereich mittels Kopplung von Standard-Rechnungswesen und Projektmanagement.
PPKS-"Ablauf/Kapazität"	Angebots- und Auftragsbearbeitung, Projektablauf und Kapazitätsplanung in Projekt- und Fachbereich.

Die Realisierung und eine einjährige Erfahrung im Einsatz des Systemteils PPKS-"Kosten" geben Anlaß zu einer kritischen Würdigung des erwarteten und wirklich eingetretenen Erfolges:
Garantiert die fachgerechte, zentrale Lösung von Projektmanagementproblemen schon die Akzeptanz eines Systems? Wer sind die Anwender und wie wird das System genutzt? Entspricht das systemtechnische Konzept den Möglichkeiten der heutigen DV- und Kommunikationswelt?

Die Beantwortung dieser Fragen und die daraus gezogenen Lehren führen zu einem Überdenken des strategischen Konzepts:
Ist es nicht sinnvoller den verteilten Intelligenzen eines Unternehmens Hilfsmittel an die Hand zu geben, die sie effizient individuell nutzen können und die sie darüber hinaus in die Lage versetzen, die zu einer übergeordneten Projektkontrolle notwendigen Informationen ohne nennenswerten Mehraufwand zu liefern bzw. zu empfangen?

Die Verwirklichung des zweiten Systemteiles ist heute unter der allgemeineren Zielsetzung eines offenen, integrierten Projektinformationssystems eingeleitet.
Die Gesamtstrategie wird über verschiedene Ebenen von HW-Konfigurationen (PC,MINI,MAINFRAME) und entsprechende Anwendersoftware verfolgt.

PROJEKTMANAGEMENT/NETZPLANTECHNIK MIT SPREAD-SHEET-SOFTWARE

Bernhard Hildebrandt, Paderborn

1. Einführung

Spread-Sheet-Software (SSS), im deutschsprachigen Raum überwiegend als Tabellenkalkulationssysteme bezeichnet, wird insbesondere zur Modellierung quantitativ-analytischer Anwendungsprobleme auf Personal Computern (PCs) eingesetzt. Seit dem ersten vor etwa 4 Jahren entwickelten Spread-Sheet-Programm (VisiCalc) haben sich Leistungsprofile und die Anwendungsfelder der SSS erheblich gewandelt. Standen bei den ersten mit SSS erstellten Anwendungen isolierte Einmalanwendungen im Vordergrund, so ist gegenwärtig eine Tendenz zur integrierten Nutzung in komplexer Anwendungsumgebung zu beobachten.

Die Einsatzmöglichkeiten von SSS bei der Abwicklung von Projektmanagementaufgaben liegen im Bereich von Planungsüberlegungen, wie sie typischerweise im Rahmen der Netzplantechnik angestellt werden. Hier kommen generell zwei unterschiedliche Nutzungsformen in Frage. Zum einen können Spread-Sheets (SSs) als flexible und mächtige Tools (Werkzeuge) für ad-hoc Auswertungen (Einmalanwendungen) verwendet werden. Diese Nutzungsform ermöglicht es geschulten PC-Anwendern ohne Programmierkenntnisse autonom einfachere Datenanalysen abzuwikkeln. Zum anderen besteht die Möglichkeit, SSs zur Erstellung von wiederverwendbaren Anwendungslösungen beispielsweise zur Zeit-, Kapazitäts- und Kostenplanung zu verwenden. Derartige, mit einem SS erstellte Anwendungen, die Verknüpfungsvorschriften, Rechenregeln und auch Daten enthalten können, werden als Templates bezeichnet. Das Design leistungsfähiger Templates erfordert umfangreiche Systemkenntnisse und ist eher dem Aufgabenbereich von Systemanalytikern/-entwicklern zuzurechnen. Dem Anwender bieten Templates vielfältige Möglichkeiten zu Analysen im Sinne von "what-if" Fragestellungen. Derartige Sensitivitätsanalysen können zum einen darin bestehen, an beliebigen Eingabepositionen vorgenommene Datenänderungen in ihrer Auswirkung auf einen Ergebniswert zu analysieren, oder ausgehend von einem Ergebniswert mögliche Eingabewerte generieren zu lassen.

Vor diesem Hintergrund werden im weiteren einige grundsätzliche Fragen zu Design- und Einsatzmöglichkeiten von SSS für Projektmanagementaufgaben diskutiert. Die zur Illustration verwendeten SS-Ausdrucke entstammen mit Multiplan erstellten Templates, die sich in gleicher Weise auch auf anderer SSS (z.B. Supercalc3 oder Lotus 1-2-3) realisieren lassen.

Operations Research Proceedings 1984

2. Konzeption und Design von Spread-Sheet-Software

2.1 Aufbau, Arbeitsweise und Leistungsmerkmale

Die dem Benutzer zur Verfügung stehende Arbeitsfläche eines SSs (Worksheet) gleicht in ihrem Aufbau einer nach Zeilen und Spalten organisierten 2-dimensionalen Matrix (Tabelle), deren Größe sich je nach SS zwischen 63x255 bis 999x9999 (Spalten x Zeilen) bewegt. Der auf einem Bildschirm darstellbare Ausschnitt dieser Arbeitsfläche umfaßt zumeist 20 Zeilen und 7 Spalten. Zur Abbildung größerer Arbeitsbereiche können die Spaltenbreiten verändert (formatiert) oder Ausschnitte eines umfangreicheren Templates in mehreren Fenstern (Windows) eingeblendet werden. Der Cursor kann frei über diese Arbeitsfläche bewegt werden, wobei die jeweilige Position eine aktive Zelle markiert. Eintragungen über die Tastatur beziehen sich jeweils auf eine aktive Zelle. Die möglichen Eingaben umfassen Text, Zahlen, Funktionen (arithmetische, logische oder statistische) und bei einigen SSs auch Sequenzen von Verarbeitungsvorschriften, sogenannte Makros.

Die Kalkulationsregeln der verschiedenen SSs umfassen Strategien, bei denen ausgehend von der Zelle mit kleinstem Index (links oben) zeilenweise bis zur Zelle mit dem größten Index (rechts unten) oder unter Berücksichtigung der Verknüpfungsvorschriften automatisch eine topologisch sortierte Abarbeitungsreihenfolge hergestellt wird, die gewährleistet, daß eine Berechnungsvorschrift erst dann ausgeführt wird, wenn alle erforderlichen Eingabewerte bestimmt sind. Zulässig sind auch Schleifenkonstruktionen, bei denen entweder die Anzahl durchzuführender Iterationen vorgegeben werden kann oder solange kalkuliert wird, bis sich ein Gleichgewichtszustand herstellt. Darüberhinaus ist in einigen Fällen eine explizite Vereinbarung über die Abarbeitungsreihenfolge möglich. Bei geschickter Verwendung dieser Optionen lassen sich die Verarbeitungszeiten erheblich verkürzen.

Bei der Arbeit mit SSs ist eine Trennung zwischen Entwurf und Realisation kaum noch gegeben, da mit Abschluß der Entwurfsphase auch die Anwendungslösung erstellt ist. Auch während der Anwendung lassen sich Templates modifizieren oder ergänzen, womit eine bisher kaum erreichte Flexibilität von Anwendungssoftware erreicht wird. Neben den bereits oben erwähnten Funktionen verfügen SSs über eine Reihe von Optionen, mit denen sich der Datentransfer zwischen einzelnen Templates oder weiteren Anwendungsprogrammen automatisieren läßt. Neuere SS-Programme der sogenannten 3.Generation umfassen bereits integrierte Module für Textverarbeitung, Datenmanagement, Graphik und Kommunikation (z.B. Symphony u. Framework) oder auch zur Terminverwaltung (Open Access).

2.2 Design von Anwendungslösungen

Mit dem Design eines Templates werden gleichzeitig die Benutzeroberfläche, Verarbeitungsvorschriften und Datenstrukturen einer Anwendung festgelegt. Die komplexe, oft über den Darstellungsbereich eines Bildschirms hinausgehende Arbeitsfläche erfordert oft auch eine Strukturierung in Module mit unterschiedlichen Aufgaben und adäquater Benutzerführung. Ein Beispiel für eine derartige Strukturierung zeigt Abbildung 2-1. Dabei ist die insgesamt zur Verfügung stehende Arbeitsfläche in mehrere Funktionsbereiche unterteilt, die sich jeweils getrennt oder auch kombiniert (Windowing) auf dem Bildschirm darstellen lassen.

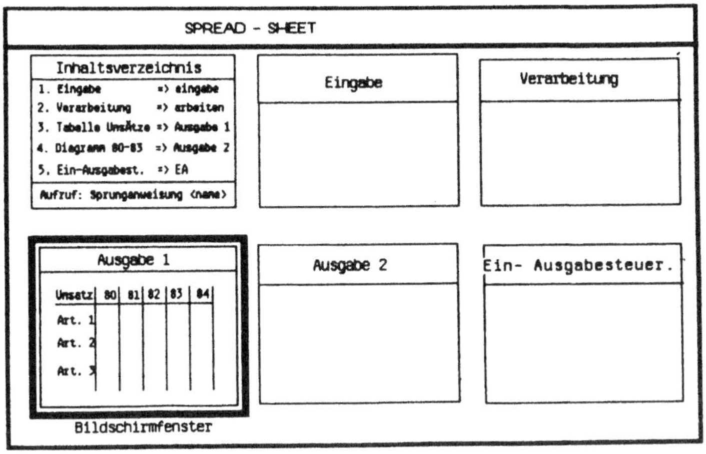

Abb. 2-1: Konzeption für Spread-Sheet Design

Der oben links befindliche Teil enthält ein menü-ähnliches Verzeichnis, in dem alle Arbeitsbereiche und, falls erforderlich, Hinweise auf Hilfestellungen aufgeführt sind. Die einzelnen Bereiche können vom Benutzer unter Angabe der entsprechenden Bezeichnungen auf dem Bildschirm angefordert werden. Rücksprünge in den für das Menü reservierten Bereich erfolgen meist über eine Funktionstaste. Weiterhin kann für Funktionen (Verarbeitungsteil) und Texte (Überschriften und Hinweise) ein Schreibschutz vereinbart werden. Benutzereintragungen sind dann nur in nicht schreibgeschützte Felder (Eingabeteile) möglich. Eine flexible Verarbeitung und Datenaufbereitung läßt sich durch Parameterlisten, die den Verarbeitungsprozeß steuern und besondere Bereiche zur Druckaufbereitung in Tabellen und Graphiken erreichen. Abbildung 2-2 zeigt ein Template zur Budgetplanung, bei dem in den Fenstern #4 und #3 Einzelpositionen und in den Fenstern #5 und #6 aufgelaufene Summen abgebildet sind. Die Fenster

#2,#3 und #6 sind bei horizontalem und die Fenster #3 und #4 bei vertikalem scrollen synchronisiert.

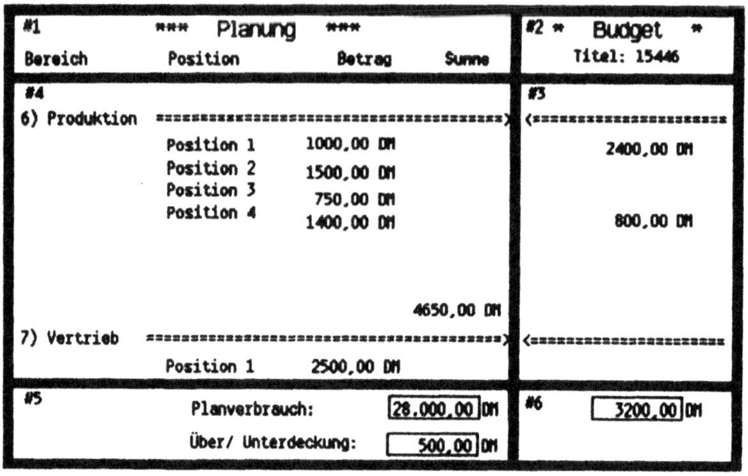

Abb 2-2: Spread-Sheet zur Budgetplanung

Bei der Festlegung von Datenstrukturen und den ihnen unterlegten Rechenvorschriften sind Abarbeitungsregeln von Such- und Sortierprozessen sowie Kalkulationsregeln und mögliche Schnittstellen zu anderen Anwendungsprogrammen zu berücksichtigen. Die Lösung derartiger Designfragen erfordert umfangreiche Systemkenntnisse. Daran gemessen sind die mit der Realisation verbundenen Arbeiten fast als trivial zu bezeichnen (siehe dazu Nastansky 1984).

Beispielhaft für derartige Designfragen sollen an dieser Stelle die mit der Datenorganisation und Berechnung von frühesten Anfangs- und Endzeitpunkten bei einem Vorgangsknoten-Netzplan zu lösenden Design-Probleme angeführt werden. Liegen die für die Zeitberechnung erforderlichen Daten in unsortierter Reihenfolge vor und wird eine Zeitberechnung zeilenweise durchgeführt, kommt es zu inkosistenten Berechnungsergebnissen, da die zur Berechnung der frühesten Anfangszeit eines Vorgangs erforderlichen Zeitangaben seiner Vorgänger, deren Daten möglicherweise in der Tabelle weiter unten geführt werden, noch nicht berechnet sind. In Abhängigkeit vom Datenumfang und der Anzahl möglicher Vorgänger konvergiert das Rechenergebnis nach mehreren Kalkulationsläufen. Erfolgt demgegenüber die Zeitberechnung auf der Grundlage einer topologisch sortierten und aufsteigend numerierten Vorgangsliste, so lassen sich die frühesten Anfangs- und Endzeitpunkte mit einem Kalkulationslauf berechnen. Noch umfangreicher sind die zu lösenden Design-Probleme, wenn gleichzeitig eine Berechnung frühester und spätesteter Anfangszeitpunkte sowie der dazugehörigen Pufferzeiten erfolgen soll.

3. Anwendungsbeispiel: Netzplantechnik mit Multiplan

3.1 Geschlossenes Modell zur Netzplantechnik

Das im weiteren beschriebene Modell zur Netzplantechnik umfaßt Zeit-, Kapazitäts- und Kostenplanung und erlaubt die Bearbeitung von Vorgangsknoten-Netzplänen mit Ende-Anfang-Beziehungen (Normalfolgen). Die Größe der zu verarbeitenden Netzpläne ist von der Arbeitsspeicherkapazität des eingesetzten PCs und der darauf implementierten SSS abhängig. Mit dem hier beschriebenen Modell, das mit Multiplan (128 KByte Speicherverwaltung) realisiert wurde, lassen sich Netzpläne mit 60 bis 100 Vorgängen bearbeiten.

Ausgangspunkt der Planungsüberlegungen bildet die Zeitberechnung, deren Ergebnisse automatisch für die Kapazitäts- und Kostenplanung übernommen werden. Die aufbereiteten Planungsergebnisse, in Form von standardmäßigen Listen und Graphiken (Zeit-, Kosten- und Kapazitätsdiagramme), lassen sich auf einem Bildschirm oder Matrixdrucker ausgeben. Zur Weiterverarbeitung mit anderer Standardsoftware (z.B. dBase oder Infostar) sind Konvertierungsprogramme erforderlich. Eine Einbindung in Textverarbeitungssysteme, beispielsweise WordStar, ist ohne weitere Verarbeitungsschritte möglich.

3.2 Zeitplanung mit Multiplan

Die Zeitplanung liefert Informationen über Gesamtdauer und kritische Vorgänge eines Projektes sowie die zeitliche Lage und Pufferzeiten einzelner Vorgänge. Eine graphische Aufbereitung der Zeitplanungsergebnisse erfolgt in einem GANTT-Diagramm. Der in Abbildung 3-1 wiedergegebene Vorgangsknoten-Netzplan dient der Veranschaulichung des im weiteren verwendeten Projektbeispiels.

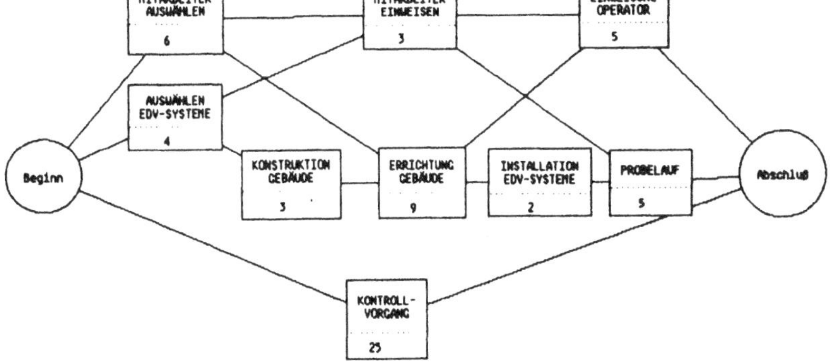

Abb. 3-1: Vorgangsknoten-Netzplan Projektbeispiel

Für die Zeitplanung sind für jeden Vorgang Nummer, Bezeichnung, Dauer sowie Vorgänger und Nachfolger anzugeben. Die Erfassung von Vorgängern und Nachfolgern stellt zwar eine redundante Information dar, ermöglicht aber andererseits eine einfachere und schnellere Abwicklung der Zeitberechnung. Geplante Start- und Endzeitpunkte eines Projektes können vom Benutzer vorgegeben werden. Defaultmäßig wird für den Projektstart der Zeitpunkt 0 und für das geplante Projektende der früheste Endzeitpunkt eines Projektes zugrunde gelegt.

Vorg. Nr.	Bezeichnung	Dauer	FAZ	FEZ	SAZ	SEZ	GP	FP	UP	FRP
1	Projektstart	0	0	0	0	0	0	0	0	0
2	Kontrollvorg.	25	0	25	0	25	0	0	0	0
3	Ausw. EDV Anl	4	0	4	2	6	2	0	0	2
4	Mitarb auswäh	6	0	6	3	9	3	0	0	3
5	Konst Gebäude	3	4	7	6	9	2	0	0	0
6	Bau Gebäude	9	7	16	9	18	2	0	0	0
7	Inst. EDV	2	16	18	18	20	2	0	0	0
8	Mitar einweis	3	16	19	22	25	6	6	2	2
9	Einw Operator	5	18	23	20	25	2	2	0	0
10	Probelauf	5	6	11	15	20	9	5	2	6
11	ZIEL	0	25	25	25	25	0	0	0	0

Abb. 3-2: Beispiel für ein Template zur Zeitberechnung

Bei dem in Abbildung 3-2 wiedergegebenen Ausschnitt eines Templates zur Zeitberechnung sind die Strukturinformationen (Vorgänger/Nachfolger) ausgeblendet. Als Ergebnisse werden früheste Anfangs- und Endzeitpunkte (FAZ und FEZ), späteste Anfangs- und Endzeitpunkte (SAZ und SEZ) sowie die üblichen Pufferzeiten (GP, FP, UP, FRP) berechnet. Bei der graphischen Aufbereitung (Abb. 3-3) werden die drei Pufferzeiten (GP, FP und UP) unter Berücksichtigung der Bedingung UP $\leq$ FP $\leq$ GP und kritische Vorgänge (*) ausgewiesen.

```
----------------------------------------------------------------
                       Z E I T G A N T T
Bez.   Kr.t<=1       10        20        30         40        50
----------------------------------------------------------------
Projekt    I
Kontrol *  I #########################
Ausw. E    I ####gg
Mitarb     I ######ggg
Konst G    I     ###gg
Bau Geb    I        #########gg
Inst. E    I                 ##gg
Mitar e    I                 ###uuffff
Einw Op    I                   #####ff
Probela    I       #####uufffgg
ZIEL       I
```

Abb. 3-3: GANTT-Diagramm zur Zeitberechnung

3.3 Kapazitäts- und Kostenplanung mit Multiplan

Mit der Kapazitätsplanung wird der zeitliche Einsatz von Arbeitskräften und Betriebsmitteln auf der Basis der Zeitplanungsergebnisse ermittelt. Als zusätzliche Eingabedaten werden Angaben über Einsatzarten und -mengen je Vorgang benötigt. Insgesamt lassen sich jeweils 5 verschiedene Arbeits- und Betriebsmittelarten mit dazugehörigen Plan-Verbrauchsmengen zuordnen. Die Berechnungen können auf der Grundlage frühester oder spätester Zeitpunkte erfolgen. Zusätzlich kann vom Benutzer der Zeitpunkt für den Beginn eines über 20 Zeitpunkte berechneten Kapazitätsplans vorgegeben werden. Abbildung 3-4 zeigt die vom Benutzer zu spezifizierenden Parameter und die Menüsteuerung.

```
###########################################
#*****************************************#
#         MENUE KAPAZITÄTSPLANUNG         #
#*****************************************#
#***=> HILFE G(oto),N(ame),Hilfe <=*** #
###########################################
# Bitte eingeben:                         #
#     Kalkulation (FAZ=1/SAZ=2):    1     #
#     Maximale Kapazität:           8     #
#     Nummer der Kapazitätsart:     1     #
#     Kalkulationszeitpunkt:        7     #
#     Max. Kapazität Graphik:      30     #
#     Kapazitätsintervall:          1     #
# Eingabe Kapazitätsmengen:    Mengen     #
# Eingabe Kapaziätsarten:      Arten      #
# Ausgabe Kapazitätsliste:     Liste      #
# Ausgabe Kapazitätsgraph:     Graph      #
###########################################
```

Abb. 3-4: Parameterliste und Menüsteuerung zur Kapazitätsplanung

Eine übersichtliche Darstellung der Kapazitätsanforderungen im zeitlichen Verlauf eines Projektes bietet der in Abbildung 3-5 wiedergegebene Kapazitätsbelastungsplan, der für jede Kapazitätsart gesondert zu erstellen ist und in dem auch die maximal verfügbare Kapazität (===) ausgewiesen wird.

```
----------------------------------------------------------------------------------
Kapazität          K A P A Z I T Ä T : Klempner
----------------------------------------------------------------------------------
           7   6   6   6   6   3   3   3   3   3   6   6   6   5   5   5   5   2   2
7         **
6         **  **  **  **  **                      **  **  **
5===      **  **  **  **  **                      **  **  **  **  **  **  **
4         **  **  **  **  **                      **  **  **  **  **  **  **
3         **  **  **  **  **  **  **  **  **  **  **  **  **  **  **  **  **
2         **  **  **  **  **  **  **  **  **  **  **  **  **  **  **  **  **  **  **
1         **  **  **  **  **  **  **  **  **  **  **  **  **  **  **  **  **  **  **
0         ----------------------------------------------------------------------------
-1 t=      7   8   9  10  11  12  13  14  15  16  17  18  19  20  21  22  23  24  25
```

Abb. 3-5: Kapazitätsgraph

Der Kostenplan berücksichtigt den zeitlichen Ablauf eines Projektes und zeigt die in den einzelnen Zeitabschnitten anfallenden Kosten. Neben den Zeitplanungsergebnissen werden die bei der Projektdurchführung anfallenden Kosten benötigt. In dem hier verwendeten Beispiel wird aus Vereinfachungsgründen mit aggregierten Kosten je Vorgang gerechnet und ein gleichmäßiger Kostenanfall im Projektablauf unterstellt. Ein tabellarische Aufbereitung dieser Informationen nach frühesten Anfangszeitpunkten zeigt Abbildung 4-6.

K O S T E N L I S T E

Bezeich.	t<=2.5	5	7.5	10	12.5	15	17.5	20	22.5	25	Summe Kosten
Projektst.	0	0	0	0	0	0	0	0	0	0	0
Kontrollv.	100	100	100	100	100	100	100	100	100	100	1000
Ausw. EDV	625	375	0	0	0	0	0	0	0	0	1000
Mitar aus	417	417	167	0	0	0	0	0	0	0	1000
Konst Geb	0	333	667	0	0	0	0	0	0	0	1000
Bau Gebäu	0	0	56	278	278	278	111	0	0	0	1000
Inst. EDV	0	0	0	0	0	0	750	250	0	0	1000
Mitar ein	0	0	0	0	0	0	500	500	0	0	1000
Einw Oper	0	0	0	0	0	0	0	400	500	100	1000
Probelauf	0	0	300	500	200	0	0	0	0	0	1000
Ziel	0	0	0	0	0	0	0	0	0	0	0
Summe =	1142	1225	1289	878	578	378	1461	1250	600	200	

Abb. 4-6: Zeitilche Verteilung der Projektkosten

Durch die Integration der Zeitplanungsergebnisse wird eine hohe Flexibilität erreicht, da Änderungen in der Struktur oder dem zeitlichen Ablauf eines Projektes direkt übernommen werden. Abbildung 3-7 zeigt eine graphische Aufbereitung, die den Kostenanfall im Zeitverlauf eines Projektes widerspiegelt. Zusätzlich kann eine Kostengraphik mit kumulierten Werten ausgegeben werden.

```
---------------------------------------------------------------------------
KOSTEN              G R A F I K   K O S T E N P L A N U N G
---------------------------------------------------------------------------
1500                                                  1461
1300                                                  ####
1200            1225 1289                             ####  1250
1100       1142 #### ####                             ####  ####
 900       #### #### ####                             ####  ####
 800       #### #### #### 878                         ####  ####
 700       #### #### #### ####                        ####  ####
 500       #### #### #### ####  578                   ####  ####  600
 400       #### #### #### ####  ####  378             ####  ####  ####
 300       #### #### #### ####  ####  ####            ####  ####  #### 200
 100       #### #### #### ####  ####  ####            ####  ####  #### ####
---------------------------------------------------------------------------
 t<=        2.5   5   7.5   10  12.5   15             17.5   20   22.5  25
===========================================================================
```

Abb. 3-7: Kostenverteilung im Projektablauf

Literatur:

Altrogge, G.
Netzplantechnik.
Wiesbaden, 1979.

Hildebrandt, B.
Personal Computer - Einsatz bei Planung, Steuerung und Überwachung von Projekten.
60. Arbeitsgruppentagung Netzplantechnik und Projektmanagement, Vortragsmanuskript, 18.-20. Januar 1984, Koblenz.

Hildebrandt, B.
Projektmanagement mit Personal Computern.
Anwendergespräch Personal Computer, Vortrag, 19. u. 20 März 1984, Paderborn.
Tagungsband, ersch. in Percom Verlag.

Lotus 1-2-3.
User's Manual.
Cambridge, MA (Lotus Development Corp.), 1983.

Multiplan.
User's Manual.
Bellevue, WA (Microsoft Corp.), 1982.

Nastansky, L.
Interaktive Kostenplanung und -kontrolle mit Tabellenkalkulationssystemen auf Personal Computern.
5. Saarbrücker Arbeitstagung Rechnungswesen und EDV, Vortrag, 1.-3. Oktober 1984, ersch. in Physica Verlag.

SuperCalc3.
User's Manual.
VS-1.0, San Jose, CA (Sorcim Corp.) 1983.

Schwarze, J.
Netzplantechnik
Herne, Berlin, 4. Auflage, 205 S. (1979).

COMPUTERGESTÜTZTES CONTROLLING IM RAHMEN VON PERSONAL COMPUTING

Karl-Peter Schuster, Hamburg

Summary. Personal-computing is one of the starting points for office automation. In this article is reported that the application of information systems technology in the area of controlling departments will increase the productivity of the office workers and improve the accuracy and timeliness of information. The functions of the end-user tool APLDI, for instance, provide a relatively simple yet very powerful and economical way to interactively access, analyze and report on informations stored in special files. It is needed a "do it yourself" approach that lets the person who has the need and the application knowledge, define and create the computer solution. The computer revolution demands that managerial staff must be familiar with the interactive problem-solving facilities that these micro-computers provide. There is a growth area for Operations Research.

1. Controlling-Arbeit im Wandel der Informationsverarbeitung

Informations- und Kommunikationstechnologien verändern grundlegend die Arbeitsabläufe in Büros und damit die herkömmlichen Organisationsstrukturen. Besonders wirkungsvolle Unterstützung kann mit Hilfe des Computers im Tätigkeitsbereich des Controllers schon heute gegeben werden. Im Zuge der wachsenden unternehmensspezifischen Anforderungen kommt jedem betrieblichen Planungs- und Steuerungssystem eine hohe Bedeutung zu. Mit Controlling-Instrumenten soll jedem Entscheidungsträger die erforderliche Information zur Verfügung gestellt werden, um zielorientierte Maßnahmen rechtzeitig einleiten zu können.

Die Integration von Nachrichten-, Büromaschinen- und Computertechnik ermöglicht den Aufbau von Bürokommunikationssystemen und begünstigt den Wandel von vergangenheits- zu zukunftsorientierten, von abrechnungs- zu entscheidungsbezogenen EDV-Anwendungen. Die Bereitstellung entscheidungsorientierter Informationen wird wesentlich unterstützt durch computergestütztes Controlling. Auf diesem Wege kann der innerbetriebliche Informationsfluß verbessert und der Informationsaufwand verringert werden.

Operations Research Proceedings 1984

Vorteilhaft ist in diesem Zusammenhang ein Konzept zur individuellen Datenverarbeitung ("Endbenutzerkonzept"). Danach sollen Mitarbeiter der Fachbereiche mehr und mehr in die Lage versetzt werden, mit Hilfe der modernen anwenderorientierten Sprachen und Softwarewerkzeuge weitgehend selbständig Personal-Computing zu betreiben. Personal-Computing soll sowohl die Nutzungsmöglichkeiten der Großcomputer als auch die der Micro-Computer erschließen.

In der Einstiegsphase zum Personal-Computing wird in unserem Hause von einem eingeschränkten Endbenutzerkonzept ausgegangen. Personal-Computing ist danach die selbständige Arbeit im Fachbereich am bedarfsgerechten multifunktionalen Terminal. Diese eigenverantwortliche Informationsverarbeitung erfolgt ohne Einschaltung von Organisatoren und Programmierern. Der ausschließliche Einsatz von Benutzerwerkzeugen (z.B. APL-DI auf Mainframe oder integrierte Software auf Micros) wird empfohlen, also keine Verwendung von Programmiersprachen, wie BASIC, COBOL, FORTRAN und APL.

Insbesondere hat der Controller als Informationsversorgungsstelle mit Personal-Computing ein Mittel zur Verbesserung der Entscheidungsqualität, zur Befreiung der Mitarbeiter von immer wiederkehrenden Tätigkeiten und ebenso zur Aufstellung von Modellen zur Durchrechnung von Planalternativen.

2. <u>Aufgabenschwerpunkte bei der Vertriebssteuerung</u>

In der ersten Implementierungsphase des o.a. Endbenutzerkonzeptes wurde der Inside-out-Approach gewählt, d.h. für Aufgabenfelder, die einfach, aber mit offensichtlichem Nutzen Personal-Computing zulassen, wurden in kurzer Zeit praktikable Lösungen entwickelt. Zu diesen Hauptaktivitäten gehörte Anfang 1984 die Realisierung eines Instrumentes zur Wahrnehmung der Aufgaben der Vertriebssteuerung für einen Unternehmensbereich, das

- o ergänzend zu den in Online-Systemen verfügbaren Produkt- und Umsatzdaten stärker kunden- und ergebnisorientierte Aussagen liefert,
- o durch Einbeziehung von Potential- und Marktdaten die Verknüpfung von strategischer und operativer Planung ermöglicht und
- o dem Anwender am Arbeitsplatz schnell und übersichtlich die gewünschten Informationen präsentiert.

Mit der Entwicklung eines Abfragesystems für die spezielle Vertriebssteuerung wurde das Ziel verfolgt, aktuelle, kunden- und ergebnisorientierte Daten bereitzustellen, und zwar für

- o Standardabfragen (zur Markt-, Kunden- und Artikelbeobachtung),
- o situationsbedingte Ad-hoc-Abfragen,
- o Vorbereitungen und Festlegungen von Kundenbesuchen,
- o Aktionen (zu deren Vorbereitung, Kontrolle usw.),
- o Untermauerung des Budgets durch Maßnahmen.

Das Abfragesystem stellt monatlich den Benutzergruppen aus dem Controlling- und Verkaufsbereich entsprechende Datenpools zur Verfügung. Sie enthalten sowohl Kunden- und Artikelstammdaten als auch Budget- und ergebnisorientierte Daten auf unterschiedlichen Verdichtungsstufen in Form von Monats- und Jahresauflaufwerten.

Aus der Fakturierung (d.h. den einzelnen Belegzeilen einer Rechnung) wird das Basisdatenmaterial entnommen. Zum Zwecke der Vertriebssteuerung werden diese Umsatzdaten durch Hinzuspielen von ergebnisschmälernden Komponenten sowie Budgetdaten aufbereitet, verdichtet und in verschiedenen Datenpools für Abfragen zur Verfügung gestellt (Abb. 1).

Im Verlauf der Entwicklung des Abfragesystems war eine Festlegung der betriebswirtschaftlichen Bedeutung der gut zweihundert benutzten Datenelemente von besonderer Wichtigkeit. Die Notwendigkeit eines Datenmanagement ist u.a. in dem Austausch von Berichten mit klar definierten Datenelementen begründet. Das Mengengerüst für das Abfragesystem wird in Abb. 2 zusammengestellt.

3. Instrumente des Personal-Computing

Die Tätigkeit am Arbeitsplatz muß den Grad und die Gerätschaft der DV-Unterstützung bestimmen. Den Benutzern stehen für festgelegte Anwendungsbereiche entsprechende Werkzeuge auf speziellen Rechnern zur Verfügung (Abb. 3).

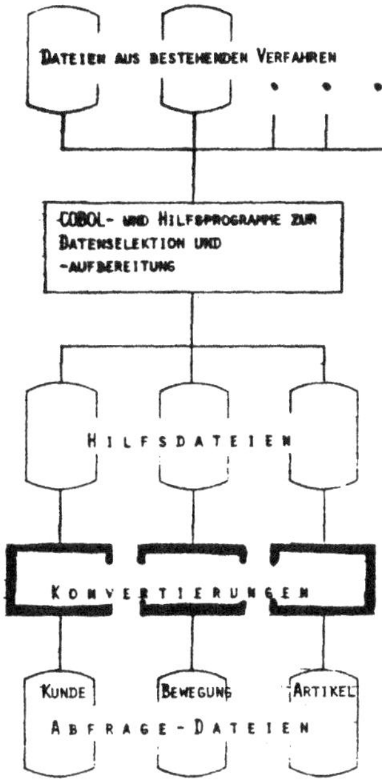

Abb. 1
Skizze zum Erstellen
von Datenpools

Datenpool	Max. Anzahl von Datensätzen	Anzahl der Abfragefelder	Megabyte auf 3350
Kunde	6.000	80	4,7
Bewegungen Kunde/Artikel auf Verdichtungsstufe für			
Prod.Bereich 1	55.000	49	21,3
Prod.Bereich 2	4.000	49	2,1
Bewegungen Kunde/Artikel auf Produktbasis für			
Prod.Bereich 1	250.000	29	53,2
Prod.Bereich 2	6.000	29	1,5
Artikel auf Basis			
Verdichtung	100	29	0,3
Produkt	4.800	32	1,5

Abb. 2
Mengengerüst für Abfragesystem
(Stand 08-84)

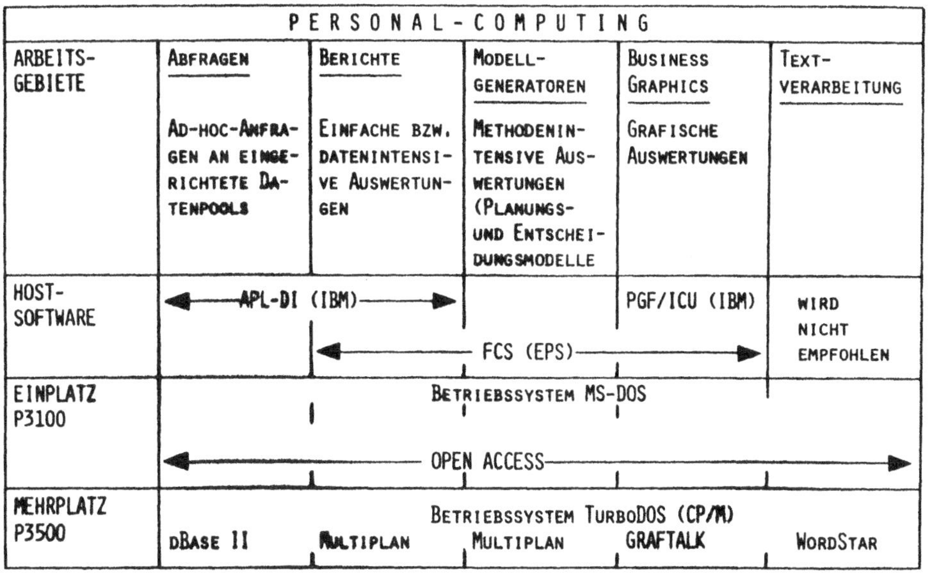

Abb. 3 Anwendungsbereiche und Werkzeuge für Personal-Computing
(Stand 09-84)

Die Personal-Computing-Anwendung Vertriebssteuerung mußte aufgrund des Mengengerüstes (siehe Abb. 2) auf dem Zentralrechner (gemäß Abb. 1) installiert werden. Bei der Bereitstellung von Daten für APL-DI (A Programming Language Data Interface) ist zu beachten, daß OS-Files für APL-DI-Abfragen nicht lesbar sind. Deshalb sind sämtliche Dateien zu konvertieren. Diese CONVERT-Aufgabe verursacht 60 % der monatlichen Bereitstellungskosten für die Abfragedateien.

4. Anwender-Akzeptanz

Die Benutzerfreundlichkeit und weitere Vorteile konnten im Zuge der Fertigstellung der Anwendung ohne Einschränkung bestätigt werden. Neben de hohen System-Verfügbarkeit (6.00 Uhr bis 24.00 Uhr) sind die kalkulierten Abfragekosten (durchschnittlich 50,-- DM) eingehalten worden. Selbs bei umfangreichen Datenbeständen wurden ohne spürbare Wartezeit (in der Regel unter 1 min.) die Antworten aufbereitet. Die jährlichen Maschinenkosten von 100 TDM würden bei konventionellen Lösungen (Sonderprogramme etc.) bei weitem überschritten.

Die Geschäftsleitung hat noch während der Entwicklungsarbeiten zu dem beschriebenen Abfragesystem für einen weiteren Konsumgüterbereich den Aufbau eines ähnlichen Controlling-Systems beschlossen und realisieren lassen. Kurz darauf sind weitere Abfragesysteme für große Datenmengen bereitgestellt worden (u.a. für logistische Fragestellungen). Gleichzeitig konnten eindrucksvolle Demonstrationen am Beispiel der jährlichen Strategie-Abfrage an alle Betriebe über ORG/DV-Projekte und -Aktivitäten erarbeitet werden. An diesen Datenpool mit 800 Aktivitäten zu je 22 Datenelementen wurden diverse Ad-hoc-Abfragen gerichtet, die sehr aufschlußreiche Ergebnisse lieferten. Ohne Programmieraufwand wurden Zusammenfassungen in den gewünschten Varianten vom Benutzer selbst abgefragt.

Die einfachen Abfragesprachelemente werden in einem Beispiel festgehalten (Abb. 4). Nach jeder System-Anforderung (unterstrichen) erfolgt eine Benutzereingabe. Die Führung der Anforderungen übernimmt das Software-Package. In der Anwendung stehen heute operative Fragestellungen noch stark im Vordergrund, z.B. welche Preisspannen gibt es für bestimmte Produkte, welches Preismengenverhältnis liegt in besonderen Produktgruppen vor. In Abb. 4 lautet die Frage: Welches sind die fünf umsatzstärksten Kunden in der Niederlassung mit der Kennziffer 08? Sortiert nach Umsatz sind zusätzlich Niederlassung, Kundennummer und -name anzuzeigen.

Aus den Computerlaufangaben kann der Benutzer sofort sehen, daß seine Abfrage gemäß Rechenzentrumstarif weniger als DM 5,-- kostet.

```
SELECTION:NL=08
FUNCTION:TOP
TOP HOW MANY:5
SORT FIELDS:KUMSATZ
OTHER FIELDS:NL,KNR,NAME
PAGE NO. 1

 14:56     7/10/84     APL DATA INTERFACE
 'OR.KUNDEN'(6/28/84);NL=08;TOP
       KUMSATZ  NL    KNR  NAME
      71608.44  08  36089  LAURIEN
      39397.20  08  74790  ARNOLD
      31540.50  08  77780  ESSER
      23295.28  08  96020  JENSEN
      13583.12  08  71570  GILDE
TIMES(SEC): ELAPSED = 34.1, CPU =  .5, KEYING = 26.8
```

Abb. 4 Abfragebeispiel

5. Chancen des Einsatzes zum Operations Research

Feldbeobachtungen von Personal-Computing in einzelnen Unternehmen zeigen, daß die wirtschaftswissenschaftlich ausgebildeten Fachkräfte in zunehmendem Maße auch quantitative Methoden des Operations Research einsetzen.

Zu den oben beschriebenen Abfragen werden neben algebraischen zunehmend grafische Darstellungen gewünscht. Eine besondere Hervorhebung bestimmter Zusammenhänge gelingt mit diesen Bildinformationen. Bei den grafischen Elementen ist Farbe ein wichtiges Hilfsmittel. Nach diesen Anwenderwünschen ist der Schritt zu clusteranalytischen Auswertungen und Darstellungen nicht weit. Sehr häufig treten Gruppierungsprobleme auf, bei denen das menschliche Differenzierungsvermögen überfordert ist, z.B. welche vier wesentlichen Kundenklassen nach den Kriterien Umsatz und Bruttomarge in % können in einem vorgegebenen Verkaufsbereich mit über 1.000 Kunden gesehen werden. Die Clusteranalyse liefert gerade bei der gleichzeitigen Betrachtung von mehreren Kriterien eine hilfreiche Klassifizierung.

Weitere Chancen des OR-Einsatzes ergeben sich aus routinemäßigen Tabellenkalkulationen. Die Planungsmodellgeneratoren liefern für Alternativbetrachtungen bei deterministischer Simulation sehr rasch Ergebnisse (z.B. welche Preispolitik bei Mischangeboten sollte bei einem Kunden vorgenommen werden, um unbedingt ein angestrebtes Ergebnis zu erreichen?). Auf diesem Wege werden sich Kalkulationen mit Zielsetzung und anschließender Empfindlichkeitsanalyse beim Benutzer aufdrängen.

Im Personal-Computing eröffnen sich zahlreiche wirtschaftlich vorteilhafte Einsatzmöglichen des Operations Research.

Literatur:

BVB-Arbeitskreis Mikrocomputer: Der Einsatz von Microcomputern in Großunternehmen. Bad Homburg: Bundesverband Vertriebsunternehmen Büro-, Informations- und Kommunikationstechnik e.V., 1984

G. Lockett: Implementation Exchange: Self Starters in MS/OR - A Growth Area. Interfaces Vol 14, No.3 May-June 1984

A.-W. Scheer: EDV-orientierte Betriebswirtschaftslehre. Springer Verlag Berlin, Heidelberg, New York, Tokyo 1984

D. Whitaker: OR on the Micro John Wiley & Sons Ltd. Chichester, New York, Brisbane, Toronto, Singapure 1984

UNTERNEHMENSBEURTEILUNG MITTELS INTEGRIERTER IMPLEMENTIERUNG AUF PERSONAL- UND ZENTRALCOMPUTERN DARGESTELLT AM BEISPIEL DER LIQUIDITÄTSANALYSE

Harald Rosenthal, Paderborn
Otto Loistl, Paderborn

Die Pflege großer Datenbanken und die Implementierung numerisch anspruchsvoller Algorithmen von realitätsnahen Modellen der Unternehmensbeurteilung, die auf diese Daten zugreifen, beinhalten Aufgaben, die teilweise schwer vereinbare Ansprüche an die benutzten Rechner stellen.
Zu den zu bewältigenden Aufgaben gehören u.a. die laufende Ergänzung des Datenbestandes, die Datensicherung, die Implementierung der Modellalgorithmen und die Steuerung der Eingabe von Modellparametern sowie die Ausgabe der aufbereiteten Ergebnisse. Ein- und Ausgabe sollten dabei i.a. auf interaktiver Basis auch dem EDV-Laien als Anwender möglich sein.
Die in letzter Zeit ungemein gestiegene Leistungsfähigkeit der Mikrocomputer eröffnet hier einen Entscheidungsspielraum bzgl. der Aufgabenverteilung auf PC und Zentralcomputer.
Der Zentralcomputer eines Rechenzentrums bietet gegenüber dem PC am Arbeitsplatz den Vorteil einer institutionalisierten Datensicherung und der Bereitstellung umfangreicher Bibliotheken zur Einbindung in numerische Algorithmen; jedoch verhindert die Konkurrenzsituation der Nutzer des Zentralcomputers bei höherer Belastung ein effizientes interaktives Arbeiten.
Gerade hier liegen die Vorzüge des konkurrenzfreien Arbeitens am PC. Der zusätzliche Einsatz von Coprozessoren für Berechnungsaufgaben (z.B. Intel 8087) läßt häufig auch die Antwortzeiten (nicht CPU-Zeit) des PC die eines Großrechners unterschreiten.
Diese Nutzungsprofile legen eine Arbeitsteilung im EDV-Bereich der Unternehmensbeurteilung nahe:
Datenpflege, i.b. Datensicherung auf dem Zentralcomputer, anwendungsorientierte Modellrealisierung auf dem PC.
Dies Konzept soll am Beispiel der Liquiditätsanalyse unter vollständiger Menüführung des Anwenders mit optional grafischer Ausgabe konkretisiert werden.

MULTIPLE REGRESSION FÜR PERSONAL-COMPUTER - THEORIE UND PRAKTISCHER EINSATZ

Burkhard Arrenberg, Hamburg

Die Regressionsrechnung hat gute mathematische und statistische Eigenschaften und läßt sich zur Lösung vieler praktischer Probleme einsetzen. Wegen der Benutzerfreundlichkeit von Personal-Computern bietet es sich an, sie auch für mehrdimensionale Regressionsaufgaben einzusetzen.

Die beschränkte Leistungsfähigkeit solcher Computer erfordert eine sorgfältige Auswahl des Rechenverfahrens:

- Die relativ langsame Verarbeitungsgeschwindigkeit verlangt einen schnellen Algorithmus.
- Wegen der beschränkten Speicherkapazität muß das Rechenverfahren speicherökonomisch sein.
- Die vergleichsweise geringe Rechengenauigkeit von Personal-Computern erfordert ein gutartiges, numerisch stabiles Verfahren.

Ein in diesem Sinne geeignetes Verfahren ist die Umwandlung des Modells durch orthogonale Transformationen anstelle der 'klassischen' Berechnung über die Gauß'schen Normalgleichungen.

Ziel des Vortrags ist die Darstellung der praktischen Erfahrungen mit dieser Methode auf einem Personal-Computer.

Dabei soll insbesondere eine Erweiterung des ursprünglichen Algorithmus vorgestellt werden, die es ermöglicht, auch dann Lösungen zu berechnen, wenn die Regressionsaufgabe nicht eindeutig lösbar ist. (Linear abhängige Spalten in der Planungsmatrix)
Der erweiterte Algorithmus bricht in diesem Fall nicht ab, sondern ermöglicht dem Anwender die Wahl geeigneter Lösungen aus dem Lösungsraum.

ERFAHRUNGEN MIT MIKROCOMPUTERN BEIM EINSATZ DER CLUSTERANALYSE

H. Braun, Bochum

Für Kalkulations-, Statistik- und Planungsaufgaben gibt es für Mikrocomputer vorzügliche Standardsoftware, z.B. MULTIPLAN und LOTUS 1-2-3, mit denen viele Routinearbeiten erledigt werden können. Neben diesen Werkzeugen braucht der Datenanalytiker aber auch die Methoden der Statistik und des Operations Research in Form von dialogorientierten Programmen mit größtem Benutzerkomfort.

In diesem Beitrag wird ein Softwarepaket für die Clusteranalyse vorgestellt, das auf den Mikrocomputer-Modellen ALPHATRONIC P3/P4 von Triumph Adler unter dem Betriebssystem CP/M und auf den IBM-Personalcomputern PC und PC-XT unter DOS 1.0/2.0 läuft.

Kernstück des Softwarepaketes sind die in /1/ veröffentlichten FORTRAN-Subroutinen, die geringfügig abgeändert worden sind. Für die am häufigsten auftretenden Datenkonstellationen werden Verfahren angeboten, die mit zufällig erzeugten Anfangsklassen starten und durch einen iterativen Austauschprozeß zur näherungsweise besten Klassenaufteilung führen.

Dem Anwender steht für seine Datengenerierung ein komfortabler Editor zur Verfügung und die Auswahl der für die Daten geeigneten Methoden erfolgt in einem Full-Screen-Dialog, der auch Benutzerhilfen gibt. Bei der Clusteranalyse ist es wichtig, die gefundenen Klassen und deren Charakteristika in transparenter Form darzustellen. Das Softwarepaket bietet hierfür verschiedene Möglichkeiten und gibt einen Anschluß an das genannte LOTUS-Programm.

Literatur:

/1/ Späth, H.: Cluster-Formation und -Analyse, R. Oldenbourg, München 1983

SIMULATION STÖRANFÄLLIGER SYSTEME

Peter Chamoni, Bochum

Die bisher bekannten Zuverlässigkeitsanalysen kohärenter Systeme werden in der Mehrzahl in batchorientierten analytischen Modellrechnungen abgehandelt. Im Gegensatz zu diesen analytischen Modellen, die auf der Theorie der stochastischen Prozesse basieren, bietet ein Simulationsansatz den entscheidenden Vorteil, unabhängig von restriktiven Verteilungsprämissen und Unabhängigkeitsannahmen jede statistisch beschreibbare Störung eines funktionalen Zusammenhangs nachzuvollziehen und transparent zu machen.

Betrachtet werden kohärente stochastische Netze mit ausfallenden Kanten (= Komponenten). Die simulierten Systemzustände werden gesteuert durch Lebensdauer- und Reparaturzeitverteilung. Der Aufbau, die Analyse und die Simulation des Netzwerkes werden interaktiv am Bildschirm eines Mikrocomputers vorgenommen, wobei folgende Schritte durchlaufen werden:

1. GRED Ein hochauflösender Graphik-Editor (2-d CAD-System) ermöglicht den Aufbau von vermaschten Netzwerken durch Zuordnung von geometrischen Makros (= störanfällige Komponenten). Durch interne CAD-Funktionen wie z.B. Translation, Clipping und Zooming sowie umfangreiche Editiermöglichkeiten ist das Generieren und Korrigieren von Netzen schnell und einfach. Jeder eingeführten Komponente werden statistische Kenngrößen zugeordnet.
2. NETGEN Der Netz-Generator übernimmt Makros aus GRED als logische Elemente (= Komponenten) und erzeugt aus den Zuordnungen eine Kantenmatrix.
3. NETANA Der Netz-Analysator bestimmt alle minimalen Cuts des generierten Netzwerks und stellt sie als Cut-Matrix zur Verfügung.
4. NETSIM Der eigentliche Simulationskern generiert entsprechend den vorgegebenen Verteilungen Komponentenausfall und Reparaturzeiten und ermittelt nach jedem Ereignis durch einfache boolesche Operationen den Systemzustand aus vorliegendem Zustandsvektor und Cut-Matrix. Gleichzeitig wird durch Ansteuern von GRED der neue Zustand visualisiert. Die Auswertung der Simulationsläufe geschieht graphisch 2- oder 3-dimensional auf dem Bildschirm.

Durch die Integration von dialogorientiertem Graphiksystem und interaktiver stochastischer Simulation steht ein Werkzeug zur Verfügung, das zum effektiven Aufbau, zur Darstellung und Analyse von störanfälligen Netzen dient.

SIMULATION INNERBETRIEBLICHER TRANSPORTSYSTEME AUF PERSONAL COMPUTERN

Rüdiger Schmidt, Paderborn

Während auf dem Gebiet der Produktionssteuerung hochentwickelte technische Systeme und ein umfangreiches Know-how zum Einsatz kommen, wird die Steuerung innerbetrieblicher Transporte i.d.R. noch manuell durchgeführt oder der Intuition des Fahrpersonals überlassen. Bei einer derartigen Vorgehensweise ist ein hoher Anteil an Leer- und Suchfahrten nahezu unvermeidbar. Daraus resultierende Unwirtschaftlichkeiten können durch die Anwendung moderner Planungsverfahren und die Umsetzung theoretischer Erkenntnisse des Logistikbereiches vermieden werden.

Zur Planung und Analyse komplexer Transportsysteme bedarf es flexibler und leistungsfähiger Hilfsmittel, wie sie die rechnergestützte Simulation darstellt. War dieses Planungsinstrument bisher eine Domäne der Groß-EDV mit den damit verbundenen Nachteilen beim Modelldesign (Batch-Betrieb, lange "feed back" Zeiten), zeigt sich in jüngster Zeit die Tendenz leistungsfähige Simulationssprachen (bspw. SIMAN) auf Personal Computern zu implementieren. Hierbei wird dem Systemplaner in einer leistungsfähigen Hard- und Softwareumgebung (Arithmetikprozessoren, dialogorientiertes Modelldesign) die Möglichkeit zur interaktiven Arbeitsweise gegeben. Dabei sind neben leistungsfähigen Simulationssprachen besonders die Möglichkeiten zur Visualisierung von Problem- und Ergebnisdaten sowie Layoutvarianten hervorzuheben. Eine Möglichkeit komplexe Transportsysteme in Simulationsmodellen auf Personal Computern darzustellen wird in diesem Beitrag beschrieben.

Es wird gezeigt, wie mit Hilfe eines Simulationsmodells die Auswirkungen verschiedener Steuerungsstrategien (alternative Routenführungen, veschiedene Verfahren der Ladestellenwahl, Einteilung in Gebietsreservate) unter Berücksichtigung unterschiedlicher Kommunikationsmöglichkeiten zwischen einer zentralen Leitstelle und den einzelnen Flurförderzeugen beurteilt werden können. Dabei steht die Modellformulierung und die Darstellung der Effizienz verschiedener Strategien in Bezug auf den Last- und Servicegrad des untersuchten Transportsystems im Vordergrund.

STAPELUNG VON RECHTECKIGEN VERSANDGEBINDEN AUF PALETTEN - GENERIERUNG VON STAPELPLÄNEN IM DIALOG MIT EINEM PC

Heinz Isermann, Bielefeld

Zusammenfassung. In vielen Unternehmen wird der Stauraum einer Palette nur unzureichend ausgenutzt, da den Verpackungsfachleuten die geeignete Anwendersoftware fehlt und die bisherigen Verfahren zur Generierung von Stapelplänen unbefriedigend sind. Im Rahmen dieses Beitrags werden einige Aspekte eines in der Praxis eingesetzten Software-Systems vorgestellt.

Summary. In this paper we address the pallet packing problem in which a number of identical rectangular boxes are to be packed onto a pallet of given dimensions. We illustrate the effectiveness of a software system for a personal computer.

1. Einführung

In vielen Unternehmen werden die Endprodukte auf Paletten gestapelt, transportiert und gelagert. Lager-, Transport- und Handlingkosten sind im allgemeinen palettenabhängig, d.h. die Palette wird - unabhängig von ihrer Auslastung - als Abrechnungseinheit zugrunde gelegt. Die Entwicklung von Stapelplänen, durch die die Anordnung der Versandgebinde auf der Palette festgelegt wird, erfolgt überwiegend intuitiv. Da auf die Unterstützung eines leistungsfähigen Software-Systems verzichtet wird, hängt die Güte der Stapelpläne vom Zufall sowie der Erfahrung der mit diesen Arbeiten betrauten Personen ab; das angestrebte Optimum wird in vielen Fällen nicht erreicht.

Wir wollen hier davon ausgehen, daß die auf eine Palette zu stapelnden rechteckigen Versandgebinde gleich dimensioniert sind und die Stapelung der Packstücke in ebenen Lagen vorgeschrieben ist. In einer Lage haben alle Versandgebinde die gleiche Höhenorientierung, d.h. genau eine der Kanten l,b,h der Versandgebinde steht in der Lage senkrecht. Ein Lagenplan beschreibt die Anordnung von x Packstücken auf der nutzbaren Palettengrundfläche $L \times B$ bei gegebener Höhenorientierung der Packstücke. Ein Lagenplan heißt orthogonal, wenn die Kanten aller Packstücke parallel zu den Seiten der Palette angeordnet sind. Wir werden hier nur orthogonale Lagenpläne betrachten, da in der Praxis nicht-or-

Operations Research Proceedings 1984

thogonalen Lagenplänen keine Bedeutung beigemessen wird. Bei einer lagenweisen Stapelung wird durch den Stapelplan festgelegt, welche Höhenorientierung sowie welche Anordnung die Versandgebinde in der k-ten Lage ($k = 1, \ldots, K$) aufweisen.

In diesem Zusammenhang wollen wir einen Lagenplan als optimal bezeichnen, wenn er für eine zulässige Höhenorientierung des Versandgebindes und gegebenenfalls unter Beachtung weiterer Zulässigkeitsbedingungen die Anordnung einer maximalen Anzahl von Versandgebinden bzw. Einzelpackungen pro Lage erlaubt. Ein Stapelplan heißt optimal, wenn er die lagenweise Stapelung einer maximalen Anzahl von Versandgebinden bzw. Einzelpackungen auf der Palette unter Beachtung vorgegebener Zulässigkeitsbedingungen vorsieht.

Im folgenden werden wir anhand einiger Beispiele illustrieren, daß mit Hilfe eines leistungsfähigen Anwendersoftwaresystems unter Einsatz eines PCs eine Reihe von Problemstellungen erfolgreich aufgegriffen werden kann. Das hier vorgestellte Anwendersoftwaresystem wurde für einen PC mit einem RAM-Speicher von 128 KByte konzipiert; es umfaßt drei Softwaremodule: Das erste Softwaremodul erstellt Lagenpläne, wobei die Außenabmessungen der Packstücke sowie die nutzbare Länge und Breite des Palettendecks vom Anwender vorgegeben werden. Das zweite Softwaremodul erstellt Lagenpläne für den Fall, daß die Ecken der nutzbaren Palettengrundfläche aufgrund von Eckstützen etc. nicht genutzt werden können. Das dritte Modul erlaubt eine umfassende Sensitivitätsanalyse, wobei sowohl die Dimensionierung der Einzelpackung, die Zahl der Einzelpackungen pro Verkaufseinheit, die Zahl der Verkaufseinheiten pro Versandeinheit als auch die Art der Verpackung von Verkaufseinheit und Versandeinheit (z.B. Umkarton, Tray, Folie etc.) variiert werden kann. Eine Integration des Verschnittproblems beim Zuschnitt des Packmaterials von Einzelpackung, Verkaufseinheit und Versandeinheit in das Anwendersoftwaresystem ist grundsätzlich möglich, soll jedoch hier nicht weiter verfolgt werden.

2. Interaktive Ermittlung optimaler Stapelpläne

2.1 Herkömmliche Vorgehensweisen bei der Planung der Palettenbeladung

Wir hatten bereits festgehalten, daß in der Praxis überwiegend auf eine rechnergestützte Ermittlung optimaler Stapelpläne verzichtet wird. Die Güte der intuitiv ermittelten Stapelpläne ist in der Regel nicht bekannt. Darüber hinaus hat der Entscheidungsträger in der Regel keine Informationen über die Zusammenhänge zwischen den Abmessungen eines Versandgebindes und der Anzahl der Versandgebinde, die auf eine Palette gestapelt werden können. Hier können u.U. Palettierkataloge den Entscheidungsträger unterstützen. Abb. 1 vermittelt einen Auszug aus einem kommerziell vertriebenen Palettierkatalog ([2] S. 1250) für die

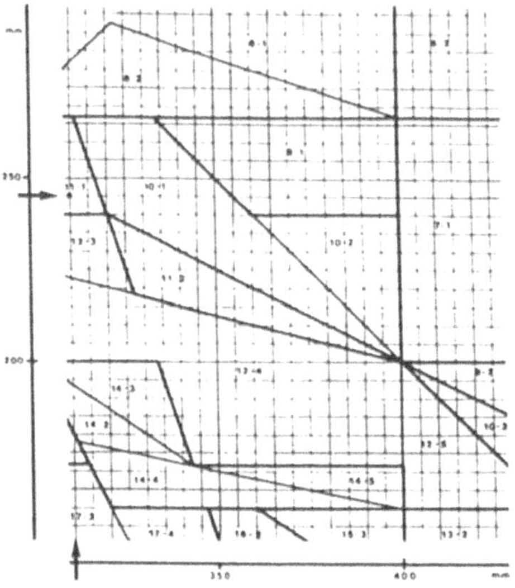

Abb. 1: Auszug aus einem Palettierkatalog

Europalette mit einer nutzbaren Länge von L = 1.200 mm und einer nutzbaren Breite von B = 800 mm. Für die Abmessungen 310 mm x 245 mm eines Versandgebindes weist Abb. 1 im Feld der Schnittpunkte der Koordinaten der Packungsabmessungen die Kennzahl 11-1 aus: Laut Katalog lassen sich pro Lage 11 Versandgebinde packen - es wird im Katalog 1 Lagenplan ausgewiesen. Wenngleich in [2] von "optimalen Stapelmustern" die Rede ist, wurde dieser Palettierkatalog ausschließlich mit Hilfe heuristischer Verfahren erstellt. Der für die Abmessungen 310 mm x 245 mm in Abb. 2 wiedergegebene Lagenplan enthält 12 Versandgebinde pro Lage. Die erste Abmessung der Stapelgrundfläche des Versandgebindes wird in diesem und in den folgenden gedruckten Lageplänen mit A und die zweite mit B bezeichnet.

Bei der Suche nach optimalen Stapelplänen kann ein Palettierkatalog nicht immer die gewünschte Unterstützung vermitteln, da oft viele Aspekte der Problemstellung sich nicht in dem Maße standardisieren lassen, daß sie in einem Palettierkatalog aufgenommen werden können. Als Beispiel sei hier die in der Praxis häufiger anzutreffende Überschreitung

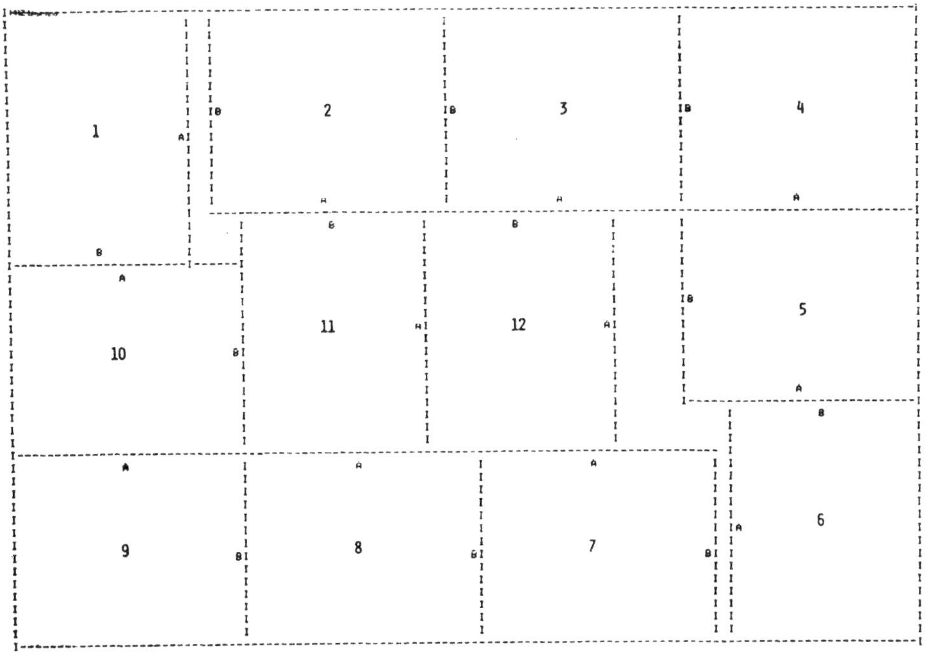

Abb. 2: Optimaler Lagenplan für die Packstücksabmessungen 245 mm × 310 mm

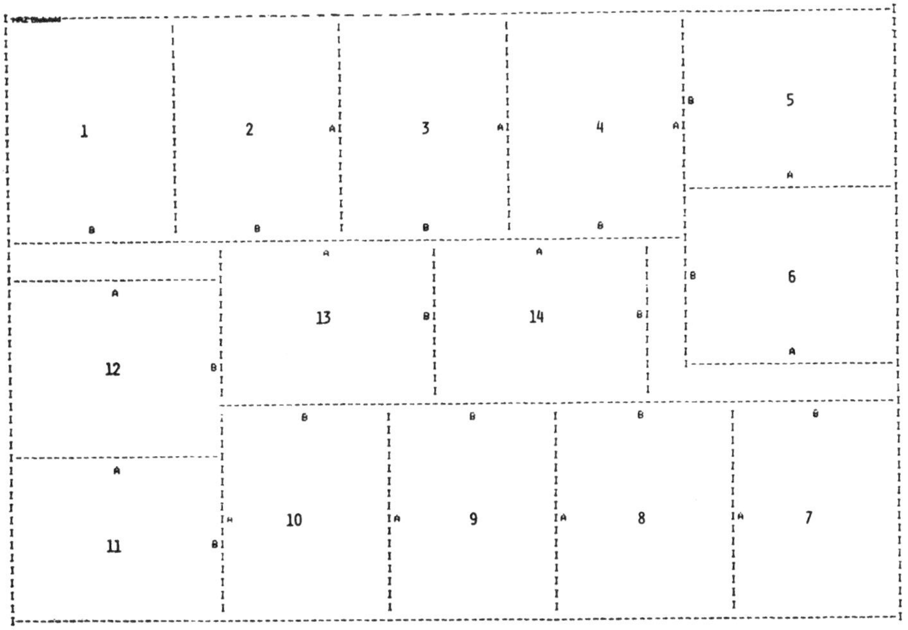

Abb. 3: Optimaler Lagenplan für die Packstücksabmessungen 245 mm × 310 mm bei einer nutzbaren Fläche des Palettendecks von 865 mm × 1.290 mm

der Maße des Palettendecks angeführt: Ist beispielsweise ein Ladungsmaß in der Länge von 1.290 mm und in der Breite von 865 mm bei einer Abmessung der Versandgebinde von 310 mm x 245 mm zulässig, so lassen sich nunmehr 14 statt 12 Versandgebinde pro Lage packen (vgl. Abb. 3).

2.2 Verfahren zur Ermittlung optimaler Stapelpläne

Durch die Beschränkung auf eine lagenweise Stapelung der Versandgebinde auf der Palette läßt sich das ursprünglich dreidimensionale Packproblem in maximal 3 zweidimensionale Packprobleme und ein eindimensionales Packproblem zerlegen. Jedes rechteckige Versandgebinde hat maximal 3 verschiedene Höhenorientierungen, von denen unter Umständen eine oder zwei - beispielsweise aus Gründen der Standfestigkeit der gesamten Ladeeinheit - nicht zulässig sind. Für jede zulässige Höhenorientierung sind alle Lagenpläne zu generieren, die die Anordnung einer maximalen Anzahl von Packstücken pro Lage vorsehen. Zur Lösung dieses Problems werden zwei heuristische und ein exaktes Verfahren herangezogen. Sofern die mit den heuristischen Verfahren ermittelte größte Anzahl von Versandgebinden pro Lage mit einer theoretischen Obergrenze übereinstimmt, sind die zugehörigen Lagenpläne optimal. Wird hingegen die theoretische Obergrenze nicht erreicht, so ist mit Hilfe eines exakten Verfahrens zu prüfen, ob die mit Hilfe der heuristischen Verfahren ermittelten Lagenpläne optimal sind; gegebenenfalls sind unter Heranziehung des exakten Lösungsverfahrens optimale Lagenpläne zu ermitteln. Die beiden eingesetzten heuristischen Verfahren generieren maximal 5 bzw. maximal 7 Blöcke von Packstücken, die die nutzbare Grundfläche der Palette ohne Überlappung überdecken. Jeder Block repräsentiert ein Rechteck, in dem die Stapelgrundflächen aller Packstücke die gleiche Orientierung haben [3,4]. Der in Abb. 2 wiedergegebene optimale Lagenplan umfaßt 7 Blöcke: Block 1 enthält Packstück 1, die Packstücke 2,3 und 4 bilden Block 2, Block 3 und 4 enthalten je ein Packstück - 5 bzw. 6 -, die Packstücke 7,8,9 bilden Block 5, Packstück 10 repräsentiert Block 6 und Block 7 umfaßt die Packstücke 11 und 12. Der in Abb. 3 wiedergegebene optimale Lagenplan setzt sich aus 5 Blöcken zusammen. Im Rahmen der 7-Block-Heuristik werden Lagenpläne mit 6 oder 7 Blöcken generiert, die 5-Block-Heuristik erzeugt Lagenpläne, die sich aus 1 bis 5 Blöcken zusammensetzen.

Nachdem für jede zulässige Stapelgrundfläche der Packstücke die maximale Anzahl der Packstücke pro Lage bekannt ist, kann das eindimensionaie Packproblem gelöst werden: Gesucht ist eine zulässige Anordnung von Lagen, bei der die Zahl der zu stapelnden Versandgebinde pro Palette maximal ist. Als Restriktion geht hier die maximale Stapelhöhe ein. Desweiteren kann bei einer konkreten Problemstellung eine Stapelung von Lagen mit unterschiedlicher Höhenorientierung der Versandgebinde zugelassen, eingeschränkt oder ausgeschlossen sein.

2.3 Interaktive Generierung optimaler Stapelpläne bei gegebenen Abmessungen der Versandgebinde

Sofern die Abmessungen der Packstücke nicht mehr disponierbar sind, beschränkt sich die Aufgabenstellung auf die Ermittlung eines optimalen Stapelplans unter Beachtung der von der Logistik vorgegebenen Restriktionen. Neben der Ladefläche der Palette (nutzbare Länge und Breite) geht die maximale Stapelhöhe sowie das zulässige Gewicht der Ladung als Restriktion in die Problemstellung ein. Darüber hinaus sind hinsichtlich der zulässigen Orientierungen der Versandgebinde auf der Palette Informationen bereitzustellen, beispielsweise welche Flächen des Packstücks als Stapelgrundfläche für beliebige Lagen bzw. für die oberste Lage herangezogen werden können. Ein weiterer wesentlicher Aspekt

Turmstapelung Verbundstapelung

Abb. 4: Grundformen einer lagenweisen Stapelung

ist die Stabilität der Ladeeinheit. In Abb. 4 werden zwei Stapelpläne illustriert: Der linke Stapelplan sieht eine lineare Stapelung bzw. Turmstapelung der Packstücke, der rechte Stapelplan eine Verbundstapelung vor. Aus Gründen der Stabilität der Ladeeinheit ist eine Verbundstapelung vorzuziehen. Erreichen läßt sich eine Verbundstapelung in vielen Fällen durch Drehung einer Lage um 180 Grad, durch Spiegelung der Lage an der Längs- bzw. Schmalseite der Palette oder durch alternierende Stapelung von zwei verschiedenen Lagenmustern. Existieren keine optimalen Lagenpläne, die eine vollständige Verbundstapelung erlauben, ist im Einzelfall zu prüfen, ob durch eine partielle Verbundstapelung, durch Verwendung von Befestigungshilfen (z.B. Klebstoff, Umreifungsband, Sicherungsfolie) oder durch Einsatz - bezüglich einer Maximierung der Anzahl der Packstücke pro Lage - suboptimaler Lagenpläne eine stabile Ladeeinheit realisiert werden kann. Hier zeigt sich wie wichtig es für den Entscheidungsträger ist, daß er im Dialog mit einem PC alle Lagenpläne mit maximaler Anzahl von Packstücken pro Lage und gegebenenfalls auch suboptimale Lagenpläne abrufen kann.

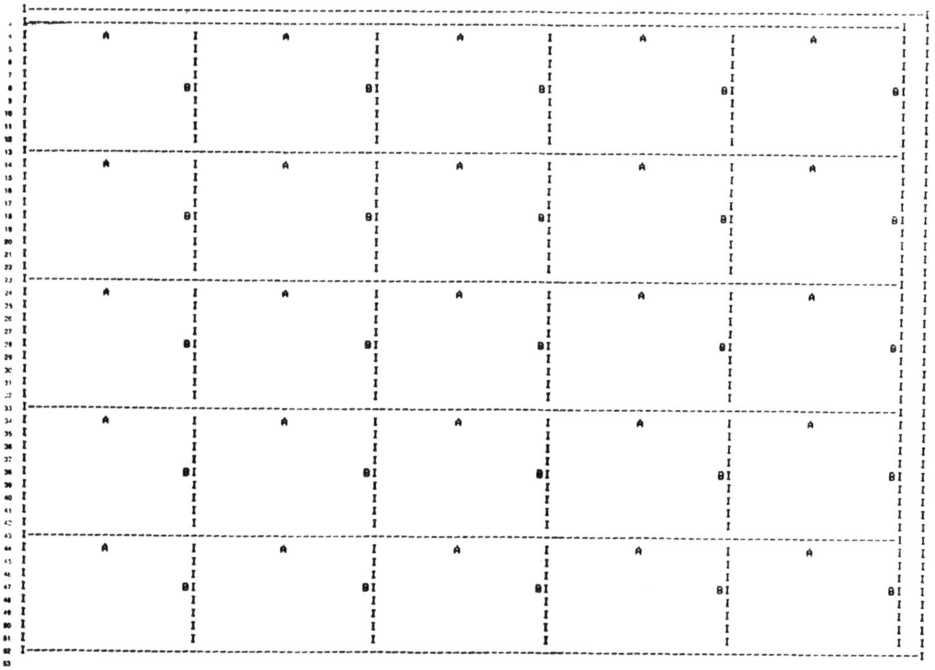

Abb. 5: Lagenplan erlaubt lediglich Turmstapelung

Für die Stapelgrundfläche 235 mm $\times$ 159 mm des Packstücks und einer Ladefläche der Palette von 800 mm $\times$ 1.200 mm erlaubt der in Abb. 5 wiedergegebene Lagenplan lediglich eine Turmstapelung. Von den 10 optimalen Lagenplänen wurde der in Abb. 6 dargestellte Lagenplan nach eingehenden Packtests realisiert; er erlaubt eine partielle Verbundstapelung bei Spiegelung der Lage an der Längsseite der Palette. Die Packstücke 7, 10, 21, 24 und 25 stehen hierbei nicht im Verbund.

Bei einer Stapelhöhe von H = 1.050 mm und einer Abmessung der h-Kante des Versandgebindes von h = 150 mm lassen sich auf die Palette 7 Lagen à 25 Packstücke stapeln. Sind bei einer vollen Nutzung der maximalen Stapelhöhe bei der obersten Lage Eckaussparungen zu berücksichtigen,

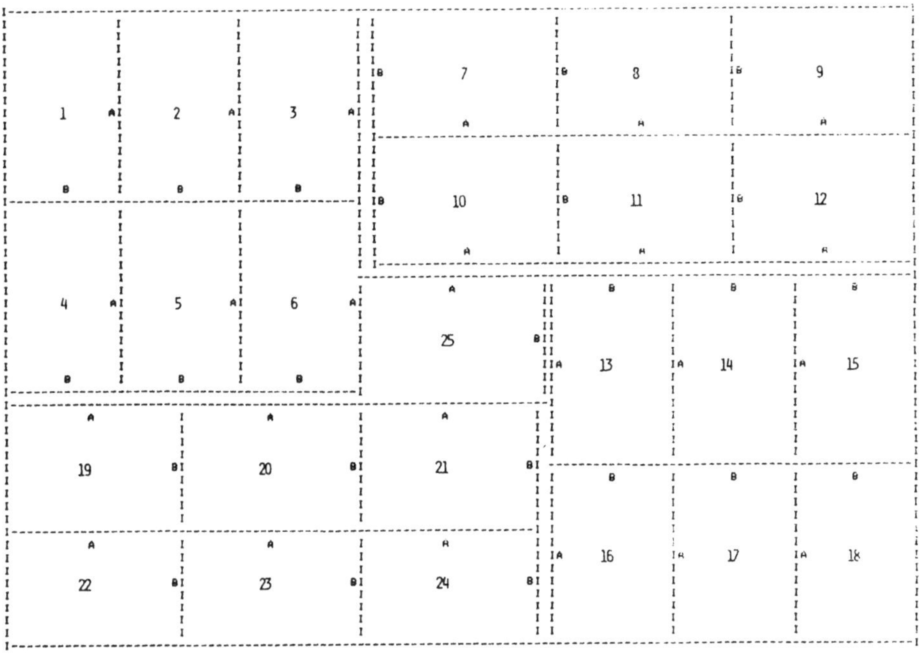

Abb. 6: Lagenplan erlaubt partielle Verbundstapelung bei Spiegelung der Lage an der Längsseite der Palette

so ist für diese Lage unter Heranziehung des zweiten Softwaremoduls ein separater Lagenplan zu ermitteln. Die Berücksichtigung von Eckaussparungen ist beim Einsatz von Befestigungs- und Stapelhilfen u. U. für alle Lagen notwendig. Aus Platzgründen verzichten wir auf die Wiedergabe eines Lagenplans bei Eckaussparungen.

Sofern alle Flächen eines Packstücks als Stapelgrundfläche zugelassen sind, läßt sich mit Hilfe des dritten Softwaremoduls berechnen, wie bei gegebenem Stauraum der Palette eine maximale Anzahl von Versandgebinden auf die Palette gepackt werden kann. Um diesen Aspekt zu illustrieren, wollen wir das bisher betrachtete Versandgebinde mit den Abmessungen 235 mm x 159 mm x 150 mm und als Stauraum der Palette L x B x H = 1.200 mm x 800 mm x 1.400 mm zugrundelegen. Werden im Stapelplan sogenannte gemischte Lagen, also Lagen mit unterschiedlichen Höhenorientierungen der Versandgebinde, ausgeschlossen, so sieht der optimale Stapelplan als Stapelgrundfläche des Versandgebindes 235 mm x 159 mm und die Stapelung von 225 Versandgebinden in 9 Lagen à 25 Versandgebinden vor. Ein optimaler Stapelplan mit maximal zwei verschiedenen Höhenorientierungen der Versandgebinde sieht die Stapelung von 235 Packstücken auf der Palette vor: Mit der Stapelgrundfläche des Versandgebindes 159 mm x 150 mm sind 4 Lagen à 40 Packstücke zu packen, bei

3 Lagen à 25 Packstücke lautet die Stapelgrundfläche 235 mm x 159 mm. Ist eine Änderung der Höhenorientierung der Versandgebinde nur für die oberste Lage zugelassen, so ist der folgende Stapelplan optimal: In den ersten 5 Lagen à 40 Versandgebinde steht die l-Kante senkrecht. Die oberste Lage enthält 26 Versandgebinde. Hier steht die b-Kante des Versandgebindes senkrecht. Ob die vom Programm angebotenen optimalen Stapelpläne realisierbar sind, muß der Entscheidungsträger aufgrund der optimalen Lagenpläne, gegebenenfalls durch Packtests überprüfen.

2.4 Die Abstimmung von Einzelpackung, Verkaufseinheit und Versandgebinde mit der Palette

Bisher haben wir die interaktive Ermittlung optimaler Stapelpläne unter der Voraussetzung diskutiert, daß die Abmessungen des Versandgebindes nicht zur Disposition stehen. Durch Veränderungen der Abmessungen eines Versandgebindes um wenige Millimeter lassen sich unter Umständen erheblich mehr Versandgebinde auf die Palette stapeln als bisher. Eine Veränderung der Abmessungen eines Versandgebindes läßt sich durch eine Reihe von Maßnahmen realisieren: z. B. geringfügige Änderung der Abmessungen der Einzelpackung, Variation von Zahl und Anordnung der Einzelpackungen in der Verkaufseinheit bzw. in der Versandeinheit, Variation und Anordnung der Verkaufseinheiten in der Versandeinheit, Auswahl anderer Verpackungsformen, z. B. Tray statt Umkarton, oder anderer Verpackungsmaterialien, z. B. Folie statt Wellpappe, für Verkaufs- und Versandeinheit. Das dritte Modul des hier vorgestellten Softwaresystems unterstützt den Entscheidungsträger bei der Analyse der hier dargestellten Fragestellungen, indem es die interessanten Konstellationen aufdeckt die ein Potential zu Verbesserung der derzeitigen Situation eröffnen. Hinsichtlich der Darstellung weiterer Details sei hier auf [1] verwiesen.

Literatur

1. ISERMANN, HEINZ: Optimierung der Palettenbeladung im praktischen Einsatz - Eine Fallstudie. Fak. f. Wirtsch., Univ. Bielefeld (1984)

2. SALZER, J. J.: Optimale Stapelmuster Neue Verpackung, 1983, 1248 - 1252

3. SMITH, A.; DE CANI, P.: An Algorithm to Optimize the Layout of Boxes in Pallets J. Oper. Res. Soc., 31, 573 - 578, (1980)

4. STEUDEL, H. J.: Generating Pallet Loading Patterns Man. Sci. 25, 997 - 1004 (1979)

LINEARE PROGRAMMIERUNG MIT KLEINCOMPUTERN - ERFAHRUNGEN MIT 'MASSEN-VERTRIEB' IN KLEIN- UND MITTELBETRIEBEN

Gerhard W. Schiefer, Kiel

1. Einführung

Optimierungsmodelle können für eine Vielzahl von Entscheidungsproblemen ein geeignetes Lösungsinstrument sein. Wie andere Verfahren des Operations Research (OR) leiden sie jedoch traditionell an einem Mangel an Akzeptanz durch die betrieblichen Entscheidungsträger und haben sich nur in relativ wenigen großbetrieblichen Anwendungsbereichen fest etabliert.

In den letzten Jahren haben sich jedoch durch die Entwicklung "benutzerfreundlicher" EDV-Konzepte auf der Basis von Kleincomputern neue Möglichkeiten der Kommunikation zwischen Entscheidungsträger und Modell ergeben, die die betriebliche Akzeptanz von OR-Verfahren entscheidend verbessern können. Dies setzt jedoch voraus, daß in der Aufbereitung (dem Design) der Verfahren neue Wege beschritten werden, die keine oder nur geringe OR-Kenntnisse beim Entscheidungsträger voraussetzen.

Erfahrungen bei der Einführung von Optimierungsprogrammen in Klein- und Mittelbetrieben zeigen, daß bei geeigneter Aufbereitung eine unmittelbare Akzeptanz erfolgt, die

(a) beim Entscheidungsträger nur ein Minimum an Einarbeitung erfordert, d.h. in der Regel weniger als bei der Einführung einfacher Programme zum betrieblichen Rechnungswesen und die

(b) den Anstoß zur Einführung von EDV in Betrieben geben kann- ganz im Gegensatz zu traditionellen Erfahrungen mit der Einführung von OR-Verfahren in Betrieben, die üblicherweise erst im Anschluß an die Umstellung des betrieblichen Rechnungswesens auf elektronische Verarbeitung erfolgt (vgl. etwa SCHIEFER/CORDTS (1982)).

Der Beitrag stützt sich auf Erfahrungen bei der Einführung von Optimierungsprogrammen in ca. 250 Klein- und Mittelbetrieben, die dafür einen wesentlichen Anteil ihres EDV-Budgets aufgewendet haben. Der "Feldversuch" ist auf Betriebe mit Mischungsproblemen beschränkt und

Operations Research Proceedings 1984

schließt Hersteller von Futtermitteln, Wurst und Backwaren (Mehl) ein. Die Ergebnisse des Versuchs sind jedoch nicht nur für Mischungsprobleme relevant, sondern sind von genereller Bedeutung für die Einführung standardisierter OR-Verfahren.

Die folgenden Ausführungen gliedern sich in 3 Teile. Zunächst werden Ursachen mangelnder Akzeptanz von OR-Verfahren in der betrieblichen Praxis analysiert. Daraus werden dann im zweiten Teil Grundsätze zur Aufbereitung "praxisgerechter" OR-Verfahren abgeleitet, wobei Erfahrungen des Feldversuchs zugrundegelegt werden. Im dritten Teil wird dann die Realisierung der Grundsätze am Beispiel der Aufbereitung des dem Feldversuch zugrundeliegenden Optimierungsprogramms diskutiert.

2. OR und betriebliche Praxis: das Akzeptanzproblem

2.1 Traditionelle Situation

Die traditionelle Konzentration des Einsatzes von OR-Verfahren auf großbetriebliche Anwendungsbereiche liegt sicher mit darin begründet, daß der Einsatz von OR-Verfahren üblicherweise die Nutzung von elektronischer Datenverarbeitung (EDV) erfordert und damit in der Vergangenheit notgedrungen auf größere Betriebe beschränkt blieb.

Aus der Verbindung von OR mit großbetrieblicher EDV und ihren Besonderheiten (wie etwa Konzentration in speziellen EDV-Abteilungen, Stapelbetrieb usw.) haben sich jedoch auch Rückwirkungen auf die Forschung im angewandten OR ergeben, die für die Akzeptanz von OR-Verfahren durch betriebliche Entscheidungsträger (ET) nicht förderlich waren.

Kennzeichnend ist die Entwicklung von Verfahren, bei denen sich
(a) die Modellrechnungen am Stapelbetrieb orientieren und die
(b) eine Anwendung durch OR-Experten insbesondere auch bei der Modellformulierung und der Ergebnisauswertung voraussetzen.

Diese Verfahren trennen den ET vom Entscheidungsmodell und erfordern den Experten zur Erfassung des Entscheidungsproblems und der Interpretation der Rechenergebnisse.

Abgesehen davon, daß diese Art des Vorgehens umständlich ist, ergeben sich bei den Schwierigkeiten, die die Abgrenzung und Spezifizierung von Entscheidungsproblemen häufig (auch dem ET) bereiten, leicht Kom-

nunikationsprobleme mit der Folge, daß
(a) ET dazu neigen, Modelle und Modellergebnisse als "realitätsfremd" abzuqualifizieren und
(b) die Forschung im angewandten OR zur Entwicklung von Modellen tendiert, die das Entscheidungsverhalten des ET simulieren, der damit (aus Modellsicht) zunehmend "ersetzbar" wird.

?.2 Neue Möglichkeiten

'ür die Kommunikation zwischen Modell und ET ist seit einigen Jahren lurch die Entwicklung von EDV-Konzepten auf der Basis von Kleincom-)utern (bzw. dezentralen Rechneranschlüssen) eine neue Situation entstanden, bei der dem einzelnen ET bzw. Sachbearbeiter relativ leistungsfähige und benutzerfreundliche EDV-Kapazität direkt am Arbeits-)latz zur Verfügung gestellt werden kann.

)ies ermöglicht
(a) die Realisierung von OR-Konzepten, die sich enger am Entscheidungsproblem orientieren und die direkte Kommunikation zwischen Modell und ET einschließen und
(b) die Erschließung neuer Anwendergruppen in Groß-, Mittel- und Kleinbetrieben, die bisher noch keinen Zugang zur EDV besaßen.

)ie direkte Kommunikation mit ET ohne oder mit nur sehr geringen OR-Kenntnissen sowie der ökonomisch bedingte Trend zur Standardisierung von Computerlösungen erfordern jedoch neue Wege im Design von OR-Verfahren. Sie sind kritisch für die Akzeptanz der Verfahren in der betrieblichen Praxis, haben bisher aber noch kaum Eingang in die anwendungsorientierte OR-Forschung gefunden.

3. Design "praxisgerechter" OR-Verfahren

Aus den Erfahrungen des Feldversuchs lassen sich jedoch einige Grundsätze zum Design von OR-Verfahren für die betriebliche Praxis ableiten, die bestimmenden Einfluß auf die Akzeptanz in Betrieben ohne entsprechendes OR-Expertenwissen haben:

Grundsatz 1: Problemorientierte Kommunikation. Die Kommunikation zwischen ET und Modell muß problemorientiert in der Sprache des Anwenders (und nicht modellorientiert in der Sprache des OR-Experten) erfolgen und auch die Abgrenzung und Spezifizierung des Problems durch den ET einschließen. Dieser Grundsatz erfordert ein auf das Anwenderproblem ausgerichtetes Kommunikationsdesign und die Abkehr vom allgemeinen Design üblicher Optimierungsverfahren.

Grundsatz 2: Verständliche Entscheidungslogik. Die Entscheidungslogik des Modells muß vom ET akzeptiert werden. ("People would rather live with a problem they cannot solve than accept a solution they cannot understand" (WOOLSEY/SWANSON (1975), p. 169)). Bei Optimierungsansätzen sind dabei im Versuch nie Probleme aufgetreten, da die "grundsätzliche" Entscheidungslogik die hinter dem Ergebnis steht, sehr einfach ist und in der Regel den Entscheidungsüberlegungen des ET entspricht.

Grundsatz 3: Realistisches Entscheidungsmodell. Dieser Grundsatz bezieht sich auf das Entscheidungsproblem des ET (nicht des Betriebes!) und seine Formulierung im Modell. Die Grenzen zwischen dem Entscheidungsproblem des ET und dem des Betriebes werden häufig nicht ausreichend beachtet. Sie bestimmen jedoch nicht nur den Inhalt sondern auch die Art und Weise der Implementierung eines OR-Verfahrens. Dazu 2 Beispiele:

(1) Modellgröße. Der in OR-Diskussionen so häufig in den Mittelpunkt gestellte Gesichtspunkt der Modellgröße hat sich im Feldversuch als irrelevant erwiesen. ET haben bei der Formulierung ihres Entscheidungsproblems selten mehr als 20 (!) Entscheidungsalternativen gleichzeitig betrachtet. "Größere" Probleme sind in kleinere Probleme zerlegt und schrittweise bearbeitet worden, obwohl dies technisch nicht erforderlich war.

(2) Modellquantifizierung. Der Feldversuch hat besonders die Attraktivität von Alternativkalkulationen vom Typ "what if ..." für die Realisierung unvollkommen spezifizierter Ziele des ET betont und damit die Abkehr vom traditionellen Ansatz einer möglichst vollständigen Quantifizierung der Entscheidungssituation.

Grundsatz 4: Verfügbarkeit von standardisiertem Expertenwissen. Die Verfügbarkeit von standardisiertem Expertenwissen, auf das der ET zur Ergänzung seines Individualwissens zurückgreifen kann, ist nach unseren Erfahrungen eine Voraussetzung erfolgreicher Implementierung von OR-Verfahren. Abgesehen von den vorgegebenen Rechenalgorithmen betrifft dies

(a) die Modellformulierung,

(Automatische Umsetzung spezifizierter Probleme des ET in Modellformulierungen)

(b) die Problemabgrenzung,

(Vorgabe von Standardlisten mit möglichen Entscheidungsalternativen, Zielen (für Zielfunktion und Restriktionen), Produktionsfaktoren und "Problemen" bei der Realisierung von Entscheidungsalternativen (z.B. technische Obergrenzen usw.))

(c) und die Quantifizierung der Problemdaten.

(Vorgabe von Standarddaten für Entscheidungsalternativen und Niveauziele)

Die Vorgabe solcher Standards setzt eine Ausrichtung von OR-Verfahren auf spezifische Branchen und Entscheidungsprobleme voraus und erfordert innerhalb dieses Rahmens eine eingehende Analyse möglicher Problemstellungen, die in der Terminologie des ET spezifiziert werden müssen.

4. Beispiel eines "praxisgerechten" Optimierungsprogramms

Das als Beispiel gewählte Optimierungsprogramm des Feldversuchs realisiert 4 Stufen der Problemlösung:

(1) Spezifizierung von Restriktionen (Niveauziele, Faktorkapazitäten) und Entscheidungsalternativen,

(2) Spezifizierung von Problemen bei der Realisierung von Entscheidungsalternativen (z.B. techn. Obergrenzen usw.),

(3) Rechnerunterstützte Entscheidungsüberlegungen und

(4) Verknüpfung des gerechneten mit dem umfassenderen Problem, das alle möglichen Entscheidungsalternativen und Restriktionen umfaßt.

<u>Restriktionen und Entscheidungsalternativen.</u> Für die Identifikation von Restriktionen und Entscheidungsalternativen werden dem Anwender neben einer individuellen Spezifizierung folgende Alternativen angeboten:

(1) Individuelle Selektion aus vorgegebenen umfassenden Listen möglicher Entscheidungsalternativen und Restriktionen und

(2) Selektion durch Auswahl aus verselektierten Zusammenstellungen von Restriktionen und Entscheidungsalternativen.

Bei der individuellen Selektion greift der ET auf sein individuelles Wissen über die Struktur des Entscheidungsproblems zurück, bei der Auswahl aus vorselektierten Zusammenstellungen dagegen auf standardisiertes Expertenwissen (vgl. Abbildung). Es ist auffällig, daß die Betriebe des Feldversuchs bei der Selektion von Entscheidungsalternativen durchweg individuell auswählen, während sie Restriktionen primär über die Auswahl aus vorselektierten Zusammenstellungen festlegen. Restriktionen kennzeichnen die Anforderungen an das Zielprodukt, die nicht oder nur bedingt von den im Einzelfall verfügbaren Entscheidungsalternativen abhängen.

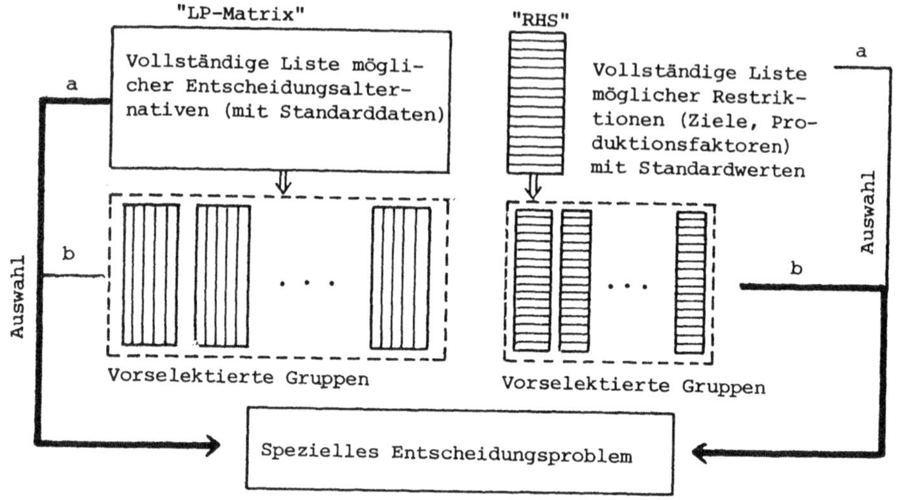

Abbildung: Auswahlalternativen zur Spezifizierung des speziellen Entscheidungsproblems (a: individuelle Auswahl, b: Auswahl aus vorselektierten Gruppen)

<u>Probleme bei der Realisierung von Entscheidungsalternativen.</u> Im Programm erfolgt eine automatische Matrixgeneration nach Spezifizierung der relevanten Probleme durch den ET. Dazu werden Listen möglicher Probleme vorgegeben. Es hat sich im Feldversuch gezeigt, daß eine Akzeptanz des Optimierungsverfahrens nur erfolgt, wenn <u>alle</u> relevanten Probleme in der Liste auftauchen und in der Terminologie des ET formuliert sind. Die eigenständige Formulierung eines Problems in der Matrix ist grundsätzlich abgelehnt worden. Eine unvollständige Liste hatte auch bei Vorliegen genauer Anweisungen zur Vorgehensweise bei der Matrixformulierung generell eine Zurückweisung des Optimierungsverfahrens zur Folge.

<u>Rechnerunterstützte Entscheidungsüberlegungen.</u> Neben der Realisierung "benutzerfreundlicher" Techniken für die Durchführung von Alternativkalkulationen (revidierte Problemspezifikation, Überprüfung von Modellvarianten usw.) hat sich die Möglichkeit der Variation von Variablenwerten mit unmittelbarer Anzeige der Konsequenzen für Zielwert und Restriktionen im Anschluß an die Berechnung einer Optimallösung als bedeutsam erwiesen. Diese Kalkulationen vom Typ "what if ..." sind primär zur

(a) Realisierung nichtspezifizierter Ziele und zur
(b) Berücksichtigung von Ganzzahligkeitsanforderungen genutzt worden.

Rechnerunterstützte Einbindung der Lösung in umfassenderes Problem. Das im Modell formulierte Problem ist in der Regel nur Teil eines umfassenderen Problems, das alle möglichen Entscheidungsalternativen und Restriktionen umfaßt. Eine Formulierung und Rechnung dieses umfassenderen Problems ist von den Betrieben des Feldversuchs durchweg abgelehnt worden (vgl. hierzu auch die Ausführungen zu "Grundsatz 3" im vorhergehenden Abschnitt). Die Betriebe greifen jedoch routinemäßig auf mehrstufige Verfahren zurück, von denen im Programm die folgenden Alternativen realisiert worden sind:

(1) Berechnung von "Schattenpreisen" (reduced cost) für die nicht (!) in der Modellformulierung berücksichtigten Entscheidungsalternativen des umfassenderen Problems (sofern in der Liste der möglichen Entscheidungsalternativen gespeichert).

Diese "Schattenpreisliste" zeigt (a) lohnende Modellrevisionen an und kann (b) als Checkliste für die Notwendigkeit neuer Modellrechnungen bei Änderung von (einzelnen) Zielfunktionswerten dienen.

(2) Abspeicherung von Problemlösungen in Form aggregierter Entscheidungsalternativen, die in nachfolgenden Modellrechnungen als jeweils eine der möglichen Entscheidungsalternativen berücksichtigt werden können.

Diese Vorgehensweise (im Feldversuch als Berechnung von "Vormischungen" realisiert) entspricht prinzipiell dem bei KORNAI (1969) beschriebenen Dekompositionsansatz zur Lösung großer linearer Probleme, der auf der Identifikation von Teillösungen mit speziellem ökonomischem Inhalt beruht.

Als dritte, bisher nicht realisierte, Alternative wäre an die Berechnung von "Schattenpreisen" für die nicht in der Modellformulierung berücksichtigten Faktorkapazitäten zu denken.

Problematik "unzulässiger" Lösungen. Das Auftreten unzulässiger Lösungen hat sich als besonderes Problem bei der Einführung von Optimierungsprogrammen in die betriebliche Praxis erwiesen, da

(a) die Restriktionen im Modell eine (in der Regel) unrealistische Striktheit unterstellen und

(b) Angaben über "infeasibilities" wegen der Abhängigkeit von der gewählten Größeneinheit in Restriktionen häufig irreführend sind.

Ein außerhalb des Feldversuchs (Optimierung über Bildschirmtext) realisierter Ansatz der eine vorgegebene (problembezogene) Bewertung von "infeasibilities" (direkt und in Relation zur Zielgröße) berücksichtigt, ist von Anwendern positiv aufgenommen worden. Eine Bewertung von "infeasibilities" durch den Anwender selbst betrachten wir nach den Erfahrungen des Feldversuchs als unrealistisch.

5. Schlußfolgerung

Die Anwendung von OR-Verfahren in Klein- und Mittelbetrieben kann sich nicht auf betriebliche OR-Kenntnisse stützen. Erfahrungen zeigen jedoch, daß bei geeigneter Aufbereitung der Verfahren eine unmittelbare Akzeptanz erfolgen kann. Es wird daher eine der wesentlichen Aufgaben der angewandten OR-Forschung sein, geeignete Aufbereitungen für die verschiedensten Branchen und Problembereiche zu erarbeiten.

Literatur

Kornai, J.
Man-Machine Planning
Economics of Planning 9, 13-18 (1969).

Schiefer, G.; Cordts, W.
Planning in Agribusiness - a survey -
in: C.-H. Hanf und G. Schiefer (Hrsg.), Decision and Information in Agribusiness, Vauk Verlag, Kiel, 167-183 (1982).

Woolsey, R.E.D.; Swanson, H.S.
Operations Research for Immediate Application - A Quick and Dirty Manual
Harper and Row, New York (1975).

In der Sektion "OR im Personal Computing" wurde der folgende Vortrag gehalten, von dem keine Kurzfassung vorlag:

EINSATZ VON ARBEITSPLATZCOMPUTERN IN EINEM EVU FÜR PROGNOSEZWECKE

Pavol Lajda, Baden
Marianne Khouzam, Baden

GIBT ES ÜBERHAUPT NOCH "OR IN DER DATENVERARBEITUNG?" EINE KRITISCHE BESTANDSAUFNAHME

Peter Stahlknecht, Osnabrück

Eine 1980 vorgenommene Bestandsaufnahme [1] zeigte ein optimistisches Bild über die Einsatzmöglichkeiten von OR-Modellen und -Methoden aus den Gebieten Optimierung, Graphentheorie, Erneuerung u.a. für zahlreiche Aktivitäten der EDV-Planung, -Steuerung und -Kontrolle. Inzwischen erleidet die Anwendung der klassischen, vorwiegend mathematisch orientierten OR-Verfahren im EDV-Bereich das gleiche Schicksal wie in anderen betrieblichen Funktionsbereichen: Nicht mehr aufgrund mangelnder Kenntnis der Verfahren, sondern in erster Linie wegen der Schwierigkeiten bei der Beschaffung repräsentativer und langfristig stabiler Daten, wegen des hohen Entwicklungsaufwands und wegen des oft zweifelhaften Nutzens kommen komplexe Modelle allenfalls beim Entwurf von Rechnersystemen oder Datennetzen, aber kaum bei der Planung und Steuerung des EDV-Bereichs zum Einsatz. Erschwerend wirkt sich auch das hohe Entwicklungstempo der EDV-Branche aus, demgegenüber komplexe Modelle nicht flexibel genug sind.

Gefragt sind hauptsächlich einfache Rechenformeln und Kennzahlen auf der Basis pragmatisch fundierter Entscheidungsregeln, deren Bedeutung mit dem steigenden Angebot an benutzerfreundlichen Planungssprachen und Tabellenkalkulationsprogrammen, insbesondere in Verbindung mit Mikrocomputern, noch zunehmen wird. Diese Erkenntnis läßt sich u.a. anhand folgender vier Schwerpunktthemen aus dem Aufgabenspektrum des EDV-Managements demonstrieren:

1) Zentralisierung oder Dezentralisierung der Datenverarbeitung,
2) Verrechnung von Rechenzentrums-Kosten und -Leistungen,
3) Zeit- und Aufwandschätzung von EDV-Projekten,
4) Messung und Sicherung der Software-Qualität.

Zugrunde liegen Ergebnisse der DGOR-Arbeitsgruppe "OR in der Datenverarbeitung" und Erfahrungen aus Praxisprojekten des Verfassers.

----

1) Stahlknecht, P.: Einsatzmöglichkeiten von quantitativen Verfahren und OR-Modellen für das DV-Management. OR-Spektrum 3, 65-90, 1981

DIE NEUE FORM DES GROSCHE`SCHEN GESETZES UND IHRE AUSWIRKUNG AUF DIE KONFIGURATION UND AUSWAHL VON EDV-ANLAGEN

Hans Werner Meuer, Mannheim

Im ersten Teil der Arbeit werden die heute existierenden Preis-Leistungsverhältnisse von Zentraleinheiten, Plattenperipherie unter Einbeziehung der Softwarekosten dargestellt.

Für das Gesamtsystem hat man heute folgende Preis-Leistungsrelation:

$$P = c_1 \cdot L + c_2 \sqrt{K} + c_3 + \ldots$$

Dabei bedeutet c_1 den Preis für 1 MIPS, c_2 den Preis für 1 GB Plattenkapazität und c_3 die Softwarekosten, die falls die CPU-Leistung L nicht durch eine einzige Maschine realisiert werden kann sondern durch n Maschinen, n-mal anfallen (IBM-Strategie).

Der zweite Teil befaßt sich mit der Frage, wie Durchsatz und Antwortzeit von der Prozessorleistung abhängen. Motiviert wird diese Untersuchung des Leistungsverhaltens durch die Tatsache, daß es heute bei praktisch allen Herstellern möglich ist, in einem gewissen Leistungsbereich im Feld die Prozessorleistung hochzurüsten. Dieser Leistungsbereich kann recht groß sein, z.B. bei der IBM 308x-Serie von etwa 4 MIPS beim Entry-Modell bis etwa 26 MIPS beim Q-Modell.

Es zeigt sich, daß der Durchsatz mit wachsender CPU-Leistung nicht notwendigerweise größer wird, da eine Begrenzung durch die Plattenperipherie gegeben ist. Bei genügend großem Peripherieausbau hat man auch hier wieder lineare Verhältnisse zwischen Preis und Durchsatzleistung.

In einem Modellfall wird das Antwortzeitverhalten untersucht und für eine große Klasse von Transaktionen nachgewiesen, daß das Antwortzeitverhalten sogar schlechter mit steigender CPU-Leistung wird, ein Effekt, der in der Praxis auch auftritt.

ANWENDUNG EINER MEHRFAKTORENMETHODE ZUM ENTWURF VON RECHENSYSTEMEN

Gunter Bolch, Erlangen
Sergej Smorodinskij, Minsk

In diesem Beitrag wird eine Methode zur Bewertung und Auswahl technischer Alternativen unter mehrfacher Zielsetzung vorgestellt, die sich besonders für den Entwurf von Rechensystemen eignet.

Sie stellt einen mehrstufigen iterativen Prozeß dar, der mit der Ermittlung verschiedener technischer Alternativen und geeigneter Bewertungskriterien beginnt und mit der Auswahl der günstigsten Alternativen beendet wird. Ein wichtiges Merkmal der Methode ist es, daß die verwendeten Kriterien gewichtet werden und daß diese Gewichtung durch paarweisen Vergleich der Kriterien und die Berücksichtigung der Streuung weit weniger subjektiv ist als dies bei anderen Methoden der Fall ist.

Die wichtigsten Schritte bei der Anwendung der Methode sind:

- Auswahl verschiedener technischer Alternativen (sog. Konkurrenzstrukturen)
- Auswahl geeigneter Bewertungskriterien
- Bewertung der Konkurrenzstrukturen mit Hilfe der Kriterien
- Gewichtung der Bewertungskriterien durch paarweisen Vergleich und Berücksichtigung der Streuung der Kriterien
- Auswahl der günstigsten Alternative mit Hilfe der gewichteten Bewertungskriterien.

In Verbindung mit den bekannten analytischen Methoden zur Leistungsbewertung von Rechensystemen, läßt sich die vorgestellte Methode besonders gut zum Entwurf von Rechensystemen anwenden. Am Beispiel des Entwurfes einer Rechenanlage mit Terminalbetrieb wird dies gezeigt.

EIN MATRIZENMODELL FÜR DAS RECHENZENTRUMS-CONTROLLING

Antonius Terheyden, Münster

Einführung

Gestalt und Funktionieren des Unternehmens, das für den Controller ein planbares dynamisches System ist, werden weitgehend durch Entscheidungen bestimmt.
Das Controlling-Modell als organisierte Quelle zentraler und dezentraler Führungsinformationen muß den Rechenzentrums-Betrieb unter den Aspekten der Leistungserstellung und Kapazitätsvorhaltung ebenso wie unter den ökonomischen Aspekten der Leistungsbewertung und Zuordnung der Vorhaltungskosten in Plan und Ist hinreichend genau abbilden.
Das vorzustellende Programmsystem auf der Basis der Matrizenrechnung unterstützt Entscheidungsprozesse und periodische Kosten- und Leistungskontrollen aus kurz- und langfristiger Sicht.
Bei den kurzfristigen Dispositionsentscheidungen hinsichtlich der Verwendung der Kostenstellenleistungen ist die stark verflochtene technische Wirklichkeit zu berücksichtigen. Die technischen Leistungsbeziehungen werden durch das Controlling-Modell erfaßt und um kaufmännische Bewertungen ergänzt. Wichtige Berechnungsergebnisse werden in das Modell 'Betriebsbereitschaftskostenrechnung' (BBK-Modell, Begriffswahl in Anlehnung an /7, Seite 1556/) übernommen und weiterverarbeitet. Die kurzfristig orientierten Leistungskostenmodelle und Analyserechnungen seien nur kurz umrissen. Der interessierte Leser möge weitere Details /4/ entnehmen. Hier sollen im wesentlichen die Zusammenhänge zwischen Kapazitätsvorhaltung und geplanter Verwendung einerseits und tatsächlicher Verwendung der vorhandenen Kapazitäten andererseits modelliert werden. Dieses Spannungsfeld kraft System quantitativ-ökonomisch aussteuern zu können, ist für das Rechenzentrum mit seinen hohen Fixkosten von größter praktischer Bedeutung.

Definitionen

Das Rechenzentrum wird als produktives System zur Verarbeitung von Daten und zur Erstellung von Anwendungs-Programmen aufgefaßt. Kostenstellen und Kostenträger sind darin elementare Objekte, in bzw. an

Operations Research Proceedings 1984

denen Leistungserstellung unter Einsatz produktiver Faktoren vollzogen wird.
Kostenstellen erbringen eine einheitliche, meßbare Leistung (produktive Kostenstelle) oder widmen sich eines administrativen Aufgabengebietes (Verwaltungs-, Leitungs- und Stabs-Kostenstellen). Typische Kostenträger sind Entwicklungsprojekte, die in Einzelaufträge untergliedert sein können, sowie laufende EDV-Verfahren.
Kostenstellen und Kostenträger sind gleichzeitig elementare Objekte des Controlling-Modelles. Sie bilden darin die Ränder der Matrizen, in denen der betriebliche Leistungserstellungsprozeß, die investorischen Verursachungsbeziehungen zwischen den Betriebsbereitschaftskosten der produktiven Kostenstellen und den Kostenträgern und vieles andere mehr abgebildet ist.
Die Matrix-Zeilen sind Belastungen (=an); entsprechend stellen die Matrix-Spalten Entlastungen (=von) dar. Bei kontenmäßiger Interpretation ist die Zeile Soll, die Spalte Haben.
Als Indexobergrenzen gelten:

m = Anzahl Primär-Kostenarten,

n = Anzahl Kostenstellen + Kostenträger.

Das Modell

Wichtige Ausgangs-Matrizen des Leistungs-Kosten-Modelles sind:

$BABT_{(n,m)}$ = Primärkostenmatrix
mit den Summenvektoren $kp_{(n,1)} = BABT_{n+}$ und $ka_{(1,m)} = BABT_{+m}$

$BABTV_{(n,m)}$ = Matrix variabler (leistungsproportionaler) Primärkosten
mit den Summenvektoren $kpv_{(n,1)} = BABTV_{n+}$ und $kav_{(1,m)} = BABTV_{+m}$

$BABTF$ = $BABT - BABTV$

$BABTF_{(n,m)}$ = Matrix fixer Primärkosten

$M_{(n,n)}$ = Mengenverflechtungsmatrix innerbetrieblicher Leistungen
mit dem Summenvektor $le_{(1,n)} = M_{+n}$

$MV_{(n,n)}$ = Mengenverflechtungsmatrix variabler (leistungsproportionaler) innerbetrieblicher Leistungen

MF = $M - MV$

$MF_{(n,n)}$ = Mengenverflechtungsmatrix fixer innerbetrieblicher Leistungen

Aus M und le sowie MV und le lassen sich die wichtigen normalisierten Matrizen N und NV bestimmen:

$$N_{ij} = M_{ij} / le_{1j} \qquad (i = 1,2,3 \ldots n),\ (j = 1,2,3 \ldots n)$$

$$NV_{ij} = MV_{ij} / le_{1j} \qquad (i = 1,2,3 \ldots n),\ (j = 1,2,3 \ldots n)$$

Der Vollkostenrechnung liegt ein sehr einfacher formelmäßiger Zusammenhang zugrunde (siehe auch /8, Seite 559ff/, /2, Seite 747/).

$$k = kp + M * vp \quad (1a)$$

$k_{(n,1)}$ = zu verrechnende Vollkosten
$vp_{(n,1)}$ = Vollkosten-Verrechnungspreise

Da die Beziehung gilt:

$$vp_{j1} = k_{j1} / le_{1j} \quad (j = 1,2,3 \ldots n) \quad (2a)$$

läßt sich folgender Ausdruck formulieren:

$$k = kp + N * k \quad (3)$$

Durch einfache Umformung erhält man:

$$k = (E-N)^{-1} * kp \quad (4a)$$

$E_{(n,n)}$ = Einheitsmatrix

Zur Bewertung von M ist vp zu bestimmen und formal in eine Diagonalmatrix zu überführen ($DVP_{ii} = vp_{i1}$).
Die Bewertung:

$$KS = M * DVP \quad (5)$$

$KS_{(n,n)}$ = Sekundärkostenmatrix

Die Matrizen $BABT_{(n,m)}$, $M_{(n,n)}$ und $KS_{(n,n)}$ beinhalten das Zahlenmaterial für die Vollkostenrechnungs-Berichte.
Die Herleitung der Berechnungsformeln für die Grenzkostenrechnung ist analog zur Vollkostenrechnung:

$$kv = kpv + MV * vpv \quad (1b)$$

$kv_{(n,1)}$ = zu verrechnende Teilkosten
$vpv_{(n,1)}$ = Grenzkosten-Verrechnungspreise

Man erhält nach Normalisierung von MV und Umformung:

$$kv = (E-NV)^{-1} * kpv \quad (4b)$$

und kann nach Bestimmung von vpv:

$$vpv_{j1} = kv_{j1} / le_{1j} \quad (j = 1,2,3 \ldots n) \quad (2b)$$

die Bewertung der Mengen durchführen, indem man in Formel (5) die Grenzkosten-Verrechnungspreise formal in die Diagonalmatrix einstellt. Die Ergebnismatrix $(E-NV)^{-1}$ beschreibt die betriebsinternen Leistungsentstehungsprozesse vollständig. Sie kann als 'Totalverflechtungsmatrix' interpretiert werden, in der zu jeder definierten betrieblichen Leistung die zugehörigen Input-Leistungen aller vorgelagerten betriebsinternen Produktionsstufen enthalten ist /5, Seite 451ff/. Für die Planperiode ist sie eine Konstante.
Durch geeignete Wahl der unabhängigen Variablen in Gleichung (4b) (Auswechseln von kpv) wird im Prinzip jeder kostenrechnerische Leistungs-Bewertungs-Ansatz vollziehbar.

So lassen sich für spezielle Sonderfälle Lenkungsrechnungen unter Einbeziehung situativer Opportunitätskosten abwickeln. Die Grenzkostenrechnung wird zur Grenzpreisrechnung /1/ erweitert, sofern für Engpaßleistungen in der ganzen Planperiode in ihrer Höhe konstante Opportunitätskosten entstehen. Im Rechenzentrum ist das bei Entwicklungsleistungen der Fall, wenn eigenes Personal dauerhaft um teure fremdbeschaffte Kapazität ergänzt werden muß oder, wie in /3, Seite 226/ beschrieben, das Kapital einen Engpaß von langfristiger Bedeutung darstellt.
In Anlehnung an Gleichung (4b) lassen sich folgende Terme formulieren:

$ko = (E-NV)^{-1} * oko$ (4c)

$ko_{(n,1)}$ = zu verrechnende Opportunitätskosten
In **ko** sind neben den originären (**oko**) sämtliche derivativen Opportunitätskosten enthalten

$oko_{(n,1)}$ = originäre Opportunitätskostenbelastungen
(Opportunitätskostensatz je Leistungseinheit * Plan-Leistungsmenge bzw.
Schattenpreise je Leistungseinheit * Plan-Leistungsmenge)

und

$kg = (E-NV)^{-1} * (kpv + oko)$ (4d)

$kg_{(n,1)}$ = zu verrechnende Kosten (kv + ko) der Grenzpreisrechnung

In Analogie zur Grenzkostenrechnung kann nach Ermittlung der Verrechnungspreise

$vpo_{j1} = ko_{j1} / le_{1j}$ (j = 1,2,3 ... n) (2c)

$vpo_{(n,1)}$ = Opportunitätskosten-Verrechnungspreise

$vpg_{j1} = kg_{j1} / le_{1j}$ (j = 1,2,3 ... n) (2d)

die Bewertung der Mengen mit Hilfe von Gleichung (5) erfolgen, nachdem der jeweilige Verrechnungspreisvektor in die Diagonalmatrix DVP eingestellt worden ist.

Fixkosten lassen sich als Folgekosten von Investitionsentscheidungen auffassen. Die Investitionen sollen definierbaren betrieblichen Zwecken dienen und sind durch modellexterne Investitionsrechnungen abgesichert. Das ökonomische Umfeld der konkreten Investitionsentscheidungen im Rechenzentrum verändert sich jedoch rasch (siehe auch /6, Seite 402ff/). Daher sind die Beziehungen zwischen den fixen Investitions-Folgekosten und ihren Verursachern, im folgenden 'Investoren' genannt, abzubilden, zu bewerten und in das BBK-Modell zu übernehmen. Die praktische Einführung dieses Teilmodelles zur Kontrolle der Bereitschaftskosten erfordert Kriterien zur Klassifizierung von Kostenstellen, durch deren Anwendung sich die 'Investoren', denen die Kosten der Betriebsbereitschaft zugeordnet werden, identifizieren lassen.

Diese Kriterien sind:

1. Die Spitzenbelegung (z.B. CPU), wenn die Kapazität nach dem Spitzenbedarf einzelner wichtiger Anwendungen dimensioniert ist.
2. Die erwartete Inanspruchnahme, wenn eine kurzfristige quantitative Anpassung möglich ist (Peripherie mit kleinen Kapazitätsstufungen) oder wenn die Kapazität sinnvoll alternativ einsetzbar ist (Gebäude...).

Fixkosten, die nicht verursachungsgerecht zugerechnet werden können (Verwaltungskosten), sind von den Produkten als Soll-Deckungsbeiträge (SDB) nach Maßgabe der Höhe ihrer Deckungsbeiträge zu refinanzieren. Die SDB stellen für die Produkte eine Art ertragsabhängige Steuer zur Finanzierung einer allgemeinen Verwaltungs-Infrastruktur dar.
Zur Refinanzierung einer jeden Kostenstelle der Kriterientypen 1 und 2 ist je eine Spalte in der BBK-Mengen-Verflechtungsmatrix $BBKM_{(n,n)}$, aus der der Summenvektor $bbkms_{(1,n)}$ gebildet wird, zu quantifizieren. Da BBKM vor weiteren Berechnungsschritten normalisiert wird,

$$BBKN_{ij} = BBKM_{ij} \,/\, bbkms_{ij} \qquad \begin{matrix}(i = 1,2,3 \dots n)\\(j = 1,2,3 \dots n)\end{matrix}$$

$BBKN_{(n,n)}$ = normalisierte BBK-Mengenverflechtungsmatrix

ist der Maßstab der Refinanzierungs-Spalten (Anteile absolut, %, DM ...) wahlfrei.
Die Zahlen zu den Spalten des Kriterientyps 1 lassen sich unmittelbar als Konstanten erfassen.
Zu den Kostenstellen des Typs 2 generiert ein Buchungsprogramm Datensätze. Dazu sind die Kapazitäten der produktiven Elemente zu formulieren, weil stets ganze Kapazitätseinheiten (z.B. Plattenstapel) eine zu refinanzierende Einheit darstellen.
Zur Vereinfachung der Darstellung sei die Rechnung in kleine Schritte zerlegt. Zunächst ist es erforderlich, für die Endleistungen die Gesamt-Inanspruchnahme aller vorgelagerten Produktions-Stufen zu bestimmen. Sie werden im folgenden Betriebskoeffizienten genannt. Endleistungen sind fixe innerbetriebliche Leistungen sowie Leistungen an Produkte.
Die Gleichung zur Berechnung der Betriebskoeffizienten-Matrix BKV lautet:

$$BKV = (E-NV)^{-1} * MV \qquad (6)$$

Diese Koeffizienten BKV werden auf eine Leistungseinheit, für deren Produktionsprozeß sie stehen, bezogen. Leistungseinheiten sind sowohl die bereits eingeführten innerbetrieblichen Leistungen le als auch die Endprodukt-Mengen end.

$$BKS_{ij} = BKV_{ij} \;/\; (le_{1i} + end_{1i}) \qquad (i = 1,2,3 \ldots n),\ (j = 1,2,3 \ldots n) \qquad (7)$$

$BKS_{(n,n)}$ = Betriebskoeffizienten je Leistungseinheit

Aufgrund der fixen innerbetrieblichen Verwendung stehen folgende Kostenstellenleistungen nicht für Endprodukte zur Verfügung:

$$BKF = MF + MF * BKS = MF * (E + BKS) \qquad (8)$$

$BKF_{(n,n)}$ = Betriebskoeffizienten-Matrix der fixen Leistungsmengen
Die Spaltensumme zeigt die fixe Grundbeschäftigung der Kostenstellen

Die aktuellen End-Ausbringungsmengen verursachen folgende Auslastung:

$$BKE_{ij} = end_{1i} * BKS_{ij} \qquad (i = 1,2,3 \ldots n),\ (j = 1,2,3 \ldots n) \qquad (9)$$

$BKE_{(n,n)}$ = Betriebskoeffizienten-Matrix der Endproduktmengen
Die Spaltensumme enthält die Kostenstellenauslastung durch das aktuelle Produktionsprogramm

Die Rechnung

$$BKRP_{ij} = (BKF_{ij} + BKE_{ij}) \;/\; (le_{1j} + end_{1j}) * 100 \qquad (i = 1,2,3 \ldots n),\ (j = 1,2,3 \ldots n) \qquad (10)$$

zeigt in den Spalten von BKRP die letztendlichen Empfänger der innerbetrieblichen Leistungen in prozentualer Verteilung.
Zur Refinanzierung von Kostenstellen des Typs 2 enthält BKRP die korrekte Information. Der Buchungssatzgenerator paßt die Spaltenelemente den definierten Kapazitätsstufungen an und generiert Typ-2-Buchungssätze zur Eintragung in die Matrix BBKM. In begründeten Einzelfällen können diese Datensätze natürlich durch direkten Eingriff mit dem Datenerfassungsprogramm verändert werden.
Einzelne Kostenstellen des Typs 2 werden nicht ausschließlich von Produkten sondern zum Teil von anderen Kostenstellen refinanziert. Das hat zur Folge, daß die zu refinanzierenden Fixkosten einer Kostenstelle selbst wiederum übernommene BBK enthalten. Es entstehen BBK-Ketten, die in Sonderfällen zirkular sein können. Wenngleich diese Fälle aus betriebswirtschaftlichen Gründen (Verursachungsprinzip) Ausnahmen sind, muß das BBK-Modell in der Lage sein, sie korrekt abzubilden.
Vor Formulierung einer Gleichung, die den Gesamt-Refinanzierungsbedarf $ref_{(n,1)}$ liefert, seien zur Vereinfachung zunächst die Fixkosten der Leistungskostenrechnung in den Summenvektor $kf_{(n,1)}$

$$kf_{i1} = \sum_{j=1} BABTF_{ij} + (MF * vpv)_{i1} \qquad (i = 1,2,3 \ldots n) \qquad (11)$$

eingestellt.
In Analogie zu den Ausgangsgleichungen für die Leistungskostenrechnungen (1) bis (3) läßt sich die Bestimmungsgleichung für den Refinanzierungsbedarf formulieren:

$$\begin{aligned} ref &= kf + BBKM * rvp \\ &= kf + BBKN * ref \end{aligned} \qquad (12)$$

$rvp_{(n,1)}$ = Bewertungsfaktoren der BBK-Rechnung

Durch Umformung entstehen:

$$\mathbf{ref} = (E-BBKN)^{-1} * \mathbf{kf} \qquad (13)$$

Ziel der Rechnung ist es, die Matrix BBKM zu bewerten. Die erforderlichen Bewertungsfaktoren (analog den Verrechnungspreisen der Leistungskosten-Rechnung) ergeben sich:

$$\mathbf{rvp}_{jl} = \mathbf{ref}_{jl} \; / \; \mathbf{bbkms}_{lj} \qquad (j = 1,2,3 \ldots n) \qquad (14)$$

Die Bewertungsformel:

$$\mathbf{BBK} = \mathbf{BBKM} * \mathbf{DRVP}$$

$\mathbf{DRVP}_{(n,n)}$ = Diagonalmatrix der Bewertungsfaktoren **rvp**

Bei der Darstellung der Leistungskostenrechnung wurde auf die Notwendigkeit hingewiesen, in besonderen Fällen Opportunitätskosten mit den Leistungen zu verrechnen. Die Belastung der produktiven Kostenstellen mit originären Opportunitätskosten erfordert Gegenbuchungen. So, wie die 'Investoren' mit der BBK-Übernahme ursächlich Verantwortung für die Existenz einer Kapazität tragen, steht ihnen im Engpaßfalle die Gegenbuchung zu /9, Seite 206f/.

Bei isolierter Betrachtung des Planungsmodelles befindet sich das Unternehmen in einem ausgewogenen Gleichgewicht: Die Investoren besitzen die Gutschrift zur Finanzierung der hohen Engpaß-Verrechnungspreise. Per Saldo werden sie lediglich mit Grenzkosten plus BBK belastet. Der optimalen Verwendung der Engpässe steht nichts im Wege.

In der eintretenden Wirklichkeit werden jedoch umfassende betriebslenkende Eigenschaften wirksam, die alle betrieblichen Funktionsträger zu zielgerichteten Dispositionen anhalten (s. dazu /4, Seite 153f/).

Die ergebnisrelevanten Folgen der dezentralen Disposition werden im monatlichen Berichtswesen aufgezeigt. Darin ist der Soll-/Ist-Vergleich mit selektiven, individuell abrufbaren Einzelnachweisen das Standard-Informationsmittel für die mittleren Management-Ebenen. Für Stellen mit Bedarf an Übersichts-Information liefert ein komfortables Verdichtungssystem /4, Seite 164/ beliebig gestaltbare Nachkalkulations-, Abweichungs- ... übersichten.

Mit den Zahlen des Controlling-Modelles lassen sich fast beliebig weitere Sonderrechnungen durchführen /4, Seite 161ff/.

Eine geschickte Komposition von Formeln in EDV-Programmen erlaubt es, schnell und problemlos weitere Modelle für Analysen und Simulation zu erstellen, mit denen einerseits praktische Erkenntnisse gewonnen, andererseits Planungsschritte automatisiert und Entscheidungsprozesse wirksam unterstützt werden können.

Literatur

/1/ Böhm HH, Wille F (1977) Deckungsbeitragsrechnung, Grenzpreisrechnung und Optimierung, 6. Auflage. Verlag Moderne Industrie, München

/2/ Göbel H (1965) Kostenstellenrechnung und Kostenflußanalyse als Matrizenrechnung. ZfB 35: 738-752

/3/ Hörner P (1984) Entwicklung und Implementierung von Kostenrechnungsverfahren aufgrund einer vergleichenden Analyse gegenwärtig praktizierter Verfahren. Dissertation, Gießen

/4/ Marusev AW, Terheyden A (1983) Controlling in der Praxis eines Service-Rechenzentrums. OR-Spektrum 5: 149-168

/5/ Müller-Merbach H (1972) Mathematik für Wirtschaftswissenschaftler. Teil A: Lineare Algebra. Lektion 10: Matrizenrechnung III. WiSt Heft 10/1972: 449-455

/6/ Poensgen OH (1973) Zuteilung und Verrechnung von Leistungen des Rechenzentrums. Ind Organisation 42: 402-406

/7/ Riebel P (1981) Teilkostenrechnung (insbesondere Deckungsbeitragsrechnung). Handwörterbuch des Rechnungswesens (HWR), 2. Auflage. CE Poeschel, Stuttgart,pp 1547-1570

/8/ Wenke K (1956) Kostenanalysen mit Matrizen ZfB 26: 558-576

/9/ Wille F (1973) Management mit Profit Centers, 2. Auflage. Verlag Moderne Industrie, München

EIN ZWEISTUFIGES PLANUNGSMODELL ZUR INFORMATIONSERHEBUNG IM RAHMEN DER ISTANALYSE

Günter Schmidt, Berlin

Ausgehend von einem vorgegebenen Informationsbedarf soll unter den Gesichtspunkten Aufwand und Qualität der Erhebung entschieden werden, welche Informationsträger durch welche Personen zur Bereitstellung aller benötigten Informationen befragt werden sollen. Dazu wird zunächst der gesamte Informationsbedarf im Sinne einer trägerorientierten Betrachtungsweise schrittweise mit Hilfe einer Ziel-Mittel-Hierarchie so in Elementarinformationen zergliedert, daß zur Erhebung jeder Elementarinformation höchstens ein Informationsträger befragt werden muß.

Das Problem der Beschaffung aller Elementarinformationen läßt sich durch einen bipartiten Graphen beschreiben; seine Knotenmenge wird durch die Elementarinformationen und die zugehörigen Informationsträger und seine Kantenmenge durch alle Möglichkeiten der Informationserhebung gebildet. Der Aufwand bei der Beschaffung von Elementarinformationen durch Befragen der Informationsträger wird durch eine geeignete Kantenbewertung repräsentiert. Ziel der ersten Stufe des Planungsmodells ist es, den gesamten Informationsbedarf mit minimalem Aufwand zu erheben. Zur Lösung dieses Problems lassen sich enumerative Verfahren angeben.

Sind die zu befragenden Informationsträger ausgewählt, so müssen auf der zweiten Stufe die Personen bestimmt werden, die die Erhebung durchführen. Ziel ist es, jedem Informationsträger eine Person zur Befragung so zuzuordnen, daß alle Elementarinformationen erhoben werden, jede Person nur im Ausmaß der vereinbarten Arbeitszeit belastet wird und die für die einzelnen Erhebungen geeignetsten Personen ausgewählt werden. Dieses Problem läßt sich als ganzzahliges lineares Programm formulieren und durch bekannte Verfahren der kombinatorischen Optimierung lösen.

Das dargestellte Modell dient nur als ein möglicher Grundentwurf, der abhängig von der jeweiligen Problemstellung des Anwenders durch entsprechende Zutaten verfeinert werden kann.

EIN PROCESSOR-SHARING-MODELL MIT UNTERBRECHENDEN PRIORITÄTEN

Manfred Kramer, Konstanz

Gegenstand des Vortrags ist ein stochastisches Modell des Antwortzeitverhaltens von Time-Sharing-Rechensystemen, bei denen Benutzeraufträge reihum bedient und im Bedarfsfall durch zeitkritische Applikationsprozesse unterbrochen werden.

Zur Modellierung derartiger Scheduling-Strategien wird das Bedienungssystem M/M/1 mit unterbrechenden Prioritäten vorgeschlagen, in dem Aufträge der gleichen Prioritätsklasse nach der Processor-Sharing-Disziplin bearbeitet werden. Ziel der Untersuchung ist die mittlere bedingte Verweilzeit eines Auftrags gegebener Bearbeitungszeitforderung und Priorität im Gleichgewichtszustand des Systems.

Zunächst wird die mittlere Wartezeit berechnet, die für einen neu eintreffenden Auftrag entsteht bis das System zum erstenmal frei von Aufträgen höherer Priorität ist und seine Bearbeitung beginnen kann.

Sodann wird gezeigt, daß die mittlere Anzahl der Aufträge, die sich während der Bearbeitung eines markierten Auftrags den Prozessor teilen, durch eine Integralgleichung vom Faltungstyp bestimmt ist. Die Anwendung der Laplace-Transformation führt auf eine geschlossene Lösung im Zeitbereich. Daraus erhält man durch Integration die gesuchte Erwartungswertfunktion der Verweilzeit von Aufträgen einer gegebenen Prioritätsstufe. Sie setzt sich aus dem Erwartungswert der Wartezeit bis zum Bearbeitungsbeginn, einem mit der Bearbeitungszeitforderung proportional zunehmenden und einem exponentiell abklingenden Term zusammen.

Durch Betrachtung der ersten Prioritätsstufe erhält man die bekannten Resultate für das Processor-Sharing-Modell ohne Prioritäten.

TYPISCHE RAHMENBEDINGUNGEN FÜR ERFOLGREICHE OR-AKTIVITÄTEN IN DER WIRTSCHAFTSPRAXIS

Hermann Meyer zu Selhausen, Neubiberg

Im Rahmen eines empirischen Projekts, das die Untersuchung des OR-Prozesses in der Wirtschaftspraxis zum Gegenstand hat, wurde zunächst eine Kontakt-Erhebung durchgeführt, in die alle Unternehmungen in Bayern mit mehr als 1000 Mitarbeitern einbezogen wurden. Die Kontakt-Fragebogen wurden an die vorher namentlich identifizierten Leiter der Rechenzentren in den jeweiligen Unternehmungen gesandt, weil dieser Personenkreis nach unseren Erfahrungen noch am besten darüber informiert ist, ob im jeweiligen Hause OR-Aktivitäten stattfinden. Die Definition von OR haben wir dabei extrem weit gefaßt. Die Antwortquote war mit 95% sehr hoch. Wichtigstes Ergebnis: OR wird nur von 12,8% der Unternehmungen in Bayern mit mehr als 1000 Mitarbeitern betrieben.

Bei diesen Unternehmungen wurden insgesamt 30 strukturierte Interviews durchgeführt, die insbesondere die Rahmenbedingungen zum Gegenstand hatten, unter denen im Einzelfall OR betrieben wird. Diese Rahmenbedingungen erwiesen sich als außerordentlich verschiedenartig. Es zeigte sich aber, daß der Prozeß der Problemerkennung, Auftragserteilung, Projekt-Durchführung, Präsentation und Implementierung in spezifischer Weise von der organisatorischen Einordnung des OR-Anwenders abhängt. 26,7% der OR-Units sind in Fachabteilungen, 46,6% in DV-Abteilungen in der Linie und 26,7% sind in Stäben untergebracht. 53,4% dieser Units bestehen nur aus einer Person. 86,7% von ihnen bestehen schon 5 Jahre oder länger, und sie sind mit Ausnahme der Units in DV-Abteilungen zumeist stark auf einen einzigen Auftraggeber spezialisiert. Das fachliche Anspruchsniveau, das die Units in verschiedenen Projekten realisiert hatten, war insbesondere bei den zahlenmäßig stark vertretenen Units in DV-Abteilungen besonders niedrig. Zufriedenheit und Wohlbefinden waren bei den Units in Fachabteilungen und DV-Abteilungen sehr viel höher als bei den Stäben.
Für die Zukunft wird erwartet, daß aufgrund der Ausbreitung der Personal Computer eine Verlagerung von OR-Units aus DV-Abteilungen in Fach-Abteilungen stattfindet, und daß das realisierte fachliche Anspruchsniveau tendenziell noch weiter sinkt.

DER OR-PROZESS - INTERESSENLAGEN, KONFLIKTLÖSUNGEN UND DIE ROLLE DES MODELLS

Gero Scholz, München

Der Verfasser hat - im Rahmen eines von der DFG geförderten empirischen Forschungsvorhabens - an mehreren OR-Projekten in der Praxis als Beobachter teilgenommen.

I) Bei der Vielzahl von Einzeleindrücken konnten immer wieder zwei charakteristische Situationen beobachtet werden :

(1) offene Situationen: In solchen Situationen werden organisatorische und sachliche Grenzen in Frage gestellt, mehrere Sichtweisen parallel vertreten, Ausnahmen und Sonderfälle betont; es existiert Freiraum für Kreativität und Impulsivität.

(2) geschlossene Situationen: In diesen Situationen dominiert der Entscheidungsdruck d.h. Termin- und Kostenrestriktionen zwingen zur Beschränkung auf das Machbare; es wird nötig, Grenzen anzuerkennen, sich um Widerspruchsfreiheit zu bemühen und Sonderfälle auszuklammern.

Die Verhandlungsführung und Konflikthandhabung entsprechen dem jeweiligen Situationstyp. Sie sind

(1) in offenen Situationen gekennzeichnet durch Erweiterung der Problemdefinition, Einbeziehung neuer Informationen und Standpunkte, sorgfältige Analyse aller Möglichkeiten, Förderung divergierender Ansichten, Orientierung an aktuellem Geschehen und an strategischen Überlegungen, Vertrauensbildung durch Offenlegung von Informationen;

(2) in geschlossenen Situationen gekennzeichnet durch Ausklammern bestimmter Problemkreise, Appelle an das "Commitment" (innere Verpflichtung durch Beteiligung), verbindliche Klärung von Grundsatzproblemen und Publizierung von "Meilensteinen".

II) Im OR-Prozeß treffen typischerweise Personengruppen mit unterschiedlichem kognitiven Stil zusammen. So ist der "Analytiker" zumeist stärker an grundsätzlichen Regeln und Zusammenhängen interessiert, er sucht Gemeinsamkeiten hinter verschiedenen äußeren Phänomenen und schreckt auch vor strukturellen Veränderungsvorschlägen nicht zurück. Der "Anwender" hingegen orientiert sich häufig stark am Einzelfall und an aktuellen Vorkommnissen; er betont Unterschiede und sucht Verbesserungen meist durch eine graduelle Abwandlung bestehender Strukturen zu erreichen.

Der Analytiker kann bei der Gestaltung des Modells auf den kognitiven Stil der Anwender eingehen und so wesentlich zur Prozeßeffizienz beitragen.

Verfahrenswahl, Komplexität, Transparenz, Inputbedarf und Robustheit des Modells beeinflussen die Akzeptanz des Modells. Aspekte der Bedienbarkeit (Antwortzeit, Dialogfähigkeit, Einbindbarkeit in vorhandene organisatorische Abläufe, Kontrollmöglichkeiten) müssen bereits bei der Modellkonstruktion berücksichtigt werden, um nicht später zu Akzeptanzbarrieren, Verunsicherung und organisatorischer Unruhe zu führen.

III) Bei der Beurteilung des Erfolges eines OR-Prozesses ist nicht unbedingt die endgültige Implementierung und dauerhafte Nutzung eines OR-Modells der alleinige Indikator. Das Zutage-Fördern von bis dato nicht erwogenen Handlungsalternativen im Verlauf des OR-Prozesses kann ein Nutzen sein, auch ohne daß das Modell eingesetzt wird.
Ebenso kann ein Sinn des Modells darin bestehen, einen Anhaltspunkt dafür zu geben, wie weit der status quo vom "Optimum" entfernt ist.
Der ganze OR-Prozeß und die Auseinandersetzung mit dem Modell beeinflussen die Denkweise und das Problemverständnis der Beteiligten. Der Stellenwert eines OR-Modells in der Unternehmung steigt nicht unbedingt mit wachsender Universalität und Komplexität des Modells. Ferner ist er "politischen" Schwankungen unterworfen.

AUSBILDUNG IN OR ANHAND UNSTRUKTURIERTER, KOMPLEXER ENTSCHEIDUNGS-SITUATIONEN AUS DEM BEREICH KRANKENHAUSMANAGEMENT

Ralf Schmid, Erlangen-Nürnberg
Michael Grütz, Erlangen-Nürnberg

Mit einem für die Praxis brauchbaren Entscheidungsmodell muß "Strukturloses strukturiert" und "Komplexität reduziert" werden. Eine OR-Ausbildung, die mathematische Formalismen und das Üben von Algorithmen in den Mittelpunkt stellt, kann solchen Anforderungen nicht gerecht werden.
Aufgrund der praktischen Arbeit unserer Forschungsgruppe MEDIZIN-ÖKONOMIE ergeben sich dagegen zahlreiche Möglichkeiten zur Entwicklung von Fallstudien und Planspielen, bei deren Aufarbeitung den Studierenden erhebliche Strukturierungsleistungen abverlangt werden, ehe überhaupt an die Verwendung von OR-Modellen gedacht werden kann. Die mit derartigen Trainingsformen im Bereich des Krankenhausmanagements gemachten Erfahrungen sollen im folgenden wiedergegeben werden.

1. Fallstudie: Reorganisation der Materialwirtschaft eines Großklinikums

Die wissenschaftliche und praktische Ausbildung von Ingenieuren und Medizinern erfolgt bereits früh und gezielt auf konkrete Problemstellungen ihrer künftigen Aufgabenbereiche hin. Eine ähnlich konsequente Vorbereitung von Nachwuchskräften für das Krankenhausmanagement befindet sich erst im Anlaufstadium.
Als personelle Zielgruppe des Fallstudienkonzepts sollen deshalb Studierende wirtschaftswissenschaftlicher Studiengänge, aber auch von Studiengängen mit dem Studienabschluß Diplom-Informatiker (mit dem Nebenfach Wirtschaftswissenschaft) angesprochen werden. Außerdem wurde bereits bei der Fallstudienentwicklung die Zielgruppe "Krankenhauspersonal" mit berücksichtigt.

Operations Research Proceedings 1984

Gesicherte Erkenntnisse über Vor- bzw. Nachteile, die mit der Anwendung der Fallmethode speziell im Bereich des Krankenhausmanagements verbunden sind, liegen bisher nicht vor. Als mögliche Faktoren, die den Einsatz der Fallmethode als vorteilhaft erscheinen lassen, können aber allgemein folgende Gesichtspunkte angeführt werden: [1)]

-- Die Fallstudienmethode erlaubt den Teilnehmern gemeinsam an der Lösung eines Problems zu arbeiten und drängt sie nicht nur in die Rolle des passiven Empfängers.

-- Die Fallstudienmethode stellt eine Brücke zwischen Theorie und Praxis her, da im Gegensatz zu theoretischen Konstruktionen und Modellen eine tatsächliche Problemsituation erörtert wird.

-- Durch die Gruppenarbeit und den gemeinsamen Entscheidungsprozeß wird die Fähigkeit der Kommunikation und der Kooperation sowohl zwischen Lernenden untereinander als auch zwischen Lernenden und Lehrenden gefördert und trainiert.

-- Die oben genannten Punkte können zu einer besonderen Lernmotivation führen.

Letztlich sollen die Teilnehmer durch die Fallstudie lernen, ein zunächst unstrukturiertes, komplexes Entscheidungsproblem einer Lösung zugänglich zu machen. Hierbei sind kognitive und affektive Lernziele gleichermaßen angesprochen, denn Lernen vollzieht sich als Prozeß unter einer ganzheitlichen Beteiligung der Lernenden.
Das hier ausgewählte Fallstudienmaterial beschreibt den Zustand des materialwirtschaftlichen Bereichs eines Großklinikums. Das Datenmaterial basiert auf empirischen Untersuchungen im Rahmen eines von der Deutschen Forschungsgemeinschaft geförderten Forschungsvorhabens und enthält sowohl einen qualitativen Teil, als auch einen quantitativen Teil, der Zahlenmaterial für klassische OR-Methoden liefern könnte. Ergänzt wird das gesamte Datenmaterial durch Situationsbeschreibungen der Materialwirtschaft in anderen Großkliniken.

Wie in der klassischen "Case Study Methode" wird sehr viel Hintergrundinformation zur Verfügung gestellt. Dies führt dazu, daß der Umfang des Arbeitsmaterials beträchtliche Ausmaße annimmt.

Das Ziel der Fallbearbeitung ist in der gründlichen Analyse des vorgegebenen Tatbestandes und der Erkennung bzw. Herausarbeitung der darin enthaltenden Probleme zu sehen. Neben dieser Strukturierungsleistung sollen Lösungsmöglichkeiten aufgezeigt und bewertet

werden. Das Datenmaterial läßt hier ein breites Spektrum an Lösungsmöglichkeiten offen.
Zur Fallbearbeitung werden in der Regel zwei bis drei Arbeitsgruppen (bis max. 5 Bearbeiter pro Gruppe) gebildet. Nach der Aushändigung des Falltextes, sowohl an die Arbeitsgruppen, als auch an die Plenumsteilnehmer, erfolgen begleitende Besprechungen zwischen Betreuer und Arbeitsgruppen mit der Intension:

- die noch "offenen" Fragen hinsichtlich des Falles zu klären
- bei Bedarf Zusatzinformationen zu liefern und
- Hilfestellung bei einer Lösungsfindung zu leisten.

In der nachfolgenden Gruppenarbeit werden die Ergebnisse des einzelnen aufgegriffen, diskutiert, erweitert und zu einer Gruppenlösung aufbereitet. In einer abschließenden Plenumsveranstaltung bringen dann die Gruppen ihre Lösungsvorschläge ein und stellen sie zur Diskussion.

Erfahrung und Ergebnisse

Die Fallstudienbearbeitung erfordert von den Teilnehmern eine Änderung ihres Lernverhaltens. Die bewußte Zurückhaltung des Betreuers sowohl beim Problemlösungsprozeß innerhalb der Bearbeitergruppe, als auch bei der abschließenden Präsentation des Gruppenergebnisses im Rahmen der Plenumsveranstaltung irritiert und provoziert gelegentlich die Studierenden.[2)]
Dieses umsomehr, je "passiver" und "konsumierender" ihre bisherige Lernhaltung war. Insbesondere bei den Bearbeitergruppen während der Startphase zeigte sich eine Unsicherheit bezüglich der Vorgehensweise zur Fallösung. Dies lag einerseits an der Schwierigkeit, ein vorliegendes Entscheidungsproblem gemeinsam zu bewältigen, andererseits aber auch am Rollenverständnis bezüglich des Betreuers. Erwartet und gesucht wurde der Betreuer als fachliche Autorität und Interventionsinstanz.
Zur Erfassung fallstudienspezifischer Informationen wurde eine Fragebogenaktion durchgeführt, wovon hier nur stichwortartig einige Ergebnisse resümiert werden.
Die Motive zur Teilnahme an der Erstellung eines Gruppengutachtens waren im wesentlichen durch den "Wunsch, die eigene Kooperationsfähigkeit zu trainieren", "Interesse an dieser Lehr-/Lernmethode" und, an letzter Stelle, "die Möglichkeit, einen Schein im Fach OR

zu erwerben" gekennzeichnet. In der Plenumsveranstaltung standen zur Lösungspräsentation und -diskussion 90 Minuten zur Verfügung. 6 % der Teilnehmer (des Plenums, nicht der Fallbearbeiter!) gaben an, den Fall "nicht gelesen", zu haben, 35 % hatten ihn "überflogen", 47 % "gelesen", 12 % "mehrfach gelesen" und 0 % hatten ihn "intensiv durchgearbeitet". Dies führte in der Folge zu einer schwachen Diskussion der Fallösung. Trotz der geringen Vorbereitung waren die Plenumsteilnehmer der Meinung, daß Fallstudien im Rahmen der OR-Asubildung intensiviert werden sollten.
Der Wert einer Ausbildungsmethode kann aber nur dann beurteilt werden, wenn eine Überprüfung und Bewertung des Lernerfolgs durchgeführt wird. Dies erfolgte bei der vorliegenden Fallstudie durch eine Teilnehmer-Selbstevaluierung. Hierzu wurden unter anderem 23 kognitive und affektive Lernziele definiert, die verkürzt unter folgenden Zielkategorien wiedergegeben werden:

Zielkategorien	Plenums-teil-nehmer	Bearbeiter
Wissen (Maximalwert jeweils = 1.00)	2.73	2.40
Verstehen	2.35	1.75
Anwendung	2.75	2.30
Analyse und Synthese	2.60	1.70
Evaluation	2.47	1.73
Persönlichkeitsentwicklung	--	2.00

Der Lernzielerreichungsgrad lag bei den Fallstudienbearbeitern höher als bei den Plenumsteilnehmern. Dies resultiert allein schon aus der Tatsache, die die mangelhafte Auseinandersetzung mit dem Stoff nicht zu dem Vorbereitungsgrad führte, der für eine erfolgreiche Anwendung der Fallmethode vorausgesetzt werden müßte. In den Abweichungen der Werte vom Maximalwert der Lernzielerreichung 1.00, in Verbindung mit der Frage nach dem potentiellen Lernzielerreichungsgrad eines "hypotetischen" Falls, wird das Ausmaß des Nichterreichens der vorgegebenen Lernziele, und damit indirekt ein Ausdruck für die Lernschwierigkeiten im Meinungsbild der Befragten, demonstriert. [3)]

Die ermittelten Werte können als Lernzielerreichungsprofil interpretiert werden, aus dem die Stärken und Schwächen des Falls und der falldidaktischen Vorgehensweise ersichtlich werden.
Bei einer Beurteilung der Effektivität der traditionellen Unterrichtsformen (Vorlesung, Übung etc.) im Vergleich zur Fallstudienmethode und zum Planspiel zeigte sich ein weiterer Unterschied der Sichtweisen von Bearbeitern und Plenumsteilnehmern. Während für die eine Gruppe Fallstudien und Planspiele die mit Abstand effektivsten Lehrmethoden darstellen, schneiden diese beiden Alternativen in der Meinung der Plenumsteilnehmer am schlechtesten ab.
Unter Würdigung der Gesamtauswertung konnte offensichtlich einem Großteil der Plenumsteilnehmer einer anderen Unterrichtsform als der des passiven "konsumierens" von Wissensstoff positive Seiten abgewonnen werden.

2. Planspiel Klinikmanagement

Die Planspielmethode hat ihre Ursprünge im militärischen Bereich und ist allmählich auch in den Bereichen Unternehmensführung, politische Bildung und Schule erfolgreich eingesetzt worden. Heute hat sie sich zu einer allgemein anerkannten Aus- und Weiterbildungsform entwickelt. Eine exakte Definition von Planspielen hat Koller gegeben, diese läßt sich sinngemäß folgendermaßen zusammenfassen: Eine Entscheidungssituation wird durch ein Modell dargestellt, dem beeinflußbare Entscheidungsvariablen, nicht beeinflußbare Umweltfaktoren sowie deren Zusammenhänge untereinander, zu Grunde liegen. Die Spieler haben jetzt die Aufgabe, durch dynamische Interaktion mit dem Modell, d.h. durch Entscheidungen über die beeinflußbaren Variablen, eine vorher festgelegte Zielfunktion möglichst weitgehend zu erreichen.
Für die bereits entstandene Vielfalt von Mangement- oder Planspielen können folgende Merkmale zur Klassifizierung dienen:[4)]

- generelle und funktionelle Spiele
- stochastisch und deterministisch
- ein- und mehrperiodische Spiele
- feste oder variable Spielziele
- Spiele mit und ohne Konkurrenzsituation

Beim eingesetzten Planspiel Klinikmanagement (KLIMA) handelt es sich um ein generelles, stochastisches Mehrperiodenspiel mit variablen Spielzielen ohne direkter Konkurrenzsituation.
Das Spiel besteht aus dem Modell eines 420-Betten Akutkrankenhauses, das tatsächlich existiert. Für die Patientenankünfte sowie Verweildauern gelten Diagnose-spezifische Wahrscheinlichkeitsverteilungen. Spieler haben zuerst ihre Ziele zu definieren, ehe sie in einer Folge von 10 Perioden Entscheidungen fällen müssen. Diese betreffen u.a. die Kapazitätsauslastungsplanung, die Personal- und Sachmittelplanung und die Investitionsplanung. Die Spielergebnisse enthalten Gewinne und Verluste, Fallkosten und Krankenhaus- bzw. Abteilungsqualitäten.[5)]

Erfahrungen und Ergebnisse

Ein zentraler Vorteil von Planspielen liegt in der Tatsache, daß den Spielern Zusammenhänge veranschaulicht werden können, "die in der Realität aufgrund komplexer und zeitlich langfristiger Wechselwirkungen nicht erkannt oder nicht beherrschbar sind".
Dabei ist es von großem Interesse, mehr über das Verhalten der Spielteilnehmer zu erfahren und damit Aussagen über Zusammenhänge zwischen ihrem Verhalten und der Lösung komplexer Entscheidungsprobleme machen zu können. Da meist eine Gruppe von mehreren Personen zusammen arbeitet, ergibt sich die Möglichkeit sowohl das Problemlösungsverhalten der Spieler als auch ihre Interaktion in der Gruppe zu untersuchen. Natürlich hängt die Aussagekraft solcher Untersuchungen davon ab, inwieweit die Spielteilnehmer ihr reales Entscheidungsverhalten auf die Spielsituation übertragen, d.h. die Spielrealität akzeptieren, so daß die folgenden Ergebnisse sicher nur unter Vorbehalt Berücksichtigung finden können. Deshalb soll sich die Darstellung der Ergebnisse auf die Untersuchung der Frage beschränken, inwieweit sich sogenannte heterogene Gruppen (Mitglieder der einzelnen Gruppen unterscheiden sich in bestimmten Merkmalen wie Alter, Ausbildungsrichtung, Beruf etc. voneinander) anders verhalten als sogenannte homogene Gruppen (gleichartige Gruppenmitglieder). Tendenziell wäre wohl bei komplexen Problemen eine Heterogenität der Gruppenzusammensetzung die überlegene Variante, da die Einbringung unterschiedlicher Aspekte in die Diskussion zu

besseren Problemlösungen führen müßte. Dagegen steht die Hypothese, daß die Heterogenität zu einer Senkung der Leistungsfähigkeit führt, weil sie die Zusammenarbeit erschwert. Deswegen müßte in einer homogenen Gruppe eine bessere Kommunikation möglich sein, so daß durch den raschen Aufbau einer gemeinsamen Arbeitsgrundlage ein Leistungsvorsprung gegenüber heterogenen Gruppen erzielt werden kann. Für diese Untersuchung wurde das Planspiel KLIMA unter "Laborbedingungen" und Hinzuziehung eines Psychologen mit insgesamt 20 Gruppen zu je 4 Teilnehmern gespielt.
Von den verschiedenen, untersuchten Heterogenitätsmerkmalen sei für eine kurze Ergebnisinterpretation das Merkmal der Fachrichtung der Teilnehmer herausgegriffen. So konnte der Frage nachgegangen werden, ob interdisziplinär zusammengesetzte Gruppen komplexe Probleme besser zu lösen in der Lage sind als fachlich homogene Gruppen.

Als Indikatoren für die zu untersuchende Variable Gruppenleistung wurde der im Planspiel über eine definierte Outputskala angebbare Qualitätswert für jede Gruppe herangezogen.

Es zeigte sich, daß der zeitliche Ablauf der Spiele differenzierter betrachtet werden muß. Die einzelnen Perioden des Planspiels lassen sich in zwei Phasen unterteilen:

- Die Problemphase (Periode 1 - 3) in der sich das Spielmodell als relativ komplex für den Spieler erweist und hohe Anforderungen an dessen Denk- und Assoziativvermögen stellt und
- die Aufgabenphase (Periode 4 - 10), in der die Anforderungen eher routinemäßig erfüllt werden, da bereits Kenntnisse über die Spielzusammenhänge beim Spieler vorliegen und auftretende Schwierigkeiten aufgrund zunehmender "Erfahrung" leichter bewältigt werden können.

Die empirischen Ergebnisse zeigen für die Problemphase einen positiven Einfluß der Variablen fachliche Heterogenität. Dieses Ergebnis tendiert in Richtung einer Bestätigung der Hypothese, daß heterogene Gruppen leistungsfähiger als homogene Gruppen sind. In der zweiten Phase setzt jedoch ein positiver Einfluß der fachlichen Homogenität ein, während die fachliche Heterogenität jetzt an Bedeutung verloren hat. Anscheinend kommt das betriebswirtschaftliche "know how" erst in dieser Phase besser zur Geltung. Fachlich heterogene Gruppen sind bei diesen Untersuchungen also die besseren Problemlöser, rein betriebswirtschaftlich besetzte Gruppen haben dagegen erst Erfolg, wenn die Phase der Problemstrukturierung abgeschlossen ist.[6]

3. Ausblick

Als Konsequenz für die betriebswirtschaftliche Ausbildung sollte eine interdisziplinäre Zusammenarbeit gefördert werden, um den Studierenden andere Problemperspektiven nahezubringen, und sie andererseits anhand breiter Problemstellungen zu fachübergreifenden Überlegungen zu veranlassen.
Die eingesetzten Trainingsmethoden Fallstudie und Planspiel stellen dazu einen wichtigen Schritt dar.

4. Literatur

1) Töpperwein K.-H.
Die Fallstudie - eine alternative Lernmethode für Beratungs-u. Unternehmenspraxis. In: Rationalisierung, 28. Jg./1977, S. 116-119.

2) Bronner R.
Methodengestütztes Fallstudienprogramm an der Universität -GH-Paderborn. In: ZfB, Ergänzungsheft 1/82, S. 13-25.

3) Grochla E.; Thon N.
Fallmethode und Gruppenarbeit in der betriebswirtschaftlichen Hochschulausbildung, Köln 1978.

4) Koller H.
Simulation u. Planspieltechnik, Wiesbaden 1969.

5) Meyer M.
Spielanleitung für das Krankenhausmanagementspiel KLIMA 5, Nürnberg 1983.

6) Herr D.
Gruppenzusammensetzung, Gruppenprozeß und Gruppenleistung beim Lösen eines komplexen Problems, Diplomarbeit, Nürnberg 1983.

PLANUNGSKULTUR/PLANUNGSPHILOSOPHIE ALS GRUNDLAGE FÜR DEN EINSATZ VON LANUNGSTECHNIKEN

ünther E. Braun, Darmstadt
ans-Christian Pfohl, Darmstadt

1. Einführung

Studien über den Einsatz von Planungstechniken beziehen in der Regel psychologische und organisatorische Variablen als Ursache für Erfolg oder Mißerfolg der Implementation mit ein (vgl. dazu HUYSMANS 1970, SCHULTZ-SLEVIN 1975, PFOHL 1976, LUCAS 1978, NAERT-LEEFLANG 1978). In diesem Zusammenhang wird allerdings meist ein wichtiger Sachverhalt übersehen, der mit dem Begriff der Planungskultur/Planungsphilosophie umschrieben werden kann. Eine mangelnde Berücksichtigung der spezifischen Planungskultur bzw. eine naive Planungsphilosophie, die vorausgesetzt wird, sind nämlich oft Ursachen dafür, daß OR- bzw. Planungsspezialisten von einem Mißerfolg beim Einsatz von Planungstechniken sprechen. Auf diese Weise wird deutlich, daß Planungskultur/Planungsphilosophie eine intervenierende Variable darstellen, die den Erfolg bzw. Mißerfolg beim Einsatz von Planungstechniken beeinflußt. Der im weiteren zugrunde gelegte Begriff der Planungstechnik ist dabei umfassend zu verstehen und umschließt Planungsinstrumente, Planungsmethoden, Planungsmodelle, Planungsverfahren u.ä. (vgl. dazu SZYPERSKI/WINAND 1980).

2. Begriffe der Planungskultur und Planungsphilosophie

Man kann davon ausgehen, daß jede Unternehmung eine spezifische Sichtweise der Planung besitzt und über besondere Werte, Normen, Einstellungen und Verhaltensweisen dazu verfügt. Diese Sichtweise hat sich aufgrund langjähriger Erfahrung im Umgang mit Planung - was immer man in einer Unternehmung darunter verstehen oder auch nicht verstehen mag - ergeben und stellt ein Denk-, Wert- und Verhaltensmuster für planerisches Handeln dar (zur Planungserfahrung vgl. auch PFOHL/DRÜNKLER 1978). Mit CLELAND und KING soll dafür der Begriff der Planungskultur verwendet werden (CLELAND/KING 1974, KING/CLELAND 1978). Eine Planungskultur einer Unternehmung ist demnach ein integriertes

Operations Research Proceedings 1984

System erworbener Denk-, Wert- und Verhaltensmuster, welches für eine Unternehmung typisch ist. Auf diese Weise zeigt die Planungskultur den Ist-Zustand an.

Neben einer Planungskultur sind auch andere Teilkulturen in einer Unternehmung vorhanden. Erst jüngst wird in der Organisationstheorie verstärkt die Organisationskultur betrachtet. Darunter kann man die Summe der systemeigenen überlieferten Denk-, Wert- und Verhaltensmuster bezüglich der Organisationsstruktur verstehen (vgl. z.B. MATENAAR 1983). Beide Teilkulturen bilden innersystemische Restriktionen, die zum einen bei der Gestaltung eines Planungssystems und dem Einsatz von Planungstechniken und zum anderen bei der Einführung neuer Organisationsformen in Rechnung zu stellen sind. Aufgrund praktischer Erfahrungen und theoretisch gewonnener Erkenntnisse kann also nicht mehr angenommen werden, daß Planung und Organisation beliebig gestaltbar sind.

Um bei der Planung zu bleiben: Wer ein normatives Konzept zur Einführung von Planungstechniken entwickelt, geht dann realistisch vor, wenn er die bestehende Planungskultur weitgehend als Restriktion betrachtet. Er besitzt dann eine realistische Planungsphilosophie. Naive Planungsphilosophen glauben dagegen, daß sich ein vermehrter Einsatz von Planungstechniken ohne weiteres einstellt, sofern nur ein rationales Verhalten angenommen wird. Eine Planungsphilosophie liegt natürlich beidesmal vor, da jeweils ein Soll-Zustand der Planung entworfen wird. Unter Planungsphilosophien können also grundlegende Werte, Normen und Einstellungen dazu verstanden werden, wie Planung aussehen soll (vgl. auch PFOHL 1981, S. 213).

Im weiteren werden sowohl deskriptive Aspekte der Planungskultur als auch normative Aspekte der Planungsphilosophie behandelt. Eine strikte Trennung beider Sachverhalte wird sich allerdings nicht immer aufrecht erhalten lassen.

Wichtige Teilaspekte der Planungskultur bzw. Planungsphilosophie beziehen sich auf

- Zwecke oder Funktionen, die mit dem Einsatz von Planungstechniken verbunden sind (Abschnitt 3) und
- Anforderungen, die sich auf den Planungsprozeß erstrecken (Abschnitt 4).

3. Funktionen der Planungstechniken

OR- und Planungsspezialisten sind geneigt, nur planerische und ökonomische Funktionen zu sehen. Man erhofft sich, daß mit einem verstärkten Einsatz von Planungstechniken planerische und ökonomische Funktionen vermehrt befriedigt werden können (vgl. Abb. 1). Allerdings ist es bislang nicht gelungen, über eine bloße Effizienzvermutung hinaus den strengen Nachweis zu führen, daß ein vermehrter Technikeinsatz zu einer Verbesserung der ökonomischen Situation führt. Es gibt also keine Gesetzmäßigkeit, die auf eine erhöhte ökonomische Effizienz infolge eines bestimmten Technikeinsatzes hinweisen könnte. Gerade die empirischen Untersuchungen, die eine positive Korrelation zwischen ökonomischen Maßen und einer verstärken formalen Planung ermitteln (vgl. dazu zusammenfassend BRAUN 1979), lassen auch eine andere Interpretation zu. Danach ist es so, daß sich erfolgreiche Unternehmungen den Einsatz von Planungstechniken leisten können, um damit beispielsweise ihre Innovationsbereitschaft zu demonstrieren bzw. die Aufgeschlossenheit für die Übernahme wissenschaftlich fundierter Problemlösungen unter Beweis zu stellen. Auf diese Weise aber wird sichtbar, daß mit einem erhöhten Einsatz von Planungstechniken weitere Funktionen befriedigt werden können, und zwar politische, institutionelle (administrative) und individuelle Funktionen (vgl. Abb. 1).

Bei den politischen Funktionen ist ein Verständnis von Politik angesprochen, das sich auf einen konfliktreichen, durch Interessenkonkurrenz geprägten Prozeß bezieht, in dem unterschiedliche Werte und Interessen artikuliert und durchzusetzen versucht werden. Im angelsächsischen Sprachraum wird hierfür der Begriff "politics" verwendet (vgl. dazu DOROW 1982). Der Einsatz von Planungstechniken kann nun dazu dienen, die (Macht-) Position im Spiel der politischen Kräfte zu verbessern. Diese prima facie für Unternehmungen ungewöhnliche Betrachtungsweise setzt natürlich voraus, daß Unternehmungen selbst als politische Systeme (im Sinne von politics) verstanden werden können. Zahlreiche Beispiele unterstützen dann die politische Funktionalisierung der Planungstechniken (vgl. Abb. 1). So ist besonders darauf zu achten, daß durch den Einsatz von Techniken eine "parteiliche" Planung beabsichtigt sein kann. Protagonisten des Technikeinsatzes versprechen sich eine "Schützenhilfe" gegenüber potentiellen Kritikern, weil "technikgestützte" Entscheidungen - so vermutet man - über eine hohe Überzeugungskraft verfügen (vgl. dazu auch zur Planungsideologie PFOHL 1981, S. 78 f.).

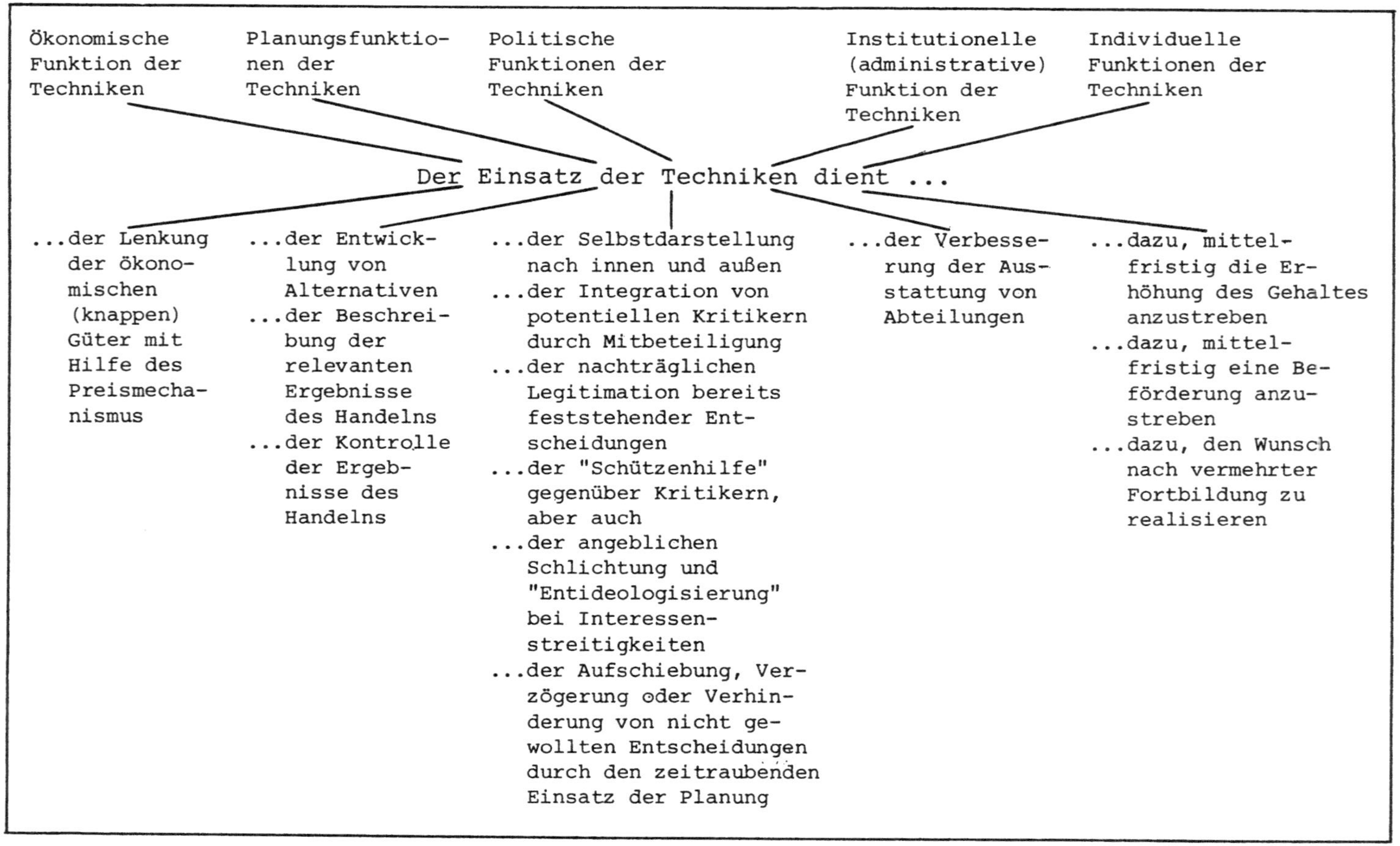

Abb. 1: Funktionen von Planungstechniken

Es kann sogar der Fall sein, daß die politischen Funktionen der Planungstechniken im einzelnen eine höhere Bedeutung besitzen als die ökonomischen und planerischen Funktionen. Eine realistische Planungsphilosophie bezieht derartige Situationen explizit in ihre Überlegungen mit ein. Es wäre naiv zu glauben, daß der Hinweis auf eine Verbesserung der Planung, aber auch der ökonomischen Situation der Unternehmung allein schon ausreicht, um Planungstechniken implementieren zu können. Gelingt demgegenüber der Einbau der Planungstechniken in den politischen Kalkül des mittleren und oberen Managements, scheinen die Implementationschancen zu steigen (vgl. dazu auch den nächsten Abschnitt).

Darüber hinaus verdient ein vermehrter Technikeinsatz auch unter dem Gesichtspunkt institutioneller (administrativer) Gesichtspunkte Beachtung (vgl. Abb. 1). Jenseits rein planerischer und ökonomischer Überlegungen kann sich derjenige für Planungstechniken einsetzen, der sich dadurch eine Vergrößerung seiner Abteilung verspricht. Die Anwendung von Planungstechniken erfordert nämlich Sachmittel und eine verstärkte Personalausstattung. Beides führt zur Vergrößerung der betreffenden organisatorischen Einheit und erhöht damit die Macht und das Ansehen des Managers. In diesem Zusammenhang kann auch angenommen werden, daß Promotoren eines Technikeinsatzes individuelle Zwecke verfolgen (vgl. Abb. 1).

4. Anforderungen an den Planungsprozeß

OR- und Planungsspezialisten schlagen gerne den Ablauf von Planungsprozessen vor, der in der Literatur unter dem Stichwort der "rationalistischen" oder "synoptischen" Planungsphilosophie diskutiert wird (vgl. Abb. 2). Es handelt sich dabei um eine naive Planungsphilosophie. Demgegenüber scheint in der Praxis eher ein Planungsablauf vorzuliegen, der in krassem Gegensatz dazu steht. Man spricht hierbei vom sozialen oder politischen Inkrementalismus (vgl. Abb. 2). Dieser gewinnt um so mehr an Bedeutung, je größer die Unternehmung ist, je mehr Beteiligte sich im Planungsprozeß engagieren und je vager die Ziele sind. Es liegt ein realistisches Konzept einer Planungsphilosophie vor.

Der soziale bzw. politische Inkrementalismus kann als realistischer Ausgangspunkt für eine Sicht des Planungsprozesses dienen, die stärker politische Gegebenheiten mit einbezieht. Eine realistische Planungs-

Rationalistische Planungsphilosophie	Inkrementale Planungsphilosophie (politischer oder sozialer Inkrementalismus)
Phase 1: Explizite und eindeutige Spezifizierung aller Ziele der Organisation und der zwischen ihnen herrschenden Prioritäten Phase 2: Entwurf aller alternativer Handlungsmöglichkeiten (Strategien usw.). Die vorgestellten Ziele dienen dazu, einen umfassenden Raum möglicher Handlungsalternativen zu erzeugen. Die Ziele der Phase 1 erscheinen als Lösungsgeneratoren. Phase 3: Explizite Ermittlung aller zielrelevanten Konsequenzen der Alternativen. Die Ziele (Zielinhalte) stellen Lösungsdeskriptoren dar. Phase 4: Explizite Bewertung aller Alternativen anhand der eindeutig formulierten Ziele (Zielausmaße). Die Ziele werden als Lösungsverifikatoren verwendet. Phase 5: Spezifizierung der gewählten Handlung.	Phase 1: Identifizierung der aktuellen Handlungsweise. Phase 2: Entwurf alternativer Handlungsmöglichkeiten durch geringfügige (marginale, inkrementale) Veränderungen der aktuellen Handlungen. Phase 3: Soziale oder politische Bewertung der Handlungsmöglichkeiten: Eine Handlungsmöglichkeit ist dann "gut", wenn sie von allen Beteiligten des Planungsprozesses faktisch akzeptiert wird. Phase 4: Spezifizierung der ausgewählten Handlung.

Abb. 2: Zwei Typen von Planungsphilosophien

philosophie geht davon aus, daß Planung und Planungstechniken die machtbezogene Seite und auch die subjektive Sicht des Planungsprozesses nicht zu ersetzen vermögen (vgl. PFOHL 1981, S. 34 f.). Die bei manchen Planungstheoretikern (implizit) vorhandene Hoffnung, über den Einsatz vermehrter Planungstechniken das ihnen irrational erscheinende Spiel der politischen Kräfte durch angeblich rationale Techniken zu ersetzen, ist demnach zurückzuweisen. Die Anwendung von Planungstechniken stellt keine *Alternative* zur machtbezogenen Auseinandersetzung dar, sondern muß als *Teil* der politischen Auseinandersetzungen begriffen werden. Planung sowie der Einsatz von Planungstechniken werden dann zum *Instrument der Politik* und helfen, Interessen durchzusetzen.

Mit dieser Planungsphilosophie sind weitreichende Implikationen verbunden, die einen umfassenden "Gestaltwandel" bzw. eine andere "Weltanschauung" bedeuten. Sie können zum gegenwärtigen Zeitpunkt noch nicht in allen Einzelheiten abgeschätzt, sondern nur tendenziell vermutet werden. Auf jeden Fall wird damit der "Wertneutralität" der Planung der Boden entzogen. Planung liefert nicht Ergebnisse einer reinen Wissenschaft, sondern ist - will sie ernst genommen werden - ein Teil des politischen Kalküls. Trotzdem kann mit dem Einsatz von Planungstechniken auch eine *kritische Funktion* verfolgt werden: "The task ... is the weighty and ancient one of speaking truth to power" (WILDAVSKY 1979, S. 126).

Ein weiterer Aspekt, auf den eine eher politisch akzentuierte Planungsphilosophie hinweist, zeigt, daß Planer selbst als Politiker agieren (können und müssen). (Diesen Aspekt einer realisatischen Planungsphilosophie betonen besonders KIRSCH/BAMBERGER 1976.) Planer können als "efficiency-partisans" bezeichnet werden. Sie besitzen eigene Ziele und können versuchen, sie durchzusetzen. Diese Ziele bestehen unter anderem darin, der kritischen Funktion der Planung und einer vermehrten Innovation zum Durchbruch zu verhelfen (vgl. dazu besonders MINTZBERG 1979). Allerdings muß der Planer seine politische Rolle, die ihn in ein Netz von Interessen-, Konflikt- und Machtbeziehungen involviert, erst akzeptieren lernen, um seine Ziele durchzusetzen und erfolgreich handeln zu können. Dafür scheint eine nur auf Formalismen ausgerichtete Ausbildung nicht immer hilfreich zu sein. Eine "leidenschaftliche Einstellung zur Verpflichtung auf eine leidenschaftslose Rationalität" reicht zum Agieren innerhalb eines politischen Prozesses kaum aus. Das Lernziel für einen Planer bzw.

OR-Spezialisten führt deshalb auch darauf hin, "to get into the political battles like everyone else, to fight for analysis ..." (MINTZBERG 1979, S. 114).

Literaturverzeichnis

BRAUN, G.E.: Der klassische Ansatz und der situative Ansatz in der Organisation der Planung. Diskussionsbeiträge aus dem Fachbereich Wirtschaftswissenschaften der Universität Essen - Gesamthochschule, Nr. 6, (1979).

CLELAND, D.J./KING, W.R.: Developing a planning culture for more effective strategic planning; in: Long Range Planning 7(1974), S. 70-74.

DOROW, W.: Unternehmungspolitik; Stuttgart, Berlin, Köln, Mainz (1982).

LUCAS, H.C.: Empirical evidence for a descriptive model of implementation; in: Management Information Systems Quarterly 2(1978), S. 27-42.

HUYSMANS, J.H.B.M.: The implementation of Operations Research; New York, London, Sydney, Toronto (1970).

KING, W.R./CLELAND, D.J.: Strategic planning and policy; New York u.a. (1978).

KIRSCH, W./BAMBERGER, J.: Strategische Unternehmensplanung, Rationalität und Philosophien der politischen Planung; in: Zeitschrift für Betriebswirtschaft 46(1976), S. 341-356.

MATENAAR, J.: Organisationskultur und organisatorische Gestaltung; Berlin (1983).

MINTZBERG, H.: Beyond implementation. An analysis of the resistance to policy analysis; in: OR'78, hrsg. von Haley, K.B.; Amsterdem, New York, Oxford (1979), S. 106-162.

NAERT, P./LEEFLANG, P.: Building implementable marketing models; Leiden, Boston (1978).

PFOHL, H.-Chr.: Praktische Relevanz von Entscheidungstechniken; in: Die Unternehmung 30(1976), S. 73-93.

PFOHL, H.-Chr./DRÜNKLER, W.: Stand der Anwendung moderner Planungs- und Entscheidungstechniken in Betriebswirtschaften; in: Pfohl, H.-Chr./Rürup, B. (Hrsg.): Anwendungsprobleme moderner Planungs- und Entscheidungstechniken; Königstein/Ts. (1978), S. 99-112.

PFOHL, H.-Chr.: Planung und Kontrolle; Stuttgart, Berlin, Köln, Mainz (1981).

SZYPERSKI, N./WINAND, U.: Grundbegriffe der Unternehmungsplanung; Stuttgart (1980).

WILDAVSKY, A.B.: Speaking truth to power. The art and craft of policy analysis; Boston (1979).

HYPOTHESEN- UND ENTSCHEIDUNGSVALIDIERUNG IM PROZESS DER MODELLBILDUNG

Christoph Schneeweiß, Mannheim

1. Problemstellung

Operations Research geht von der Vorstellung aus, daß es möglich sei, die Lösung realer Entscheidungsprobleme durch Bildung mathematischer Modelle wirksam zu unterstützen. Unter einem Entscheidungsmodell versteht man dabei eine vereinfachende (sog. "homomorphe") Abbildung des anstehenden Entscheidungstatbestandes. Vereinfachend ist diese Abbildung in zweierlei Hinsicht. Zum einen wird die Realität nur in ihren für die Entscheidung wesentlichen Merkmalen erfaßt, zum anderen aber, und das ist typisch für das Operations Research, ist man aus rechentechnischen Gründen meist gezwungen, weitere Vereinfachungen vorzunehmen. Diese zweifache Reduktion gibt Anlaß, den Modellbildungsprozeß genauer zu analysieren; gibt sie doch, wie wir sehen werden, dem Prozeß der Modellbildung eine außerordentlich reichhaltige und zugleich einsichtige Struktur.
Die angesprochene Zweistufigkeit führt dazu, den Modellierungsprozeß in zwei Phasen zu zerlegen: in die Voranalyse und die Hauptanalyse (s. Abb. 1). Die Voranalyse führt zur Ermittlung eines sog. Realmodells, das ohne Rücksicht auf mathematische Lösbarkeit das Realproblem (bezogen auf den Implementierungszeitpunkt) so gut wie möglich erfaßt. Die Hauptanalyse vereinfacht dann dieses Realmodell zu einem mit vertretbarem Aufwand lösbaren Modell, dem sog. Entscheidungsgenerator. Die Aufgabe dieses Entscheidungsgenerators besteht dann lediglich darin, Entscheidungen zu generieren, deren Güte zunächst am Realmodell zu überprüfen ist.
Damit ist der Modellbildungsprozeß in zwei Validierungsphasen zerlegt: in eine Hypothesenvalidierung und eine Entscheidungsvalidierung. Die Hypothesenvalidierung versucht sämtliche das Realmodell konstituierende Hypothesen zu validieren. Diese Hypothesen sind i.a. nur einzeln überprüfbar. Darüber hinaus hängen die hierzu verwendeten (meist statistischen) Kriterien in nicht überschaubarer Weise mit den Zielen zusammen, die der Entscheidungsträger verfolgt. Die Entscheidungsvali-

Operations Research Proceedings 1984

dierung dagegen beurteilt die Güte des Modells nach der Güte der gefundenen Entscheidungen. Der verwendete Entscheidungsgenerator muß daher im Hinblick auf seine Hypothesenvalidität keineswegs akzeptabel sein, wenn er nur günstige Entscheidungen liefert. M.a.W., der Modellkonstrukteur kann sich, insbesondere wenn das Modell gut hypothesenvalidiert ist, nicht unerhebliche Freiheiten in der Konstruktion des Entscheidungsgenerators zugestehen, wird er doch durch das Realmodell stets "im Zaum gehalten".

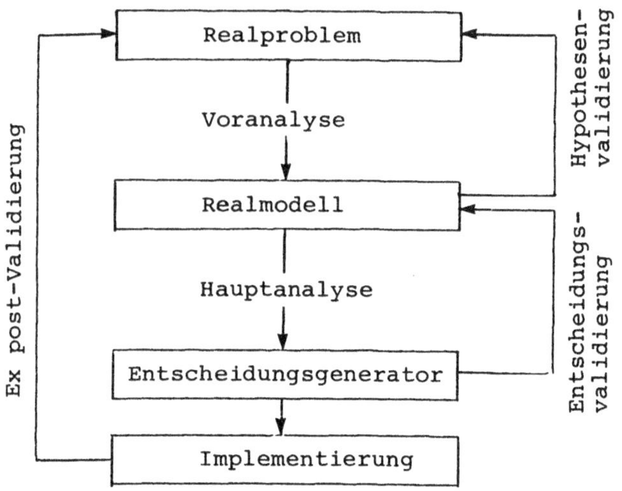

Abb. 1: Drei unterschiedliche Modellvalidierungen

Am befriedigendsten wäre natürlich eine Überprüfung der gefundenen Entscheidung an der Realität, was jedoch erst nach ihrer Implementierung (wenn u.U. "das Kind bereits in den Brunnen gefallen ist") möglich ist (s. Ex post-Validierung in Abb. 1). Wir sind daher auf die in Simulationsstudien immer wieder durchgeführten Ex ante-Validierungen am (ex ante hypothesenvalidierten) Realmodell angewiesen. Versteht man sämtliche formalen Entscheidungsmodelle (d.h. die Entscheidungsgeneratoren) des OR als Heuristiken (im Hinblick auf die durch das Realmodell beschriebene umfassendere Fragestellung), so bestünde die Aufgabe des Modellierungsprozesses gerade darin, unter Einsatz formallogischer Analysen für gegebene Entscheidungsprobleme Entscheidungsalternativen zu generieren. Fragestellungen, bei denen die Alternativenmenge bereits feststeht, etwa die Frage, ob der Mehrwertsteuersatz auf 15, 16 oder 17% erhöht werden soll, berühren nur einen Teil des gesamten Modellierungsprozesses.
Im folgenden soll nun der Modellierungsprozeß genauer durchleuchtet werden. Dabei wollen wir uns besonders der Voranalyse zuwenden und zeigen, in welch mannigfacher Weise Vor- und Hauptanalyse mit ihren

unterschiedlichen Validierungsverfahren miteinander verknüpft sind.

2. Voranalyse

Die Gewinnung eines Realmodells ist ein überaus komplexer Vorgang, der durch die Voranalyse i.a. nicht als abgeschlossen betrachtet werden kann. In einem ersten Schritt wird zunächst der das Realproblem umfassend beschreibende Realitätsausschnitt in Gestalt eines "Modellreservoirs" festgelegt, während man erst in weiteren Operationalisierungsschritten über die sogen. Ausgestaltung dieses Ausschnitts zum Realmodell gelangt, das den Ausgangspunkt der Hauptanalyse darstellt.
Man kann davon ausgehen, daß i.d.R. Modellbildner und Entscheidungsträger zu Beginn der Voranalyse gewisse intuitive Vorstellungen darüber besitzen, welchen "Nutzen" die gesamte Untersuchung bringen könnte. Insbesondere werden häufig auch einige extreme Handlungsalternativen und deren Ergebnisse bekannt sein. Ferner dürfte es i.d.R. möglich sein, Zielanspruchsniveaus vorzugeben, worauf in Abschn. 3 noch zurückzukommen sein wird. Darüber hinaus bedarf es kaum einer Erwähnung, daß gerade die Voranalyse nicht nur durch das vorliegende Entscheidungsproblem bestimmt ist, sondern ebenso auch durch die intellektuellen und kognitiven Fähigkeiten von Modellbildner und Entscheidungsträger sowie die jeweiligen Ausbauzustände bzw. Sichtweisen (Wissenschaftsprogramme) der zur Modellbildung heranzuziehenden Wissenschaft(en).

2.1 Realitätsausschnitt

Allgemein sei ein Entscheidungsmodell M definiert durch ein Ziel C (bzw. ein Zielsystem), das eine Präferenzordnung auf der Menge seiner Entscheidungsalternativen induziert (bei einem Zielsystem liegt damit auch ein Kompromißprogramm vor), sowie durch ein Entscheidungsfeld F; formal: $M = \{C,F\}$. Das Entscheidungsfeld ist seinerseits gegeben durch $F = \{A,R,\tau,E\}$, wobei mit A die Entscheidungsmenge, mit E die Ergebnismenge, mit R die Menge aller (Umwelt-)Zustände und mit τ die Transformation $\tau\colon (A,R) \to E$ bezeichnet sei.
Der Realitätsausschnitt enthält sämtliche Daten, die zur Lösung des Realproblems von Bedeutung sein könnten. Er stellt das Datenreservoir dar, das zur Modellbildung u.U. heranzuziehen wäre. Insbesondere enthält er die Zielvorstellungen des Entscheidungsträgers sowie sämtliche Daten, die über Modellbildner und Entscheidungsträger für den Modellierungsprozeß (und damit speziell auch für die Implementierung) von Bedeutung sein könnten. Von einer Veränderung des Realitätsausschnitts werde gesprochen, wenn diese Daten sich verändern.
Die zu dem gesuchten Realmodell führende Ausgestaltung des Realitätsausschnitts kann bereits als ein "Modellgerüst" bezeichnet werden. Sie

stellt eine spezielle unvollständige Operationalisierung des Realitätsausschnitts in dem Sinne dar, daß 1. die Zielvorstellungen und 2. das Entscheidungsfeld zwar konkretisiert, aber i.a. noch nicht vollständig bestimmt sind. "Unvollständig" ist die Operationalisierung insofern, als inbesondere hinsichtlich der Transformation τ lediglich definitorische und extern bzw. ex ante explizit festgelegte Zusammenhänge, die sogen. "Strukturfestlegungen" bekannt seien, während sämtliche "Verhaltenshypothesen" noch ("theoriegeleitet") zu spezifizieren wären. Die Zieloperationalisierung wird i.a. auf ein Zielsystem führen, wobei die oben angesprochenen Interaktionen von Modellbildner, Entscheidungsträger und Modellierungsprozeß durch weitere Zielkomponenten z.B. in Form von Implementierungsfreundlichkeits-, Akzeptanz-, Informations- und Modellierungsaufwandskomponenten zu berücksichtigen wären. Rückschauend kann damit der Realitätsausschnitt als Menge seiner Ausgestaltungen charakterisiert werden.

2.2 Realmodell

Das Realmodell erhält man nun durch eine weitere Spezifizierung einer gegebenen Ausgestaltung. In ihm sind das Ziel bzw. das Zielsystem und die Transformation τ (vollständig) festgelegt. Nach wie vor nicht vollständig bekannt sind die Entscheidungsmenge A und (wegen seiner Abhängigkeit von A) auch das (bei mehreren Zielen notwendige) (Ziel-) Kompromißprogramm. Beide werden erst in der Hauptanalyse festgelegt. Die Herleitung eines Realmodells aus dem Realitätsausschnitt geschieht i.a. schrittweise. Für eine bestimmte Ausgestaltung i wird zunächst τ spezifiziert. D.h. es ist ein in sich konsistenter Satz j=1 von Verhaltenshypothesen zu überprüfen, der zusammen mit den Daten und Strukturen des Realitätsausschnitts auf eine Transformation $\tau=\tau_{i1}$ führt. Häufig wird es jedoch nicht ausreichen, lediglich eine einzige Spezifizierung zu betrachten. Man wird mehrere Möglichkeiten, d.h. unterschiedliche Hypothesensätze $j=1,...,\bar{j}$ in Betracht ziehen und den im Rahmen der Ausgestaltung i günstigsten Einzelhypothesensatz j=j* der Hauptanalyse zuführen (s. j-Schleife in Abb. 2), so daß für die Hauptanalyse nunmehr das hypothesenvalidierte Realmodell $RM_{ij*} = \{C^R_{ij*}, F^R_{ij*}\}$ zur Verfügung steht.

3. Hauptanalyse

Ausgehend von RM_{ij*} führt nun die Hauptanalyse durch Reduktion über eine Ober-Untermodellkette, wie sie in [1]*) beschrieben ist, und wofür [2] eine Vielzahl von Beispielen aus dem Bereich der Lagerhaltung

*) Beachte, daß in [1] der Begriff des Realmodells etwas anders definiert ist.

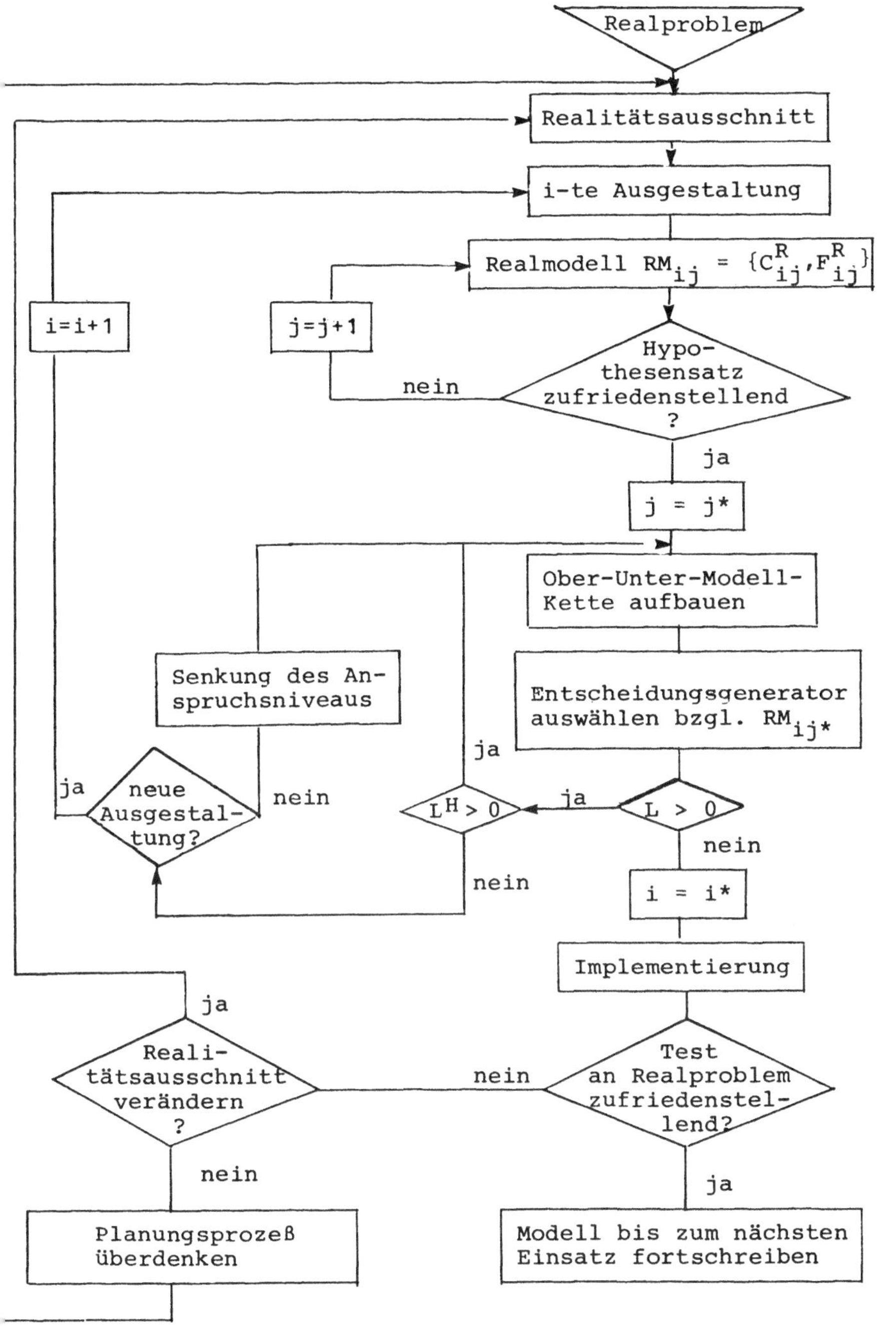

Abb. 2: Prozeß der Modellbildung

anführt) auf ein im Sinne der Entscheidungsvalidierung günstigstes Untermodell, den oben bereits erwähnten Entscheidungsgenerator. Um festzustellen, ob man sich mit dem gefundenen Untermodell bzw. dessen in bezug auf das Realmodell RM_{ij*} bester Entscheidung zufrieden geben kann, führt man insbesondere (zur Entscheidungsvalidierung) den Begriff der Modellierungslücke $L^P := \bar{C}^P_{ij*} - C^P_{ij*}(a^*)$ ein. Hierbei ist $\bar{C}^P_{ij*}$ ein Anspruchsniveau der p-ten Kriteriumskomponente des Realmodells, und a* ist die in bezug auf C^P_{ij*} (unter Beachtung eines gewählten Kompromißprogramms) günstigste durch den Entscheidungsgenerator erzeugte Entscheidung (s. auch [1]). Eine positive Modellierungslücke kann (mindestens) drei Gründe haben, wobei lediglich der unter (1) (unten) angeführte Grund (in Abb. 2 durch $L^H > 0$ angedeutet) allein der Hauptanalyse angelastet werden kann:

(1) Die Suche nach einem für das vorliegende Realmodell geeigneten Entscheidungsgenerator hat noch nicht zu dem erhofften Erfolg geführt.

(2) Es ist eine neue Ausgestaltung und Spezifizierung des Realitätsausschnitts erforderlich.

(3) Das Anspruchsniveau wurde zu hoch gewählt.

Führt die Hauptanalyse nicht zum Ziel, wäre zunächst die Voranalyse nochmals zu durchlaufen, bevor man u.U. das Anspruchsniveau senkt bzw. sich das Problem insgesamt in der gestellten Form als nicht lösbar erweist (vgl. Abb. 2).

4. Die Zusammenführung von Vor- und Hauptanalyse zum Gesamtprozeß der Modellbildung

Wesentliche Bestandteile des Gesamtprozesses der Modellbildung sind in Abb. 2 wiedergegeben, wobei das Schwergewicht auf dem Wechselspiel zwischen Vor- und Hauptanalyse bzw. Hypothesen- und Entscheidungsvalidierung liegt. Führt die Hauptanalyse in bezug auf ein hypothesenvalidiertes Realmodell auf keine hinsichtlich einer Entscheidungsvalidierung befriedigende Lösung, so ist ein neues Realmodell zu konstruieren und hinsichtlich seiner Hypothesen zu validieren. Nach Modellreduktion sind dann die so generierten Entscheidungen zu überprüfen. Erst wenn die Modellierungslücke geschlossen ist (was u.U. eine Anspruchsniveausenkung erfordert), kann die Implementierung und damit der Test an der Realität, d.h. die oben angeführte Ex post-Validierung erfolgen. Ein solcher Test wird aus unterschiedlichsten Gründen häufig nur geringe Aussagekraft haben, so daß der Konstruktion eines geeigneten gut hypothesenvalidierten Realmodells und des zugehörigen Entscheidungsgenerators besondere Bedeutung zukommt.

Der Test an der Realität (sofern er überhaupt durchführbar ist) kann i.w. aus drei Gründen zu unbefriedigenden Ergebnissen führen.

(1) Die Realität kann sich in unvorhergesehener Weise verändert haben.

(2) Das Zusammenspiel von Entscheidungsträger und Realität wurde ungenügend erfaßt.

(3) Die gesamte Vorgehensweise und die planerischen Fähigkeiten des Modellbildners sind dem Problem nicht adäquat.

ad (1) Eine für den Zeitpunkt der Entscheidungsimplementierung nicht antizipierte Problemsituation ist besonders bei sehr lang dauernden Planungsprozessen zu befürchten (z.B. Großbauten). Sollte daher das eingeschlagene Planungsverfahren erneut zum Einsatz kommen, so wären der Realitätsausschnitt und damit die Ausgestaltung und das Realmodell zu verändern (vgl. Abb. 2).

ad (2) Insbesondere die Notwendigkeit, die Erfassung der Realität auf den Implementierungszeitpunkt zu projizieren, deutet ein weiteres Problem an, auf das hier nicht vertieft eingegangen werden kann. Der Realitätsausschnitt enthält (in seiner "Metadimension") auch Modellbildner, Entscheidungsträger, den gesamten Modellierungsprozeß und deren sämtliche Interaktionen. Die Implementierung selbst kann daher wegen ungenügender Vorausschau zu einem Mißerfolg werden, obwohl Realmodell und Entscheidungsgenerator gut validiert wurden. (Dabei sei jedoch darauf hingewiesen, daß jedes Modell stets eine Implementierungs-Zielkomponente enthalten sollte (siehe [2]).)

ad (3) Die hier vorgestellte präskriptive Vorgehensweise besteht zunächst in einer Zerlegung des Planungsprozesses in Vor- und Hauptanalyse. Darüber hinaus aber ist eine Fülle von Entscheidungen innerhalb des Modellierungsprozesses insbesondere in den Rückführschleifen zu treffen. Diese Teilentscheidungen sind ganz wesentlich von den planerischen (kreativen) Fähigkeiten und Erfahrungen des Modellbildners abhängig, was insbesondere besagt, daß der Modellbildner, auch ohne daß dies durch Rückführschleifen in Abb. 2 angedeutet wurde, bei jedem Schritt der Modellbildung stets den gesamten Prozeß im Auge haben muß. (Formal kann dies dadurch angedeutet werden, daß man in das bei der Modellbildung zu beachtende Zielsystem stets entsprechend weitere Zielkomponenten aufnimmt.)

5. Beispiel: "Umweltfreundliches Auto"

Abschließend möge das folgende Beispiel trotz seiner Skizzenhaftigkeit die vorstehenden Überlegungen ein wenig illustrieren.

(1) Das Realproblem bestehe in der Konstruktion und Einführung eines umweltfreundlichen PKW. (2) Der Realitätsausschnitt besteht daher aus sämtlichen im Zeitpunkt der Planung zugänglichen problemrelevanten Da-

ten. (3) Man befinde sich im Jahre 1970 und die Idee des Einbaus eines Katalysators möge noch nicht im Vordergrund der Überlegungen stehen. Als erste Ausgestaltung dienen daher sämtliche technischen und ökonomischen Daten, die zu einer konventionellen Abgasverbesserung benötigt werden. Gleichzeitig damit ist eine Zieloperationalisierung im Sinne einer Aufteilung des Gesamtziels in technische, ökonomische und ökologische Ziele vorzunehmen. (4) Das Realmodell ergibt sich dann dadurch, daß man insbesondere die ökonomischen und ökologischen Hypothesen zu validieren versucht und damit den Zusammenhang zwischen (häufig im Detail nicht bekannten) technischen und administrativen Maßnahmen und zugehörigen ökonomischen und ökologischen Konsequenzen feststellt. (5) Die Vereinfachung des Realmodells in der Hauptanalyse möge dazu führen, daß keine befriedigende Abgasverbesserung möglich ist, d.h. $L^H = 0$ aber $L > 0$. (6) Damit stellt sich die Frage einer neuen Ausgestaltung, die z.B. all die technischen und ökonomischen Daten zusammenträgt, die zur Konstruktion und Einführung eines Katalysators erforderlich sind. (Die Idee, einen Katalysator zu verwenden, ist der eigentlich kreative Schritt, der dann zu einer neuen Ausgestaltung führt. Daß dieser Schritt durch den Modellierungsprozeß selbst u.U. provoziert werden kann, wird z.B. in Abschn. G von [1] gezeigt). (7) Nunmehr möge sich die Modellierungslücke schließen lassen und der umweltfreundliche PKW werde eingeführt. Dies heißt insbesondere, daß eine Senkung des Anspruchsniveaus, dargestellt etwa durch nicht zu überschreitende Stichoxydwerte nicht erforderlich war. (8) Zur Zeit der Einführung möge jedoch die "PKW-Dichte" in unvorhersehbarer Weise gestiegen sein, so daß die Umweltbelastung weiter drastisch reduziert und technisch zu "neuen Ufern" vorgedrungen werden muß, was wegen der neuen Daten eine Veränderung des Realitätsausschnitts erforderlich macht (vgl. Abb. 2). Sollte nunmehr z.B. das "Elektro-Auto" als neue technische Lösung ins Auge gefaßt werden, so sind neuartige Ausgestaltungen und Spezifizierungen nötig. Ein weiterer Grund des Scheiterns an der Realität könnte auch darin liegen, daß man bestimmte ökonomische Wirkungen ex ante nicht richtig hat ermitteln können. Dies und andere sich auf den gesamten Planungsprozeß beziehende Implementierungsschwierigkeiten können Anlaß zu Korrekturen des Planungsprozesses geben (vgl. Abb. 2).

<u>Literatur</u>

[1] : Schneeweiß, Ch.: Elemente einer Theorie betriebswirtschaftlicher Modellbildung, in: ZfB, 54. Jg. (1984), H.5, S. 480-504

[2] : Schneeweiß, Ch.: Modellierung industrieller Lagerhaltungssysteme, Berlin, Heidelberg, New York 1981

SEARCH PROBLEMS IN ORDERED SETS

Ulrich Faigle, Bonn
Laszlo Lovasz, Bonn
Rainer Schrader, Bonn
György Turan, Bonn

ABSTRACT

For the problem to decide if $\alpha \in Q$ is in the range of the order preserving map $f : P \to Q$, where P and Q are (partially) ordered, Linial and Saks [2] have shown that the information-theoretic lower bound for the number of function evaluations necessary may be attained within a constant. It seems, however, that this algorithm may not be efficiently implementable in general. We discuss the general problem and offer an easily implementable algorithm which attains the information-theoretic lower bound within at most $O(\log n)$.

1. INTRODUCTION

The general search problem considered here is as follows: Let P be a finite and Q a possibly infinite (partially) ordered set and $f : P \to Q$ an *order preserving* map, i.e., a map with the property that $x \leq y$ always implies $f(x) \leq f(y)$. Given the element $\alpha \in Q$, we want to find some $x \in P$ with $f(x) = \alpha$ (or decide that no such x exists) by successively performing evaluations

$$f(x) = ?$$

at suitably chosen elements of P.

The ideal identification problem is a special case. If $I \subseteq P$ is an *ideal* of P, i.e., a subset with the property that $y \in I$ and $x \leq y$ always implies $x \in I$, we may take $Q = \mathbb{R}$ and define $f : P \to Q$ by $f(x) = 0$ if $x \in I$ and $f(x) = 1$ if $x \notin I$. Then "$f(x) = ?$" is equivalent to the query "$x \in I$?" and, for $\alpha = 1/2$, the above search yields the complete determination of I.

To illustrate the latter problem, we may think of P as the set of possible sources for pollution located on a river and its tributaries

Operations Research Proceedings 1984

with $x < y$ if x lies downstream from y. The ideal I can correspond to the polluted part of the river system and the query "$x \in I$?" to the analysis of a water sample taken near x. Or, P can represent a hierarchical information system, where $x < y$ means that x is below y in the information hierarchy. If I is the collection of nodes in P which can *not* be reached from the source of information, a query "$x \in I$?" stands for testing the accessibility of $x \in P$.

The search problem admits a straightforward naive solution method: Evaluate the map $f : P \to Q$ at *all* elements of P and then decide the problem by inspecting the set of function values. If it is costly, however, to evaluate f or if a search on P has to be carried out very often, it is desirable to keep the number of evaluations at a minimum.

In fact, unless P is an *antichain* (i.e., no two elements of P are comparable), much less that $|P|$ evaluations are generally needed. This is well-known when P is a *chain* (i.e., all elements of P are pairwise comparable): the binary search algorithm requires at most $\log_2(|P| + 1)$ evaluations and thus achieves the information-theoretic bound. In Section 2, we will discuss the attainability of the information-theoretic bound in general. We then outline a general search strategy in Section 3 which need not attain the information-theoretic bound but performs considerably better than the naive procedure and, furthermore, can be carried out efficiently.

2. THE INFORMATION-THEORETIC BOUND

Since the element $x \in P$ divides the class of all ideals of P into the class of ideals containing x and into the remaining ideals, in the worst case

$$\log_2 N$$

queries "$x \in I$?" will be needed to identify the ideal $I \subsetneq P$, where N is the number of ideals of P. Conversely, Linial and Saks [2] have shown that, up to a constant, this bound can be attained.

To see this, let $f : P \to Q$ be order preserving and $\alpha \in Q$ be given. Also, let $\delta > 0$ be a real number. Call $x \in P$ δ-*central* if

$$\delta \cdot N \leq N(x) \leq (1-\delta)N ,$$

here $N(x)$ is the number of ideals containing x . We now proceed as ollows:

(i) find a δ-central element x ;
ii) delete $I(x) = \{y \in P : y \leq x\}$ if $f(x) < \alpha$;
delete $I^*(x) = \{y \in P : y \geq x\}$ if $f(x) > \alpha$;
delete $I(x) \cup I^*(x)$ if α and $f(x)$ are incomparable;

hen in each case the remaining ordered set has at most $(1-\delta)N$ ideals. ence the search algorithm requires at most $-\log_2^{-1}(1-\delta) \cdot \log_2 N$ valuations - provided δ-central elements can always be found.

heorem [2]: There exists a $\delta_o \geq 0.17$ such that every finite ordered et has a δ_o-central element. ▯

ote that the algorithm above generalizes binary search: in the case of hains, elements in the middle obviously are δ-central with $\delta \approx 0.5$.

fficient determination of central elements in arbitrary ordered sets ppears to be not so easy. So far, the problem has been solved for certain lasses of ordered sets only. In [1], for example, it is shown how -central elements with $\delta = 0.25$ can efficiently be located in nterval orders and in series-parallel orders. We also remark that the abeling method of Steiner [4] may be used to detect central elements n ordered sets of dimension two, which include the series-parallel rders. Rooted in-(out-)trees are, in particular, series-parallel. On he other hand, already no efficient way is known to detect central lements in orders whose Hasse diagram is a tree - although one can rove that such orders even contain δ-central elements with $\delta = 0.33$. n general, the following is true.

heorem [1]: There exists a polynomial algorithm to find δ_o-central lements in arbitrary ordered sets if and only if, for every $\varepsilon > 0$, here exists a polynomial algorithm which approximates the number of deals within ε . ▯

lthough it is not known whether *approximating* the number of ideals is omputationally hard, this result seems to suggest that the determina- ion of central elements generally is not easy as Ball and Provan [3] ave shown that computing the (exact) number of ideals already is NPhard for ordered sets of height one.

3. THE DILWORTH DECOMPOSITION

We now describe a solution algorithm for the search problem with respect to $f : P \to Q$ which is based on the Dilworth chain decomposition of P. Since such a decomposition can be obtained efficiently, this algorithm will be efficient.

Recall that the *width* $w = w(P)$ is the maximal size of an antichain in P. Dilworth's well-known theorem states that P can be partitioned into w chains $C_1, C_2, \ldots, C_w$.

Given a covering of P with k chains $C_1, C_2, \ldots C_k$ our algorithm selects an element x located in the middle of a non-empty chain and proceeds as follows:

(iii) delete $I(x)$ from all chains C_i if $f(x) < \alpha$;
delete $I^*(x)$ from all chains C_i if $f(x) > \alpha$;
delete $I(x) \cup I^*(x)$ from all C_i if α and $f(x)$ incomparable;

This procedure is iterated until an $x \in P$ with $f(x) = \alpha$ is found or until all chains are empty.

Note that this algorithm produces, in the worst case, a binary search through each of the chains $C_1, C_2, \ldots, C_k$. Hence, if we start with a Dilworth decomposition $C_1, C_2, \ldots, C_w$ of P, an upper bound on the number of evaluations necessary to carry out the search is

$$\log_2(\ell_1 + 1) + \log_2(\ell_2 + 1) \ldots + \log_2(\ell_w + 1) + w ,$$

where $\ell_i = |C_i|$. Setting $n = \ell_1 + \ell_2 + \ldots + \ell_w = |P|$, Jensen's inequality therefore implies the upper bound

$$w \cdot \log_2(1 + n/w) + w = w(1 + \log_2(1 + n/w)) = n \cdot \frac{1 + \log_2(1 + n/w)}{n/w}$$

This upper bound shows that for $w = o(n)$ the worst-case performance ratio of the Dilworth based search algorithm versus the naive search tends to zero. In particular, for the class of ordered sets P

of bounded width w, the worst-case performance guarantees less than $w \cdot \log_2 n$ evaluations and thus, because $\log_2 n \leq \log_2 N$, the information-theoretic bound up to a constant.

In general, taking 2^w as a rough lower estimate for N, we have

$$w \leq \log_2 N .$$

Hence the crude upper bound derived above for the Dilworth based algorithm, divided by the information-theoretic lower bound of Section 2, does not grow faster than in the order of $\log_2 n$.

In summary, our worst-case estimates already guarantee a performance of at most $O(\log_2 n \cdot \log_2 N)$ function evaluations for the efficiently implementable Dilworth based algorithm. It would be interesting to know how well this algorithm really performs. Sofar, we have not been able to exhibit a class of examples for which the algorithm based on central elements demonstratably requires less function evaluations.

REFERENCES

[1] U. Faigle, L. Lovász, R. Schrader, Gy. Turán: Searching in trees, series-parallel and interval orders, Report No. 84320-OR, Institut für Operations Research, Universität Bonn, 1984.

[2] N. Linial and M.E. Saks: Information bounds are good for search problems on ordered data structures, 24th IEEE FOCS (1983), 473 - 475.

[3] J.S. Provan and M.O. Ball: The complexity of counting cuts and of computing the probability that a graph is connected, SIAM J. Comp. 12 (1983), 777 - 788.

[4] G. Steiner: Single machine scheduling with precedence constraints of dimension 2, to appear: Oper. Research, 1984.

LINEAR ARRANGEMENTS OF INTERVAL ORDERS

Ulrich Faigle, Bonn
Rainer Schrader, Bonn

We consider the following problem:
n measurements $x_1, x_2, \dots, x_n$ are represented with respect to certain confidence limits by n intervals $[a_1,b_1], \dots, [a_n,b_n]$. Then the set of intervals is naturally (partially) ordered by $[a_i,b_i] < [a_j,b_j]$ if $b_i < a_j$. Ideally, the intervals form a chain with respect to this ordering, thereby reflecting the "true" ranking of the measurements $x_1, \dots, x_n$.

If P denotes the interval order, we therefore want to list the elements of P in a linear order $p_1 p_2 \dots p_n$ such that $p_i < p_j$ implies $i < j$ and the number of "setups", i.e., the number of pairs (p_i, p_{i+1}) with $p_i \nless p_{i+1}$, is as small as possible. (The setup problem may also be viewed as the problem to schedule n tasks with precedence constraints on a single machine, where a unit cost occurs whenever a task is not executed immediately after a task constrained to precede it.)

We present an exact algorithm to minimize the number of setups for an interval ordered set, which is polynomial when restricted to the class of interval orders of width at most k . We also discuss a simple greedy heuristic for this problem.

EIN ITERATIVER LÖSUNGSANSATZ FÜR DAS ROSTERING PROBLEM MITTELS OPTIMALER ZUORDNUNGEN

Ulrich Derigs, Bonn
Benny Hagberg, Göteborg

Zusammenfassung:
Das (Taxi-) Rostering Problem besteht darin, einen (monatlichen) Dienstplan zu entwerfen, der eine Menge vorgegebener Aufgaben (Schichten) "gerecht" auf eine Menge von (Taxi-) Unternehmern verteilt. Kriterien sind hier eine gleichmäßige Verteilung von freien Tagen/Abenden, Gesamtarbeitszeit etc.

Wir stellen ein Lösungsmodell und iteratives Verfahren vor, bei dem eine Folge von Zuordnungsproblemen zu erzeugen und zu lösen ist.

1. Das Taxi-Rostering Problem

Ein wichtiges Teilproblem innerhalb des Crew-Scheduling ist das sogenannte *Rostering-Problem* bei dem die schon definierten Aufgaben (Schichten) für einen bestimmten Zeithorizont auf die vorhandenen Crews zu verteilen sind. Oft geschieht diese Einteilung aufgrund von Anciennitäten (airline crew scheduling). Im folgenden beschreiben wir ein Modell und Verfahren für die Einteilung, d.h. Dienstplanbildung, für eine Taxiflotte, welches im Rahmen eines umfangreichen Planungs- und Steuerungssystems von der VTS Transportation Systems, Göteborg implementiert wurde.

Die Taxiflotte einer (skandinavischen) Großstadt besteht in der Regel aus einer Menge sogenannter "Taxigruppen", die wiederum jeweils aus einzelnen Taxi-Fahrzeugen bestehen. Die Größe einer Taxigruppe (Anzahl von Fahrzeugen) ist dabei für eine bestimmte Stadt konstant. Die Taxigruppen sind wiederum zu einer "Kooperative" zusammengeschlossen, die die Dienstplanbildung für die gesamte Taxiflotte auf der Bais von Taxigruppen vornimmt. Im Planungsprozeß werden somit die Gruppen als Einheit behandelt und eine zugeordnete Schicht gilt dann für alle Fahrzeuge einer Gruppe gleichermaßen. Bei der Dienstplanbildung müssen keinerlei Restriktionen für die Taxifahrer wie Ruhezeiten etc. berücksichtigt werden, da hierbei nur eine Einteilung der Fahrzeuge vorgenommen wird. Die Einteilung der Fahrer auf die Fahrzeuge und Schichten wird anschließend von den einzelnen Gruppen vorgenommen.

Aufgrund der aus Erfahrungsdaten ermittelten Nachfrage nach Fahrgastbeförderung im Zeitablauf wird zunächst zentral ein sogenannter "Schichtplan" für den Planungszeitraum aufgestellt. Eine Schicht wird dabei definiert durch Angabe einer Start- und Endzeit. Das Taxi-Rostering Problem besteht nun darin, diese Schichten "gerecht" auf die einzelnen Gruppen zu verteilen. Die Ziele bei dieser zentralen Dienstplanbildung sind dabei

- eine gleiche Anzahl von freien Tagen für alle Gruppen,
- eine gleiche Anzahl von freien Abenden für alle Gruppen,
- eine gleichhohe Gesamtdienstzeit für alle Gruppen,
- eine Anpassung der Dienstantrittszeiten für benachbarte Arbeitstage.

2. Das Modell und Lösungsverfahren

Wir gehen im folgenden von einer Planungsperiode von n Tagen und einer Anzahl von m (Taxi-) Gruppen aus. Das Problem besteht dann in der Aufstellung einer $m \times n$ "Roster-Matrix", bei der jeder Eintrag eine bestimmte Einsatzart angibt. Dabei kann ein Einsatz eine Schicht oder ein freier Tag für die Gruppe sein. Die Spalten dieser Matrix geben dann die "Roster" für die einzelnen Gruppen an.

Die in der Literatur zur Lösung solcher komplexen time-tabling-Probleme vorgeschlagenen Verfahren bestehen in der Regel darin, ausgehend von einem Startroster durch paarweises Vertauschen von Aufgaben verbesserte Roster zu erzeugen. Im folgenden beschreiben wir ein Verfahren bei dem der Prozeß der paarweisen Vertauschung durch simultane Vertauschung mehrerer Aufgaben ersetzt wird.

Anhand des Schichtplans können wir sofort eine durchschnittliche Anzahl von freien Tagen, freien Abenden und eine durchschnittliche Arbeitszeit für die Gruppen bestimmen, die dann als Zielgrößen für die ersten drei Ziele verwendet werden.

Die Anforderung einer gleichmäßigen Verteilung der freien Tage unter den einzelnen Gruppen ist dabei das dominierende Planungsziel. Durch einen einfachen Prozeß, bei dem die freien Tage nach und nach auf die Gruppen verteilt werden, kann eine Lösung (Roster) erzeugt werden, die diese Forderung erfüllt. Dabei gehen wir davon aus, daß die Anzahl von Aufgaben pro Tag nicht größer ist als die Anzahl der Gruppen.

Sei nun ein (zulässiges) Roster gegeben dann wählen wir für jede Gruppe eine zugeordnete Schicht aus dem zugehörigen Roster aus. Sei V_2 die Menge dieser ausgewählten Schichten. Die um diese Schichten verminderten Teilroster der einzelnen Gruppen bilden eine zweite Menge V_1. Die Menge V_1 können wir somit auch mit der Menge der Taxigruppen identifizieren. Diese beiden Mengen bilden nun die Knotenmengen eines bipartiten Graphen $G = (V_1, V_2, E)$, wobei wir einen Knoten aus V_1 (Gruppe) mit einem Knoten aus V_2 (Schicht) verbinden, falls die Schicht für die Gruppe zusätzlich einplanbar ist, d.h. das Teilroster um diese Schicht erweitert werden kann.

Der oben definierte Graph ist eindeutig durch V_2 bestimmt und wird daher mit $G(V_2)$ bezeichnet. Die ausgewählten, d.h. neu zu verteilenden Schichten V_2 können dabei etwa aus den Schichten eines Tages bestehen, wobei man bei den Gruppen, die an diesem Tag dienstfrei sind, etwa die für den folgenden Tag zugeordnete Schicht auswählt.

Jede Zuordnung $\varphi : V_2 \rightarrow V_1$ im Graphen $G(V_2)$ führt zu einer zulässigen Rostermatrix indem jede Aufgabe $v \in V_2$ der Gruppe bzw. dem zugehörigen Teilroster $\varphi(v) \in V_1$ zugeteilt wird. Dabei gilt nun:

(i) Die Menge der Zuordnungen φ in $G(V_2)$ ist nichtleer, da die Schichten in V_2 in jedem Fall wieder ihren "alten" Gruppen zugeordnet werden können.

(ii) Jedes durch eine Zuordnung in $G(V_2)$ erzeugte Roster ist wiederum optimal bezgl. der ersten Zielvorstellung, da niemals eine (echte) Schicht gegen einen freien Tag ausgetauscht wird.

Sinn des Austauschprozesses ist es nun, bezüglich der restlichen Ziele verbesserte Roster zu erzeugen. Dazu führen wir Kantengewichte c_{ij} für Kanten $(i,j) \in E$ ein, wobei c_{ij} ein Maß für die Verbesserung der Zuordnung von Aufgabe $j \in V_2$ zu Teilroster bzw. Gruppe $i \in V_1$ angibt und $c(\varphi) = \sum_{j \in V_2} c_{\varphi(j),j}$ ein Maß für die Gesamtverbesserung durch Zuordnung φ angibt. Dabei wurden die Kantengewichte c_{ij} folgendermaßen angesetzt:

$$c_{ij} = L_1(EO_{ij} - EOA)^2 + L_2(ADT_{ij} - ADTA)^2 + L_3 \sum_{k \in K_{ij}} (ST_{ik} - STA_{ij})^2$$

wobei

EO_{ij} = Anzahl der freien Abende für Gruppe i falls Schicht $j \in V_2$ der Gruppe i zugeordnet wird

EOA = Zielgröße (durchschnittliche Anzahl von freien Abenden)

ADT_{ij} = kumulierte Gesamtdienstzeit für Gruppe i falls Schicht $j \in V_2$ der Gruppe i zugeordnet wird

ADTA = Zielgröße (durchschnittliche Gesamtdienstzeit)

ST_{ik} = Dienstantrittszeit für Gruppe i an Tag k

STA_{ij} = durchschnittliche Dienstantrittszeit für Gruppe i falls Schicht $j \in V_2$ der Gruppe i zugeordnet wird

K_{ij} = Menge der Diensttage für Gruppe i falls Schicht $j \in V_2$ der Gruppe i zugeordnet wird

L_1, L_2, L_3 = Konstanten zur Gewichtung und Normalisierung der einzelnen "Zielfunktionen"

Es ist also eine Zuordnung zu bestimmen, so daß für das entstehende Roster die über alle Gruppen aufsummierte gewichtete Summe der quadratischen Abweichungen bezüglich gewisser Zielgrößen minimiert wird.

Der Verbesserungsprozeß wird nun iterativ fortgesetzt bis keine Verbesserung mehr möglich ist, bzw. ein hinreichend gutes Roster erzeugt wurde.

3. Praktische Erfahrungen

Das Modell und Verfahren ist seit einigen Monaten implementiert und läuft in der praktischen Anwendung auf einem Minicomputer als batchjob in der Regel über Nacht. Das System ist dimensioniert für (maximal) 82 (Taxi-) Gruppen und eine Planungsperiode von vier Wochen. Zur Lösung des Zuordnungsproblems wird eine für die Verwendung auf dem Minicomputer modifizierte Version des LSAP-codes aus Burkard und Derigs [1980] verwendet. Die bisherigen Tests und Erfahrungen zeigen, daß bei diesem Ansatz keinerlei Probleme bezüglich Rechenzeit und Speicherplatz bei der Anwendung auf einem Minicomputer auftreten.

Das entwickelte Modell und Verfahren wurde speziell für die Dienstplanbildung innerhalb einer Taxiflotte entwickelt. Wegen seiner Einfachheit und Flexibilität sehen wir jedoch vielseitige Anwendungsmöglichkeiten bei komplexen Zuordnungsproblemen (time-tabling, vehicle routing und scheduling).

Literatur

Burkard R.E.; Derigs U.
Assignment and Matching Problems: Solutions Methods with FORTRAN-Programs
Springer Lecture Notes in Mathematical Systems 184 Berlin (1980)

1-N VERFAHREN ZUR BESTIMMUNG VON K-KÜRZESTEN WEGEN

Alois Fuchs, Karlsruhe

Zusammenfassung

Der Nachweis von Zusammenhängen zwischen Umwegen und k-kürzesten Wegen benachbarter Knoten in einem Graphen ermöglicht die Realisierung von 1-n Verfahren, die ausgehend vom kürzesten Weg die k-kürzesten Wege von einem zu allen Knoten konstruktiv aufeinander aufbauend bestimmen. Der Rechenzeitbedarf hängt hierbei linear von der Anzahl der Knoten, von der Anzahl k der Wege und der mittleren Anzahl der von einem Knoten ausgehenden Kanten ab. Da bei dieser Vorgehensweise Schleifen durch einfache Überprüfungen festgestellt werden können, ist es möglich, Wege mit und ohne Schleifen effektiv zu bestimmen.

Abstract

The proof of relations between deviations and k shortest paths of neighbouring nodes in a network allows the realisation of 1 to n algorithms, which determine successively the k shortest paths from one to all nodes, starting with the shortest path ,in a constructive manner. The required running time depends linearly on the number of nodes, the number k of paths and the average number of arcs branching at a node. As loops can easily be examined during the calculation, it is possible to determine efficiently paths with and without loops.

1. Einführung

Algorithmen, die neben dem kürzesten Weg in einem Graphen auch die zweit-, dritt-, ... k-kürzesten Wege berechnen, besitzen heute ein breites Anwendungsfeld. Im Zusammenhang mit den in den letzten Jahren entwickelten bedarfsgesteuerten Transport- und Verkehrssystemen haben speziell auch Wege mit Schleifen an Bedeutung gewonnen.
Die effektivsten der heute bekannten Verfahren zur Bestimmung von k-kürzesten Wegen in Graphen ermitteln zum einen schleifenfreie Wege durch mehrfache Anwendung von Kürzest-Weg-Algorithmen [4,7], zum anderen Wege mit Schleifen durch die Modifikation von Kürzest-Weg-Algorithmen und ihre Anwendung auf k-Tupel [6].

Operations Research Proceedings 1984

Grundlage vieler Verfahren ist die 1959 von Hoffmann und Pavley [3] vorgestellte konstruktive Vorgehensweise mit Hilfe von Umwegen. Die Schwierigkeit hierbei ist die effektive Bestimmung dieser Umwege.

Bei der Bearbeitung des 1-n (n-1) Problems, d.h. der Bestimmung der Wege von einem zu allen n Knoten (analog von allen zu einem), ist jedoch bei geeigneter Vorgehensweise die Verwendung der Information über bereits bestimmte Wege möglich. Im folgenden werden die bestehenden Zusammenhänge aufgezeigt und ein darauf aufbauendes Verfahren vorgestellt.

2. Definitionen

Vorausgesetzt sei ein bewerteter Graph ohne negative Zyklen. Wege, die Länge von Wegen, kürzeste Wege, die Summe von Wegen und Schleifen seien in der üblichen Art und Weise definiert.

Analog [3] sei eine Umleitung Q eines Weges P vom Startknoten A zum Zielknoten E definiert durch einen kürzesten Weg von A zu einem Knoten K, eine Kante K-I, genannt Umleitungskante, deren Endknoten I wieder auf dem Orginalweg liegt, und dem Restweg von I nach E.

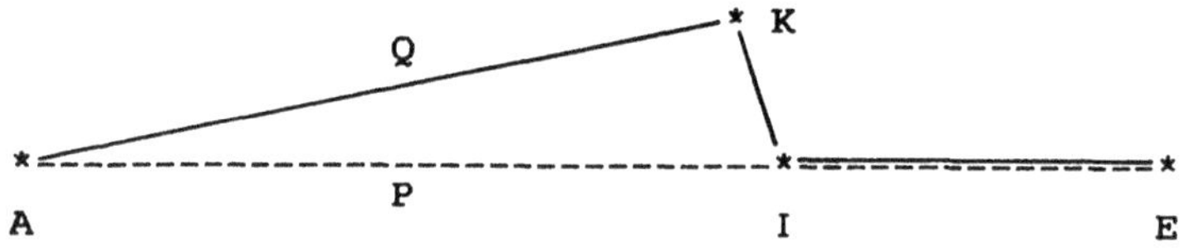

Die Umleitungen einer Menge von Wegen Pi .. Pn seien alle Umleitungen die nicht mit einem der Orginalwege Pi .. Pn identisch sind.

Als Umleitungen 1. Ordnung werden die Umleitungen eines kürzesten Weges bezeichnet.

Nach [1] sei die Wurzel einer Umleitung der oben definierte (kürzeste) Weg vom Startknoten A bis zum Anfangsknoten K der Umleitungskante.
Die Spur (genau übersetzt Sporn) einer Umleitung sei der Restweg vom Anfangsknoten K der Umleitungskante über I bis zum Zielknoten E.
Die Wurzel eines (eindeutigen) kürzesten Weges Q sei der Gesamtweg, die Spur sei der Zielknoten E.

Ein Stammweg einer Umleitung sei definiert durch einen kürzesten Weg (i.A. nicht eindeutig) vom Startknoten A zum Endknoten I der Umleitungskante und dem Restweg von I nach E.

3. Wege mit Schleifen

Der allgemeine Fall, in dem ein Weg Knoten mehrfach enthalten kann, hat in den letzten Jahren geringere Beachtung gefunden, da bei vielen Anwendungen nur schleifenfreie Wege erwünscht sind. Doch gerade für Wege mit Schleifen gelten einige grundlegende Zusammenhänge.

3.1 Mathematische Grundlagen

Ausgangspunkt für das hier beschriebene Verfahren ist der von Hoffmann und Pavley [3] bewiesene Satz:

Satz 3.1 (H,P):

Jeder nicht minimale Weg Q von A nach E ist die Umleitung eines Weges P, der nicht länger ist als Q.
Ist Q minimal, so ist Q entweder eindeutig oder die Umleitung eines anderen kürzesten Weges.

Hieraus läßt sich sofort ableiten, daß ein k-kürzester Weg unter den Umleitungen der (k-1)-kürzesten Wege zu finden ist.

Lemma 3.1:

Ein k-kürzester Weg von A nach E ist ein Weg mit der kürzesten Länge aus der Menge der Umleitungen der (k-1)-kürzesten Wege.

Eine wesentliche Weiterentwicklung dieses Ansatzes ist durch die Tatsache möglich, daß für die Bestimmung eines k-kürzesten Weges nur die Umleitungen 1. Ordnung der Wurzeln der (k-1)-kürzesten Wege relevant sind.

Satz 3.2:

Jeder nicht minimale Weg Q von A nach E besteht aus der Summe einer Umleitung 1. Ordnung der Wurzel und der Spur eines Weges P, der nicht länger ist als Q.

Beweis:

Seien K-I die Umleitungskante des Weges Q, P ein Stammweg von Q und J der letzte Knoten der Wurzel von P.
Der Weg von A über K-I nach J ist eine Umleitung des kürzesten Weges von A nach J (Wurzel von P). Das Reststück des Weges Q von J nach E und die Spur von P sind identisch, und P ist als Stammweg nicht länger als Q.

Die nach Lemma 3.1 zur Bestimmung eines k-kürzesten Weges erforderlichen Umleitungen der (k-1)-kürzesten Wege Pi lassen sich hiermit auf die Wege beschränken, die aus der Verknüpfung der Umleitungen 1. Ordnung der Wurzel und der Spur des jeweiligen Weges Pi entstehen.

Induktiv seien diese als Umleitungen der Ordnung j definiert, falls ihr Stammweg Pi die Ordnung j-1 besitzt.

Zusätzlich ist durch diese Einschränkung gewährleistet, daß unterschiedliche (Stamm-) Wege auch unterschiedliche Umleitungen besitzen und somit eine Überprüfung auf Gleichheit entfallen kann (vergl. auch Satz 5.1).
Für das Verfahren erhält damit nach der Bestimmung eines kürzesten Weges auch die Bestimmung der Umleitungen 1. Ordnung große Bedeutung.

Bei der Bearbeitung des 1-n Problems ist eine effektive Bestimmung durch die Verwendung bereits vorhandener Information an benachbarten Knoten möglich. Es gilt folgender Zusammenhang:

Satz 3.3:

Die Umleitungen 1. Ordnung eines kürzesten Weges P von A nach E bestehen aus den Umleitungen 1. Ordnung des Teilweges Q von A zum vorletzten Knoten D des Weges P verlängert um die Abschlußkante D-E, und aus den Umleitungen, die am Zielknoten E einmünden, d.h. deren Umleitungskante U (U $\neq$ D-E) den Endknoten E besitzt.

Beweis:

Der Teilweg Q von A nach D ist kürzester Weg, und alle Umleitungen des Weges P, die nicht am Zielknoten E einmünden, münden in den Weg Q ein.

Analog können alle relevanten Umleitungen höherer Ordnung eines Weges mit Hilfe von bereits bestimmten k-kürzesten Wegen aufgebaut werden.

Satz 3.4:

Eine k-kürzeste Umleitung höherer Ordnung des Weges P von A nach E besteht aus der Summe eines k-kürzesten Weges von A zum Endknoten J der Wurzel, und der Spur des Weges P.

Beweis:

Da alle Umleitungen höherer Ordnung die Spur des Weges P enthalten, unterscheiden sie sich von den Wegen von A nach J nur durch ihr Endstück. Durch diese Addition einer konstanten Länge bleibt die Eigenschaft der k-kürzesten Länge erhalten.

Diese Zusammenhänge erlauben es, die k-kürzesten Wege bei geeigneter Bearbeitungsreihenfolge aus bereits bekannten Teilstücken aufzubauen. Dadurch ist die Realisierung einer effektiven Vorgehensweise zur Lösung des 1-n Problems möglich.

3.2 Verfahren

Die Bestimmung der k-kürzesten Wege von einem zu allen Knoten im Graphen erfolgt in drei Einzelschritten:

- kürzeste Wege
- Umleitungen 1. Ordnung
- k-kürzeste Wege

Bei Graphen ohne negative Bewertung wird zur Bestimmung des kürzesten Weges sinnvollerweise ein Verfahren nach Dijkstra verwendet. Dieses liefert zusätzlich die Zielknoten in aufsteigender Länge der kürzesten Wege vom Startknoten.
In den weiteren Schritten werden ausgehend vom Startknoten A alle möglichen Zielknoten E nach aufsteigender Länge des kürzesten Weges von A nach E bearbeitet. Dadurch ist gewährleistet, daß die Umleitungen bzw. k-kürzesten Wege zum vorletzten Knoten D auf dem kürzesten Weg bereits bestimmt sind.
In Graphen mit negativer Bewertung ohne negative Zyklen ist hierfür ein Verfahren nach dem Grundprinzip von Moore erforderlich. Die weitere Bearbeitung muß dann nach aufsteigender Knotenanzahl der kürzesten Wege erfolgen (vergleiche Dreyfus [2,5]), um obige Bedingung zu erfüllen.

Für die Umleitungen 1. Ordnung werden nach Satz 3.3 die am jeweiligen Zielknoten E einmündenden Umleitungen bestimmt, ihrer Länge nach sortiert und mit den um die Abschlußkante D-E verlängerten (bereits bestimmten und sortierten) Umleitungen des kürzesten Weges von A nach D gemischt, bis die Anzahl k erreicht ist oder alle Wege einsortiert sind. Mit den Umleitungen 1.Ordnung sind gleichzeitig die 2.-kürzesten Wege schon bestimmt.

Die Bestimmung der k-kürzesten Wege ist nach Lemma 3.1 mit Hilfe der Umleitungen höherer Ordnung der (k-1)-kürzesten Wege möglich.
Beginnend mit dem 2.-kürzesten Weg werden für alle Wege P zum jeweiligen Zielknoten (die nicht aus bereits bestimmten k-kürzesten Wegen entstanden sind) in aufsteigender Reihenfolge die Umleitungen gebildet, und bis zur Maximalzahl k ihrer Länge nach einsortiert. Hierbei treten zwei Fälle auf:

a) Sind die k-kürzesten Wege zum Endknoten der Wurzel des Weges P schon bestimmt, können nach Satz 3.4 durch Verknüpfung mit der Spur des Weges P bereits alle Umleitungen höherer Ordnung von P aufgebaut und einsortiert werden. Eine weitere Behandlung dieser Wege ist nicht mehr erforderlich.

b) Sind zum Endknoten der Wurzel des Weges P nur die Umleitungen 1. Ordnung bestimmt, werden die Umleitungen der nächst höheren Ordnung nach Satz 3.2 gebildet und einsortiert. Für diese sind später gegebenenfalls weitere Umleitungen zu bestimmen.

Dieser Schritt wird durchgeführt, bis die Anzahl k erreicht ist oder alle Wege bearbeitet sind.

Eine zusätzliche Aufwandsersparnis ist möglich, wenn zu Beginn die am Zielknoten E einmündenden Umleitungen mit den um die Abschlußkante D-E verlängerten (bereits bestimmten) k-kürzesten Wegen von A nach D gemischt werden. Damit sind alle Umleitungen höherer Ordnung bestimmt, die vor dem Zielknoten E in den kürzesten Weg einmünden, und brauchen im folgenden nicht mehr behandelt werden.

Unter Verwendung von geeigneten Datenstrukturen, die insbesondere das Führen und Mischen der sortierten Listen der Wege unterstützen, läßt sich mit diesem Ansatz ein Verfahren realisieren, das auf sehr effektive Art und Weise arbeitet.

4. Wege ohne Schleifen

Im Prinzip liefert ein Verfahren, das Schleifen erlaubt, auch die Wege ohne Schleifen, da sie eine Teilmenge der allgemeinen Wege darstellen. Nicht vorherzusagen und von der Struktur des Graphen abhängig ist jedoch die Anzahl der Wege, die zu bestimmen sind, um k schleifenfreie Wege zu erhalten.

Ein Ansatz zur Reduzierung des Aufwandes bei der Umwegbildung für diesen Fall befindet sich in [1]. Ausgangspunkt ist die Definition von zulässigen Wegen:

Ein Weg heißt <u>zulässig</u>, wenn seine Spur schleifenfrei ist.

Die für diese Wege bewiesenen Zusammenhänge lassen sich in folgenden Satz darstellen:

Der Stammweg eines zulässigen Weges ist zulässig.

Dies bedeutet, daß unzulässige Wege keine schleifenfreien Umleitungen besitzen können. Das Verfahren ist damit wie folgt abzuwandeln:

Bilde Umleitungen nur von zulässigen Wegen, bis k schleifenfreie Wege oder alle zulässigen Wege bestimmt sind.

Bei der hier dargestellten Vorgehensweise läßt sich diese Einschränkung besonders einfach realisieren, da die Zulässigkeit bzw. Schleifenfreiheit bereits bestimmter Wege bekannt ist. Dadurch reduziert sich die Überprüfung dieser Eigenschaften bei neugebildeten Wegen auf den Vergleich von wenigen Knoten.

5. Rekonstruktion der Wege

Bei Verfahren, die nur die Längen der k-kürzesten Wege bestimmen [6], ist ein relativ aufwendiger Algorithmus zur Erstellung der Knotenfolge erforderlich, da der k-kürzeste Weg durch seine Länge nicht eindeutig definiert ist.
Im folgenden werde deshalb von dem durch die Bestimmungsreihenfolge eindeutig festgelegten k-kürzesten Weg ausgegangen. Unter dieser Voraussetzung gilt der Satz:

Satz 5.1:
Jeder nicht minimale Weg P von A nach E ist eindeutig definiert durch seine Umleitungskante K-I und seinen Stammweg Q.

Beweis:
P verläuft auf dem kürzesten Weg von Startknoten A zum Knoten K (Wurzel) und über den Knoten I auf seinem Stammweg Q zum Zielknoten E. Der Einmündungsknoten I liegt eindeutig fest, da das Anfangsstück von Q aus dem kürzesten Weg von A nach I besteht.

Mit dieser Information kann schrittweise die Knotenfolge eines Weges rekonstruiert werden, da er immer wieder in Abschnitten auf dem vom Verfahren bestimmten kürzesten Weg von A zum Anfangsknoten der jeweiligen Umleitungskante verläuft. Und zwar zunächst vom Startknoten A zum Anfangsknoten der Umleitungskante. Danach vom Endknoten der Umleitungskante zum Anfangsknoten der Umleitungskante des Stammweges. Dieser Verlauf wiederholt sich, bis als Stammweg der kürzeste Weg von A nach E und auf ihm der Zielknoten E erreicht wird.
Da dem Verfahren bereits die Umleitungskante bekannt sein muß, ist zu dieser Rekonstruktion zusätzlich nur ein Hinweis auf den Stammweg zu speichern.

6. Rechenzeitbedarf und Vergleich

Da der Aufwand für Wege ohne Schleifen sehr stark von der Struktur des Graphen abhängt, sollen hier die Aussagen auf den allgemeinen Fall beschränkt werden.
Zur Abschätzung des Rechenzeitbedarfs für das Verfahren ist bereits aus dem Ablauf ersichtlich, daß nach der Bestimmung des kürzesten Weges der Aufwand für einen Weg unabhängig von der Knotenzahl n des Graphen ist. Für den i-ten Weg sind maximal k-i+1 Längenvergleiche zum Einsortieren der Umleitungen erforderlich, bei den Umleitungen 1. Ordnung sind zusätzlich die am Zielknoten einmündenden Wege zu sortieren. Damit ergibt sich für die Bearbeitung des 1-n Problems eine nur lineare Abhängigkeit von der Knotenzahl n.

Zum Vergleich wurden das hier vorgestellte Verfahren und zwei Ansätze (DS und LS) nach Shier [6] in PASCAL auf einer VAX-11/750 der Informatik-Rechnerabteilung an der Universität Karlsruhe implementiert. Als Testdaten standen Straßenverkehrsnetze mit bis zu 2276 Knoten zur Verfügung.
Die folgenden graphischen Darstellungen zeigen den Rechenzeitbedarf der beiden effektivsten Verfahren in Abhängigkeit von der Knotenanzahl n bei k=30 bzw. in Abhängigkeit von der Weganzahl k für einen Graphen mit 2000 Knoten.

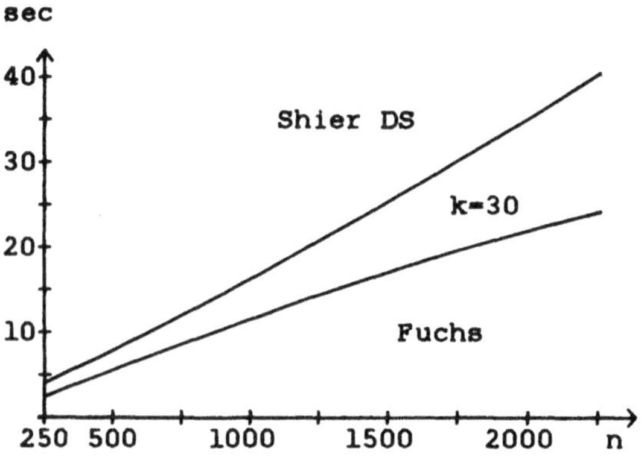

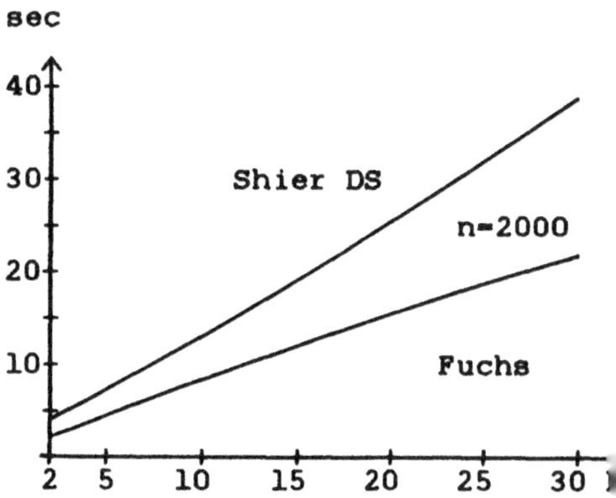

7.Literatur

[1] Clarke S.; Krikorian A.; Rausen J.
Computing the N Best Loopless Paths in a Network.
Journal SIAM 11, 1096-1102 (1963).

[2] Dreyfus S. E.
An Appraisal of Some Shortest-Path Algorithms.
Operations Research 17, 395-412 (1969).

[3] Hoffman W.; Pawley R.
A Method for the Solution of the Nth Best Path Problem.
Journal ACM 6, 506-514 (1959).

[4] Katoh N.; Ibaraki T.; Mine H.
An Efficient Algorithm for K Shortest Simple Paths.
Networks 12, 411-427 (1982).

[5] Lawler E. L.
Combinatorial Optimization.
Holt, Reinhart and Winston, New York, 98-104 (1976).

[6] Shier P. R.
On Algorithms for Finding the K Shortest Paths in a Network.
Networks 9, 195-214 (1979).

[7] Weigand M. M.
Algorithmen zur Bestimmung k-kürzester Wege in einem Graphen.
(Dissertation). Universität Stuttgart (1979).

BER DIE KORREKTE INTERPRETATION DER LAGRANGE-MULTIPLIKATOREN (OPTIMALEN UALVARIABLEN) IN LINEAREN UND NICHTLINEAREN ENTSCHEIDUNGSMODELLEN

einer Horst, Oldenburg

Bei der Lösung von Optimierungsproblemen, für die ein Dualitätssatz gilt, wird mit einer Optimallösung $\bar{x}$ i. a. auch <u>eine</u> Optimallösung $\bar{u}$ des dualen Problems geliefert. Beispiele sind lineare Optimierungsaufgaben, konvexe nichtlineare Optimierungsaufgaben, die eine Regularitätsbedingung erfüllen, aber auch ganzzahlige Optimierungsprobleme, einige Klassen von Kontrollproblemen und Approximationsaufgaben.

Die weitverbreitete Interpretation von $\bar{u}$ als "Schattenpreisvektor" erweist sich in vielen Fällen als falsch und kann zu schwerwiegenden Fehlentscheidungen führen.

Es wird berichtet über

a) die korrekte mathematische Beziehung zwischen $\bar{u}$ und Daten des primalen Problems;

b) die Interpretation von $\bar{u}$ als "Gleichgewichtsvektor" und "einseitige Schattenpreise";

c) einen einfachen Beweis der Zusammenhänge, der im wesentlichen auf dem Dualitätssatz beruht, und somit für große Klassen von Optimierungsproblemen gilt;

d) Verfahren zur Berechnung der "einseitigen Schattenpreise" und Bedingungen, unter denen die klassische Schattenpreisinterpretation korrekt ist.

Die Ergebnisse sind veröffentlicht in

R. Horst: On the Interpretation of Optimal Dual Solutions in Convex Programming. J. Opl. Res. Soc. Vol. 35, 4, 327 335, 1984.

METHODEN UND ANWENDUNGEN DER BILINEAREN OPTIMIERUNG

Stane Indihar, Maribor

Mit dem Problem der bilinearen Optimierung, die eine natürliche Erweiterung der linearen Optimierung und ein spezielles Beispiel der allgemeinen quadratischen Optimierung darstellt, beschäftigen sich bis jetzt mehrere Autoren (Vadnal ´65, Altmann ´68, Konno ´71, Sokirjanskaja ´74, Istomin ´74, Indihar ´75, Vaish und Shetty ´76, ´77, Gallo und Ülkücü ´77), die verschiedene Methoden für die Bestimmung einer lokalen-, ε-optimalen- oder optimalen Lösung vorgestellt haben.

Gleichzeitig mit der Entwicklung der Methoden für die bilineare Optimierung wurden auch mehrere Arbeiten über die Anwendung der bilinearen Optimierung in verschiedenen Bereichen der Unternehmensforschung veröffentlicht. Es sollen erwähnt werden: die Maximierung der konvexen quadratischen Funktion bei linearen Nebenbedingungen, die Bestimmung der Gleichgewichtspunkte des Doppel-Matrix-Spieles, die 0-1 ganzzahlige Optimierung, das mehrstufige Transportproblem, Produktionsprobleme, das Zuordnungsproblem.

Die Ziele dieser Arbeit sind:

- eine Analyse der verschiedenen Methoden für die bilineare Optimierung zu geben,
- einige Beispiele der Anwendung der bilinearen Optimierung zu zeigen,
- einige Möglichkeiten der Verallgemeinerung der bilinearen Optimierung zu erwähnen.

ZUR LÖSUNG LINEARER VEKTOROPTIMIERUNGSSYSTEME MIT HILFE DER FUZZY SET-THEORIE

Heinrich Rommelfanger, Frankfurt am Main

Wird ein reales Entscheidungsproblem in ein Vektoroptimierungssystem abgebildet, so kommt in der Wahl dieses Modelltyps zum Ausdruck, daß der Entscheidungsträger sich nicht in der Lage sieht, seine unterschiedlichen Ziele so gegeneinander abzuwägen, daß er sie in einer einzigen Zielfunktion wiedergeben kann. Eine Aggregation der Zielfunktionen durch Gewichtung bzw. durch Zusammenfassung in einer Gesamtnutzenfunktion scheitert i.a. daran, daß sich die beim Entscheidungsträger vorhandenen Gewichtungstendenzen in Abhängigkeit der Zielerreichungsgrade fortwährend ändern.

Da die Fuzzy Set-Theorie die mathematische Formulierung vager Vorstellungen zuläßt, liegt der Versuch nahe, die Theorie unscharfer Mengen zur Lösung von Vektoroptimierungssystemen heranzuziehen.

1. Lineare Fuzzy Vektoroptimierungssysteme

Um eine Kompromißlösung des linearen Vektoroptimierungssystems

$$\mathbf{z}(\mathbf{x}) = \begin{pmatrix} z_1(\mathbf{x}) \\ \vdots \\ z_K(\mathbf{x}) \end{pmatrix} = \begin{pmatrix} \mathbf{c}_1' \cdot \mathbf{x} \\ \\ \mathbf{c}_K' \cdot \mathbf{x} \end{pmatrix} = \mathbf{C}\cdot\mathbf{x} \longrightarrow \text{Max} \qquad (1)$$

$$\text{mit } \mathbf{x} \in X = \{\mathbf{x} \in \mathbb{R}_0^n \mid \mathbf{a}_i' \cdot \mathbf{x} \leqslant b_i \quad \forall i=1,\ldots,m\}$$

zu berechnen, schlägt ZIMMERMANN /7/,/8/ vor, die einzelnen Zielfunktionen $z_k(\mathbf{x})$, k=1,..,K, durch lineare Zugehörigkeitsfunktionen $f_{zk}(\mathbf{x})$ zu ersetzen, welche die Zufriedenheit des Entscheidungsträgers mit dem Zielwert $z_k(\mathbf{x})$ widerspiegeln.

Bezeichnen wir mit

$$z_k^* = z_k(\mathbf{x}_k^*) = \underset{\mathbf{x}\in X}{\text{Max}}\; z_k(\mathbf{x}) \quad , \quad k=1,..,K$$

den höchsten Wert der bzgl. des Zieles k über der Menge X erreichbar ist, so ist anzunehmen, daß der Entscheidungsträger keinen Zielwert akzeptieren wird, der kleiner als

$$\bar{z}_k = \text{Min}(z_k(\mathbf{x}_1^*),..,z_k(\mathbf{x}_{k-1}^*),z_k(\mathbf{x}_{k+1}^*),..,z_k(\mathbf{x}_K^*)), \quad k=1,..,K \qquad (2)$$

ist.

Als Zugehörigkeitsfunktionen kommen demnach monoton steigende Funktionen

Operations Research Proceedings 1984

$\hat{f}_{zk}(z_k) = f_{zk}(\mathbf{x})$ mit $z_k = z_k(\mathbf{x})$ in Betracht, die über dem Intervall $[\bar{z}_k, z_k^*]$ definiert sind mit $\hat{f}_{zk}(\bar{z}_k) = 0$ und $\hat{f}_{zk}(z_k^*) = 1$.

Verwendet man außerdem als Präferenzfunktion zur Bestimmung einer Kompromißlösung den ZADEHschen Minimumoperator, so ist anstelle von (1) das Problem

$$\underset{\mathbf{x}\in X}{\text{Max}}\ \text{Min}(f_{z1}(\mathbf{x}),..,f_{zK}(\mathbf{x})) \tag{3}$$

zu lösen, das nach NEGOITA/SULARIA /3/ äquivalent ist dem Optimierungsproblem

$$\text{Max } \lambda$$

unter Beachtung der Restriktionen (4)

$$\lambda \leqslant f_{zk}(\mathbf{x}) \qquad k=1,..,K$$
$$\mathbf{x} \in X.$$

Werden nur lineare Zugehörigkeitsfunktionen f_{zk} verwendet, so ist nach ZIMMERMANN /7/,/8/ und LEBERLING /2/ das Modell (4) ein LP-Modell. Weiterhin zeigt LEBERLING /2/,/3/, daß auch bei Verwendung hyperbolischer Zugehörigkeitsfunktionen zu (4) äquivalente LP-Modelle existieren

Darüberhinaus wird in /3/ die Existenz linearer Ersatzmodelle auch für lineare Vektoroptimierungssysteme mit unscharfem Restriktionssystem des nachstehenden Typs

$$\mathbf{z}(\mathbf{x}) = \begin{pmatrix} z_1(\mathbf{x}) \\ \cdot \\ \cdot \\ \cdot \\ z_K(\mathbf{x}) \end{pmatrix} = \mathbf{C}\cdot\mathbf{x} \longrightarrow \text{Max}$$

unter Beachtung der Restriktionen (5)

$$g_i(\mathbf{x}) = \mathbf{a}_i'\cdot\mathbf{x} \lesssim b_i;\ b_i + d_i, \qquad i=1,..,m_1$$
$$g_i(\mathbf{x}) = \mathbf{a}_i'\cdot\mathbf{x} \leqslant b_i \qquad , \qquad i=m_1+1,..,m$$
$$\mathbf{x} \geq \mathbf{0}$$

nachgewiesen. Dabei sind $\mathbf{x}$, $\mathbf{a}_i$, $\mathbf{c}_k \in \mathbb{R}^n$ und das Ordnungssymbol " $\lesssim$ " drückt die "Zielsetzung" aus, nach Möglichkeit die Restriktion $g_i(\mathbf{x}) \leqslant b_i$ einzuhalten, auf keinen Fall aber $b_i + d_i$ zu überschreiten. Die vorgeschlagenen Lösungsverfahren gehen dabei von der Annahme aus, daß der Entscheidungsträger in der Lage ist, seine subjektive Einstellung bzgl. der Überschreitung der strengen Restriktionsgrenzen b_i durch monoton fallende Zugehörigkeitsfunktionen f_i auszudrücken mit

$$\begin{aligned} f_i(\mathbf{x}) &= 1 && \text{für} && g_i(\mathbf{x}) \leqslant b_i \\ 0 < f_i(\mathbf{x}) &< 1 && \text{für} && b_i < g_i(\mathbf{x}) < b_i + d_i \\ f_i(\mathbf{x}) &= 0 && \text{für} && b_i + d_i \leqslant g_i(\mathbf{x}), \qquad i=1,..,m_1 . \end{aligned}$$

Gegen die Verwendung der nach /2/,/3/ bzw. /7/,/8 / ermittelten Kompromißlösungen für lineare Vektoroptimierungssysteme der Form (1) bzw. (5) werden in der Literatur, vgl. u.a. /1/,/5/, folgende Argumente vorgetragen:

1. Die Steigungen von Zugehörigkeitsfunktionen sind i.a. nicht konstant, wie dies bei Verwendung linearer Zugehörigkeitsfunktionen unterstellt wird.
2. Durch Festlegung der Intervalle $[b_i, b_i+d_i]$ bzw. $[\bar{z}_k, z_k^*]$ sind die linearen Zugehörigkeitsfunktionen vollkommen bestimmt und die hyperbolischen Zugehörigkeitsfunktionen sind punktsymmetrisch zu den Punkten $(b_i+\frac{d_i}{2}, \frac{1}{2})$ bzw. $(\frac{\bar{z}_k+z_k^*}{2}, \frac{1}{2})$. Die genaue Festlegung der äußersten Restriktionsgrenzen $b_i + d_i$ ist aber bei realen Problemen sehr schwierig. Ebenso problematisch ist, daß durch die gemäß Gleichung (2) bestimmten Werte $\bar{z}_k$ die Zugehörigkeitsfunktionen f_{zk} stark determiniert werden.
3. Die Ergebnisse empirischer Arbeiten, vgl. z.B. /5/,/9/ widersprechen der Hypothese, daß der Minimum-Operator dem üblichen menschlichen Verhalten bei der Verknüpfung von Zugehörigkeitsfunktionen entspricht.
4. Es ist unrealistisch, die ermittelte Kompromißlösung stets zu akzeptieren, unabhängig davon, wie groß das erreichte Gesamtbefriedigungsniveau λ^* ist.

2. Fuzzy Optimierung mit konkaven Zugehörigkeitsfunktionen

Diese Schwächen des Fuzzy-Ansatzes zur Lösung linearer Vektoroptimierungssysteme lassen sich beseitigen, wenn

i. konkave Zugehörigkeitsfunktionen verwendet werden, d.h. Zugehörigkeitsfunktionen, die über den kritischen Intervallen $[\bar{z}_k, z_k^*]$ bzw. $[b_i, b_i+d_i]$ konkav sind,

ii. die Kompromißlösung im Rahmen eines interaktiven Mensch-Maschine-Prozesses ermittelt wird,

iii. ein kritischer Wert λ_A mit $0 < \lambda_A < 1$ festgelegt wird, der dazu dient, die Zugehörigkeitsfunktionen vergleichbar zu machen und der gleichzeitig eine untere Grenze für eine akzeptable Gesamtbefriedigung λ darstellt.

In realen Entscheidungssituationen ist ein Entscheidungsträger kaum in der Lage, seine Zufriedenheit mit einem Zielwert $z_k(\mathbf{x})$ oder seine Einstellung zu einem Ressourcenbedarf $g_i(\mathbf{x}) > b_i$ in Form stetiger Zugehörigkeitsfunktionen auszudrücken. Es ist ihm aber i.a. möglich, für jedes Ziel und für jede unscharfe Restriktion ein Anspruchsniveau

$$\tilde{z}_k^1, \quad \bar{z}_k < \tilde{z}_k^1 \leq z_k^* \quad , \quad k=1,..,K \quad \text{bzw.}$$
$$\tilde{g}_i^1, \quad b_i \leq \tilde{g}_i^1 < b_i + d_i, \quad i=1,..,m_1$$

anzugeben, das nicht unter- bzw. überschritten werden soll.
Sollte der Entscheidungsträger sich außerstande erklären, eines oder mehrere dieser Anspruchsniveaus vorzugeben, so wird empfohlen, dieses Niveau im 1. Iterationsschritt gleich

$$\tilde{z}_k^1 = \frac{\bar{z}_k + z_k^*}{2} \quad \text{bzw.} \quad \tilde{g}_i^1 = b_i + \frac{d_i}{2} \quad \text{zu setzen.}$$

Um die Zugehörigkeitsfunktionen vergleichbar zu machen, wird nun allen Anspruchsniveaus der Zugehörigkeitswert λ_A zugeordnet.

Mit den Daten $\{(\bar{z}_k,0),(\tilde{z}_k^1,\lambda_A), (z_k^*,1)\}$, $k=1,..,K$

bzw. $\{(b_i,1),(\tilde{g}_i,\lambda_A), (b_i+d_i,0)\}$, $i=1,..,m_1$

und eventuellen weiteren vom Entscheidungsträger vorgegebenen Funktionswerten lassen sich nun stetige, stückweise lineare Zugehörigkeitsfunktionen f_{zk} bzw. f_i aufstellen.
Aufgrund alltäglicher Erfahrungen und empirischer Untersuchungen, vgl. z.B. /1/, ergeben sich dabei höchstens nicht-konkave Zugehörigkeitsfunktionen im Teilintervall $[\bar{z}_k,\tilde{z}_k^1]$ bzw. $[\tilde{g}_i^1,b_i+d_i]$. Da vom Entscheidungsträger nur Lösungen akzeptiert werden mit einer Gesamtbefriedigung $\lambda \geq \lambda_A$, können diese Teilintervalle beliebig verkürzt werden,ohne dadurch die Lösung des Optimierungssystems zu beeinflussen.

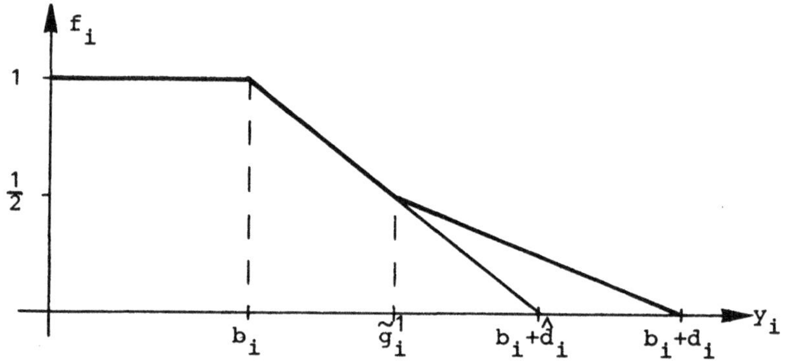

Abb.1: Zugehörigkeitsfunktion, basierend auf den Funktionswerten $(b_i,1)$, $(\tilde{g}_i^1, 0{,}5)$, $(b_i+d_i,0)$

Um die in Abb.1 gezeichnete Funktion f_i, die nicht konkav über $[b_i,b_i+d_i]$ ist, in eine konkave Zugehörigkeitsfunktion überzuführen, können wir das Intervallende $b_i + d_i$ ersetzen durch $b_i + \hat{d}_i$ mit $\hat{d}_i \leq \frac{\tilde{g}_i^1-b_i}{1-\lambda_A}$. Für $\hat{d}_i = \frac{\tilde{g}_i^1-b_i}{1-\lambda_A}$ erhalten wir dann eine lineare Zugehörigkeitsfunktion.

Sind nun alle Zugehörigkeitsfunktionen f_{zk} und f_i in Form stückweiser linearer, konkaver Funktionen gegeben, so läßt sich das Fuzzy-Optimierungssystem

$$\text{Max } \lambda$$

unter Beachtung der Restriktionen

$$\begin{aligned} \lambda &\leqslant f_{zk}(\mathbf{x}), \quad k=1,..,K \\ \lambda &\leqslant f_i\ (\mathbf{x}), \quad i=1,..,m_1 \\ g_i(\mathbf{x}) &\leqslant b_i \quad , \quad i=m_1+1,..,m \\ \mathbf{x} &\geqq \mathbf{0} \end{aligned} \tag{6}$$

zur Bestimmung einer Kompromißlösung des Entscheidungsproblems (5) umschreiben in ein äquivalentes LP-Modell.

Die Lösung $(\lambda^1, \mathbf{x}^1)$, die zugehörigen Zielwerte $z_1^1 = z_1(\mathbf{x}^1),..,z_K^1 = z_K(\mathbf{x}^1)$ und die Restriktionsniveaus $g_i(\mathbf{x}^1)$ mit $g_i(\mathbf{x}^1) > b_i$ werden nun dem Entscheidungsträger vorgelegt. Die Präsentation der Zielwerte erfolgt am besten mit Hilfe graphischer Darstellungen, z.B. in der Form

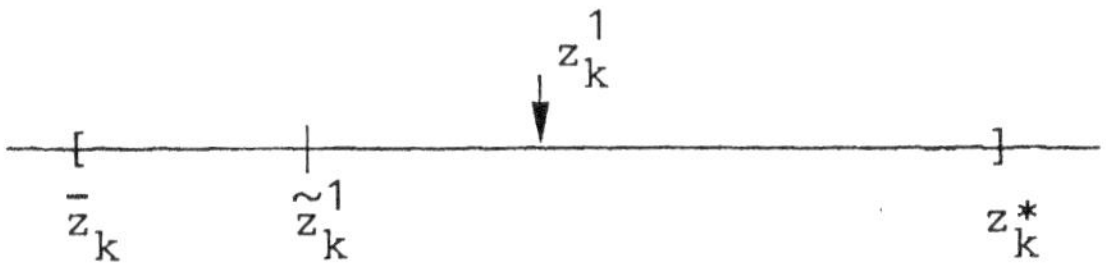

Abb. 2:

3. Interaktiver Prozeß zur Bestimmung einer Kompromißlösung

Im Rahmen des nachfolgenden interaktiven Prozesses setzen wir im ersten Schritt r = 1

i. Ist nun $\lambda^r \geqslant \lambda_A$,

so genügt die Lösung $\mathbf{x}^r$ den Ansprüchen des Entscheidungsträgers; er kann diesen Lösungsvorschlag somit akzeptieren und das Problem ist gelöst.

Ist λ^r aber echt größer als λ_A, so bedeutet dies, daß eine Lösung $\bar{\mathbf{x}}$ des Optimierungssystems (6) existiert, die den Anspruchsniveaus $\tilde{z}_k^r$ und $\tilde{g}_i^r$ genügt und die zumindest für ein Ziel $\bar{k} \in \{1,..,K\}$ einen höheren Zielwert $z_{\bar{k}}(\bar{\mathbf{x}}) > z_{\bar{k}}(\mathbf{x}^r)$ liefert oder für eine Restriktion $\bar{i} \in \{1,..,m_1\}$ einen geringeren Bedarf $g_{\bar{i}}(\bar{\mathbf{x}}) < g_{\bar{i}}(\mathbf{x}^r)$ benötigt.

Der Entscheidungsträger kann daher ein oder mehrere Anspruchsniveaus so verbessern, daß

$$\tilde{z}_k^{r+1} > z_k(\mathbf{x}^r) \quad \text{oder} \quad \tilde{g}_i^{r+1} < g_i(\mathbf{x}^r).$$

Da $\mathbf{x}^r$ eine effiziente Lösung ist, kann für das Optimierungssystem mit dem neuen Anspruchsniveauvektor $(\tilde{z}_1^{r+1},..,\tilde{z}_K^{r+1}, \tilde{g}_1^{r+1},..,\tilde{g}_{m_1}^{r+1})$ eine zufriedenstellende Lösung mit $\lambda^{r+1} \geqslant \lambda_A$ nur erwartet werden, wenn nur wenige Anspruchsniveaus so stark verbessert werden, während die übrigen Niveaus unverändert bleiben oder nur so verbessert werden, daß gilt

$$\tilde{z}_k^r < \tilde{z}_k^{r+1} \leq z_k(\mathbf{x}^r) \quad \text{oder} \quad g_i(\mathbf{x}^r) \leq \tilde{g}_i^{r+1} < \tilde{g}_i^r .$$

ii. Ist dagegen $\lambda^r < \lambda_A$

so ist zumindest für ein Ziel bzw. eine Restriktion das vorgegebene Anspruchsniveau nicht erreicht. Der Entscheidungsträger muß dann wenigstens ein Anspruchsniveau so senken, daß

$$\tilde{z}_k^{r+1} < z_k(\mathbf{x}^r) < \tilde{z}_k^r \quad \text{oder} \quad \tilde{g}_i^{r+1} > g_i(\mathbf{x}^r) > \tilde{g}_i^r .$$

Die Zugehörigkeitsfunktionen werden nun den geänderten Anspruchsniveaus angepaßt, wobei darauf zu achten ist, daß sich nur konkave Zugehörigkeitsfunktionen ergeben. Die dem neuen Optimierungssystem (6) entsprechende Lösung wird nebst Zielwerten und Restriktionsniveaus dem Entscheidungsträger vorgelegt.
Dieser Iterationsprozeß wird nun für r=2,3.. solange durchgeführt, bis der Entscheidungsträger eine Lösung akzeptiert und er weitere Anspruchsniveauänderungen für überflüssig hält.

Dieser Iterationsprozeß wird auf jeden Fall nach endlich vielen Schritten enden, wenn die folgenden drei Bedingungen beachtet werden:

1. Ein Anspruchsniveauvektor $(\tilde{z}_1^r,..,\tilde{z}_K^r,\tilde{g}_1^r,..,\tilde{g}_{m_1}^r)$, der zu einer Lösung mit $\lambda^r \geq \lambda_A$ führt, darf in keiner Komponente mehr verschlechtert werden, d.h.

$$\begin{aligned} \tilde{z}_k^{r+j} &\geq \tilde{z}_k^r \quad && \forall\, k=1,..,K \\ \tilde{g}_i^{r+j} &\leq \tilde{g}_i^r \quad && \forall\, i=1,..,m_1 \end{aligned} \qquad \forall\, j=1,2,...$$

2. Ein Anspruchsniveauvektor $(\tilde{z}_1^r,...,\tilde{z}_K^r,\tilde{g}_1^r,..,\tilde{g}_{m_1}^r)$, der zu einer Lösung mit $\lambda^r < \lambda_A$ führt, darf in keiner Komponente mehr verbessert werden, d.h.

$$\begin{aligned} \tilde{z}_k^{r+j} &\leq \tilde{z}_k^r \quad && \forall\, k=1,..K \\ \tilde{g}_i^{r+j} &\geq \tilde{g}_i^r \quad && \forall\, i=1,..m_1 \end{aligned} \qquad \forall\, j=1,2,...$$

3. Für jedes Ziel und für jede unscharfe Restriktion besitzt der Entscheidungsträger eine Fühlbarkeitsschranke. Er wird daher nur Änderungen der Anspruchsniveaus vornehmen, welche die entsprechenden Fühlbarkeitsschranken überschreiten. Ist dies aufgrund der beiden ersten Bedingungen für ein Anspruchsniveau nicht mehr möglich, so bleibt dieses Niveau im Laufe des weiteren Iterationsprozesses konstant.
Ein ausführliches Flußdiagramm dieses interaktiven Prozesses ist in /6/ dargestellt.

. Ein Beispiel

ür das lineare Maximierungsproblem

$$\mathbf{z}(x,y) = \begin{pmatrix} z_1(x,y) \\ z_2(x,y) \end{pmatrix} = \begin{pmatrix} 4x + 12y \\ 6400 + 7200 \end{pmatrix} \rightarrow \text{Max}$$

nter Beachtung der Restriktionen (7)

$$45x + 120y \lesssim 4.125;\ 4.625$$
$$500x + 800y \lesssim 35.454{,}55;\ 39.000$$
$$-x + y \leq 0$$
$$x,y \geq 0$$

st die Menge der zulässigen Aktionen (x,y) gleich

$$\bar{X} = \{(x,y) \in \mathbb{R}^2_0 \mid 45x + 120y \leq 4.625 \text{ und } 500x + 800y \leq 39.000 \text{ und } -x + y \leq 0\}.$$

it $z_1^* = \max_{(x,y)\in\bar{X}} z_1(x,y) = 448 = z_1(28,28)$

nd $z_2^* = \max_{(x,y)\in\bar{X}} z_2(x,y) = 499.200 = z_2(78,0)$

erechnet man $\bar{z}_1 = z_1(78,0) = 312$ und $\bar{z}_2 = z_2(28,28) = 380.800$.

ie vollständige Lösung dieses Optimierungssystems

$$E = \{(\hat{x},\hat{y}) \in \bar{X} \mid \nexists (x,y) \in \bar{X} \text{ mit } (f_{z1}(x,y), f_{z2}(x,y), f_1(x,y), f_2(x,y)) \geq (f_{z1}(\hat{x},\hat{y}), \ldots, f_2(\hat{x},\hat{y}))\}$$

ntspricht der schraffierten Fläche in der nachfolgenden Abbildung 3.

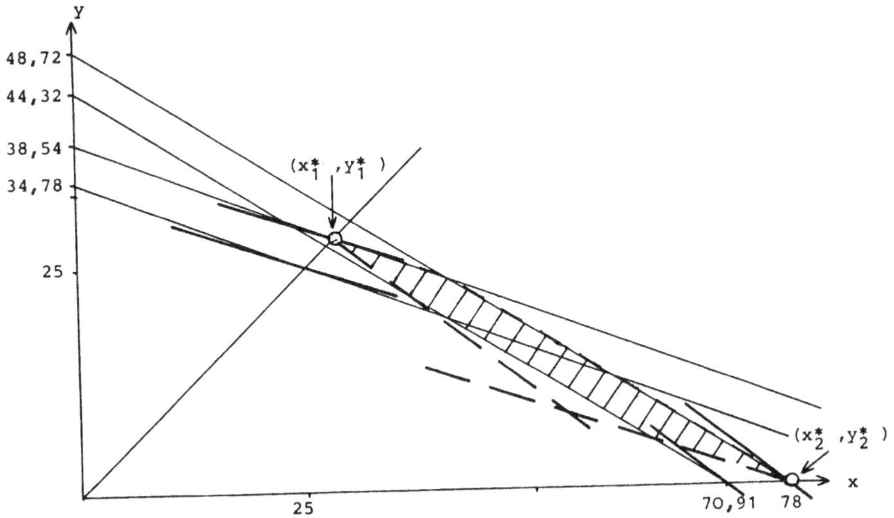

Abb.3:

ird der kritische Wert λ_A gleich 0,5 gesetzt und werden vom Entscheidungsträger die Anspruchsniveaus

$$\tilde{z}_1^1 = 400,\quad \tilde{z}_2^1 = 400.000,\quad \tilde{g}_1^1 = 4.365,\quad \tilde{g}_2^1 = 37.500$$

und zusätzlich der Zugehörigkeitswert $f_1(4.245) = 0{,}9$ vorgegeben, so ha das entsprechende LP-Problem (6) die Lösung

$$\lambda^1 = 0{,}5761, \quad x^1 = 42.6798, \quad y^1 = 19.7158$$

mit $\quad z_1^1 = 407{,}31 \quad$ und $\quad z_2^1 = 415.104{,}48$.

Da $\lambda^1 > 0{,}5$ kann wenigstens ein Anspruchsniveau über den dieser Lösung entsprechenden Wert hinaus verbessert werden.

Entscheidet sich der Entscheidungsträger dafür, lediglich das Anspruchs niveau des Zieles z_1 auf das neue Niveau $\tilde{z}_1^2 = 416$ zu erhöhen, so hat das neue LP-Programm die Lösung

$$\lambda^2 = 0{,}5199, \quad x^2 = 38.1965, \quad y^2 = 22.0140$$

mit $\quad z_1^2 = 416{,}95 \quad$ und $\quad z_2^2 = 402.958{,}40$.

Wird das Anspruchsniveau des Zieles z_1 nochmals erhöht, nun auf $\tilde{z}_1^3=420$ so zeigt der Zielwert des entsprechenden LP-Programms $\lambda^3 = 0{,}4753$, daß diese Lösung nicht allen Anspruchsniveaus genügt.

Da in diesem Beispiel, dessen ökonomischer Hintergrund aus Platzgründe hier nicht präsentiert wird, der Zielwert von z_1 ein Vielfaches der Zahl 4 sein mußte, wird der interaktive Prozeß beendet. Die optimale Lösung des Maximierungsproblems (7) ist $(x,y) = (38,22)$

mit $\quad z_1 = 416, \quad z_2 = 401.600, \quad g_1 = 4.350 \quad$ und $\quad g_2 = 36.600$

5. Ausgewählte Literatur

/1/ HERSCH H.M.; CARAMAZZA A.: A FUZZY SET APPROACH TO MODIFIERS AND VAGUENESS IN NATURAL LANGUAGE. JOURNAL OF EXPERIMENTAL PSYCHOLOGY 105, 254-276 (1976)

/2/ LEBERLING H.: ON FINDING COMPROMISE SOLUTIONS IN MULTICRITERIA PROBLEMS USING THE FUZZY MIN-OPERATOR, FUZZY SETS AND SYSTEMS 6, 105-118 (1981)

/3/ LEBERLING,H.: ENTSCHEIDUNGSFINDUNG BEI DIVERGIERENDEN FAKTORINTERESSEN UND RELAXIERTEN KAPAZITÄTSRESTRIKTIONEN MITTELS EINES UNSCHARFEN LÖSUNGSSATZES, ZEITSCHRIFT FÜR BETRIEBSWIRTSCHAFTLICHE FORSCHUNG 35, 398-419 (1983)

/4/ NEGOITA C.V. AND SULARIA M.: ON FUZZY MATHEMATICAL PROGRAMMING AND TOLERANCES IN PLANNING, ECONOMIC COMPUTATION AND ECONOMIC CYBERNETICS STUDIES AND RESEARCH (ECECSR) 1, 3-14 (1976)

/5/ RÖDDER W.: ON "AND" AND "OR" CONNECTIVES IN FUZZY SET THEORY. ARBEITSBERICHT NR. 75/07, INSTITUT FÜR WIRTSCHAFTSWISSENSCHAFTEN, RWTH AACHEN (1975)

/6/ ROMMELFANGER H.: LINEARE ERSATZMODELLE FÜR LINEARE FUZZY-OPTIMIERUNGSMODELLE MIT KONKAVEN ZUGEHÖRIGKEITSFUNKTIONEN, DISCUSSION PAPER DES INSTITUTS FÜR STATISTIK UND MATHEMATIK, FACHBEREICH WIRTSCHAFTSWISSENSCHAFTEN, J.W. GOETHE-UNIVERSITÄT FRANKFURT AM MAIN, SEPTEMBER 1983

/7/ ZIMMERMANN H.J.: UNSCHARFE ENTSCHEIDUNGEN UND MULTI-CRITERIA-ANALYSE, PROCEEDINGS IN OPERATIONS RESEARCH 6, 99-109 (1976)

/8/ ZIMMERMANN H.J.: FUZZY PROGRAMMING AND LINEAR PROGRAMMING WITH SEVERAL OBJECTIVE FUNCTIONS. IN: FUZZY SETS AND SYSTEMS 1, 45-55 (1978)

/9/ ZIMMERMANN H.J. AND ZYSNO P.: LATENT CONNECTIVES IN HUMAN DECISION MAKING, FUZZY SETS AND SYSTEMS 4, 37-51 (1980)

SPECIAL ORDERED SETS - ANWENDUNGSMÖGLICHKEITEN UND IHRE BEHANDLUNG IN DER MP-SOFTWARE

Wilhelm Hummeltenberg, Aachen

Special Ordered Sets (SOS) sind Mengen von Variablen mit einer explizit oder implizit gegebenen Reihenfolge und einer zusätzlich spezifizierten Bedingung (S1-Set, S2-Set). Sie wurden als praktisches Hilfsmittel zur effizienten Behandlung spezieller Klassen nichtkonvexer Optimierungsprobleme eingeführt und sind nun in fast allen kommerziellen Programmsystemen zur Mathematischen Programmierung (MP-Software) implementiert.

Der Vortrag gibt einen Überblick über Anwendungsmöglichkeiten von Special Ordered Sets wie Multiple Choice-Bedingungen, Darstellung diskreter Variablen, diskontinuierlicher Variablen und stückweise linearer Funktionen, die globale Optimierung separabler Programmierungsprobleme, die Behandlung sich überlappender Special Ordered Sets sowie die Lösung quadratischer Programmierungsprobleme. Dabei werden alternative Problemformulierungen diskutiert.

Da Special Ordered Sets nicht einheitlich definiert sind, hängen die Modellierungsmöglichkeiten von der jeweiligen Implementierungsform in einem Programmsystem ab. Der Vortrag demonstriert die Überlegenheit von Special Ordered Sets gegenüber der Deklaration von binären Variablen, sofern sie in zweckmäßiger Weise definiert werden.

Literatur

HUMMELTENBERG, W.
Implementations of special ordered sets in MP software
Invited Review, European Journal of Operational Research 17, 1-15 (1984).

EIN VERFAHREN ZUR RECHEN- UND SPEICHERPLATZEINSPARUNG BEIM SIMPLEXALGORITHMUS

Walter Schneider, Linz

<u>Problemstellung</u>:

$$g_{i,\leq} := \sum_{k=1}^{n} a_{ik} x_k \leq b_i \qquad i=1,l$$

$$g_{j,\geq} := \sum_{k=1}^{n} a_{jk} x_k \geq b_j \qquad j=l+1,m$$

$$z(\mathbf{x}) := \sum_{k=1}^{n} p_k x_k \Longrightarrow \text{Max!} \; ; \; \mathbf{x} \geq 0$$

Bildet man die Linearkombination:

$$l_{\leq} := \sum_{i=1}^{l} g_{i,\leq}$$

so gilt für $l_{\leq}$:
- Die Linearkombination $l_{\leq}$ beinhaltet den zulässigen Lösungsraum der Ungleichungen aus denen sie gebildet wurde (Beweis trivial).
- $l_{\leq}$ gibt ungefähr die Form des von den $g_{i,\leq}$ beschrie= benen Lösungsraumes wieder.

Für sämtliche Restriktionen des Typs "≥" kann man analog eine Hyper= ebene $l_{\geq}$ bilden, für die sinngemäß dasselbe wie für $l_{\leq}$ gilt. "=" Relationen können in "≤" und "≥" Restriktionen zerlegt werden und werden dann bei $l_{\leq}$ und $l_{\geq}$ mitberücksichtigt.

<u>Idee</u>: Man löst zuerst das Problem

$$\begin{array}{l} l_{\leq} \\ l_{\geq} \\ \hline z(\mathbf{x}) \Longrightarrow \text{Max!} \; ; \; \mathbf{x} \geq 0 \end{array}$$

Dieses Problem - im folgenden "reduziertes Problem" genannt- be= steht einzig aus 2 Restriktionen und seine Lösung ist ein dual zulässiger Punkt des Problems $\mathbb{A}\,\mathbf{x} \lesseqgtr \mathbb{b}$, für den zusätzlich gilt, daß er ungefähr in Richtung des Optimums liegt.

Anschließend fügt man die am meisten verletzten Restriktionen postoptimal ein. Restriktionen welche nicht mehr beschränkend wirken, d.h. deren zugehörige Schlupfvariable > 0 ist, können dabei laufend gestrichen werden.

Operations Research Proceedings 1984

Beispiel:

$$\left.\begin{array}{lrl} g_1 := & x_1 + 3x_2 & \le 12 \\ g_2 := & 2x_1 + x_2 & \le 14 \\ g_3 := & 2x_1 + 2x_2 & \le 11 \\ g_4 := & x_1 & \le 3 \\ g_5 := & x_2 & \le 3{,}5 \end{array}\right\} > \quad l_{\le} := 6x_1 + 7x_2 \le 43{,}5$$

$$\left.\begin{array}{lrl} g_6 := & -x_1 - x_2 & \le -4 \\ g_7 := & -5x_1 - x_2 & \le -5 \\ g_8 := & x_1 - x_2 & \le -2 \\ g_9 := & -x_1 & \le -1 \\ g_{10} := & - x_2 & \le -2 \end{array}\right\} > \quad \begin{array}{l} l_{\ge} := -6x_1 - 4x_2 \le -14 \\ \text{bzw.:} \\ l_{\ge} := 6x_1 + 4x_2 \ge 14 \end{array}$$

$$z(\mathbf{x}) := 2x_1 + 3x_2 \implies \text{Max!} \; ; \; \mathbf{x} \ge 0$$

1.Schritt: Lösung des "reduzierten Problems":

$$g_{11} := 6x_1 + 7x_2 \le 43{,}5$$
$$g_{12} := 6x_1 + 4x_2 \ge 14$$

$$z(\mathbf{x}) := 2x_1 + 3x_2 \implies \text{Max!} \; ; \; \mathbf{x} \ge 0 \quad \ldots \text{ primäre Zielfunktion}$$
$$s(\mathbf{x}) := 6x_1 + 4x_2 \implies \text{Max!} \; ; \; \mathbf{x} \ge 0 \quad \ldots \text{ sekundäre Zielfunktion}$$

	T1	$\mathbf{b}$	x_1	x_2	
	$s(\mathbf{x})$	14	6	4	
	$z(\mathbf{x})$	0	2	3	
	x_{13}	87/2	6	7	
	$-x_{14}^H$	14	[6]	4	
	T2		$-x_{14}^H$	x_2	
	$s(\mathbf{x})$	0	+1-1	0	$s(\mathbf{x})$ kann vernach=lässigt werden.
	$z(\mathbf{x})$	-14/3	+1/3	5/3	
	x_{13}	59/2	+1	3	
	x_1	7/3	-1/6	[2/3]	
	T3		x_{14}	x_1	
	$z(\mathbf{x})$	-21/2	3/4	-5/2	
	x_{13}	19	[7/4]	-9/2	
	x_2	7/2	-1/4	3/2	
	T4		x_{13}	x_1	Optimale Lösung des reduzierten Problems. Die nicht beschränkend wirkende Restriktion g_{12} (Schlupfvariable x_{14}) kann gestrichen werden.
	$z(\mathbf{x})$	-261/14	-3/7	-4/7	
	~~x_{14}~~	~~-76/7~~	~~4/7~~	~~-18/7~~	
	x_2	87/14	1/7	6/7	

2.Schritt: Es wird untersucht ob Restriktionen g_1-g_{10}. verletzt werde
In diesem Beispiel sind es die Restriktionen g_1, g_3, g_5 un
g_9. Die am meisten verletzten Restriktionen g_1 und g_5 werd
postoptimal eingefügt.

		T4	b	x_{13}	x_1	
g_1			12	0	1	
	g_5		3,5	0	0	
		z(x)	-261/14	-3/7	-4/7	
3	1	x_2	87/14	1/7	6/7	
		x_3	-93/14	-3/7	**[-11/7]**	
		x_7	-38/14	-1/7	-6/7	
		T5		x_{13}	x_3	A)
g_3			11	0	0	
	g_8		-2	0	0	
		z(x)	-357/22	-3/11	-4/11	
2	-1	x_2	57/22	-1/11	6/11	
2	1	x_1	93/22	3/11	-7/11	
		~~x_7~~	~~-10/11~~	~~-1/11~~	~~-6/11~~	
		x_5	-58/22	-4/11	2/11	
		x_{10}	-80/22	**[-4/11]**	13/11	
		T6		x_{10}	x_3	B)
		z(x)	-27/2	-3/4	-5/4	
		x_2	7/2	-1/4	1/4	
		x_1	3/2	3/4	1/4	
		~~x_5~~	~~1~~	~~-1~~	~~-1~~	
		~~x_{13}~~	~~10~~	~~-11/4~~	~~-13/4~~	

A) ...Optimale Lösung des Problems T4. Die nicht beschränkend wirkende Gleichungszeile g_5 (Schlupfvariable $x_7 > 0$) kann gestrichen werden. Die Lösung x_1=93/22, x_2=57/22 verletzt jedoch die Gleichungen g_3,g_4 und g_8. Die am meisten verletzte Gleichungen g_3 und g_8 werden postoptimal eingefügt.

B) ...Optimale Lösung des Problems T5. Die nicht beschränkend wirkenden Gleichungszeilen g_3 und g_{11} können gestrichen werden. Die Lösung x_1=3/2, x_2=7/2 erfüllt sämtliche Gleichungen g_1 g_{10} ===> OPTIMUM ERREICHT !!!.
Die optimale Lösung lautet: x_1=3/2, x_2=7/2, x_3=0, x_4=15/2, x_5=1, x_6=3/2, x_7=0, x_8=1, x_9=6, x_{10}=0, x_{11}=1/2, x_{12}=3/2.
z(x) = 13,5.

Spezialfälle: Das reduzierte Problem ... hat eine Lösung (1.1)
... hat keine Lösung (1.2)
... ist unbeschränkt (1.3)

Fall 1.1 ist trivial, siehe vorheriges Beispiel.
Fall 1.2 ergibt, daß auch das Ursprungsproblem keine Lösung hat.
Fall 1.3 ergibt keine Aussage über d. Lösungsraum des Ursprungproblems. d.h. es müssen die, das Problem evtl. restringierenden Gleichungszeilen gefunden und postoptimal eingefügt werden. Ausgehend von einer unbe= schränkten Lösung funktioniert der Algorithmus wie folgt:

a)-Suche unter allen Restriktionen g_1-g_m eine verletzte Restriktion und füge sie postoptimal ein; ---> c).
-Es gibt keine solche Restriktion; ---> b).

b)-Suche unter allen Restriktionen g_1-g_m jene Restriktion, die in der Spalte - welche das Problem als unbeschränkt definiert - ein positi= ves Element hat. Füge diese Restriktion postoptimal ein; ---> c).
-Es gibt keine solche Restriktion; ---> "UNBESCHRÄNKTE LÖSUNG", Ende.

c)-Das zu lösende Problem hat:
-keine Lösung; ---> das Ursprungsproblem hat "KEINE LÖSUNG", Ende.
-einen unbeschränkten Lösungsraum; ---> a).
-eine opt. Lösung; ---> führe die Berechnungen wie gewohnt weiter.

Beispiel hiezu:

$$\left.\begin{aligned} g_1 &:= x_1 + x_2 \le 8 \\ g_2 &:= x_1 \le 4 \\ g_3 &:= -4x_1 + 2x_2 \le 2 \end{aligned}\right\} \quad l_{\le} := -2x_1 + 3x_2 \le 14$$

$$\left.\begin{aligned} g_4 &:= -x_2 \le -4 \\ g_5 &:= -4x_1 - 4x_2 \le -16 \end{aligned}\right\} \quad l_{\ge} := -4x_1 - 5x_2 \le -20 \text{ bzw.: } l_{\ge} := 4x_1 + 5x_2 \ge 20$$

$$z(\mathbf{x}) := x_1 + x_2 \implies \text{Max!} \;;\; \mathbf{x} \ge 0$$

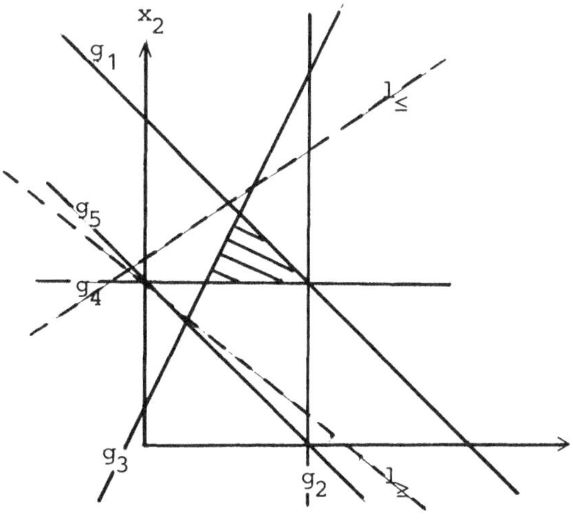

1.Schritt: Lösung des "reduzierten Problems".

$g_6 := -2x_1 + 3x_2 \leq 14$

$g_7 := 4x_1 + 5x_2 \geq 20$

$z(\mathbf{x}) := x_1 + x_2 \Longrightarrow \text{Max!} \; ; \; x \geq 0$

$s(\mathbf{x}) := 4x_1 + 5x_2 \Longrightarrow \text{Max!} \; ; \; x \geq 0$

	T1	b	x_1	x_2
	$s(\mathbf{x})$	20	4	5
	$z(\mathbf{x})$	0	1	1
	x_8	14	-2	3
	$-x_9^H$	20	4	[5]
	T2		x_1	$\not{-}x_9^{\not{H}}$
	$s(\mathbf{x})$	0	1	+1-1
	$z(\mathbf{x})$	-4	1/5	+1/5
	x_8	2	-22/5	+3/5
	x_2	4	[4/5]	-1/5
	T3		x_2	x_9
	$z(\mathbf{x})$	-5	-1/4	1/4
	x_8	24	1/2	-1/2
	x_1	5	5/4	-1/4

$s(\mathbf{x})$ kann vernach= lässigt werden

Das "reduzierte Problem" ist unbeschränkt ($\Lambda i : a_{i9} \leq 0$);
---> die verletzte Restriktion g_2 wird postoptimal eingefügt

	T3		x_2	x_9
g_2		4	0	0
	$s(\mathbf{x})$	+1	+5/4	-1/4
	$z(\mathbf{x})$	-5	-1/4	1/4
0	x_8	24	11/2	-1/2
1	x_1	5	5/4	-1/4
	$-x_4^H$	+1	[+5/4]	-1/4
	T4		$\not{-}x_4^{\not{H}}$	x_9
	$s(\mathbf{x})$	0	+1-1	0
	$z(\mathbf{x})$	-24/5	-1/5	1/5
	x_8	98/5	+22/5	[3/5]
	x_1	4	+1	0
	x_2	4/5	-4/5	-1/5

$s(\mathbf{x})$ kann vernach= lässigt werden

	T5	b	x_4	x_8
	$z(x)$	-34/3	-5/3	-1/3
	$-x_9$ - -	98/3-	- 22/3- -	-5/3-
	x_1	4	1	0
	x_2	22/3	2/3	1/3

Optimale Lösung des reduzierten Problems. Die nicht beschränkend wirkende Restriktion $1_{\geq}$ (Schlupfvariable = x_9) kann gestrichen werden.

<u>2.Schritt</u>: Es wird untersucht ob Restriktionen g_1-g_5 verletzt werden. Die verletzte Restriktion g_1 wird postoptimal eingefügt.

	T5	b	x_4	x_8
g_1		8	0	0
	$z(x)$	-34/3	-5/3	-1/3
1	x_1	4	1	0
1	x_2	22/3	2/3	1/3
	x_3	-10/3	-5/3	[-1/3]
	T6		x_4	x_3
	$z(x)$	8	0	1
	x_1	4	1	0
	x_2	4	-1	1
	$-x_8$ - -	-10 -	- - 5 - -	-3-

Sämtl. Gleichungen g_1-g_5 sind erfüllt ===> OPTIMUM ERREICHT!.
Die optimale Lösung lautet: $x_1=4, x_2=4, x_5=10, x_7=16, x_3=x_4=x_6=0$.

<u>Schlußfolgerungen</u>:

a) <u>Rechenzeiten</u>: Um vergleichbare Werte zu erhalten wurde(n):

- beide Verfahren vom selben Programmierer erstellt;
- dasselbe Gaußsche Inversionsverfahren verwendet;
- weitestgehend dieselben Unterprogramme (rev. Simplex) verwendet.

Um Systemeinflüsse bei der Rechenzeitermittlung auszuschalten, wurde nicht die CPU-Zeit sondern die Anzahl Rechenoperationen gezählt. 30% aller zufällig besetzten Matrizen hatten eine Lösung. Dies ist be= deutend, weil lösbare Aufgaben rechenzeitmäßig besser liegen,als die bei zufällig besetzten Matrizen häufig vorkommenden unbeschränkten Probleme. D.h. in praxe dürfte das Verfahren noch schneller sein. Das nachfolgende Tableau zeigt die Anzahl Rechenoperationen, die für verschiedene Matrixgrößen notwendig waren - wobei der obere Wert das neue, der darunterliegende Wert das bisherige Verfahren zeigt. Die angegebenen Werte sind Mittelwerte einer Stichprobe von jeweils 4 zufällig besetzten Matrizen.

Anzahl Rechenoperationen / Matrixgröße	Additionen und Subtraktionen	Multiplikationen	Divisionen
10 x 10	1755 4664	1593 4593	118 187
15 x 15	7547 14410	7237 14251	238 412
20 x 20	18672 41430	24292 41168	559 833
25 x 25	30726 105791	29830 105397	259 1802
30 x 30	112145 206050	110888 205581	1550 2660

Man sieht, das neue Verfahren ist ca 2 X SCHNELLER
!!! als das alte Verfahren! !!!

b) Speicherplatz: Eine Statistik darüber wurde nicht geführt. Aber es ist offensichtlich, daß durch das stete Streichen nicht bindender Restriktionen weniger Speicherplatz benötigt wird.

c) Weitere Rechenzeiteinsparung durch gruppenweises Zusammenfassen von "ähnlichen" Gleichungen. Die Idee war, "ähnliche" Restriktionen zu=sammenzufassen um eine 1.Lösung zu finden, welche dem tatsächlichen optimum noch näher liegt. Als "Ähnlichkeit" wurde in einem gegebenen Dekompositionsmodell die Zugehörigkeit einer Restriktion zu einer der 4 Sparten,bzw. den gemeinsamen Resourcen, definiert. Die Aufgabe war in einer 23x8 Matrix beschrieben. Die nachfolgende Schreibweise /9-11/ bedeutet, daß die zur selben Sparte gehörigen Restriktionen 9-11 zusammengefasst wurden. Analog bedeutet /1-23/ die Zusammenfas=sung aller Zeilen.

Anzahl Rechenoperationen / Matrixgröße	Additionen und Subtraktionen	Multiplikationen	Divisionen	Bemerkungen
23 x 8	12855	12832	450	Berechnung erfolgte nach alter Methode
23 x 8	1999	1601	105	/1-23/ Ca. 7,5 X SCHNELLER
23 x 8	2630	2208	129	/1-13/, /14-23/
23 x 8	4194	3748	247	/1-5/,/6-8/,/9-11/, /12-13/,/14-23/

Man sieht: a) Lösbare Beispiele werden extrem schnell gelöst. In diesem Fall 7,5 X SCHNELLER

b) Die Güte der Lösung des reduzierten Problems ist irrelevant.D.h.: zusätzlicher Rechenaufwand zur Verbesse=rung der 1. Lösung verringert nicht den Gesamtrechenauf=wand. Auf weitere Überlegungen zu "Ähnlichkeiten" wurde deshalb verzichtet.

:IN VERFAHREN ZUR LÖSUNG DES NACHBARSCHAFTSPROBLEMS

'omas Gal, Hagen
ermann-Josef Kruse, Hagen

. Problemstellung

m Rahmen vieler mathematischer Optimierungsprobleme, deren Lösungs-äume konvexe polyedrische Mengen sind, stellt sich die (Teil-) Aufgabe, u einer bereits ermittelten oder vorgegebenen Ecke des Lösungsraumes ämtliche oder ausgewählte Nachbarecken zu bestimmen. Dies trifft bei-pielsweise für lineare Vektormaximumprobleme, (mehr-) parametrische ineare Optimierungsprobleme und die Sensitivitätsanalyse bei linearen ptimierungsproblemen zu, insbesondere für das Problem der Bestimmung ller Ecken von konvexen polyedrischen Mengen. Die Nachbareckenbestim-ung ist immer dann problematisch, falls die gegebene Ecke x^o entartet st. In diesem Falle spricht man vom *Nachbarschaftsproblem* (vgl. [5]). :ine mögliche Lösung des Nachbarschaftsproblems ist die Ermittlung sämt-icher Basen bzw. Basislösungen von x^o, wonach die Bestimmung aller achbarecken von x^o unmittelbar vollzogen werden kann. Dieses Vorgehen ber zieht aufgrund der Basenvielzahl zu x^o in der Regel einen nicht ertretbaren Rechenaufwand nach sich (vgl. Tab. 1). Es ist daher die ufgabe gestellt, ein Verfahren zu entwickeln, durch das eine anzahl-äßig möglichst kleine Auswahl von Basen bzw. Basislösungen von x^o be-timmt wird, wobei die Eigenschaft erfüllt ist, daß von den ausge-ählten Basen bzw. Basislösungen aus alle Nachbarecken von x^o unmittel-ar berechnet werden können.

as hier vorgestellte Verfahren beruht im wesentlichen auf der Idee von AL ([2]), die konvexe polyedrische Menge X zunächst auf bekannte Weise urch einen ungerichteten Graphen G(X) darzustellen, wobei der entarteten cke x^o auf kanonische Weise ein (nicht trivialer) Teilgraph G_+^o (der sog. *ntartungsgraph*) zugeordnet wird, um dann einen Baum $\bar{G}^o$ dieses Teilgrap-en G_+^o mit den folgenden Eigenschaften zu ermitteln:

a) $\bar{G}^o$ "korrespondiert" mit sämtlichen Nachbarecken von x^o.

b) Die Knotenanzahl von $\bar{G}^o$ unterliegt einer Minimalbedingung.

Operations Research Proceedings 1984

Der Einfachheit halber wird im folgenden stets vorausgesetzt, daß der Lösungsraum X ein konvexes Polyeder (also beschränkt) ist und genau ein entartete Ecke x^o besitzt (d.h. alle übrigen Ecken von X, insbesondere alle Nachbarecken von x^o sind nicht entartet). Die Anwendung des Lösung verfahrens auf allgemeine Fälle wird in [5] behandelt.

2. Begriffe und Grundlagen

Betrachtet wird ein konvexes Polyeder

$$(1) \qquad X = \{x \in \mathbb{R}^n \mid Ax \leq b, \; x \geq o\}$$

mit der Koeffizientenmatrix $A \in \mathbb{R}^{m \times n}$ und der rechten Seite $b \in \mathbb{R}^m$. Jeder Basis B der erweiterten Koeffizientenmatrix $\bar{A} = (A \mid I) \in \mathbb{R}^{m \times (n+m)}$ ist eineindeutig eine Basislösung $x_B \in \mathbb{R}^m$ und eindeutig eine vollständige Basislösung $x_B^{(o)} \in \mathbb{R}^{n+m}$ zugeordnet. (B wird auch eine Basis von (1) genannt.) Weiterhin entspricht jede *zulässige* vollständige Basislösung $x_B^{(o)}$ von (1), d.h. $x_B^{(o)} \geq o$, einer Ecke $x^o \in X$ und umgekehrt.

Eine Ecke $x^o \in X$ heißt *entartet vom Grade* σ (oder kurz σ-*entartet*), wenn die Anzahl der Nullkomponenten der zugehörigen vollständigen Basislösung $n + \sigma$ beträgt. (Eine Ecke $x^o \in X$ ist also genau dann nicht entartet, wenn $\sigma = 0$ gilt.) Der Fall der Entartung bzw. Nichtentartung einer Ecke $x^o \in X$ läßt sich auch durch die Anzahl U der zu x^o gehörigen Basen bzw. Basislösungen beschreiben: x^o ist genau dann entartet (bzw. nicht entartet), wenn $U > 1$ (bzw. $U = 1$) gilt. Die Menge aller zu x^o gehörigen Basen wird mit $B^o = \{B_u^o \mid u = 1(1)U\}$ bezeichnet. Um einen Eindruck davon zu bekommen, wie groß die Mächtigkeit von B^o werden kann, betrachte man die von den Größen n und σ abhängige obere Schranke U_{max} für U:

$$(2) \qquad U \leq U_{max} := \binom{n+\sigma}{\sigma}.$$

In Tab. 1 sind einige Werte von $U_{max}(n, \sigma)$ angegeben, wodurch unterstrichen wird, daß die Ermittlung *sämtlicher* Basen bzw. Basislösungen von x^o als Lösungsansatz für das Nachbarschaftsproblem nicht empfohlen werden kann. In diesem Zusammenhang sei noch bemerkt, daß der Fall $U = U_{max}$ stets realisierbar ist, d.h., daß für alle $n, \sigma \in \mathbb{N}$ eine σ-entartete Polyederecke $x^o \in \mathbb{R}^n$ konstruiert werden kann, deren Basenmenge B^o die Mächtigkeit $\binom{n+\sigma}{\sigma}$ besitzt (vgl. [5]).

Dem konvexen Polyeder X wird auf folgende Weise eindeutig ein (ungerichteter) Graph zugeordnet. Der Einfachheit halber wird der Sachverhalt, daß zwei Basen B^1 und B^2 von (1) durch genau einen Pivotschritt ab. 1 Werte für U_{max} in Abhängigkeit von n und σ (vgl. [3], [5])

U_{max}	n = 20	n = 50	n = 100	n = 200
= 2	231	1.326	5.151	20.301
= 5	53.130	$> 3{,}47 \cdot 10^{6}$	$> 9{,}65 \cdot 10^{7}$	$> 2{,}87 \cdot 10^{9}$
= 10	$> 3{,}0 \cdot 10^{7}$	$> 7{,}53 \cdot 10^{10}$	$> 4{,}68 \cdot 10^{13}$	$> 3{,}69 \cdot 10^{16}$
= 20	$> 1{,}37 \cdot 10^{11}$	$> 1{,}61 \cdot 10^{17}$	$> 2{,}94 \cdot 10^{22}$	$> 1{,}19 \cdot 10^{28}$

ineinander überführt werden können, durch $B^1 <\!-\!-\!> B^2$ symbolisiert; falls ieser Basentausch explizit mittels eines positiven (negativen) Pivot-elementes erfolgt, wird $B^1 \overset{+}{<\!-\!-\!>} B^2$ ($B^1 \overset{-}{<\!-\!-\!>} B^2$) geschrieben. Der Graph = (V, E), dessen Knotenmenge durch

$$V = \{B \mid B \text{ ist zulässige Basis von } (1)\} \qquad (3)$$

nd dessen Kantenmenge durch

$$E = \{\{B^1, B^2\} \in V \times V \mid B^1 \overset{+}{<\!-\!-\!>} B^2\} \qquad (4)$$

egeben ist, heißt der *Dargestellungsgraph* von X; er wird mit G(X) be-zeichnet. Darstellungsgraphen sind stets endlich und zusammenhängend. urch Restriktion der Basenmenge V auf die Basenmenge B^o der σ-entarteten cke $x^o \in X$ entsteht der Teilgraph $G^o_+ = (B^o, E^o_+)$ von G(X) mit $E^o_+ = E \mid B^o$; heißt der (*eigentliche*) *Entartungsgraph* von x^o. Eine Verallgemeinerung ervon stellt der Graph $G^o = (B^o, E^o)$ mit $E^o = \{\{B^o_u, B^o_v\} \in B^o \times B^o \mid$ $B^o_u <\!-\!-\!> B^o_v\}$ dar; er heißt dementsprechend der *allgemeine Entartungsgraph* on x^o.

s existieren sowohl zusammenhängende als auch nicht-zusammenhängende igentliche Entartungsgraphen. Demgegenüber sind allgemeine Entartungs-raphen stets zusammenhängend (vgl. [5]). Dieser letztere Sachverhalt mpliziert, daß ausgehend von einer Basis $B^o_1 \in B^o$ alle übrigen zu x^o ehörigen Basen $B^o_2, \ldots, B^o_U$ durch endlich viele Basentausche *innerhalb* er Basenmenge B^o ermittelt werden können. Die Bestimmung der zugehörigen asislösungen kann daher an $\sigma x n^*$-Teiltableaus der zu den Basislösungen ehörigen mxn-Tableaus vorgenommen werden, wodurch der Rechenaufwand n vielen Fällen erheblich vermindert wird.

as in Tab. 2 gerasterte Teiltableau heißt ein *Entartungstableau* von x^o; es besitzt keine Nullspalte, d.h. $(y_{1j}, \ldots, y_{\sigma j})^T \neq o$ für $j = 1(1)n^*$.

Tab. 2 Entartungstableau zur σ-entarteten Ecke $x^o \in X$

Basis	Nichtbasisvariable						
B_u^o	x_{j_1}	...	$x_{j_{n^*}}$	$x_{j_{n^*+1}}$	...	x_{j_n}	$x_{B_u^o}$
Basisvariable $x_{j_{n+1}}$	y_{11}	...	y_{1n^*}	0	...	0	0
$\vdots$	$\vdots$		$\vdots$	$\vdots$		$\vdots$	$\vdots$
$x_{j_{n+\sigma}}$	$y_{\sigma 1}$	...	$y_{\sigma n^*}$	0	...	0	0
$x_{j_{n+\sigma+1}}$	$y_{\sigma+1,1}$		...			$y_{\sigma+1,n}$	$y_{\sigma+1} > 0$
$\vdots$	$\vdots$					$\vdots$	$\vdots$
$x_{j_{n+m}}$	y_{m1}		...			y_{mn}	$y_m > 0$

Hierbei gilt: $\{j_1, \ldots, j_{n+m}\} = \{1, \ldots, n+m\}$; $B_u^o \in B^o$.

Eine Basis (-lösung) $B_u^o \in B^o$ bzw. ein Knoten B_u^o des Entartungsgraphen von x^o läßt sich anhand des zugehörigen Entartungstableaus wie folgt charakterisieren: Besitzt das Entartungstableau eine Spalte ohne positive Elemente, so existiert eine Basis B^1 von (1) mit der Eigenschaft, daß $B^1 \notin B^o$ und $\{B_u^o, B^1\}$ eine Kante von G(X) ist (d.h. B^1 gehört als Basis zu einer Nachbarecke x^1 von x^o). Der Knoten B_u^o heißt ein *Übergang-knoten* von B^o (bzw. von x^o), und man sagt, "B_u^o korrespondiert mit der Nachbarecke x^1". Die Anzahl a_u^o der Kanten $\{B_u^o, B^\ell\}$, die mit B_u^o in G(X) inzidieren und für die $B^\ell \notin B^o$ gilt, heißt der *Außengrad* von B_u^o. Die Menge aller mit ein und derselben Nachbarecke x^1 von x^o korrespondierenden (Übergangs-) Knoten von B^o wird mit $B^o_{(1)}$ bezeichnet und heißt eine *Übergangsmenge* von x^o. Demgegenüber charakterisiert ein Entartungstableau, in dem jede Spalte mindestens ein positives Element besitzt, einen sogenannten *Innenknoten* von B^o (bzw. von x^o); er hat den Außengrad $a_u^o = 0$. Es werde vorausgesetzt, daß die σ-entartete Ecke $x^o \in X$ die (nicht entarteten) Nachbarecken x^s, s = 1(1)S, besitzt. Dann gilt für die Mächtigkeit der Übergangsmengen $B^o_{(s)} \subset B^o$: $|B^o_{(s)}| = \sigma + 1$ für s = 1(1)S (vgl. [3]). Darüberhinaus gilt die folgende Implikation (vgl. [5]):

$$(5) \qquad B_u^o, B_v^o \in B^o_{(s)} \Rightarrow B_u^o \overset{-}{\longleftrightarrow} B_v^o.$$

3. Lösungsverfahren

Das Nachbarschaftsproblem, d.h. das Problem der (effizienten) Bestimmung aller Nachbarecken der σ-entarteten Ecke $x^o \in X$, läßt sich nunmehr folgendermaßen formulieren: Gesucht ist ein Teilgraph $\bar{G}^o = (\bar{B}^o, \bar{E}^o)$ des Entartungsgraphen G_+^o von x^o, der mit allen Nachbarecken von x^o korrespondiert. Um zu gewährleisten, daß die Berechnungen der Basen (Knoten) von $\bar{G}^o$ geschlossen in $\bar{B}^o$ stattfinden können, wird gefordert, daß $\bar{G}^o$ zusammenhängend ist. Um darüberhinaus Kantenminimalität zu garantieren, muß $\bar{G}^o$ ein Baum von G_+^o sein. Die Existenz eines Baumes $\bar{G}^o$ von G_+^o, der die Bedingung erfüllt, mit jeder Nachbarecke von x^o zu korrespondieren (kurz: *N-Bedingung*), wird in [2] bewiesen (vgl. auch [3], [5]). Weiterhin wird von der Knotenmenge $\bar{B}^o$ des gesuchten Baumes $\bar{G}^o$ von G_+^o folgende (Minimal-) Eigenschaft gefordert:

(6) $$|\bar{B}^o \cap B^o_{(s)}| = 1 \text{ für } s = 1(1)S,$$

d.h. der Baum $\bar{G}^o$ hat mit jeder Übergangsmenge von x^o *genau einen* Knoten gemeinsam. Ein Baum $\bar{G}^o$ von G_+^o, der (6) und somit auch die N-Bedingung erfüllt, heißt ein *N-Baum* von x^o.

Durch das folgende Verfahren (*N-Baum-Verfahren*) wird ein N-Baum von x^o konstruiert (Beweis dazu siehe [5]):
Den Ausgangspunkt bildet ein Übergangsknoten B_1^o von x^o bzw. das zugehörige Entartungstableau (o.B.d.A. sei $B_1^o \in B^o_{(1)}$). Zu diesem Zeitpunkt ist nur ein einziger Knoten von B^o und die Existenz einer Nachbarecke von x^o bekannt. Alle Knoten $B_u^o \in B^o_{(1)} - \{B_1^o\}$ bleiben im weiteren Verlauf der Baumkonstruktion unberücksichtigt; o.B.d.A. seien dies die Knoten $B_2^o, \ldots, B^o_{\sigma+1}$, die wegen (5) im Entartungstableau zu B_1^o unmittelbar identifiziert werden können und für die demnach gilt: $B_u^o \notin \bar{B}^o$ für $u = 2(1)\sigma+1$. Falls B_1^o mit weiteren Nachbarecken von x^o (etwa mit $x^2, \ldots, x^k$) korrespondiert, werden auch die von B_1^o verschiedenen Knoten der Übergangsmengen $B^o_{(2)}, \ldots, B^o_{(k)}$ entsprechend der obigen Prozedur "eliminiert". Sind alle Nachbarecken von x^o, mit denen B_1^o korrespondiert, ermittelt, werden zu B_1^o benachbarte Knoten (in G_+^o) ausgewählt. Diese Auswahl wird allerdings nicht willkürlich vorgenommen[1]. Vielmehr werden die "neuen Baumknoten" mittels der lexikographischen Regel von DANTZIG/ORDEN/WOLFE ([1]) bestimmt, die übrigen zu B_1^o benachbarten Knoten werden eliminiert. Mit jedem neuen Baumknoten wird der obige Vorgang wiederholt. Das Verfahren endet, wenn alle Baumknoten auf Nachbarschaft hin untersucht worden sind.

Im Algorithmus bzw. im Flußdiagramm (vgl. Abb. 1) werden die Knoten bzw. Basen B_u^o durch ihre Basisindexmengen $\{j_1, \ldots, j_\sigma\}$ repräsentiert ($j_i \in \{1, \ldots, n+\sigma\}$ für $i = 1(1)\sigma$). Der Startknoten B_1^o habe o.B.d.A. die Indexmenge $\{1, \ldots, \sigma\}$ und das Entartungstableau gemäß Tab. 2 mit $n^* = n$.

1) Der Baum, der bei willkürlicher Auswahl neuer Baumknoten erzeugt wird, erfüllt i.a. nicht die N-Bedingung (vgl. [4]).

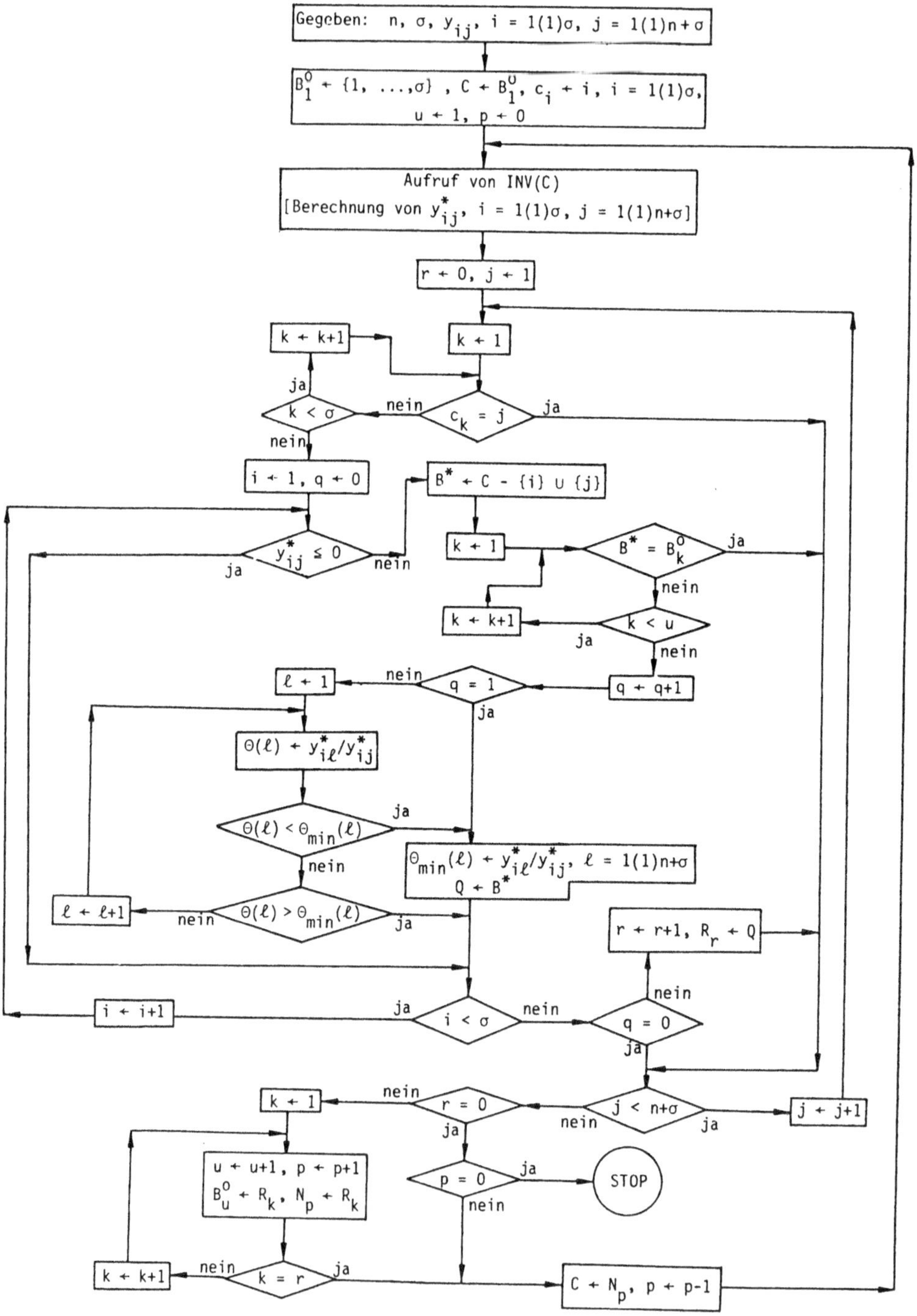

Abb. 1 Flußdiagramm zum N-Baum-Verfahren

ie neu ermittelten Baumknoten werden in einen Stapelspeicher gebracht deepest-first-search). Durch das Unterprogramm INV(C) wird das zur ndexmenge C gehörige Entartungstableau erzeugt.

. Testergebnisse

as dem obigen Verfahren entsprechende FORTRAN-Programm BAUM wurde im ergleich mit einem Programm ALLE, durch das *sämtliche* Basen der entrteten Ecke x^o (d.h. *alle* Knoten des Entartungsgraphen von x^o) ermittelt erden, an (relativ kleinen) Beispielen auf einer IBM 3031 getestet n < 50, σ < 20). Den größten Teil der Rechenzeit nimmt bei beiden Prorammen die Aufstellung der Tableaus (d.h. die Basisinvertierungen im nterprogramm INV) in Anspruch. Der Rechenaufwand hängt also im wesentichen von der Häufigkeit des Aufrufs von INV ab. Somit läßt sich die Güte" einer BAUM-Lösung im Vergleich mit der jeweiligen ALLE-Lösung urch das Verhältnis $\bar{U}$: U zwischen der Knotenanzahl $\bar{U}$ des N-Baumes $\bar{G}^o$ nd der Knotenanzahl U des Entartungsgraphen G_+^o angeben. Aus den durchgeführten Tests lassen sich folgende Ergebnisse ableiten:

. Die Knotenanzahl $\bar{U}$ eines N-Baumes ist in der Regel *erheblich kleiner* als die Knotenanzahl U des Entartungsgraphen. In über 90% aller Tests ergab sich:

7) $$\bar{U} \leq \frac{U}{\sigma}.$$

In den meisten Fällen war $\bar{U}$ sehr viel kleiner als $\frac{U}{\sigma}$. Auch wenn nicht jeder N-Baum die Ungleichung (7) erfüllt, untermauern die bisherigen Testergebnisse doch die von GAL in [3] geäußerte Vermutung, daß es stets mindestens einen N-Baum zu x^o gibt, der (7) erfüllt. In Tab. 3 wird das Verhältnis $\bar{U}$: U exemplarisch vorgestellt.

Tab. 3 BAUM- und ALLE-Lösungen für 7-entartete Ecken

Lfd. Nr.	ALLE U	ALLE CPU-Zeit [sec]	BAUM $\bar{U}$	BAUM CPU [sec]	$\bar{U}$:U [%]
1	36	4,17	3	3,96	$8,\bar{3}$
2	120	5,24	4	4,10	$3,\bar{3}$
3	329	8,01	5	4,11	1,52
4	790	14,46	6	4,12	0,76
5	1.716	28,81	7	4,24	0,41
6	3.430	52,99	8	4,26	0,23
7	6.433	99,98	9	4,37	0,14

2. Es hat sich gezeigt, daß immer dann "gute" BAUM-Lösungen erzielt werden, wenn der Startknoten B_1^o einen relativ großen Außengrad a_1^o besitzt. Daher bietet sich der Versuch an, dem obigen Verfahren die folgende Heuristik vorzuschalten:

   Ist $B_1^o \in B_{(1)}^o$ der vorläufig gewählte Startknoten, berechne die Tableaus und Außengrade a_u^o der Knoten $B_u^o \in B_{(1)}^o$, $u = 1(1)\sigma+1$. Wähle als schließlichen Startknoten einen Knoten $B_u^o \in B_{(1)}^o$ mit $a_{u_o}^o = \max \{a_u^o | u = 1(1)\sigma+1\}$.

   Die Effizienz des auf diese Weise erweiterten N-Baum-Verfahrens wir gegenwärtig noch untersucht.

Literatur

[1] DANTZIG G. B.; ORDEN A.; WOLFE P.
The generalized simplex method for minimizing a linear form under linear inequality restraints.
Pacific J. Math. 5, 183-195 (1955).

[2] GAL T.
Determination of all neighbors of a degenerate extreme point in polytopes.
Disc. paper, Fachbereich Wirtschaftswissenschaft, Fernuniversität Hagen, No. 17b (1978).

[3] GAL T.
On the structure of the set bases of a degenerate point.
JOTA 45 (1985) No. 4.

[4] KRUSE H.-J.
Kritische Betrachtungen an einem Verfahren zur Bestimmung aller Nachbarn einer entarteten Ecke einer konvexen polyedrischen Menge.
Unveröff. Manu., Fachbereich Wirtschaftswissenschaft, Fernuniversität Hagen, (1980).

[5] KRUSE H.-J.
Entartungsgraphen und ihre Anwendung zur Lösung des Nachbarschaftsproblems.
(Dissertation), Fachbereich Wirtschaftswissenschaft, Fernuniversität Hagen, (1984).

(Eine englische Fassung erscheint 1985 in: Lecture Notes in Economics and Mathematical Systems.)

DIE AUSWAHL VON VEKTOREN MIT MINIMALER STREUUNG UND HEURISTISCHE LÖSUNGSVERFAHREN

Helmuth Späth, Oldenburg

Gegeben seien $x_i \in \mathbb{R}^s$ $(i = 1,\ldots, m,\ s \geq 1)$.
Wir betrachten das Problem, eine Teilmenge $C \subset M = \{1,\ldots, m\}$ von $n = |C|$, $1 < n \leq m$, Indizes zu finden, derart, daß die Streuung

$$D(C) = \sum_{i \in C} \| x_i - \bar{x}(C) \|_2^2$$

mit

$$\bar{x}(C) = \frac{1}{n} \sum_{i \in C} x_i$$

minimal wird. (Läßt man das Quadrat in der Zielfunktion weg und führt Gewichte $w_i > 0$ ein, so kommt man zu einem Standortauswahlproblem).

Zur näherungsweisen Lösung dieses kombinatorischen Optimierungsproblems werden vier heuristische Verfahren vorgeschlagen, empirisch verglichen und danach eines zur Verwendung empfohlen.

Ausführlich ist dies dargestellt in:

SPÄTH, H.: The Facility Selection-Location Problem, OR Spektrum (1984) 6: 141-146

EIN VERFAHREN ZUR BEWERTUNG VON KLASSIFIKATIONSERGEBNISSEN

Reinhard Dobbener, Bamberg

1. Problemstellung

Das Ziel von partitionierenden Verfahren der Numerischen Klassifikation besteht regelmäßig darin, eine Gesamtheit von n Objekten, die durch m Merkmale beschrieben sind, also eine Datenmatrix

$$\underline{X} = \begin{pmatrix} x_{11}, \ldots, x_{1m} \\ \vdots \\ x_{n1}, \ldots, x_{nm} \end{pmatrix} ,$$

so in k Klassen zu zerlegen, daß die Objekte einer Klasse einander möglichst ähnlich, Objekte verschiedener Klassen dagegen einander möglichst unähnlich sind. Bei den Zielen, die mit solchen Klassifikationen verfolgt werden, lassen sich Clusterformation, die Einteilung einer ansonsten unter Umständen homogenen Datenmatrix in möglichst nützliche Klassen, und Clusteranalyse, die Suche nach einer in den Daten schon vorhandenen, d.h. natürlichen Klassenstruktur, unterscheiden (vgl. SPÄTH 1983, S.13f.). Für den an einer Clusteranalyse interessierten Anwender stellt sich bei der Interpretation von Klassifikationsergebnissen die Frage, wie stark ausgeprägt die natürliche Klassenstruktur im untersuchten Datensatz ist. Die interessierende Fragestellung ist also weniger inferenzstatistischer Natur (Test von H_o: "keine Klassenstruktur" gegen H_A: "natürliche Klassenstruktur"), sondern sie ist vielmehr deskriptiv zu verstehen in dem Sinne, daß das Ausmaß oder die Stärke der natürlichen Klassenstruktur beschrieben werden soll. Im folgenden soll ein auf eine Idee von MacQUEEN (1967) zurückgehendes statistisches Verfahren zur Behandlung dieses Problems vorgestellt werden.

2. Der Unabhängigkeitstest von MacQUEEN

In der zitierten Arbeit schlägt MacQUEEN einen clusteranalytischen

Operations Research Proceedings 1984

Test der Hypothese

H_o: Die Merkmale in der Datenmatrix $\underline{X}$ sind Realisationen stochastisch unabhängiger Merkmale

vor. Als Prüfmaß wird $g(\underline{X},P_{k,opt.})$, der Wert eines geeigneten Gütekriteriums für die - bei den gegebenen Daten $\underline{X}$ - numerisch optimale Partition in k Klassen, $P_{k,opt.}$, verwendet. H_o wird verworfen, wenn $g(\underline{X},P_{k,opt.})$ signifikant klein ist.

Um zu entscheiden, wann $g(\underline{X},P_{k,opt.})$ klein ist, muß die Verteilung von $g(\underline{Y},P_{k,opt.})$ ($\underline{Y}$ ist die zufällige Größe) unter H_o bestimmt werden. Da im allgemeinen keine sinnvollen Verteilungsannahmen für die Merkmale $Y_{\cdot j}$ getroffen werden können, ist es plausibel, die Verteilung von $g(\underline{Y},P_{k,opt.})$ unter der Bedingung zu bestimmen, daß die Verteilungen der Merkmale $Y_{\cdot j}$ der "H_o- oder Unabhängigkeitsdatenmatrix" mit denen der Merkmale $X_{\cdot j}$ aus der gegebenen Datenmatrix übereinstimmen. Aus der Theorie der Permutationstests ist bekannt (vgl. etwa COX/HINKLEY, 1974, S. 182ff.), daß bei dieser Annahme (und bei Bindungsfreiheit der Verteilungen aller $X_{\cdot j}$) alle $n!^m$ Datenmatrizen $\underline{Y}$, deren Merkmale $Y_{\cdot j}$ jeweils die gleichen Verteilungen besitzen wie $X_{\cdot j}$ $(j=1,\ldots,m)$, gleichwahrscheinlich sind; bei Bindungen treten entsprechende Multiplizitäten auf. Da die (bedingte) Verteilung von $g(\underline{Y},P_{k,opt.})$ unter H_o - außer durch vollständige Enumeration - nicht analytisch bestimmbar ist, ist man auf die Durchführung von Simulationsstudien angewiesen.

Durch zufällige Auswahl von m Permutationen $\pi^1,\ldots,\pi^m$ der Zahlen $1,\ldots,n$, d.h. $\pi^j = (\pi^j(1),\ldots,\pi^j(n))$, wird eine Datenmatrix

$$\pi(\underline{X}) = \begin{pmatrix} x_{\pi^1(1),1} & ,\ldots, & x_{\pi^m(1),m} \\ \vdots & & \\ x_{\pi^1(n),1} & ,\ldots, & x_{\pi^m(n),m} \end{pmatrix}$$

definiert, die eine typische "bedingte H_o-Datenmatrix" darstellt. Durch unabhängige Wiederholung dieser Prozedur wird eine Stichprobe mit gleicher Auswahlwahrscheinlichkeit aus der Gesamtheit der $n!^m$ Datenmatrizen $\underline{Y}$ simuliert, so daß durch die Berechnung der Werte

$$g(\pi(\underline{X}),P_{k,opt.})$$

die (bedingte) Verteilung von $g(\underline{Y},P_{k,opt.})$ simuliert wird.

Wohl wegen des - zumindest für damalige Verhältnisse - enorm hohen Rechenaufwandes - für jedes $\pi(\underline{X})$ muß ja eine Klassifikation durchgeführt werden - ist dieser Vorschlag kaum zur Kenntnis genommen worden (vgl. HODSON, 1971) und recht bald mehr oder weniger in Vergessenheit geraten.

3. Beurteilung von Klassifikationsergebnissen auf der Basis des MacQUEENschen Tests; ein Beispiel

Die Idee dieses Unabhängigkeitstests läßt sich offensichtlich ohne weiteres auch zur Behandlung der eingangs gestellten deskriptiven Fragestellung nutzbar machen: Ist ein Datensatz mit natürlicher Klassenstruktur ein solcher, in dem die Abhängigkeitsstruktur zwischen den Merkmalen geeignet durch Klassen beschrieben werden kann, so ist es sinnvoll, unter einem Datensatz ohne Klassenstruktur einen solchen zu verstehen, bei dem die Merkmale unabhängig sind. Die Nullhypothese des Unabhängigkeitstests beschreibt also gerade einen Datensatz ohne Klassenstruktur. Je weiter also $g(\underline{X},P_{k,opt.})$ von den Werten $g(\pi(\underline{X}),P_{k,opt.})$ nach unten abweicht, umso stärker ausgeprägt ist die natürliche Klassenstruktur in $\underline{X}$.

Beispiele mögen dies verdeutlichen.

Die Datensätze X^l, $l=1,2,3$, bestehen aus jeweils 150 Realisationen bivariat normalverteilter Zufallsvariabler. Dabei sind

x_i^l Realisationen von $N((-\frac{5-l}{2},0);\begin{pmatrix}1&0\\0&1\end{pmatrix})$ für $i=1,\ldots,50$,

x_i^l Realisationen von $N((\frac{5-l}{2},0);\begin{pmatrix}1&0\\0&1\end{pmatrix})$ für $i=51,\ldots,100$,

x_i^l Realisationen von $N((0,\frac{5-l}{2}\cdot\sqrt{3}),\begin{pmatrix}1&0\\0&1\end{pmatrix})$ für $i=101,\ldots,150$.

Die Datensätze $\underline{X}^l$ bestehen also aus jeweils 3 Klassen, deren Mittelpunkte ein gleichseitiges Dreieck mit Kantenlänge 5-l bilden ($l=1,2,3$). Sie werden mit dem Varianzkriterium

$$g(\underline{X},P_k) = \sum_{s=1}^{k} \sum_{i\in G_s} ||x_i - \bar{x}_s||_2^2$$

iterativ in 3 Klassen eingeteilt. Darüber hinaus werden für jede Datenmatrix $\underline{X}^l$ 100 zufällig permutierte Datenmatrizen $\pi(\underline{X}^l)$ klassifiziert. Die Ergebnisse sind in der Tabelle zusammengefaßt.

Ergebnisse der Klassifikationen von $\underline{X}^l$ und $\pi(\underline{X}^l)$ (l=1,2,3)

l	$g(\underline{X}^l, P_{3,opt.})$	$\min_\pi g(\pi(\underline{X}^l), P_{3,opt.})^1$	$\max_\pi g(\pi(\underline{X}^l), P_{3,opt.})^1$
1	264,67	351,25	526,70
2	232,50	261,83	365,06
3	194,58	192,27	241,71

1) $\min_\pi$ und $\max_\pi$ beziehen sich natürlich nur auf die 100 zufällig ausgewählten Datenmatrizen $\pi(\underline{X}^l)$

Es zeigt sich also, daß das Verfahren in der Lage ist, die unterschiedliche Stärke der natürlichen Klassenstruktur zu erkennen. Am Datensatz $\underline{X}^3$, für den zwei von 100 Werten $g(\pi(\underline{X}^3), P_{3,opt.})$ kleiner sind als $g(\underline{X}, P_{3,opt.})$, wird darüber hinaus deutlich, daß nicht statistische Signifikanz beim Unabhängigkeitstest, sondern eine dekriptive Interpretation der Ergebnisse im Vordergrund steht:

Obwohl der Unabhängigkeitstest in diesem Fall auf dem 95%-Niveau Signifikanz liefern würde (eigentlich müßte dazu die Anzahl der klassifizierten Datensätze $\pi(\underline{X}^3)$ erhöht werden), scheint es in diesem Fall nicht gerechtfertigt zu sein, von einer ausgeprägten natürlichen Klassenstruktur zu sprechen.

4. Überwindung von Korrelationen

Das Verfahren reagiert empfindlich auf Abhängigkeitsstrukturen zwischen den Merkmalen, die auch durch Klassen beschrieben werden können. Ob diese Beschreibung der Abhängigkeitsstruktur durch Klassen die einzig mögliche oder überhaupt sinnvoll ist, muß einer weiteren Analyse der Klassifikationsergebnisse überlassen bleiben.

In bestimmten Fällen läßt sich dieses Problem jedoch lösen: Sind die m metrischen Merkmale in $\underline{X}$ miteinander korreliert, ohne daß eine Klassenstruktur vorhanden ist, so wird das Bewertungsverfahren allein wegen der Korrelation der Merkmale signifikante Werte liefern. Dieser Einfluß der (globalen) Korrelationsstruktur läßt sich - zumindest bei Verwendung von Gütefunktionen, die unter orthogonalen Transformationen invariant sind wie zum Beispiel Varianz- oder Determinantenkriterium - ausschalten:

Es gibt eine orthogonale Transformation T, so daß im Datensatz $T \cdot X = \underline{X}^*$ die (fiktiven) Merkmale unkorreliert sind. Wegen der Invarian der betrachteten Gütefunktion gilt $g(\underline{X},P_k) = g(\underline{X}^*,P_k)$ für alle Partitionen P_k, so daß es gleichgültig ist, ob $\underline{X}$ oder $\underline{X}^*$ klassifiziert wird Besitzt also $\underline{X}$ eine natürliche Klassenstruktur, so besitzt auch $\underline{X}^*$ diese Klassenstruktur. Da aber die Merkmale in $\underline{X}^*$ unkorreliert sind, lassen sich Unterschiede zwischen $g(\underline{X}^*,P_{k,opt.})$ und $g(\pi(\underline{X}^*),P_{k,opt.})$ nich mehr wie bei $g(\underline{X},P_{k,opt.})$ und $g(\pi(\underline{X}),P_{k,opt.})$ auf die Korrelationsstruktur zurückführen.

Ein Beispiel möge dies verdeutlichen.

Die Merkmalsvektoren x_i der Datenmatrix $\underline{X}^4$ sind Realisationen bivariater Normalverteilung mit Mittelwert (0,0) und Varianz-Kovarianz-Matrix $\Sigma = \begin{pmatrix} 1 & 0{,}8 \\ 0{,}8 & 1 \end{pmatrix}$.

Für die Klassifikation mit dem Varianzkriterium in k=3 Klassen gilt:

$$g(\underline{X}^4,P_{3,opt.}) = 70{,}37 ,$$

während die Werte $g(\pi(\underline{X}^4),P_{3,opt.})$ für 100 zufällig ausgewählte Datensätze $\pi(\underline{X}^4)$ zwischen 110,96 und 134,34 schwanken, was auf eine natürliche Klassenstruktur hindeuten würde.

Transformiert man die Datenmatrix jedoch so, daß die beiden Merkmale unkorreliert sind $(T=1/2\cdot\sqrt{2}\cdot\begin{pmatrix} 1 & 1 \\ -1 & 1 \end{pmatrix})$, so gilt $(T\cdot\underline{X}^4=\underline{X}^{4*})$ weiterhin

$$g(\underline{X}^{4*},P_{3,opt.}) = 70{,}37 \text{ (wegen der Invarianz).}$$

Die Werte $g(\pi(\underline{X}^{4*}),P_{k,opt.})$ dagegen schwanken jetzt zwischen 68,64 und 71,13. Für 56 dieser 100 Datensätze $\pi(\underline{X}^{4*})$ ist $g(\pi(\underline{X}^{4*}),P_{k,opt.})$ kleiner als $g(\underline{X}^4,P_{k,opt.})$. Man sieht also deutlich, daß in $\underline{X}^{4*}$ und damit auch in $\underline{X}^4$ keine natürliche Klassenstruktur vorhanden ist.

5. Ergänzungen

Das vorgeschlagene Verfahren läßt eine ganze Reihe von Variationsmöglichkeiten zu:

- Da die Idee des Verfahrens an der Datenmatrix $\underline{X}$ bzw. $\pi(\underline{X})$ ansetzt, ist das vorgeschlagene Verfahren für sehr viele Klassifikationsverfahren anwendbar, sofern ein Gütekriterium zur Klassifikation benützt wird.

Das Verfahren kann grundsätzlich auch zur Bewertung der Ergebnisse hierarchischer Klassifikationsverfahren verwendet werden (vgl. DOBBENER, 1982, S.110ff.).

Zeigt sich mit dem Verfahren, daß eine Gesamtheit eine natürliche Klassenstruktur besitzt und daß die Teilgesamtheit G_s eine solche natürliche, von der Restgesamtheit wohlseparierte Klasse ist, so kann man durch Anwendung des Verfahrens auf die Restgesamtheit $G \setminus G_s$ erkennen, ob auch hier noch eine natürliche Klassenstruktur vorhanden ist. Auf diese Weise kann man Aufschluß über die wahre Klassenanzahl erlangen.

Gelegentlich interessiert der Einfluß einzelner Merkmale auf die Klassenstruktur oder die Klassenstruktur, die durch den Zusammenhang zwischen Merkmalsgruppen definiert wird. Durch Permutation nur dieses eines Merkmals oder durch Transformation der Merkmale einer Gruppe mit derselben Permutation können solche Fragen behandelt werden.

iteratur

OCK, H.H. Statistical testing and evaluation methods in cluster analysis. Proceedings of the Golden Jubilee Conference in Statistics: Applications and New Directions.Preprint.

OX,D.R.; HINKLEY, D.V. Theoretical Statistics. London (1974).

OBBENER, R. Grundlagen der Numerischen Klassifikation anhand gemischter Merkmale. Göttingen (1983).

ODSON, F.R. Numerical typology and prehistoric archaeology. Mathematics in the archaeological and historical Sciences. 30-45 (1971).

acQUEEN, J. Some methods of classification and analysis of multivariate observations. Proceedings of the 5th Berkeley Symposium on Mathematical Statistics and Probability 1965/66, Vol.I. 281-297 (1967).

PÄTH, L. Cluster-Formation und -Analyse. München-Wien (1983).

KLASSIFIKATIONEN MINIMALEN VERLUSTES

Gerhard Herden, Essen

Sei $S := \{x_1, \ldots, x_n\}$ eine endliche Datenmenge, $\underline{G}$ eine Menge "sinnvoller" Gütekriterien $G: P(P(S)) \longrightarrow \mathbb{R}^{\geq 0} \cup \{\infty\} := \bar{\mathbb{R}}^{\geq 0}$ sowie $\underline{A} \subset P(P(S)) \setminus \{\emptyset\}$ eine nicht-leere Menge möglicher Klassifikationen von S.

Es ist das Ziel dieses Vortrags, das Problem, von der speziellen Wahl des Gütekriteriums unabhängige Klassifikationen von S zu finden, mit Hilfe "spieltheoretischer" Überlegungen zu lösen.

Dazu messe die Abbildung $E: \underline{G} \times \underline{A} \longrightarrow \bar{\mathbb{R}}^{\geq 0}$ definiert durch $E(G,A) := G(A) - \min_{B \in \underline{A}} G(B)$ für alle $(G,A) \in \underline{G} \times \underline{A}$ denjenigen Verlust, der entsteht, wenn man sich für die Klassifikation $A \in \underline{A}$ entscheidet. Die Frage nach - von der Wahl des Gütekriteriums - unabhängigen Klassifikationen läßt sich nun wie folgt "spieltheoretisch" präzisieren:

1. Man bestimme alle Klassifikationen $A \in \underline{A}$, so daß der bezüglich aller Gütekriterien $G \in \underline{G}$ gebildete Verlust minimal wird!

<u>Genauer</u>: Man bestimme alle Klassifikationen $A \in \underline{A}$ mit

$$\sup_{G \in \underline{G}} E(G,A) = \min_{B \in \underline{A}} \sup_{G \in \underline{G}} E(G,B)!$$

Da $\underline{A}$ endlich ist, existieren stets Klassifikationen $A \in \underline{A}$, die obige Gleichung erfüllen.

2. Für alle Gütekriterien $G \in \underline{G}$ sei $\mathrm{Min}_G(\underline{A}) := \{A \in \underline{A} \mid G(A) = \min_{B \in \underline{A}} G(B)\}$.

Eine Verschärfung des unter Punkt (1) genannten Problems, welche gleichzeitig das Problem annähert, Gütekriterien durch plausible, axiomatische Forderungen möglichst eindeutig zu beschreiben, erhält man dann folgendermaßen:

Man bestimme alle Gütekriterien $H \in \underline{G}$, so daß für alle $A \in \mathrm{Min}_H(\underline{A})$ die Gleichung $\sup_{G \in \underline{G}} E(G,A) = \min_{B \in \underline{A}} \sup_{G \in \underline{G}} E(G,B)$ erfüllt ist!

Tatsächlich gelingt es, die unter (1) und (2) aufgeführten Probleme für wechselnde Mengen "sinnvoller" Gütekriterien zu lösen und ein "fast eindeutig" bestimmtes - Problem (2) sinnvoll lösendes - Gütekriterium anzugeben.

EIN SUBGRADIENTENVERFAHREN ZUR KLASSIFIKATION QUALITATIVER DATEN

Ulrich Tüshaus, Hamburg

Eine wichtige Problemstellung bei der Klassifikation qualitativer Daten läßt sich wie folgt charakterisieren :
Sei $I := \{1,\ldots,n\}$ die Objektmenge, $M := \{1,\ldots,p\}$ die Menge der Merkmale und bezeichne α_{im} die Ausprägung von Merkmal $m \in M$ bei Objekt $i \in I$; im nominalen Fall kann dabei nur $\alpha_{im} = \alpha_{jm}$ oder $\alpha_{im} \neq \alpha_{jm}$ unterschieden werden.
In der folgenden Familie $(R_m)_{m \in M}$ von Äquivalenzrelationen in I

$$i\,R\,j \;:\Leftrightarrow\; \alpha_{im} = \alpha_{jm} \qquad (i,j \in I)$$

ist damit die gesamte Information über die Ähnlichkeit bzw. Verschiedenheit der Objekte enthalten, die durch die Merkmale bzw. ihre Ausprägungen vermittelt wird.
Soll nun eine disjunkte Klassifikation der Objektmenge I bestimmt werden, so liegt es nahe, diejenige Äquivalenzrelation R in I zu ermitteln, die den mit $(R_m)_m$ beschriebenen Objektverschiedenheiten bestmöglich Rechnung trägt. Mit
$G_{R_m} := \{(i,j) : i,j \in I \text{ und } i\,R_m\,j\}$ und $G_R := \{(i,j) : i,j \in I \text{ und } i\,R\,j\}$,
erhält man die folgende sinnvolle Vorgehensweise zur Bestimmung von R :

$$\text{Minimiere } \sum_{m=1}^{p} d(R_m,R) := \sum_{m=1}^{p} |G_{R_m} \cup G_R - G_{R_m} \cap G_R| ,$$

$$R \text{ ist Äquivalenzrelation}$$

Die Distanz $d(R_m,R)$ zählt dabei die Anzahl der Elemente der symmetrischen Differenz der Graphen von R_m bzw. R.
Zur Lösung dieses Optimierungsproblems wird ein schnelles Subgradientenverfahren vorgeschlagen, das

- auch für größere Objektmengen geeignet ist und
- bei Konvergenz zu einem lokalen Optimum zumindest eine obere Schranke für den Abstand zu dem global optimalen Zielfunktionswert liefert.

TYPOLOGIEN AUF DER BASIS VON HÄUFIGKEITSTABELLEN

Bruno Kopp, Hamburg

Bei der Analyse von demoskopischen Daten ist die Auswertung von Häufigkeiten, die in sog. Zähltabellen zusammengefaßt werden, von grundlegender Bedeutung.

In jüngster Zeit ist versucht worden, mit Hilfe der kanonischen Korrelationsanalyse mehr Einblick in die Struktur solcher Tabellen zu bekommen. Nach eigenen Erfahrungen ist der praktische Nutzen einer Korrespondenzanalyse äußerst gering.
Eine unmittelbare Anwendung der (hierarchischen) Clusteranalyse auf solche Zähltabellen liefert in der Regel eine übersichtliche Darstellung der inneren Struktur bei umfangreichen Tabellen (a) oder führt zu konkreten Typenbildungen - selbst dann noch, wenn herkömmliche Typologien wegen des Skalenniveaus nur noch schwer durchführbar sind (b).

Bei der verwendeten Häufigkeitstabelle dienen die Tabellenköpfe (=Prozentuierungsbasen) als Objekte im Sinne der (hierarchischen) Clusteranalyse.
Als Distanzmatrix zwischen den Köpfen wurde die mittlere absolute Abweichung der Häufigkeitsprofile (=Spalten der Zähltabelle), zeilensummengewichtet, benutzt.

Will man Typologien im eigentlichen Sinne durchführen (b), so müssen die Kopfgruppen der Tabelle disjunkt sein.
In umfangreichen Dateien ist es mitunter schwierig, solche Merkmale herauszufinden, die zu (fast) überschneidungsfreien Objekten führen.
Der Vortrag zeigt, wie man mit Hilfe der multiplen Regression solche Merkmalsgruppen aufdecken kann.

MEHRDIMENSIONALE SKALIERUNG VON PRÄFERENZURTEILEN

Ingo Böckenholt, Karlsruhe

Zusammenfassung: Bekannte Verfahren zur mehrdimensionalen Skalierung von Präferenzurteilen beschränken sich auf eine Auswertung von Rangordnungsentscheidungen. Eine größere Anzahl von Objekten überfordert jedoch oftmals die Versuchspersonen bzgl. einer Angabe von Rangordnungen. Als Ausweg bietet sich die Erhebung von Paarvergleichspräferenzen an. Daher werden Verfahren vorgestellt und diskutiert, die eine mehrdimensionale Skalierung von Paarvergleichspräferenzen ermöglichen. Die Anwendung der vorgestellten Verfahren wird anhand von Paarvergleichspräferenzen bzgl. einer ausgewählten Menge von Werbeanzeigen demonstriert.

1. Einführung

Verfahren der mehrdimensionalen Skalierung (MDS) werden eingesetzt, um Informationen darüber zu erhalten, wie bestimmte Objekte (z.B. Produkte, Werbeanzeigen) wahrgenommen und bewertet werden. Eine besondere Eigenschaft der MDS begründet sich darin, daß eine Beurteilung der Objekte ohne vorgegebene Merkmale erfolgen kann. Vielmehr sind nur Daten über die globale Ähnlichkeit von Objektpaaren bzw. Präferenzurteile in Form von Rangordnungsentscheidungen oder Paarvergleichspräferenzen erforderlich. Eine derartige Erhebungstechnik ist insbesondere dann sinnvoll, wenn die Objektmerkmale selbst nicht beobachtbar sind und nur assoziativ angesprochen werden können (wie z.B. das psychologische Merkmal "Glaubwürdigkeit einer Werbeanzeige"), oder wenn man vermeiden will, daß den Versuchspersonen Merkmale vorgegeben werden, die sie selbst unter anderen Umständen nicht zur Urteilsbildung herangezogen hätten.

Im Mittelpunkt dieser Ausführungen steht die MDS von Präferenzurteilen auf der Basis von Paarvergleichspräferenzen. Bekannte MDS-Verfahren benutzen Rangordnungsentscheidungen (vgl.Carroll (1980)) und führen zu einer simultanen Repräsentation von Objekten und Versuchspersonen in einem geeignet gewählten Wahrnehmungsraum $\mathbb{R}^p$. Eine größere Anzahl von Objekten überfordert jedoch oftmals die Versuchspersonen bzgl. einer Angabe von Rangordnungen. Als Ausweg bieten sich Paarvergleichspräferenzen an, die erhoben werden, indem man die Versuchspersonen veranlaßt, zu jedem möglichen Vergleichspaar anzugeben, welches Objekt sie vorziehen. Daher werden Verfahren vorgestellt und diskutiert, die eine Auswertung dieser Paarvergleichspräferenzen ermöglichen. Es wird sowohl der Fall einer internen als auch der Fall einer externen Analyse abgehandelt. Die interne Analyse konzentriert sich ausschließlich auf die Paarvergleichspräferenzen der Versuchspersonen, während bei der externen Analyse zusätzlich eine Berücksichtigung von Objektmerkmalen erfolgt. Die Anwendung der vorgestellten Verfahren wird anhand von Paarvergleichspräferenzen bzgl. einer ausgewählten Menge von zehn Werbeanzeigen für Cognac (vgl. Abb. 1) demonstriert.

Operations Research Proceedings 1984

2. Interne Analyse von Paarvergleichspräferenzen

Sei $\{o_1,\ldots,o_i,\ldots o_k\}$ die interessierende Objektmenge. Basierend auf Thurstone's "Law of Comparative Judgement" (LCJ), einem eindimensionalen Skalierungsmodell zur Berechnung einer Intervallskala unter Verwendung der kumulierten Paarvergleichspräferenzen n_{ij} (n_{ij} gibt die Häufigkeit wieder, mit der Objekt o_i bei insgesamt n Vergleichen Objekt o_j vorgezogen wurde), kann jedem Objekt o_i ein Bewertungsprozeß ("discriminal process") der Form $\mu_i + U_i$ zugeordnet werden. Der Skalenwert μ_i repräsentiert die Bewertung des Objektes o_i, der Zufallsvektor $U' = (U_1,\ldots,U_k)$ genügt einer multivariaten Normalverteilung mit Erwartungswert $(0,\ldots,0)$ und Kovarianzmatrix Σ

$$U \sim \mathbb{N}((0,\ldots,0);\Sigma) \quad \text{mit} \quad \Sigma = (\sigma_{ij}) \ , \ \sigma_{ii} = \sigma_i^2 \ . \tag{1}$$

Unter der Annahme, daß Objekt o_i genau dann Objekt o_j ($i \neq j$) vorgezogen wird, wenn die Differenz der Bewertungsprozesse $(\mu_i + U_i - (\mu_j + U_j))$ positiv ist, erhält man die Wahrscheinlichkeit, daß Objekt o_i dem Objekt o_j vorgezogen wird

$$p_{ij} = \text{Prob}(U_i - U_j > \mu_j - \mu_i) = \Phi\left(\frac{\mu_i - \mu_j}{d_{ij}}\right) \qquad (i \neq j) \ , \tag{2}$$

wobei Φ die Standardnormalverteilung charakterisiert. Ist r_{ij} die Korrelation zwischen den Bewertungsprozessen für o_i und o_j, dann gibt

$$d_{ij} = \sqrt{\sigma_i^2 + \sigma_j^2 - 2\,\sigma_{ij}} = \sqrt{\sigma_i^2 + \sigma_j^2 - 2\,r_{ij}\sigma_i\sigma_j} \tag{3}$$

die Standardabweichung der Differenz der Bewertungsprozesse ("comparatal dispersion") wieder. Schätzt man die Wahrscheinlichkeit p_{ij} durch die beobachtete relative Häufigkeit $\hat{p}_{ij} = n_{ij}/n$ und formt man (2) entsprechend um, so erhält man bei k zu beurteilenden Objekten $k(k-1)/2$ Gleichungen

$$\mu_i - \mu_j = \Phi^{-1}(\hat{p}_{ij})d_{ij} \qquad (i \neq j) \ , \tag{4}$$

die jedoch nicht genügen, um alle unbekannten $(k+4)(k-1)/2$ μ_i-, σ_i- und r_{ij}-Parameter zu schätzen. Es sind also weitere Nebenbedingungen wie z.B. LCJ Fall V ($r_{ij} = 0$, $\sigma_i = \sigma_j = \sigma$), LCJ Fall III ($r_{ij} = 0$) notwendig, um das Gleichungssystem (4) eindeutig lösen zu können. Auf die Auswirkungen dieser vereinfachenden Annahmen für eine valide Reproduktion der kumulierten Paarvergleichspräferenzen n_{ij} wird im Rahmen dieser Ausführungen nicht weiter eingegangen. Weitere eindimensionale Verfahren zur Auswertung von Paarvergleichspräferenzen im Zusammenhang mit Marketingüberlegungen werden bei Gaul (1978,1984) aufgeführt.

Eine mehrdimensionale Repräsentation der k Objekte gewinnt man durch eine weitere Auswertung der Standardabweichung d_{ij}. Sie ist, wie Sjöberg (1975, 1980) in zahleichen empirischen Studien nachwies, als Maß für die wahrgenommene Unähnlichkeit zwischen zwei Objekten o_i und o_j geeignet. Dies erscheint plausibel, da zu erwarten ist, daß mit einer Zunahme der Ähnlichkeit eines Objektpaares (o_i,o_j) auch die Korrelation r_{ij} der entsprechenden Beurteilungsprozesse zunimmt, womit aufgrund von (3) eine Verringerung von d_{ij} eintritt. Weiterhin erfüllt d_{ij} die Anforderungen einer Semimetrik. Die Gewinnung mehrdimensionaler Information erfordert zunächst eine Umparametrisierung der Kovarianzmatrix Σ. Unter der Annahme, daß Σ vom Rang $r(r\leq k)$ ist, schlägt Takane (1980) eine als Faktormodell bezeichnete Zerlegung

$$\Sigma = XX' \tag{5}$$

vor. Die Angabe einer eine solche Zerlegung beschreibenden k x r-Matrix X (sie ist eindeutig bis auf Transformationen XT mit TT' = T'T = I) ist grundsätzlich möglich, da Σ positiv semi-definit ist. Die Standardabweichung gemäß (3) ist damit als euklidische Distanz

$$d_{ij} = \left(\sum_{t=1}^{r} x_{it}^2 + \sum_{t=1}^{r} x_{jt}^2 - 2\sum_{t=1}^{r} x_{it}\, x_{jt}\right)^{\frac{1}{2}} = \left(\sum_{t=1}^{r} (x_{it} - x_{jt})^2\right)^{\frac{1}{2}} \tag{6}$$

interpretierbar. Objekt o_i wird durch die i-te Zeile $x_i' = (x_{i1},\ldots,x_{ir})$ der Matrix X repräsentiert. Die Matrix X sowie die Skalenwerte μ_i sind in diesem Modell zu schätzen. Definiert man X als k x k-Diagonalmatrix, so erhält man das bekannte LCJ Fall III Modell.

In einem weiteren Ansatz zur Ausweitung von kumulierten Paarvergleichspräferenzen p_{ij} (erstmals vorgeschlagen von Carroll (1980) und weiter ausgearbeitet von De Soete/ Carroll (1983)) wird neben den Ähnlichkeitsbeziehungen zwischen den beurteilten Objekten auch die Präferenzstruktur der Versuchspersonen in einem mehrdimensionalen Wahrnehmungsraum abgebildet. Die Repräsentation der Objektmenge erfolgt weiterhin durch eine k x r-Matrix X, während zusätzlich jede Versuchsperson s = 1,...,S (oder Gruppe von Versuchspersonen) durch einen Präferenzvektor $y_s' = (y_{s1},\ldots,y_{sr})$ dargestellt wird. Eine Versuchsperson s entscheidet sich für Objekt o_i eines Vergleichspaares (o_i,o_j) genau dann, wenn

$$x_i'\, y_s > x_j'\, y_s \tag{7}$$

gilt. Um inter- und intraindividuellen Intransitivitäten im Antwortverhalten der Versuchspersonen Rechnung zu tragen, wird y_s als Realisation einer multivariat normalverteilten Zufallsvariable Y_s angenommen

$$Y_s \sim \mathrm{IN}(v_s, I)\ . \tag{8}$$

Unter Berücksichtigung der Bedingung (7) und der Verteilungsannahme (8) lautet die Wahrscheinlichkeit, daß Versuchsperson s Objekt o_i Objekt o_j vorzieht

$$p_{sij} = \mathrm{Prob}[(x_i - x_j)'Y_s > 0] = \Phi\left[\frac{(x_i-x_j)'\, v_s}{\sqrt{(x_i-x_j)'(x_i-x_j)}}\right] = \Phi\left[\frac{u_{si}-u_{sj}}{d_{ij}}\right] \quad (i \neq j), \tag{9}$$

wobei $u_{si} = x_i' v_s$ gilt und d_{ij} gemäß (6) bestimmt ist. Aufgrund der Beziehung (8) trägt dieses Modell den Namen "wandering vector model". Einer möglicherweise durch zu niedrige Dimensionierung des Wahrnehmungsraumes bedingten Streuung im Antwortverhalten der Versuchspersonen kann durch eine Überlagerung des Skalarproduktes $x_i' Y_s$ durch eine weitere Zufallskomponente ε_{si} Rechnung getragen werden:

$$Z_{si} = x_i' Y_s + \varepsilon_{si} \tag{10}$$

$$\text{mit } \varepsilon_{si} \sim \mathbb{N}(0,\sigma^2)\ ,\ Cov(\varepsilon_{si}, \varepsilon_{s'j}) = 0\ (i \neq j)\ ,\ Cov(\varepsilon_{si}, Y_{s'}) = 0.$$

Damit verändert sich (9) zu

$$p_{sij} = Prob[Z_{si} - Z_{sj} > 0] = \Phi\left[\frac{(x_i - x_j)' v_s}{\sqrt{d_{ij}^2 + 2\sigma^2}}\right] = \Phi\left[\frac{u_{si} - u_{sj}}{\sqrt{d_{ij}^2 + 2\sigma^2}}\right] \tag{11}$$

Aufgrund der Beziehung $\mu = Xv$ ist das "wandering vector model" für $\sigma^2 = 0$ und $S = 1$ in das durch die Gleichungen (2) und (5) definierte Faktormodell hierarchisch eingebettet.

3. Externe Analyse von Paarvergleichspräferenzen

Im Unterschied zu den MDS-Modellen des vorangegangenen Abschnittes ist bei einer externen Analyse die Koordinatenmatrix X vorgegeben. Sie gibt die Ausprägungen der r Merkmale für die k Objekte wieder. Ausgangspunkt der weiteren Überlegungen ist auch hier wieder die bereits verwendete Modellgleichung

$$p_{sij} = Prob(\mu_{si} + U_{si} > \mu_{sj} + U_{sj})\ .$$

Unter einer (1) entsprechenden Normalverteilungsannahme für den Zufallsvektor $U_s' = (U_{s1},\ldots,U_{sk})$ erhält man die um einen Index s erweiterte Modellgleichung (2), die in diesem Zusammenhang als Probitmodell bezeichnet wird, während die Annahme unabhängig, identisch extremwert verteilter Zufallsvariablen U_{si} mit $Prob(U_{sj} \leq \varepsilon) = \exp(-\exp(-\varepsilon))$ auf ein Logitmodell führt, das auch die Bezeichnung Bradley-Terry-Luce-(BTL)-Modell trägt:

$$p_{sij} = \frac{e^{\mu_{si}}}{e^{\mu_{si}} + e^{\mu_{sj}}}\ . \tag{12}$$

Der die Bewertung von Objekt o_i durch Versuchsperson s repräsentierende Skalenwert μ_{si} wird alternativ mit den folgenden drei Modellen verknüpft:

$$\text{Idealpunktmodell (a)} : \mu_{si} = \sum_{t=1}^{r} \beta_{st}(z_{st} - x_{it})^2 \tag{13a}$$

$$\text{Idealpunktmodell (b)} : \mu_{si} = -\left(\sum_{t=1}^{r} (z_{st} - x_{it})^2\right)^{\frac{1}{2}} \tag{13b}$$

$$\text{Vektormodell} : \mu_{si} = x_i' \alpha_s \tag{13c}$$

Für das Logitmodell sind der Idealpunkt $z_s' = (z_{s1},\ldots,z_{sr})$, der Gewichtungsvektor $\beta_s' = (\beta_{s1},\ldots\beta_{sr})$ bzw. der Gewichtungsvektor $\alpha_s' = (\alpha_{s1},\ldots,\alpha_{sr})$ zu schätzen, während beim Probitmodell je nach Spezifikation von Σ_s (z.B. $r_{sij} = 0$ $(i \neq j)$ oder $\Sigma_s = F_s F_s'$ mit F_s als k x l-Matrix, $l \leq k$) die Berechnung der Kovarianzterme σ_{sij} hinzukommt. Die zusätzlichen Nebenbedingungen für Σ_s sind auch hier wieder notwendig, um das entsprechende Gleichungssystem (3) eindeutig lösen zu können. Eine ausführliche Diskussion der Modellgleichungen (13a) bzw. (13c) im Zusammenhang mit der Auswertung von Rangordnungsentscheidungen findet der Leser bei Carroll (1980). Man überprüft leicht, daß das Logit- bzw. Probit-Vektormodell hierarchisch in das Logit- bzw. Probit-Idealpunktmodell(a) eingebettet ist, indem man den Grenzübergang $\beta_{st} \to 0$, $z_{st} \to +\infty$ (bzw. $z_{st} \to -\infty$) durchführt.

Zur Schätzung der unbekannten Modellparameter in den Abschnitten 2 und 3 wird die Maximum-Likelihood-Methode eingesetzt. Unterschiede in der Anpassungsgüte können zwischen genesteten Modellen mit Hilfe eines bedingten Likelihood-Quotienten-Tests (LQT) überprüft werden.

4. MDS von Werbeanzeigen

Für eine zunehmende Anzahl von Produktklassen (Kaffee, Zigaretten, Spirituosen, Kosmetika, Waschmittel usw.) ist eine immer geringer werdende Unterscheidbarkeit der Marken bzgl. ihrer realen physikalischen Eigenschaften zu beobachten. Eine erfolgreiche Produktdifferenzierung und -positionierung dieser im anglo-amerikanischen Sprachgebrauch auch als "imagery-products" bezeichneten Konsumgüter ist damit weniger durch eine auf sachlichen Informationen aufbauende Werbung, als vielmehr durch eine Vermittlung emotionaler Produkterlebnisse zu erreichen, die dazu führen, daß der Konsument mit einem Produkt unterscheidbare emotionale Erlebnisse wie Prestige, Erotik, Sicherheit usw. verbindet und deswegen für dieses Produkt Präferenzen entwickelt. Für ein Gelingen dieses Wirkungsmechanismus ist es von wesentlicher Bedeutung, daß diejenigen psychologischen Merkmale das Wahrnehmungsprofil einer Werbeanzeige bestimmen, die den Konsumenten im Zusammenhang mit dem angebotenen Produkt besonders ansprechen.

Ziel dieser Studie ist es daher, Anwendungsmöglichkeiten der in den Abschnitten 2 und 3 vorgestellten Verfahren aufzuzeigen, um Erkenntnisse über Wahrnehmungsprofile zu gewinnen, die zur Bevorzugung von Anzeigen führen. Für die vorliegende Untersuchung wurden zehn Werbeanzeigen für Cognac ausgewählt (vgl. Abb. 1). 36 Versuchspersonen (15 Teilnehmer eines Marketingkurses an der IHK Karlsruhe und 21 Studenten der Universität Karlsruhe) gaben zu jedem der jeweils drei Sekunden lang präsentierten $45 = \binom{10}{2}$ Anzeigenpaare die von ihnen bevorzugte Anzeige an. Anschließend beurteilten die Teilnehmer auf einer Ratingskala die subjektiv empfundene Wahrnehmung jeder noch einmal einzeln gezeigten Anzeige bzgl. der Merkmale sympathisch,

Abb. 1: 10 WERBEANZEIGEN FÜR COGNAC (MIT AUSNAHME VON HENNESSY MEHRFARBIG)

1 Remy - Etikett

2 Hennessy - Säule

3 Courvoisier-Gruppe

4 Bisquit-Schmuck

5 Martell - Schwarz

6 Remy - Flasche

7 Hennessy - mit Frau

8 Courvoisier-Billard

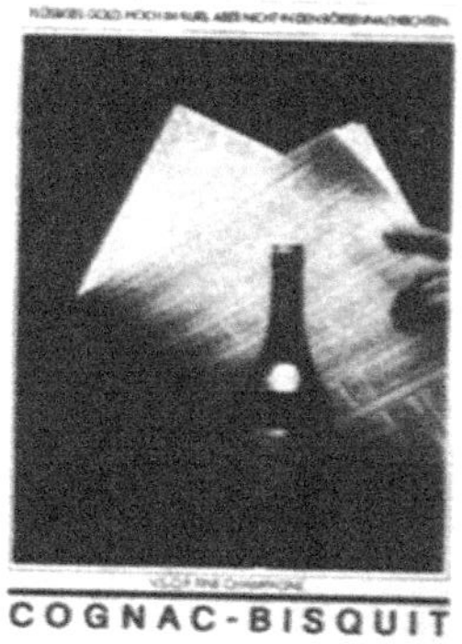

9 Bisquit-Zeitung

10 Martell - Rot

glaubwürdig, elitär, einfallslos, anregend, nichtssagend und kostbar.

Die interne Analyse der kumulierten Paarvergleichspräferenzen n_{ij} führt zunächst zu einer Berechnung der Skalenwerte μ_i für die im Abschnitt 2 vorgestellten Modelle. Obwohl diese Werte nur intervallskaliert sind, werden sie wie folgt linear transformiert $\tilde{\hat{\mu}}_i := (\hat{\mu}_i - \min_i(\hat{\mu}_i)) \cdot (\max_i(\hat{\mu}_i - \min_i(\hat{\mu}_i))^{-1}$,

um sie besser zwischen den unterschiedlichen Modellen vergleichen zu können. Abb. 2 gibt das somit gewonnene Skalenprofil jeder Anzeige graphisch wieder. Die Rangordnung der am stärksten präferierten Anzeigen 5,10 (Martell), 3 (Courvoisier) ist für alle Modelle relativ stabil, während die weniger präferierten Anzeigen 9 (Bisquit), 6 (Remy), 2,7 (Hennessy), die sich insbesondere auch durch hohe Varianzen σ_i^2 beim LCJ Fall III Modell auszeichnen (vgl. Tab.1), keine stabile Rangordnung aufweisen.

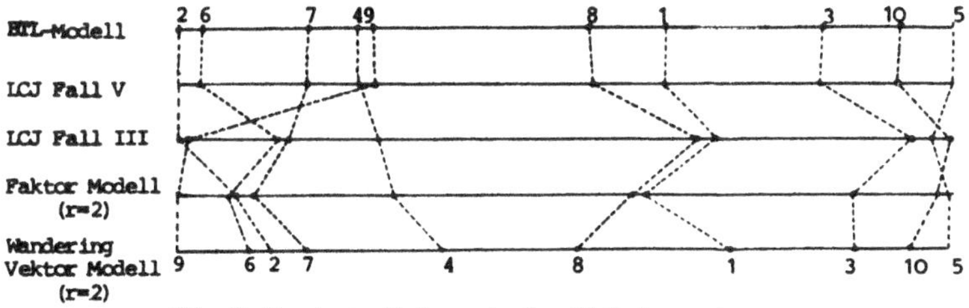

Abb. 2: Normierte Skalenwerte der 10 Werbeanzeigen

Anzeige i	σ_i^2
1	0.972
2	1.047
3	0.993
4	1.084
5	0.585
6	1.63
7	1.282
8	1.402
9	3.127
10	0.826

Tab. 1: LCJ Fall III

Den p-Werten in Tab.2 aus dem Test gegen das Nullmodell (dieses Modell entspricht einem vollständig saturierten Modell, in dem die Wahrscheinlichkeiten p_{ij} durch $\hat{p}_{ij} = n_{ij}/n$ geschätzt werden) ist zu entnehmen, daß selbst das relativ einfache LCJ Fall V Modell eine gute Modellanpassung erzielt. Die Berücksichtigung der Standardabweichung d_{ij} (z.B. beim Faktormodell (r = 2) oder beim Wandering Vektor Modell (r ≥ 2)) bewirkt jedoch noch einen signifikanten Zuwachs der Likelihoodfunktion (testet man die eindimensionale gegen die zweidimensionale Lösung des Wandering Vektor Modells ($\sigma^2 \geq 0$), so nimmt die relevante χ^2-Teststatistik einen Wert von $\chi^2(9) = 24.28$ an) und verändert vor allem die Position der Anzeigen 9 (Bisquit) und 2 (Hennessy) in Abb.2. Die dreidimensionale Lösung des Wandering Vektor Modells führt zu kei-

Modelltyp	Dimension	σ^2	ln L	freie Parameter	Test gegen Nullmodell χ^2	FG	p-Wert
Null Modell	-	-	-1024.89	45	-	-	-
LCJ Fall V	-	-	-1043.72	9	37.66	36	0.393
LCJ Fall III	-	-	-1036.56	18	23.34	27	0.667
Faktor Modell	2	-	-1028.53	25	7.28	20	0.995
Wandering Vektor Modell	1	≥0	-1043.54	10	37.3	35	0.364
	2	≥0	-1031.40	19	13.02	26	0.984
	2	0	-1033.51	18	17.24	27	0.925
	3	≥0	-1027.42	27	5.06	18	0.999
	3	0	-1027.83	26	5.88	19	0.998

Tab. 2: Anpassungs- und Testergebnisse der verallgemeinerten Thurstone Skalierung

nen signifikanten Verbesserungen mehr. Testet man das Wandering Vektor Modell ($r = 2$, $\sigma^2 = 0$) gegen das Faktormodell, so ist die relevante χ^2-Teststatistik ($\chi^2(7) = 9.96$) nicht signifikant, während die Berücksichtigung des Varianzterms σ^2 beim Wandering Vektor Modell für $r = 2$ einen signifikanten Zuwachs ($\chi^2(1) = 4.22$) der Likelihoodfunktion bewirkt. Damit erscheint das Wandering Vektor Modell ($\sigma^2 \geq 0$ $r = 2$) am geeignetsten für eine Reproduktion der beobachteten Paarvergleichspräferenzen n_{ij}. Abb.3 gibt die durch dieses Modell gewonnene Positionierung der Anzeigen und die Richtung des Präferenzvektors im zweidimensionalen Wahrnehmungsraum wieder. Um eine Interpretation des Wahrnehmungsraumes zu erleichtern, werden zusätzlich über einen linearen Regressionsansatz die Merkmalsvektoren "sympathisch", "anregend" usw. in die Anzeigenkonfiguration eingepaßt. Der Koeffizient r gibt für jedes Merkmal die Korrelation zwischen den über alle Versuchspersonen gemittelten Merkmalsausprägungen und den Projektionen der Anzeigen auf dem entsprechenden Merkmalsvektor an. Man erkennt, daß sich das Wahrnehmungsprofil der Anzeige 9 bzgl. der Merkmale "elitär" und "kostbar" erheblich von dem Wahrnehmungsprofil der Anzeigen 6,7,2 abhebt, obwohl diese vier Anzeigen auf der eindimensionalen Präferenzskala nahe beieinander liegen. Ähnliche Aussagen sind ebenso für andere Anzeigenkombinationen möglich. Weiterhin läßt sich aus Abb.3 entnehmen, daß die bevorzugten Anzeigen 5,10,3 auch als besonders "sympathisch", "anregend" und "glaubwürdig" wahrgenommen werden und daß die Präferenzentscheidung der Versuchspersonen stärker durch die drei letztgenannten Merkmale beeinflußt wird als durch Merkmale wie "kostbar" und "elitär".

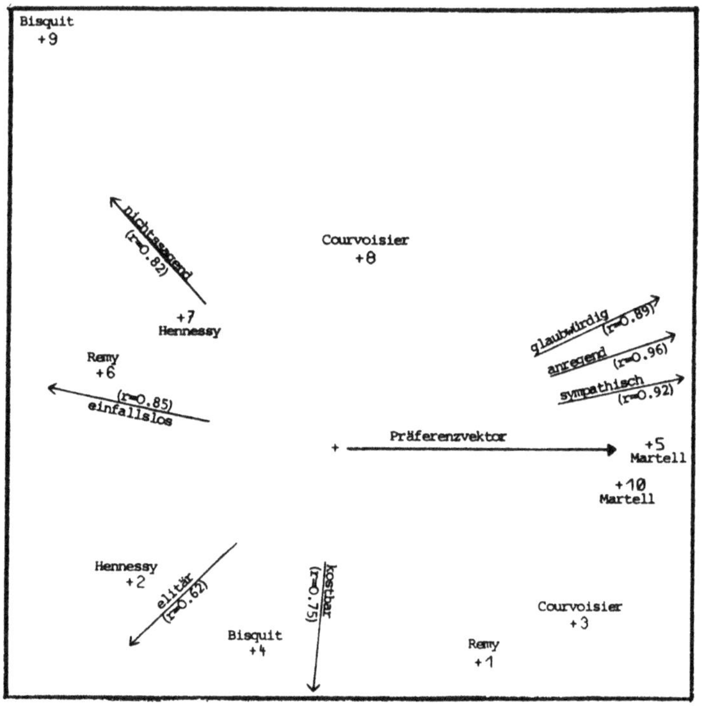

Abb. 3: Darstellung der 10 Werbeanzeigen, des Präferenzvektors und der Merkmalsvektoren im zweidimensionalen Wahrnehmungsraum

Vor einer externen Analyse der Paarvergleichspräferenzen wird - um der teilweise hohen Korrelation zwischen einzelnen Merkmalen (vgl. Abb.3) Rechnung zu tragen - eine Hauptkomponentenanalyse mit anschließender Varimaxrotation für die in Tab.3

ngegebenen Merkmale durchgeführt. Die Faktorladungen der beiden wichtigsten Fakto-en (vgl. Tab.3) ermöglichen eine plausible Interpretation der Faktorstruktur. Der rste Faktor beschreibt eine emotional-erotische Dimension, während der zweite Fak-or durch die Merkmale "kostbar", "elitär" charakterisiert ist. Eine Auswertung der aktorwerte beider Dimensionen im Rahmen eines Logit-Vektor- bzw. eines Logit-Ideal-unktmodells bringt die in Tab. 4 und 5 dargestellten Resultate. Die geschätzten Di-ensionsgewichtungen des Vektormodells bestätigen die aus Abb.3 gewonnenen Erkennt-isse, z.B. einen signifikant positiven Einfluß des ersten Faktors auf die Präfe-enzentscheidungen der Versuchspersonen. Testet man das Vektormodell gegen das Ide-lpunktmodell, so ist die relevante χ^2-Teststatistik ($\chi^2(2) = 6.06$) signifikant. ie Ergebnisse des damit vorzuziehenden Idealpunktmodells machen deutlich, daß für en ersten Faktor eher ein Vektormodell geeignet ist (aus dem Grenzübergang $\beta_{st} \to 0$, $_{st} \to +\infty$ erhält man die Beziehung $\alpha_{st} = -2\beta_{st} z_{st}$ und mit den Werten von Tab.4 folgt $2\,\beta_{11}\, z_{11} = 0.359$). Obwohl beide oben erwähnten Logitmodelle für $\alpha = 0.1$ nicht ab-elehnt werden können, läßt ein Test beider Modelle gegen das BTL-Modell vermuten, aß den Präferenzentscheidungen er Versuchspersonen noch weitere, icht in dieser Untersuchung be-ücksichtigte Anzeigenmerkmale zu-runde lagen.

Logit Vektor Modell			Logit Ideal Punkt Modell (a)					
α-Parameter		t-Wert	β-Parameter		t-Wert	Idealpunkt	
α_{11}	0.432	4.825	β_{11}	-0.013	-0.122	z_{11}	138.092
α_{12}	-0.081	-1.126	β_{12}	-0.111	-2.182	z_{12}	-0.252

Tab. 4: Parameterschätzung für das Logitmodell

Modelltyp	ln L	freie Parameter	Test gegen Nullmodell χ^2	FG	p-Wert
Null Modell	-1024.89	45	-	-	-
BTL Modell	-1043.75	9	37.72	36	0.39
Vektor Modell	-1052.40	2	55.02	43	0.103
Ideal Punkt Modell (a)	-1049.37	4	48.96	41	0.184
Ideal Punkt Modell (b)	-1105.24	2	160.7	43	<0.001

Tab. 5: Anpassungs- und Testergebnisse des Logitmodells

Merkmal	Faktor 1	Faktor 2
sympathisch	0.986	0.050
glaubwürdig	0.969	0.003
elitär	-0.163	0.911
anregend	0.967	0.012
kostbar	0.092	0.922
kumulierter Anteil der erklärten Gesamtvarianz	0.58	0.91

Tab. 3: Ergebnisse der Faktorenanalyse

iteratur:

arroll, J.D.: Models and Methods for Multidimensional Analysis of Preferential hoice (or other Dominance) Data, in: Lanterman, E.D.; Feger, H. (Hrsg.), Similari-y and Choice, Bern, Huber Verlag (1980).

e Soete, G.; Carroll, J.D.: A Maximum Likelihood Method for Fitting the Wandering ector Model, Psychometrika 48, 553-566 (1983).

aul, W.: Zur Methode der paarweisen Vergleiche und ihrer Anwendung im Marketingbe-eich, Methods of Operations Research 35, 123-139 (1978).

aul, W.: Datenanalyse auf der Basis von Ordinalurteilen, erscheint in: Studien zur lassifikation (1984).

jöberg, L.: Uncertainty of Comparative Judgements and Multidimensional Structure, ultivariate Behavioral Research 11, 207-218 (1975).

jöberg, L.: Similarity and Correlation, in: Lanterman, E.D.; Feger, H. (Hrsg.), imilarity and Choice, Bern, Huber Verlag (1980).

akane, Y.: Maximum Likelihood Estimation in the Generalized Case of Thurstone's odel of Comparative Judgement, Japanese Psychological Research 22, 188-196 (1980).

NICHT-METRISCHE DATEN IN STRUKTURGLEICHUNGSMODELLEN MIT LATENTEN VARIABLEN

Friedrich Förster, Karlsruhe

I. Einleitung

Bei vielen Fragestellungen in der empirischen Forschung stehen nicht einzelne, isolierte Hypothesen im Vordergrund, sondern komplexe Geflechte von Meß- und Strukturhypothesen, die möglichst simultan untersucht werden sollen. Daher haben in den letzten Jahren Verfahren der Datenanalyse, die auf Strukturgleichungsmodellen mit latenten Variablen basieren, auch in der betriebswirtschaftlichen Forschung und hier vor allem in der Marketing-Forschung (u.a.BAGOZZI 1980; FÖRSTER et al. 1984; FRITZ 1984; HILDEBRANDT 1983) an Bedeutung gewonnen.

Der von JÖRESKOG entwickelte LISREL-Ansatz (LINEAR STRUCTURAL RELATIONS), der die Basismodelle der Faktorenanalyse und der Pfadanalyse verbindet und eine Reihe anderer Modelle umfaßt (JÖRESKOG 1978, 1981), hat unter diesen Verfahren die meiste Beachtung gefunden. Beim klassischen LISREL-Ansatz werden die beobachteten Variablen (Indikatoren) als stetig vorausgesetzt. In der Praxis ist diese Voraussetzung allerdings oft nicht erfüllt, da die Indikatoren zum Teil nur wenige Kategorien mit nicht-äquidistanten Skalenschritten haben, so daß die Verwendung von Produkt-Moment-Korrelationskoeffizienten und Kovarianzen als ungeeignet erscheint, insbesondere dann, wenn diese Variablen eine schiefe Verteilung aufweisen (OLSSON 1979).

In diesem Beitrag sollen einige Möglichkeiten aufgezeigt werden, wie nicht-metrische Indikatoren in Strukturgleichungsmodellen mit latenten Variablen zur Analyse von Kovarianzstrukturen und strukturierten Mittelwerten berücksichtigt werden können, wobei nur solche Modelle betrachtet werden, die eine lineare Struktur besitzen und in denen die latenten Variablen stetig sind.

Diese Möglichkeiten bestehen zum einen in der simultanen Analyse verschiedener Gruppen, die anhand der Kategorien einer nicht-metrischen Variablen gebildet werden. Eine andere Möglichkeit ist die Einführung eines äußeren Meßmodells, in dem eine geordnete kategorielle Variable als grobe Messung einer normalverteilten Variablen interpretiert wird. Außerdem können nicht-metrische Variable in diesen Ansätzen berücksichtigt werden, wenn sie als exogene Variable ohne Meßstruktur im Modell auftreten.

Operations Research Proceedings 1984

II. Basismodell

Da der Ansatz von MUTHÉN (1983, 1984) auch alle speziellen Modelle des LISREL-Ansatzes umfaßt, soll das diesem Ansatz zugrundeliegende Modell dargestellt werden. Dabei wird eine dem LISREL-Ansatz möglichst nahe Darstellung verwendet (JÖRESKOG/SÖRBOM, 1982; MUTHÉN 1983). Sei G die Anzahl der Gruppen (Populationen) von Beobachtungen, $y^{(g)}$ der Vektor der endogenen und $x^{(g)}$ der Vektor der exogenen beobachtbaren Variablen (Indikatoren) der Gruppe g $(g = 1,\dots,G)$. Diese Variablen können sowohl geordnete kategorielle als auch stetige Variable sein. Für jede Variable $z_i^{(g)}$ $(z^{(g)\prime} = (y^{(g)\prime}, x^{(g)\prime}))$ existiert eine stetige Hintergrundvariable $z_i^{*(g)}$ und es gilt:

$$z_i^{(g)} = \begin{cases} 0 & \text{falls} \quad z_i^{*(g)} \leq \tau_{i,1} \\ 1 & \text{"} \quad \tau_{i,1} < z_i^{*(g)} \leq \tau_{i,2} \\ \vdots & \\ c_i & \text{"} \quad \tau_{i,c_i} < z_i^{*(g)} \end{cases}$$

wenn $z_i^{(g)}$ eine geordnete kategorielle Variable ist, bzw.

$$z_i^{(g)} = z_i^{*(g)}$$

und wenn $z_i^{(g)}$ stetig ist.

Ferner sei $\eta^{(g)}$ der Vektor der endogenen, $\xi^{(g)}$ der Vektor der exogenen stetigen latenten Variablen. Im weiteren werden die Gruppenindizes g nur angegeben, wenn es unbedingt notwendig ist.

Das Basismodell besteht dann

a) aus einem Strukturmodell für die Beziehungen zwischen den latenten Variablen untereinander

$$\eta = \alpha + B\eta + \Gamma\xi + \zeta,$$

b) aus einem Meßmodell (inneres Meßmodell) für die Beziehungen zwischen den Hintergrundvariablen und den latenten Variablen

$$y^* = \nu_y + \Lambda_y\eta + \varepsilon \quad , \qquad x^* = \nu_x + \Lambda_x\xi + \delta \quad ,$$

c) aus einem Verteilungsmodell, bei dem zwei Fälle bzgl. der exogenen Variablen zu unterscheiden sind.

Fall A: Liegt für die x-Variablen eine Meßstruktur vor, so sind Angaben über die gemeinsame Verteilung von y^* und x^* zu machen und diese wiederum bestimmen die gemeinsame Verteilung von y und x.

Fall B: Liegt für die x-Variablen keine Meßstruktur vor, so sind nur Angaben über die bedingte Verteilung von y^* unter x^* zu machen. Da keine Angaben über die Randverteilungen der x-Variablen gemacht werden müssen, können diese Variablen nominal skaliert sein.

Für beide Fälle wird eine multivariate Normalverteilung angenommen. Bezeichnet E bzw. V den Erwartungswert bzw. die Kovarianz des Vektors der entsprechenden Zufallsvariablen, so erhält man

$$E(z^*) = E\begin{bmatrix} y^* \\ x^* \end{bmatrix} = \begin{bmatrix} \nu_y+\Lambda_y(I-B)^{-1}(\alpha+\Gamma\kappa) \\ \nu_x+\Lambda_x\kappa \end{bmatrix} ,$$

$$V(z^*) = V\begin{bmatrix} y^* \\ x^* \end{bmatrix} = \begin{bmatrix} \Lambda_y(I-B)^{-1}(\Gamma\Phi\Gamma'+\Psi)(I-B)'^{-1}\Lambda_y+\Theta_\varepsilon & \Lambda_y(I-B)^{-1}\Gamma\Phi\Lambda_x' \\ \Lambda_x\Phi\Gamma'(I-B)'^{-1}\Lambda_y' & \Lambda_x\Phi\Lambda_x'+\Theta_\delta \end{bmatrix} ,$$

$$E(y^*|x) = \nu_y+\Lambda_y(I-B)^{-1}\alpha+\Lambda_y(I-B)^{-1}\Gamma x ,$$

$$V(y^*|x) = \Lambda_y(I-B)^{-1}\Psi(I-B)'^{-1}\Lambda_y'+\Theta_\varepsilon ,$$

dabei ist $E(\xi) = \kappa$, $V(\xi) = \Phi$, $V(\zeta) = \Psi$, $V(\varepsilon) = \Theta_\varepsilon$, $V(\delta) = \Theta_\delta$.
Außerdem wird angenommen, daß $E(\zeta) = E(\varepsilon) = E(\delta) = 0$, ζ unkorreliert mit ξ, ε unkorreliert mit η, δ unkorreliert mit ξ ist und ζ, ε, δ untereinander unkorreliert sind.

III. Schätzverfahren

MUTHÉN entwickelte für das Schätzen der Parameter des Basismodells ein dreistufiges Schätzverfahren (MUTHÉN 1983, 1984). Dazu wird zunächst das Grundmodell geeignet aufgeteilt.
Sei σ der Vektor aller Populationsmomente erster und zweiter Ordnung und θ der Vektor aller zu schätzender Parameter, dann läßt sich die Momentstruktur des Basismodells allgemein in der Form $\sigma = \sigma(\theta)$ darstellen. Diese Vektordarstellung der Momentstruktur wird so zerlegt, daß für die einzelnen Spezialfälle des Basismodells nicht immer alle Teile berücksichtigt werden müssen.
Für jede Gruppe g ist $\sigma' = (\sigma_1', \sigma_2', \sigma_3')$ mit

(i) $\sigma_1 = \Delta^*\left[K_\tau\tau_z-K_\nu(\nu_z+\Lambda_z(I-B_z)^{-1}\alpha_z)\right]$,

(ii) $\sigma_2 = \mathrm{vec}\{\Delta\Lambda_z(I-B_z)^{-1}\Gamma_z\}$

(iii) $\sigma_3 = K\ \mathrm{vec}\{\Delta\left[\Lambda_z(I-B_z)^{-1}\Psi_z(I-B_z)'^{-1}\Lambda_z'+\Theta_z\right]\Delta\}$.

Dabei ist Δ die Diagonalmatrix der Skalierungsfaktoren, Δ^* enthält die gleichen Elemente wie Δ, jedoch sind die Diagonalelemente für jene kategoriellen Variablen mit mehr als zwei Kategorien dupliziert und K_τ, K_ν, K sind Selektionsvektoren, die im Ein-Gruppenfall entfallen. Die mit z indizierten Parametermatrizen ergeben sich aus den entsprechenden Parametermatrizen der Erwartungswerte bzw. Kovarianzen der Zufallsvariablen z^*. So müssen im Falle A nur (i) und (iii) berücksichtigt werden und will man darüber hinaus nur eine Ein-Gruppen-Analyse durchführen, so genügt es (iii) zu betrachten.

In der ersten Stufe werden aus den beobachteten eindimensionalen Randverteilungen der z_i die Elemente von σ_1 und σ_2 (nur für Fall B) mit Hilfe der "limited information" ML-Schätzer s_1 und s_2 konsistent geschätzt. Anschließend werden in der zweiten Stufe aus den beobachteten gemeinsamen Randverteilungen der Variablenpaare (z_i, z_j) unter Verwendung von s_1 und s_2 die Elemente von σ_3 durch den bedingten "limited information" ML-Schätzer s_3 konsistent geschätzt.

In der dritten Stufe werden die Modellparameter mit einem "limited information" GLS-Schätzer geschätzt, dabei werden die in den ersten beiden Stufen erzeugten Statistiken $s^{(g)'} = (s_1^{(g)'}, s_2^{(g)'}, s_3^{(g)'})$ verwendet. Die GLS-Schätzer $\theta^{(g)}$ erhält man durch Minimierung der Funktion

$$F(s^{(g)}; \sigma(\theta)^{(g)} | U^{(g)}) = \sum_{g=1}^{G} (s^{(g)} - \sigma(\theta)^{(g)})' U^{(g)^{-1}} (s^{(g)} - \sigma(\theta)^{(g)}) ,$$

wobei $U^{(g)}$ eine konsistente Schätzung der asymptotischen Kovarianzmatrix von $\theta^{(g)} = \sigma(\hat{\theta})^{(g)}$ ist. Diese GLS-Schätzungen sind asymptotisch normalverteilt und außerdem erhält man einen χ^2-Modell-Anpassungstest.

Sind alle Indikatoren stetig oder geordnet kategoriell, dann werden in den ersten beiden Stufen die entsprechenden polychorischen, polyseriellen bzw. Produkt-Moment-Korrelationen berechnet (OLSSON 1979, OLSSON et al. 1982). Diese Korrelationen können auch mit Hilfe des LISREL-Computerprogramms geschätzt werden, jedoch ohne Standardfehler und ohne einen insbesondere für den Gruppenvergleich notwendigen korrekten χ^2-Modell-Anpassungstest. Für das von MUTHÉN entwickelte Computer-Programm LACCI (Latent Variable Analysis with Dichotomous, Ordered Categorical, and Continuous Indicators) steht beides zur Verfügung, wobei aber maximal nur 20 Variable in einem Modell analysiert werden können. Es gibt auch einige Ansätze für eine ML-Schätzung unter voller Information. Der bisher vielversprechendste Ansatz stammt von BOCK und AITKIN (1981).

IV. Beispiel

Anhand eines Beispiels aus der Marketing-Forschung soll nun eine Anwendungsmöglichkeit für die Verwendung nicht-metrischer Variablen in Strukturgleichungsmodellen gezeigt werden.

Für Einzelhandelsunternehmen ist die Sortimentspolitik, d.h. die Auswahl und Kombination von Artikeln zu einem Absatz- und Beschaffungsprogramm von zentraler Bedeutung. Bei einer optimalen Sortimentsgestaltung spielen neben strategischen Entscheidungen wie z.B. das Festlegen bestimmter Preislagen, auch taktische Entscheidungen, vor allem bei kurz- und mittelfristigen Aufnahmen bzw. Eliminationen von Artikeln eine wichtige Rolle. Einer der Gründe, die diese taktische Sortimentsgestaltung immer stärker beeinflussen, ist die Berücksichtigung der Testergebnisse der Stiftung Warentest (HILGER et al. 1984). Ein Erklärungsansatz für die Berücksichtigung von Testergebnissen der Stiftung Warentest bei der Sortimentspolitik von Einzelhandelsunternehmen wird in der folgenden Abbildung dargestellt.

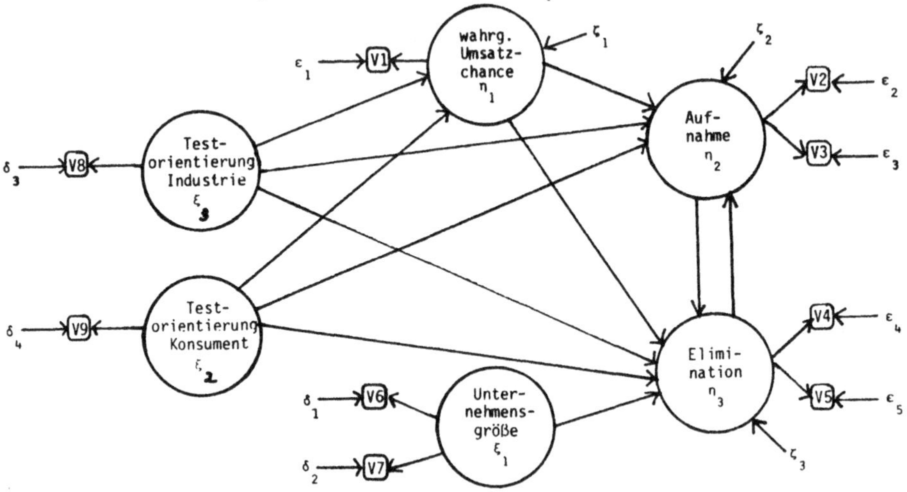

Da es sich bei den Variablen V1 bis V5, V8 und V9 um geordnete kategorielle Variablen mit extrem schiefer Verteilung handelt und keine nominal skalierten Variablen vorhanden sind, liegt - nach der eingangs vorgestellten Terminologie - der Fall A vor. Da keine Gruppen bzw. strukturierte Mittelwerte analysiert werden sollen, gilt somit G = 1 und $\alpha_z = \nu_z = 0$ und $\Delta = I$. Die Strukturgleichungen für dieses substanzwissenschaftliche Erklärungsmodell lauten:

$$\begin{bmatrix} \eta_1 \\ \eta_2 \\ \eta_3 \end{bmatrix} = \begin{bmatrix} 0 & 0 & 0 \\ \beta_{21} & 0 & \beta_{23} \\ \beta_{31} & \beta_{32} & 0 \end{bmatrix} \begin{bmatrix} \eta_1 \\ \eta_2 \\ \eta_3 \end{bmatrix} + \begin{bmatrix} 0 & \gamma_{12} & \gamma_{13} \\ 0 & \gamma_{22} & \gamma_{23} \\ \gamma_{31} & \gamma_{32} & \gamma_{33} \end{bmatrix} \begin{bmatrix} \xi_1 \\ \xi_2 \\ \xi_3 \end{bmatrix} + \begin{bmatrix} \zeta_1 \\ \zeta_2 \\ \zeta_3 \end{bmatrix}$$

$$\begin{bmatrix} V6 \\ V7 \\ V8 \\ V9 \end{bmatrix} = \begin{bmatrix} x_1 \\ x_2 \\ x_3 \\ x_4 \end{bmatrix} = \begin{bmatrix} \lambda_{11} & 0 & 0 \\ \lambda_{21} & 0 & 0 \\ 0 & \lambda_{32} & 0 \\ 0 & 0 & \lambda_{43} \end{bmatrix} \begin{bmatrix} \xi_1 \\ \xi_2 \\ \xi_3 \end{bmatrix} + \begin{bmatrix} \delta_1 \\ \delta_2 \\ \delta_3 \\ \delta_4 \end{bmatrix}$$

$$\begin{bmatrix} V1 \\ V2 \\ V3 \\ V4 \\ V5 \end{bmatrix} = \begin{bmatrix} y_1 \\ y_2 \\ y_3 \\ y_4 \\ y_5 \end{bmatrix} = \begin{bmatrix} \lambda'_{11} & 0 & 0 \\ 0 & \lambda'_{22} & 0 \\ 0 & \lambda'_{32} & 0 \\ 0 & 0 & \lambda'_{43} \\ 0 & 0 & \lambda'_{53} \end{bmatrix} \begin{bmatrix} \eta_1 \\ \eta_2 \\ \eta_3 \end{bmatrix} + \begin{bmatrix} \varepsilon_1 \\ \varepsilon_2 \\ \varepsilon_3 \\ \varepsilon_4 \\ \varepsilon_5 \end{bmatrix}$$

Es wird sehr oft darauf hingewiesen, daß keine wesentlichen Unterschiede bestehen zwischen einer adäquaten Behandlung von nicht-metrischen Variablen, wie es hier vorgeschlagen wird, und einer Behandlung dieser Variablen als seien sie metrisch. Daher wurden zwei Analysen des Modells durchgeführt, und zwar wurde einmal die Produkt-Moment-Korrelationsmatrix (A2) und das andere mal - dem Skalenniveau entsprechend - die Korrelationsmatrix der polyseriellen und polychorischen Korrelationen (A1) analysiert. Die Analyse wurde jeweils mit dem Computerprogramm LISREL VI durchgeführt. Die standardisierten GLS-Schätzungen für die Modellparameter lauten:

	A1 (PS/PC/PM)	A2 (PM)		A1 (PS/PC/PM)	A2 (PM)		A1 (PS/PC/PM)	A2 (PM)
λ'_{11}	1.000*	1.000*	β_{21}	.293	.259	γ_{23}	.120	.102
λ'_{22}	.954	.943	β_{31}	.072	.090	γ_{33}	.167	.088
λ'_{32}	.976	.984	β_{32}	.599	.499	Φ_{21}	.236	.229
λ'_{43}	.899	.866	β_{23}	-.151	-.060	Φ_{31}	.122	.136
λ'_{53}	.941	.965	γ_{31}	.291	.364	Φ_{32}	.341	.334
λ_{11}	.961	.960	γ_{12}	.475	.446	Ψ_{11}	.696	.748
λ_{21}	.954	.954	γ_{22}	.465	.359	Ψ_{22}	.714	.737
λ_{32}	.900*	.900*	γ_{32}	.064	.012	Ψ_{33}	.345	.501
λ_{43}	.900*	.900*	γ_{13}	.162	.125	RMR	.034	.028

(alle mit * gekennzeichneten Werte wurden auf diesen Wert fixiert)

Totaleffekte

	A1	A2		A1	A2		A1	A2
$\xi_1 \rightarrow \eta_1$	.000	.000	$\xi_2 \rightarrow \eta_1$	.475	.446	$\xi_3 \rightarrow \eta_1$	.162	.125
$\xi_1 \rightarrow \eta_2$	-.040	-.021	$\xi_2 \rightarrow \eta_2$	.541	.458	$\xi_3 \rightarrow \eta_2$	.129	.124
$\xi_1 \rightarrow \eta_3$	.267	.353	$\xi_2 \rightarrow \eta_3$	.422	.281	$\xi_3 \rightarrow \eta_3$	.256	.162

Leider steht in LISREL VI kein korrekter χ^2-Modell-Anpassungstest für die Analyse von Korrelationsmatrizen zur Verfügung. Zur Beurteilung der Güte des Gesamtmodells kann das "root mean squares residual"-Maß:

$$RMR = \left[2 \sum_{i=1}^{k} \sum_{j=1}^{i} (s_{ij}-\hat{\sigma}_{ij})^2/k(k+1)\right]^{1/2}$$

verwendet werden, dabei ist k die Anzahl der Variablen z (JÖRESKOG, SÖRBOM 1982). Für RMR-Werte die kleiner als 0.05, liegt eine gute Modellanpassung vor (FÖRSTER et al. 1984), so daß bei dem vorliegenden Beispiel das Modell durch die Daten nicht abgelehnt wird.

Betrachtet man die Meßstrukturen (Λ_x, Λ_y), so liegen auch hier gute Meßmodelle für die einzelnen latenten Variablen vor, und es gibt hier kaum Unterschiede zwischen den beiden Analysen A1 und A2. Im Strukturmodell gibt es allerdings erwähnenswerte Unterschiede. So wird die Feedback- Beziehung zwischen Aufnahme und Elimination bei der Analyse A2 deutlich unterschätzt (A1: β_{32}=.599; β_{23}=-.151/A2: β_{32}=.499; β_{23}=-.060). Dagegen wird der Einfluß der Unternehmensgröße auf die Elimination überschätzt (A1: γ_{31}=.291/A2 γ_{31}=.364), während der Einfluß der Testorientierung der Konsumenten auf die Aufnahme positiv beurteilter Artikel wiederum deutlich unterschätzt wird (A1: γ_{22}=.465, A2: γ_{22}=.359). Eine Analyse der Totaleffekte (Totaleffekt = direkter Effekt + indirekte Effekte) zeigt, daß insbesondere die Einflußfaktoren auf die Elimination bei beiden Analysen unterschiedlich bewertet werden. Bei A2 ist die Unternehmensgröße der entscheidende Faktor ($\xi_1 \rightarrow \eta_3$=.353), dann die Testorientierung der Konsumenten ($\xi_2 \rightarrow \eta_3$=.281) und dann die der Industrie ($\xi_3 \rightarrow \eta_3$=.162). Während bei A1 die Testorientierung der Konsumenten ($\xi_2 \rightarrow \eta_3$=.422) eindeutig die größte Bedeutung für die Elimination von Artikeln hat, sind die Unternehmensgröße ($\xi_1 \rightarrow \eta_3$=.267) und die Testorientierung der Industrie ($\xi_3 \rightarrow \eta_3$=.256) hingegen ungefähr gleich wichtig. Ferner ist der Einfluß der Testorientierung der Konsumenten auf die Aufnahme bzw. Elimination von Artikeln in A2 wesentlich unterschiedlicher als bei A1. An diesem Beispiel zeigt sich deutlich, daß eine nicht adäquate Behandlung nicht-metrischer Variablen in Strukturgleichungsmodellen zu fehlerhaften Ergebnissen und somit zu fehlerhaften Handlungsanweisungen für die Praxis führen würde.

Literatur

BAGOZZI, R.P.
Causal Models in Marketing.
New York (1980).

BOCK, R.D.; AITKIN, M.
Marginal Maximum Likelihood Estimation of Item Parameters: Application of an EM Algorithm.
Psychometrika, 46, 443-459 (1981).

FÖRSTER, F.; FRITZ, W.; SILBERER, G.; RAFFÉE, H.
Der LISREL-Ansatz der Kausalanalyse und seine Bedeutung für die Marketing-Forschung.
ZfB, 54, 346-367 (1984).

FRITZ, W.
Warentest und Konsumgüterindustrie.
Wiesbaden (1984).

HILDEBRANDT, L.
Konfirmatorische Analysen von Modellen des Konsumentenverhaltens.
Berlin (1983).

HILGER, H.; FRITZ, W.; SILBERER, G.; RAFFÉE, H.; FÖRSTER, F.
Testnutzung und Testwirkungen im Bereich des Konsumgüterhandels.
In: RAFFÉE, H.; SILBERER, G. (Hg.). Warentest und Unternehmen.
Frankfurt/M. (1984).

JÖRESKOG, K.G.
Structural Analysis of Covariance and Correlation Matrices.
Psychometrika, 42, 443-477 (1978).

JÖRESKOG, K.G.
Analysis of Covariance Structures.
Scan. J. Stat., 8, 65-92 (1981).

JÖRESKOG, K.G.; SÖRBOM, D.
LISREL V: Analysis of Linear Structural Relationships by Maximum Likelihood and Least Squares Method.
Chicago (1982).

MUTHÉN, B.
Latent Variable Structural Equation Modeling with Categorical Data.
J. of Econom. 22, 43-65 (1983).

MUTHÉN, B.
A General Structural Equation Model with Dichotomous, Ordered Categorical, and Continuous Latent Variable Indicators.
Psychometrika, 49, 115-132 (1984).

OLSSON, U.
Maximum Likelihood Estimation of the Polychoric Correlation Coefficient.
Psychometrika, 44, 443-460 (1979).

OLSSON, U.; DRASGOW, F.; DORANS, N.J.
The Polyserial Correlation Coefficient.
Psychometrika, 47, 337-347 (1982).

MARKTSEGMENTIERUNG AUF DER BASIS VON KÄUFERPRÄFERENZEN

Heiko Mohr, Düsseldorf
Armin Schirmer, München

ZUSAMMENFASSUNG

Am Beispiel der Automobilindustrie wird eine ausschließlich auf Käuferpräferenzen basierende Marktsegmentierung dargestellt. Kernstück der Segmentierung ist ein Algorithmus, der die Affinität der einzelnen PKW-Modelle aus Käufersicht auf einer eindimensionalen Skala abbildet. Die sich ergebenden Modellsegmente unterscheiden sich zum Teil erheblich von den traditionellen, auf technischen Kriterien oder dem Verkaufspreis basierenden Modellgruppen und bieten weitreichende Ansatzpunkte für eine verbesserte Ausschöpfung der Käuferpotentiale.

ABSTRACT

A market segmentation based solely on buyers' preferences is described, taking the car industry as an example. The core of this segmentation is an algorithm showing, on a one-dimensional scale, the affinity of individual car models from the buyer's point of view. The resulting model segments in some cases diverge considerably from traditional ones based on technical criteria or purchase price, and offer substantial leverage points for improved exploitation of buyer potential.

* * *

Gegenstand der Marktsegmentierung ist die Strukturierung von Absatzmärkten in die relevanten Produktmärkte (Produktsegmentierung) und die Zusammenfassung der Abnehmer zu bedürfnishomogenen Käufergruppen (Käufersegmentierung). Die sich aus Produkt- und Käufersegmentierung ergebende Produkt/Markt-Matrix bildet die Ausgangsbasis für gezielte Marketinganalysen und -maßnahmen. In der Folge wird eine ausschließlich auf Käuferpräferenzen basierende Marktsegmentierung am Beispiel der Automobilindustrie dargestellt.

PRODUKTSEGMENTIERUNG (MODELLSEGMENTIERUNG)

Modellsegmente (PKW-Klassen) werden in der Automobilindustrie in der Regel auf der Basis von technischen Kriterien (z.B. Hubraum, PS, Größe) oder dem Verkaufspreis gebildet. Sie entsprechen damit nicht notwendigerweise den individuellen Käuferpräferenzen. Insbesondere die beim Kaufentscheidungsprozeß wesentliche Frage nach den vom Käufer alternativ erwogenen PKW-Modellen, die somit ein "Marktsegment" darstellen, wird auf diese Weise nicht adäquat berücksichtigt.

Operations Research Proceedings 1984

Als Grundlage für die ausschließlich auf Käuferpräferenzen basierende Marktsegmentierung dient das Ergebnis einer Befragung von pro Land 15.000 - 20.000 Neuwagenkäufern, die den PKW-Markt repräsentativ widerspiegeln. Die für die Segmentierung wesentliche Frage an die Neuwagenkäufer lautet:

"Wenn Ihr jetziger Wagen zum Zeitpunkt Ihres Kaufes nicht auf dem Markt gewesen wäre: Welchen anderen Neuwagen welcher Marke hätten Sie dann gekauft?"

Aus den Antworten auf diese Frage läßt sich die Substitutionsmatrix bilden, in der die Substitutionsbeziehung zwischen jeweils zwei PKW-Modellen wiedergegeben ist (Schaubild 1).

Die Modellsegmente werden dann in drei Schritten ermittelt (Schaubild 2):

1. Schritt: Auswahl der zu berücksichtigenden Modelle

Die Festlegung der bei der Segmentbildung zu berücksichtigenden PKW-Modelle orientiert sich an der Bedeutung der einzelnen Modelle im Markt sowie an der Zielsetzung der Segmentierung für den jeweiligen Wettbewerber (Volumenanbieter, Nischenanbieter im Luxusbereich, Nischenanbieter im sportlichen Bereich etc.). Plausible Grobsegmente wie die Trennung von Limousinen und Sport-Versionen oder Caravan-Modellen können der Segmentierung bereits an dieser Stelle vorgegeben werden. Schließlich lassen sich "weit streuende" Modelle, die durch Versionenvielfalt verschiedene Kundengruppen anzusprechen vermögen und daher zu mehreren Modellsegmenten gehören (Beispiel VW Golf in Deutschland), durch Aufteilung in die entsprechenden Versionen mehrfach berücksichtigen.

2. Schritt: Ausgangspositionierung

Ziel des zweiten Schrittes ist die Sortierung der Zeilen bzw. Spalten der Substitutionsmatrix in einer den Käuferpräferenzen entsprechenden Form. Dies erfolgt einzeln für jedes vorgegebene Grobsegment durch Berechnung einer Skala, welche die Affinität zwischen den in die Untersuchung einbezogenen PKW-Modellen abbildet.

Als Referenzpunkte der Skala werden Gruppen von PKW-Modellen definiert, die zum einen die gesamte Produktpalette möglichst gleichmäßig abdecken, zum anderen sicherstellen, daß die Einzelmodelle der Gruppen sich nach "oben" und "unten" plausibel abgrenzen. Als unterstes und oberstes Referenzmodell, d.h. Anfangs- und Endpunkt der Skala, werden jeweils die Modelle bestimmt, die im Durchschnitt die niedrigste Affinität nach oben bzw. unten besitzen, zum Beispiel die Modelle 2CV als Anfangs-, die Mercedes-Benz S-Serie als Endpunkt.

Definition: Das unterste Referenzmodell besitzt den Affinitätsfaktor 0, das oberste Referenzmodell den Affinitätsfaktor 100.

SCHAUBILD 1

Die Bildung von landesspezifischen Modellbereichen basiert auf Käuferpräferenzen

BEISPIEL LAND X

SUBSTITUTIONSAUTO	GEKAUFTES AUTO: LNA	Panda	Mini	R 5	Metro	104	127	Samba	Polo	Visa	Fiesta	A 112	Civic
LNA													
Panda													
Mini													
R 5									14				
Metro													
104									9				
127									11				
Samba									3				
Polo	3	4	4	5	2	3		2			6		11
Visa													
Fiesta									12				
A 112													
Civic													

Alternative für Polo-Käufer in Prozent aller Polo-Käufer, d.h. z.B. 12% aller Polo-Käufer haben den Fiesta als Alternativmodell erwogen

Polo als Alternativ-Modell für Nicht-Polo-Käufer, in Prozent der jeweils gekauften Modelle, d.h. z.B. 11% der Civic-Käufer haben den Polo als Alternativmodell erwogen

SCHAUBILD 2

Die Bildung der Modellsegmente erfolgt in drei Schritten

AUSWAHL DER ZU BERÜCKSICHTIGENDEN MODELLE

1. Festlegung der zur Modellsegmentbildung zu berücksichtigenden PKW-Modelle
2. Aufteilung der Modelle in plausible Grobsegmente
3. Aufteilung einzelner stark überlappender Modelle in Versionen

AUSGANGS-POSITIONIERUNG DER MODELLE

1. Festlegung von Referenzmodellen
2. Skalierung der Referenzmodelle
3. Bestimmung der Affinität aller übrigen Modelle mit den Referenzmodellen
4. Bildung der Ausgangsmatrix der Substitutionsbeziehungen

FESTLEGUNG HOMOGENER SEGMENTE

1. Grobsegmentierung:

   Manuelle Segmentierung nach Plausibilitätsgesichtspunkten

2. Feinsegmentierung:

   Iterative Minimierung der Segmentüberlappung

Auf der bis jetzt nur im Anfangs- und Endpunkt definierten Referenzskala werden die Referenzmodelle nun so eingeordnet, daß es möglich wird, alle Modelle der Referenzskala zuzuordnen und ihnen damit einen Affinitätsfaktor zuzuweisen. Die Berechnung erfolgt auf der Basis der ermittelten Substitutionsbeziehungen zwischen je zwei PKW-Modellen. Als Beispiel antworteten xy = 20% aller befragten Käufer von x, sie hätten sich andernfalls für Modell y entschieden; umgekehrt mögen yx = 30% aller Käufer von Modell y das Modell x als Substitutionsmodell bezeichnet haben.

Definition: Die Affinität zwischen Modell x und y sei $A_{x,y} = \frac{yx + yx}{2}$, $0 \leq A_{x,y} \leq 100$.

Im Beispiel beträgt also $A_{x,y} = \frac{20 + 30}{2} = 25$.

Als Affinität A_{RM_i, RM_j} zwischen Referenzmodell RM_i mit PKW's x_m und RM_j mit PKW's x_n werde definiert:

$$A_{RM_i, RM_j} = \sum_{m,n} A_{x_m, x_n} : \sum_{m,n} 1$$

Der Abstand d_i zwischen RM_i und RM_{i+1} berechnet sich dann nach folgender Definition:

$$d_i = \frac{1}{A_{RM_i, RM_{i+1}}} \times \frac{1}{\sum_j \left[\frac{1}{A_{RM_j, RM_{j+1}}}\right]} \times 100,$$

mit

$$0 < d_i < 100, \quad \sum_i d_i = 100.$$

Als Affinitätsfaktor a_{RM_i} für RM_i definiert sich:

$$a_{RM_i} = \sum_{j<i} d_j .$$

Damit ist eine Affinitäts-Skala definiert, die durch eindeutig bestimmte Stützpunkte, die Affinitätsfaktoren der Referenzfahrzeuge, aufgespannt wird.

Die Affinitätsfaktoren a_x der einzelnen PKW-Modelle x werden nun dadurch festgelegt, daß Zusammenhänge zu den Referenzfahrzeugen hergestellt werden. Als Ergebnis läßt sich jedes Fahrzeug auf der Skala abbilden. a_x werde nach folgender Vorschrift bestimmt:

$$a_x = \frac{d_1 \times A_{x, RM_2} + (d_1 + d_2) \times A_{x, RM_3} + \ldots + \sum_i d_{i-1} \times A_{x, RM_i}}{\sum_i A_{x, RM_i}}$$

mit

$$A_{x,\,RM_i} = [A_{x,y_1} + \ldots + A_{x,yl_i}] : l_{i,}$$

l_i = Anzahl der für RM_i zugrundegelegten Modelle.

Es können nun die Affinitätsbeziehungen jedes der in die Betrachtung einbezogenen n Fahrzeuge entsprechend der Ordnungsrelation

$$0 = a_0 \leqslant a_1 \leqslant \ldots \leqslant a_x \leqslant \ldots \leqslant a_n = 100$$

auf die errichtete Skala abgebildet werden (Schaubild 3). Damit läßt sich die gesuchte Ausgangsmatrix für die Darstellung der Substitutionsbeziehungen zwischen den Modellen bilden. Sie wird durch die Summe aller Modelle, geordnet nach ihrem Affinitätsfaktor, aufgespannt. Die Elemente der Matrix geben die Substitutionsbeziehung zwischen den verschiedenen Modellen wieder.

SCHAUBILD 3

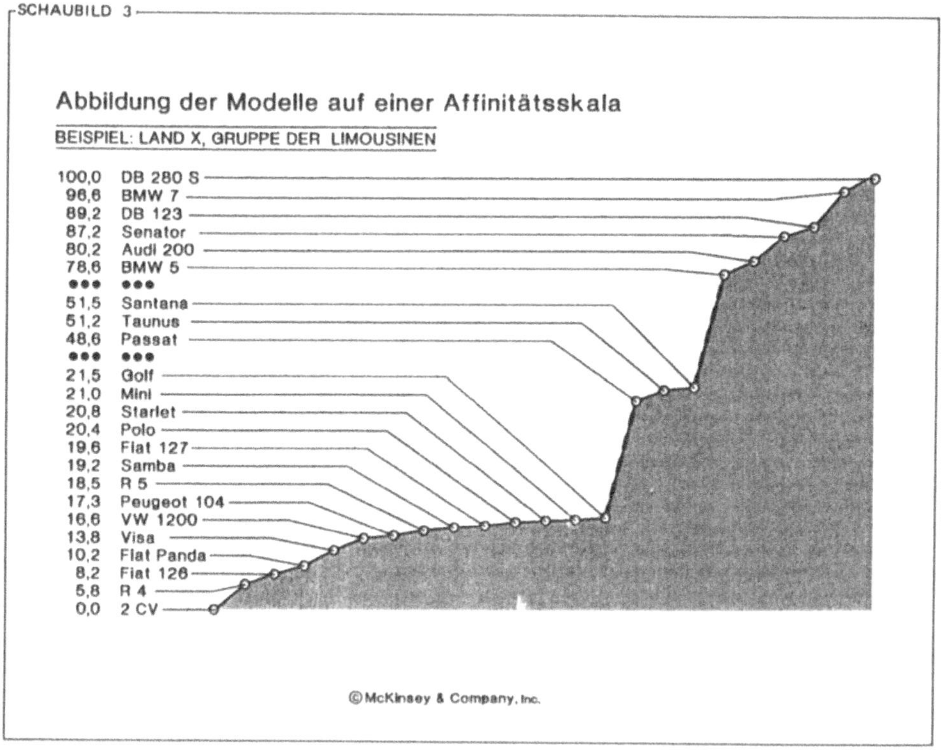

Schritt 3: Festlegung homogener Segmente

Die Modelle lassen sich in einer ersten Gliederung nach Plausibilitätsbetrachtungen zu Teilsegmenten zusammenfassen. Diese erste Grobsegmentierung wird normalerweise noch starke Überlappungen aufweisen, d.h. es werden noch relativ starke Substitutionsbeziehungen zwischen Modellen aus unterschiedlichen Segmenten bestehen. Als Maß für den Grad dieser Überlappungen können mehrere Kriterien dienen:

§ Durchschnittliche Affinität $A_{x,y}$ zwischen Modellen x und y unterschiedlicher Segmente

§ Höchste Affinität $A_{x,y}^{max}$ zwischen zwei Modellen x und y unterschiedlicher Segmente

§ Höchste Affinität $A_{x,\tilde{y}}^{max}$ zwischen Modell x und allen nicht im Segment von x liegenden Modellen y.

Anhand eines oder mehrerer dieser Kriterien können nun in einem iterativen Prozeß durch Verschiebung von Modellen zwischen den Segmenten alternative Segmentierungen gefunden werden, die hinreichend geringe Überlappungen aufweisen (Schaubild 4). Im Laufe dieser Feinsegmentierung kann es erforderlich werden, die in Schritt 1 vorgegebenen Grobsegmente neu zu definieren oder zusätzlich Modelle in Versionen aufzuteilen oder Versionen wieder zusammenzufassen. Die Schritte 2 und 3 müssen dann neu durchlaufen werden.

KÄUFERSEGMENTIERUNG

Nach der Bildung der Modellsegmente werden durch Aggregation sich beim Kauf vergleichsweise homogen verhaltender Käufergruppen sozio-demographische Käufersegmente definiert. Ein speziell entwickelter Signifikanztest ermittelt aus einer Vielzahl von sozio-demographischen Kriterien (Alter, Ausbildung, Beruf, Familienstand, Haushaltsgröße etc.) diejenigen, die zur Beschreibung bedürfnishomogener Käufergruppen dominant sind. Aus der Zusammenführung von Modell- und Käufersegmenten ergibt sich die Produkt/Markt-Matrix.

MARKETINGANALYSEN UND -MASSNAHMEN

Die Produkt/Markt-Matrix bildet die Ausgangsbasis für gezielte Marketinganalysen und -maßnahmen. Für jedes Modell/Käufer-Segment können als Kenngrößen zur Bestimmung der Markt- und Wettbewerbsposition die Segmentgrößen sowie pro Wettbewerber Segmentanteil, Modellbekanntheitsgrad, Berücksichtigungsquote, Trefferquote, Loyalitätsrate etc. ermittelt werden (Schaubild 5). Zusammen mit einer qualitativen Ursachenanalyse (Gründe für Kauf/Nichtkauf, Markenwechsel etc.) können segmentspezifische Schwächen erkannt und die verfügbaren Marketinginstrumente zur verbesserten Ausschöpfung der Käuferpotentiale gezielt eingesetzt werden.

SCHAUBILD 4

Substitutionsmatrix mit minimaler Segmentüberlappung

Substitions-Auto im Segment \ Gekauftes Auto im Segment	A	B 1	B2	C	D 1	D2	D3	E
A	57	6	-	-	-	-	-	-
B 1	34	56	13	3	7	2	-	1
B2	3	25	42	16	22	8	-	5
C	1	2	3	49	2	7	-	1
D 1	3	6	35	9	56	15	22	7
D2	-	1	1	17	1	49	4	2
D3	-	-	1	2	6	13	70	3
E	2	4	5	4	6	6	4	81

Alternativ-Modelle im Segment in Prozent der Segmentkäufer, d.h. z.B. 5% der Käufer aus dem Segment E haben Autos im Segment B2, 81% der E-Käufer andere E-Modelle alternativ erwogen

SCHAUBILD 5

Berechung relevanter Kenngrößen pro Modell-/Käufersegment

Modell-segment \ Käufer-segment	I	IIa	IIb	III	IV
A					
B 1					
B 2					
C					
D					
E					

Kenngröße je Wettbewerber:
- Segmentanteil
- Modellbekanntheitsgrad
- Berücksichtigungsquote
- Trefferquote
- Loyalitätsrate

In der Sektion "Datenanalyse" wurden ferner die folgenden Vorträge gahalten, von denen keine Kurzfassungen vorlagen:

STRATEGISCHE PRODUKTPLANUNG: STATISTISCHE ANALYSE DER NACHFRAGEREAKTION AUF VERSCHIEDENE PRODUKTKONZEPTIONEN IM AUTOMOBILMARKT

Johannes M. Ruhland, München
Heinrich O. Schülen, München
Klaus D. Wilde, München

BEURTEILUNG VON WERBESTRATEGIEN MIT HILFE VON MIKROSIMULATIONSMODELLEN

Klaus D. Wilde, München

BOX-JENKINS PROGNOSEN MIT FEHLERHAFTEN MODELLEN

Rainer Schlittgen, Essen

1. Einleitung

Box-Jenkins Prognosen haben sich bei vielen empirischen Vergleichen anderen Prognoseverfahren zumindest bei kleinem Prognosehorizont als überlegen erwiesen. Dies beruht darauf, daß die zugrundeliegende Modellklasse der ARIMA-Prozesse hinreichend umfassend ist, um eine Vielzahl empirischer Reihen mit genügender Güte approximieren zu können. Für diese ARIMA-Prozesse liefert der Ansatz die optimalen Prognosen. Zusätzlich können dabei Prognoseintervalle berechnet werden, was bei anderen Prognoseverfahren oft nicht möglich ist.

In der Praxis können die zur Prgonose verwendeten ARIMA-Modelle fehlerhaft sein. Einmal kann dabei der die Reihe generierende stochastische Mechanismus Abweichungen aufweisen, die eine einfache Anwendung der ARIMA-Modelle nicht erlauben. Zum anderen kann bei der Anpassung ein Modell ausgewählt werden, das nicht mit dem tatsächlich vorliegenden Prozeß übereinstimmt.

Für verschiedene der genannten Fehlermöglichkeiten sollen im folgenden die Auswirkungen auf die Prognosen dargestellt werden.

2. Grundlagen

Autoregressive integrierte Moving-Average-ARIMA[p,d,q]-Modelle werden üblicherweise angegeben in der Form

$$\alpha(B)Y_t = \beta(B)\varepsilon_t,$$

wobei B der Back-Shift Operator ist, $B^m Y_t = Y_{t-m}$; $Y_t = (1-B)^d X_t$ ist eine stationäre Differenz der ursprünglichen Reihe X_t. $\alpha(B) = 1-\Sigma_{u=1}^{p} \alpha_u B^u$ und $\beta(B) = 1-\Sigma_{u=1}^{q} \beta_u B^u$ sind Polynom-Operatoren, so daß $\alpha(z)=0$ und $\beta(z)=0$ nur Lösungen außerhalb des Einheitskreises hat. (ε_t) ist eine Folge von unabhängigen, identisch verteilten Zufallsvariablen mit $E[\varepsilon_t]=0$ und $Var[\varepsilon_t]=\sigma^2$. Wir betrachten weitgehend die Situation, daß die Parameter bekannt und die gesamte Vergangenheit des Prozesses beobachtbar ist. Im Falle d=0 erhalten wir die optimale h-Schritt Prognosen dann rekursiv durch Fortschreibung der Definitionsgleichung, wobei für X_{t+u} jeweils die optimalen Prognose $\hat{X}_{t,u}$ und für ε_{t+u} jeweils der Erwartungswert Null eingesetzt wird. Zur genauen Formulierung sei auf Schlittgen/Streitberg (1984) verwiesen.

Operations Research Proceedings 1984

ie Varianz des Prognosefehlers $\hat{X}_{t,h}-X_{t+h}$ ist

$$\mathrm{Var}[\hat{X}_{t,h}-X_{t+h}] = \sigma^2\Sigma_{u=0}^{h-1} c_u^2,$$

obei c_u der Koeffizient von B^u in der Reihenentwicklung $c(\beta)=\beta(B)/\alpha(B)$ st. Für Normalprozesse können damit Prognoseintervalle bestimmt weren:

$$\hat{X}_{t,h}\pm z\sqrt{\Sigma_{u=0}^{h-1} c_u^2}.$$

ür nichtstationäre Prozesse (X_t) lassen sich die Ergebnisse verallgeeinern, wenn die d-fache Differenz $(a-B)^d X_t$ ein ARMA[p,q]-Prozeß ist. X_t) selbst wird dann als ARIMA[p,d,q]-Prozeß bezeichnet. Die Prognoen erhält man dann wieder durch Fortschreiben der Definitionsgleihung, wenn $\alpha(B)$ durch

$$\alpha(B)\ (1-B)^d = (1-A_1B-...-A_{p+d}B^{p+d})$$

rsetzt wird. Die Prognoseintervalle haben dieselbe Form wie im nichtntegrierten Fall, nur daß sich die c_u jetzt aus der Reihenentwicklung on $\beta(B)/(1-A_1B-...-A_{p+d}B^{p+d})$ ergeben.

. Nicht-normalverteilte Störungen

nabhängig von der Verteilung der Störungen sind die optimalen Prognosen für ARIMA-Prozesse unverzerrt. Abweichungen von der Normalvereilung wirken sich aber auf die Prognoseintervalle aus. Denn obwohl ei ARMA-Prozessen die X_t Linearkombinationen von z.T. unendlich vieen unabhängigen Zufallsvariablen sind, ist der zentrale Grenzwertsatz icht ohne weiteres anwendbar.

ies wird schon am Beispiel eines AR[1]-Prozesses $X_t-\alpha X_{t-1}=\varepsilon_t$ deutich. Mit $|\alpha|<1$ gilt

$$X_t = \Sigma_{u=0}^{\infty}\alpha^u\varepsilon_{t-u}.$$

ie Summe der Varianzen der $\alpha^u\varepsilon_{t-u}$ ist $\sigma^2/(1-\alpha)$, also endlich. Falls ie Verteilung der ε_t beschränkt ist, kann X_t damit nicht normalvereilt sein, vgl. Fisz (1978), Satz 6.9.3.

ünstiger ist die Situation bei ARIMA-Prozessen mit d>0. Durch die ntegration ergibt sich X_t als Summe von Variablen mit gleichem oder ast konstantem Gewicht. Für den ARIMA[1,1,0]-Prozeß

$$(1-\alpha B)\ (1-B)X_t = \varepsilon_t$$

erhalten wir zum Beispiel

$$X_t = \varepsilon_t + \frac{1-\alpha^2}{1-\alpha}\varepsilon_{t-1}+\ldots+\frac{1-\alpha^t}{1-\alpha}\varepsilon_1 + X_0.$$

Wegen $\alpha^t \to 0$ für $t\to\infty$ geht die Folge der Gewichte hier nicht gegen Null so daß X_t zumindest für große t als normalverteilt angesehen werden kann. Heuts (1981) hat die entsprechende Aussage für recht allgemein formulierte ARIMA-Prozesse bewiesen. Spezialisiert lautet sein Resultat:

<u>Satz</u> Für einen ARIMA[p,d,q]-Prozeß $\alpha(B)\ (1-B)^d X_t = \beta(B)\varepsilon_t$ seien folgende Bedingungen erfüllt:

(i) $\alpha(B)$ und $\beta(B)$ haben nur Wurzeln außerhalb des Einheitskreises

(ii) $d \geq 1$

(iii) $\{x_{-d+1},\ldots,x_0\}$ ist eine Menge von Startbedingungen, so daß $P(X_t=x_t) = 1$ für $t= -d+1,\ldots,0$.

Dann gilt, wenn c_u der Koeffizient von B^u in der Reihenentwicklung von $\beta(B)/\alpha(B)$ ist:

$$\lim_{t\to\infty} P(t^{0.5-d}X_t<z) = \Phi(z/\frac{\sigma\ |\ \Sigma_{u=0}^{\infty}\ c_u\ |}{\sqrt{(d-1)\ !\ (2d-1)}}$$

Damit erhält man auch die asymptotischen Normalverteilung der Prognosen $\hat{X}_{t,h}$. Somit sollen nach Heuts (1981), S. 307 die Prognoseintervalle für ARIMA[p,d,q]-Prozesse mit $d \geq 1$ für genügend große t hinreichend genau gelten: "the normalized forecast error, $n^{-(q^*+0.5)}(\underline{x}_{n+e}-\hat{x}_{n+e,n})$ ... again is also asymptotically normally distributed, $N(0,\sigma_*^2)$, where

$$\sigma_*^2 = \lim_{n\to\infty} \text{Var}\ \{n^{-(q^*+0.5)}(\underline{x}_{n+e} - \hat{x}_{n+e,n})\}."$$

Hier ist $q^*= d - 1$. Eine Seite weiter bemerkt er: "Using asymptotic theory we have shown under fairly general conditions that the pediction interval for a future observation in an ARIMA scheme is robust with respect to non-normality of the error term."

Dies gilt jedoch zumindest für h = 1 nicht. Die rekursive Darstellung von X_{t+1} und $\hat{X}_{t,1}$,

$$X_{t+1} = \Sigma_{u=1}^{p+d} A_u X_{t+1-u} + \varepsilon_{t+1} - \Sigma_{u=1}^{q}\beta_u\varepsilon_{t-u},$$

$$\hat{X}_{t,1} = \Sigma_{u=1}^{p+d} A_u X_{t+1-u} - \Sigma_{u=1}^{q}\beta_u\varepsilon_{t+1-u}$$

ergibt nämlich:

$$t^{-(d-0.5)}(\hat{X}_{t,1}-X_{t+1}) = -t^{-(d-0.5)}\varepsilon_{t+1}.$$

Mit wachsendem t hat diese Variable eine degenerierte Normalverteilung. Die auf der Normalverteilung basierenden Prognoseintervalle haben unabhängig von t je nach Verteilung von ε_{t+1} zu hohe oder zu niedrige Niveaus. Sicher werden aber mit wachsendem h die Prognoseintervalle immer gültiger, da in die Prgonosefelder dann immer mehr Summanden aus den ε_t eingehen. Eine genauere Analyse soll in einem späteren Artikel durchgeführt werden.

Zunächst wurde ein Einblick in das Approximationsverhalten mit einigen Simulationen gewonnen. Dabei wurden als Verteilungen für die ε_t standardisierte Rechteck-, Laplace- und Exponential-Verteilungen gewählt. Je 250 Realisationen von ARIMA[1,1,1]-Prozessen mit der Startbedingung $X_o = 0$ wurden erzeugt, indem aus Folgen von Zufallszahlen der Länge t+5+100 zunächst stationäre Reihen gebildet und dann die letzten t+5 Werte "integriert" wurden. Die letzten 5 Werte davon dienten zur Überprüfung der Prognose. Ein Beispiel der Ergebnisse ist in der folgenden Tabelle wiedergegeben.

		Prognosehorizont h							
Verteilung	P.-I.	1			2			4	
		t			t			t	
	%	400	50	100	200	400	50	100	200
	95	100.0	98.0	96.0	96.0	96.4	96.4	95.6	94.8
Rechteck	90	94.4	89.9	89.0	87.2	88.2	90.4	89.2	87.0
	80	74.2	77.2	74.0	73.4	74.4	80.2	75.4	75.0
	95	91.6	92.0	93.2	95.2	92.8	94.0	93.2	95.6
Laplace	90	88.0	85.6	89.2	90.0	88.0	90.0	89.6	89.6
	80	81.2	79.2	83.2	82.8	79.6	78.0	80.4	83.2
	95	93.6	94.0	94.0	95.2	92.8	95.4	93.6	94.4
Exponential	90	92.0	90.0	91.6	91.6	90.8	90.4	91.6	92.0
	80	87.2	86.0	86.8	86.0	82.2	80.4	84.0	80.0

Tabelle 1: Anteile (in %) der Realisierungen des Prozesses $(1-0.9b)\,(1-B)X_s = (1-0.1B)\,\varepsilon_s$ im Prognoseintervall

Zusammenfassend ergeben die Simulationen folgendes Bild:

- o Die empirischen Anteile stimmen mit wachsendem h schon bei kleinem t erwartungsgemäß immer besser mit den Niveaus überein. Einzig bei der Rechteckverteilung ist für das 80%-Prognoseintervall ein systematisch zu geringer Anteil zu beobachten.
- o Je größer die Werte der Parameter sind, desto besser ist die Übereinstimmung der empirischen Anteile mit den Niveaus. Ein großer Wert

des MA-Parameters wirkt sich dabei anscheinend eher aus als ein grosser Wert des AR-Parameters.

Ledolter (1979) analysierte die Auswirkung nicht-normalverteilter Störungen von einem Bayes'schen Standpunkt aus. Mit der von ihm gewählten nicht-informativen Prior-Verteilung für die Parameter erhielt er bei einer Beispielreihe der Länge t=369, daß der zentrale Bereich der Posterior-Verteilung nicht wesentlich von der Verteilung der Störungen beeinfluß wird. Die Rechteck- und die Laplaceverteilung sind dabei die beiden Extreme der von ihm betrachteten Verteilungsmodelle.

Als Fazit ist festzuhalten, daß bei ARIMA[p,d,q]-Modellen im Falle $d \geq 1$ die Prognoseintervalle erst für $h > 1$ robust sind. Je größer h ist desto kleiner darf t sein. Bei $d = 0$ bzw. $h = 1$ sollte auf alle Fälle die Verteilung der Residuen betrachtet werden.

4. Nichtlinear transformierte Prozesse

Wenn mit dem Level einer Reihe (x_t) auch die Streuung der Werte zunimmt, oder wenn die x_t nicht symmetrisch um das Mittel streuen, wird die Reihe gern nichtlinear transformiert, so daß die transformierte Reihe (Y_t) eher als Realisation eines normalen ARIMA-Prozesses angesehen werden kann.

Am meisten verwendet werden dabei die Box-Cox-Transformationen

$$Y_t = \begin{cases} (x_t^\lambda - 1)/\lambda & \lambda \neq 0. \\ \ln x_t & \lambda = 0. \end{cases}$$

Auch wenn (X_t) mittels einer derartigen Transformation in einen ARIMA-Prozeß (Y_t) überführt wurde, ergibt die einfache Rücktransformation der optimalen Prognose $\hat{Y}_{t,h}$ nur eine suboptimale Prognose $\tilde{X}_{t,h}$ für X_{t+h}. Dies soll für $\lambda = 0$, die logarithmische Transformation, ausgeführt werden.

Sie (X_t) ein stationärer lognormaler ARMA[p,q]-Prozeß.

$$X_t = \exp(Y_t)$$

mit $\alpha(B)Y_t = \varepsilon_t$, wobei $\varepsilon_t \sim N(0, \sigma^2)$ gilt. Die Prognose von Y_{t+h} läßt sich in der Form

$$\hat{Y}_{t,h} = \Sigma_{u=h}^{\infty} c_u \varepsilon_{t+h-u}$$

angeben, wobei $1, c_1, c_2, \ldots$ die Koeffizientenfolge der MA[∞]-Darstellung von (Y_t) ist.

Für die naive Prognose $\tilde{X}_{t,h} = \exp(\hat{Y}_{t,h})$ von X_{t+h} folgt mit der Unabhängigkeit der ε_t:

$$E[\tilde{X}_{t,h}] = \Pi_{u=h}^{\infty} E[\exp(c_u \varepsilon_{t+h-u})]$$

$$= \exp(\tfrac{1}{2} \sigma^2 \Sigma_{u=h}^{\infty} c_u^2).$$

Dabei wurde ausgenutzt, daß die Faktoren des Produktes die Werte der momenterzeugenden Funktion von ε_t an den Stellen c_u sind. Auf dieselbe Weise erhalten wir:

$$E[X_{t+h}] = E[\exp(Y_{t+h})] = \exp(\tfrac{1}{2} \sigma^2 \Sigma_{u=0}^{\infty} c_u^2),$$

womit die Verzerrung von $\tilde{X}_{t,h}$ deutlich wird.

h \ α	0.05	0.25	0.50	0.60	0.70	0.80	0.90	0.95
1	-0.65	-0.65	-0.77	-0.86	-1.05	-1.58	-5.46	-61.5
3	-0.65	-0.70	-0.94	-1.15	-1.54	-2.57	-9.84	-116.1
5	-0.65	-0.70	-0.95	-1.18	-1.64	-2.85	-11.39	-136.3

Tabelle 2: Bias der naiven Prognose für einen lognormalen AR [1]-Prozeß mit $\sigma^2 = 1$

Für lognormale ARMA-Prozesse läßt sich auch die optimale Prognose $\hat{X}_{t,h}$ explizit angeben. Sie ist

$$\hat{X}_{t,h} = E[X_{t+h} \mid X_t\ X_t, ..]$$

$$= E[\exp(\Sigma_{u=0}^{\infty} c_u \varepsilon_{t+h-u}) \mid \varepsilon_t, \varepsilon_{t-1}, ...]$$

$$= \exp(\tfrac{1}{2} \sigma^2 \Sigma_{u=0}^{h-1} c_u^2) \cdot \exp(\Sigma_{u=h}^{\infty} c_u \varepsilon_{t+h-u}).$$

Damit kann der Effizienzverlust bei der Verwendung der naiven Prognosen gegenüber der optimalen eingeschätzt werden. Allgemein erhalten wir

$$\frac{E[(\hat{X}_{t,h} - X_{t+h})^2]}{E[(\hat{X}_{t,h} - X_{t+h})^2]} = \frac{1 - 2\exp(\frac{\sigma^2}{2} \Sigma_{u=0}^{h-1} c_u^2) \exp(2 \cdot \sigma^2 \Sigma_{u=0}^{h-1} c_u^2)}{\exp(2\sigma^2 \Sigma_{u=0}^{h-1} c_u^2) - \exp(\sigma^2 \Sigma_{u=0}^{h-1} c_u^2)}$$

Beim Beispiel des lognormalen AR[1]-Prozesses ist der Effizienzverlust nicht gravierend. Er beträgt durchweg 9 % bei h = 1 und fällt bei größerem h, wenn der Parameter α größer wird. Dies resultiert aus der Vergrößerung der Varianz bei α → 1.

Die Resultate erlauben nur eine vorsichtige Einschätzung, da sowohl die Parameter als auch die gesamte Vergangenheit des Prozesses als bekannt vorausgesetzt wurde. Sie ergänzen aber gut die Ausführungen von Nelson/Granger (1979). Diese analysieren die Auswirkung unterschiedlicher Transformationsparameter λ der Box-Cox-Transformation auf die Prognosen. Dazu führen sie einmal eine Simulationsstudie mit einem ARIMA[1,1,0]-Prozeß durch. Es wird auch die logarithmierte Form betrachtet. Sie kommen zu dem Schluß " ...the Box-Cox-transformation works well and does produce superior forecasts when a transformation is really justified. It was found that the unbiasing procedure had little effect in improving forecasts for the cases considered in the simulations." Daß sich der Bias der naiven Prognose nicht auswirkte, liegt wohl an ihrer Wahl des AR-Parameters. Mit $\alpha = 0.6$ befinden sie sich nach Tabelle 2 noch im Bereich des geringen Bias. Zum anderen betrachteten sie empirische Reihen. Dabei ist die Verwendung der logarithmischen Transformation ($\lambda=0$) mit anschließender Rücktransformation unter Verwendung der Bias-Korrektur (= optimale Prognose) in den meisten Fällen fast genauso gut wie die Bestimmung von λ nach der ML-Methode. Allerdings hängt die Bias-Korrektur stark von der tatsächlichen Verteilung der Residuen ab.

5. Fehlspezifierte Modelle

Die wesentlichen Fehlermöglichkeiten bei der Anpassung von ARIMA-Modellen an Reihen, die tatsächlich von einem derartigen stochastischen Mechanismus erzeugt werden, stellen die Fehlbestimmung der Ordnung des Modells und die fehlerhafte Differenzenbildung dar. Die hierzu erzielten Resultate sind bei Schlittgen/Streitberg (1984) im Abschnitt 7.3.1 zusammengefaßt.

6. Literatur

FISZ, M.
Wahrscheinlichkeitsrechnung und mathematische Statistik.
9te Aufl. Berlin (1978).

GRANGER C.W.J.; NEWBOLD P.
Forecasting transformed series.
J. Roy.Stat. Soc. B, 38, 189-203 (1976).

GRANGER C.W.J.; NEWBOLD P.
Forecasting Economic Time Series.
New York (1977).

HEUTS R.M.J.
Asymptotic robustness of prediction intervals of ARIMA models to deviations from normality.
Austral. J. Statist. 23, 300-308 (1981).

EDOLTER, J.
nference Robustness of ARIMA Models under Non-Normality-Special
pplication to Stock Price Data.
etrika 26, 43-56 (1979).

ELSON,H.L.; GRANGER C.W.J.
xperience with using the Box-Cox-transformation when forecasting
conomic times series. J. Econometrics 10, 57-69 (1979).

CHLITTGEN, R.; STREITBERG, B.H.J.
eitreihenanalyse.
ünchen (1984).

TOICA, P.
rediction of Autoregressive Lognormal Processes.
EEE Trans. Autom. Contr. A C - 25, 292-293 (1980).

EIN AUTOMATISCHES PROGNOSEVERFAHREN AUF DER BASIS VON ARMA-MODELLEN

Walter Mohr, Kiel

1. Einleitung

In Vergleichsuntersuchungen - entsprechende Zusammenstellungen findet man z.B. bei MAKRIDAKIS und HIBON bzw. MAHMOUD - mit ökonometrischen, subjektiven oder anderen zeitreihenanalytische Methoden hat sich überwiegend gezeigt, daß die BOX-JENKINS-Technik und ihre Modifikation in theoretischer und praktischer Hinsicht zu den besten Prognoseverfahren zählen.

Viele dieser Abhandlungen, speziell solche, in denen die Strategie unerwartet schlecht abschneidet, sollten jedoch erneut aufgegriffen werden, weil möglicherweise wegen der Subjektivität dieser Methode suboptimale Modelle verwendet worden sind. Eine automatische Version kann hier einen reproduzierbaren Standard liefern. Weiter kann der Bekanntheitsgrad außerhalb des universitären Bereichs gesteigert werden. Wie aus zwei Studien von MENTZER und COX bzw. SPARKES und MCHUGH über Kenntnis und Einsatz von Prognosemethoden in USA und GB hervorgeht, ist die BOX-JENKINS-Technik bei 65 % bzw. 88 % selbst der größten Unternehmen unbekannt.

Unter den Anwendern sind in den USA zudem 57 % mit diesem Verfahren unzufrieden. Als Hauptursache wird ungenügendes Fachwissen angegeben. Da schließlich auch im industriellen Bereich bei den Prognosezielen die Genauigkeit mit weitem Abstand an der Spitze steht, liegt somit ein weiterer Anreiz für die Anwendung eines entsprechenden automatischen Verfahrens vor, zumal der durchschnittliche Aufwand von 5 Stunden pro Reihe bei manueller Analyse auf etwa 15 Minuten CPU-Zeit reduziert werden kann. In diesem Beitrag werden die Grundlagen des Prognosesystems AIDA skizziert, das von MOHR und DOBRAVSKY auf der Basis von ARMA-Modellen entwickelt worden ist. Ferner erfolgt eine Illustration anhand eines Beispiels, um aufzuzeigen, daß dieses Programm im Gegensatz zu anderen automatischen Versionen eine wesentlich größere Zahl von Strategien enthält.

2. Allgemeine Grundlagen

Als Modellklasse werden die sog. ARUMA-Prozesse verwendet. Unter Verwendung des Rückwärtsverschiebungsoperators B lautet deren Darstellung:

$$\phi\ (b)\ \phi^{+}\ (B)\ x_t(\lambda) = \Theta\ (B)\ U_t \qquad (1)$$

Operations Research Proceedings 1984

In dieser Schreibweise unterscheidet man im autoregressiven Teil den homogen nichtstationären Operator ϕ^{+} (B) und den stationären Operator ϕ (B), wobei die zugehörigen Nullstellen sämtlich auf dem Einheitskreis bzw. alle außerhalb desselben liegen. Der moving - average Operator Θ (B) erfüllt die Invertibilität, d.h. sämtliche Nullstellen fallen außerhalb des Einheitskreises.

In der ursprünglichen Box-Jenkins-Technik werden bei saisonalen Zeitreihen bevorzugt multiplikative Modelle verwendet, wobei die drei obigen Operatoren jeweils als Produkt eines einfachen und eines saisonalen Operatorpolynoms formuliert werden. Der homogene nichtstationäre Operator ist dann ein gemischter Differenzenoperator. In (1) sind $X_t^{(\lambda)}$ bzw. U_t die relevante (transformierte) Zeitreihe bzw. die Rest- oder Rauschgröße. Zusätzlich kann die Box-Cox-Transformation eingesetzt werden, um Varianzstabilität und/oder Normalität zu erreichen.

$$X_t^{(\lambda)} = \begin{cases} \dfrac{(X_t+c)^{\lambda}-1}{\lambda} & \lambda \neq 0, \\ \ln\,(X_t+c) & \lambda = 0. \end{cases} \qquad (2)$$

Der Wert einer solchen Transformation ist umstritten. (NELSON und GRANGER). Daher ist sie bisher noch nicht in die automatische Version integriert worden. Es gibt jedoch Möglichkeiten (Mohr, 1983) für die interaktive Anwendung, die eingebaut werden könnten.
Die Vorgehensweise bei der Analyse einer Zeitreihe nach der Box-Jenkins-Technik zeigt das folgende Ablaufschema.

Abb. 1:

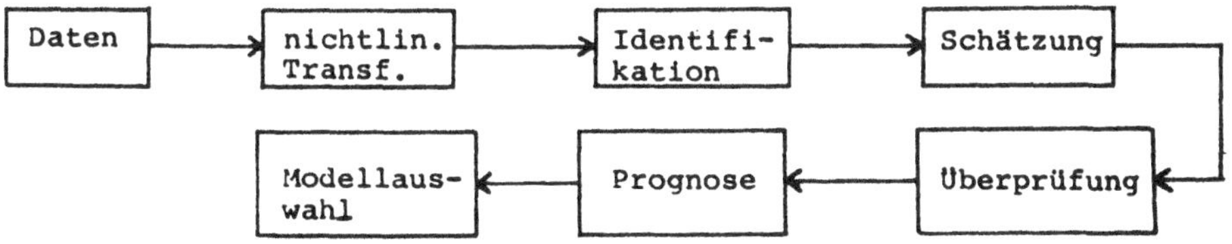

Außerdem gibt es viele Querverbindungen zwischen den einzelnen Stationen. Der weitaus schwierigste Teil ist die Identifikation. Hier wird aus der umfangreichen Klasse der möglichen ARUMA-Prozesse auf der Basis bestimmter Kriterien eine Vorauswahl getroffen. Das Problem wird in zwei Phasen gelöst, wie in Abbildung 2 aufgezeigt ist.

Abb. 2:

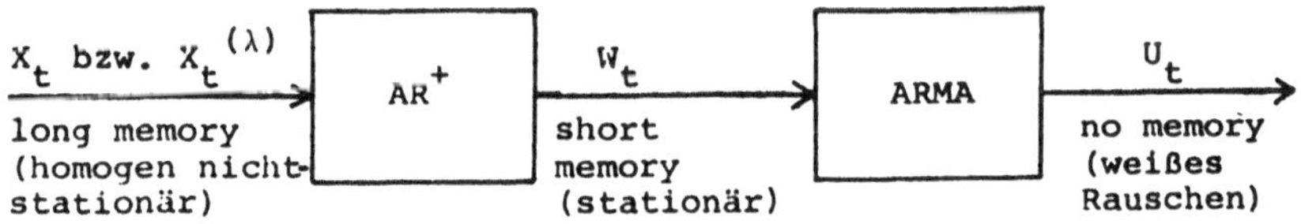

Falls die Reihe X_t in der Terminologie von PARZEN eine stark ausgeprägte "long memory" Komponente besitzt (Trend, Saison), wird ein entsprechender quasi - nichtstationärer Filter ϕ^+ (B) angepaßt, der die (transformierte) Reihe X_t bzw. $X_t^{(\lambda)}$ in eine stationäre Reihe $W_t = \phi^+ (B) X_t$ bzw. $\phi^+ (B) X_t^{(\lambda)}$ überführt. Für die Prognosequalität ist dieser Teil von wesentlicher Bedeutung.
Auf der zweiten Stufe wird durch Einsatz eines geeigneten ARMA-Models die stationäre Reihe W_t in informationsloses, weißes Rauschen umgewandelt. Nachdem die Typen und Ordnungen der Operatorpolynome bestimmt sind, wird die Schätzung der Modellparameter durchgeführt. In der nachfolgenden Überprüfung versucht man, Fehlerquellen aufzudecken. So erfolgt z.B. eine sorgfältige Analyse der Restgrößen auf weißes Rauschen. Zusammen mit der Prognose wird schließlich ein Vergleich und eine endgültige Auswahl von Modellen vorgenommen.

3. Spezielle Strategien

Wegen ihrer herausragenden Rolle für die Analyse und den Aufbau eines automatischen Verfahrens soll im Anschluß hauptsächlich die Identifikation diskutiert werden. Insbesondere geht es um die Bestimmung der Modellordnungen s^+, p und q für die Operatoren ϕ^+ (B), ϕ (B) und Θ (B). Die in einem Modell enthaltene Information zeigt sich in den typischen Verläufen der entsprechenden Kenngrößen wie der Autokorrelationsfolge (AKF) ρ_k und weiteren daraus ableitbaren Größen wie der partiellen Autokorrelationsfolge (PAKF), der inversen Autokorrelationsfolge (IAKF) und den Determinanten der AKF. Eine ausführliche Betrachtung findet man bei Mohr (1976). Die Struktur eines Modells spiegelt sich in diesen Kenngrößen wider, zwischen beiden besteht ein umkehrbar eindeutiger Zusammenhang. Wenn die Zeitreihe hinreichend lang ist, sind diese charakteristischen Merkmale auch in den aus dem Datenmaterial geschätzten Kenngrößen enthalten.
Gegenüber der ursprünglichen Box-Jenkins-Strategie sind viele neuartige Identifikationsverfahren in das Programm eingearbeitet worden. (Mohr, 1984). Insbesondere wird eine Betrachtung der Korrelationsdeterminanten $|P_{m,k}|$ durchgeführt.

$$\left|P_{m,k}\right| = \begin{vmatrix} P_m & P_{m-1} & \cdots & P_{m-(k-1)} \\ P_{m+1} & P_m & \cdots & P_{m-(k-2)} \\ \vdots & \vdots & \ddots & \vdots \\ P_{m+(k-1)} & P_{m+(k-2)} & \cdots & P_m \end{vmatrix} \tag{3}$$

Ein homogen nichtstationärer Prozeß der Ordnung s ist durch folgende Eigenschaften ausgezeichnet:

$$\begin{aligned} \left|P_{m,k}\right| &= 0 \qquad \text{für } m \geq 0 \text{ und } k \geq s+1 \\ \left|P_{m,s}\right| &= \pm c \qquad \text{für } m \geq 0. \end{aligned} \tag{4}$$

Es besteht somit ein Mustererkennungsproblem, nämlich das gemäß (4) bestehende infinite Nullfeld zu finden. Dazu können entsprechende Tests oder Zielfunktionen herangezogen werden.
Außerdem wird noch eine einfache Strategie für die direkte Untersuchung der AKF angewendet, die eher heuristischer Natur ist. Die Abspaltung geeigneter quasi - nichtstationärer Filter erfolgt sukzessiv, und zwar werden die Operatoren mit den Nullstellen höchster Vielfachheit zuerst ausgewählt. Dann wird die entsprechend gefilterte Reihe erneut untersucht. Die beiden Zielfunktionen können mit zwei Schätztechniken für die Modellkoeffizienten kombiniert werden, nämlich mittels Yule-Walker-Schätzung oder über den Marquardt-Algorithmus. Außerdem werden im nichtstationären Teil fünf Modellvarianten angeboten:

(i) Vollständige quasi - nichtstationäre Modelle
$1+\hat{\phi}_1 B + \ldots + \hat{\phi}_s B^s$

(ii) Subset Modelle von (i)

(iii) Quasi - Differenzenfilter
$1+\hat{\phi}_s B^s$ mit $\hat{\phi}_j \doteq 0$ für $j=1,\ldots,s-1$ und $\hat{\phi}_s \doteq -0.9$

(iv) Kontraktion von Filtern auf den Minimal- oder Einheitskreis

(v) Spezielle Einheitskreismodelle
$1 \pm B$; $1+\hat{\phi}_1 B+B^2$; $1 \pm B^s$

Der Härtegrad dieser Filter wird nach unten hin stärker. Je weicher ein Operator ist, desto sanfter wird die nichtstationäre Komponente herausgefiltert und desto gedämpfter sind die Kenngrößen der resultierenden, neuen Reihe. Die härteren Filter hingegen benötigen weniger Koeffizienten und genügen dem Prinzip der sparsamen Modellierung. Bezüglich der

Prognoseeigenschaften ist oft zu beobachten, daß weichere Filter kurzfristig geringfügig besser und langfristig oft schlechter ausfallen. Insgesamt gibt es schließlich 20 Alternativen für die nichtstationäre Analyse, wobei in der Praxis meist nur 3 bis 8 davon verschieden ausfallen.

Der Algorithmus zur Bestimmung des quasi - nichtstationären AR-Filters verläuft in folgenden Stufen:

(1) Berechnung der Kenngrößen,

(2) Bestimmung der optimalen Modellordnung mittels einer geeigneten Zielfunktion,

(3) Schätzung des Modells,

(4) Nullstellenanalyse des Operators und Saisonbestimmung,

(5) Untersuchung auf Quasi-Nichtstationarität.

Er unterscheidet sich von anderen vergleichbaren automatischen Versionen u.a. dadurch, daß nicht nur Differenzenfilter ausgewählt werden, die Saison tatsächlich bestimmt wird und neuere Methoden (Kontraktionstechnik, Subset-Analyse) Verwendung finden.

Die nichtstationäre Analyse wird so lange durchgeführt, bis sämtliche Nullstellen des zugehörigen Operators innerhalb eines numerisch vorgegebenen Kreisringes um den Einheitskreis liegen. Ist diese Bedingung nicht mehr erfüllt, wird die zugehörige, gefilterte Reihe einer stationären Analyse unterzogen. Dabei werden drei unterschiedliche Programme zur Identifikation reiner AR- bzw. MA-Prozesse sowie gemischter ARMA-Modelle verwendet. Zunächst wird durch eine Analyse der Kenngrößen (Tests, Ordnungskriterien AIC, BIC, CAT, HANNAN und QUINN) ein geeigneter maximaler Lag festgelegt. Anschließend wird für beide Schätzmethoden nach unterschiedlichen Kriterien eine Subset-Analyse durchgeführt. Neuartig ist auch die Dualisierungstechnik, die es gestattet, sämtliche Strategien für AR- auf MA-Prozesse zu übertragen, indem die inversen Kenngrößen eingesetzt werden. Für die Bestimmung gemischter Modelle werden u.a. wie im nichtstationären Teil die Korrelationsdeterminanten untersucht, wobei folgende Eigenschaft grundlegend ist.

Ein stationärer ARMA (p,q)-Prozeß liegt genau dann vor, wenn gilt:

$$|P_{m,k}| = 0 \quad \text{für alle } m \geq q+1 \text{ und } k \geq p+1, \tag{5}$$

$$|P_{m,p}| \neq 0 \quad \text{für alle } m \geq q, \tag{6}$$

$$|P_{q,k}| \neq 0 \quad \text{für alle } k \geq p. \tag{7}$$

D.h. auch hier liegt ein Mustererkennungsproblem zum Auffinden eines in-

initen Nullfeldes vor.
nnerhalb der stationären Analyse sind maximal 33 Alternativen vorgese-en, so daß zusammen mit den 20 möglichen nichtstationären Filtern theo-etisch insgesamt 660 Kombinationen auftreten können. Für die Bewertung nd endgültige Auswahl von Modellen ist eine sorgfälltige Analyse der estgrößen und der Prognosequalität (z.B. durchschnittlicher absoluter, rozentualer Fehler) maßgebend.

. Fallstudie

ie Wirkungsweise der automatischen Identifikationsalgorithmen soll an er Reihe der Arbeitslosen von 1/67 bis 12/81 demonstriert werden.

ab. 1: AKF für $W_t = X_t$ bzw. $(1-B)X_t$ bzw. $(1-B)(1-B^{12})X_t$

0.97	0.92	0.88	0.84	0.82	0.80	0.79	0.78	0.78	0.79	0.79	0.77	1-12
0.74	0.69	0.65	0.62	0.60	0.58	0.57	0.56	0.56	0.57	0.57	0.56	13-24
0.53	0.05	-0.17	-0.31	-0.17	0.01	-0.20	-0.33	-0.18	0.04	0.50	0.80	1-12
0.43	-0.02	-0.20	-0.32	-0.20	-0.03	-0.22	-0.34	-0.20	-0.01	-0.41	0.68	13-24
0.44	0.40	0.33	0.18	0.20	0.14	0.15	0.16	0.12	0.15	0.06	-0.22	1-12
-0.02	-0.16	-0.15	-0.11	-0.14	-0.10	-0.12	-0.10	-0.14	-0.18	-0.08	-0.08	13-24

ogleich die Reihe eine ausgeprägte Saisonstruktur besitzt, wird zuerst ufgrund der AKF der dominierende Trendfaktor identifiziert. Man erhält:
(B) = 1-o.97B (Yule-Walker-Schätzung) bzw. 1-1.ooB (Marquardt-Schätzung).
der zweiten Runde wird ein homogen nichtstationäres Modell mit der aison s=12 gefunden. Danach bricht der quasi-nichtstationäre Algorith-s ab. Insgesamt sind für diese Reihe 7 unterschiedliche Filter abge-palten worden, wie z.B. der gemischte Differenzenoperator $(1-B)(1-B^{12})$ der bei Y-W-Subset-Schätzung $(1-B)(1-o.23B - o.17B^{11} - o.59B^{12})$ oder bei estriktiver Marquardt-Schätzung $(1-B)(1-o.95B^{12})$. An jeden dieser 7 QNS-ilter werden im zweiten Teil stationäre ARMA-Prozesse angekoppelt. Es ominieren AR- bzw. MA-Ordnungen von 13 oder 14. (Mohr, 1984). Die resul-ierenden Modelle stimmen gut mit den Ergebnissen früherer Untersuchun-en (Mohr, 1979) überein.
n den ausgeführten Simulationsanalysen (Mohr, 1984) sind insbesondere it dem nichtstationären Programm sehr gute Ergebnisse erzielt worden. ie Anwendung auf reale ökonomische Zeitreihen und ein Vergleich mit nderen Prognoseverfahren werden in einer späteren Arbeit veröffentlicht.

LITERATURVERZEICHNIS

BOX G.E.P., JENKINS G.M.
TIME SERIES ANALYSIS AND CONTROL
SAN FRANCISCO, CAMBRIDGE, LONDON, AMSTERDAM.
553 S. (1971).

MAHMOUD E.
ACCURACY IN FORECASTING: A SURVEY.
JOURN. OF FOREC. 3, 139-159 (1984).

MAKRIKAKIS S., HIBON M.
ACCURACY OF FORECASTING: AN EMPIRICAL INVESTIGATION.
JOURN. ROY. STAT. SOC. A. 142, 97-145 (1979).

MENTZER J. T., COX (JR.) J.E.
FAMILIARITY, APPLICATION, AND PERFORMANCE OF SALES FORECASTING TECHNIQUES.
JOURN. OF FOREC. 3, 27-36 (1984).

MOHR W.
UNIVARIATE AUTOREGRESSIVE MOVING-AVERAGE-PROZESSE UND DIE ANWENDUNG DER BOX-JENKINS-TECHNIK IN DER ZEITREIHENANALYSE.
(DISSERTATION)
FACHBEREICH WIRTSCHAFTSWISSENSCHAFTEN DER UNIV. KIEL.
239 S. (1976).

MOHR W.
PROGNOSEUNTERSUCHUNG FÜR DIE ZEITREIHE DER REGISTRIERTEN ARBEITSLOSEN IN DER BRD.
STATISTISCHE HEFTE 20, 276-283 (1979).

MOHR W.
UNTERSUCHUNGEN ZUR ANWENDUNG DER BOX-COX-TRANSFORMATION IN DER ZEITREIHENANALYSE.
ALLG. STATISTISCHES ARCHIV 67, 177-198 (1983).

MOHR W.
NEUE IDENTIFIKATIONSSTRATEGIEN FÜR UNI- UND MULTIVARIATE ZEITREIHEN.
(HABILITATION)
FACHBEREICH WIRTSCHAFTSWISSENSCHAFTEN DER UNIV. KIEL
400 S. (1984).

MOHR W.; DOBRAVSKY G.
AIDA: EIN PROGRAMM ZUR AUTOMATISCHEN KONSTRUKTION VON ARUMA-MODELLEN.
INST. FÜR STATISTIK UND ÖKONOMETRIE DER UNIV. KIEL, 1984.

NELSON (JR.) H.L., GRANGER D.W.J.
EXPERIENCE WITH USING THE BOX-COX-TRANSFORMATION WHEN FORECASTING ECONOMIC TIME SERIES.
JOURN. OF ECONOMETRICS 14, 57-69 (1979)

PARZEN E.
ARARMA MODELS FOR TIME SERIES ANALYSIS AND FORECASTING.
JOURN. OF FOREC. 1, 67-82 (1982).

SPARKES J.R., MCHUGH A.K.
AWARENESS AND USE OF FORECASTING TECHNIQUES IN BRITISH INDUSTRY.
JOURN. OF FOREC. 3, 37-42 (1984).

EINSATZ ROBUSTER VERFAHREN BEI DER SCHÄTZUNG DYNAMISCHER PROGNOSEMODELLE

Siegfried Heiler, Dortmund

1. Einführung

In letzter Zeit werden Vergleichsstudien beliebt, bei denen die Prognosen verschiedener Verfahren an empirischem Datenmaterial zueinander in Beziehung gesetzt werden. Nicht selten schneiden dabei relativ einfache Verfahren mit Trendextrapolationen oder Exponential Smoothing besser ab als ausgefeilte und flexible Ansätze wie etwa ARIMA-Modelle. Man fragt sich dann natürlich, woran das wohl liegen könnte:

Sicher nicht daran, daß die zugrunde liegenden Modelle ein besseres Abbild der Wirklichkeit liefern. Daß die Entwicklung eines wirtschaftlichen Phänomens etwa einer einfachen analytischen Funktion oder einer Linearkombination solcher Funktionen folgt, ist wenig glaubhaft. Die Gründe müssen woanders liegen.

Eine der Ursachen ist - so paradox es klingen mag - gerade die Flexibilität komplexerer Modelle. Ist die Übertragungsfunktion eines dynamischen Systems einmal spezifiziert, sind die Parameter durch irgend einen Schätzalgorithmus festgelegt, so hängt die Extrapolation nur noch von den beobachteten Randwerten ab. Dies hat den Vorteil, daß die Extrapolation gut an die aktuelle Entwicklung anknüpft. Der Nachteil ist, daß sie stark von den Zufälligkeiten in den letzten Beobachtungsdaten beeinflußt wird.

Kommen unter ihnen größere Abweichungen von der in der Beobachtungsperiode gefundenen Modellstruktur vor, so schlagen diese voll auf die Prognose durch. Dies erweist sich besonders bei Prozessen mit ausgeprägten zyklischen Schwankungskomponenten und starkem Rauschen als nachteilig.

Eine weitere Ursache liegt in der Schätzung der dynamischen Struktur selbst. Die meisten der üblichen Schätzprozeduren - etwa für ARIMA-Modelle - basieren, aus der Normalverteilung abgeleitet, auf dem Kleinstquadrateprinzip. Dies liefert eine gute Anpassung in der

Operations Research Proceedings 1984

Beobachtungsperiode, aber nicht notwendigerweise eine gute Erklärung des untersuchten Phänomens. Es ist hinreichend bekannt, daß Parameterschätzungen für ARMA-Modelle sehr empfindlich auf kleinere Änderungen in den Daten reagieren: Ein paar neue Beobachtungswerte dazu, und schon kommt es zu einer deutlichen Verschiebung der Nullstellen und Pole der Übertragungsfunktion. Kleine Änderungen in den Daten verursachen eine erhebliche Veränderung im dynamischen Verhalten des Modells.

Stabilere Schätzer wären wünschenswert. Da ohnehin die Normalverteilungsannahme bei vielen der bekannten Zeitreihen fragwürdig ist, scheint es lohnenswert, in Vergleichsstudien solche Verfahren einzubeziehen, die stabilere Modellschätzer liefern und nicht so empfindlich auf kleine Änderungen der Datensituation oder einzelne Ausreißer reagieren. Damit wären wir bei den robusten Verfahren.

2. Robuste Schätzung in dynamischen Modellen

Im folgenden werden einige Vorschläge zur robusten Schätzung in dynamischen Modellen diskutiert. Dabei soll die Modellsituation möglichst allgemein gehalten werden, so daß alle üblichen Spezialfälle wie ARMA-Modelle, Transferfunktionsmodelle, gemischte Modelle mit exogenen Prädiktoren etc. enthalten sind. D.h. wir interessieren uns für eine skalare Zielvariable y_i, deren Verhalten wir durch einen Vektor x_i erklärender Variabler beschreiben wollen, wobei die Komponenten von x_i in den Vergangenheitsperioden realisierte Zufallsgrößen oder bekannte Konstanten sind.

Man beachte, daß - etwa bei Modellen mit Moving-Average-Anteilen - nicht alle Komponenten von x_i beobachtbar zu sein brauchen. Ein linearer Ansatz führt zum dynamischen Regressionsmodell

$$y_i = x_i' \beta_0 + r_i \qquad , y_i, r_i \in \mathbb{R}, \quad x_i, \beta_0 \in \mathbb{R}^p .$$

Sogenannte M-, R- und L-Schätzer sind inzwischen wohlbekannte robuste Verfahren zur Schätzung von β_0. Dabei sind M-Schätzer vom Maximum-Likelihood-Prinzip abgeleitet, R-Schätzer basieren auf der Minimierung einer Rangstatistik der Residuen und L-Schätzer sind Linearkombinationen von Ordnungsstatistiken.

Für nichtstochastische Regressoren ist das Verhalten dieser Verfahren hinreichend untersucht. Sie sind robust gegenüber Abweichungen von der

Normalverteilung in den Residuen r_i, sie sind jedoch nicht robust gegenüber Ausreißern in den erklärenden Variablen x_i.

Dieser Umstand macht sie nur sehr bedingt geeignet für den Einsatz bei dynamischen Modellen, bei denen ja verzögerte Zufallsgrößen als Regressoren auftauchen.

Verschiedene Vorschläge, auch Ausreißer unter den Regressoren zu berücksichtigen, sollen im weiteren vorgestellt werden. Vorweg seien aber kurz die gewöhnlichen M-Schätzer erwähnt:

Sind im klassischen Modell die r_i unabhängig identisch verteilt mit einer Dichte $f(r) = \frac{1}{\sigma} f_0(\frac{r}{\sigma})$, ist

$$\psi(r/\sigma) := - f_0'(r/\sigma) \;/\; f_0(r/\sigma)$$

und

$$\chi(r) = \psi(r)\, r - 1,$$

dann ist ein ML-Schätzer für β_0 und σ gegeben durch eine simultane Lösung (β^*, σ^*) der beiden Gleichungen

$$\sum_{i=1}^{n} \psi\left(\frac{y_i - x_i' \beta}{\sigma}\right) x_i = 0 \qquad (2.1)$$

$$\sum_{i=1}^{n} \chi\left(\frac{y_i - x_i' \beta}{\sigma}\right) = 0. \qquad (2.2)$$

Z.B. ist für die Normalverteilung $\psi(r) = r$ und $\chi(r) = r^2 - 1$, für die zweiseitige Exponentialverteilung ist $\psi(r) = \text{sign}(r)$ und $\chi(r) = |r| - 1$.

Bei robusten Schätzern wählt man anstelle der wahren, i.a. unbekannten Scorefunktion ψ solche ψ-Funktionen, die beschränkt sind.

Einige der bekannten Vorschläge für ψ-Funktionen zur robusten M-Schätzung sind in der folgenden Abb. 1 zusammengestellt.
Beim Huberschen Vorschlag werden kleinere Residuen behandelt wie beim ML-Schätzer unter der Normalverteilung, größere Residuen wie beim L1-Norm-Schätzer (dem ML-Schätzer unter der zweiseitigen Exponentialverteilung), der über die Minimierung der Beträge der Residuen definiert ist. Die übrigen Vorschläge beinhalten sog. wiederabfallende ψ-Funktionen, bei denen ab einem bestimmten Wert die Gewichte großer Abweichungen sogar wieder abnehmen und schließlich Null werden. Unter

Abb. 1: Vorschläge für ψ-Funktionen von M-Schätzern

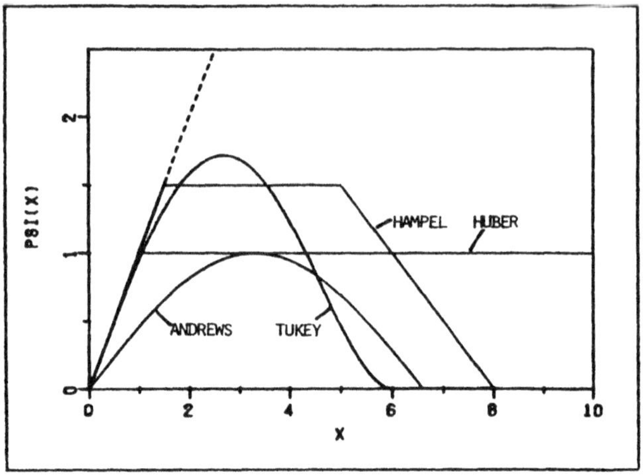

den bekannten Verteilungstypen führt etwa die ML-Schätzung bei der Cauchy-Verteilung zu einer wiederabfallenden Scorefunktion.

Für

$$\psi(r) \neq |r|^p, \quad p \in \mathbb{R}^+$$

sind Lösungen von

$$\sum_{i=1}^{n} \psi(y_i - x_i' \beta) \, x_i = 0$$

nicht äquivariant gegenüber Lineartransformationen in den Daten. Um Skalenäquivarianz zu erhalten, muß daher für solche Schätzer ein Skalenparameter simultan mitbestimmt werden. Zu den beliebtesten Vorschlägen hierfür gehört HUBERs "proposal 2" mit

$$\chi(r) = \psi(r)\, r - c, \quad \text{wobei} \quad c = (n-p)\, E_\phi(\chi).$$

Hier ist $E_\phi(\chi)$ der Erwartungswert von $\chi(X)$, wobei X standardnormalverteilt ist. Bei dieser Wahl von c liefert (2.2) einen konsistenten Schätzer für die Standardabweichung σ einer Normalverteilung. Ein zweiter beliebter Vorschlag ist der von HAMPEL, als "robusten" Skalenparameter den Median der absoluten Abweichungen vom Median zu nehmen.

Wie bereits erwähnt, sind die vorgestellten M-Schätzer nicht robust gegenüber Ausreißern in den erklärenden Variablen. Dies führte zum Vorchlag der sog. <u>verallgemeinerten M-Schätzer</u>, bei denen der Einfluß er "großen" Regressoren heruntergewichtet wird. MALLOWS (1976) schlug or, $\psi(r)$ zu ersetzen durch

$$\psi(x,r) = \pi(x)\ \psi(r) \qquad , \qquad x \in \mathbb{R}^p ,\ r \in \mathbb{R} , \tag{2.3}$$

obei π eine geeignete Gewichtsfunktion ist, so daß $|x\pi(x)| < \infty$. Die pezielle Funktion $\psi(x,r) = \psi_H(x)/|x|$, wobei ψ_H HUBERs ψ-Funktion ist, urde von DENBY und MARTIN (1979) auf AR-Modelle angewendet.

CHWEPPE schlug ψ-Funktionen der Art

$$\psi(x,r) = \pi(x)\ \psi\big(r/\pi(x)\big) \tag{2.4}$$

or. Varianten dieser Vorschläge sind zu finden bei HAMPEL (1978), RASKER (1980), KRASKER und WELSCH (1982), RONCHETTI und ROUSSEEUW 1982).

in verallgemeinerter M-Schätzer (GM-Schätzer) ist demnach eine simultane Lösung (β^*,σ^*) von

$$\sum_{i=1}^{n} \psi\big(x_i,(y_i - x_i'\beta)/\sigma\big)\ x_i = 0 \tag{2.1*}$$

nd (2.2).

as asymptotische Verhalten von GM-Schätzern bei unabhängig identisch erteilten Regressoren wurde untersucht von MARONNA und YOHAI (1981). onsistenz und asymptotische Normalität bei stochastisch abhängigen egressoren - wie sie in dynamischen Prognosemodellen üblich sind - urde unter geeigneten Regularitätsannahmen gezeigt in HEILER (1984).

lternativen zu den verallgemeinerten M-Schätzern erhält man durch ine Abwandlung des Kleinstquadrateprinzips. Anstatt β_0 so zu schätzen, aß die Residualvarianz ein Minimum wird, könnte man als Minimierungsriterium auch ein robustes Streuungsmaß nehmen. Ideen dieser Art wuren aufgegriffen und weiterverfolgt von ROUSSEEUW (1982), ROUSSEEUW nd YOHAI (1983) sowie LEROY und ROUSSEEUW (1984). Sei

$$r_i(\beta) := y_i - x_i'\beta, \qquad i = 1,2,\dots,n \tag{2.5}$$

as zu $\beta \in \mathbb{R}^p$ gehörige Residuum und

$$r_{(1)}\beta \leq r_{(2)}(\beta) \leq \ldots \leq r_{(n)}(\beta)$$

seien die geordneten Residuen.

Ein Vorschlag ist der sog. "Least median of squares (LMS)-Schätzer", definiert als Lösung von

$$\min_{\beta\in\mathbb{R}^p} \left(\operatorname{med}(r_i^2(\beta))\right). \qquad (2.$$

Der "Least trimmed squares (LTS)-Schätzer" ist eine Lösung von

$$\min_{\beta\in\mathbb{R}^p} \sum_{i=1}^{h} r_{(i)}^2(\beta), \qquad h = [n(1-\alpha)] + 1 \qquad (2.$$

für ein $\alpha < 1/2$. Dabei bedeutet $[x]$ größtes Ganzes aus x. Schließlich bezeichnen MARONNA und YOHAI einen Vektor β, für den die Lösung σ des Kriteriums (2.2) minimal wird, als S-Schätzer; d.h. ein S-Schätzer ist eine Lösung von

$$\min_{\beta\in\mathbb{R}^p} \sigma\left(r_1(\beta),\ldots,r_n(\beta)\right)$$

mit σ Lösung von

$$\sum_{i=1}^{n} \chi\left(r_i(\beta)/\sigma\right) = 0.$$

Das asymptotische Verhalten von S-Schätzern stimmt mit dem von M-Schätzern überein.

Es fehlt der Platz, um auf geeignete Algorithmen zur numerischen Ermittlung der Schätzer für die vorgestellten Methoden näher einzugehen. Die bekannten Algorithmen für M-Schätzer sind auch, geeignet modifiziert, für verallgemeinerte M-Schätzer verwendbar (vgl. etwa HUBER, 1981). Für den LMS-Schätzer ist in LEROY und ROUSSEEUW (1984) ein Algorithmus angegeben. Für die numerisch aufwendigeren LTS-Schätzer und für S-Schätzer sind effiziente Lösungsverfahren noch nicht bekannt. Ähnliches gilt auch für Zeitreihenmodelle mit Moving-Average-Anteil, bei denen die sich von einem Iterationsschritt zum nächsten ändernden Residuen als "Regressoren" auftreten.

3. Zusammenfassung

Eine mögliche Ursache für relativ unbefriedigende Prognoseergebnisse bei einigen komplexeren Zeitreihenmodellen ist die starke Empfindlichkeit der Schätzer gegenüber kleineren Änderungen in den Daten und gegenüber Ausreißern. Dies legt es nahe, bei der Parameterschätzung robuste Verfahren zu verwenden. Da in dynamischen Modellen verzögerte Prozeßvariablen und aus ihnen abgeleitete Größen als Regressoren auftreten, sollten die verwendeten Methoden nicht nur robust gegenüber Abweichungen von der Normalverteilung in den Modellresiduen, sondern auch gegenüber Ausreißern unter den erklärenden Variablen sein. Als mögliche Verfahren werden die verallgemeinerten M-Schätzer diskutiert sowie Ansätze, die auf der Minimierung eines robusten Streuungsmaßes für die Residuen basieren.

4. Literatur

DENBY L.; MARTIN R.D.
Robust Estimation of the First-Order Autoregressiv Parameter. J. Amer. Statist. Ass. 74, 140-146 (1979).

HAMPEL F.R.
Optimally Bounding the Gross-Error-Sensivitity and the Influence of Position in Factor Space. Proceedings of the ASA Statistical Computing Section, 59-64 (1978).

HEILER, S.
Robust Estimation in Econometric Models. Fo.-Bericht 84, Abteilung Statistik, Universität Dortmund (1984).

HUBER P.J.
Robust Statistics. New York etc.: J. Wiley & Sons, 308 S., (1981).

KRASKER W.S.
Estimation in Linear Regression Models with Disparate Data Points. Econometrica 48, 1333-1346 (1980).

KRASKER W.S.; WELSCH R.E.
Efficient Bounded-Influence Regression Estimation. J. Amer. Statist. Ass. 77, 595-604 (1982).

LEROY A.; ROUSSEEUW P.
PROGRES - A Program for Robust Regression. Techn. Report 201, Centre for Statistics and Operations Research, Vrije Universiteit Brussel, 40 S. (1984).

MALLOWS C.
On Some Topics in Robustness. Unpublished Memorandum, Murray Hill: Bell Telephone Laboratory (1976).

MARONNA R.A.; YOHAI V.J.
Asymptotic Behaviour of General M-Estimates for Regression and Scale with Random Carriers. Z. Wahrscheinlichkeitstheorie Verw. Gebiete 58, 7-20 (1981).

RONCHETTI E.; ROUSSEEUW P.J.
Change-of-Variance Sensivities in Regression Analysis. Research Report No. 36, Fachgruppe für Statistik, ETH-Zürich (1982)

ROUSSEEUW, P.J.
Least Median of Squares Regression. Research Report 178, Centre for Statistics and Operations Research, Vrije Universiteit Brussel (1982).

ROUSSEEUW P.; YOHAI V.J.
Robust Regression by Means of S-Estimators. Research Report 197, Centre for Statistics and Operational Research, Vrije Universiteit Brussel.

ZEITREIHENMODELLE FÜR QUALITATIVE VARIABLEN

Ludwig Fahrmeir, Regensburg
Heinz Kaufmann, Regensburg

1. Einleitung

In vielen Anwendungen liegen zeitabhängige kategoriale Beobachtungen y_t, t=1,2,..., für eine oder mehrere Personen bzw. Objekte vor. Einige Beispiele:

- Mikrodaten zur Erwerbslosigkeit: Personen haben zu aufeinanderfolgenden Zeitpunkten (z.B. Wochenanfang, Monatsanfang) Beschäftigung/ keine Beschäftigung(z.B. Heckman/Willis, 1977;Akerlof/Main, 1981).
- Beim IFO-Konjunkturtest werden ausgewählten Unternehmen in monatlichem Abstand Fragen zur Herstellung des Erzeugnisses XY vorgelegt mit in der Regel drei (geordneten) Antwortkategorien (für eine Analyse der über die Unternehmen aggregierten Daten siehe Ronning, 1980).
- Markenwahl: Eine bestimmte Marke (ein bestimmtes Gut) wird in aufeinanderfolgenden Zeiträumen gekauft/nicht gekauft bzw. konsumiert/ nicht konsumiert (z.B. Böcker/Achter, 1981).
- Entscheidungen für oder gegen eine politische Partei über längere Zeit hinweg (Grether/Maddala, 1982).
- Wanderungsbewegungen: Innerhalb der verschiedenen Regionen eines Landes wird der Wohnsitz beibehalten oder gewechselt (Schweitzer, 1983).

Im wesentlichen beschränken wir uns in dieser Arbeit darauf, daß eine *binäre* Zeitreihe für *eine* Person bzw. *ein* Objekt vorliegt. Erweiterungen auf mehr als zwei Kategorien oder auf *Paneldaten*, d.h. Erhebungen, bei denen mehrere Objekte über mehrere Zeitpunkte hinweg beobachtet werden, sind möglich.
Zur Analyse kategorialer Zeitreihen wurden lange Zeit vor allem homogene Markov-Ketten benützt. Ohne weitere Modellrestriktionen wächst jedoch die Anzahl der Parameter exponentiell mit der Ordnung der Markovkette an. Sehr restriktiv erscheint die Annahme der Homogenität: Bei allen eingangs aufgeführten Beispielen werden in der Regel exogene

Operations Research Proceedings 1984

Variablen die betrachtete Zeitreihe so beeinflussen, daß der Verlauf inhomogen wird. Durch Verallgemeinerung von Regressionsansätzen für unabhängige kategoriale Zielvariablen kann man eine Modellfamilie erhalten, die zum einen schon mit relativ wenig Parametern auf Markovketten höherer Ordnung führt und zum anderen die Behandlung inhomogener Situationen erlaubt.

Im folgenden Abschnitt stellen wir diese Modellfamilie (Kaufmann, 1983, Kap.5, Fahrmeir/Kaufmann, 1984 a) vor und skizzieren die asymptotische Schätz- und Testtheorie. Im dritten Abschnitt gehen wir auf andere Ansätze der letzten Jahre zur Analyse kategorialer Zeitreihen ein und stellen Zusammenhänge zur Modellfamilie aus Abschnitt 2 her.

2. Eine Modellfamilie für binäre, nichtstationäre Zeitreihen

Bei einem Regressionsansatz für binäre Zielvariablen y_t, $t=1,2,\ldots$, die o.E. die Werte 0 oder 1 annehmen, macht man üblicherweise die Annahme, daß die Beobachtungen $\{y_t\}$ stochastisch unabhängig sind und die Wahrscheinlichkeit $\pi_t = P(y_t=1)$ von exogenen Regressoren $x_{t1},\ldots,x_{tk}$ abhängt, z.B. in der folgenden Weise:

$$\pi_t = h(\gamma_o + x_{t1}\gamma_1 + \ldots + x_{tk}\gamma_k),\ t\geq 1. \tag{1}$$

Dabei sind $\gamma_o,\ldots,\gamma_k$ unbekannte Parameter. Die *Linkfunktion* h bildet eine Menge $D \subset \mathbb{R}$ bijektiv auf das offene Intervall (0,1) ab; h wird als bekannt vorausgestzt. Viel verwendet werden das Logit-Modell $h(\cdot) = \exp(\cdot)/(1+\exp(\cdot))$ und das Probit-Modell $h(\cdot) = \Phi(\cdot)$. Für das Unabhängigkeitsmodell (1) steht eine ausgebaute asymptotisch abgesicherte Schätz- und Testmethodik zur Verfügung (vgl. Fahrmeir/Hamerle (ed.), 1984, Kap.6,7, Fahrmeir/Kaufmann, 1984 b).

Sind die Beobachtungen stochastisch abhängig, so ist es naheliegend, zur Modellierung der bedingten Wahrscheinlichkeit

$$\pi_t = P(y_t = 1 \mid y_{t-1},\ldots,y_1)$$

auch vergangene Werte $y_{t-1},\ldots,y_{t-l}$ bis zu einem festen Zeitabstand l zuzulassen, in ähnlicher Weise wie bei autoregressiven Prozessen für metrische Variablen. Das führt auf den Ansatz

$$\pi_t = h(\gamma_o + x_{t1}\gamma_1 + \ldots + x_{tk}\gamma_k + \beta_1 y_{t-1} + \ldots + \beta_l y_{t-l}),\ t\geq l, \tag{2}$$

mit einem Vektor $\theta' = (\gamma',\beta') = (\gamma_o,\ldots,\gamma_k,\beta_1,\ldots,\beta_l)$ unbekannter Parameter, Linkfunktion h wie oben. Die Beobachtungen bilden nun eine Markovkette l-ter Ordnung, die i.a. inhomogen ist, da die exogenen Regressoren $x_{t1},\ldots,x_{tk}$ die bedingte Wahrscheinlichkeit π_t beeinflussen. Für $\beta=0$ erhält man den Unabhängigkeitsfall (1) zurück, für $\gamma_1 = \ldots = \gamma_k = 0$ erhält man einen rein autoregressiven Prozeß, eine

pezielle homogene Markovkette l-ter Ordnung.
n manchen Anwendungen wird man die Regressoren auf andere Weise wählen, z.B. Wechselwirkungsterme $y_{t-1}y_{t-2},\ldots,y_{t-1}\cdot\ldots\cdot y_{t-l}$, $y_{t-1}x_{t1}$ tc. einbeziehen. Hinreichend allgemein scheint in dieser Hinsicht er Ansatz $\pi_t = h(z_t'\theta)$ mit einem von $y_{t-1},\ldots,y_1$ abhängigen Vektor z_t on Regressoren. In ähnlicher Weise lassen sich auch Zeitreihen mit ehr als zwei Kategorien behandeln. Unter entsprechenden Bedingungen leibt die im folgenden für den Ansatz (2) skizzierte Theorie auch in iesen allgemeineren Fällen gültig (siehe Fahrmeir/Kaufmann, 1984 a ür eine ausführliche Darstellung).

symptotische Schätz- und Testtheorie. Der Parametervektor θ kann bei orliegen der ersten t Beobachtungen mit der Maximum Likelihood-ethode aus einer Teilmenge Θ des $\mathbb{R}^p$, p=1+k+l, geschätzt werden. Der L-Schätzer $\hat{\theta}_t$ wird mit einem iterativen numerischen Verfahren als ullstelle der ersten Ableitung $s_t(\theta)$ der log-Likelihood $l_t(\theta)$ betimmt. Die asymptotischen ($t \to \infty$) Eigenschaften des ML-Schätzers lasen sich unter folgenden Annahmen zeigen:

A)(i) Die Linkfunktion h ist zweimal stetig differenzierbar und streng monoton im ganzen Definitionsbereich D.

(ii) $\Theta \subset \mathbb{R}^p$ ist offen. Die Regressoren $x_t = (1,x_{t1},\ldots,x_{tk})'$, t>l, sind deterministisch und liegen in einem Kompaktum X. Für Θ und X gilt

$$(x',y')\theta \in D \text{ für alle } x \in X,\ y \in \{0,1\}^l,\ \theta \in \Theta. \qquad (3)$$

(iii) Für die Matrix $X_t = (x_{l+1},\ldots,x_t)'$ der exogenen Regressoren gilt $(X_t'X_t)^{-1} \to 0$.

inige Kommentare: Unter entsprechenden Annahmen kann man auch tochastische Regressoren $\{x_t\}$ zulassen. Bedingung (3) ist nötig, damit der Einsetzungsprozeß stets funktioniert. Die Kompaktheitsanahme und Bedingung (iii) sichern ab, daß für jede Komponente von θ ie Information über alle Grenzen wächst.
inige Beispiele. Logit-Ansatz, Probit-Ansatz: In der Regel ist hier $= \mathbb{R}^p$. Es bleibt nur $x_t \in X$ kompakt, t>l, und $(X_t'X_t)^{-1} \to 0$ zu prüfen.
Homogener Ansatz: (A) reduziert sich auf (i) und die Bedingung: Θ ffen, Θ so, daß $(1,y')\theta \in D$ für alle $y \in \{0,1\}^l$, $\theta \in \Theta$. Für einen omogenen Logit- oder Probit-Ansatz sind alle Bedingungen erfüllt.

atz 1. Für den Modellansatz (2) existiert unter der Annahme (A) symptotisch eine Lösung $\hat{\theta}_t$ der Likelihood-Gleichungen, die schwach onsistent und asymptotisch normalverteilt ist,

$$G_t^{T/2}(\theta)(\hat{\theta}_t - \theta) \to N(0,I).$$

Diese Lösung ist asymptotisch effizient.

In Satz 1 bezeichnet $G_t(\theta)$ die *bedingte Information*

$$G_t(\theta) = \sum_{r=l+1}^{t} \text{cov}_\theta(s_r(\theta) - s_{r-1}(\theta) \mid y_{r-1},\ldots,y_{r-l}) \quad \text{und}$$

$G_t^{T/2}(\theta)$ eine rechte Wurzel von $G_t(\theta)$, d.h. $(G_t^{T/2}(\theta))' G_t^{T/2}(\theta) = G_t(\theta)$ Die bedingte Information läßt sich auf einfache Weise aus dem beobachteten Prozeß berechnen.

Die Matrizennormierung mit $G_t^{T/2}(\theta)$ anstelle der gewohnten skalaren Normierung mit $t^{1/2}$ erlaubt es, bei den Annahmen ohne Konvergenzbedingungen der Art $G_t(\theta)/t \to G(\theta)$, die einschränkend und schwer verifizierbar sind, auszukommen. Dennoch läßt sich die asymptotische χ^2-Verteilung der Likelihood-Quotienten-Statistik zum Test einer linearen Hypothese zeigen. Sei

$$H_o\colon C\theta = \xi \ , \ H_1\colon C\theta \neq \xi \ , \ \text{rg}\, C = r \text{ (voller Zeilenrang)}$$

zu testen. Dann gilt:

Satz 2. Für den Modellansatz (2) bezeichne $\hat{\theta}_t$ den ML-Schätzer ohne Restriktionen, $\tilde{\theta}_t$ den ML-Schätzer unter $C\theta = \xi$. Ist die Annahme (A) erfüllt, so ist unter der Nullhypothese H_o die Likelihood-Quotienten-Statistik

$$lq = -2\{l_t(\tilde{\theta}_t) - l_t(\hat{\theta}_t)\}$$

asymptotisch zentral χ^2-verteilt mit r Freiheitsgraden. Unter einer geeigneten Folge von Alternativen ist lq asymptotisch nichtzentral $\chi^2(r)$- verteilt.

Satz 2 bildet die Grundlage für Tests spezieller Hypothesen, z.B.

- unabhängige, identisch verteilte Beobachtungen,
- unabhängige Beobachtungen,
- Strukturkonstanz,
- Unabhängigkeit parallel verlaufender Zeitreihen,
- Homogenitätshypothesen,

siehe Fahrmeir/Kaufmann (1984 a) für Einzelheiten. Dort sind auch Methoden zur Variablen- und Modellauswahl angegeben. Damit kann man z.B. die Ordnung l der Markovkette schätzen.

3. Einige andere Modelle.

D(iskrete)ARMA-Prozesse. Jacobs/Lewis (1983) orientieren sich an ARMA-Modellen für stetige Variablen, insbesondere an deren Autokorrelationsstruktur. Dabei ersetzen sie Linearkombinationen von stetigen Variablen in diesen Modellen durch geeignete probabilistische Mischungen von diskreten Variablen. Damit können allerdings nur stationäre Zeitreihen parametersparsam modelliert werden. Auch sind DARMA-Prozesse nur für binäre kategoriale Zeitreihen sinnvoll einzusetzen; bei mehr als zwei Kategorien sollten diskrete intervallskalierte Merkmale vorliegen. Binäre DAR-Prozesse der Ordnung 1 lassen sich als homogenes ($\gamma_1 = \ldots = \gamma_l = 0$) Modell (2) mit identischer Linkfunktion interpretieren.

Modelle mit latenten Variablen. Eine Reihe von Autoren nimmt an, daß die beobachtete binäre Zeitreihe $\{y_t\}$ durch eine latente, d.h. nicht beobachtbare, Zeitreihe $\{y_t^*\}$ eines stetigen Merkmals erzeugt wird. Dabei soll $y_t = 1$ genau dann gelten, wenn y_t^* einen Schwellenwert, o.E. die Null, überschreitet: $y_t = 1 \Leftrightarrow y_t^* \geq 0$.
Wenn etwa die Neigung y_t^* zum Kauf ($y_t = 1$) eines Produkts von exogenen Variablen x_t beeinflußt wird, so kann man für y_t^* ein lineares Regressionsmodell

$$y_t^* = x_t'\gamma + \varepsilon_t \tag{4}$$

ansetzen. Über die (beobachtbaren) Regressoren x_t und die Störvariablen ε_t kann man verschiedene Annahmen treffen. Ist $\{\varepsilon_t\}$ eine Folge von unabhängigen Variablen mit identischer Verteilungsfunktion F, so erhält man aus (4)

$$P(y_t = 1) = 1 - F(x_t'\gamma),$$

d.h. das Unabhängigkeitsmodell (1) mit $h(\cdot) = 1 - F(\cdot)$.
Von der sehr strikten Annahme der Unabhängigkeit kann man sich z.B. dadurch befreien, daß man wie Gourieroux/Monfort/Trognon (1983) für $\{\varepsilon_t\}$ einen stationären Gaußschen ARMA-Prozess annimmt. Da die volle ML-Schätzung numerisch sehr aufwendig wird, schlagen die Autoren vor, γ durch Maximierung der (Pseudo-)Likelihood für unabhängige Beobachtungen zu schätzen. Unter Annahmen, die u.a. Beschränktheit und asymptotische Stationarität der Folge $\{x_t\}$ beinhalten, zeigen sie Konsistenz und asymptotische Normalität der Pseudo-ML-Schätzung. Die asymptotische Kovarianzmatrix vergrößert sich jedoch.
In vielen Fällen, etwa wenn $y_t = 1$ Erwerbslosigkeit bedeutet, wird y_t^* auch von verzögerten $\{y_t\}$-Werten abhängen. Dies führt bei einem linearen Ansatz auf (vgl. Heckman, 1981, für Panel-Daten)

$$y_t^* = x_t'\gamma + (y_{t-1},\ldots,y_{t-l})'\beta + \varepsilon_t. \tag{5}$$

In (5) können auch Interaktionen der verzögerten Variablen aufgenommen werden. Falls $\{\varepsilon_t\}$ eine Folge von unabhängigen, identisch verteilten Variablen ist, wobei ε_t nicht von $y_{t-1}, y_{t-2}, \ldots$ abhängt, erhält man aus (5) das Modell (2) für die beobachtbare Zeitreihe $\{y_t\}$. Damit kann $\{y_t\}$ mit der in Abschnitt 2 skizzierten Methodik analysiert werden.

Bei anderen Anwendungen, etwa bei der Einstellung y_t^* zu einer politischen Partei, scheint es sinnvoller, y_t^* nicht von den vergangenen Wahlentscheidungen $y_{t-1}, y_{t-2}, \ldots$ abhängen zu lassen, sondern von vergangenen Einstellungen $y_{t-1}^*, y_{t-2}^*, \ldots$ (Grether/Maddala, 1982, Heckman, 1981, für Panel-Daten):

$$y_t^* = x_t'\gamma + (y_{t-1}^*, \ldots, y_{t-m}^*)'\alpha + \varepsilon_t. \tag{6}$$

Die Aufnahme der nicht beobachtbaren Variablen wirft, insbesondere im reinen Längsschnittfall, erhebliche Identifikations- und Schätzprobleme auf. Eine volle ML-Schätzung, wie von Heckman vorgeschlagen, ist praktisch kaum realisierbar. Auch eine inferentielle Schätz- und Testmethodik müßte erst entwickelt werden. Dies gilt natürlich umsomehr, wenn man die Modelle "aufaddiert" (Heckman, 1981, für Paneldaten):

$$y_t^* = x_t'\gamma + (y_{t-1}, \ldots, y_{t-l})'\beta + (y_{t-1}^*, \ldots, y_{t-m}^*)'\alpha + \varepsilon_t .$$

Literaturverzeichnis

Akerlof, G.A.; Main, B.G.M.
Pitfalls in Markov modeling of labor market stocks and flows.
J. Human Resources 16, 141-151 (1981).

Böcker, F.; Achter, D.
Stochastische Prozeßmodelle des Markenwahlverhaltens. Ein Vergleich einiger Verhaltens- und einiger Entscheidungsmodelle.
Zeit. Betriebswirtschaft 51, 831-853 (1981).

Fahrmeir, L.; Hamerle, A. (ed.)
Multivariate statistische Verfahren.
De Gruyter, Berlin (1984).

Fahrmeir, L.; Kaufmann, H.
Zur statistischen Analyse nichtstationärer kategorialer Zeitreihen.
Regensburger Diskussionsbeiträge zur Wirtschaftswissenschaft Nr. 177, Universität Regensburg, 46 S. (1984 a).

Fahrmeir, L.; Kaufmann, H.
Consistency and asymptotic normality of the maximum likelihood estimator in generalized linear models.

Preprint (to appear in Ann.Stat.), Regensburg, 35 S. (1984 b).

Gourieroux, C.; Monfort, A.; Trognon, A.
Estimation and test in Probit models with serial correlation.
CEPREMAP Discussion paper No. 8220, 58 S. (1983).

Grether, D.M.; Maddala, G.S.
A time series model with qualitative variables.
Deistler, M. u.a. (ed.), Games, economic dynamics and time series analysis.
Physica, Wien, 291-305 (1982).

Heckman, J.J.
Dynamic discrete probability models.
Manski, Ch.F.; Mc Fadden, D. (ed.), Structural analysis of discrete data with econometric applications.
MIT Press, Cambridge, 114-195 (1981).

Heckman, J.J.; Willis, R.J.
A beta logistic model for the analysis of sequential labor force participation by married women.
J. Political Economy 85, 27-58 (1977).

Jacobs, P.A.; Lewis, P.A.W.
Stationary discrete autoregressive-moving average time series generated by mixtures.
J. Time Series Analysis 4, 19-36 (1983).

Kaufmann, H.
Mehrdimensionale Maximum Likelihood-Schätzung bei stochastischen Prozessen: Asymptotische Theorie.
Dissertation, Universität Regensburg, 144 S. (1983).

Ronning, G.
Logit, Tobit and Markov chains: Three different approaches to th analysis of aggregate tendency survey data.
Strigel, W. (ed.), Business cycle analysis.
Gower, Westmead, 227-257 (1980).

Schweitzer, W.
Analyse und Prognose der Binnenwanderungen in der Bundesrepublik Deutschland mit Markov-Modellen.
IFO-Studien 29, 217-241 (1983).

LANGFRISTIGE PROGNOSE KURZER ZEITREIHEN, DARGESTELLT AM BEISPIEL DER INDUSTRIEROBOTER-ENTWICKLUNG

Karl-Werner Hansmann, Hamburg
Andreas Roggon, Hamburg

Unsere Untersuchung befaßt sich mit den Problemen der langfristigen Prognose kurzer Zeitreihen.

Es zeigt sich, daß die langfristigen Prognosemethoden, hier insbesondere die von uns verwendete verallgemeinerte logistische Funktion, bei kurzer Zeitreihen sehr große Schwierigkeiten haben, die Charakteristik der Zeitreihe zu erfassen. Abhilfe brachte hier eine vorgeschaltete mittelfristige Prognose, die wir parallel mit dem Box-Jenkins-Verfahren, dem adaptiven Filtern und einem Regressionsmodell durchführten. Mit den hieraus gewonnenen Ergebnissen wurde die Datenbasis für die verallgemeinerte logistische Funktion bis zum Jahr 1978 erweitert. Zur Schätzung der Parameter dieser Funktion wurde ein nichtlineares Schätzverfahren, das auf einem modifizierten Marquardt-Algorithmus aufbaut, angewandt und brachte befriedigende Ergebnisse für unser Prognoseproblem.

Anhand der Bestandsdaten für Industrieroboter in der BRD 1974 - 1983 zeigte sich eine deutliche Überlegenheit der kombinierten mittel- und langfristigen Prognose gegenüber einer alleinigen langfristigen Prognose, die die exponentielle Steigerung der ersten Jahre zu stark in die Zukunft projizierte. Mit Hilfe einer externen betriebswirtschaftlichen Schätzung des Sättigungsniveaus ist es darüber hinaus möglich, schwer zu erfassende qualitative Daten, wie z.B. sozialpolitische Widerstände gegen einen zunehmenden Industrieroboter-Einsatz, in das Prognosemodell miteinzubeziehen.

In der Sektion "Prognoseverfahren" wurde ferner der folgende Vortrag gehalten, von dem keine Kurzfassung vorlag:

SCHÄTZUNG VON MOMENTEN BEI TREND

Hans Wolff, Braunschweig

VERALLGEMEINERUNG DER ABARBEITUNG VON ENTSCHEIDUNGSBÄUMEN UND DEREN ANWENDUNG BEI DER KONSTRUKTION VON HEURISTIKEN

lrike Maschtera, Linz

Bei der Lösung kombinatorischer Probleme werden Entscheidungsbäume aufgebaut, die den Lösungsprozeß beschreiben. Bisher fanden die verschiedenen Traversierungsarten direkt ihren Niederschlag im Programmcode.

Will man Heuristiken konstruieren und hinsichtlich ihrer Effektivität untersuchen, so bedeutet dies, daß

- jede Änderung einer Entwurfsentscheidung eine Änderung des Codes bedingt;
- für Effizienzkriterien, Lösungsverlaufsdokumentation und Datengenerierung selbst Sorge getragen werden muß;
- falls die Änderung der Entwurfsentscheidung erst in einem späteren Schritt erfolgt - die gesamte Exekution bis zum Inkrafttreten der Entscheidung wiederholt werden bzw. für ein korrektes Wiederaufsetzen selbst vorgesorgt werden muß.

Dies erhöht die turn-around- und die run-time beträchtlich.

Ein System zur Unterstützung der Konstruktion von Heuristiken benötigt daher neben einer Benutzerschnittstelle (mit den Aufgaben Report/Interaktive Kontrolle), einem "Logbuch" (zur Dokumentation des Lösungsverlaufs und der Entscheidungen) und einem Testmodul (zur Datengenerierung u.ä.) eine Möglichkeit, beliebige Traversierungsalgorithmen (getrennt von der problemspezifischen Umgebung) schnell und an jedem gewünschten Punkt des Lösungsprozesses zu realisieren.

Dies wurde einerseits durch geeignete Datenstrukturen und andererseits dadurch bewerkstelligt, daß Traversierungsalgorithmen als eine Kombination von (Extremal-)Funktionen von Knoteninhalten dargestellt wurden.

EIGENTLICHE EFFIZIENZ IN DER VEKTOROPTIMIERUNG

Johannes Jahn, Darmstadt

Der Begriff der eigentlichen Effizienz in der Vektoroptimierung wurde erstmals von Kuhn/Tucker (1951) eingeführt und später von Geoffrion (1968) modifiziert. Borwein (1977) verallgemeinerte diesen Begriff auf unendlich-dimensionale Vektorräume. Dieser Optimalitätsbegriff ist insbesondere deshalb von Bedeutung, weil man für eigentlich effiziente Punkte eine verallgemeinerte Lagrange'sche Multiplikatorenregel angeben und auch eine Dualitätstheorie formulieren kann.

In diesem Vortrag wurde zunächst gezeigt, daß sich eigentlich effiziente Punkte als Minimalstellen geeigneter Approximationsprobleme ergeben. Für den eigentlichen Effizienzbegriff von Geoffrion wurde eine ähnliche Aussage bereits von Dinkelbach/Dürr (1972) bewiesen. Eine solche Aussage ist nicht nur von numerischem Interesse, sondern sie liefert auch einen Existenzsatz für solche Optima. Danach besitzt ein Vektoroptimierungsproblem wenigstens einen eigentlich effizienten Punkt, falls die zu minimierende Vektorfunktion auf der Restriktionsmenge eine untere Schranke besitzt und die Bildmenge dieser Vektorfunktion auf der Restriktionsmenge abgeschlossen ist. Offensichtlich besitzen somit viele praxisrelevante Vektoroptimierungsprobleme auch wenigstens einen eigentlich effizienten Punkt.

Schließlich wurde in diesem Vortrag auch die Frage untersucht, ob man mit der angegebenen Klasse von Approximationsproblemen tatsächlich alle eigentlich effizienten Punkte bestimmen kann. Diese Frage kann unter gewissen Annahmen bejaht werden. Dabei werden nicht einmal Konvexitätsvoraussetzungen verlangt. Zusammenfassend erhält man als Hauptergebnis, daß unter gewissen Annahmen ein Punkt genau dann eigentlich effizient ist, falls er eine Minimalstelle eines geeigneten Approximationsproblems ist. Der entsprechende mathematische Satz und dessen Beweis erscheinen in der Arbeit "A Characterization of Properly Minimal Elements of a Set" (SIAM Journal on Control and Optimization).

IRRATIONALITY AND EFFECTIVENESS IN PUBLIC DECISION MAKING

B. Munier, Marseille
M. F. Shakun, New York
J.-L. Rulliere, Marseille

In many cases, decisions made by public agencies in the areas of transportation services, public health or higher education, while they are effective (i.e. they serve at least partly the puposes they were intended to) are "irrational" in the double sense that: a) nobody ever decided on them and b) they are dominated by some other solution. Existing explanations for this rather strange phenomenon invoke the imperfection in communication between bureaus and, eventually, cross-interpretations of the project. The model suggested here offers a non-conflicting but different explanation, which resorts to the organizational procedure set into motion.

A more general modeling of prferences, adapted to the kind of administrative behavior considered here - which uses sorting more then ordering - is first defined. Formal definitions of "administrative procedure", of "homogeneous examination group" and of "limited consensus" are then suggested. On these premises, a proposition is formulated, giving conditions under which this type of decisions can be reached. Three cases are then shown to allow for such conditions. Final comments on real examples suggest that such processes may occur out of mistaken organizational behaviour, but also out of deliberate strategies of subgroups within an organization.

In der Sektion "Entscheidungstheorie" wurde ferner der folgende Vortrag gehalten, von dem keine Kurzfassung vorlag:

EINE INTEGRIERTE METHODENBANK FÜR ENTSCHEIDUNGSPROBLEME BEI MEHRFACHER ZIELSETZUNG

Heinz-Michael Winkels, Essen

DYNAMISCHE LINEARE PROGRAMME UND LINEARE KONTROLLPROBLEME

Siegmar Stöppler, Bremen

Einleitung

In der betrieblichen Planung mit mehrperiodischen Modellen, insbesondere in der Betriebsbereitschafts- und Produktionsplanung bei variierendem Absatz, haben Dynamische lineare Programme (DLP) große Bedeutung. Sie greifen die (bewährten) statischen Restriktionssysteme der Linearen Programmierung auf, fügen zusätzlich periodenverbindende Bedingungen ein und unterwerfen sie einer Zielfunktion über einen bestimmten Planungszeitraum.

Ein solches DLP kann auf der einen Seite als simultanes großes lineares Programm mit spezieller treppenförmiger Struktur der Koeffizientenmatrix aufgefaßt und als solches gelöst werden, zum anderen kann es aber auch als lineares Kontrollproblem (LKP) interpretiert und entsprechenden Lösungsansätzen (z.B. Maximumprinzip) unterworfen werden. Die Auffassung als (großes) lineares Programm läßt die zeitliche Stufung und damit die Möglichkeit der Berücksichtigung von mit der Zeit aufkommenden neuen Informationen, insbesondere beim Übergang zu stochastischen Modellen, nicht adäquat zu. Durch Anwendung des Maximumprinzips lassen sich dagegen etwa Schaltfunktionen für die optimalen Steuerungen ableiten. Zeitdiskrete konvex-konkave Kontrollprobleme, die die LKP's enthalten, sind auf "natürliche" Weise als Programmierungsprobleme darstellbar und lösbar. Voraussetzung dafür ist ein endlicher Planungshorizont T. Unter einem LKP verstehen wir im folgenden linear-lineare, zeitdiskrete Kontrollprobleme mit Zustandsbeschränkungen. Je nach Standpunkt können LKP's als Verallgemeinerung und als Spezialfall der Linearen Programmierung aufgefaßt werden (siehe dazu die Arbeiten von Dantzig (1959, 1980)).

Im zeitdiskreten LKP wirken sich die Zustandsbeschränkungen im Gegensatz zu Kontrollbeschränkungen erschwerend aus. Die gewöhnlichen Hamilton- und Lagrangeansätze liefern keine Verfahren zur Errechnung der optimalen Lösungen. Simplexmethoden garantieren dagegen in einem gut gestellten, beschränkten LP immer ein Optimum. Übergangsgleichungen und Beschränkungen treten mit der Vielfachheit der Perioden in der Restriktionsmatrix auf und der Rechenaufwand wächst exponentiell mit der Länge des Planungszeitraums. Die direkte Anwendung der LP-Verfahren nutzt die

Operations Research Proceedings 1984

esondere Struktur der Restriktionen über die Zeit nicht aus.

m folgenden sollen zwei Richtungen beschrieben werden, die die oben enannten Problemtypen in endlich vielen Rechenschritten lösen. Es hanelt sich hierbei um exakte, d.h. nicht approximative Verfahren.

as eine Verfahren (Propoi und Yadykin 1975a, 1975b, 1976) behandelt as Problem in seiner Zustandsform (Hamilton- oder Lagrangeansatz). Es eht also von der dynamischen Struktur aus und beschreibt ein Verfahen, das zusätzlich das Restriktionssystem einbezieht, wobei die Zielunktion modifiziert wird und mehrere, sich iterativ verbessernde urchläufe durchgeführt werden. Über Hilfsprobleme werden "neue Richungen" für Steuerungs- und Zustandsverlauf für den jeweils nächsten echenzyklus ermittelt.

ie zweite Gruppe von Verfahren wendet ein Dekompositionsprinzip lineaer Programme an (Ho und Manne 1974 , Dantzig 1980), die für die oben geannten Probleme besonders zugeschnitten sind. Damit können die Restrikionssysteme in bekannter und effizienter Weise gelöst werden, jedoch st die dynamische Struktur einzubeziehen. Das Verfahren besteht ebenalls aus endlich vielen Rechenzyklen, wobei innerhalb eines Zyklus ukzessiv kleine LP's in umgekehrter Zeitrichtung berechnet werden, elche wiederum gewichtete Ergebnisse vorhergehender Zyklen und Perioen enthalten.

pezifikation der Problemstellung

ie im folgenden skizzierten Lösungsverfahren gelten allgemein für zeitbhängige Zustandsgleichungen, Restriktionsmatrizen, rechte Seiten und ielfunktionen. Als erstes sollen die Probleme in Standard-LKP-Form argestellt werden und alle relevanten Restriktionstypen aufgelistet erden.

u maximieren (minimieren) ist eine lineare Zielfunktion mit Endbewerungen, d.h. Einbeziehung der Endzustände:

$$\sum_{t=0}^{T-1} (a_t x_t + b_t u_t) + a_T x_T \Rightarrow \text{Max} \qquad (Z)$$

ls erstes Nebenbedingungssystem gelten die Übergangsgleichungen

$$H_{t+1} x_{t+1} = A_t^* x_t + B_t^* u_t + f_t^* . \qquad (F1)$$

xistiert $H_{t+1}^{-1} = G_t$, so ist $G_t A_t^* = A_t$, $G_t B_t^* = B_t$ und $G_t f_t^* = f_t$, somit erhält man den regulären determinierten Standardfall:

$$x_{t+1} = A_t x_t + B_t u_t + f_t \; . \qquad \text{(F2)}$$

(F2) ist ein für alle Anfangswerte eindeutig bestimmtes dynamisches System, jedoch lassen sich nicht alle Problemstellungen (F1) in (F2) umwandeln. Ist die Matrix H nicht invertierbar, so ist die Lösung des Systems (F1) möglicherweise mehrdeutig, d.h. der Zustandsverlauf ist nicht eindeutig durch den Anfangszustand und die Steuerung bestimmt. Es ist klar, daß der Zustand x in (F1) dann nicht der Forderung der Minimalrealisierung genügt, d.h. die Systemdynamik hat nicht die kleinstmögliche Ordnung (Schwarz 1976) zur Darstellung eines dynamischen Systems. Eine Teilung in Zustands- und Ausgangsgleichung wird hier im übrigen nicht vorgenommen. Für diesen Fall findet man Vorgehensweisen etwa bei Campbell (1980), wo solche Differential- und Differenzengleichungssysteme, teilweise zur Lösung von Kontrollproblemen, untersucht werden. Es werden Typen von Übergangsmatrizen spezifiziert, für die Probleme des Typ (F1) noch in exakter und nichtnumerischer Form lösbar sind ("tractability"). Es sind auch Formulierungen zugelassen, in denen die Übergangsmatrizen nicht quadratisch sind (Campbell 1980). In der Interpretation als DLP macht die Singularität von H in (F1) keine Probleme, da die Eindeutigkeit des Zustandes i.a. durch die Optimierung hergestellt wird.

Die Anfangsbedingungen können als Vektor gegeben oder in Form von Gleichungen bzw. Ungleichungen auf ein Gebiet im Zustandsraum eingeschränkt sein:

$$x_0 = x_a \quad \text{bzw.} \quad R_0 x_0 \leq x_a \qquad \text{(A)}$$

Das gleiche kann für die Zustände im Endzeitpunkt T gelten:

$$x_t = x_e \quad \text{und} \quad R_T x_T \leq x_e \qquad \text{(E)}$$

Zusätzlich zu diesen Bedingungstypen, die die Dynamik in direkter Weise beeinflussen, sind in Anwendungen oft Nebenbedingungen von Bedeutung, die die Zustände und Kontrollen periodenweise beschränken. Diese können in Form von Ober- und Untergrenzen auf Zustände und Kontrollen vorliegen, aber auch gemischte, d.h. lineare, interdependente Gleichungen oder Ungleichungen sein:

$$\underline{\underline{u}}_t \leq u_t \leq \bar{\bar{u}}_t \quad \text{bzw.} \quad \underline{\underline{x}}_t \leq x_t \leq \bar{\bar{x}}_t \quad \text{oder} \qquad \text{(N1)}$$

$$C_t x_t + D_t u_t = s_t, \; C_t, \; D_t, \; s_t \text{ entsprechender Dimension} \qquad \text{(N2)}$$

Die Nebenbedingungen des Typs (N2) enthalten diejenigen Formulierungen, ie als Ungleichung gegeben sind in folgendem Sinn:

$$C_t x_t + D_t u_t \le s_t \text{ ist äquivalent zu } C_t x_t + D_t u_t + u_t^s = s_t ,$$

obei $u_t^s \ge 0$ zusätzliche Kontrollvariablen sind bzw. Schlupfvariablen us den bekannten LP-Formulierungen.

ie am leichtesten beherrschbaren Nebenbedingungen sind diejenigen für $_t$ in (N1). In (N2) können sowohl reine Zustandsbeschränkungen (D = 0) ls auch reine Kontrollbeschränkungen (C = 0) sowie verschiedene Arten on Mischungen innerhalb (N2) sowie zwischen (N1) und (N2) auftreten. robleme, in denen Zustandsbeschränkungen enthalten sind, und besonders ene einfach erscheinenden, in denen "reine" Zustandsbeschränkungen uftreten, sind besonders aufwendig bei der Suche nach einer Lösung.

m folgenden betrachten wir nicht den Fall eines gegebenen Anfangszu- tandes und nehmen an, daß Unter- bzw. Obergrenzen für x_t ggf. in (N2) nthalten sind. Weiterhin gilt für alle folgenden Fälle $u_t \ge 0$, d.h. es erden keine negativen Steuerungen zugelassen (N1).

ekompositionsmethode dynamischer linearer Programme

ormuliert man das dynamische lineare Optimierungsproblem als lineares rogramm, so lassen sich Varianten allgemeinster Art (z.B. reine Zu- tandsbeschränkungen oder indeterminierte Zustandsgleichungen) lösen. as Programm hat die in Tabelle 1 dargestellte Struktur.

x_0	u_0	x_1	u_1	x_2	…	x_t	u_t	…	…	x_{T-1}	u_{T-1}	x_T		
a_0	b_0	a_1	b_1	a_2	…	a_t	b_t	…	…	a_{T-1}	b_{T-1}	a_T	-> Max	
I													=	x_a
$-A_0^*$	$-B_0^*$	H_1											=	f_0^*
C_0	D_0												=	s_0
		$-A_1^*$	$-B_1^*$	H_2									=	f_1^*
		C_1	D_1		. .								=	s_1
						.							.	
						H_t							:	
						$-A_t^*$	$-B_t^*$	H_{t+1}					=	f_t^*
								.	.				.	
										H_{T-1}			:	
										$-A_{T-1}^*$	$-B_{T-1}^*$	H_T	=	f_{T-1}^*
										C_{T-1}	D_{T-1}		=	s_{T-1}

belle 1: Struktur eines DLP

Hier braucht nicht mehr zwischen Zuständen und Steuerungen unterschieden zu werden, beide sind nichtnegative Variablen des DLP mit den Nebenbedingungen

$$A_{t+1}y_{t+1} + B_t y_t = d_t \quad , \quad t = 0,1,\dots,T-1 \tag{1}$$

mit $y_t = \begin{pmatrix} x_t \\ u_t \end{pmatrix}$, $A_t = \begin{pmatrix} H_t & 0 \\ 0 & 0 \end{pmatrix}$, $B_t = \begin{pmatrix} -A_t^* & -B_t^* \\ C_t & D_t \end{pmatrix}$, $d_t = \begin{pmatrix} f_t^* \\ s_t \end{pmatrix}$

und der Zielfunktion

$$\sum_{t=0}^{T} c_t y_t \rightarrow \text{Max mit } c_t = \begin{pmatrix} a_t \\ b_t \end{pmatrix} \ (t = 0,\dots,T-1),\ c_T = \begin{pmatrix} a_T \\ 0 \end{pmatrix} \tag{2}$$

Bei der "dynamischen" Dekomposition wird in gewisser Weise der Effekt der sich im Zeitablauf retrograd bestimmenden Kozustände ausgenützt. Ähnlich wie bei der Dekomposition großer statischer Probleme mit spezifischer Blockstruktur besteht die Idee darin, eine Unterteilung in Sub- und Masterprobleme vorzunehmen, wobei in einer speziellen Schachtelung "kleine" LP-Probleme gelöst werden. Man macht sich die Tatsache zunutze, daß eine reduzierte Menge strategischer Informationen ausreicht um das dynamische Problem als zeitzerlegtes Problem ähnlich der Anwendung des Maximumprinzips mit der Hamiltonfunktion zu lösen. Im Lösungsverfahren werden konvexe Linearkombinationen von Lösungen aus früheren Iterationszyklen verwendet. Trotz gewisser Ähnlichkeiten in der Vorgehensweise mit etwa derjenigen der Dantzig-Wolfe-Dekomposition stellen sich die Methoden der DLP-Dekomposition von ihrem Ablauf her als komplizierte dar.

In endlich vielen Iterationsschritten mit Iterationszyklen $k=1,2,\dots,K$ werden jeweils Subprobleme SP_t^k zu jedem Periodenindex gelöst. Nach Ablauf eines K-ten Zyklus ist Optimalität erreicht. Die Subprobleme werden über die Zeit t in jedem Zyklus k rückwärts gerechnet. Die in einem SP_t^k anfallenden Dualvariablen p_t^k (entsprechend den Kozuständen) werden für die Zielfunktion in SP_{t-1}^k benutzt, d.h. die Zielfunktion in t-1 wird durch alle Bewertungen aus den Folgeperioden $t,t+1,\dots,T$ korrespondierend den Konsequenzen in der Systemdynamik der Entscheidungen in t-1 beeinflußt. Das Masterproblem im Zyklus k zum Zeitpunkt t besteht aus den Subproblemen aus $(T,T-1,\dots,t+1)$, während die Subprobleme diejenigen aus $(t,t-1,\dots,1)$ sind.

In der Zielfunktion von SP_t^k werden zusätzlich zum direkten Zielbeitrag $c_t y_t^k$ und den bewerteten Konsequenzen $-p_{t+1}^k B_t y_t^k$ Konvexkombinationen von Zielwerten $c_t y_t^j$ aus vorangehenden Zyklen $(k-1,k-2,\dots,1)$ addiert.

s entsteht das LP-Problem

$$(c_t - p_{t+1}^k B_t) y_t^k + \sum_{j=1}^{k-1} h_t^j s_t^{jk} = z_t^k \rightarrow \text{Max} \tag{3}$$

nter der "dynamischen" Bedingung

$$A_t y_t^k + \sum_{j=1}^{k-1} q_t^i s_t^{jk} = d_{t-1} \tag{4}$$

nd der Konvexitätsbedingung auf die Gewichte s_t^{jk}

$$\sum_{j=1}^{k-1} s_t^{jk} = 1 \quad \text{mit} \quad s_t^{jk} \geq 0 \ (j=1,\ldots,k-1) \tag{5}$$

ie Zielfunktion (3) wirkt wie eine Hamiltonfunktion als Dekomposition ber die Zeit. Das Zwei-Punkt-Randwertproblem (2PBVP) wird durch die teration über k mit Verwendung früherer Lösungen angegangen.

ach Lösung eines SP_t^k werden die Skalare h_t^k und Vektoren q_t^k zur Verwenung im nächsten Zyklus berechnet und gespeichert,

$$h_t^k = c_{t-1} y_{t-1}^k + \sum_{j=1}^{k-1} h_{t-1}^j s_{t-1}^{jk} \quad (t=3,\ldots,T) \text{ mit } h_2^k = c_1 y_1^k \tag{6}$$

$$q_t^k = B_{t-1} y_{t-1}^k \tag{7}$$

iese Rekursionsbeziehungen laufen über die Zeit vorwärts. In ihr weren Lösungen aus Vorperioden über alle bisher abgelaufenen k-1 Zyklen umulativ erfaßt. Entscheidende Bedeutung kommt hierbei den Hilfsvariblen s_t^{jk} zu, die die vorläufigen Lösungen der Zyklen j (j < k) jeweils eu gewichten. Als Optimalitätskriterium eignet sich die Bedingung

$$z_{t-1}^k = \sigma_t^k \qquad (\sigma_t^k \text{ Dualvariable zu (5)})$$

ur vollständigen Darstellung des Algorithmus gehört eine Initialisieung für Zyklus k = 1 sowie die Bestimmung der Lösung des Ausgangsproblems (vgl. Ho und Manne (1974) und Schebesch und Stöppler (1984)).

arametrische Methode für lineare Kontrollprobleme

n einer Reihe von Aufsätzen haben Propoi und Yadikin (1975a, 1975b und 976) eine Methode zur Berechnung von linearen, zeitdiskreten Kontrollroblemen mit Beschränkungen des Typs (N2) entwickelt. In diesem Verfahen wird das lineare Ausgangsproblem in ein spezielles quadratisches umewandelt, wobei die Grundidee darin besteht, Abweichungen der Restrikionsgleichungen von dem Sollverlauf (hier exogen gegebene Funktionen

der Zeit) schrittweise zu unterdrücken.
Diese Methode verspricht monotone Konvergenz (in einer endlichen Zahl von Schritten), relativ geringen Speicheraufwand und stellt sich als Kombination von "finiten" und iterativ-appoximativen Vorschriften dar. Kernstück des Verfahrens ist folgender modifizierter Lagrangeansatz mit der Konstanten $K > 0$

$$M(u,\lambda) = L(u,\lambda) + \frac{K}{2}\sum_{t=0}^{T-1} \langle g_t, g_t \rangle \;, \quad g_t = C_t x_t + D_t u_t - s_t \tag{8}$$

wobei:

$$L(u,\lambda) = b_t u_t + \sum_{t=0}^{T-1} \lambda_t (C_t x_t + D_t u_t - s_t)$$

$L(u,\lambda)$ ist der Teil der Lagrangefunktion, der von den Kontrollen u und den dualen Kontrollen λ direkt abhängt. Der Ausdruck (8) bildet die Zielfunktion des neuen Problems. Als Nebenbedingungen verbleibt die Dynamik des Systems (F2) sowie einfache Beschränkungen auf die Kontrollen. Die Addition des quadratischen Terms in (8) wird mit der Überführung des Ausgangsproblems in ein linear-quadratisches Problem motiviert, das den Extremwertmethoden der Differentialrechnung zugänglich ist. In (8) fehlt die mit dem Kozustand bewertete Übergangsgleichung, aber dies wird durch Einsatz des "richtig" definierten Kozustands im Verfahren ausgeglichen.

Das Iterationsverfahren geht über zwei ineinander geschachtelte Zyklen, ein äußerer über ν und ein innerer über Θ. Beide sind finit. Kern des Verfahrens bildet die Lösung linear-quadratischer Hilfsprobleme für alle t im inneren Zyklus. Das Verfahren endet, wenn im äußeren Zyklus festgestellt wird, daß das Restriktionssystem erfüllt wird.

<u>Der äußere Zyklus</u>: In ihm werden aus den Kontrollen u und dualen Kontrollen λ die Trajektorien des Zustands x und Kozustands p berechnet und die Erfüllung der Nebenbedingungen abgeprüft. Einen Überblick gibt das unten dargestellte vereinfachte Ablaufschema.
<u>Der innere Zyklus</u>: In der Iteration über Θ werden die dualen Kontrollen mit einem Gradienten aus dem äußeren Zyklus fortgeschrieben, während die Gradienten von u (und danach von x, g und p) aus dem quadratischen Problem der Variablendifferenzen (deshalb fehlen im Hilfsproblem alle exogenen Variablen f_t, s_t und auch a_t und b_t) berechnet und danach fortgeschrieben wird. Das Hauptproblem liegt in der Bestimmung von v mit Hilfe einer Riccatimatrixgleichung, weil Unter- und evtl. auch Obergrenzen für die Kontrollen beachtet werden müssen. Anders als im klassischen linear-quadratischen Problem müssen hier innere und Randoptima abgewogen

erden. Aus eben diesen Begrenzungen bestimmt sich auch die Schrittwei-
e γ. Wieder ist das Ablaufschema vereinfacht (für eine ausführliche
arstellung siehe wieder Schebesch und Stöppler (1984)).
blaufschemata des äußeren und inneren Zyklus:

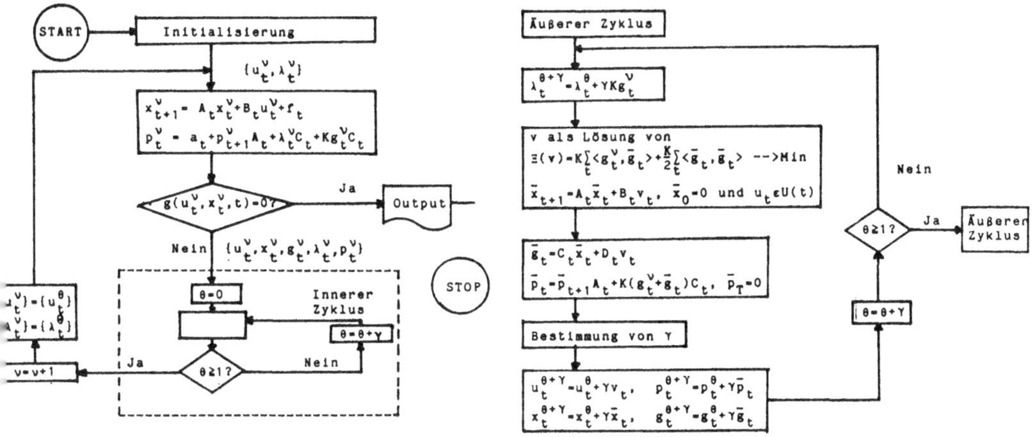

ısammenfassung

:t den beiden vorgestellten Verfahren existieren der dynamischen Struk-
ır der DLP resp. LKP angepaßte Verfahren. Bei Zustandsbeschränkungen
;t die zeitliche Zerlegung jedoch nicht so effizient durchzuführen, daß
.e Verfahren einem effizienten LP-Verfahren von vornherein überlegen
:nd.

:TERATUR

.] Campbell, S.L.
Singular Systems of Differential Equations. London 1980

] Dantzig, G.B.
On the Status of Multistage Linear Programming Problems. Man.Sci. 6, 53-72 (1959).

] Dantzig, G.B.
Time-Staged Linear Programs. Stanford Univ., Technical Report SOL-80-28, 1980

] Propoi, A.I., Yadykin, A.B.
A Modification of Duality Relation in Dynamic Linear Programming. Automation and Remote Control 36-2, 796-804 (1975a).

] Propoi, A.I. und Yadykin, A.B.
A Parametric Method for the Solution of Linear Dynamic Programming Problems - I Nondegenerate Case -. Automation and Remote Control 36-3, 2046-2054 (1975b).

] Propoi, A.I. und Yadykin, A.B.
A Parametric Iterative Method for the Solution of Linear Dynamic Programming Problems - II General Case -. Automation and Remote Control 37-1, 243-252 (1976).

] Schebesch, K.; Stöppler, S.
Dynamische lineare Programme und lineare Kontrollprobleme - Problemstellungen, Lösungen, Anwendungen. Arbeitsbericht 15 der Forschungsgruppe Planung & Prognose, Universität Bremen 1984.

] Schwarz, H.
Optimale Regelung linearer Systeme. Mannheim Wien Zürich 1976

OPTIMALE STEUERUNG EINES PRODUKTIONS-LAGERHALTUNGSSYSTEMS MIT BESCHRÄNKTEN ZUSTANDSGRÖSSEN BEI VERSCHIEDENEN KOSTENKRITERIEN

Joachim Warschat, Stuttgart

1. Einleitung

Die Mehrzahl der Produktions-Lagerhaltungssysteme, die seit der Arbei von HOLT et al. /3/ entwickelt wurden, geht von einer "trägheitslosen Produktion aus (als Übersichten vgl. FEICHTINGER /2/ und SETHI /8/).

BRADSHAW und EROL /1/ berücksichtigen zusätzlich eine verzögerte Anpassung der Istproduktionsrate an die Sollproduktionsrate und behandeln das zeitminimale Steuerungsproblem bei beschränkter Steuergröße (≙ Sollproduktionsrate) durch Diskretisierung und Anwendung der deadbeat Regelung.

In der vorliegenden Arbeit soll das kostenminimale Problem bei linearem (l) und linear-quadratischem (lq) Kostenfunktional unter zusätzlicher Berücksichtigung von Zustandsbeschränkungen behandelt und mit de Ergebnissen bei rein quadratischen Kosten (q) (WARSCHAT /9/) verglichen werden.

2. Das Modell

Mit der Größe $x_1(t) = i(t) - i(T)$ als Differenz zwischen aktuellem $i(t)$ und am Ende des Planungshorizontes T geforderten Lagerbestandes $i(T)$, der Istproduktionsrate $x_2(t)$, der Sollproduktionsrate $u(t)$ und dem Faktor α, der die Anpassungsgeschwindigkeit von $x_2(t)$ an $u(t)$ angibt, erhält man folgendes Modell:

$$\dot{x}_1(t) = x_2(t), \quad x_1(0) = x_{10}, \quad x_1(T) = x_{1T} \tag{1}$$

$$\dot{x}_2(t) = \alpha(u(t) - x_2(t)), \quad x_2(0) = x_{20}, \quad \alpha \in \mathbb{R}^+, \tag{2}$$

und im Zustandsraum:

$$\dot{x}(t) = A\,x(t) + b\,u(t), \quad x(0) = x_0, \quad x(T) = x_T, \tag{3}$$

$$\text{mit } A = \begin{bmatrix} 0 & 1 \\ 0 & -\alpha \end{bmatrix}, \quad b = \begin{bmatrix} 0 \\ \alpha \end{bmatrix}, \quad x \in \mathbb{R}^2,$$

$$|u(t)| \leq 1, \quad t \in [0, T]. \tag{4}$$

Zusätzlich wird eine Beschränkung der Istproduktionsrate zugelassen:

$$x_2(t) \leq \beta < 1, \quad t \in [0, T]. \tag{5}$$

Operations Research Proceedings 1984

esucht sind optimale Steuerstrategien, die einmal

$$J_1(u) = \int_0^T c^T x(t)\ dt \tag{6}$$

nd zum anderen

$$J_2(u) = \int_0^T (c_1 x_1(t) + \frac{1}{2} \cdot c_2\ x_2^2(t))\ dt \tag{7}$$

vgl. KAMIEN und SCHWARTZ /4/) minimieren, mit den Kostenfaktoren c_1 ür die Lagerhaltung und c_2 für die Produktion.

. Optimale Steuerung bei linearem Kostenfunktional

) Unbeschränkter Fall

it der Hamiltonfunktion

$$H(x, u, \lambda, t) = \lambda^T(t)\ A\ x(t) + \lambda^T(t)\ b\ u(t) + c^T x(t) \tag{8}$$

rhalten wir für die Kovariablen (PONTRJAGIN et al /7/)

$$\dot{\lambda}_1(t) = -c_1\ , \tag{9}$$

$$\dot{\lambda}_2(t) = \alpha\lambda_2(t) - \lambda_1(t) - c_2\ . \tag{10}$$

ie Schaltfunktion lautet:

$$\phi(t) := H_u = \alpha\ \lambda_2(t)\ . \tag{11}$$

is (10) folgt:

$$\lambda_2(t) = \frac{1}{\alpha}(\alpha\lambda_{20} - \lambda_{10} + c_1 - c_2)e^{\alpha(t-t_0)} - \frac{1}{\alpha}c_1 t + \frac{1}{\alpha}(\lambda_{10} - \frac{c_1}{\alpha} + c_2 + c_1 t_0) \tag{12}$$

it $\lambda_2(T) = 0$ aus der Endbedingung in (3) und aus (12) folgt, daß die chaltfunktion höchstens eine isolierte Nullstelle in $[0, T)$ hat. Nach em Minimumprinzip

$$H(x(t), u(t), \lambda(t)) = \min_{|u| \leq 1} H(x(t), u, \lambda(t)) \tag{13}$$

ird das System (3) bang-bang gesteuert:

$$u(t) = \begin{cases} -1\ , & \phi > 0 \\ 1\ , & \phi < 0 \end{cases} \tag{14}$$

nd singuläre Steuerungen mit $\phi(t) \equiv 0$, $t \in [t_1, t_2] \subset [0, T]$ reten nicht auf (vgl. Bild 1).

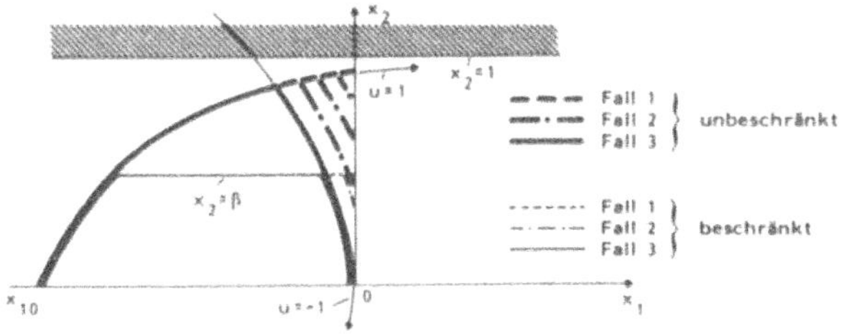

ild 1: Synthese der optimalen regulären Steuerung in der Phasenebene

Der Anfangswert für das in Bild 1 gezeigte Beispiel ist $[x_{10},0]^T$, der Endwert ist $[0,x_2(T)]^T$ mit freiem $x_2(T)$. Im Fall 1 wird der gewünschte Lagerbestand gerade mit $u(t) \equiv 1$, $t \in [0,T]$ erreicht. Im Fall 3 wird zum Zeitpunkt t_s geschaltet und der Endzustand $[0,0]^T$ wird zum Zeitpunkt $t_e \leq T$ erreicht. Das System verharrt dann im Endpunkt für $t_e \leq t \leq T$. Für die Fälle 2 muß einmal geschaltet werden und der Endpunkt liegt auf der x_2-Achse mit $x_2(T) > 0$. Der Schaltpunk t_s wird durch die Lösung von (3) einschließlich der Randbedingungen bestimmt (vgl. WARSCHAT /9/). Die Steuerung für das lineare Kostenfunktional weist somit eine ähnliche Struktur auf wie das zeitminimale Problem bei Produktions-Lagerhaltungskaskaden (vgl. WARSCHAT und WUNDERLICH /10/).

b) Beschränkter Fall

Wird zusätzlich die Beschränkung (5) berücksichtigt, wird zur Bestimmung der Optimalen Steuerung auf dem Rand nach MAURER /5/ so oft die zeitliche Ableitung der Beschränkung gebildet bis u(t) explizit auftritt (≙ Ordnung der Beschränkung)

$$S(x(t)) = \dot{x}_2(t) = -\alpha x_2(t) + \alpha u(t) = 0, \tag{15}$$

und damit folgt

$$u(t) = x_2(t) = \beta. \tag{16}$$

Für Beschränkungen 1. Ordnung ist $\lambda(t)$ an Verknüpfungspunkten t_b zwischen regulären Teilstücken und Randstücken stetig (MAURER /5/), $\lambda(t_b)^+ = \lambda(t_b^-)$. Aus Bild 1 ist ersichtlich, daß sich mit (5) unter Berücksichtigung von (16) folgende Steuerstrukturen ergeben:

$$u(t) = \begin{cases} 1, & t \in [0,t_b) \\ \beta, & t \in [t_b,T) \end{cases} \qquad \text{für Fall 1} \tag{17}$$

$$u(t) = \begin{cases} 1, & t \in [0,t_{b1}) \\ \beta, & t \in [t_{b1},t_{b2}] \\ -1, & t \in (t_{b2},T) \end{cases} \qquad \text{für Fall 2} \tag{18}$$

Fall 3 entspricht Fall 2 mit $t_e \leq T$ an Stelle von T.

Der Aufsprungspunkt t_{b1} der Trajektorie auf die Beschränkung wird durch die Lösung von (3) und die Bedingung $x_2(t_{b1}) = \beta$ ermittelt. Der Absprungspunkt t_{b2} wird durch (3), die o.g. Bedingung und die Endwerte für x_1 und x_2 bestimmt (vgl. WARSCHAT /9/).

4. Optimale Steuerung bei linear-quadratischem Kostenfunktional

a) Unbeschränkter Fall

Die Hamiltonfunktion für (3) und (7) ergibt sich zu:

$$H(x,u,\lambda,t) = \lambda^T(t)Ax(t) + \lambda^T bu(t) + c_1 x_1(t) + \frac{1}{2} c_2 x_2^2(t) . \tag{19}$$

Für die Kovariablen gilt:

$$\dot{\lambda}_1(t) = -c_1 \tag{20}$$

$$\dot{\lambda}_2(t) = \alpha\lambda_2(t) - \lambda_1(t) - c_2 x_2(t) \quad . \tag{21}$$

Die Schaltfunktion (11) bleibt gültig, aber wegen (21) können auch singuläre Teiltrajektorien $\phi(t) \equiv 0$, $t \in [t_{s1}, t_{s2}] \subset [0,T]$ auftreten. Analog zu den beschränkten Teiltrajektorien kann die optimale Steuerung für singuläre Trajektorien durch die zeitliche Ableitung der Schaltfunktion $\phi(t)$ ermittelt werden (McDANELL und POWERS /6/):

$$\begin{aligned} \phi(t) &= \alpha\lambda_2(t) = 0 , \\ \dot{\phi}(t) &= \alpha\dot{\lambda}_2(t) = 0 , \\ \ddot{\phi}(t) &= \alpha\ddot{\lambda}_2(t) = 0 , \end{aligned} \tag{22}$$

Aus (22) folgt für die singuläre Steuerung:

$$u_s(t) = x_2(t) + c_1/c_2\alpha \tag{23}$$

Durch Einsetzen von (23) in (3) ergibt sich folgendes System:

$$\begin{bmatrix} \dot{x}_1(t) \\ \dot{x}_2(t) \end{bmatrix} = \begin{bmatrix} 0 & 1 \\ 0 & 0 \end{bmatrix} \begin{bmatrix} x_1(t) \\ x_2(t) \end{bmatrix} + \begin{bmatrix} 0 \\ c \end{bmatrix} , \qquad c = c_1/c_2 \quad . \tag{24}$$

Als Phasendiagramm erhält man eine Parabelschar, wobei die Gültigkeit von (23) wegen (4) auf den Streifen $\Sigma := \{x(t) \mid \; |x_2(t) + c/\alpha| \leq 1\}$ beschränkt ist. Die Synthese aus regulärer und singulärer Steuerung zeigt das Bild 2. Sie hängt wesentlich vom Streifen Σ ab. So ist z.B. eine rein singuläre Steuerung möglich oder es ist für $c/\alpha \geq 1$ eine bang-bang Steuerung optimal. Wir betrachten den Fall einer singulär-regulären Steuerung mit folgender Struktur

$$u(t) = \begin{cases} u_s(t) , & t \in [0,t_{s1}] , \\ 1 , & t \in (t_{s1},t_{s2}] , \\ -1 , & t \in (t_{s2},t_e) , \end{cases} \tag{25}$$

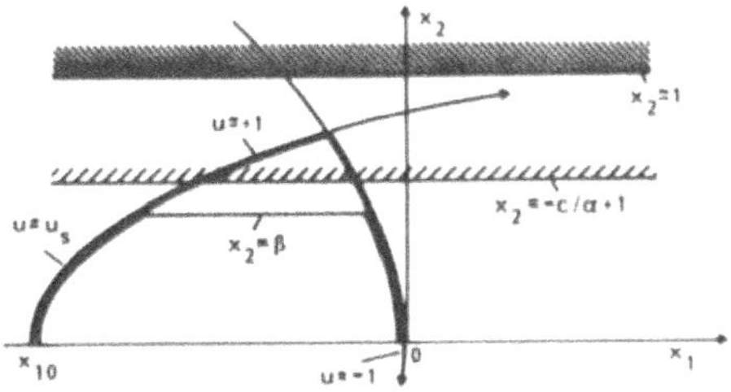

Bild 2: Synthese der optimalen regulär-singulären Steuerung in der Phasenebene

wobei $u(t_{s1}^{+}) = u(t_{s1}^{-})$ gilt. Der Schaltpunkt t_{s1} wird mit Hilfe des Randes von Σ berechnet (entspricht den Schaltbedingungen (22)), der Punkt t_{s2} analog zum regulären Fall.

b) Beschränkter Fall

Für den beschränkten Fall ergibt sich (vgl. Bild 2) als optimale Steuerung die Struktur singuläre Steuerung-Randsteuerung-reguläre Steuerung ($u(t) = -1$). Die Schaltpunkte werden aus (24) und (5), bzw. (3) und (5) berechnet.

5. Vergleich der Steuerstrategien für die verschiedenen Kostenfunktionale

Neben den in den Abschnitten 3 und 4 behandelten Kostenfunktionalen wird das Kriterium

$$J(u) = \frac{1}{2} \int_0^T x^T(t)\, C\, x(t)\, dt \rightarrow \min \quad \text{mit } C = \begin{bmatrix} c_1 & 0 \\ 0 & c_2 \end{bmatrix}$$

(vgl. WARSCHAT / 9/) noch in den Vergleich mit einbezogen. Die Bilder 3 und 4 zeigen die optimalen Steuerungen und Trajektorien im unbeschränkten bzw. im beschränkten Fall.

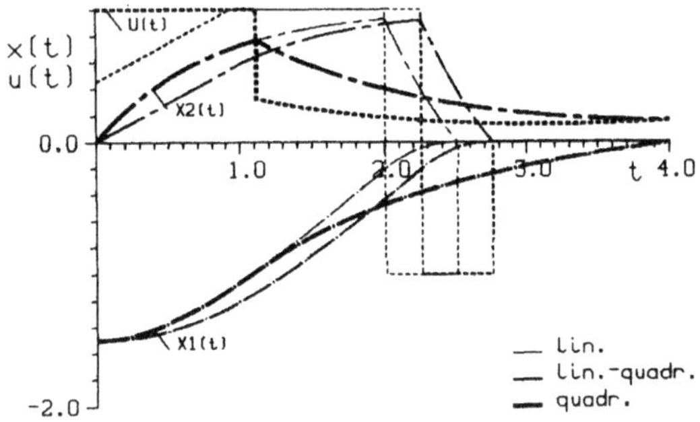

Bild 3: Optimale Steuerung und Trajektorien (unbeschränkt)

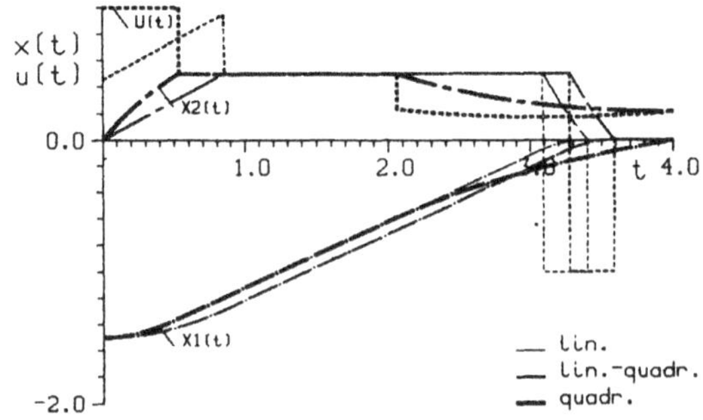

Bild 4: Optimale Steuerung und Trajektorien (beschränkt)

Die Werte für das Beispiel sind: $T = 4.0$, $\alpha = 1.3$, $c_1 = 1$, $c_2 = 1.7$, $x_{10} = -1.5$, $x_{1T} = 0$, $x_{20} = 0$, $\beta = 0.5$.
Bei linearem Gütekriterium wird der gewünschte Lagerbestand durch jeweils volle Ansteuerung der Produktionsrate (zuerst positiv, dann negativ) mit dem Schaltpunkt $t_s = 2.00$ (Bild 3) zum Endzeitpunkt $t_e = 2.51$, also vor dem Planungshorizont $T = 4.0$ erreicht. Eine verzögerte, auf den Endzeitpunkt T zielende Produktionsweise wäre nicht optimal.
Bei linearer Bewertung der Lagerdifferenz und quadratischer Bewertung der Produktion wird zuerst singulär, also nicht maximal produziert um die Kosten niedrig zu halten. Um den gewünschten Lagerbestand zu erreichen, muß jedoch eine Zeitspanne mit $u = +1$ produziert werden (regulär), da bei weiterer singulärer Steuerung der zulässige Steuerbereich verlassen würde ($t_{s1} = 0.93$). Anschließend wird ab $t_{s2} = 2.26$ mit $u = -1$ gesteuert. Auch hier wird der Lagerbestand schon zu einem früheren Endzeitpunkt $t_e = 2.76$ erreicht, der etwas später als beim linearen Fall liegt.

Bei beiden Gütekriterien läßt sich die Steuerung leicht realisieren, als stückweise konstant bzw. lineare Funktion über der Zeit.
Der rein quadratische Fall unterscheidet sich von den beiden anderen darin, daß immer so gesteuert wird, daß der Lagerbestand gerade zum Zeitpunkt T erreicht wird. Da zu Beginn die Lagerdifferenz schwerer wiegt als die Produktionskosten, wird zuerst maximal ($u = 1$) produziert bis zum Schaltpunkt $t_s = 1.11$. Dann wird singulär bis $T = 4.0$ produziert, wobei die Produktionsrate zum Zeitpunkt T nicht null ist. Die singuläre Steuerung ist hier eine nichtlineare Funktion über der Zeit.
Auch bei einer Beschränkung der Istproduktionsrate bleiben die Grundstrukturen der Steuerungen für die drei Gütekriterien erhalten (Bild 4). Lediglich im linear-quadratischen Fall wird vom singulären Teil direkt auf das Randstück geschaltet, da die Beschränkung vor dem Rand von Σ erreicht wird (vgl. Bild 2). Als Schaltpunkte wurden folgende Werte ermittelt:

lineares Gütekriterium	$t_{b1} = 0.53$	$t_{b2} = 3.09$	$t_e = 3.40$
linear-quadratisches Gütekriterium	$t_{b1} = 0.85$	$t_{b2} = 3.28$	$t_e = 3.59$
quadratisches Gütekriterium	$t_{b1} = 0.53$	$t_{b2} = 2.06$.	

6. Literatur

/ 1/ BRADSHAW, A.; EROL, Y.
Control Policies for Production-Inventory Systems with Bounded Input.
Int. J. Systems Sci., 11, 947-959 (1980).

/ 2/ FEICHTINGER, G.
Anwendungen des Maximumprinzips im Operations Research.
OR Spektrum, 4, Teil 1, 171-190, Teil 2, 195-212 (1982).

/ 3/ HOLT, C.; MODIGLIANI, F.; MUTH, J.; SIMON, H.
Planning Production Inventories and Work Force.
Prentice-Hall, Englewood Cliffs (1969).

/ 4/ KAMIEN, M.I.; SCHWARTZ, N.L.
Dynamic Optimization.
North Holland: New York, Oxford (1981).

/ 5/ MAURER, H.
On Optimal Control Problems with Bounded State Variables and Control Appearing Linearly.
S.I.A.M. J. Control, 15, 345-362 (1977).

/ 6/ McDANELL, J.P.; POWERS, W.F.
Necessary Conditions for Joining Optimal Singular and Nonsingular Subarcs.
S.I.A.M. J. Control, 9, 161-173 (1971).

/ 7/ PONTRJAGIN, L.S.; BOLTJANSKIJ, V.G.; GAMKRELIDZE, R.V.; MISCENKO, E.F.
Mathematische Theorie optimaler Prozesse.
R. Oldenbourg: München, Wien (1964).

/ 8/ SETHI, S.P.
A Survey of Management Science Applications of the Deterministic Maximum Principle.
TIMS Studies in the Management Sciences, 9, 33-67 (1978).
North-Holland: Amsterdam, New York.

/ 9/ WARSCHAT, J.
Optimal Control of a Production-Inventory System with State Constraints and a Quadratic Cost Criterion.
Working paper.
Fraunhofer Institute for Industrial Engineering, Stuttgart (1984)

/10/ WARSCHAT, J.; WUNDERLICH, H.-J.
Time-Optimal Control Policies for Cascaded Production-Inventory Systems with Control and State Constraints.
Int. J. Systems Sci., 15, 513-524 (1984).

]NOMISCH OPTIMALE KONTROLLKARTEN MIT ANPASSUNGSENTSCHEIDUNGEN AUF DER 5IS VON A-POSTERIORI-WAHRSCHEINLICHKEITEN

lter Erfle, Frankfurt am Main

Einleitung

rch die Führung von Kontrollkarten sollen Störungen im Fertigungsab-
uf möglichst frühzeitig erkannt werden. Hierzu entnimmt man der lau-
nden Produktion in regelmäßigen Abständen Stichproben von einem festen
fang. Vom Ergebnis der Stichprobenprüfung ist es abhängig, ob Maßnah-
n zur Anpassung des Prozesses eingeleitet werden. Die Anpassungsent-
heidung wird gemäß einer vorgegebenen Entscheidungsregel getroffen,
die bei den einfachen Kontrollkarten nur das aktuelle Stichprobener-
bnis eingeht. Die Anpassung wird vorgenommen, wenn das Stichprobener-
bnis eine vorgegebene Toleranzgrenze z überschreitet. Wenn sich Stö-
ngen im Produktionsprozeß nur in kleinen Abweichungen der gemessenen
rkmalsausprägungen vom Normalwert bemerkbar machen, werden statt des-
n Entscheidungsregeln empfohlen, die auch die Ergebnisse aus vorange-
ngenen Stichprobenziehungen berücksichtigen. Bei den Cusum-Karten wer-
n dazu die einzelnen Stichprobenergebnisse um einen Referenzwert korri-
ert und aufsummiert. Falls die Summe kleiner als Null ist, wird vermu-
t, daß keine Störungen vorliegen, falls die Summe eine vorgegebene Er-
hungsgrenze überschreitet, wird der Prozeß angepaßt.

wohl für die einfachen Kontrollkarten als auch für die Cusum-Karten
rden Entscheidungsmodelle formuliert, mit denen die notwendigen Para-
ter in ökonomisch optimaler Weise bestimmt werden sollen (vgl. den
ersichtsaufsatz von Montgomery, 1980). Diesen Modellen soll hier ein
iterer Ansatz hinzugefügt werden, in dem die Anpassungsentscheidung
f der Basis einer suffizienten Statistik aller vorausgegangenen Stich-
obenergebnisse getroffen wird.

Annahmen über den Produktionsprozeß

e Annahmen über den Produktionsprozeß entsprechen weitgehend den An-
nmen, die Duncan (1956) in seiner grundlegenden Arbeit postuliert hat.
jedem Zeitpunkt kann das Leistungsverhalten des Prozesses allein da-
rch charakterisiert werden, daß man angibt, ob sich der Prozeß in dem
wünschten Zustand i=0, d.h. unter Kontrolle, befindet, oder in dem
stand i=1, in dem Störungen auf ihn einwirken. Unmittelbar nach einer

Operations Research Proceedings 1984

Anpassung, deren Dauer vernachlässigt werden kann, befindet sich der Prozeß im Zustand i=0, geht nach einer exponential verteilten Zeitdaue in den Zustand i=1 über und verbleibt dort bis zur nächsten Anpassung. Jedem der beiden Zustände ist eine Fehlerwahrscheinlichkeit θ_i, $\theta_1 > \theta_0$, zugeordnet, mit der jedes gefertigte Objekt fehlerhaft ist. Ein fehlerhaftes Objekt führt zu erwarteten Kosten in Höhe von d GE. Wird als Zeiteinheit die Fertigungsdauer für ein Objekt gewählt, erhöhen sich im Zustand i=1 die Kosten gegenüber dem Zustand i=0 pro ZE um $H=(\theta_1-\theta_0)$ GE. Im Abstand von jeweils N ZE wird eine Stichprobe vom Umfang n gezogen und die Zahl x der darin gefundenen defekten Objekte festgestellt. Die Kosten der Stichprobenziehung belaufen sich auf $S+n \cdot s$ GE. Entscheidet man sich nach einer Stichprobenziehung für die Anpassung, so falle dafür Kosten in Höhe von R_i GE an, wenn sich der Prozeß im Zustand i be findet.

3. Formulierung des Problems als unvollkommen beobachtbarer Markovsche Entscheidungsprozeß

Sowohl der Kontrollabstand N als auch der Stichprobenumfang n sei vorge geben. Nach jeder Stichprobenziehung muß nun noch entschieden werden, ob der Prozeß ohne Einflußnahme weiterlaufen soll ($\eta=0$) oder ob er angepaßt wird ($\eta=1$). Wählt man die Alternative $\eta=0$, so befindet sich der Prozeß nach der folgenden Stichprobenziehung mit Wahrscheinlichkeit

$$p(N) = 1-e^{-\lambda N} \tag{1}$$

im Zustand j=1, wenn er sich zum aktuellen Entscheidungszeitpunkt im Zu stand i=0 befindet und verbleibt mit Wahrscheinlichkeit 1-p(N) im Zusta i=0. Befindet er sich im Zustand i=1, so verbleibt er bei der Entscheidung $\eta=0$ in diesem Zustand. Wird die Alternative $\eta=1$ gewählt, so geht der Prozeß bis zur nächsten Stichprobenziehung mit Wahrscheinlichkeit p(N) unabhängig vom aktuellen Zustand in den Zustand j=1 über und mit der Gegenwahrscheinlichkeit in den Zustand j=0. Findet die Stichprobenziehung im Zustand i statt, so wird mit Wahrscheinlichkeit

$$l_{ix} = \binom{n}{x}\theta_i^{\,x}(1-\theta_i)^{n-x} \tag{2}$$

das Stichprobenergebnis x beobachtet. Das Stichprobenergebnis wird zur Fortschreibung der a-posteriori-Wahrscheinlichkeit verwendet, mit der der ungünstige Zustand i=1 vermutet wird. Wenn nach der vorausgegangene Stichprobenziehung die a-posteriori-Wahrscheinlichkeit gleich ϕ war und die Alternative η gewählt wurde, wird aufgrund des aktuellen Stichprobe ergebnisses die Wahrscheinlichkeit ϕ in die neue a-posteriori-Wahrsche lichkeit $T(\phi,\eta,x)$ transformiert mit:

$$T(\phi,\eta,x) = \begin{cases} \dfrac{[\phi+(1-\phi)p(N)]l_{1x}}{[\phi+(1-\phi)p(N)]l_{1x} + (1-\phi)(1-p(N))l_{Ox}} & \text{für } \eta=0 \\ \dfrac{p(N)l_{1x}}{p(N)l_{1x}+(1-p(N))l_{Ox}} & \text{für } \eta=1 \end{cases} \tag{3}$$

ie beiden Nenner in der Gleichung (3) geben die Wahrscheinlichkeiten $(x|\phi,\eta)$ an, mit denen die Stichprobenergebnisse x, x=O,...,n beobachtet erden. Die a-posteriori-Wahrscheinlichkeit ist eine suffiziente Statisik der gesamten Information, die zum Entscheidungszeitpunkt über den rozeß vorliegt.

ntscheidet man sich für die Alternative η, so muß man bis zur nächsten tichprobenziehung mit Kosten in Höhe von $(1-\phi)c_{O\eta}+\phi c_{1\eta}$ GE rechnen, wobei ie $c_{i\eta}$ aus der folgenden Tabelle hervorgehen:

$c_{i\eta}$	$\eta=0$	$\eta=1$
i=O:	$\bar{c}$	$\bar{c}+R_O$
i=1:	$N\cdot H$	$\bar{c}+R_1$

it:

$$\bar{c} = H\int_0^N (N-t)e^{-\lambda t}dt = H\cdot p(N)\left(N-\frac{1}{\lambda}+\frac{N}{e^{\lambda N}-1}\right). \tag{4}$$

. Die Bestimmung der optimalen Parameter

as Kontrollkartenverfahren soll in der Weise festgelegt werden, daß die amit im Mittel verbundenen Kosten pro ZE ihr Minimum erreichen. Die ptimierung der Parameter erfolgt in zwei Stufen. Zunächst ist für vorgegebene Werte N und n die optimale Anpassungspolitik zu bestimmen. ierzu eignet sich ein von Smallwood/Sondik (1973) veröffentlichter Alorithmus, der auf dem Prinzip der Wertiteration beruht. Für einen endichen Planungszeitraum von K Kontrollintervallen, d.h. N·K ZE, genügt ie optimale Anpassungspolitik der folgenden Funktionalgleichung:

$$Y_K^*(\phi) = \min \begin{cases} Y_K^O(\phi) = (1-\phi)c_{OO}+\phi c_{1O}+\sum_{x=O}^{n} \rho(x|\phi,\eta=O)Y_{K-1}^*(T(\phi,\eta=O,x)) \\ Y_K^1(\phi) = (1-\phi)c_{O1}+\phi c_{11}+\sum_{x=O}^{n} \rho(x|\eta=1)Y_{K-1}^*(T(\eta=1,x)) \end{cases} \tag{5}$$

owohl $Y_K^O(\phi)$ als auch $Y_K^1(\phi)$ sind Funktionen, die in ϕ monoton nicht fallend verlaufen. Während aber $Y_K^1(\phi)$ durchgehend linear in ϕ verläuft, ist ie Funktion $Y_K^O(\phi)$ nur stückweise linear und konkav (vgl. Aström, 1969). eiter gilt $Y_K^O(O)<Y_K^1(O)$. Wenn N so gewählt wird, daß $NH-\bar{c}>R_1-R_O$ gilt, weist $Y_K^1(\phi)$ an der Stelle $\phi=1$ eine geringere Steigung auf als $Y_K^O(\phi)$. Wenn nicht für alle $\phi \in [0,1]$ die Alternative $\eta=0$ optimal ist, gibt es eine Kontrollgrenze ϕ_K^*, so daß für alle Werte von ϕ mit $0 \leq \phi \leq \phi_K^*$ die Alternative $\eta=0$ und für alle Werte von ϕ mit $\phi_K^* < \phi \leq 1$ die Alternative $\eta=1$ z wählen ist. Für $K \to \infty$ konvergieren die Kontrollgrenzen ϕ_K^* gegen die Wahrscheinlichkeit ϕ^* und die Differenzen $Y_K^*(\phi)-Y_{K-1}^*(\phi)$ gleichmäßig gegen die mittleren Kosten $z(N,n)$ pro Kontrollintervall.

Die stückweise lineare Funktion $Y_{K-1}^*(\phi)$ sei durch die Intervallgrenzen $A_O^{K-1}=0, A_1^{K-1}, \ldots, A_j^{K-1}, \ldots, A_J^{K-1}=1$, sowie durch die Achsenabschnitte B_j^{K-1} und Steigungen b_j^{K-1} im Intervall $(A_{j-1}^{K-1}, A_j^{K-1}]$, $j=1,\ldots,J$ gegeben. Für jedes der J Intervalle $j=1,\ldots,J$ und jedes der $n+1$ Stichprobenergebniss $x=0,\ldots,n$ kann durch Lösen der Gleichungen

$$T(a_{K,j}(x),\eta=0,x) = A_j^{K-1} \tag{6}$$

die Menge der a-posteriori-Wahrscheinlichkeiten ϕ^K bestimmt werden, die bei der Entscheidung $\eta=0$ und dem Stichprobenergebnis x in das Intervall $(A_{j-1}^{K-1}, A_j^{K-1}]$ abgebildet werden. Alle Grenzen $a_{K,j}(x)$, $j=1,\ldots,J; x=0,\ldots,$ werden in aufsteigender Reihenfolge geordnet und bilden die vorläufigen Intervallgrenzen $\bar{A}_i^K$, $i=1,\ldots,\bar{I}$. Für jedes Intervall $(\bar{A}_{i-1}^K, \bar{A}_i^K]$ können nu die Achsenabschnitte und Steigungen der linearen Funktionsstücke von $Y_K^O(\phi)$ berechnet werden. Diese Funktion ist nun mit der Geraden $Y_K^1(\phi)$ zu schneiden. Links vom Schnittpunkt ϕ_K^* werden die Intervallgrenzen, Achse abschnitte und Steigungen von $Y_K^O(\phi)$ zu den entsprechenden Größen A_i^K, B_i^K und b_i^K. Der Schnittpunkt bildet die linke Grenze des letzten Intervalls dessen Achsenabschnitt und Steigung gleich den entsprechenden Parameter werten von $Y_K^1(\phi)$ sind.

$Y_K(\phi)$ wird solange für immer größere Werte von K berechnet, bis sich di Differenzen $B_1^K-B_1^{K-1}$, die gegen $z(N,n)$ konvergieren, in ausreichendem Ma angenähert haben. Mit

$$y(N,n) = (z(N,n)+S+ns) / N \tag{7}$$

erhält man die minimalen Kosten, die pro ZE bei regelmäßigen Stichprobenziehungen vom Umfang n im Abstand von N ZE zu erwarten sind. Diese Kosten sind nun bezüglich N und n mithilfe direkter numerischer Verfahren, wie z.B. der zweidimensionalen Fibonaccisuche, zu minimieren.

5. Numerische Ergebnisse

Für die Parameterwerte $\theta_O=.01$, $R_O=50$, $R_1=70$, $S=1$ und $s=.2$ sowie für dre verschiedene Wertepaare für θ_1 und d wurden sowohl die optimalen Paramet einer einfachen np-Karte als auch des hier beschriebenen Verfahrens beechnet. Dabei ergaben sich die folgenden Ergebnisse:

	einfache np-Karte	Anpassung auf der Basis von a-posteriori-Wahrscheinlichkeiten
$\theta_1=.05$ $d=5/4$	$n_*^*=21$ $N_*^*=1821$ $y^*=.02993$ $z^*=0$	$n_*^*=18$ $N_*^*=1380$ $y^*=.02990$ $\phi^*=.479$
$\theta_1=.1$ $d=1$	$n_*^*=27$ $N_*^*=898$ $y^*=.03218$ $z^*=1$	$n_*^*=26$ $N_*^*=864$ $y^*=.03216$ $\phi^*=.418$
$\theta_1=.25$ $d=5/6$	$n_*^*=12$ $N_*^*=395$ $y^*=.03300$ $z^*=1$	$n_*^*=12$ $N_*^*=399$ $y^*=.03299$ $\phi^*=.387$

ie die Tabelle zeigt, führt das Kontrollverfahren, bei dem die Anpas-ungsentscheidung auf der Basis der a-posteriori-Wahrscheinlichkeit ge-roffen wurde, zu nur unwesentlich besseren Ergebnissen als die einfa-he Kontrollkarte mit den optimalen Parametern. Je größer die Differenz er Fehlerwahrscheinlichkeiten ist, desto mehr gleichen sich die opti-alen Kontrollabstände und Stichprobenumfänge sowie die minimalen erwar-eten Kosten pro ZE beider Verfahren an.

. Einbeziehung der Qualitätsprüfung in das Modell

äufig besteht neben der Anpassung des Produktionsprozesses, durch die n der Zukunft Fehler durch systematische Störungseinflüsse verhindert erden sollen, noch die Möglichkeit, durch Prüfung aller gefertigten Ob-ekte vor der Auslieferung oder Weiterverarbeitung und Reparatur der efekten die Auswirkungen der Störungen des Prozesses zu kompensieren. iese Möglichkeit wird nun als Handlungsalternative $\eta=2$ in das Modell ngeführt. Bei der Wahl dieser Alternative werden im folgenden Kontroll-ntervall die N gefertigten Objekte zu Kosten von je u GE geprüft und lle defekten Objekte zu je r GE repariert. Wenn sich der Prozeß im Zu-tand i befindet, sind dieser Entscheidung im nächsten Kontrollinter-ll Kosten in Höhe von c_{i2} GE zuzurechnen, die sich wie folgt ergeben:

$$c_{i2} = \begin{cases} N[u-\theta_0(d-r)]+p(N)\left(N-\frac{1}{\lambda}+\frac{N}{e^{\lambda N}-1}\right)(\theta_1-\theta_0)r & \text{für } i=0 \\ N(u+\theta_1 r-\theta_0 d) & \text{für } i=1 \end{cases} \tag{8}$$

ußerdem wird angenommen, daß aus den Ergebnissen der Vollprüfung mit nähernder Sicherheit auf den wahren Zustand des Prozesses nach Ablauf s Kontrollintervalls geschlossen werden kann und daher am Ende des In-ervalls keine Stichprobenziehung notwendig wird. Zur Bestimmung der optimalen Politik für einen endlichen Planungszeitraum sind somit die folgenden Funktionalgleichungen zu lösen:

$$\tilde{Y}_K^*(\phi) = \min \begin{cases} \tilde{Y}_K^0(\phi) = (1-\phi)c_{00} + \phi c_{10} + \sum_{x=0}^{n} \rho(x|\phi,\eta=0)\tilde{Y}_{K-1}^*(T(\phi,\eta=0,x)) + S + ns \\ \tilde{Y}_K^1(\phi) = (1-\phi)c_{01} + \phi c_{11} + \sum_{x=0}^{n} \rho(x|\eta=1)Y_{K-1}^*(T(\eta=1,x)) + S + ns \\ \tilde{Y}_K^2(\phi) = (1-\phi)c_{02} + \phi c_{12} + (1-\phi)(1-p(N))\tilde{Y}_{K-1}^*(0) + \\ \qquad + [\phi + (1-\phi)p(N)]\tilde{Y}_{K-1}^*(1) \end{cases} \tag{9}$$

Neben $\tilde{Y}_K^1(\phi)$ verläuft auch $\tilde{Y}_K^2(\phi)$ linear in ϕ. Weiterhin soll die Bedingung $c_{00} < c_{02}$ gelten. Mit ϕ^0 wird die a-posteriori-Wahrscheinlichkeit be zeichnet, bei der die unmittelbaren Kosten für die Alternativen $\eta=0$ und $\eta=2$ gleich sind.

$$\phi^0 = (c_{02} - c_{00}) \,/\, (c_{10} - c_{00} - c_{12} + c_{02}) \tag{10}$$

Da eine lineare Funktion eine konkave Funktion im Intervall [0,1] in höchstens zwei Punkten schneidet, und der Informationsgewinn bei der Al ternative $\eta=2$ größer ist als bei der Alternative $\eta=0$, kann über die Str tur der optimalen Strategie folgendes gesagt werden: Es gibt eine Kontrollgrenze ϕ^*, von der ab die Anpassung die beste Entscheidung darstel Für $\phi^* \geq \phi^0$ kann das Einheitsintervall in maximal drei Intervalle $[0,\check{\phi}]$, $(\check{\phi},\phi^*]$, $(\phi^*,1]$, $\check{\phi} < \phi^0$, aufgeteilt werden, in denen nacheinander $\eta=0$, $\eta=2$ und $\eta=1$ die beste Entscheidung darstellen. Für $\phi^* < \phi^0$ sind maximal vier tervalle $[0,\check{\phi}]$, $(\check{\phi},\hat{\phi}]$, $(\hat{\phi},\phi^*]$, $(\phi^*,1]$ mit $\check{\phi} < \hat{\phi} < \phi^* < \phi^0$ zu unterscheiden, in denen der Reihe nach die Entscheidungen $\eta=0$, $\eta=2$, $\eta=0$ und $\eta=1$ optima sind.

Literatur:

Aström K.J.
Optimal Control of Markov Processes with Incomplete State Information. II: The Convexity of the Loss Function.
Journal of Mathematical Analysis Applications 26, 403-406 (1969).

Duncan A.J.
The Economic Design of $\bar{X}$-charts used to Maintain Current Control of a Process.
Journal of the American Statistical Association 51, 228-242 (1956).

Montgomery D.C.
The Economic Design of Control Charts: A Review and Literature Survey.
Journal of Quality Technology 12, 75-87 (1980).

Smallwood R.; Sondik E.
The Optimal Control of Partially Observable Markov Processes over a Finite Horizon.
Operations Research 21, 1071-1088 (1973).

KOMBINIERTE VARIANZ- UND KOSTENMINIMIERUNG DURCH SCHICHTUNG

Andreas Drexl, Hamburg

Gegenstand vielfältiger Untersuchungen waren in der Vergangenheit Probleme, deren Zielsetzung *entweder* die Minimierung der Kosten der Stichprobenerhebung (unter Einhaltung von Genauigkeitsanforderungen) *oder* die Minimierung der Stichprobenvarianz (unter Einhaltung von Budgetrestriktionen) war. Jedes einzelne der Probleme kann bekanntermaßen mit Hilfe eines Lagrange-Ansatzes so transformiert werden, daß sukzessive zunächst die Schichtgrenzen optimiert und anschließend die Schichtstichprobenumfänge berechnet werden.

Hauptanliegen des Beitrags ist es zu zeigen, wie die beiden transformierten Probleme in einem *hybriden Varianz- und Kostenminimierungsmodell* zusammengefaßt werden können. Zur Lösung des so erhaltenen Problems bei zweifacher Zielsetzung wird ein ebenso einfaches wie wirkungsvolles Verfahren beschrieben und an einem Beispiel demonstriert.

Die Anwendungsgebiete und Einsatzmöglichkeiten des Modells sind vielfältig. Hervorzuheben ist vor allem die seit der Einfügung des § 39 Abs. 2a in das Handelsgesetzbuch unter bestimmten Voraussetzungen legalisierte Inventur auf Stichprobenbasis.

BERECHNUNG VON VERBINDUNGSWAHRSCHEINLICHKEITEN IN NETZWERKEN - EINE ÜBERSICHT

J. Kohlas, Freiburg

Das Problem der Verbindungswahrscheinlichkeiten in Transport- oder Nachrichten-Netzwerken stellt sich in vielen Variationen. Ferner wurden zur Lösung dieses NP-harten Problems manche Algorithmen publiziert. Es ist möglich, in das Gestrüpp der Problem- und Lösungsvarianten eine vereinheitlichende Ordnung zu bringen und damit Klarheit über die Eigenschaften der einzelnen Lösungsverfahren zu schaffen.

Es zeigt sich dabei, dass die Lösungsmethoden in drei Klassen eingeteilt werden können: Die erste Klasse betrifft Ueberdeckungsmethoden, bei denen minimale Verbindungsgerüste und Trennungsmengen eine zentrale Rolle spielen. Diese Strukturen haben interessante kombinatorische Eigenschaften, die erst in jüngster Zeit entdeckt worden sind. Die zweite Klasse beinhaltet Zerlegungsverfahren, die ihrerseits auf modifizierten Verbindungsgerüsten oder Trennungsmengen beruhen. Zur dritten Klasse schliesslich gehören sog. Faktorisierungsverfahren. Bei diesen Verfahren stellen sich interessante Optimierungsprobleme, wobei die gleichen kombinatorischen Strukturen wie beim Ueberdeckungsverfahren eine Rolle spielen.

Diese Klassifikation der Lösungsansätze erlaubt eine vereinheitlichende Betrachtung mancher Probleme mit Verbindungswahrscheinlichkeiten in Netzwerken. Sie ist Voraussetzung für die Schaffung eines umfassenden Methodenpakets zur wirkungsvollen numerischen Behandlung von probabilistischen Netzwerken unter Ausnützung der strukturellen Eigenheiten jedes einzelnen Falls.

DAS ERSATZPROBLEM BEI UNTERSCHIEDLICHER INFORMATION

Karl-Walter Gaede, München

Betrachtet wird ein kohärentes System, dessen Komponenten stochastische Lebensdauern besitzen. Bei Ausfall muß das System ersetzt werden. Neben den Ersatzkosten treten hierbei noch Strafkosten auf. Das System darf schon vor seinem Ausfall ersetzt werden. In diesem Fall treten nur die Ersatzkosten auf. Es wird angenommen, daß neben dem Zustand des Systems nur die Zustände einer Teilmenge B der Komponenten beobachtet werden können. (Falls B leer ist, ergibt sich das klassische Ersatzproblem.) Gesucht wird eine Ersatzstrategie, die nur die genannte Information benutzt und die erwarteten Kosten pro Zeiteinheit bei unendlichem Planungshorizont minimiert. Für den Fall, daß die Ausfallrate im Bezug auf den beobachtbaren Prozeß monoton ist, wird die optimale Ersatzregel angegeben. Dazu wird diese Fehlerrate allgemein berechnet. An einem Beispiel wird gezeigt, wie sich Änderungen der Menge B von beobachtbaren Komponenten auswirken.
Eine ausführlichere Darstellung mit Literaturhinweisen findet man in

GAEDE, K.-W.: Optimal replacement under differing amounts of information, In: Operations Research and Economic Theory, Ed. by Hauptmann, H., u. a., Springer-Verlag, Berlin Heidelberg 1984, 231-242.

OPTIMALE STOPREGELN IN ERNEUERUNGS- UND AUSWAHLMODELLEN

Uwe Jensen, Stuttgart-Hohenheim

1. Einleitung

Betrachtet werden Optimierungsprobleme in stetiger Zeit, bei denen ein Zufallsprozeß kontinuierlich beobachtet wird. Zu jedem Zeitpunkt muß entschieden werden, ob der Prozeß abgebrochen oder weiterhin beobachtet werden soll. Dabei wird ausgegangen von einem stochastischen Prozeß $X = (X_t)_{t \in T}$, $T = [0,\infty)$ mit fast sicher rechtsseitig stetigen Pfaden auf einem vollständigen Wahrscheinlichkeitsraum $(\Omega, \mathfrak{F}, P)$, adaptiert zu einer rechtsseitig stetigen Filterung $(\mathfrak{F}_t)_{t \in T}$. Diese Filterung besteht aus einer aufsteigenden Folge von Sub-σ-Algebren von $\mathfrak{F}$, wobei $\mathfrak{F}_t$ alle möglichen Informationen bis zum Zeitpunkt t umfaßt.

Das Ziel ist es, eine Stopzeit τ zu finden, welche für beschränkte reel wertige Funktionen f und g und $\alpha \geq 0$ den Erwartungswert

$$E\left[\int_0^\tau e^{-\alpha s} g(X_s)\,ds - e^{-\alpha\tau} f(X_\tau) \right] \tag{1}$$

in einer geeigneten Klasse von Stopzeiten maximiert. Dieser Erwartungswert kann als diskontierte Nettoauszahlung zum Zeitpunkt τ interpretier werden.

Im folgenden Abschnitt werden zunächst die Ergebnisse aus der Theorie des optimalen Stoppens stochastischer Prozesse zusammengestellt, die es unter geeigneten Monotonieannahmen erlauben, optimale Stopregeln für (1 zu charakterisieren.

In den weiteren Abschnitten folgen zwei Anwendungsbeispiele, ein Modell aus der Zuverlässigkeitstheorie und das Problem der besten Wahl in stetiger Zeit, die unter anderem zeigen, daß sogenannte 'Infinitesimal Loo Ahead' Stopregeln nicht optimal sind, wenn die Monotoniebedingungen ver letzt sind.

Operations Research Proceedings 1984

Allgemeine Problemstellung

i X nun ein stark Markov'scher Prozeß mit Werten in einem separablen trischen Raum S und

$$Z_t := \int_0^t e^{-\alpha s} g(X_s)ds - e^{-\alpha t} f(X_t).$$

e Zufallsvariable τ heißt Stopzeit bezüglich $(\mathcal{F}_t)_{t\in T}$, falls $\tau<\infty$ P-f.s. d $\{\tau\leq t\} \in \mathcal{F}_t$ für alle $t\in T$ ist.

i $C = \{\tau \mid \tau$ Stopzeit, $E^x Z_\tau$ existiert$\}$ die Klasse aller Stopzeiten, für e der Erwartungswert $E^x Z_\tau$ existiert. Dabei bezeichnet $P^x (P^0 := P)$ das hrscheinlichkeitsmaß unter der Bedingung $X_0=x$ und E^x den zugehörigen wartungswert.

ne Stopzeit $\tau^*\in C$ heißt dann optimal für $x\in S$, wenn $E^x Z_{\tau^*} = \sup_{\tau\in C} E^x Z_\tau$ gilt.

r Bestimmung von τ^* soll $e^{-\alpha t} f(X_t)$ mit Hilfe der Formel von Dynkin enfalls als Integral dargestellt werden. Dazu wird angenommen, daß f Definitionsbereich des infinitesimalen Operators

$$Q(x) = \lim_{h\to 0+} \frac{1}{h}\cdot E^x(f(X_h) - f(x))$$

egt, d.h. daß dieser Grenzwert gleichmäßig beschränkt in x existiert. nn gilt die Dynkin-Formel

$$E^x(e^{-\alpha\tau} f(X_\tau)) - f(x) = E^x[\int_0^\tau e^{-\alpha s}(Q(X_s) - \alpha f(X_s))ds],$$

bei für $\alpha=0$ zusätzlich $E^x\tau<\infty$ vorausgesetzt werden muß.

fenbar gilt nun

$$E^x Z_\tau = E^x[\int_0^\tau e^{-\alpha s}(g(X_s) + \alpha f(X_s) - Q(X_s))ds] - f(x)$$

$$=: E^x[\int_0^\tau A(X_s)ds] - f(x).$$

r monotone Fall liegt vor, falls mit $B = \{x\in S \mid A(x)\leq 0\}$ die Bedingung (M) füllt ist:

$$X_t\in B \Rightarrow X_{t+h}\in B \quad \text{für alle } t,h\in T. \qquad \text{(M)}$$

monotonen Fall kann die 'Infinitesimal Look-Ahead' Stopregel (ILA) $= \inf (t \mid X_t\in B)$ aufgestellt werden und es gilt nach S.M. Ross [3]:

Ist (M) erfüllt, $\tau^*\in C$ und im Fall $\alpha=0$ $\sup_{x\in S} g(x) <0$ oder $E\tau^* < \infty$,
dann folgt $EZ_{\tau^*} \geq EZ_\tau$ für alle $\tau\in C$. (2)

3. Ein Erneuerungsmodell

Sei (Y_i), i=1,2,... eine Folge von unabhängigen, identisch verteilten, nicht negativen Zufallsvariablen und $(N_t)_{t\in T}$ ein inhomogener Poisson-Prozeß, unabhängig von (Y_i), i=1,2,... mit stetiger monoton nicht fallender Intensitätsfunktion $\lambda(t)$.

Damit kann das folgende, in der Literatur allgemein als Schockmodell bekannte Modell beschrieben werden:

In zufälligen Abständen, gesteuert vom Prozeß $(N_t)_{t\in T}$, treten schlagartige Belastungen (Schocks) der Höhe Y_i an einem System auf. Das System fällt aus, wenn ein Schock die maximale Belastungsgrenze z überschreit

Sei $M_t = \max(Y_1, Y_2, \ldots, Y_{N_t})$. Für die Lebensdauer ζ_z des Systems gilt dann

$$\zeta_z = \inf(t \mid M_t \geq z) \text{ und } P(\zeta_z \leq t) = P(M_t \geq z).$$

Dieses Modell, insbesondere die Eigenschaften der Zufallsvariablen ζ_z, wurden für den Fall eines gewöhnlichen Erneuerungsprozesses von J.G. Shanthikumar und U. Sunita in [4] und [5] beschrieben.

Es wird nun zusätzlich zugelassen, das System zu einer Stopzeit $\tau < \zeta_z$ vorsorglich zu erneuern. Dazu unterstellt man folgende

Kostenstruktur:

Erneuerungskosten im Zustand $M_t = m$ zum Zeitpunkt t

$$f(m,t) = \begin{cases} c(t) & \text{für } m<z \\ c & \text{für } m\geq z \end{cases} \quad ; \; c(t) \text{ differenzierbar, } 0 \leq c(t) \leq c;$$

Gewinnrate $\hat{g}(m,t) = g(t) \geq 0$;

Diskontfaktor $\alpha \geq 0$.

Für den Markov-Prozeß $X_t = (M_t, t)$ wird die Stopzeit $\tau \leq \zeta_z$ gesucht, welch den erwarteten diskontierten Nettogewinn

$$E\left[\int_0^\tau e^{-\alpha s} g(X_s)\,ds - e^{-\alpha\tau} f(X_\tau)\right]$$

maximiert. Der infinitesimale Operator kann in diesem Fall explizit bestimmt werden:

$$Q(x) = Q(m,t) = \lim_{h\to 0+} \frac{1}{h}\cdot (c(t+h)-c(t))(1-\lambda(t)h)+(c-c(t))\lambda(t)hP(Y_i \geq z)$$

$$= c'(t) + (c-c(t))\lambda(t)P(Y_i \geq z), \; m<z.$$

t $D(t) = g(t) + \alpha c(t) - c'(t) - (c-c(t))\lambda(t)P(Y_i \geq z)$ und
= $\{x=(m,t)\in B \mid D(t)\leq 0,\ m<z\}$ ist nach (2) die Eintrittszeit
= $\inf\ (t \mid X_t\ B) \wedge \zeta_z$ in die Menge B optimal, falls aus $D(t)\leq 0$ schon
$t+h)\leq 0$ für alle $t,h\in T$ folgt und somit (M) erfüllt ist. (M) ist bei-
ielsweise erfüllt, wenn $c(t)\equiv c_1$ und g monoton nicht wachsend ist.

e ILA-Stopregel stellt in diesem Modell eine gewöhnliche Alterser-
uerungsstrategie dar: Erneuere zum Zeitpunkt $T^* = \inf\ (t \mid D(t)\leq 0)$ oder
ch einem Ausfall, je nachdem, was zuerst geschieht.

Ein Auswahlmodell

e im Erneuerungsmodell sei (Y_i), i=1,2,... eine nicht negative Folge
n unabhängigen, identisch verteilten Zufallsvariablen und $(N_t)_{t\in T}$ ein
homogener Poisson-Prozeß, unabhängig von (Y_i), i=1,2,..., mit stetiger
noton nicht wachsender Intensitätsrate $\lambda(t)$.

dellbeschreibung:
zufälligen Abständen, gesteuert vom Prozeß $(N_t)_{t\in T}$, treffen Angebote
r Höhe Y_i ein. Es entstehen Such- bzw. Wartekosten von c Geldeinhei-
n je Zeiteinheit. Bezüglich der Verfügbarkeit zurückliegender Ange-
te lassen sich zwei Fälle unterscheiden:
Auf nicht angenommene Angebote kann zurückgegriffen werden;
abgelehnte Angebote verfallen.

es ist die zeitlich stetige Version des sogenannten 'House Selling'
oblems (vgl. S.M. Ross [3]), dessen zeitlich diskretes Analogon unter
derem in [1] behandelt wurde. In der Gestalt eines 'Job Search' Modells
rde dieses Problem kürzlich von D. Zuckerman [6] wieder aufgegriffen.

: $M_t = \max\ (Y_1,Y_2,\ldots,Y_{N_t})$ kann das Optimierungsproblem für den Markov-
ozeß $X_t = (M_t,t)$ im Fall a) wie in Abschnitt 2 dargestellt werden:

$$EZ_\tau = E[-\int_0^\tau e^{-\alpha s}c\,ds + e^{-\alpha\tau}M_\tau]$$

: der erwartete diskontierte Nettogewinn mit $g(X_s) = -c$, $c>0$ und
$X_t) = f(M_t,t) = -M_t$.
ter ist

$$Q(x) = Q(m,t) = -\lim_{h\to 0+} \frac{1}{h}\cdot E^x(M_{t+h}-M_t) = -\lambda(t)\cdot E(Y_i-m)^+ \quad \text{und}$$

$$B = \{(m,t) \mid -c-\alpha m+\lambda(t)E(Y_i-m)^+ \leq 0\}.$$

Da $E(Y_i-m)^+$ und $\lambda(t)$ monoton nicht wachsend in m bzw. t sind, ist (M) erfüllt und nach (2) $\tau^* = \inf(t \mid X_t \in B)$ optimal, falls $E\tau^* < \infty$.

Diese Stopregel τ^* besagt, daß zu jedem Angebotsstand m eine maximale Wartezeit durch $\inf(t \mid \lambda(t)E(Y_i-m)^+ \leq c+\alpha m)$, $\inf \emptyset = \infty$, festgelegt wird. Trifft innerhalb dieser Wartezeit kein Angebot ein, wird abgebrochen. Geht ein neues Angebot ein, wird entweder abgebrochen, falls B erreicht ist, oder erneut eine maximale Wartezeit bestimmt.

Ist $\lambda(t) \equiv \lambda > 0$, so liegt ein gewöhnlicher Poisson-Prozeß vor und τ^* ist dann eine Kontrollgrenzenstrategie für den Prozeß $(M_t)_{t\in T}$

$$\tau^* = \inf(t \mid M_t \geq d^*),$$

wobei d^* aus $\lambda E(Y_i-d^*)^+-\alpha d^* = c$ eindeutig bestimmt werden kann, falls $EY_i > \frac{c}{\lambda}$ erfüllt ist. $EY_i \leq \frac{c}{\lambda}$ führt auf $\tau^* = 0$.

Für den gewöhnlichen Poisson-Prozeß ist das Problem b) mitgelöst, da bei dieser Strategie nicht auf vorangegangene Angebote zurückgegriffen wird.

Erweitert man das vorliegende Modell und läßt als Ankunftsprozeß $(N_t)_t$ einen Erneuerungsprozeß zu, derart daß die Zwischenankunftszeiten (X_i), i=1,2,... eine Folge von unabhängigen, identisch verteilten nicht negativen Zufallsvariablen bilden, dann ist der Prozeß $(X_t)_{t\in T}$ nicht mehr Markovsch. Zwar läßt sich auch für diesen Fall eine Monotoniebedingung formulieren, die unter geeigneten Voraussetzungen zur Konstruktion optimaler Stopzeiten führt (vgl. A. Irle [2]). Jedoch erfüllen Erneuerungsprozesse diese Monotoniebedingung im allgemeinen nicht.

Beschränkt man sich auf die Klasse der Kontrollgrenzenstrategien

$$\tau_d = \inf(t \mid M_t \geq d),$$

so erhält man für $\alpha = 0$ die in dieser Klasse optimale Stopzeit

$$\tau^* = \inf(t \mid M_t \geq d^*),$$

wobei d^* eindeutig aus $E(Y_i-d^*)^+ = cEX_i$ bestimmt werden kann, falls $EY_i > cEX_i$ vorausgesetzt wird.

Daß eine solche Stopregel nicht optimal sein muß, zeigt das folgende <u>Beispiel</u>:

Sei $P(X_i=\varepsilon) = P(X_i=1) = \frac{1}{2}$, $0<\varepsilon<1$, $E(Y_i-m)^+ > 0$ für alle $m \geq 0$, $\tau_{d^*} = \inf(t \mid M_t \geq d^*)$ und $\rho = \tau_{d^*} + \varepsilon$.

Dann ist

$$EM_{\tau_{d^*}} = E(Y_1|Y_1 \geq d^*), \quad E\tau^* = \frac{EX_1}{P(Y_1 \geq d^*)},$$

$$EM_\rho = \frac{1}{2}\{E(Y_1 \vee Y_2|Y_1 \geq d^*) + E(Y_1|Y_1 \geq d^*)\},$$

und es gilt

$$EZ_\rho - EZ_{\tau_{d^*}} = E(M_\rho - c\rho - E(M_{\tau_{d^*}} - c\tau_{d^*})$$

$$= \frac{1}{2}E((Y_2 - Y_1)^+|Y_1 \geq d^*) - c\varepsilon > 0$$

für genügend kleine ε.

Literatur

[1] CHOW, Y.S.;ROBBINS, H.
On optimal stopping rules.
Z. Wahrscheinlichkeitstheorie verw. Gebiete 2, 33-49(1963).

[2] IRLE, A.
Monotone stopping problems and continuous time processes.
Z. Wahrscheinlichkeitstheorie verw. Gebiete 48, 49-56(1979).

[3] ROSS, S.M.
Infinitesimal look-ahead stopping rules.
Ann. Math. Statist. 42, 297-303(1971).

[4] SHANTHIKUMAR, J.G.; SUNITA, U.
General shock models associated with correlated renewal sequences.
J. Appl. Prob. 20, 600-614(1983).

[5] SHANTHIKUMAR, J.G.; SUNITA, U.
Distribution properties of the system failure time in a general shock model.
Adv. Appl. Prob. 16, 363-377(1984).

[6] ZUCKERMAN, D.
Job search: the continuous case.
J. Appl. Prob. 20, 637-648(1983).

GARANTIE- UND KULANZSTRATEGIEN

Karl Bosch, Stuttgart

In der Praxis wird häufig folgende Garantiestrategie benutzt: Bei einem Ausfall im Intervall $[0,w_1]$ wird das Element kostenlos repariert bzw. erneuert (Vollgarantie), während bei einem Ausfall im Intervall $(w_1,w]$ die Reparaturkosten $c(x)$ vom Ausfallzeitpunkt x abhängen (Kulanz). Vom Zeitpunkt w an muß der volle Reparaturpreis c bezahlt werden (Neubeginn des Garantiezyklus). Dabei ist folgendes allgemeine Modell naheliegend:

Bei einem Ausfall zum Zeitpunkt x betragen die Erneuerungskosten $c(x)$ mit $c(x) = c$ für $x>w$. Bezüglich dieser Strategie werden zwei Fälle untersucht:

1) Anrechnung bereits verstrichener Garantiezeiten bei vollständigen Erneuerungen bzw. bei Minimalreparaturen während der Garantiezeit.
2) Vollständige Reparaturerneuerungen mit Vollgarantie für jedes Ersatzelement.

Ein Garantiezyklus endet, sobald erstmals der volle Preis für eine Erneuerung bezahlt werden muß (Länge eines Zyklus).
Für beide Modelle werden folgende Größen berechnet: Die Verteilungsfunktion der effektiven Garantiezeit in einem Zyklus, die mittlere Zyklenlänge sowie die mittleren Erneuerungskosten pro Garantiezyklus. Als Beispiele werden die Exponential- und die gleichmäßige Verteilung betrachtet mit

$$c(x) = \begin{cases} 0 & \text{für } 0 \le x \le w_1; \\ c\cdot(x-w_1)\cdot(w-w_1)^{-1} & \text{für } w_1 \le x \le w; \\ c & \text{" } x>w \end{cases} \quad ; \; 0 \le w_1 \le w \le \infty.$$

Die ausführliche Fassung erscheint im OR Spektrum 6 (1984) (die Arbeit ist z. Zt. im Druck)

MODEL FOR PLANNING SWITCHING NETWORKS

ıomas Hanschke, Mainz

ımmary. This paper is concerned with a model for studying the effects : repeated call attempts in a telephone system. It is assumed that the ›trial probability of an unsuccessful call depends on the level and on ıe disposition of the attempt. The paper contains analytic results ›r special cases, including the case of a single line.

ısammenfassung. Diese Arbeit behandelt ein Modell zur Untersuchung der ıswirkungen von Anrufwiederholungen in einem Fernsprechsystem. Es wird ıgenommen, daß die Wiederholwahrscheinlichkeit eines erfolglosen Anrufs ›n der Ordnung und der Disposition des Versuchs abhängt. Der Artikel ıthält analytische Resultate für verschiedene Spezialfälle, einschließ- .ch des Falles einer Leitung.

Introduction

›r the planning and developement of telephone systems the engineer needs ›sign charts which provide immediate information on the amount of switch- ıg equipment and the number of trunks needed for a given offered traffic. ›st of these charts and tables are based on Erlang's loss system which characterized by the fact that calls for which no connection can be ›tablished on their arrival leave the system without any subsequent 'fect and do not cause any load on the serving trunk group. Although it known that an unsuccessful attempt will usually be repeated and that e flow coming from the repetition states have great influence to the ade of service, Erlang's model has not been reset by a more appropriate .e up to now.

e influence of repeated call attempts has been studied only by a few thors. The earliest and most extensive work is that of Cohen [2]. He pposes that each incoming call is allocated a random amount of time which each unsuccessful attempt is repeated. The call is lost if it es not succeed in seizing an idle line within this time. Elldin [4] als with the same model but takes into account that calls may fail ter they have been set up through the selection stage. As pointed out Bretschneider [1] and Evers [6] both models have the disadvantage at they depart considerably from the behaviour of the telephone

Operations Research Proceedings 1984

subscriber. It seems to be more realistic that the retrial probability of an unsuccessful call depends on the level and on the disposition (congestion or no completion) of the attempt. Also some new surveys, conducted in the U.S.A. to gather detailed information about direct-distance-dialling call attempts are based on this assumption, see [3] and [7].

The object of this paper is to build up a theoretical model in which these phenomenae are taken into account and to find closed-form expres- sions for the characteristics of the underlying queueing process as fa: as this is possible.

2. The Model

We consider a fully-available group of s lines at which calls arrive according to a Poisson stream with rate $A>0$. Each incoming call search for an idle line in the given group. If the group has at least one fre device the call is carried through the system and results in a conver- sation with probability $p>0$. p is assumed to be independent of the state of the group and independent of time. With probability $1-p$ the call fails to complete. The holding times of successful calls are assumed to be independent and exponentially distributed random variabl As usual the mean of the holding time distribution is taken as unit of time. The duration of an ineffective attempt is neglected. A subscribe: who finds all lines busy upon arrival or set up a connection but fails afterwards, is obliged to leave the system and to possibly re-initiate his request after some time. It is assumed that the retrial probabilit depends on the level and on the disposition of the attempt. We distin- guish between the following four cases:

Retrial probability	Disposition	
Attempt level	Congestion	No completion
1	q_1	r_1
2,3,...	q_2	r_2

Assuming the same values of q and r for all attempt levels except 1 serves to achieve the Markov property of the underlying queueing proce The intervals between two consecutive attempts of a subscriber are assumed to be independent and exponentially distributed with parameter $C>0$.

otations: We put $\mathbb{N}=\{1,2,\ldots\}$, $\mathbb{N}_0=\mathbb{N}\cup\{0\}$ and $\mathbb{R}^+=[0,\infty)$.

State Equations

he state of the system can be described by a bivariate process $=\{X(t);t\in\mathbb{R}^+\}=\{(L(t),Q(t));t\in\mathbb{R}^+\}$ where $L(t)$ represents the number of sy lines and $Q(t)$ the number of subscribers reapplying for service at me t. Utilizing the lack of memory property of the exponential distri- tion it is easily seen, that X forms an irreducible, conservative and me-homogeneous Markov process with state space $S=\{0,1,\ldots,s\}\times\mathbb{N}_0$ and finitesimal transition probabilities as follows:

ansition from (m,n) to	Transition probability in $(t,t+\Delta t]$	Conditions on m and n
(m,n+1)	$A(1-p)r_1\Delta t+o(\Delta t)$	$m<s,\ n\in\mathbb{N}_0$
(s,n+1)	$Aq_1\Delta t+o(\Delta t)$	$n\in\mathbb{N}_0$
(m+1,n)	$Ap\Delta t+o(\Delta t)$	$m<s,\ n\in\mathbb{N}_0$
(m,n-1)	$nC(1-p)(1-r_2)\Delta t+o(\Delta t)$	$m<s,\ n\in\mathbb{N}$
(s,n-1)	$nC(1-q_2)\Delta t+o(\Delta t)$	$n\in\mathbb{N}$
(m-1,n)	$m\Delta t+o(\Delta t)$	$m\geq 1,\ n\in\mathbb{N}_0$
(m+1,n-1)	$nCp\Delta t+o(\Delta t)$	$m<s,\ n\in\mathbb{N}$
(m,n)	$\{A[p+(1-p)r_1]+nC[1-(1-p)r_2]+m\}\Delta t+o(\Delta t)$	$m<s,\ n\in\mathbb{N}_0$
(m,s)	$\{Aq_1+nC(1-q_2)+s\}\Delta t+o(\Delta t)$	$n\in\mathbb{N}_0$
ther states	$o(\Delta t)$	

addition it is assumed that the process is standard in the sense at

$$\lim_{t\to 0+} P(X(t)=(m,n)\,|\,X(0)=(k,l))=\begin{cases}1 & \text{for } (m,n)=(k,l)\\ 0 & \text{for } (m,n)\neq(k,l)\end{cases}\qquad (k,l),(m,n)\in S.$$

r the construction of a time-homogeneous Markov process from its finitesimal properties the reader is referred to Reuter [8]. Applying eedie's criterion [9], theorem 2.3, with $y_{(m,n)}=n$ for $0\leq m\leq s$, $n\in\mathbb{N}_0$, test function, it can be shown that X becomes regular and ergodic, $q_2<1$.

For convenience, let

$$\alpha = A(1-p)r_1 \qquad \alpha' = Aq_1 \qquad \beta = Ap$$

$$\gamma = C(1-p)(1-r_2) \quad \gamma' = C(1-q_2) \qquad \delta = Cp.$$

If $p_{m,n}$ denotes the steady-state probability of m lines busy and n subscribers in the repetition state the steady-state equations are

$$0 = -[\alpha+\beta+n(\delta+\gamma)]p_{o,n}+\alpha p_{o,n-1}+(n+1)\gamma p_{o,n+1}+p_{1,n}, \quad n\in\mathbb{N}_o,$$

$$0 = -[\alpha+\beta+n(\delta+\gamma)+m]p_{m,n}+\alpha p_{m,n-1}+\beta p_{m-1,n}$$

$$+(n+1)\delta p_{m-1,n+1}+(n+1)\gamma p_{m,n+1}+(m+1)p_{m+1,n}, 0<m<s, n\in\mathbb{N}_o, \qquad (3.$$

$$0 = -[\alpha'+n\gamma'+s]p_{s,n}+\alpha' p_{s,n-1}+\beta p_{s-1,n}+(n+1)\delta p_{s-1,n+1}$$

$$+(n+1)\gamma' p_{s,n+1}, \quad n\in\mathbb{N}_o,$$

where $\alpha p_{m,n-1}$, $m<s$, and $\alpha' p_{s,n-1}$ are to be excluded when n=0. In order to simplify this set of equations we introduce the marginal generating functions

$$P_m(z) = \sum_{n=0}^{\infty} p_{m,n} z^n, \quad 0\leq m\leq s. \qquad (3.$$

Since $\sum_{m,n} p_{m,n}=1$ these functions converge at least for all $|z|\leq 1$. Substitution of equations (3.1) into (3.2) yields, after same straightforward manipulations, the first order linear system of differential equations

$$0 = -[(\delta+\gamma)z-\gamma]\frac{dP_o}{dz}-[\alpha(1-z)+\beta]P_o + P_1,$$

$$0 = -[(\delta+\gamma)z-\gamma]\frac{dP_m}{dz} + \delta\frac{dP_{m-1}}{dz} + \beta P_{m-1}$$

$$-[\alpha(1-z)+\beta+m]P_m+(m+1)P_{m+1}, \quad 0<m<s, \qquad (3.$$

$$0 = \gamma'(1-z)\frac{dP_s}{dz} + \delta\frac{dP_{s-1}}{dz} + \beta P_{s-1}-[\alpha'(1-z)+s]P_s.$$

The above set of differential equations admits a simple solution only

$$\theta = \frac{\alpha}{\delta+\gamma} - \frac{\alpha'}{\gamma'}$$

becomes zero. Under this hypothesis we try a solution of the form

$$P_m(z)=w_m\exp\left(\frac{\alpha}{\delta+\gamma}z\right),\quad 0\leq m\leq s, \tag{3.4}$$

where w_m is a constant independent of z. Inserting (3.4) into (3.3) yields

$$-dw_0+w_1=0,$$

$$dw_{m-1}-(d+m)w_m+(m+1)w_{m+1}=0,\quad 0<m<s,$$

$$dw_{s-1}-sw_s=0,$$

where

$$d=\frac{\alpha\delta}{\delta+\gamma}+\beta.$$

By repeated substitutions it is found that

$$w_m=\frac{d^m}{m!}w_0,\quad 1\leq m\leq s. \tag{3.5}$$

w_0 is computed from the normalizing condition $\sum_{m=0}^{s} P_m(1)=1$, which gives

$$w_0=\exp\left(-\frac{\alpha}{\delta+\gamma}\right)\left(1+\sum_{m=1}^{s}\frac{d^m}{m!}\right)^{-1}.$$

Combining (3.4) and (3.5) we obtain

$$p_{m,n}=\frac{1}{n!}\left.\frac{d^nP}{dz^n}\right|_{z=0}=w_0\frac{d^m}{m!}\frac{\left(\frac{\alpha}{\delta+\gamma}\right)^n}{n!},\quad 0\leq m\leq s,\ n\in\mathbb{N}_0.$$

With the exeption of the single-server case, which is treated in the next section it does not seem possible to obtain closed-form expressions for the characteristics of the underlying queueing process. By elementary methods it can be shown that for s>1 the transformed system (3.3) has an irregular singular point inside the open unit disk $D=\{z:|z|<1\}$. The problem is to isolate the one solution which is analytic there. An appropriate method for the numerical evaluation of the state probabilities will be presented in a separate paper.

4. The Case of a Single Line

Throughout this section we take $s=1$ and $\theta \neq 0$. Then (3.3) reduces to

$$0=-[(\delta+\gamma)z-\gamma]\frac{dP_o}{dz}-[\alpha(1-z)+\beta]P_o+P_1, \qquad (4.1)$$

$$0=\gamma'\frac{dP_1}{dz}+(\delta+\gamma)\frac{dP_o}{dz}-\alpha'P_1-\alpha P_o, \qquad (4.2)$$

where the last equation of (3.3) has been substituted by the sum of al equations. By means of the transformations

$$z=z(x)=-\frac{x}{\theta}+\frac{\gamma}{\delta+\gamma} \qquad (4.3)$$

and

$$P_m(z)=\exp\left(\frac{\alpha}{\delta+\gamma}z\right)Q_m(x),\quad 0\leq m\leq 1, \qquad (4.4)$$

equations (4.1) and (4.2) can be converted into

$$x\frac{dQ_o}{dx}+aQ_o-bQ_1=0, \qquad (4.5)$$

$$\frac{dQ_1}{dx}+c\frac{dQ_o}{dx}-Q_1=0, \qquad (4.6)$$

where

$$a=[(\alpha+\beta)\delta+\gamma\beta]/(\delta+\gamma)^2,\quad b=(\delta+\gamma)^{-1},\quad c=(\delta+\gamma)/\gamma'. \qquad (4.7)$$

Separating Q_o and Q_1 we arrive at

$$x\frac{d^2Q_o}{dx^2}+(a+bc+1-x)\frac{dQ_o}{dx}-aQ_o=0, \qquad (4.8)$$

$$x\frac{d^2Q_1}{dx^2}+(a+bc+1-x)\frac{dQ_1}{dx}-(a+1)Q_1=0. \qquad (4.9)$$

This type of equation is known as the confluent hypergeometric or Kummer's differential equation. The only solutions of (4.8) and (4.9) being analytic at the singular point $x=0$ (i.e. $z=\gamma/(\delta+\gamma)<1$) are

$$Q_o(x)=C_o\Phi(a,a+bc+1;x),\quad x\in\mathbb{C} \qquad (4.10)$$

$$Q_1(x)=C_1\Phi(a+1,a+bc+1;x),\quad x\in\mathbb{C}, \qquad (4.11)$$

ere Φ stands for the confluent hypergeometric function, see for xample Erdêly [5], page 248. The constants $C_o=Q_o(0)$ and $C_1=Q_1(0)$ are elated by equation (4.5). Setting x=0 one obtains

$$C_1 = \frac{a}{b} C_o . \tag{4.12}$$

utting (4.3),(4.4),(4.10),(4.11) and (4.12) together it is found that

$$P_o(z)=C_o \exp(\frac{\alpha}{\delta+\gamma}z)\Phi(a,a+bc+1;\theta[\frac{\gamma}{\delta+\gamma}-z]),\ z\in\mathbb{C}, \tag{4.13}$$

$$P_1(z)=C_o \frac{a}{b} \exp(\frac{\alpha}{\delta+\gamma}z)\Phi(a+1,a+bc+1;\theta[\frac{\gamma}{\delta+\gamma}-z]),\ z\in\mathbb{C}. \tag{4.14}$$

e constant C_o is determined from the requirement that $P_o(1)+P_1(1)=1$. us,

$$C_o=\exp(-\frac{\alpha}{\delta+\gamma})\{\Phi(a,a+bc+1;\theta[\frac{\gamma}{\delta+\gamma}-1]) + \frac{a}{b}\Phi(a+1,a+bc+1;\theta[\frac{\gamma}{\delta+\gamma}-1])\}^{-1}.$$

panding (4.13) and (4.14) in Maclaurin series yields the state probalities:

$$P_{o,n}=C_o\sum_{k=0}^{n}\frac{(\frac{\alpha}{\delta+\gamma})^{n-k}}{(n-k)!}\frac{(-\theta)^k}{k!}\sum_{j=k}^{\infty}\frac{(a)_j(\frac{\theta\gamma}{\delta+\gamma})^{j-k}}{(a+bc+1)_j(j-k)!},\ n\in\mathbb{N}_o,$$

$$P_{1,n}=C_o\frac{a}{b}\sum_{k=0}^{n}\frac{(\frac{\alpha}{\delta+\gamma})^{n-k}}{(n-k)!}\frac{(-\theta)^k}{k!}\sum_{j=k}^{\infty}\frac{(a+1)_j(\frac{\theta\gamma}{\delta+\gamma})^{j-k}}{(a+bc+1)_j(j-k)!},\ n\in\mathbb{N}_o,$$

ere $(a)_j=a(a+1)\dots(a+j-1)$, $(a)_o=1$.

asures of effectiveness can be derived from formula (4.13) and (4.14). r example, the time congestion w_t (i.e. the probability that the server busy) becomes

$$w_t = P_1(1) = [\frac{\Phi(a,a+bc+1;\theta[\frac{\gamma}{\delta+\gamma}-1])}{\frac{a}{b}\Phi(a+1,a+bc+1;\theta[\frac{\gamma}{\delta+\gamma}-1])} + 1]^{-1}.$$

e call congestion w_c (i.e. the relative number of lost calls) is

$$w_c = 1-P_1(1)/A.$$

e mean number in queue EQ is given by

$$EQ = \left.\frac{dP_o}{dz}\right|_{z=1} + \left.\frac{dP_1}{dz}\right|_{z=1}.$$

Differentiation can be avoided by using (4.1) and (4.2) with z=1. A simple manipulation yields

$$EQ = [\alpha+(\frac{\delta+\gamma}{\gamma'} -1)\frac{\beta}{\delta}][1-P_1(1)]+[\alpha'+(1- \frac{\delta+\gamma}{\gamma'})\frac{1}{\delta}]P_1(1).$$

References

[1] Bretschneider G.
Repeated calls with limited repetition probability.
Paper presented at the 6th International Teletraffic Congress, München (197o).

[2] Cohen J.W.
Basic problems of telephone traffic theory and the influence of repeated calls.
Philips Telecommunications Review 18, 49-1oo (1957).

[3] Duffy F.P.; Mercer R.A.
A study of network performance and customer behavior during direct-distance-dialing call attempts in the U.S.A.
The Bell System Technical Journal 57, 1-33 (1978).

[4] Elldin A.
Approach to the theoretical description of repeated call attempts.
Ericsson Technics 23, 345-4o7 (1967).

[5] Erdély A. et al.
Higher transcendental functions.
Vol. I, Mc Graw Hill Comp., Inc. New York (1953).

[6] Evers R.
Über das Verhalten des Fernsprechteilnehmers bei erfolglosen Anruf-versuchen und den Einfluß dieses Verhaltens auf den Fernsprechver-kehr. (Dissertation).
Fachbereich Elektrotechnik der Technischen Universität Berlin (197

[7] Liu K.S.
Direct distance dialing: Call completion and customer retrial haviour.
The Bell System Technical Journal 59, 295-311 (1979).

[8] Reuter G.E.H.
Denumerable Markov processes and the associated contraction semi-groups on l.
Acta Mathematica 97, 1-46 (1957).

[9] Tweedie R.L.
Sufficient conditions for regularity, recurrence and ergodicity of Markov processes.
Mathematical Proceedings of the Cambridge Philosophical Society 78 125-136 (1975).

) PARALLEL QUEUES WITH ONE WAY OVERFLOW - A MATRIX STRUCTURE APPROACH

ı B. M. van Doremalen, Eindhoven

tract

.s paper deals with a numerical analysis of a queueing network model of a system isisting of two parallel queues in which overflow takes precedence. The main pur- se is to show how to develop efficient algorithms for the evaluation of steady- ite probabilities based on the algebraic structure of the transition matrix.

ammenfassung

wird ein Warteschlangen-Netzwerk-Modell analysiert, in dem parallele Warteschlan- mit Überlauf vorkommen. Hierzu wird ein effizienter Algorithmus zur Berechnung stationären Wahrscheinlichkeiten entwickelt, die auf der algebraischen Struktur Übergangsmatrix basieren.

Introduction

s paper deals with the numerical analysis of a two dimensional queueing network el of a system in which overflow takes precedence. Private communications with Diane ng of Bell Labs at Holmdel (N.J.) brought the importance of such systems as models business telephone systems to our attention.

system consists of two finite capacity single server queues with a first-in first- service discipline. At the first queue customers arrive according to a Poisson pro- s with parameter α. The capacity of the queue is N and the work rate of the server state dependent, say β_n, $n = 1,2,\ldots,N$. If a customer finds upon arrival at the first ue N customers present, he is allowed for to overflow to the second queue. At the se- d queue, besides the overflowing customers, customers are arriving according to a sson process with parameter λ. The queue has capacity M and the work rate is state endent, say μ_m, $m = 1,2,\ldots,M$. If an arriving customer finds the second queue satu- , he is cleared from the system. All service times are stochastically independent and ative exponentially distributed with parameter 1, normalized with respect to the te dependent work rates.

main purpose of this paper is to show how one may develop efficient algorithms for evaluation of the steady-state probabilities $p(n,m)$ that n customers are at queue and m customers at queue two. One may verify that interesting steady-state quanti- , for example loss probabilities, average waiting times and mean queue lengths, are ole functions of these probabilities. In section 2 it is shown that the set of librium equations for the probabilities $p(n,m)$ has a nice matrix structure. as been pointed out for instance by Wallace [11] and Muller [8], the use of the braic structure has to be exploited in order to come up with efficient solution ıods.This is particularly true for our system as we will show in sections 3 and 4.

Operations Research Proceedings 1984

In section 3 a direct method will be described, based on a straightforward decomposition technique for tridiagonal matrices, which for example has been discussed in a somewhat different setting in Varga [10: 194-197]. For larger values of N and M this method is numerically instable and one has to resort to iterative methods.
In section 4 we will discuss a generalization of the Accelerated Overrelaxation meth which by now is a standard technique (cf. Gaitanos, Hadjidimos and Yeyios [4] and the references mentioned there).

It is worthwhile to mention some other material. A very nice direct method, based on a seperation of variables, has been studied in Morrison [7]. An alternative iterative method, based on a decomposition like argument has been discussed by Brandwajn [1]. A queueing system related to our model is the system with an infinite capacity queue servicing the overflowing customers and a Poisson stream. Kuczura [6] discusses an embedded Markov chain approach based on the observation that the instream process of the second queue is a mixed renewal and Poisson process. Another approach is based on the technique of matrix geometric solutions. In a somewhat different queueing system Neuts and Kumar [9] discuss this approach in detail.
It should be noted that all these techniques need some adjustments to fit in with our queueing network model. Sometimes this will imply stronger assumptions to be made

2. The equilibrium equations

The state of the system is described by a two dimensional vector (n,m), where n and m denote respectively the number of customers at the first and the second queue. We are interested in the evaluation of the steady-state probabilities p(n,m) that the system is in state (n,m). For n = 0,1,...,N, we introduce the row vectors x_n as x_n = (p(n,0),p(n,1),...,p(n,M)). The equilibrium equations then can be stated in the following interesting form,

(1) $$x_0D_0 = \alpha x_0 + \beta_1 x_1 \quad , n = 0$$

(2) $$x_nD_n = \alpha x_{n-1} - (\alpha + \beta_n)x_n + \beta_{n+1}x_{n+1} \quad , n = 1,2,\dots,N-1$$

(3) $$x_ND_N = \alpha x_{N-1} - \beta_N x_N \quad , n = N$$

where the matrices D_n, n = 0,1,...,N, are tridiagonal matrices corresponding with the transition matrices of finite capacity single server queues with Poisson instream processes with parameter λ_n and state dependent service rates μ_m, m = 1,2,...,M, i.e

(4) $$D_n = \begin{pmatrix} \lambda_n & -\lambda_n & & & \\ -\mu_1 & \lambda_n + \mu_1 & -\lambda_n & & \\ & \ddots & \ddots & \ddots & \\ & & -\mu_{M-1} & \lambda_n + \mu_{M-1} & -\lambda_n \\ & & & -\mu_M & \mu_M \end{pmatrix}$$

For our specific system we have $\lambda_0 = \lambda_1 = \dots = \lambda_{N-1} = \lambda$ and $\lambda_N = \lambda + \alpha$. It will be convenient to introduce $D = D_0 = D_1 = \dots = D_{N-1}$ and $D^* = D_N$.

Based on the theory of continuous-time Markov-processes it follows that the solution of (1) through (3) is unique up to a normalization. The normalization is introduced as

$$(5)\qquad \sum_{n=0}^{N} x_n e = 1$$

where e is an appropriate column-vector of ones.

It is easily verified that the transition matrix has a block tridiagonal structure which, as a transformation of (1) through (3), gives the equation

$$(6)\qquad (x_0, x_1, \dots, x_N)\begin{pmatrix} A_0 & -C_0 & & & \\ -B_1 & A_1 & -C_1 & & \\ & \ddots & \ddots & \ddots & \\ & & \ddots & \ddots & -C_{N-1} \\ & & & -B_N & A_N \end{pmatrix} = (0,0,\dots,0)$$

where $A_0 = D + \alpha I$, $A_n = D + \alpha I + \beta_n I$, $n = 1,2,\dots,N-1$, and $A_N = D^* + \beta_N I$ and where $C_n = \alpha I$, $n = 0,1,\dots,N-1$, and $B_n = \beta_n I$, $n = 1,2,\dots,N$.

n sections 3 and 4 we will discuss a direct and an iterative method to evaluate the equilibrium distribution. This section is closed with an interesting alternative to the normalization equation (5).

emma 1

For $n = o,1,\dots,N$ we have that $x_n e = \xi_n$, where ξ_n is given by

$$(7)\qquad \xi_n = \begin{cases} \left(1 + \sum_{n=1}^{N} \sum_{i=1}^{n} \left(\frac{\alpha}{\beta_i}\right)\right)^{-1}, & n = 0 \\ \prod_{i=1}^{n} \left(\frac{\alpha}{\beta_i}\right) \xi_0, & n = 1,2,\dots,N\,. \end{cases}$$

roof. Observe that $D_n e = 0$, $n = 0,1,\dots,N$. As a consequence we have from (1) through (3) that $\xi_n = x_n e$ has to satisfy, apart from the normalization of equation (5),

$$0 = x_0 D_0 e = -\alpha\xi_0 + \beta_1\xi_1 \qquad , \quad n = 0$$

$$0 = x_n D_n e = \alpha\xi_{n-1} - (\alpha + \beta_n)\xi_n + \beta_{n+1}\xi_{n+1} \quad , \quad n = 1,2,\dots,N-1$$

$$0 = x_N D_N e = \alpha\xi_{N-1} - \beta_N\xi_N \qquad , \quad n = N\,.$$

Thus, the ξ_n's are the equilibrium distribution of a finite capacity queue. This is what one would have expected from the onset. □

3. A direct evaluation method.

The structure of the transition matrix in Relation (6) is block tridiagonal. An efficient way of evaluating the solution is by studying the so called L-U decomposition of this matrix. Let us introduce this decomposition as follows,

(8)
$$\begin{pmatrix} A_0 & -C_0 & & & \\ -B_1 & A_1 & -C_1 & & \\ & \ddots & \ddots & \ddots & \\ & & \ddots & \ddots & -C_{N-1} \\ & & & -B_N & A_N \end{pmatrix} = \begin{pmatrix} \Delta_0 & & & \\ -B_1 & \Delta_1 & & \\ & \ddots & \ddots & \\ & & \ddots & \ddots \\ & & & -B_N & \Delta_N \end{pmatrix} \begin{pmatrix} I & -\Gamma_0 & & & \\ & I & -\Gamma_1 & & \\ & & \ddots & \ddots & \\ & & & \ddots & -\Gamma_{N-1} \\ & & & & I \end{pmatrix},$$

where $\Delta_0, \Delta_1, \ldots, \Delta_N$ and $\Gamma_0, \Gamma_1, \ldots, \Gamma_{N-1}$ can be computed recursively from,

(9) $$\Delta_0 = A_0 \text{ and } \Gamma_0 = \Delta_0^{-1} C_0 \qquad , \; n = 0$$

(10) $$\Delta_n = A_n - B_n \Gamma_{n-1} \text{ and } \Gamma_n = \Delta_n^{-1} C_n \quad , \; n = 1,2,\ldots,N-1$$

(11) $$\Delta_N = A_N - B_N \Gamma_{N-1} \qquad , \; n = N$$

If the scheme is consistent then it is not difficult to verify that the equilibrium distribution can be computed as the solution of the following recursive scheme. First compute x_N as the solution of

(12) $$x_N \Delta_N = 0 \text{ and } x_N e = \xi_N,$$

and then compute x_n, $n = 0,1,\ldots,N-1$, from

(13) $$x_n = x_{n+1} B_{n+1} \Delta_n^{-1}$$

The following theorem proves the scheme to be consistent.

Theorem 1

The matrices $\Delta_0, \Delta_1, \ldots, \Delta_{N-1}$ are non-singular and the solution of $x_N \Delta_N = 0$, subje to $x_N e = \xi_N$ is unique.

Proof. A matrix theoretic proof is given in Van Doremalen [3]. □

The numerical stability of the scheme is not guaranteed. As a general remark it should be stated that especially for larger values of M the method has to be dissuaded. The more so as the computational complexity of the scheme heavily depends on this value of M. Larger values of N give problems in the recursion as an accumalatio of rounding errors takes place. It will not be clear on forehand whether this is as bad as it seems. Apperently one has to be careful.

A Block Accelerated Overrelaxation method

this section we will discuss a two-parameter block iterative method to solve for the uilibrium probabilities. Let us, therefore, consider the following reformulation of the uations (6) and (5),

4) $xQ = 0$ and $xe = 1$,

ere $x = (x_0, x_1, ..., x_N)$ and where $Q = A - B - C$, with A a block diagonal matrix having -singular diagonal blocks $A_0, ..., A_N$, with B a strictly lower and C a strictly upper ock triangular matrix having respectively the blocks $B_1, ..., B_N$ and the blocks $C_0, ...,$ $_{-1}$. The matrix Qis a block tridiagonal matrix.

r $r, \omega \in \mathbb{R}$, with $\omega \neq 0$, the linear system is equivalent with

5) $x(A - rC) = x[(1 - \omega)A + (\omega - r)C + \omega B]$, $xe = 1$

case $A - rC$ is non-singular, the iteration matrix $T_{r,\omega}$ is defined as

) $T_{r,\omega} = [(1 - \omega)A + (\omega - r)C + \omega B](A - rC)^{-1}$

aningful iteration scheme for the evaluation of a solution of (14) is given by

) $p^{(i+1)} = [p^{(i)}T_{r,\omega}e]^{-1}p^{(i)}T_{r,\omega}$

re $p^{(0)}$ is a starting vector. This scheme with iteration matrix $T_{r,\omega}$ will be called Block Accelerated Overrelaxation (BAOR) scheme, with parameters r and ω. It can be wed as an extrapolation of the successive overrelaxation method with extrapolation ameter ω/r and overrelaxation parameter r (cf. Hadjidimos and Yeyios [5]).

convergence of the BAOR scheme with iteration matrix $T_{r,\omega}$ to the unique solution the linear system (14) depends on the properties of the matrix Q, the parameter ues r and ω and the choice of the starting vector $p^{(0)}$. But even if the convergence be assured, it still is to be questioned whether the block iterative method has to preferred to a point iterative method. This last item, of course, heavily depends on computational complexity of one iteration step. We will remark on these subjects, with the intention to give an elaborate overview , but merely to show which compli-ions one might meet and which lines of argument one may follow in solving for these olems.

convergence of the BAOR scheme is a consequence of the following well-known theorem

orem 2

$T_{r,\omega}$ is a diagonalizable matrix with an eigenvalue structure given by $| > |\sigma_2| \geq |\sigma_3| \geq ... \geq |\sigma_n|$, and if $p^{(0)}$ is not an element of the othogonal com-ent of the eigenspace of σ_1 then the BAOR scheme converges to a normalized eigen-tor of $T_{r,\omega}$ corresponding with the largest eigen value σ_1. The convergence factor a measure for the rate of convergence is given by $|\sigma_2|/|\sigma_1|$.

of. Confer Van Doremalen [3] □

Apparently, the eigenvalue structure of $T_{r,\omega}$ is of importance. From the theory of matrix iterative methods it follows that the transition matrix Q of Relation (14) is a so-called "consistently ordered" two-cyclic matrix (cf. Varga [10:97-103]). The relationship between the eigenvalue sets of two iteration matrices $T_{r,\omega}$ and T_{r^*,ω^*}, which are derived from the same consistently ordered two-cyclic matrix, is given in the next theorem.

Theorem 3

Let σ be an eigen value of the matrix $T_{r,\omega}$. Then σ^* is an eigen value of the matrix T_{r^*,σ^*} if σ^* satisfies

$$(18) \qquad \frac{(\sigma^* - 1 + \omega^*)^2}{\omega^*(r^*(\sigma^* - 1) + \omega^*)} = \frac{(\sigma - 1 + \omega)^2}{\omega(r(\sigma - 1) + \omega)}$$

Proof. A consequence of Theorem 1 in Van Doremalen and Wessels [2] □

A consequence of the theorem is that it is theoretically possible to obtain an "optimal" choice for r and ω, if the eigenvalue structure of a given standard matrix e.g. the Gauss-Seidel matrix $T_{1,1}$, has been evaluated. In practice one will not know this eigenvalue structure in detail and assumptions for this structure will have to made in order to be able to obtain approximate values for the optimal choice of r an ω. In Van Doremalen and Wessels [2] we have studied an algorithm in which iterativel better approximations for these optimal r and ω are constructed. The algorithm is based on the following lemma, which is a consequence of Theorem 3.

Lemma 2

If the eigen value structure of $T_{1,1}$ is given by $\sigma_1 = 1$, $\sigma_2 = \sigma_3 = \ldots = \sigma_{n-1} = \sigma$, w $0 < \sigma < 1$, and $\sigma_n = 0$, then the minimal convergence factor for the BAOR scheme is obtained for r and ω defined as

$$(19) \qquad r = \omega = 2/(1 + \sqrt{1 - \sigma})$$

Proof. Confer Corollary 1 in Van Doremalen and Wessels [2]

So far for the analysis of the eigen value structure and it's consequences for the r of convergence of the iteration scheme. It should be stated that numerical experienc has shown the BAOR scheme with the iteratively adjusted parameters to be considerabl faster than the ordinary Gauss-Seidel Block iterative method.

But, as we have stated earlier, the implementation of a block iterative method is ju ified only, if the faster convergence of the block iterative method outweighs the greater computational complexity of the method in comparison with a corresponding po iterative method. For our specific problem this problem is very easily solved in fav of the block iterative method as we will show.

us consider an iteration step in the BAOR scheme. For given parameters r and ω we ain from (15) and (16), for n = 0, n = 1,2,...,N-1 and n = N respectively,

$$x_0^{(i+1)}A_0 = (1-\omega)x_0^{(i)}A_0 + \omega x_1^{(i)}B_1$$

$$x_n^{(i+1)}A_n = (1-\omega)x_n^{(i)}A_n + rx_{n-1}^{(i+1)}C_{n-1} + (\omega - r)x_{n-1}^{(i)}C_{n-1} + \omega x_{n+1}^{(i)}B_{n+1}$$

$$x_N^{(i+1)}A_N = (1-\omega)x_N^{(i)}A_N + rx_{N-1}^{(i+1)}C_{N-1} + (\omega - r)x_{N-1}^{(i)}C_{N-1}$$

for the normalization

$$\sum_{n=0}^{N} x_n^{(i+1)}e = 1.$$

following lemma shows that the normalization can be omitted.

ıa 3

$x^{(0)}$ is such that $x_n^{(0)}e = \xi_n$, n = 0,1,...,N, then the evaluation of Relations (20) ough (22) yields in each new iteration step $x^{(i+1)}$ such that $x_n^{(i+1)}e = \xi_n$, 0,1,...,N.

f. Use the relations (1), (2) and (3) and the technique of the proof of Lemma 1 □

consequence, in each iteration step N + 1 linear systems of size M + 1 have to be ed. Observing that the matrices A_0, A_1, ..., A_N are tridiagonal and that the matrices B_2, ..., B_N and C_0, C_1, ..., C_{N-1} are diagonal, it is easily verified that the utation of $x_n^{(i+1)}$, n = 0,1,...,N has complexity $O(M)$. Consequently the evaluation ne iteration step is $O(NM)$.

the complexity of the computation of one step in the block iterative method is ar in the number of states, as it would have been in the corresponding point iteve method. So with relatively little extra effort a block iterative method can be emented. The implementation of a block iterative method seems to be a good choice, he rate of convergence in general will be much faster than for the corresponding t iterative method (cf. Varga [10:87-93]). For more details on the method we refer an Doremalen and Wessels [3].

onclusions

discussions in section 3 and 4 on the use of matrix structures in the evaluation of dy-state probabilities in two dimensional queueing network models have shown this oach to be very fruitful. Other methods could have been studied also, as we have cated in the introduction. But we have chosen for a direct way, based on the eleary analysis of matrices and numerical analysis, to show that it is not a priori ssarry to have a profound knowledge of deeper stochastic theories to come up with ant solutions of non trivial problems in queueing theory.

References

/1/ A BRANDWAJN
AN ITERATIVE SOLUTION OF TWO-DIMENSIONAL BIRTH-AND-DEATH PROCESSES, OPERATIONS RESEARCH, 27 (1979): 595-605.

/2/ J. VAN DOREMALEN AND J. WESSELS
ON TWO PARALLEL QUEUES WITH ONE-WAY OVERFLOW
COSOR MEMORANDUM 82-15, EINDHOVEN UNIVERSITY OF TECHNOLOGY, EINDHOVEN (1982).

/3/ J. VAN DOREMALEN
TWO PARALLEL QUEUES WITH ONE-WAY OVERFLOW: A MATRIX STRUCTURE APPROACH
COSOR MEMORANDUM 84-08, EINDHOVEN UNIVERSITY OF TECHNOLOGY, EINDHOVEN (1984)

/4/ N. GAÏTANOS, A. HADJIDIMOS AND A. YEYIOS
OPTIMUM ACCELERATED OVERRELAXATION METHOD FOR SYSTEMS WITH POSITIVE DEFINITE COËFFICIËNT MATRIX,
S.I.A.M. J. OF NUM. ANALYSIS, 20(1983) : 774-783.

/5/ A. HADJIDIMOS AND A. YEYIOS
THE PRINCIPLE OF EXTRAPOLATION IN CONNECTION WITH THE ACCELATED OVER-RELAXATION METHOD
LIN. ALG. AND ITS APPL. 30 (1980) : 115-128.

/6/ A. KUCZURA
QUEUES WITH MIXED RENEWAL AND POISSON INPUTS
THE BELL SYSTEM TECHN. J. 51 (1972) : 1305-1326.

/7/ J.A. MORRISON
AN OVERFLOW SYSTEM IN WHICH QUEUEING TAKES PRECEDENCE
THE BELL SYSTEM TECHN. J. 60 (1981) : 1-12.

/8/ B. MÜLLER
DECOMPOSITION METHODS IN THE CONSTRUCTION AND NUMERICAL SOLUTION OF QUEUEING NETWORK MODELS
IN: PERFORMANCE '81, KIJLSTRA ED., 99-112, NORTH-HOLLAND PUBL. COMP. AMSTERDAM (1981).

/9/ M. NEUTS AND S. KUMAR
ALGORITHMIC SOLUTIONS OF SOME QUEUES WITH OVERFLOW
MAN. SCI. 28 (1982) : 925-935.

/10/ R.S. VARGA
MATRIX ITERATIVE ANALYSIS
PRENTICE HALL, ENGLEWOOD CLIFFS (N.J.) (1962).

/11/ V.L. WALLACE
ALGEBRAIC TECHNIQUES FOR THE NUMERICAL SOLUTION OF QUEUEING NETWORKS
IN: PROC. CONF. OF MATH. METHODS IN QUEUEING THEORY, LECTURE NOTES IN ECONOMICS AND MATHEMATICAL SCIENCES 98 : 295-304 (1974).

SENSITIVITY ANALYSIS IN DISCOUNTED MARKOVIAN DECISION PROBLEMS

L. C. M. Kallenberg, Leiden

We consider a finite-state, finite-action discrete time Markovian decision model with the discounted reward as utility function. The computation of α-optimal policies is analysed, where α moves over the entire range $[0,1)$ of the discount factor.

We will use linear programming and derive a simplex procedure in which the elements are not, as usual, from the Archimedean ordered field of the real numbers, but from the non-Archimedean ordered field of the rational functions $F(\mathbb{R})$.

Let $E = \{1,2,\ldots,N\}$ be the state space, and $A(i), i \in E$, the actions sets. If the decision maker chooses action a in state i, then a reward r_{ia} is earned and with probability p_{iaj} the state of the system is state j at the next decision time point. Instead of the discount factor α we use the interest rate ρ, where $\alpha(1+\rho) = 1$.

It is shown that the value-vector $v(\rho)$ can be found as optimal solution of the following linear program in $F(\mathbb{R})$:

$$\begin{aligned}
&\text{minimize} && \Sigma_{j\in E} w(\rho) \\
&\text{s.t.} && \Sigma_{j\in E}\{(1+\rho)\delta_{ij} - p_{iaj}\} w_j(\rho) \geq (1+\rho) r_{ia}, \quad a \in A(i), i \in E,
\end{aligned}$$

where $\geq$ is the ordering in $F(\mathbb{R})$. Furthermore, optimal policies can be obtained of its dual program, defined by:

$$\begin{aligned}
&\text{maximize} && \Sigma_{i\in E}\Sigma_{a\in A(i)}(1+\rho) r_{ia} x_{ia}(\rho) \\
&\text{s.t.} && \Sigma_{i\in E}\Sigma_{a\in A(i)}\{(1+\rho)\delta_{ij} - p_{iaj}\} x_{ia}(\rho) = 1, \quad j \in E \\
& && x_{ia}(\rho) \geq 0, \quad a \in A(i), i \in E.
\end{aligned}$$

A simplex-like algorithm is described to solve these programs. By the algorithm a number of intervals for the discount factor is computed and on each interval an optimal policy is given. An example is presented and we also compare our method with Smallwood's method. On the interval with upperbound 1 the optimal policy is a Blackwell-optimal policy. For the case that only a Blackwell-optimal policy has to be computed a simplified algorithm is presented.

ON THE CONVERGENCE OF POLICY ITERATION IN AVERAGE REWARD MARKOV DECISION CHAINS WITH COMPACT ACTION SPACES

Rommert Dekker, Leiden

We consider the policy iteration procedure (PIP) for the average rewards in Markov decision chains. The purpose of this study is to extend the usual finite state and finite action results to a situation where the PIP is not finitely convergent. Hordijk and Puterman achieved in 1983 results for the finite state model with compact action spaces and unichain transition structure. We shall generalize their results to the denumerable state space with unichain transition structure and unbounded immediate rewards. We show that under some restrictions the PIP constructively provides finite solutions to the average optimality equations. This is done by presenting 'Newton type' representatives for the gain and bias.

We also show that in that case it is sufficient to solve the optimality equations on the recurrent set of an maximizing policy.

Finally we present conditions under which the iterates of the PIP converge themselves.

If there is uniform recurrence under all policies to a single state then both the gain and the bias of the iterates converge to the optimal gain resp. optimal bias.

Uniqueness of the maximizing policy at each state of the policy improvement procedure is in itself sufficient to guarantee besides the convergence of the gain and the bias also the convergence of the maxi mizing policy to the unique stationay average potimal policy.

In der Sektion "Stochastische Entscheidungsprozesse" wurde ferner der folgende Vortrag gehalten, von dem keine Kurzfassung vorlag:

ÜBER EPSILON-OPTIMALE POLITIKEN IN DER DYNAMISCHEN OPTIMIERUNG

Georg Sänger, Bonn

OSTENOPTIMALE BAYESSCHE STICHPROBENPLÄNE FÜR DIE EINGANGS- UND NDKONTROLLE VON WARENLIEFERUNGEN

arl-Heinz Waldmann, Berlin

. Einführung

ostenoptimale Bayessche Stichprobenpläne für ein qualitatives Merkmal, eit etwa zwei Jahrzehnten Gegenstand zahlreicher Publikationen, geangen in der industriellen Praxis zu immer größerer Bedeutung. Bei der uswahl eines solchen Prüfplanes werden zum einen die mit der Annahme der Ablehnung eines Loses entstehenden Kosten berücksichtigt, zum aneren gewisse Vorkenntnisse über den Schlechtanteil im Los. Die Kosten assen sich untergliedern in Prüfkosten (für die Entnahme einer oder ehrerer Stichproben), Rückweisungskosten (etwa für das Aussortieren ines abgelehnten Loses nach guten und schlechten Stücken), und Annahmeosten (in der Regel Garantie- oder Folgekosten für die sich in einem ngenommenen Los befindenden schlechten Stücke). Beim Bayes-Prinzip ird angenommen, daß der Beobachter über soviel Information über die nzahl X, $0 \leq X \leq N$, schlechter Stücke im Los verfügt, daß er für jedes X ie zugehörige Wahrscheinlichkeit $\rho(X)$ (also die Wahrscheinlichkeit, aß das Los X schlechte Stücke enthält) angeben kann. Diese Annahme ist uf den ersten Blick eine einschneidende Voraussetzung. Bei vielen Proiktionsprozessen liegen jedoch konkrete Informationen über die Qualiitsgeschichte vor. Diese aufgrund der Qualität früherer Lose erhaltene nformation läßt sich in der Regel durch eine empirische Verteilung beschreiben, die wiederum durch eine mathematisch leicht zu handhabende neoretische Verteilung approximiert werden kann (vgl./1/, §7).

.e theoretischen Grundlagen für die Auswahl eines einfachen, doppelten ler mehrstufigen Stichprobenplanes findet man z.B. in /1/. Dennoch :ellt sich die Frage nach der Existenz und ggf. Struktur eines optilen Prüfplanes, eines Stichprobenplanes also, für den die Bayesschen rwarteten Gesamtkosten minimal sind. Diese noch offene Frage wird im olgenden dahingehend beantwortet, daß wir hinreichende und einfach zu erifizierende Bedingungen für die Optimalität eines einfach strukrierten Stichprobenplanes, eines sog. (z,c^-,c^+)-Planes, geben. Ein

Operations Research Proceedings 1984

(z,c^-,c^+)-Plan wurde in /4/ erstmals untersucht.

Es liege ein Los vom Umfang N vor. Weiter seien $\underline{N} := \{0,\ldots,N\}$, $S := \{(n,y) \in \underline{N}\times\underline{N} \mid 0 \le y \le n\}$. Die Menge S wird die notwendige Information aus allen bisherigen Stichproben enthalten. Insbesondere werden wir ein Paar (n,y) interpretieren als eine Gesamtstichprobe vom Umfang n, die y schlechte Stücke enthält. Ein (z,c^-,c^+)-Plan ist festgelegt durc drei Abbildungen $z: S \to \underline{N}$, $c^-,c^+: \underline{N} \to \{-1,\ldots,N+1\}$ mit $1 \le z(n,y) \le N-n$, $c^-(n) \le c^-(n+1)$ und $c^+(n) \le c^+(n+1)$ zusammen mit folgender Entscheidungsvorschrift: Ergaben alle bisherigen Stichproben vom Gesamtumfang n y schlechte Stücke, so nehme man das Los im Falle $y \le c^-(n)$ an, lehne es im Falle $y \ge c^+(n)$ ab, und ziehe ansonsten eine weitere Stichprobe vom Umfang z(n,y). Die Restriktion an z(n,y) besagt, daß wir im Falle eine Stichprobe mindestens ein Stück zu entnehmen haben, aber höchstens übe die noch verbleibenden N-n Stücke verfügen können. Die Monotonie der Abbildungen $n \to c^{\pm}(n)$ hat folgende Interpretation: Wird ein Los aufgrund von y schlechten Stücken in einer Gesamtstichprobe vom Umfang n angenommen (bzw. abgelehnt), so führen y schlechte Stücke in einer Gesamtstichprobe vom Umfang n+1 (bzw. n-1) ebenfalls zur Annahme (bzw. Ablehnung) des Loses.

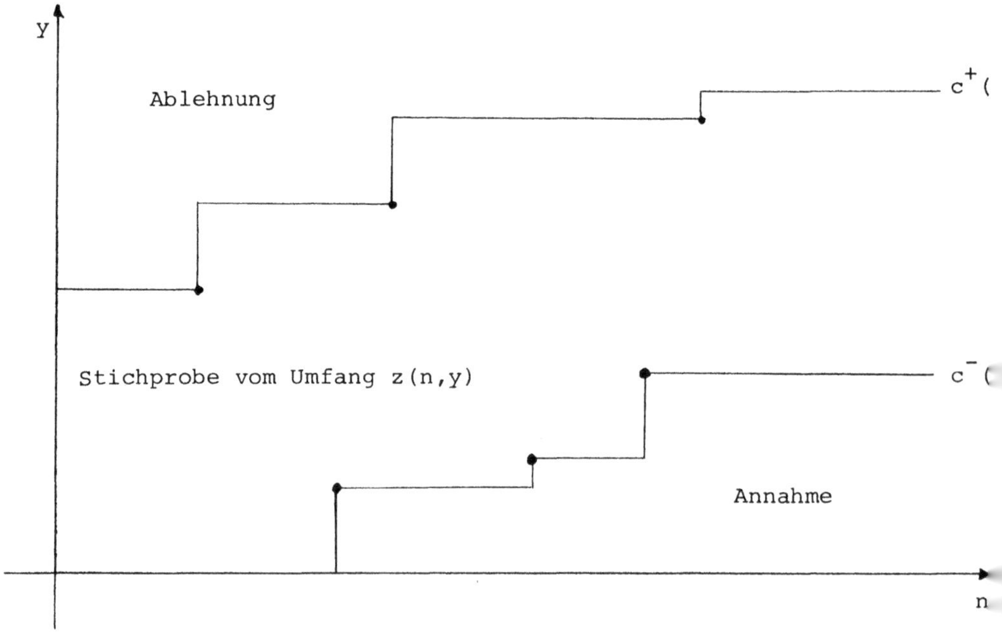

Abb. 1

ei Anwendung eines (z,c^-,c^+)-Planes ist somit (im Gegensatz zu den ultiplen Plänen) die maximale Anzahl von Stichproben nicht im voraus estimmt, sondern ergibt sich in optimaler Weise aus den zugrunde iegenden Kosten und der Prior-Verteilung ρ.

. Festlegung der Kosten

in Hauptanwendungsgebiet für Stichprobenpläne liegt in der Eingangs- nd Endkontrolle von Warenlieferungen. Diesen unterschiedlichen Anwen- ungen und damit unterschiedlichen Anforderungen Rechnung tragend, be- rachten wir zunächst ein allgemeines, im wesentlichen lineares Kosten- odell. Hierzu bezeichne $E(n,y)$ den erwarteten Ausschußanteil im Rest- os oder jedem Teil des Restloses unter der Annahme, daß alle bis- erigen Stichproben vom Gesamtstichprobenumfang n y schlechte Stücke nthielten (vgl. §3).

rüfkosten. Wir berücksichtigen zunächst Fixkosten der Höhe $s_o \geq 0$ für ede Stichprobe. Außerdem berücksichtigen wir Prüfkosten der Höhe ≥ 0 für jedes in der Stichprobe zu prüfende Stück unabhängig von der ualität und zusätzliche Kosten der Höhe $s_2 \geq 0$ für jedes defekte Stück der Stichprobe. Somit ergeben sich bei Ziehung einer Stichprobe vom nfang m die erwarteten Stichprobenkosten

$$s_m(n,y) = s_o + s_1 m + s_2 m E(n,y)$$

ckweisungskosten. Wird ein Los abgelehnt, so fallen neben den Stich- obenkosten früherer Stichproben Fixkosten der Höhe $r_o \geq 0$ für die Ableh- ng des Loses an. Darüberhinaus entstehen Sortierkosten der Höhe ≥ 0 (bzw. $r_2 \geq 0$) für jedes Stück aus der Stichprobe (bzw. aus dem Rest- s) unabhängig von der Qualität und zusätzliche Reparatur- oder Er- tzungskosten der Höhe $r_3 \in \mathbb{R}$ (bzw. $r_4 \in \mathbb{R}$) für jedes defekte Stück in der ichprobe (bzw. im Restlos). Somit ergeben sich als erwartete Rück- isungskosten

$$r(n,y) = r_o + r_1 n + r_2 (N-n) + r_3 y + r_4 (N-n) E(n,y)$$

nahmekosten. Wird das Los angenommen, so fallen neben den Stich- obenkosten früherer Stichproben Fixkosten der Höhe $a_o \in \mathbb{R}$ für die An- hme des Loses an sowie zusätzliche Garantie- oder Folgekosten der he $a_1 \geq 0$ (bzw. $a_2 \geq 0$) für jedes schlechte Stück in der Stichprobe (bzw. Restlos). Somit erhalten wir als erwartete Annahmekosten

$$a(n,y) = a_o + a_1 y + a_2 (N-n) E(n,y)$$

Die Kostenfunktionen enthalten einige redundante Parameter. Mit anderen Worten, faßt man einige der Parameter geeignet zusammen, so erhält man ein Entscheidungsmodell, das auf dieselben optimalen Stichprobenpläne führt. Ein in diesem Sinne äquivalentes Entscheidungsmodell basiert auf folgender Kostenstruktur

$$
\begin{aligned}
s_m(n,y) &:= s_o+s_1m+(s_2+r_3-r_4)m\,E(n,y), && 1\leq m\leq N-n\\
r(n,y) &:= (r_o+r_1N-a_o)+(r_2-r_1)(N-n)\\
a(n,y) &:= (a_1-r_3)y+(a_2-r_4)(N-n)E(n,y)
\end{aligned}
$$

die vereinfacht auch in der Form

$$
\begin{aligned}
s_m(n,y) &:= s_o+s_1m+s_2m\cdot E(n,y), && 1\leq m\leq N-n\\
r(n,y) &:= r_o+r_2(N-n)\\
a(n,y) &:= a_1y+a_2(N-n)E(n,y)
\end{aligned}
$$

dargestellt werden kann. (Hierbei kommt jedoch den einzelnen Parametern eine neue Bedeutung zu). Die Äquivalenz beider Entscheidungsmodelle ergibt sich aus allgemeinen Prinzipien der Dynamischen Optimierung.

Um die Optimalität eines (z,c^-,c^+)-Planes unter möglichst einfachen Voraussetzungen zu erhalten, beschränken wir uns im folgenden auf zwei wichtige Spezialfälle, auf ein einfaches Modell für die Eingangskontrolle (Modell B) und ein einfaches Modell für die Endkontrolle (Modell A).

Modell A:

$$
\begin{aligned}
s_m(n,y) &:= s_o+s_1m+s_2m\,E(n,y)\\
r(n,y) &:= r_o+r_2(N-n) && (r_2\leq s_1)\\
a(n,y) &:= a_2(N-n)E(n,y) && (s_2\leq a_2)
\end{aligned}
$$

Modell B:

$$
\begin{aligned}
s_m(n,y) &:= s_o+s_1m\\
r(n,y) &:= r_o\\
a(n,y) &:= a_2y+a_2(N-n)E(n,y)
\end{aligned}
$$

Die in den Modellen A und B (letztlich) auftretenden Kostenparameter werden im folgenden stets als nichtnegativ angenommen. Die Modelle A und B sind Spezialfälle eines allgemeinen Kostenmodells, das in /6/ untersucht wurde.

. Die Prior-Verteilung ρ

ine der (zumindest für die Anwendungen) wichtigsten Prior-Verteilungen st die Polya-Verteilung, d.h.

$$(X) = b_N(X|\alpha,\beta\ ) := \binom{N}{X} \frac{\Gamma(\beta)}{\Gamma(\alpha)\Gamma(\beta-\alpha)} \frac{\Gamma(\alpha+X)\Gamma(\beta-\alpha+N-X)}{\Gamma(\beta+N)}, \quad 0 \leq X \leq N$$

ür geeignete Parameter $0<\alpha<\beta$, wobei $\Gamma(.)$ die Gammafunktion bezeichnet. ie Familie der Polya-Verteilungen ist eine zweiparametrige Familie, ie zwei wesentliche Vorteile hat: (1) sie läßt sich gut anpassen an ine Reihe von empirischen Verteilungen, und (2) sie ist mathematisch eicht zu handhaben.
nsbesondere ist

$$E(n,y) = (\alpha+y)/(\beta+n)$$

vgl. §2). Ein konkretes Beispiel für die Anpassung der Polya-Verteilung n eine empirische Verteilung findet man in /1/, §7.
ie folgenden Ergebnisse behalten ihre Gültigkeit für die allgemeinere lasse der gemischten Binomialverteilungen, d.h.

$$\rho(X) = \binom{N}{X} \int_0^1 p^X(1-p)^{N-X} w(p)\mu(dp), \qquad 0 \leq X \leq N$$

ür eine geeignete Dichte w bzgl. einem Maß μ auf $[0,1]$ genauer auf $\mathcal{L}_{[0,1]}$). Liegt speziell die Lebesgue-Dichte $(p) = p^{\alpha-1}(1-p)^{\beta-\alpha-1}\Gamma(\beta)/(\Gamma(\alpha)\Gamma(\beta-\alpha))$, $0 \leq p \leq 1$, vor, so erhält man ieder eine Polya-Verteilung mit den Parametern α und β.

. Optimalität eines (z,c^-,c^+)-Planes

ls Folgerung zu Theorem 5.1 in /6/ erhalten wir das folgende zenrale Ergebnis

atz 4.1: Für die Modelle A und B existiert ein optimaler (z,c^-,c^+)-Plan.

it anderen Worten, für die Modelle A und B existiert ein optimaler tichprobenplan (also ein Stichprobenplan, der die Bayesschen erwareten Gesamtkosten minimiert). In der Menge aller optimalen Stichprobenläne finden wir darüberhinaus mindestens einen (z,c^-,c^+)-Plan. Somit önnen wir uns bei der Berechnung eines optimalen Stichprobenplanes ne Beschränkung der Allgemeinheit auf die Teilklasse aller (z,c^-,c^+)-läne zurückziehen.

5. Zusammenhang mit den multiplen Stichprobenplänen

Es bezeichne V die Bayesschen erwarteten Gesamtkosten bei Verwendung eines optimalen Stichprobenplanes und, für $1 \leq i \leq N$, V_i die Bayesschen erwarteten Gesamtkosten bei Verwendung eines optimalen i-stufigen Stichprobenplanes (also eines Stichprobenplanes, bei dem man nach maximal i Stichproben über die Annahme oder Ablehnung des Loses zu befinden hat, vgl. z.B. /1/). Dann gilt (/6/, Lemma 4.4(v))

Satz 5.1: Für die Modelle A und B gilt

$$V \leq V_N \leq V_{N-1} \leq \ldots \leq V_2 \leq V_1 .$$

Ein doppelter Stichprobenplan führt nach Satz 5.1 auf geringere Kosten als ein einfacher Stichprobenplan; allgemeiner, ein (i+1)-stufiger Stichprobenplan ist zumindest ebensogut wie ein i-stufiger Plan. Der bezüglich der Gesamtkosten günstigste Plan ist jedoch ein (z,c^-,c^+)-Plan.

Ein (z,c^-,c^+)-Plan mit $z(n,y) = 1$ für alle $(n,y) \in S$ wird gewöhnlich als sequentieller Stichprobenplan bezeichnet.

Satz 5.2: Treten keine Fixkosten für die Erhebung einer Stichprobe auf (d.h. $s_o=0$), so ist in beiden Modellen A und B ein sequentieller Stichprobenplan optimal.

6. Berechnung eines optimalen (z,c^-,c^+)-Planes

Die Bayesschen erwarteten Gesamtkosten $V = V^*(0,0)$ bei Verwendung eines optimalen Stichprobenplanes erhält man als Lösung der Funktionalgleichung

$$(6.1) \qquad V^*(n,y) = \min\{a(n,y), r(n,y), \min_{1 \leq m \leq N-n} \{s_m(n,y) + \sum_{x=0}^{m} q(x|n,y,m) V^*(n+m,y+x)\}\}.$$

Dabei bezeichnet $q(x|n,y,m)$ die Wahrscheinlichkeit, x schlechte Stücke in einer weiteren Stichprobe vom Umfang m zu erhalten unter der Voraussetzung, daß alle bisherigen Stichproben vom Gesamtumfang n y schlechte Stücke enthielten. Im Falle einer Polya-Verteilung als Prior-Verteilung ergibt sich $q(x|n,y,m) = b_m(x|\alpha+y, \beta+n)$.
Jeder aus den Entscheidungen $f(n,y)$, die die rechte Seite von (6.1) minimieren, gebildete Stichprobenplan f ist optimal.
Somit ist die Berechnung eines optimalen Stichprobenplanes zurückge-

ihrt auf das Lösen einer Funktionalgleichung. Schreibt man (6.1) als
peratorgleichung

$$V^*(n,y) = UV^*(n,y) \qquad , \quad (n,y)\varepsilon S,$$

o erhält man mit Hilfe der Folge (V_i^*)

$$V_o^*(n,y) := \min\{a(n,y), r(n,y)\}$$

$$V_{i+1}^*(n,y) := UV_i^*(n,y)$$

pätestens nach N Iterationsschritten die gesuchte Lösung V^*. Insbeson-
ere gilt für alle $(n,y)\varepsilon S$

$$V^*(n,y) = V_N^*(n,y) \leqq V_{N-1}^*(n,y) \leqq \ldots \leqq V_o^*(n,y)$$

$_i^*(0,0)$ können wir interpretieren als die Bayesschen erwarteten Gesamt-
osten bei Verwendung eines optimalen i-stufigen Stichprobenplanes.
ieht man einmal von dem Spezialfall $s_o=0$ ab, wo ein sequentieller Prüf-
lan optimal ist (vgl. Satz5.2), so bricht das Iterationsverfahren in
er Regel bereits nach wenigen Iterationsschritten mit $V_{i+1}^*(n,y)=V_i^*(n,y)$,
$n,y)\varepsilon S$, für ein $i\varepsilon \underline{N}$ ab.(vgl. /3/). In diesem Fall ist jeder optimale
-stufige Stichprobenplan auch ein optimaler Plan, genauer gesagt, ein
ptimaler instationärer Plan. Von Satz 4.1 wissen wir, daß sogar ein
ptimaler stationärer Plan existiert. Ein stationärer Plan hat den Vor-
eil, daß er nur durch eine einzige Abbildung $(n,y)\to f(n,y)$ festgelegt
st im Gegensatz zu einem i-stufigen Plan, der durch eine Folge f_i, f_{i-1},
$.., f_o$ solcher Abbildungen gegeben ist (bei dem also die zu treffende
ntscheidung nicht nur von (n,y) abhängt, sondern auch von der Anzahl
er bereits gezogenen Stichproben). Wie bereits erwähnt, ist dann unter
er Annahme $V_{i+1}^* \equiv V_i^*$ jeder aus Entscheidungen f(n,y), die die rechte
eite in $V_{i+1}^*(n,y)=UV_i^*(n,y)$ minimieren, gebildete stationäre Plan op-
mal. Unter den Stichprobenplänen, die die rechte Seite von $V_{i+1}^*=UV_i^*$
nimieren, finden wir nach Satz 4.1 stets einen (z,c^-,c^+)- Plan.

ter Ausnutzung der Struktur eines optimalen i-stufigen Stichproben-
anes (/6/, Theorem 6.1) läßt sich die Berechnung von V* erheblich
reinfachen. Sei $0\leqq i\leqq N$ beliebig. Ergibt sich bei der Berechnung von
$(.) = UV_{i-1}^*(.)$, daß in einem Zustand (n,y) die Ungleichung

$$.2)\quad r(n,y) \leqq \min\{a(n,y), \min_{1\leqq m\leqq N-n} \{s_m(n,y) + \sum_{x=0}^{m} q(x|n,y,m)V_{i-1}^*(n+m,y+x)\}\}$$

füllt ist, so gilt (6.2) auch für alle (n',y') mit $n'\leqq n$, $y'\geqq y$, also
gesamten schraffierten Bereich in Abb. 2, dem (n,y) angehört.
gibt sich umgekehrt, daß in einem Zustand $(\tilde{n},\tilde{y})$ die Ungleichung

$$.3)\quad a(\tilde{n},\tilde{y}) \leqq \min\{r(\tilde{n},\tilde{y}), \min_{1\leqq m\leqq N-\tilde{n}} \{s_m(\tilde{n},\tilde{y}) + \sum_{x=0}^{m} q(x|\tilde{n},\tilde{y},m)V_{i-1}^*(\tilde{n}+m,\tilde{y}+x)\}\}$$

füllt ist, so gilt (6.3) auch für alle (n',y') mit $n'\geqq n$, $y'\leqq y$

und damit im gesamten schraffierten Bereich in Abb. 2, dem $(\tilde{n},\tilde{y})$ angeh

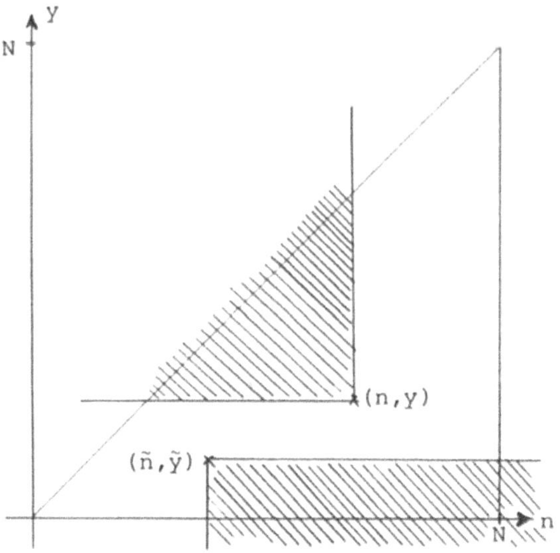

Abb. 2

Eine weitere zum Teil erhebliche Reduktion des Rechenaufwandes läßt sich erreichen durch Einschränkung der Menge $D(n,y)$ = {annehmen; ablehnen; Stichprobe vom Umfang m, $1 \leq m \leq N-n$} aller zulässigen Aktionen im Zustand (n,y). Dies kann ohne Einfluß auf die Optimalität eines Stichprobenplanes durch geeignete, leicht anzuwendende Suboptimalitäts kriterien erfolgen. Solche Kriterien sind Gegenstand umfangreicher Untersuchungen in /5/.

7. Literatur

/1/ Hald, A. Statistical theory of sampling inspection by attributes. London, New York 1981, Academic Press.

/2/ Schneider, H. A numerical analysis of sampling plans based on pri distribution and costs. University of North Carolina, Chapel Hill 1984.

/3/ Schneider, H.; Waldmann, K.-H. Cost optimal multistage sampling plans. In Frontiers in Statistical Quality Control II; Lenz, Wetherhill, Wilrich eds. Würzburg-Wien 1984, Physica Verlag, 32-3

/4/ Waldmann, K.-H. Multistage Bayesian acceptance sampling: Optimali of a (z,c^-,c^+)-sampling plan in case of a Polya prior distributio Statistics and Decisions 1983, zur Veröffentlichung angenommen.

/5/ Waldmann, K.-H. Computational aspects in multistage Bayesian acceptance sampling. 1983, zur Veröffentlichung eingereicht.

/6/ Waldmann, K.-H. Sufficient conditions for optimality of a (z,c^-,c^+)-sampling plan in multistage Bayesian acceptance samplin 1984, zur Veröffentlichung eingereicht.

RIEBLICHE ENTSCHEIDUNGSUNTERSTÜTZUNGSSYSTEME

mann Krallmann, Berlin

GRUNDLAGEN UND DEFINITIONEN

der Literatur werden diese Systeme häufig Decision Support Systems SS) genannt. Sie dienen der Entscheidungs- und Problemlösungsunter- ützung auf der operationalen und strategischen Ebene in Wirtschaft und rwaltung. Im speziellen werden unter diesem Begriff jedoch auch Syste- zur ausschließlichen Entscheidungsunterstützung auf strategischer ene verstanden, auf der nicht von strukturierten, routinemäßigen Auf- ben ausgegangen werden kann. Dieser Umstand kommt in der Definition n Moore und Chang (1980) zum Ausdruck, die ein DSS definieren als INZ82,S.10/ '(1) extensible system, (2) capable of supporting ad hoc ta analysis and decision modelling,(3) oriented towards future plan- ng, and (4) used at irregular, unplanned intervals.'

se Systeme sollen grundsätzlich nicht die Entscheidung des Managers setzen, sondern lediglich eine Entscheidungsunterstützung bieten, so 3 Ginzberg und Stohr zu der folgenden Definition gelangen: INZ82,S.12/ ': a DSS is a computer-based information system used to pport decision making activities in situations where it is not possible not desirable to have an automated system perform the entire decision ocess.'

fgrund dieser Anforderungen definieren Bonczek, Holsapple und Whinston 980) DSS über die Komponenten, die ein solches System enthalten muß: INZ82,S.10/ '... define DSS as a computer-based system consisting of ree interacting components. Those components are (1) a Language System a mechanism to provide communication between the user and other compo- nts of DSS (2) a Knowledge System - the repository of problem domain owledge embodied in the DSS, either as data or procedures, and (3) a oblem Processing System - the link between the other two components, ntaining one or more of the general problem manipulation capabilities quired by decision making.'

nen anderen Ansatz zur Definition von Systemen zur Entscheidungsunter- tzung verfolgt Scott Morton. Er bildet in /SCOT83/ mit dem Begriff nagement Support System (MSS)' einen Oberbegriff für 'support systems' Managementbereich:

Operations Research Proceedings 1984

/SCOT83,S.5/ 'Management Support Systems (MSS) is the use of computers and related Information Technologies to support managers.'

Diese MSS werden nach /SCOT83/ unterteilt in Data Support Systems, Decision Support Systems und Executive Support Systems.

Da das Feld der Informationsbeschaffung und -bereitstellung direkt zu den relevanten Teilen eines MSS gehört, werden deshalb Systeme, die diese Aufgabe unterstützen, als Data Support Systems bezeichnet. Scott-Morton schreibt dazu: /SCOT83,S.5/ '... There is a series of research in this segment of the MSS field which hat resulted in data base management systems which can be, and are being, used as part of Management Support Systems. Thus, this type of support we will call Data Support. Data support concentrates on providing information regardless of use or user. ...' Ein Data Support System dient also keiner speziellen Anwendung, sondern nur der Unterstützung zur Informationssammlung und -bereitstellung.

Im Gegensatz dazu zielen Decision Support Systems auf eine spezielle Aufgabe oder eine spezielle Klasse von Aufgaben ab. Sie werden daher definiert als /SCOT83,S.6/ '... a subset of MSS, one that is focused on a spezific decision or a specific class of decisions.' Diese Systeme bauen aufgrund ihrer speziellen Verwendung hauptsächlich auf Modellen auf. Es kann unterschieden werden in parametrisierende DSS, bei denen ein vorhandenes, vorgefertigtes oder bereitgestelltes Modell aufgrund von Parametern variiert werden kann, und in modellierende DSS, bei denen der Anwender die Möglichkeit besitzt, ein eigenes Modell zu modellieren. Die nächste Generation von DSS, die Intelligent Support Systems, werden nach /SCOT83/ die Möglichkeit bieten, Heuristiken und Wissen des Managers in das System und damit in den Rechner einzubringen und zu verwenden, um Problemlösungen für eine Klasse von unstrukturierten Problemen zu erhalten.

Im Gegensatz zu DSS, die überwiegend auf Modellen basieren, sind Executive Support Systems 'data retrieval oriented systems', die für eine breite Anzahl von Problemen eine Unterstützung bieten. In /SCOT83/ werden ESS folgendermaßen charakterisiert: 'Executive Support Systems are focused on a manager's or group of managers' information needs across a range of important and relevant areas of concern. ESS incorporate in a single system the data and analytic tools needed to provide information support for a broad range of managerial processes and decision. They are not focused only upon a single recurring type of decision. They provide instead a set of capabilities that can be used to meet the various and variable information needs of managers. Thuse, Executive upport Systems encompass a broader concept than Decision Support ystems. ...'

RUNDLEGENDE DEFINITIONEN UND ABGRENZUNGEN

ine weitere Klasse von Systemen zur Entscheidungsunterstützung, die anagement Information Systems (MIS) der '70er Jahre, lassen sich je- och nur schwer in einem MSS wiederfinden. MIS stellen Werkzeuge zur ntscheidungsunterstützung bei betriebswirtschaftlichen Fragestellungen uf operationaler Ebene dar. Auf dieser Ebene liegen strukturierte Auf- aben vor, in denen Standardabläufe, Entscheidungsregeln und Informa- ionsflüsse zuverlässig vordefiniert werden können. Das MIS liefert eine ndirekte Entscheidungsunterstützung durch Datenmaterial in Form von st programmierten Berichten und Datenzugriffen. MIS werden also für enau definierte Anforderungen entworfen und haben daher auch nur ein egrenztes Einsatzspektrum. Sie können als nicht in die Kategorie der ata Support Systems eingegliedert werden, da diese aufgabenunabhängig ind. Obwohl MIS zwar datenorienitert sind, ist eine Einordnung in die SS nicht möglich, da ihnen dazu das breite Einsatzspektrum und deren lexibilität fehlt. MIS müssen also zwischen Data Support Systems und xecutive Support Systems angesiedelt werden, als datenorientierte steme mit genau definiertem Einsatzgebiet.

e von Scott-Morton charakterisierte kommende Generation von DSS, die ntelligent Support Systems (ISS), als auch die Definition von DSS nach nczek, Holsapple und Whinston (1980) kann in der Form interpretiert erden, daß beide Systeme Komponenten zur Wissensverarbeitung beinhalten, e auch in Expertensystemen vorhanden sind. Bisher ist die Entwicklung r Entscheidungsunterstützungssysteme zwar getrennt von der Entwicklung n Expertensystemen verlaufen, jedoch ist in Zukunft der Aufbau eines tscheidungsunterstützungssystems auf der Grundlage eines Expertensy- ems denkbar. Der bisher getrennte Verlauf der Entwicklungen ist auch rin begründet, daß Expertensysteme im Bereich der künstlichen Intelli- nz (KI) entstanden sind, die EUS im Bereich der Betriebswirtschaft in sammenhang mit den konventionellen Programmiersprachen. Daher sind mentan die Anforderungen von EUS und ES kaum vergleichbar.

PRAXISBEISPIELE

1 DECISION SUPPORT SYSTEM ZUR PREISGESTALTUNG VON MEHRPRODUKTUNTER- HMEN

1.1. PROBLEMSTELLUNG

e Preisgestaltung von Mehrproduktunternehmen gegenüber Großkunden, die ne breite Produktpalette in großen Stückzahlen abnehmen, wird häufig von individuellen, mehrtägigen Verhandlungsrunden über Nettopreise und Mengenanteile geprägt. Hierbei stellt die Technik des preispolitischen Ausgleichs ein wichtiges Verhandlungsinstrument dar. Sein optimaler Einsatz wird dabei wesentlich von der Qualität der vor und während Verhandlungen verfügbaren Informationen sowie Bewertungs- und Entscheidungshilfen bestimmt. Von besonderer Bedeutung sind Flexibilität, Reaktionsschnelligkeit und Entscheidungsrelevanz, um einerseits Zielauswirkungen von Preis- und Mengenabweichungen direkt bewerten und andererseits über Art und Ausmaß geeigneter Strategie-Anpassungen entscheiden zu können.

Die bekannten Ansätze zur Preispolitik in den Wirtschaftswissenschaften bieten in dieser Hinsicht keine adäquate Unterstützung, da sie mit starken Vereinfachungen wie z.B. Einproduktunternehmen, idealtypischen Marktformen oder ausschließlicher Gewinnmaximierung arbeiten bzw. sich in einer wenig operationalen Beschreibung von preispolitischen Alternativen wie Rabattformen erschöpfen. Insbesondere die Erzeugung direkter Entscheidungshilfen für die Verhandlungssituation findet keinerlei Berücksichtigung.

2.1.2. KONZEPTION DES DECISION SUPPORT SYSTEMS

Die Gestaltung des realisierten Decision Support Systems (DSS) - im deutschen: Entscheidungs-Unterstützungs-System (EUS - wurde dementsprechend auf die Erfüllung folgender Anforderungen ausgerichtet:

- iterativer, verhandlungsbegleitender Einsatz
- Generierung operationaler Verhandlungsziele
- Generierung flexibler Verhandlungsspielräume
- Berücksichtigung mehrdimensionaler Zielsysteme
- Einbezug des Verkäufer-Know-how
- parametrische Modellbildung mit interaktiver Konsistenzprüfung
- einfache, sichere und benutzerfreundliche Dialogschnittstelle
- transparente, entscheidungsorientierte Ergebnisaufbereitung

Zur Gewährleistung einer durchgehend rechnergestützten Verhandlungsführung wurde das in Abb. 1 dargestellte Gesamtkonzept mit folgenden Komponenten gewählt:

1. Kommunikationsteil

Der maskengesteuerte Kommunikationsteil wickelt alle Dialogfunktionen zwischen dem Verhandlungsführer und dem EUS in den Phasen der Verhandlungsvor- und -nachbereitung ab. Seine klare Abkopplung vom übrigen System gestattet eine flexible Anpassung an die spezifischen Bedürfnisse des Top- und Middle-Management.

. Steuerteil

er Steuerteil hat die Aufgabe, alle Systemfunktionen und das Zusammen-
piel der verschiedenen Datenbasen zu koordinieren. Dazu gehören bei-
pielsweise Parameterverwaltung, Modellgenerierung, Ergebnisaufberei-
ung, Sensitivitätsanalyse, Datenfernverarbeitung etc.

. Methodenbank

ie Methodenbank enthält eine erweiterbare Sammlung von Programmbaustei-
en zur Aufbereitung von Produkt-, Kunden- und Ergebnisdaten sowie zur
odellbildung, Konsistenzprüfung und Generierung von Entscheidungshilfen
z.B. Lineare Optimierung etc.).

. Produktdatenbank

n ihr sind alle Produktstammdaten zusammengefaßt, z.B. Listenpreise,
erschiedene Kostenwerte oder Klassifizierungskriterien.

. Kundendatenbank

ie enthält Informationen über die Kundenvorgeschichte, z.B. Umsatz-
nd Auftragsbestandsdaten auf Produktebene oder bisher gewährte Rabat-
e.

. Ergebnisdatenbank

n der Ergebnisdatenbank werden die generierten Verhandlungsziele so-
ie erreichte Teilergebnisse als Basis für verschiedenste Ergebnisauf-
ereitungen gespeichert.

. Modellbank

ie Modellbank enthält vorgefertigte und erweiterbare Modellbausteine,
us denen der Steuerteil entsprechend der parametrischen Methodenwahl
nd Modelldefinition des Benutzers automatisch ablauffähige Modelle er-
eugen kann. Beispiele für solche Modellbausteine sind Preisintervalle
ür Einzelprodukte und Produktgruppen, Preis-Mengen-Reaktions-Funktio-
en etc. Ferner werden in einem eigenen Segment alle Parameter für ver-
chiedene Modellversionen des Benutzers gespeichert.

Portable Mikrocomputer

ur direkten Unterstützung der Preisverhandlungen beim Kunden ist der
schluß eines portablen Mikrocomputers vorgesehen, um Verhandlungszie-
abfragen, Teilergebnisse erfassen und Zielabweichungen bewerten zu
nnen. Mittels Datenfernverarbeitung werden Verhandlungsergebnisse an
e Zentrale übermittelt bzw. angepaßte Verhandlungsziele zum Verhand-
ngsort überspielt.

Verhandlungsdaten

erunter fallen sowohl die generierten und überspielten Verhandlungs-
lfen wie z.B. optimale Preise, Bandbreiten etc. als auch die erziel-

ten Verhandlungs-(teil-)ergebnisse.

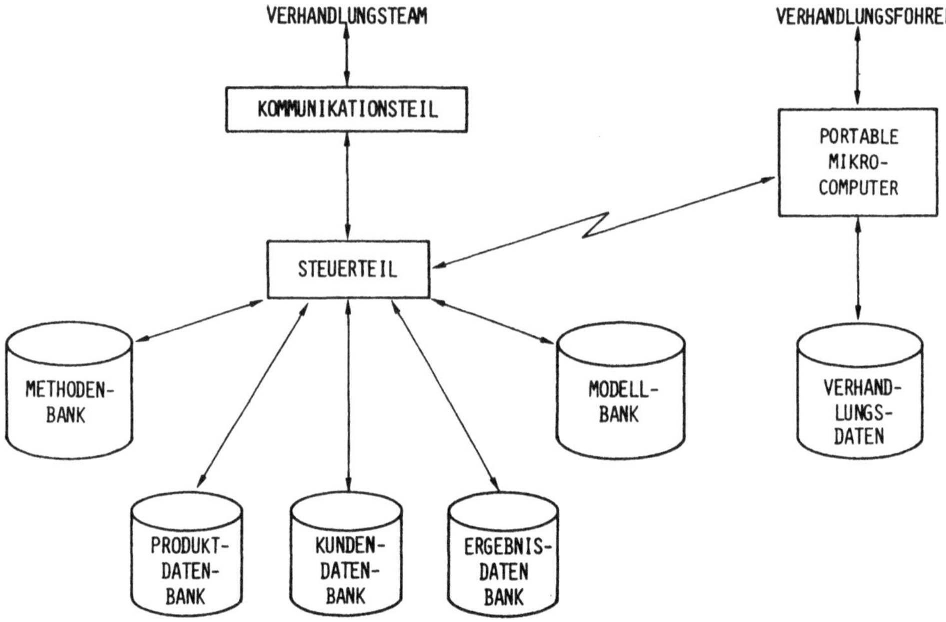

Abb. 1 : Gesamtkonzept des DSS zur Preisgestaltung von Mehrproduktunte-nehmen

2.1.3. LEISTUNGSSPEKTRUM

Im einzelnen umfaßt das DSS zur Preisgestaltung von Mehrproduktunternehmen folgende Funktionen:

- interaktive Definition des Verhandlungspaketes

In dieser ersten Phase werden durch Parameter die zu selektierenden Stammdaten für eine Simulation festgelegt. Hierzu gehören z.B. die Wah der Simulationsebene (Kunde, Konzern oder Branche), die Wahl der Menge basis (Auftragsbestand, alter oder laufender Umsatz) und die Wahl der Kostenbasis (Herstellkosten, Selbstkosten).

- interaktive Definition bzw. Variation des Verhandlungsszenario

In dieser zweiten Phase können durch Parameter verschiedene Versionen von Verhandlungsszenarien für eine Simulation definiert oder verändert werden. Die Szenarien werden charakterisiert durch z.B. zulässige Prei intervalle, Mindestforderungen bezüglich Mengen oder Kennzahlen und Hypothesen über das Preis-Mengen-Reaktionsverhalten des Kunden etc.. Die Berücksichtigung von Teilergebnissen wird mittels automatischer

riation der Szenarien durch Überspielung der Parameter über Datenfern-
rarbeitung realisiert.

interaktive Konsistenzprüfung
mittelbar vor der Modellgenerierung werden die Szenario-Parameter
hreren Konsistenzprüfungen unterzogen, um unlösbare Widersprüche auf-
decken und die Lösbarkeit des erzeugten Modells sicherzustellen. Ein
ispiel hierfür ist etwa ein geforderter Mindestquotient zwischen Preis
d Kosten, der wegen der Preisobergrenze nicht realisierbar ist. Die
rameterkorrektur wird durch Hinweise zur Inkonsistenzbeseitigung un-
rstützt.

automatische Modellgenerierung
r Steuerteil erstellt entsprechend der gewählten Entscheidungshilfe
ethode) aus den Simulations- und Szenarioparametern automatisch ein
lauffähiges Modell. Hierzu werden alle notwendigen Modellbausteine
lektiert, mit Daten versorgt und anschließend verknüpft.

automatische Generierung von optimalen Verhandlungszielen
t Hilfe des erzeugten, konsistenten Modells können dann automatisch
timale Verhandlungsziele auf Einzelproduktebene berechnet werden. Da-
i kann zwischen verschiedenen Zielkriterien gewählt werden. Die Er-
bnisdaten werden für anschließende, spezielle Ergebnisaufbereitungen
einer Ergebnisdatenbank zwischengespeichert.

automatische Generierung von Verhandlungshilfen
ben der Überspielung der Ergebnisdaten auf einen portablen Mikrocom-
ter können je nach Ausbaustufe der Methodenbank zusätzliche Verhand-
ngshilfen online oder in Listenform bereitgestellt werden. Angerei-
ert mit Stammdaten handelt es sich hierbei prinzipiell um

optimale Preisziele
Zielauswirkungen bei marginalen Preisabweichungen
Bandbreiten von Preisabweichungen mit Angabe von Kompensationsmöglich-
keiten bezüglich anderer Produkte sowie Kompensationsdifferentiale

. 2 verdeutlicht am Beispiel einer speziellen Fragestellung den Para-
erraum der Modellierungskomponente, indem die gewählten Simulations-
d Szenarioparameter als Vernetzung der Ausprägungen auf den Parame-
achsen aufgetragen sind.

gestellung: Wie sind die Preise der verhandelten Produkte zu wählen?
n der Bruttogewinnfaktor gesamt zu maximieren ist!
verhandelter Preisart Nettopreis auf Mengenbasis Auftragsbestand,
festen Preisen und Mengen bereits verhandelter Produkte,
Preisober- und -untergrenzen je verhandeltem Produkt und

maximaler Preisänderung des gesamten Verhandlungspakets.

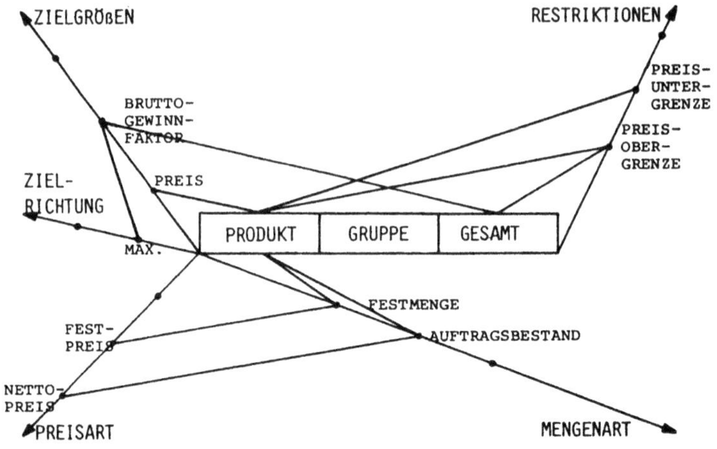

Abb. 2 : Beispiel für den Parameterraum der Modellierungskomponente

2.1.4. DIALOGSTRUKTUR DES KOMMUNIKATIONSTEILS

In Abb. 3 ist die Dialogstruktur des DSS zur Preisgestaltung von Mehrproduktunternehmen mit den normalen und optimalen Sprungmöglichkeiten dargestellt.

2.2 DECISION SUPPORT SYSTEM ZUR ENTWICKLUNG KOORDINIERTER PRODUKTIONS- UND ABSATZSTRATEGIEN

2.2.1. PROBLEMSTELLUNG

Die strategische Unternehmensplanung wird durch eine Vielzahl von Faktoren geprägt, deren simultane Berücksichtigung infolge von Zeitvarian hoher gegenseitiger Abhängigkeit und stochastischem Charakter die Grenzen menschlicher Fähigkeiten übersteigt. Zur Beseitigung dieser menschlichen Schwachstellen sowie zur Unterstützung der kreativen Komponente haben sich computergestützte Planungsmodelle bewährt. Ihr breiter Einsatz insbesondere direkt durch den Entscheidungsträger wird jedoch dur das Fehlen adäquater, sprachlich angepaßter Kommunikationsschnittstell behindert. Meist ist noch die Zwischenschaltung von EDV-Spezialisten z Handhabung verschiedener Soft- und Hardware-Komponenten erforderlich, wodurch der kreative Prozeß der Strategieformulierung, -bewertung und -auswahl unterbrochen wird. Zur Erhöhung der Akzeptanz und Diffusion komplexer Methoden in die Managementebene bedarf es einer einheitliche Sprachumgebung, in die alternative Methoden und evtl. Standardsoftwarepakete zur Modellformulierung, Alternativengenerierung und entscheidun orientierten Ergebnisaufbereitung integriert sind bzw. in flexibler Erweiterung entsprechend sich ändernden Bedürfnissen integriert werden können.

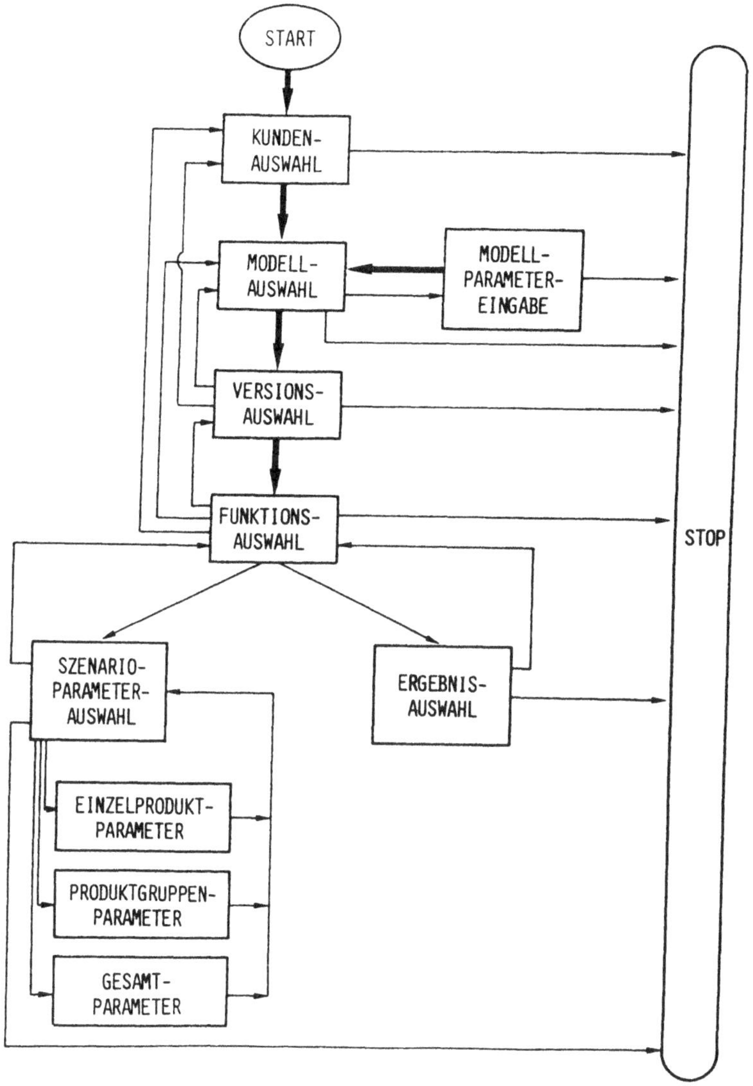

b. 3 : Dialogstruktur des Kommunikationsteils

2.2. KONZEPTION DES DECISION SUPPORT SYSTEMS

e Gestaltung des realisierten Decision Support Systems (DSS) im utschen: Entscheidungs-Unterstützungs-System (EUS) - wurde dementsprechend auf die Erfüllung folgender Anforderungen ausgerichtet:

- interaktive Modellformulierung mit alternativen Simulations- und Planungssprachen, vornehmlich deskriptiver Natur (z.B. DYNAMO)
- Parametrisierung und Kopplung von vorgefertigten Teilmodellen
- Alternativengenerierung durch interaktive Definition und Variation von Modellvariablen als Repräsentanten des unternehmenspolitischen Instrumentariums
- interaktiver Anstoß und automatische Steuerung von Simulationsläufen alternativer Strategien mit Speicherung frei wählbarer Ergebnisgröße
- interaktive Auswahl alternativer graphischer Ergebnisaufbereitungsmethoden (z.B. SAS) mit Definition der zu vergleichenden Ergebnisgrößen und Strategien
- Sensitivitätsanalyse singulärer Strategien
- synergetische Kombination singulärer Strategien

Das entwickelte, erweiterbare Rahmensystem besteht demzufolge aus den folgenden Komponenten:

1. Kommunikationsteil
2. Steuerteil
3. Modellbank
4. Methodenbank
5. Datenbank

2.2.3. DIALOGSTRUKTUR DES KOMMUNIKATIONSTEILS

In Abb. 4 ist der Selektorbaum des Dialogs für den Teil des Entscheidungs-Unterstützungs-Systems dargestellt, der die Generierung, Bewertung und Auswahl unternehmenspolitischer Strategien auf der Basis zuvo definierter Simulationsmodelle betrifft.

Nach der Auswahl eines Modells, z.B. zur Produktions- und Absatzplanun stehen folgende Funktionen und Unterfunktionen zur Verfügung:

1. Variablenmodifikation zur Definition von Unternehmensstrategien bzw Umweltszenarien

1.1 Simulationsvariablen

Hierunter sind Steuerparameter zusammengefaßt wie z.B. die Laufzeit des Modells, die Zeitintervalle zur Speicherung von Ergebnissen etc.

1.2 Modellvariablen

Hier findet die eigentliche Definition von Unternehmensstrategien bzw. Umweltszenarien statt, indem die Modellgrößen des definierten unternehmenspolitischen Instrumentariums, z.B. Einstellpolitik, Werbebudget apazitätsinvestitionen etc. durch Parameter (u.U. zeitvariant) festgeegt werden.

.3 Simulationslauf

ieser Parameter dient zum Abschluß einer Strategie-Alternative und zu eren Benennung, unter der später in der Ergebnisaufbereitung auf sie ugegriffen werden kann.

. Auswahl Ergebnisaufbereitung

uf der Basis einer Übersicht über gespeicherte Variablenverläufe unterchiedlicher Alternativen können beliebige Kombinationen von zu vereichenden Zielgrößen verschiedener Strategien zusammengestellt und it einer Aufbereitungsmethode aus dem angeschlossenen Methodenpool ornehmlich graphisch dargestellt werden.

. Modelldokumentation

ie parallel zur Modellerstellung produzierte Dokumentation der Modelle ann jederzeit auf verschiedenen Aggregationsniveaus abgefragt werden, .B. die allgemeine Beschreibung in der Phase der Modellbildung, -ausahl und -verknüpfung oder die einzelnen Variablenbeschreibungen in der hase der Definition und Variation von Unternehmensstrategien.

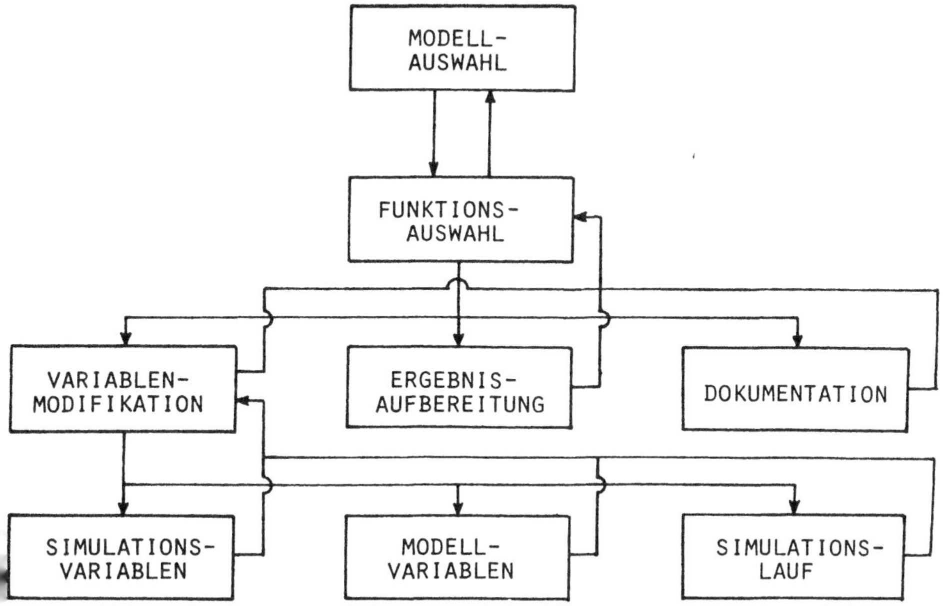

b. 4 : Ausschnitt des Selektorbaumes

4. Demonstrationsmodell

Als Demonstrationsmodell wird ein Simulationsmodell zur Entwicklung koordinierter Produktions- und Absatzstrategien für Großmotorenhersteller vorgeführt. Es besteht aus drei eigenständig lauffähigen Teilmodellen, die in der in Abb. 5 dargestellten Weise gekoppelt wurden:

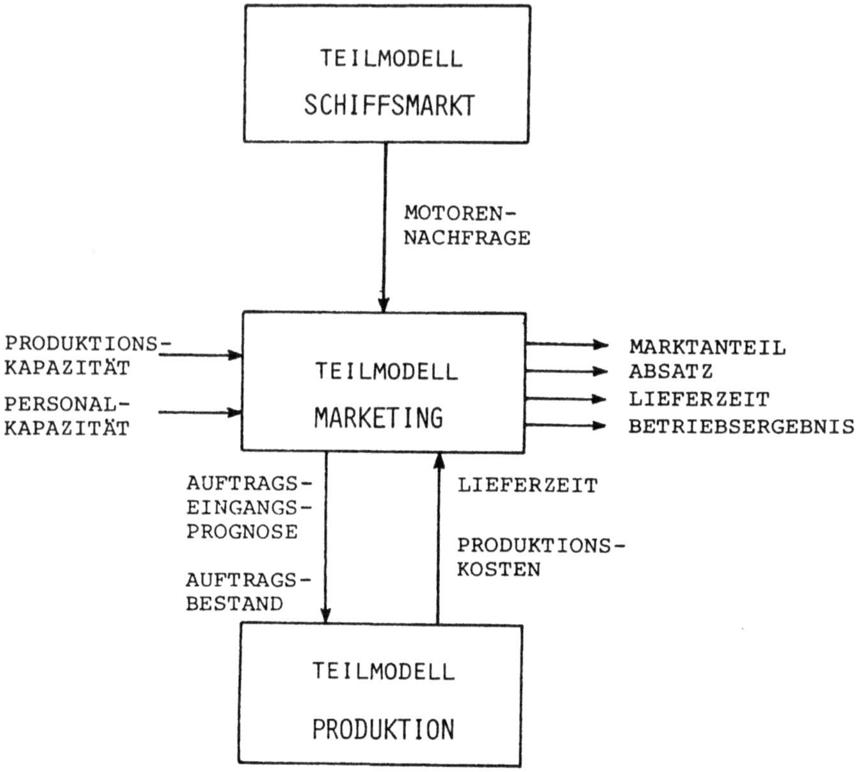

Abb. 5 : Kopplungsstruktur des Demonstrationsmodells

1. Teilmodell Schiffsmarkt

Das Teilmodell Schiffsmarkt dient der langfristigen Prognose der Nachfrage-Entwicklung nach Großmotoren in Abhängigkeit von alternativen Umweltszenarien, z.B. Umfang und Verteilung des Transportvolumens, Treibstoffkosten etc.. Hierzu wird die Strukturdynamik der Weltschiff tonnage nach Regional- und Größenklassen abgebildet.

2. Teilmodell Marketing

Das Teilmodell Marketing dient der Prognose der Unternehmensentwicklu in Abhängigkeit vom Einsatz des unternehmenspolitischen Instrumentariums, z.B. Investitionen in puncto Produktionskapazität, Umfang und

stributionsgrad des Außendienstes, Werbebudget, Preiskonditionen etc..
s Bewertungsgrößen für die Unternehmensentwicklung sind Absatzmenge
rktanteil und monatliches Betriebsergebnis vorgesehen.

Teilmodell Produktion

s Teilmodell Produktion bildet die Entwicklung des dreistufigen Pro-
ktionsprozesses incl. Materialdisposition in Abhängigkeit vom Einsatz
s unternehmenspolitischen Instrumentariums ab. Es ist parametrisier-
r z.B. bezüglich des Halbfertigungsgrades, der Bestellpolitik etc..

TERATURVERZEICHNIS

NZBERG, M.J.; REITMAN, W.R.; STOHR, E.A.
CISION SUPPORT SYSTEMS.
RTH-HOLLAND PUBLISHING COMPANY,
W YORK 1982.

ORE, J.H.; CHANG, M.G.
SIGN OF DSS.
OCEEDINGS OF THIRTEENTH HAWAII INTERNATIONAL
NFERENCE OF SYSTEM SCIENCES DATA BASE,
A, Vol. 12, NO. 1-2, FALL 1980.

OTT-MORTON, M.S.
ATE OF THE ART OF RESEARCH IN MANAGEMENT
PPORT SYSTEMS.
NTER FOR INFORMATION SYSTEMS RESEARCH,
SSACHUSETTS 1983.

FUZZY SETS IN OPERATIONS RESEARCH - EINE EINFÜHRUNG IN THEORIE UND ANWENDUNG

Hans-Jürgen Zimmermann, Aachen

Zusammenfassung:

Die Theorie unscharfer Mengen (Fuzzy Sets) wird 1985 20 Jahre alt. Es gibt auf diesem Gebiet inzwischen ca. 4000 Veröffentlichungen und ein Anzahl interessanter Anwendungen, die auch den OR-ler interessieren dürften. In der Bundesrepublik hat dieser Zweig quantitativen Modellierens bisher noch nicht viel Aufmerksamkeit gefunden. Es wird daher im folgenden Übersichtsartikel versucht, primär auf folgende Fragen eine Antwort zu geben: Warum sind fuzzy sets relevant für das OR? Was sind eigentlich fuzzy sets? Wo und wie können sie im OR verwandt werden? Wer arbeitet bereits mit fuzzy sets und betreibt Forschung auf diesem Gebiet?

I. Warum Fuzzy Sets in OR?

Die meisten Modelle und Algorithmen im OR sind scharf (dichotom), d.h sie basieren auf traditioneller Mathematik und 2-wertiger Logik und unterscheiden primär zwischen "zulässigen Lösungen" und "unzulässiger "optimalen Entscheidungen" und "nichtoptimalen" usw.

Viele Probleme, vor die sich der OR-ler gestellt sieht, sind dagegen schlecht strukturiert; sie schließen unscharfe Phänomene, Wertvorstellungen oder Beziehungen ein, die eher vom "mehr-oder-weniger"-Typ sir als vom "entweder-oder". Dies gilt vor allem dann, wenn menschliche Wertvorstellungen eine Rolle spielen.
Werden solche Probleme mit dichotomen Modellsprachen modelliert, so besteht die Gefahr, daß die daraus entstehenden Modelle zwar mit effizienten mathematischen Methoden analysiert und gelöst werden könner daß sie auf der anderen Seite jedoch die Wirklichkeit zu grob approximieren. Die gefundene Modellösung kann dann sehr von der gesuchten Problemlösung abweichen.
Darüberhinaus hat sich gezeigt, daß heuristische, auf der Theorie unscharfer Mengen beruhende, Algorithmen teilweise erheblich effiziente sind als die bisher bekannten.
Welche Arten von "Unschärfen" oder "Unsicherheiten" bestehen nun und

Operations Research Proceedings 1984

wie können sie modelliert werden?

Wir wollen hier vereinfachend 3 Arten von Unschärfe unterscheiden:

1. Unsicherheit bezüglich des Eintretens von scharf (oder unscharf) beschriebenen Ereignissen (Wahrscheinlichkeit, Glauben, Evidenz). Beispiele hierfür sind Aussagen der Art: "Die Wahrscheinlichkeit, das Ziel zu treffen, ist 0.6." "Die Chancen, hohen Gewinn zu machen, sind gut." "Wissenschaftliche Erkenntnisse lassen das Eintreten des Ereignisses als wahrscheinlich erscheinen." Die Modellierung der in diesen Aussagen enthaltenen Unsicherheit gehört offensichtlich in den Bereich der Wahrscheinlichkeitstheorie sowie der neueren "theory of belief" und "theory of evidence". Sie sollen im folgenden nicht mehr berücksichtigt werden (obwohl manche Teile dieser Aussagen auch unscharf sein mögen).

2. Unschärfen der Beschreibung von Phänomenen. Hier könnte man weiter unterscheiden in
   a. Intrinsische Unschärfe, wie sie in Ausdrücken wie "große Männer", "annehmbare Gewinne", "lange Stangen" etc. vorkommen, und in
   b. Informationale Unschärfe.
   Dies sind Unschärfen, die dadurch hervorgerufen werden, daß der Umfang der zur Beschreibung einer Klasse (sogenannter subjektiver Kategorie) benötigten Informationen größer ist, als sie im Kurzzeitgedächtnis eines Menschen gespeichert werden kann. Beispiele hierfür sind Ausdrücke wie "Kreditwürdigkeit", "erfolgreiche Führungskraft", etc. Die Unschärfe entsteht dadurch, daß der Mensch - im Gegensatz z.B. zum Rechner - in der Lage ist, solche unvollständig beschriebenen Kategorien bei der Kommunikation sinnvoll zu verwenden, indem er den Datenumfang soweit reduziert, daß er im Kurzzeitgedächtnis speicherbar wird. Durch Zerlegung solcher subjektiven Kategorien in Subkategorien kann u.U. eine "Verschärfung" der Beschreibung erreicht werden. Die folgende Abbildung zeigt eine solche mögliche Zerlegung für den Begriff der "Kreditwürdigkeit" /44/.

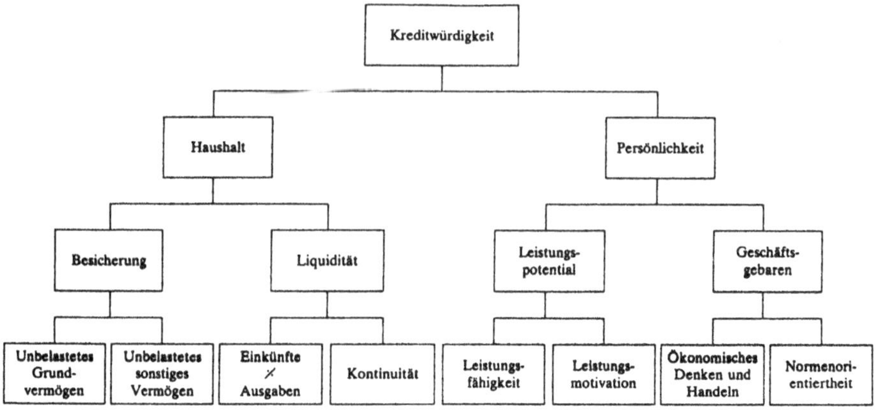

Kategorienhierarchie für Kreditwürdigkeit

3. Unscharfe Relationen: Es dreht sich hierbei um Relationen zwischen Größen, die keinen dichotomen Charakter haben, wie z.B.: "Nicht viel größer als", "ungefähr gleich", "erheblich jünger", etc.

II. Was sind Fuzzy Sets?

Fuzzy Sets oder "unscharfe Mengen" sind zunächst ein rein formales Konzept, das den klassischen Mengenbegriff verallgemeinert. Wir geben hier einige der grundlegenden Definitionen, wie sie 1965 /35/ von Zadeh vorgeschlagen worden sind. Inzwischen sind sie wesentlich erweitert und verfeinert worden. Der interessierte Leser sei auf Dubois und Prade /10/ bzw. auf Zimmermann /48/ verwiesen.

Definition

Ist X eine Menge (von Objekten, die hinsichtlich einer unscharfen Aussage zu bewerten sind), so heißt

$$\underset{\sim}{A} := \{(x, \mu_{\underset{\sim}{A}}(x)), x \in X\}$$

eine unscharfe Menge auf X.
Hierbei ist $\mu_{\underset{\sim}{A}}: X \to R$ eine reellwertige Funktion, sie wird als Zugehörigkeitsfunktion bezeichnet.
Gewöhnlich wird der Wertebereich vom $\mu_{\underset{\sim}{A}}$ eingeschränkt auf das abgeschlossene Intervall [0,1]. Im folgenden wollen wir uns auf diesen Fall beschränken. $\mu_{\underset{\sim}{A}}(x)$ gibt dann für jedes $x \in X$ den Grad des Fürwahrhaltens einer unscharfen Aussage an.
Ist der Wertebereich von $\mu_{\underset{\sim}{A}}$ die zweielementige Menge {0,1}, erkennt man, daß das klassische Konzept von Mengen eine Spezialisierung der Theorie unscharfer Mengen ist:

$= \{(x, \mu_{\tilde{A}}(x)),\ x \in X\}$ ist in diesem Fall durch folgende Abbildung in
ine klassische Menge überführbar:

$$E(\tilde{A}) = A = \{x \in X\colon\ \mu_{\tilde{A}}(x) = 1\}.$$

eispiel für eine unscharfe Menge:

sei die Menge aller möglichen Autobahn-Reisegeschwindigkeiten
$= (80, 100, 120, 140, 160, 180)$. Für eine bestimmte Person könnte
er Begriff "sichere Autobahngeschwindigkeit" durch folgende unscharfe
enge $\tilde{A}$ gegeben sein:

$$= \{(80, 0.5), (100, 0.7), 120, 1.0), (140, 0.9), (160, 0.6), (180, 0.0)\}.$$

efinition

ie stützende Menge $S(\tilde{A})$ einer unscharfen Menge $\tilde{A}$ ist definiert durch:

$$x \in S(\tilde{A}) \Leftrightarrow \mu_{\tilde{A}}(x) > 0.$$

efinition

ine unscharfe Menge $\tilde{A}$ ist genau dann in $\tilde{B}$ enthalten, wenn gilt:

$$\mu_{\tilde{A}}(x) \leq \mu_{\tilde{B}}(x) \quad \forall x \in X.$$

st $\tilde{A}$ in $\tilde{B}$ und $\tilde{B}$ in $\tilde{A}$ enthalten, heißen die beiden unscharfen Mengen
leich.

efinition

ie Zugehörigkeitsfunktion der Schnittmenge zweier unscharfer Mengen
und $\tilde{B}$ ist punktweise definiert durch:

$$\mu_{\tilde{A} \cap \tilde{B}}(x) = \mathrm{Min}(\mu_{\tilde{A}}(x), \mu_{\tilde{B}}(x)), \quad \forall x \in X.$$

efinition

ie Zugehörigkeitsfunktion der Vereinigung zweier unscharfer Mengen
und $\tilde{B}$ ist definiert als:

$$\mu_{\tilde{A} \cup B}(x) = \mathrm{Max}(\mu_{\tilde{A}}(x), \mu_{\tilde{B}}(x)) \quad \forall x \in X.$$

efinition

ie Zugehörigkeitsfunktion des Komplements einer unscharfen Menge A
ird durch folgende Vorschrift gebildet:

$$\mu_{\bar{\tilde{A}}}(x) = 1 - \mu_{\tilde{A}}(x) \quad \forall x \in X.$$

Bei der Formulierung vor allem von Entscheidungsmodellen sind in der Literatur bisher überwiegend folgende Zuordnungen getroffen worden:

Durchschnitt - (logisches) und - Minimum
Vereinigung - (incl.) oder - Maximum.

Inzwischen sind aufgrund sowohl axiomatischer /14/ als auch empirischer /33, 42, 43/ Untersuchungen Zweifel daran aufgekommen, ob diese Zuordnungen bei Anwendungen aufrechtzuerhalten sind. In vielen Fällen wird das "Minimum" durch andere Operatoren ersetzt werden müssen.

III. Wo und wie können Fuzzy Sets im OR verwandt werden?

Die Anwendung der Theorie unscharfer Mengen ist bis jetzt im OR hauptsächlich in 3 Funktionen vorgenommen worden:

1. Als Modelliersprache.
   Die umfangreichsten Arbeiten in dieser Beziehung sind zu finden auf dem Gebiet des unscharfen mathematischen Programmierens /30, 39, 41, 12/, der Multi-Kriteria-Analyse /8, 17, 41/, der Netzplantechnik /7/, sowie auf Problemgebieten wie der Lagerhaltung /32/, der Produktionsplanung /28/ und der Expertensysteme /37/.
   Vor allem bei den erstgenannten Gebieten kann man dabei folgende Vorgehensweise finden: Das "unscharfe" Problem wird in ein unscharfes Modell abgebildet, um möglichst wenig Information durch die Modellierung zu verlieren. Zu diesem Modell wird dann entweder ein äquivalentes scharfes Modell ermittelt (ähnlich dem stochastischen Programmieren), auf das vorhandene leistungsfähige Lösungsverfahren anwendbar sind, oder man wendet auf das unscharfe Modell direkt unscharfe arithmetische Verfahren an, was meist aufwendiger ist. Als endgültige Modellöung wird dann entweder wieder eine unscharfe Menge ermittelt oder aber eine einelementige scharfe Lösung. Wir werden dieses Vorgehen weiter unten beispielhaft demonstrieren.

2. Als analytisches Werkzeug.
   Hier sind vor allem 3 Gebiete beispielhaft zu nennen: Dualitätstheorie und postoptimale Analysen im mathematischen Programmieren /29/, Modelle der Spiel- und Teamtheorie und Modelle und Methoden auf dem Gebiet der multivariablen Analysen (Fuzzy Clustering) /4/. Vor allem auf dem zuletzt genannten Gebiet, auf dem auch schon einige Bücher und gute praktische Anwendungen zu finden sind, sind Verfahren entwickelt worden, die zugleich eine bessere Modellierung ermöglichen und in vielen Fällen effizienter sind als die klassischen Clusterverfahren.

. Algorithmisch.
Zunächst sind in der Zwischenzeit eine unscharfe Analysis- und Topologie entwickelt worden, die den Sinn haben, das Gegenstück zu diesen klassischen Gebieten bei der Behandlung unscharfer Zahlen zu bilden /9, 10, 11/. Leider ist die rechnerische Effizienz dieser Ansätze oft recht gering. Verbesserungen in dieser Richtung sind zwar zu erkennen, jedoch noch nicht ausreichend.

Als zweites Gebiet ist das auf der unscharfen Logik aufbauende "approximative Schließen" (approximate reasoning) /1, 2/ zu nennen. Es erlaubt, aus unscharf formulierten Prämissen Schlüsse zu ziehen, und ist damit die Grundlage aller unscharfen Expertensysteme, Steuerungsalgorithmen und "intelligenten Systeme". Die recht weit entwickelte Anwendung auf die Prozeß-Steuerung führte zum Gebiet der "Fuzzy Control" /18, 19/. Hier wird erfolgreich versucht, die in vielen Fällen bessere und stabilere menschliche Kontrolle von Fertigungssystemen mit Hilfe des 'approximate reasoning' nachzubilden und zur Steuerung einzusetzen. Diese Systeme sind zum Teil bereits kommerziell erhältlich.

.zzy Set Theorie kann im OR sowohl normativ als auch deskriptiv oder mparativ eingesetzt werden. Im Falle einer normativen Verwendung llten benutzte Operatoren und Zugehörigkeitsfunktion möglichst axiotisch abgesichert sein. Dies ist leider bisher nur vereinzelt gehehen.
züglich der Operatoren liegen solche axiomatischen Ableitungen für s Minimum /2a/ und für den sogenannten Hamacher-Operator /14/ vor. r Zugehörigkeitsfunktion ist bisher erst eine solche Arbeit bekannt worden /30a/, soweit man sich nicht auf stochastische Zugehörigkeitsnktionen bezieht.

rd die Theorie unscharfer Mengen als Modellsprache deskriptiv verndt, so sind empirische Verifikationen der Operatoren und operable rfahren zur Bestimmung der Zugehörigkeitsfunktionen zu fordern. Für eratoren auf dem Gebiet der menschlichen Entscheidungen liegen Resulte von DFG-unterstützten Forschungsprojekten vor /43/. Danach ist r Minimum-Operator eine sehr schlechte Abbildung des "und" /33/. Besre Operatoren sind der sogenannte γ-Operator /42/ oder mathematische delle für das "fuzzy und" und "fuzzy oder" /33a/.

ch für die praktische Feststellung von Zugehörigkeitsfunktionen auf n Gebiet menschlicher Entscheidungsfällung liegen Verfahren vor, die je nach Verwendungszweck der Meßergebnisse auf indirekten psycholin istischen Meßverfahren /33/ oder auf der Grundlage logistischer Gru funktionen beruhen /43/. Die letzteren sind als 4-Parameter-Funktio konzipiert, die eine leichte Anpassung an verschiedene Kontexte erm lichen. Die folgende Abbildung zeigt eine solche Zugehörigkeitsfunk tion (ausgezogen) zusammen mit den Ergebnissen empirischer Beobachtungen (Punkte). Wie man sieht, besteht ein hoher Grad der Übereinstimmung zwischen Modell-Funktion und empirischen Ergebnissen.

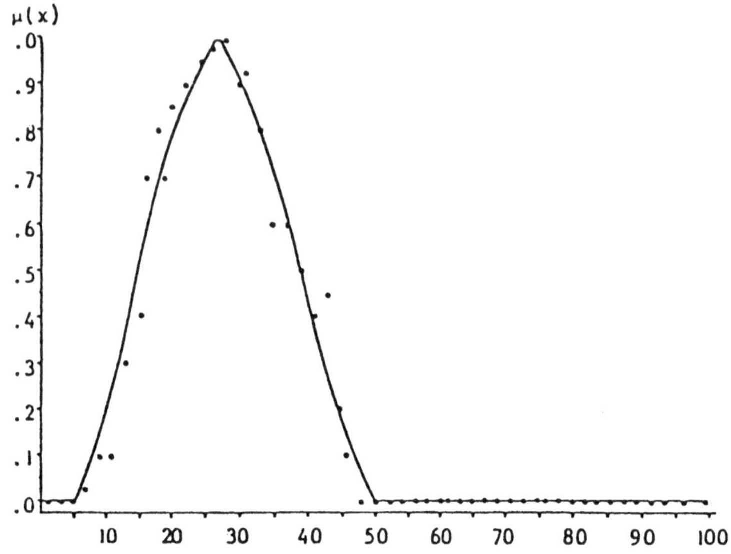

Unscharfe Menge "Junge Männer"

Die Verwendung der Fuzzy Set Theorie als Modell-Sprache sei nun kur an einem Grundmodell des "unscharfen linearen Programmierens" illustriert:

Ausgegangen wird von dem Bellman-Zadeh'schen Entscheidungsbegriff, der darunter die durch "und" verbundene Aggregation von Zielen und Nebenbedingungen versteht /3/. Da "und" im Sinne der Schnittmenge g sehen wird, und diese wiederum durch den Minimum-Operator modellier wird, ergibt sich die Zugehörigkeitsfunktion der unscharfen Menge "E scheidung" als das Minimum über die Zugehörigkeitsfunktionen des Zie $\mu_Z(x)$, und der Nebenbedingungen, $\mu_{N_i}(x)$,:

$$\mu_E(x) = \min \{\mu_Z(x), \mu_{N_i}(x)\}, \; i = 1, \ldots, m \qquad (1)$$

Wird eine scharfe Entscheidung gewünscht, so bezeichnet man als "Ma ximierende Entscheidung", M, die Lösung, die in der unscharfen Men

"Entscheidung" den höchsten Zugehörigkeitsgrad aufweist:

$$M = \{X_m \mid \mu_m(x_m) = \max \mu_E(x);\ x \in X\} \qquad (2)$$

Beispiel:

Ist die Zielfunktion "Der Gewinn sollte wesentlich über 20 Mill. DM liegen" durch die Zugehörigkeitsfunktion

$$\mu_Z(x) = 0 \qquad \text{für } x \leq 20 \text{ Mill.}$$

$$\mu_Z(x) = (1 + (x - 20)^{-2})^{-1}, \quad \text{für } x > 20 \text{ Mill.}$$

definiert und die Nebenbedingung "Aus steuerlichen Gründen sollte der Gewinn ungefähr 30 Mill. DM betragen" durch

$$\mu_N(x) = (1+(x-30)^3)^{-1},$$

o ist die "Entscheidung" als Durchschnitt der beiden oben genannten unscharfen Mengen (zu erfüllen ist Zielfunktion <u>und</u> Nebenbedingung) efiniert durch:

$$\mu_E(x) = \min\,(\mu_Z(x),\ \mu_N(x))$$

$$\mu_E(x) = \begin{cases} 0 & \text{für } x \leq 20 \text{ Mill.} \\ \text{Min}\,\{(1+(x-20)^{-2})^{-1};\ (1+(x-30)^{4})^{-1}\} & \text{für } x > 20 \text{ Mill.} \end{cases}$$

$$\max_{x \geq 0} \mu_E(x) = \mu_x(30{,}1) = 0{,}99, \text{ d.h.}$$

$$M = 30{,}1 \text{ Mill.}$$

Das "unscharfe lineare Programmieren" interpretiert LP als eine spezielle Entscheidungssituation bei Sicherheit und wendet den obigen Entscheidungsbegriff an.

Man macht sich bewußt, daß in dem Standard-LP-Modell

$$\begin{array}{ll} \text{Maximiere} & Z = c^T x \\ \text{so daß} & Ax \leq b \\ & x \geq 0 \end{array} \qquad (3)$$

die Zielfunktion nicht als strenge Maximierungsvorschrift gemeint sein mag,

die Koeffizienten unscharfe statt scharfe Zahlen sein mögen,

die Restriktionen unscharf sein mögen,

die Restriktionen verschiedenes Gewicht haben können,

- sie durch verschiedene unscharfe Mengen darzustellen sein mögen.

Man betrachtet also als angemesseneres Modell

$$\begin{aligned} &\text{Bestimme } x \text{, so daß} \\ &c^T x \mathrel{\underset{\sim}{\geq}} z_o \\ &Ax \mathrel{\underset{\sim}{\leq}} b \\ &x \geq 0 \end{aligned} \tag{4}$$

$$\text{bzw.} \quad \begin{aligned} Bx &\mathrel{\underset{\sim}{\leq}} b' \\ x &\geq 0 \end{aligned} \tag{5}$$

Charakterisiert man nun alle Zeilen von (5) durch unscharfe Mengen mit der Zugehörigkeitsfunktion $\mu_i(x)$, $i = 1, \ldots, m+1$, so ergibt sich die maximierende Entscheidung als Lösung des Modells /30/:

$$\max_{x_j \geq 0} \min_i \mu_i(x_j) \tag{6}$$

$$x \in X.$$

Nimmt man nun lineare Zugehörigkeitsfunktionen des folgenden Typs an,

$$\mu_i(x) = \begin{cases} 1 & \text{für } (Bx)_i \leq b'_i \\ 1 - \dfrac{(Bx'_i - b_i)}{p_i} & \text{für } b'_i < (Bx)_i \leq b'_i + p_i \\ 0 & \text{für } (Bx)_i \geq d_i + p_i \end{cases} \tag{7}$$

so ist ein zu (7) äquivalentes Modell

$$\begin{aligned} &\text{Max} \quad \lambda \\ &\text{so daß} \quad \lambda p_i + (Bx)_i \leq b'_i + p_i; \; i = 1, \ldots, m+1 \\ &\qquad \lambda, x \geq 0 \end{aligned} \tag{8}$$

Die Lösung zu (8) ergibt die maximierende Lösung zu (5) unter der Voraussetzung (7) und der Verwendung des Min-Operators zur Aggregation. (8) ist offensichtlich ein LP der gleichen Größenordnung wie (4

Das gleiche Modell kann nun sehr einfach auf das Vektormaximumproblem angewandt werden / 41/.

V. Wer arbeitet mit unscharfen Mengen und wer betreibt Forschung auf diesem Gebiet?

ie erste Veröffentlichung auf dem Gebiet der Fuzzy Sets erschien 1965 n USA /35/. Sie war damals primär zur Anwendung auf dem Gebiet der usterererkennung gedacht. In der Zwischenzeit sind ca. 4000 Veröffentichungen, darunter 40 - 50 Bücher, erschienen. 1984 wurde eine welteite Gesellschaft (IFSA) gegründet. Forschungen und Anwendungen auf iesem Gebiet werden terretorial von recht verschiedenen Personenruppen und mit unterschiedlichen Intensitäten getragen. Während in en USA primär Informatiker und Mathematiker Interesse zeigten, waren s in England und in Japan primär Control-Ingenieure, die die Arbeiten orantrieben. Auf dem kontinentalen Europa wurde die erste Initiative on EURO (der europäischen OR-Gesellschaft) ergriffen, die schon 1976 ie "European Working Group on Fuzzy Sets" gründete. Deshalb haben ich die Arbeiten bei uns primär im Rahmen des OR und der Medizin entickelt. Dazu kam eine Gruppe sehr guter und aktiver Mathematiker.

ie folgende Tabelle versucht, die Schwerpunkte der Arbeiten auf dem ebiet der Fuzzy Sets anzudeuten. Die angegebenen Zahlen der mit uncharfen Mengen beschäftigten Personen sind selbstverständlich Schätungen.

Land	Zahl der mit FS Beschäftigten	Besondere Schwerpunkte
China	~ 7000-8000	Theorie: Fuzzy Topologie, PAN-System. Anwendung: Auf vielen Gebieten wie OR, Meteorologie, Eisenbahnwesen etc. Lehre: Es gibt Studiengänge in "Fuzzy Mathematics", die mit einem Master- oder Dr.-Grad enden.
Japan	~ 150-250	Theorie: Fuzzy Maße, Math. Programmieren, Stochastische Fuzziness. Anwendung: Kontrolle von Verkehrs- und Prod-prozessen, Robotics.
USA	~ 150-250	Theorie: Fuzzy Clustering, Fuzzy Datenbanken und Schaltlogiken, Fuzzy Logic. Anwendung: Primär auf Gebiet der Informatik und Datenverarbeitung, Expertensysteme, Multi-Kriteria-Analyse. Lehre: Sporadisch.
UdSSR	~ 100	Theorie: Relativ unbekannt. Anwendung: Auf Planung, Entscheidungen, Math. Programmierung, OR.
DDR (ähnlich andere soz. Länder)	~ 50-100	Relativ wenig Theorie, jedoch viele und gute Anwendungen in Produktionssteuerung, Instandhaltung, Multi-Kriteria-Analyse etc.
West-Europ. Länder (zusammen)	~ 100	Theorie: Breit auf Fuzzy Logik, Mathematik etc. Anwendung: Expertensysteme, Produkt- und Prozeßsteuerung, Math. Programmieren, Medizinische Anwendungen etc.
davon FRG	~ 10	Theorie: Einige math. Forschung, empirische Forschung bezüglich Zugehörigkeitsfunktionen und Operatoren. Anwendung: Math. Programmieren, Logistik, Medizinische Anwendungen, Informatik. Lehre: Soviel bekannt 2-Semester-Zyklus integriert in andere Programme.

ıteraturverzeichnis

'/ Baldwin, J.F.; Guild, N.C.F.
FUZLOG: A computer program for fuzzy reasoning.
in: Proc. 9th Int. Symp. MVL,
Bath 1979, 38-45.

:/ Baldwin, J.F.; Pilsworth, B.W.
Dynamic Programming for Fuzzy Systems with Fuzzy Environment.
in: Journ. Math. Analysis and Applic. 85 (1982), 1-23.

:a/ Bellman, R.; Giertz, M.
On the Analytic Formalism of the Theory of Fuzzy Sets.
in: Inf. Sciences 5 (1973), 149-156.

/ Bellman, R.; Zadeh, L.A.
Decision-Making in a Fuzzy Environment.
in: Mgt. Sc. 17 (1970), 141-164.

/ Bezdek, J.C.
Pattern Recognition with Fuzzy Objective Function Algorithms.
New York, London 1981.

/ Bock, H.H.
Clusteranalyse mit unscharfen Partitionen.
in: Bock, H.H. (edtr.): Klassifikation und Erkenntnis III.
Frankfurt 1979, 138...

/ Chanas, S.
Fuzzy Sets in Few Classical Operational Research Problems.
in: Gupta, Sanchez (edtrs.) 1982, 351-363.

/ Chanas, S.; Kamburowski, J.
The use of fuzzy variables in PERT.
in: FSS 5 (1981), 11-19.

/ Correa-Guzman, E.Y.
Erweiterung des unscharfen linearen Programmierens bei Mehrfachzielsetzungen. Anwendung auf Energieanalysen.
(M. Thesis Aachen 1984), Jülich 1984.

/ Dubois, D.; Prade, H.
Fuzzy real algebra: some results.
in: FSS 2 (1979), 327-348.

0/ Dubois, D.; Prade, H.
Fuzzy Sets and Systems: Theory and Applications.
New York, London, Toronto 1980a.

1/ Dubois, D.; Prade, H.
Towards fuzzy differential calculus;
Part 1: Integration of fuzzy mappings.
Part 2: Integration on fuzzy intervals.
Part 3: Differentiation.
in: FSS 8 (1982), 1-17, 105-116, 225-233.

2/ Fabian, C.; Stoica, M.
Fuzzy Integer Programming.
in: Zimmermann et. al. (1984), 123-132.

/13/ Gupta, M.M.; Sanchez, E.
Approximate Reasoning in Decision Analysis.
Amsterdam, New York, Oxford 1982.

/14/ Hamacher, H.
Über logische Aggregationen nicht-binär expliziter Entscheidungskriterien.
Frankfurt/Main 1978.

/15/ Hamacher, H.; Leberling, H.; Zimmermann, H.-J.
Sensitivity Analysis in Fuzzy Linear Programming.
in: FSS 1 (1978), 269-281.

/16/ Holtz, M.; Desonki, Dr.
Fuzzy-Model für Instandhaltung.
in: Unscharfe Modellbildung und Steuerung IV, 54-62,
Karl-Marx-Stadt 1981.

/17/ Kickert, W.J.M.
Fuzzy Theories on decision making.
Leiden, Boston, London 1978.

/18/ Kickert, W.J.M.; Mamdani, E.H.
Analysis of a fuzzy logic controller.
in: FSS 1 (1978), 29-44.

/19/ King, P.Y.; Mamdani, E.H.
The Application of Fuzzy Control Systems to Industrial Processes.
in: Gupta et.al. (edtrs.) 1977, 321-330.

/20 Larsen, P.M.
Industrial Applications of Fuzzy Logic control.
in: Mamdani, Gaines (edtrs.) 1981, 335-343.

/21/ Lasker, G.E. (edtr.)
Applied Systems and Cybernetics. Vol. VI.
New York, Oxford, Toronto 1981.

/22/ Leberling, H.
On finding compromise solutions in multicriteria problems using the fuzzy min-operator.
in: FSS 6 (1981), 105-118.

/23/ Leberling, H.
Entscheidungsfindung bei divergierenden Faktorinteressen und relaxierten Kapazitätsrestriktionen mittels eines unscharfen Lösungsansatzes.
in: ZfbF 35 (1983), 398-419.

/24/ Luhandjala, M.K.
Fuzzy approaches for multiple objective linear fractional programming.
in: FSS 13 (1984), 11-24.

/25/ Mamdani, E.H.
Applications of Fuzzy Set Theory to Control Systems.
in: Gupta, et.al. 1977, 77-88.

/26/ Milling, P.
Entscheidung bei unscharfen Prämissen - Betriebswirtschaftliche Aspekte der Theorie unscharfer Mengen.
in: ZfB 52 (1982), 716-734.

/27/ Prade, H.M.
Using fuzzy set theory in a scheduling problem: A case study.
in: FSS 2 (1979), 153-165.

/28/ Rinks, D.B.
The performance of fuzzy Algorithm Models for aggregate Planning and differing Cost Structures.
in: Gupta, Sanchez (edtrs.) 1982, 267-278.

/29/ Rödder, W.; Zimmermann, H.-J.
Duality in Fuzzy linear Programming.
in: Fiacco, A.V.; Kortanek, K.O. (edtrs.),
Extremal Methods and Systems Analysis.
Berlin, Heidelberg, New York 1980, 415-429.

/30/ Rödder, W.; Zimmermann, H.-J.
Analyse, Beschreibung und Optimierung von unscharf formulierten Problemen.
in: ZOR 21 (1977), 1-18.

/30a/ Schwab, K.-D.
Ein auf dem Konzept der unscharfen Mengen basierendes Entscheidungsmodell bei mehrfacher Zielsetzung.
in: Europäische Hochschulschriften 431.
Frankfurt am Main, Bern, New York 1983.

/31/ Shafer, G.A.
A mathematical theory of evidence.
Princeton 1976.

/32/ Sommer, G.
Fuzzy Inventory Scheduling.
in: Lasker (edtr.) 1981, 3052-60.

/33/ Thole, U.; Zimmermann, H.-J., Zysno, P.
On the suitability of minimum and product operators for the intersection of fuzzy sets.
in: FSS 2 (1979), 167-180.

/33a/ Werners, B.
Interaktive Entscheidungsunterstützung durch ein flexibles mathematisches Programmierungssystem.
in: Wirtschaftsinformatik und quantitative Betriebswirtschaftslehre 16, München 1984.

/34/ Zadeh, L.A.
Fuzzy algorithms.
in: Inf. Control 19 (1969), 94-102.

/35/ Zadeh, L.A.
Fuzzy Sets.
in: Inf. Control 8 (1965), 338-353.

/36/ Zadeh, L.A.; Fu, K.S.; Tanaka, K.; Shimura, M. (edtrs.)
Fuzzy Sets and their Applications to Cognitive and Decision Processes.
New York, London 1975.

/37/ Zadeh, L.A.
The role of fuzzy logic in the management of uncertainty in Expert Systems.
in: FSS 11 (1983), 199-227.

/38/ Zeisig, G.; Wagenknecht, M.; Hartmann, K.
Synthesis of Destillation Trains with Heat Integration by a Combined Fuzzy and Graphical Approach.
in: FSS 12 (1984), 103-115.

/39/ Zimmermann, H.-J.
Description and Optimization of Fuzzy Systems.
in: Int. Journ. of General Systems 2 (1976),209-215.

/40/ Zimmermann, H.-J.
Optimale Entscheidungen bei unscharfen Problembeschreibungen.
in: ZfbF 27 (1975), 785-795.

/41/ Zimmermann, H.-J.
Fuzzy Programming and linear programming with several objective functions.
in: FSS 1 (1978), 45-55.

/42/ Zimmermann, H.-J.; Zysno, P.
Latent connectives in human decision making.
in: FSS 4 (1980), 37-51.

/43/ Zimmermann, H.-J.; Zysno, P.
Zugehörigkeitsfunktionen unscharfer Mengen.
DFG-Forschungsbericht, 1982.

/44/ Zimmermann, H.-J.; Zysno, P.
Ein hierarchisches Bewertungssystem für die Kreditwürdigkeitsprüfung im Konsumentenkreditgeschäft.
in: DBW 42 (1982), 403-417.

/45/ Zimmermann, H.-J.
Strategische Planung - Eine potentielle Anwendung der Theorie unscharfer Mengen.
in: OR-Proceedings 1981, Berlin-Heidelberg 1982, 369-376.

/46/ Zimmermann, H.-J.; Pollatschek, M.A.
Fuzzy 0-1 Programs.
in: Zimmermann, et. al. (1984), 133-146.

/47/ Zimmermann, H.-J.; Zadeh, L.A.; Gaines, B.R. (edtrs.)
Fuzzy Sets and Decision Analysis.
Amsterdam, New York, Oxford 1984.

/48/ Zimmermann, H.-J.
Fuzzy Set Theory and its Applications.
Boston 1985.

PERSONAL COMPUTING FÜR OR - GRUNDSATZFRAGEN UND ANWENDUNGSKONZEPTE AN BEISPIELEN

Ludwig Nastansky, Paderborn

1. Einführung

Im Zuge der zunehmenden Verbreitung professioneller Personal Computer (im weiteren: PC) erweisen sich eine Vielzahl etablierter Strukturkonzepte betrieblicher Informations- und Kommunikationssysteme als revisionsbedürftig. Was nimmt es da wunder, daß gerade auch ein Gebiet wie Operations Research intensiv betroffen ist. Traditionsgemäß wurde für die Abwicklung umfangreicher und komplizierter Teile der Informationsverarbeitung in OR schon immer intensiv auf Computerleistung zugegriffen. Dies war und ist zumeist bedingt durch Schwerpunkte im quantitativ-analytischen Modelldesign, den Umfang der zu verarbeitenden Datenmengen sowie generell aus Komplexitätsgründen der Verknüpfungen.

Fehlakzente in der PC-Nutzung für OR-Modelle

Fehlakzente. Es scheint allerdings, daß die seit vielleicht zwei Jahren verstärkt erkennbaren Ansätze der PC-Nutzung im Zuge von OR-Modellentwicklung und praktischer Anwendung oft vergleichsweise hausbacken sind. Dies vor allem gemessen an den offensichtlich unterschätzten und sich nur zäh verbreitenden neuartigen prinzipiellen Möglichkeiten, die sich durch Personal Computing eröffnen.
Gemeint ist mit dieser ein wenig rüden Wertung von Phantasielosigkeit unter anderem, daß häufig eine reine Portierung bisher in Mainframe- oder Minicomputerumgebung abgewickelter algorithmischer OR-Prozesse auf den PC vorgenommen wird. Dies ist sicherlich auch interessant, insbesondere dann, wenn (wirklich) Kostenersparnisse bei hardware- oder softwarebezogenen Kostenarten zu erzielen sind. Bekanntlich ließ sich jedoch Wirtschaftlichkeit im EDV-Bereich betriebswirtschaftlich schon immer schlecht abschätzen, insbesondere wenn auch die kaum quantifizierbare Nutzenseite einbezogen wird.

Portierung ? . So steht denn auch bei dieser Portierung mit mehr oder weniger althergebrachten Modell-Implementierungstechniken häufig

Operations Research Proceedings 1984

mehr der Stolz im Vordergrund, daß nunmehr das OR-Verfahren so-und-s inzwischen auch auf dem PC in den-und-den Dimensionen ablauffähi ist. Unter diesem vertrackten Nachweiszwang, daß auch auf PCs di meisten Anwendungen implementierbar sind, die bisher auf größere Systemen laufen, hat die gesamte PC-Szene in den Gründerjahren gelit- ten; man wollte ernstgenommen werden. Der Verfasser dieses Beitrag muß hier entsprechende eigene, oft wenig sinnvolle Bemühungen in de letzten fünf Jahren eingestehen.
Nicht unbedingt überzeugend muten deshalb in diesem Zusammenhan einige z.T. bemerkenswert aufwendige Projektarbeiten an, innerhal derer der Portierungsnachweis von OR-Algorithmen auf PCs die dominie rende Designkomponente zu sein scheint. Mehr oder weniger willkürlic und beispielhaft sei hier etwa auf die Simulation verwiesen. Dor finden sich z.B. Arbeiten, bei denen in einem PC-BASIC- oder eine PC-PASCAL-Dialekt Simulationsmodelle formuliert werden und dami prinzipiell als auf dem PC lösbar dargestellt werden.

Algorithmenzentrierung. Diese Tendenzen sind für OR aus zwe Gründen ein Rückschritt. Einmal stehen inzwischen doch erheblic mächtigere Entwicklungs- und Produktionsumgebungen für computerge stützte Simulation als höhere prozedurale Sprachen zur Verfügung dies gilt entsprechend auch für andere OR-Verfahren. Zum weitere wird damit die für OR typische Algorithmenzentrierung in die PC-Wel übertragen, wie es schon bei Mainframes und Minis geschehen ist.
Wenn dann - in guter OR-Tradition - vielleicht als ´entartet´ z charakterisierende OR-Lösungen für PCs herauskommen (... mein Appl brauchte für die Compilierung 3,2 Stunden, ...), wird der flexibl Werkzeugcharakter des PC vollständig in den Hintergrund gedrängt. E werden scheinbare prinzipielle Leistungsschwächen des Personal Compu ting in einer ´künstlichen Lösung´ generiert, die solide Pseudoargu mente liefern, von PCs den Finger zu lassen.

Wer OR vor allem als wissenschaftliche Anwendungsdisziplin an sieht, in der Grundlagen und Konzepte für praktisch einsetzbar Modelle aufbereitet werden, wie es in diesem Beitrag geschehen soll vermag in derartiger Algorithmenportierung kaum Fortschritte zu er kennen. Es ist ohnehin nur eine Frage der Zeit, daß mit den explo dierenden quantitativen Leistungsdaten der EDV-Hardware und de Bereitstellung entsprechender Software für automatische Portierun die meisten jetzt in Mainframe- und Mini-Umgebung implementierten OR Modelle in EDV-Systemen der physischen Größe jetziger PCs ablaufe können. Diese Phase läuft schon seit einiger Zeit. Beipiele sind etw

verfügbare PC-Versionen professioneller MPS-Pakete (wie LINDO), Simulationssprachen für diskrete Systemsimulation (wie SIMAN) oder statistische Pakete (wie SPSS). Sicherlich ergeben sich daraus auch Konsequenzen für OR-Anwendungen.
Diese Portierung von Bekanntem soll jedoch im weiteren nicht im Vordergrund stehen, da darin nicht allzuviel Substanz steckt, die eine Revolution in konzeptionellen OR-Designmöglichkeiten oder der Nutzungsverbreitung von OR-Modellen in Gang setzen könnte.

PC als Werkzeugkasten für OR-Entwickler und OR-Anwender

OR-Anwendernähe. Die intensive Selbstverständnis-Diskussion innerhalb OR als wissenschaftlicher Fachdisziplin in der letzten Dekade hat wichtige Erkenntnisse gebracht. Sicherlich nicht an letzter Stelle steht dabei der Akzent, daß die aus allen möglichen Gründen weit ntensiver vorstellbare praktische Nutzung von OR-Methodik und OR-erfahren oft an mißlungener Einbettung eines OR-Modells in den nwendungsalltag des (potentiellen) Anwenders scheitert.

Gerade hier liegen jedoch die prinzipiellen Verbesserungsmögichkeiten durch den Einsatz von PCs, oder genauer, durch die Nutzung on leistungsfähigen Designumgebungen und Werkzeugen an der Schnitttelle zwischen Mensch und Maschine. Diese neuartigen Interaktionsonzepte und ´tools´ wurden in den vergangenen Jahren - letzten Endes wangsläufig - im Umfeld von dedizierten selbständig und individuell utzbaren Mikrocomputern für den EDV-Endnutzer verfügbar; sie wurden otentiellen Endnutzern nicht im Rahmen der etablierten Computerroßtechnologie bereitgestellt. Diese neuen Konzepte machen das aus, as wir heute pauschal meist mit "Personal Computing" gleichsetzen, ie sind wichtiger als besondere Hardwarespezifika.
urch PC-Nutzung wird es möglich, auch vielen computergestützten OR-erfahren den Charakter von Großtechnologie zu nehmen, mit allen amit verbundenen hohen Akzeptanz- und Einsatzschwellen, der Konzenration auf einen bestimmten Verfahrenskern sowie interaktionsfernen utomatischen Abläufen. PCs bringen OR näher an den Anwender, eröffen dadurch eine breitere know-how Verteilung.

2. PC-Workstation, PC-Software und involvierte OR-Fachleute

Von einigen der im Personal Computing für OR steckenden Möglich-
keiten soll im weiteren, angesichts des Platzes und der Ausrichtung
auf einen einführenden Überblick, vor allem beispielhaft die Rede
sein.
PCs werden dabei grundsätzlich nicht stand-alone gesehen, sondern
hardwaremäßig als ´workstations´ integriert in ein Kommunikations-
netz, betriebsintern und gegebenenfalls auch mit Kommunikationsmög-
lichkeiten nach außen. Diese PC-Arbeitsplätze verfügen in der Soft-
ware vor allem um Anwendungssysteme, die als ´tool-box´ für OR ein-
setzbar sind.

PC-Hardware und PC-Software

PC-Hardware. Als Eckdaten für die PC-Hardware sei von jetzt
verfügbaren professionellen 16-/32-bit Systemen ausgegangen, di
aufgrund ihrer Verbreitungshäufigkeit aktuelle Industriestandard
setzen. Konkret gemeint sind also vor allem die Klassen der IBM-P
kompatiblen Systeme und die Apple-MacIntosh/-Lisa Familie mit eine
im folgenden umrissenen Ausstattung.
Für den dem Benutzer verfügbaren Hauptspeicher ist von mindesten
etwa 0.5 MB RAM auszugehen. Zur Unterstützung rechenintensiver OR
Verarbeitungsprozesse oder intensivem Graphikeinsatz ist über di
Standardausstattung der Zentraleinheit hinaus die Ausrüstung mi
einem mathematischen Co-Prozessor sinnvoll. Als externe Speicher sin
Festplatten (gegebenenfalls in einem Netz-Cluster) oder Diskettensta
tionen mit mindestens ca. 1 MB Kapazität verfügbar. Das Display is
graphikfähig. Kommunikationsschnittstellen zu Fremdsystemen sin
vorhanden. Dem Anwender steht ein graphikfähiger Drucker in Arbeits
platznähe zur Verfügung. Die notwendigen Investitionsmittel für dies
PC-Hardware dürften z.Zt. bei ca. 20% der jährlichen Bruttopersonal
kosten der u.a. OR-Benutzerklassen liegen. Abb. 1 zeigt eine typisch
PC-Konfiguration mit Zusatzperipherie für anspruchsvollere Graphik
anforderungen.

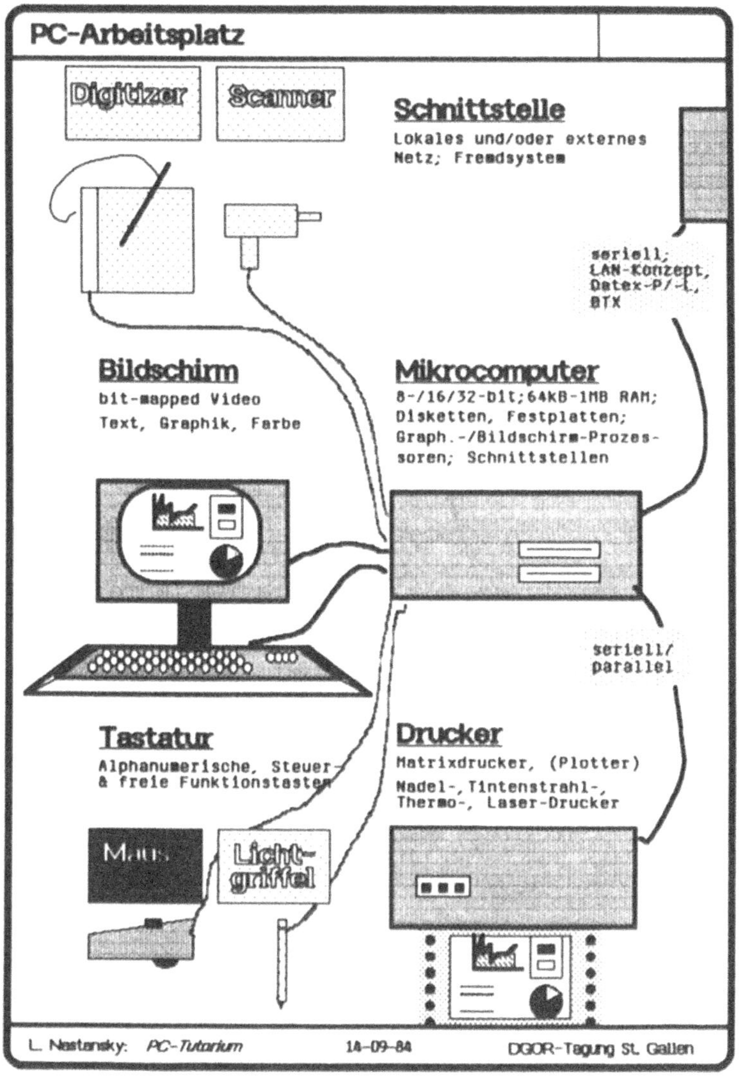

Abb. 1: PC-Hardware/Workstation

PC-Software. Bei der PC-Software (siehe z.B. NASTANSKY, u.a. 1984-1) stehen integriert einsetzbare Anwendungstools für Text, Datenmanagement, (Tabellen-) Kalkulation, Graphik und Kommunikation bereit. Charakteristisch für die flexiblen und weichen Datendurchforstungsmöglichkeiten auf PCs sind nicht zuletzt leistungsfähige Visualisierungskonzepte für Zahlen und Strukturen und Spread-Sheet-/Tabellenkalkulations-Systeme (im weiteren: SSS). Graphik auf verschiedenen Ebenen und SSSs bilden deshalb im weiteren einen gewissen Schwerpunkt. Das verwandte PC-Betriebssystem erlaubt hierarchische

Dateiverzeichnisse, window-Techniken und möglichst multi-tasking für den Anwender. Es sind Hilfsmittel vorhanden, um turn-key Anwendungen für Endnutzer zu implementieren (Abb. 2).

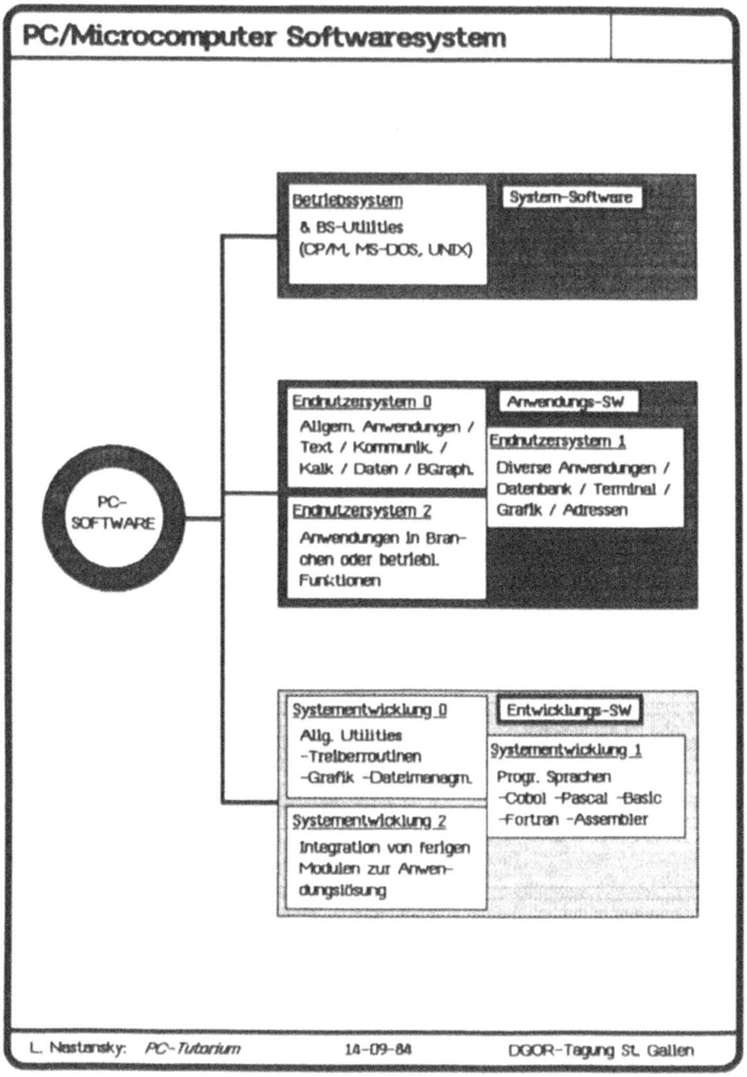

Abb. 2: PC Softwaresystem

Wenn notwendig, steht Software für die Abwicklung der zentrale algorithmischen Kerne der eingesetzten OR-Modelle auf einem verbunde nen Host oder direkt auf dem PC zur Verfügung. Im konkreten Fall ma es sich etwa um Bibliotheken oft benötigter mathematischer Prozedure (z.B. NAG, ..), um MPS-Systeme (z.B. MPS/X, APEX III, LINDO, ..) ode um Simulationssysteme (z.B. GPSS, SIMAN, ..) handeln. Für den Fal einer notwendigen Eigenentwicklung ist eine entsprechende Softwareproduktionsumgebung auf PC und/oder Host verfügbar.

OR-Fachleute: Modellentwickler, Anwendungs-Implementierer und Anwender

Verantwortlich für viele Mißverständnisse und Streitfragen in der Beurteilung wichtiger EDV-Anwendungsfragen, wie etwa Nutzungsfreundlichkeit oder Leistungsfähigkeit, ist oft eine Nichtdifferenzierung von grundsätzlich unterschiedlichen Benutzertypen (siehe z.B. NASTANSKY 1984-2, S. 80). Dies gilt gerade auch für das hier diskutierte Anwendungsfeld PC und OR.

OR-Anwendertypen. Bei Überlegungen zur Gestaltung sinnvoller PC-Hardware-Konfigurationen und mehr noch zum Einsatz von PC-Software ist von mindestens drei OR-Anwendertypen auszugehen:

- OR-Modellentwickler: gemeint sind etwa OR-Wissenschaftler, die vor allem computergestützte algorithmische Entwicklung, Vergleichstests und ähnliches durchführen. Die Arbeitsschwerpunkte liegen bei der formalen Modellstruktur oder dem Design von Lösungsalgorithmen und weniger bei der Code-Generierung. Typisch wäre hier z.B. PC-Arbeit in APL-Umgebung.
- OR-Anwendungs-Implementierer: gemeint sind OR-Fachleute mit vergleichsweise hohen Informatikkenntnissen oder Informatiker, die OR-Anwendungssysteme für OR-Anwender als lauffähige computergestützte Systeme erstellen. Die Arbeitsschwerpunkte liegen in der Codierung und weniger bei der Modellstruktur. Typisch wäre hier etwa PC-Arbeit in Softwarentwicklungsumgebungen (FORTRAN, PASCAL, C) und Erstellung von turn-key Anwendungen mit fertigen Modulen in der Betriebssystemumgebung.
- OR-Anwender: gemeint sind Endnutzer des OR, die gegebene Aufgabenstellungen mit OR-Methodik unter Nutzung computergestützter OR-Verfahren lösen wollen. Die Arbeitsschwerpunkte liegen in der Anwendung: Entwurf eines realitätsisomorphen Modells, bei der Datenbereitstellung, der Abwicklung von Computer-Verarbeitungsprozessen und der Lösungsbeurteilung. Formale Modellstruktur von Lösungsalgorithmen und Implementierungsdetails werden eher als ´schwarzer Kasten´ gesehen.
  Typische Arbeitsmerkmale auf dem PC wären etwa Nutzung von Werkzeugen für den Modellentwurf, seine Dokumentation oder die Ablaufplanung der OR-Studie; es wären tools für Text, Datenmagement (forma-

tierter Daten), Graphik und Projektmanagement notwendig. Wichti für zentrale algorithmische OR-Prozese sind die Handhabung vo Systemstart und -steuerung über Menüs oder Kommandos, Dateneingab und Parametersetzungen, Ergebnisanalysen oder Organisation vo Alternativberechnungen.

Konsequenzen. Die Übergänge zwischen diesen Klassen sind natürlich fließend, gleichwohl müssen die dahinterstehenden sehr unterschiedlichen Anforderungsprofile bewußt bleiben und auseinandergehalten werden.
PC-Einsatz bedeutet für OR-Modellentwickler, daß sie durch entsprechende Werkzeuge im Zuge eines Modelldesigns schon gleich eine vernünftig nutzbare Implementierung für OR-Anwender vornehmen können die Produktionsumwege über Informatikfachleute werden verkürzt. Fü OR-Anwender steckt im PC-Einsatz die Tendenz, daß vergleichsweis überschaubare typische quantitativ-analytische OR-Problemstellunge des betrieblichen Alltags eher selbst entwickelt, implementiert un gelöst werden können; typische Beispiele sind etwa Heuristiken, di in Spread-Sheets oder einfachen 'artificial-intelligence' Werkzeuge formuliert werden.

Die im weiteren vorgestellten PC Einsatzmöglichkeiten in O betreffen grundsätzlich alle vorgestellten Klassen von OR-Fachleuten wenn auch jeweils mit z.T. sehr unterschiedlicher Akzentuierung. Die ist auch nicht verwunderlich, da ja der PC-Werkzeugcharakter i Vordergrund stehen soll. Werkzeuge haben als wesentliche Merkmale Produktionshilfsmittel und vergleichsweise flexibel einsetzbar z sein.

3. PC-Anwendungen im OR: Konzepte und Beispiele

Im weiteren werden an einer Auswahl von OR-Techniken und OR Anwendungsbeispielen einige Konzepte dargestellt, wie sie für PC tools typisch sind.

31. Fenstertechnik/Windowing

Konzept. Bei vielen PC-Anwendungen haben sich als architektur leitende Grundidee Fensterkonzepte durchgesetzt. Das verfügbare PC Display wird als interaktiv flexibel manipulierbares Fenster au statische und dynamische Aspekte des gesamten Informationsverarbei

ungsprozesses verstanden.
enster lassen sich öffnen, um u.a. Informationen und Manipulationsinweise zur Systemsteuerung zu erhalten, Daten in unterschiedlichten Struktur- und Aggregationszuständen zu sehen, Parameter zu seten, Ein-/Ausgabeprozesse vorzunehmen oder Graphik einzublenden. enstertechnik ist auf verschiedensten Ebenen möglich. Auf Betriebsystemebene ermöglicht sie multi-tasking mit verzögerungslosem Umchalten zwischen den verschiedenen Benutzertasks, auf Anwendungsprorammebene eröffnet sie flexibles Feintuning an der Benutzerschnitttelle einer Anwendung. Abb. 3 gibt ein Beispiel für windows wie sie twa im Rahmen einer SSS-Anwendung gestaltet werden können.

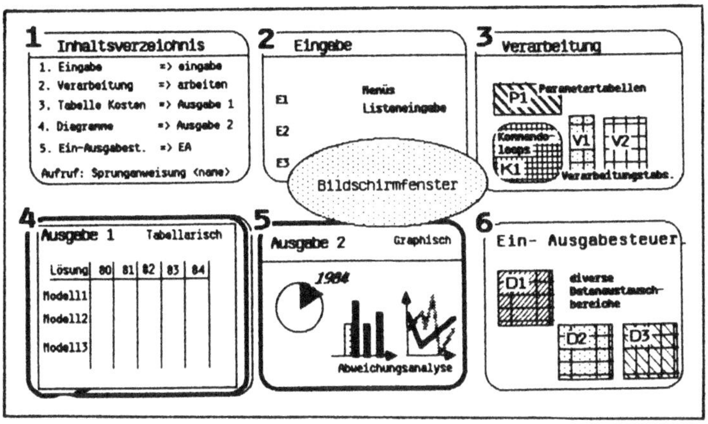

ɔb. 3: Beispiel für typische Spread-Sheet Windows

Interrupt-Fenster. Ein wesentliches Merkmal von PCs ist, daß sie m Anwender individuell und uneingeschränkt am Arbeitsplatz zur erfügung stehen. Dadurch lassen sich typische allfällige Informaonsverarbeitungs- und Speicherungsprozesse in der Büroumgebung am beitsplatz auf PCs verlagern. So gibt es z.B. Hintergrundsoftware, e durch Benutzerinterrupt einer im Vordergrund laufenden Anwendung er Tastatur Dienstleistungen für Notizblockführung, Telefonvericbnis oder Rechnen bereitstellt. Diese Dienstleistung wird über nster angeboten, die sich wahlweise öffnen lassen.

In Abb. 4 findet sich ein Beispiel für einen derartigen Interpt. Im Vordergrund läuft eine LP-Anwendung mit einer Strukturicture-Ausgabe der Koeffizientenmatrix oben links, der anschließenn Optimierung und Beginn der nach oben durchrollenden Lösungsausga- unten links (hier: MPS-Paket LINDO). Der Benutzerinterrupt hat ftware für einfache Rechenoperationen in den Vordergrund geholt. ese wird in der Form eines Taschenrechners mit vielfältigen Verarbeitungsfunktionen und -modi in einem Fenster rechts zur Nutzung bereitgestellt; die Visualisierung auf dem Display ist mit (Farb-Videoattributen erheblich deutlicher als in der gedruckten schwarz-weiß hardcopy der Abbildung (hier: Endnutzer-utility SIDEKICK). Der Taschenrechner läßt sich in beliebigen Verarbeitungsphasen an frei wählbarer Bildschirmposition aktivieren. Rechenergebnisse sind auf Wunsch automatisch in die Vordergrundanwemdnungen übertragbar; wenn man sich in der Vordergrundanwendung in einem Eingabefenster befindet, kann dies sehr nützlich sein.

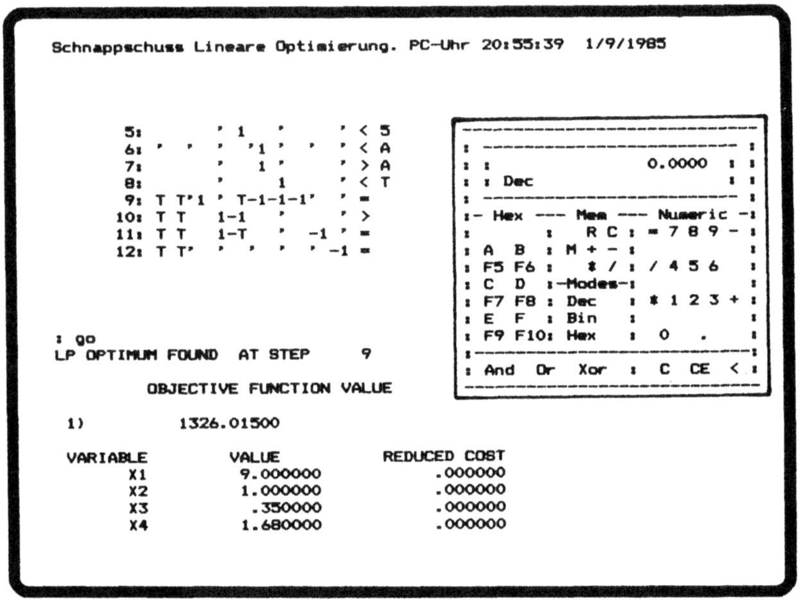

Abb. 4: Hervorholen eines Taschenrechners durch Interrupt

Fenstermanipulationen. Bildschirmfenster sind dabei konzeptionell nicht stationär über den Daten positioniert. Für die einzelnen Fenster werden vielmehr verschiedene Mechanismen bereitgestellt, mit denen der Beschränkung in der Abbildung der Fenster auf physisch begrenzte Darstellungsmedien Rechnung getragen wird. Abb. 5 zeigt hier beispielhaft Möglichkeiten des ´title-lock´ und horizontalen sowie vertikalen ´scrolling´ innerhalb eines SSS. Entsprechende variable Positionierungskonzepte existieren für andere Umgebungen, wie etwa windows auf Betriebssystemebene oder Graphikanwendungen.

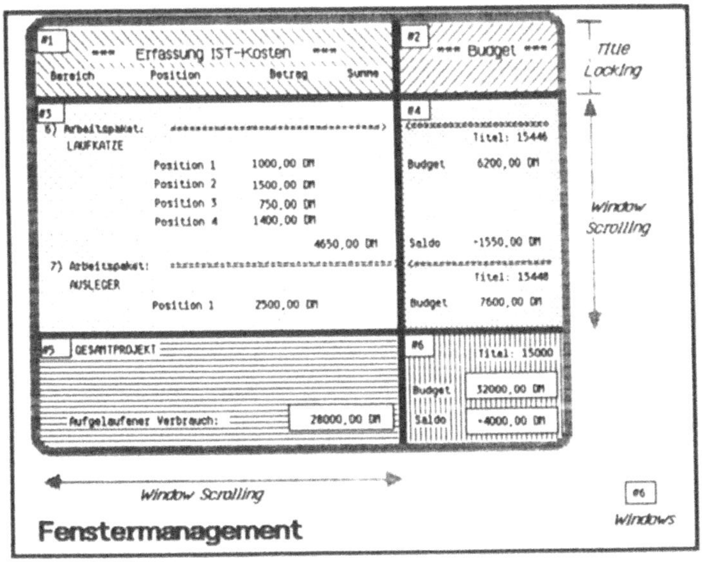

Abb. 5: Fenstermanipulationsmöglichkeiten am Spread-Sheet Beispiel

32. Datenaustausch zwischen verschiedenen Umgebungen/Pasting

Konzept. Fragen des Datenaustausches zwischen verschiedenen Umgebungen gehören zu einem klassischen EDV-Problemfeld. Es kann sich hier um Fragen des automatischen Datentransfers z.B. zwischen verschiedenen Hardwaremodulen, verschiedenen Softwarepaketen oder unterschiedlichen Anwendungen handeln. Die grundsätzlichen Schwierigkeiten des Datentransfers sind auch im PC-Bereich nicht prinzipiell gelöst. Allerdings sind die Verträglichkeitsstufen bei PC-Hardware wie auch -Software im Hinblick auf Datenaustauschmöglichkeiten erheblich höher anzusehen als in Mainframe- oder Minicomputerumgebung.
Wesentliche Gründe für höhere Kompatibilität liegen sicherlich zum einen in den Zwängen zur Standardisierung, die vom anonymen PC-Massenmarkt mit seinen hoch erklärungsbedürftigen Produkten ausstrahlen. Dieser Markt ist durch viele kleinere Hardware- und Softwareanbieter mit grundsätzlich nicht direkt betreutem Kundenkreis gekennzeichnet. Zum anderen liegen die Gründe aber auch im essentiellen Bereich des Personal Computing, vor allem in der Idee, mit Hilfe von PCs flexibel nutzbare Werkzeuge bereitzustellen. Dazu gehört zwingend ein Bemühen um Verträglichkeit beim Datenaustausch.

Pasting. Datenaustausch ist dabei nicht punktuell oder eindimensional als Kommunikation zwischen zwei bestimmten Systemen zu verstehen, sondern viel allgemeiner und konzeptionell. Für den tool-Bereich wird hier auch oft von "pasting" gesprochen, einem "weichen" Konzept, Datenausschnitte zwischen verschiedenen Anwendungsumgebungen nicht nur unverändert zu übertragen, sondern gegebenenfalls auch isomorph zu transformieren.
Als Beispiel dafür findet sich in Abb. 6 eine Aufbereitung des klassischen Losgrößenproblems. In einem Tabellenkalkulationssystem werden die Kostenwerte mit der üblichen Kostenformel berechnet; Ergebnis ist u.a. eine Wertetabelle von Kostenpunkten (siehe linkes Fenster). Diese Wertetabelle wird in eine Diagrammgraphik-/Business Graphics-Umgebung übertragen und dort automatisch in der Option "Liniendarstellung" visualisiert (siehe Fenster rechts unten: Losgr.Graph). Dieses Standarddiagramm wird schließlich zur weiteren verfeinerten und flexibleren visuellen Aufbereitung im Dialog in eine Zeichen-Graphik Umgebung transferiert (siehe Fenster rechts oben: Losgr.-Draw).

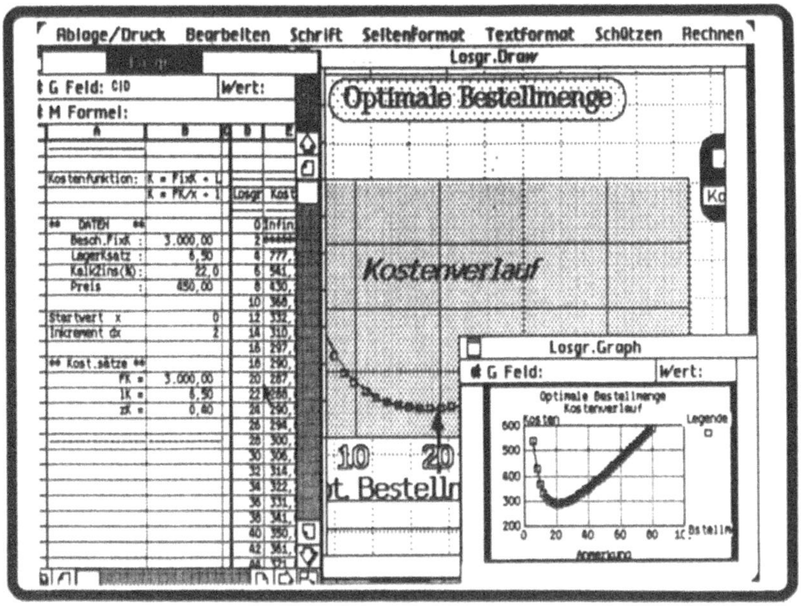

Abb. 6: Isomorphe Datentransformation/Pasting (hier: Apple LISA)

PC als Intelligenzverstärker. In gleicher Weise lassen sic natürlich z.B. erheblich komplexere Losgrößenprobleme handhaben. Ma denke etwa an die Behandlung von Preissprüngen, Rabattklassen, Fixkostensprüngen oder nichtlinearen Kostenverläufen. Da die gesamte

Manipulationen, insbesondere der schrittweise Modellentwurf im SSS und die verbundene Diagrammgraphik, in einer vergleichsweise mächtigen interaktiven Entwicklungsumgebung durchführbar sind, ergeben sich hier für OR-Modellentwickler leistungsfähige Simulationsmöglichkeiten schon in den Phasen der Strukturanalyse eines OR-Problems. Die z.T. komplexen und schwerfälligen analytischen Techniken (man denke hier gerade an formelmäßige Extrema-Analysen bei komplexeren Losgrößenproblemen mit Intervallbedingungen und verwandte Probleme) lassen sich durch direkte Fallsimulationen ergänzen. Diese können Hinweise liefern, in welche Richtung die analytische Arbeit fortzusetzen ist. Konkret mag es sich z.B. um Bedingungen für Optima vor dem Hintergrund einer realistischen Daten- und Parameterbesetzung für die allgemeinen Terme handeln.
Der PC ist hier Intelligenzverstärker in der Kreativphase einer OR-Modellentwicklung.

33. Standard-Software und Templates

Standard-tools. Zur Zeit geht man bei PC-Werkzeugen insbesondere von den Anwendungsklassen: Text, Datenmanagement, Kommunikation, (Tabellen-) Kalkulation, (Business-) Graphik und zunehmend Individual-/Projekt-Management aus (siehe auch Abb. 2: ´Endnutzersystem 0´). Für jede Anwendungsklasse ist eine Vielzahl von dedizierten Softwareprodukten auf dem Markt, die vielerlei Variationsmöglichkeiten und Spezialitäten der jeweiligen Anwendungsklasse bieten. Im Sinne des oben gesagten werden regelmäßig kompatible Datenformate unterstützt, z.T. sind benachbarte Anwendungsklassen in rudimentären Funktionen enthalten (z.B. Rechenmöglichkeiten in Textverarbeitung, Bausteintextverwaltung in Textverarbeitung). Wenn direkte Datenverträglichkeit nicht gegeben ist, werden oft Transferutilities angeboten. Beispielhaft sind in Abb. 7 für weitverbreitete PC-tools die Daten-Anwendungs-Austauschmöglichkeiten wiedergegeben.

Integrierte Werkzeuge. In 1984 kamen leistungsfähige integrierte Software-Pakete auf den Markt, in denen die angeführten einzelnen Anwendungsklassen als integrierte Funktionen bereitgestellt werden. Beispiele für derartige integrierte ´tool-boxes´ sind etwa die Pakete: SYMPHONY, OPEN ACCESS, FRAMEWORK, KNOWLEDGEMAN und das schon in Abb. 6 angeführte LISA Bürosystem.
Derartige integrierte Systeme bieten Umgebungen, in denen z.B. das gesamte pre- und postprocessing eines OR-Algorithmenkerns leistungs-

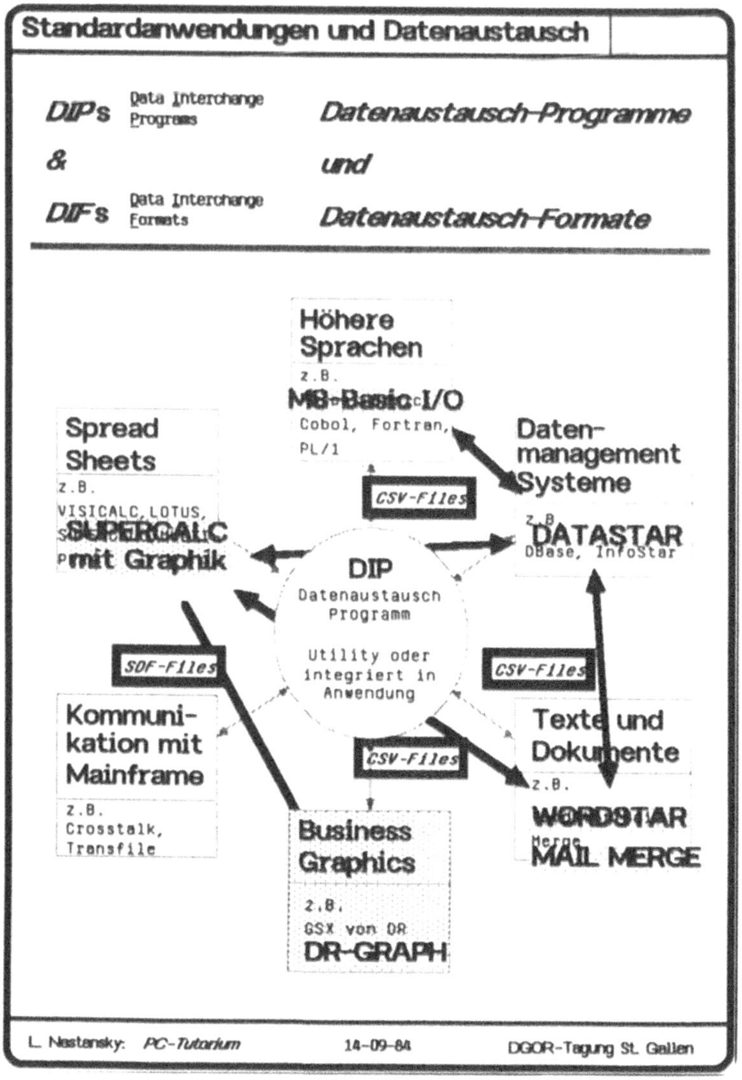

Abb. 7: Beispiel für Datenaustausch zwischen ´tool´-Klassen

fähig abgewickelt werden kann. Ein typisches Anwendungbeispiel in C wäre etwa Mathematische Programmierung:

- Integriertes PC-tool: Modellentwurf; Datenerfassung, gegebenenfall durch Import aus betrieblichen Datenbasen; Modellaufbereitung nac Konventionen des MPS-Pakets, Export an MPS-Paket.
- MPS-Paket: Import des Modells; Abwicklung des Lösungslaufes; Expor der Ergebnisse an Integriertes PC-tool.
- Integriertes PC-tool: Import Lösungsergebnisse; Lösungsauswertu

und -aufbereitung mit Text, Graphik und Datenmodifikationen; gegebenenfalls Design eines Alternativmodells für Sensitivitätsanalyse, usw.

Je nach Größenordnung kann das MPS-System auf einem entfernten Host oder dem PC selber implementiert sein. Ähnliche Architekturen bieten insbesondere für Simulationsmodelle Verbesserungen an den Anwenderschnittstellen.

Templates. Die Arbeit mit PC-Werkzeugen ist vom essentiellen Konzept her interaktiv ausgerichtet. Die Werkzeuge bieten zumeist sehr ausgefeilte fertige Dialogumgebungen für die angeführten Anwendungsklassen. Sie sind im Rahmen ihres Funktionsvorrats offen für jegliche Anwendung und von vornherein in keiner Weise zugeschnitten auf Spezialisierungen, sagen wir etwa als pre-processing System im Rahmen einer MPS-Anwendung. Diese spezialisierte Adaptierung ist jedoch möglich.
Typische Beispiele dazu bieten etwa SSSs. Durch Vorbereitung eines SS-´worksheets´ für die Anwendung ´Produktionsprogrammplanung mit linearer Programmierung´ können wir z.B.: die Datenübernahme aus betrieblichen Datenbasen für die MPS-Produktionsläufe vorbereiten, wir können Variablenklassen mit Koeffizienten im Rahmen der Datenmanagementfunktionen für eine bestimmte Anwendung für Eingabe und Retrieval vorbereiten, wir können Kalkulationsbereiche für die Ermittlung und Veränderung von Zielfunktionskoeffizienten vorsehen, wir können Struktur- und Diagrammgraphiken für Eingabedaten oder Lösungswerte festlegen, usw..

Ergebnis einer solchen Systementwicklung ist ein verfeinertes Werkzeug, das mit dem Standard-Werkzeug geschaffen wurde. Ergebnisse dieser (im Konzeptionellen anspruchsvollen) Systementwicklung sind jedoch weder ein ´Programm´ im klassischen Sinn einer höheren Programmsprache noch vorbereitete Standard-Datendateien. Vielmehr repräsentiert ein solches worksheet eine hybride Struktur. Darin sind sowohl Standard-Daten und -Parameter wie auch beliebig komplizierte Verknüpfungen und Verarbeitungsprozesse zwischen vorhandenen Standard-Daten und für die konkrete Anwendung später einzublendenden individuellen Problemdaten enthalten.
Eine solche Struktur wird auch als ´template´ (ungefähr: Schablone) bezeichnet. Das template einer Anwendung ist nur verzahnt mit dem zugehörigen Werkzeug funktionsfähig. Die klassische Trennung von Programm und Daten ist darin aufgehoben. Die Erstellung von templates

durch ausgereifte PC-Werkzeuge ist heute mit minimalem EDV-Basiswissen möglich. Hier bieten sich konkrete Ansätze für die bereits angesprochene Tendenz beim PC-Einsatz in OR, daß sowohl OR-Modellentwicklern wie auch OR-Anwendern verbesserte selbständige Möglichkeiten de Computernutzung ohne allzuviel EDV-(Ballast-)Wissen zur Verfügun stehen.

34. Visualisierung/Graphik

Graphik und OR. Ein wesentlicher Aspekt von OR liegt in de Strukturierung der Realität, um Daten- und Strukturausschnitte eine empirischen Prozesses in einem Entscheidungsmodell manipulierbar z machen. Zur Darstellung der dabei herausgearbeiteten Muster sin graphische Aufbereitungen unverzichtbar. PCs bieten hier vielfältig Werkzeuge an, diesen Strukturierungs- und Mustererkennungsprozeß i den verschiedenen Phasen einer OR-Studie durch Graphik zu unterstützen.

Diagrammgraphik. In Abb. 8 finden sich einige Beispiele fü Diagrammgraphik und Strukturgraphik. Diese Graphiken werden dabe jeweils aus vorliegenden Daten automatisch generiert. Die dargestell ten Diagramme werden jeweils aus entsprechenden Wertetabellen unte interaktiver Vorgabe von Darstellungsoptionen erzeugt; möglich sin z.B. Balken-, Linien, Kuchen-, X/Y-Diagramme mit flexiblen Aufbereitungsvarianten. Wichtig ist hier weniger der Akzent, daß dies prinzipiell möglich oder gar erfreulich variantenreich z.B. mit Farb geschehen kann. Wichtig ist vielmehr, diese Graphikmöglichkeite integriert vor dem o.a. Hintergrund der PC-Konzeptionen zu sehen. Regelmäßig sind alle Daten für diese Diagramme schon in Computer Datenbasen vorhanden bzw. nach Verarbeitungsprozessen verfügbar. Di Diagramme sind also ein selbstverständlich verfügbares Beiprodukt Sie können z.B. innerhalb von SSSs oder Integrierten PC-tools erzeugt werden, daneben gibt es auch eine Vielzahl von dedizierte Diagrammgraphik-Paketen.

Strukturgraphik. Unten links in Abb. 8 ist dies gleiche Konzept ohnehin vorhandene Informationen in Graphik umzusetzen, in ganz anderer Umgebung realisiert. Dort ist der Ausschnitt einer Strukturgraphik aus einem Systemsimulationspaket wiedergegeben (hier: SIMAN) Die Anwendungsmöglichkeiten sind vielfältig. Das vorhandene in übli chen Statements als eine Abfolge von Zeichenketten formulierte z

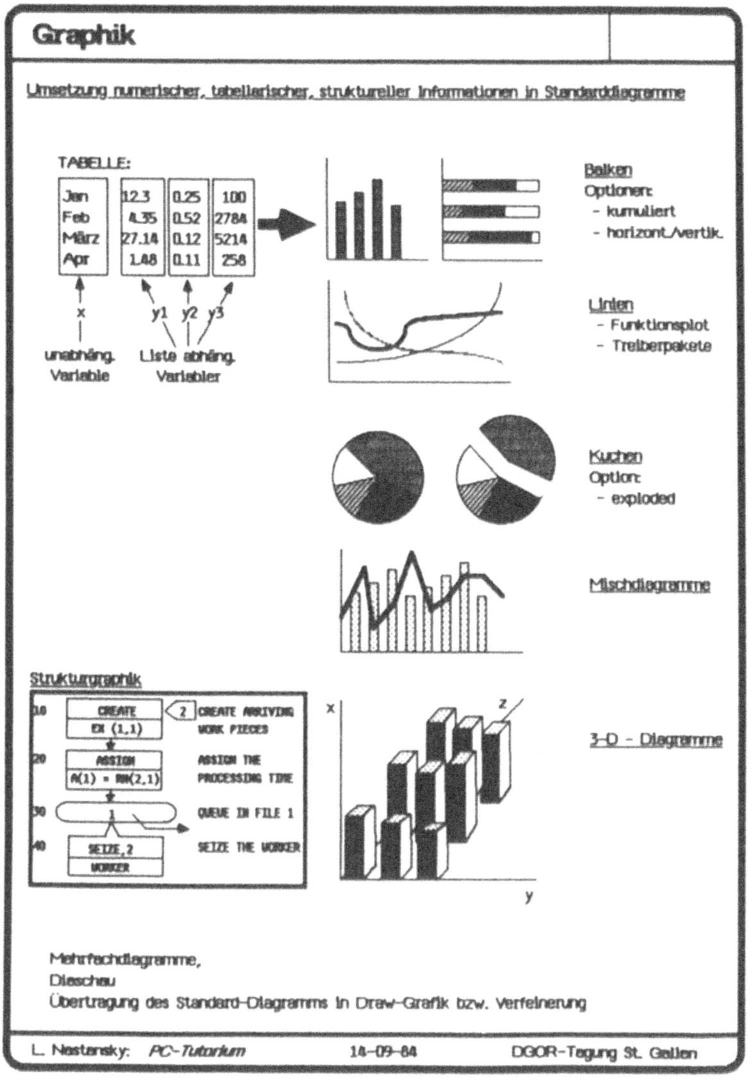

bb. 8: Diagramm- und Strukturgraphik auf PCs

imulierende System läßt sich durch diese Transformation z.B. als lockdiagramm darstellen. Für viele OR-Anwender ist eine solche Forulierung als Blockdiagramm übersichtlicher. Darüberhinaus ist diese lockdiagramm-Graphikumgebung als Systemeditor verwendbar, mit dem as Simulationsmodell überhaupt erst entworfen wird. Die Benutzericht auf das Simulationsmodell ist dadurch ausschließlich diagrammrientiert.

ehört diese Blockdiagrammverarbeitung eher zum pre-processing einer imulationsstudie, so sind entsprechende Graphik-tools für das postprocessing nach durchgeführter Simulation gleichfalls verfügbar. Die tabellarisch ausgegebenen typischen Ergebnisse eines Simulationslaufes lassen sich in ein Animations-Graphikpaket übernehmen, bei dem dann der gesamte Simulationslauf visualisiert nachvollzogen wird. Am Bildschirm sind dann insbesondere dynamische Aspekte des Systems nachvollziehbar, wie z.B. Aufbau von Warteschlangen, Schwankungen im Auslastungsgrad von Maschinen zu verschiedenen Systemzeitpunkten, Auswirkungen von Störungen, o.ä..

Spread-Sheets und Graphik. In neuere SSSs bzw. Integrierte PC-tools ist Graphik als wesentliche Datenaufbereitungsfunktion integriert. Die damit, neben den z.T. schon angeführten graphischen Standardaufbereitungsmöglichkeiten, gegebene weitere graphische Modellierungsflexibilität ist erstaunlich und wird leicht unterschätzt. In Abb. 9 findet sich z.B. eine semi-graphische Visualisierung einer einfachen Tankstellensimulation, die mit einem SSS durchgeführt wird. Es handelt sich um eine hardcopy eines Ausgabefensters des worksheets, auf dem während des Ablaufs der Simulation die Veränderungen der dargestellten Größen am Bildschirm nachvollzogen werden können. Der Schnappschuß wurde - wie angezeigt - während des Simulationslaufs, Modell Sim.-Uhr: 330 ZE, durchgeführt. Er wurde mit einem der o.a. Interrupt-Konzepte durch zwischenzeitliche Unterbrechung der Vordergrundanwendung ´Simulation´ vom Bildschirm abgerastert (hier im Vordergrund: SUPERCALC 3; im Hintergrund: SIDEKICK note-pad).

Verblüffende Möglichkeiten von X/Y-Graphik in SSS sind (hoffentlich) in Abb. 10 aufgezeigt. Hier handelt es sich um ein Graphikfenster einer OR-Studie zur Optimierung der Staupläne/Belegung/Auslastung von Eisenbahn-Fährschiffen eines Unternehmens, das Güterfährverkehr auf der Ostsee betreibt. Das dargestellte Schiffsmodell ist als ein Bestandteil des gesamten OR-Modells, bestehend u.a. aus Datenerfassungsteilen, vielfältigen Aufbereitungsfunktionen in verschiedensten Fenstern und Optimierungsmodul, anzusehen.

Die aktuelle Auslastung auf Deck 3 während des Beladungsprozesses ist maßstabgerecht visualisiert. Auf allen 5 Schienensträngen sind noch Restlängen zur Aufstellung weiterer Güterwagen verfügbar (horizontale Linien links). Auf der Mittelspur ´Track 3´ sind z.B bereits 6 Waggons eingebracht (siehe Identifizierungsschlüssel) Waggon Nr. 14 steht am Bug, die verfügbare Restlänge beträgt 14 m Bei Änderungen werden alle Positionierungen im Graphikfenster umgehend maßstabgerecht aktualisiert. Es läßt sich unmittelbar auf ander

Graphikfenster umschalten, in denen z.B. entsprechend die anderen Decks wiedergegeben sind.

```
Schnappschuss Tankenstellensimulation: PC-Uhr 20:24:16  1/9/1985
------------------------------------------------------------------------
INHALT DER WARTESCHLANGEN      *          SAEULENSTATISTIKEN
-Normal- -Super-  -Diesel-     *              UMSATZ    LITER AUSLAST.
                               *
 3         0        0          *  Normal 1:   120.43    92.64    92.65
                               *  Normal 2:   141.87   109.13    96.97
SIM-UHR  KFZ's         Datum   *   Super 1:   125.39    89.56    84.85
                               *   Super 2:   162.14   115.81    87.88
 -330     15         1/ 9/85   *    Diesel:    78.46    65.38    72.73
                               *
************************************************************************
   -- Ankuenfte --          ------- Z a p f s t a t i o n e n -------

     ANK.:  keine           WS ***            WS                WS
                            -------------     -------------     ----------
         belegt ->          : ->Kunde   :     : ->leer     :    :        :
         Restzeit->         1 34        :     1 0          :    1 0      :
         Restzeit->         2 16        :     2 114        :    :        :
         belegt ->          : ->Kunde   :     : ->Kunde    :    :->leer  :
                            -- Normal --      -- Super  --      - Diesel -
------------------------------------------------------------------------
```

Abb. 9: Schnappschuß einer Tankstellensimulation in einem SSS

Zum Design der X/Y-Graphik wurden u.a. folgende Informationen an das Graphikfenster übergeben: Wertetabelle A für Waggonpositionen mit Waggonnummern als Labels/links, Darstellungsform unverbundene Punkte; Wertetabelle B für freien Restplatz auf den Tracks mit Restlänge als Labels/unten, Darstellungsform verbundene Punkte; Wertetabelle C zur Visualisierung der Schiffssilhouette, Darstellungsform verbundene Punkte; Reise-Identifizierung als Untertitel, der durch Zeichenketten-Concatenation der entsprechenden im SSS bereits vorhandenen Informationen eingeblendet wird; usw. (hier: Integriertes PC-tool SYMPHONY).

Entscheidend ist nicht nur, daß diese Art von Visualierung überhaupt mit solchen höherwertigen PC-Werkzeugen wie sie Integrierte Systeme darstellen, möglich ist. Wichtig ist vielmehr vor allem auch die Produktivität in der Systementwicklung. So umständlich auf den ersten Blick einige der bewußt angegebenen Details des graphischen Schiffsmodells auch erscheinen mögen, in der interaktiven äußerst mächtigen SSS-Umgebung geht die Entwicklung vom Rohentwurf bis zur Lösung schnell vonstatten. Unnötiger Buchhaltungs-Overhead ist kaum vorhanden, es werden fast ausschließlich die mindestnotwendigen Modellinformationen, die ohnehin für Planung und Optimierung bereits vorhanden sind, an das Graphikfenster übergeben. Entwurf und Integration dieses Graphikfensters in das gesamte Modell war in etwa Stunden Entwicklungsarbeit möglich.

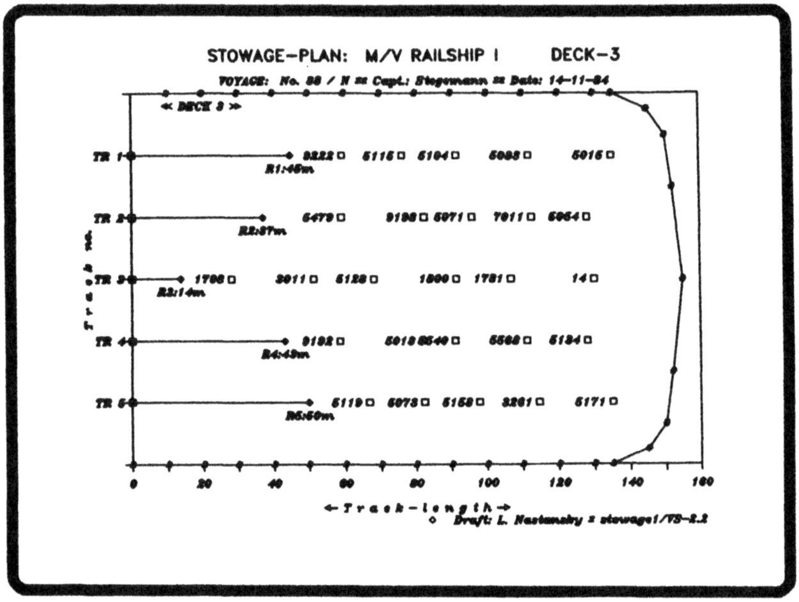

Abb. 10: Stauoptimierung bei Eisenbahn-Fährschiffen (SYMPHONY)

Netzwerk-Editor. In einer Vielzahl von OR-Modellen wird mi Netzwerken gearbeitet. Für die Netzwerkausgabe gibt es schon sei geraumer Zeit leistungsfähige Software für die automatische graphische Erzeugung von Netzwerken. Für die Dateneingabe in Datenverarbeitungssysteme ist dagegen typisch, daß die (anschaulichere) Netzwerk darstellung dazu in eine (abstraktere) Matrixdarstellung überführ werden muß, wenn die Modellstruktur nicht eine automatische Generierung der Netzwerkstruktur zulassen sollte. Dies ist nicht nur lästig sondern zerstört im Grunde die für den Menschen intuitive Struktu der Netzwerkdarstellung.

Die Möglichkeit direkter Netzwerkeingabe unter Verwendung de graphischen Elemente Knoten und Kanten und entsprechender graphische Interaktionsschnittstellen wäre deshalb in vielen Anwendungen wünschenswert. Daß dies auch auf PCs in eleganter Weise möglich ist beweist der leistungsfähige Netzwerkeditor im Rahmen des Lisa-PROJE Netzplansystems, mit dem allein durch graphische Interaktion mi Maussteuerung die Netzwerkstruktur flexibel definiert und damit

as System eingegeben wird. Abb. 11 zeigt einen derartig entworfenen etzplan.
esonders hervorgehoben werden soll an dieser Stelle, daß der PC ingesetzt werden kann, um aus Graphik Struktur(matrix)informationen ür anschließende Berechnungen zu erzeugen.

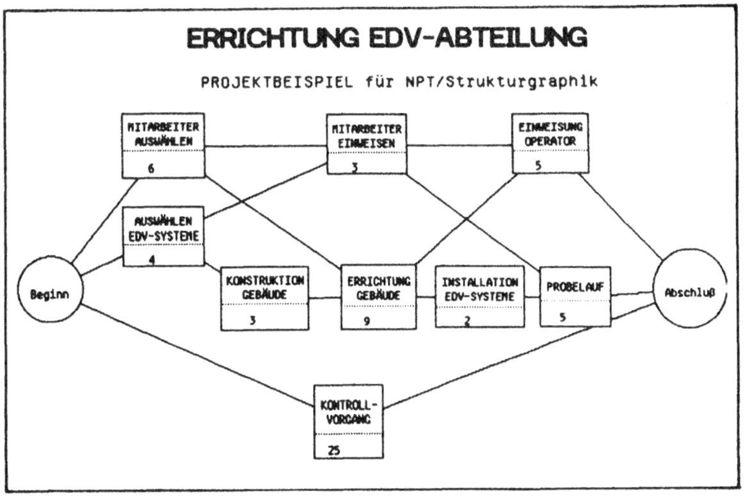

bb. 11: Mit PC-Netzwerkeditor erstellter Netzplan (Apple LISA)

35. Anwendungsbeispiel: Lineare Programmierung

Der mögliche Ablauf einer LP-Berechnung mit PC-Verwendung für in LP mittlerer Größenordnung - d.h. n x m etwa 100 x 100 - sei eispielhaft dargestellt (Abb. 12).

Die Problemformulierung kann in einem ´natürlichen´ Format in extverarbeitungsumgebung erfolgen (I).
ieses Format kann entweder direkt vom MPS-Paket gelesen werden; dies st hier mit einem auf dem PC selbst implementierten MPS-Paket (hier: INDO) realisiert (II: ´TAKE´). Möglich ist aber auch die Verwendung on PC-Datenmanagementfunktionen, wenn die Herstellung des MPS-Eingaeformats strengeren Formatierungsanforderungen unterliegen sollte der Probleme mit größeren Dimensionen zu verarbeiten sind.
r Lösungslauf wird in Gang gesetzt (II: ´GO´). Nach Ablauf der tìmierung wird die optimale Lösung auf dem Display ´durchgerollt´ II).

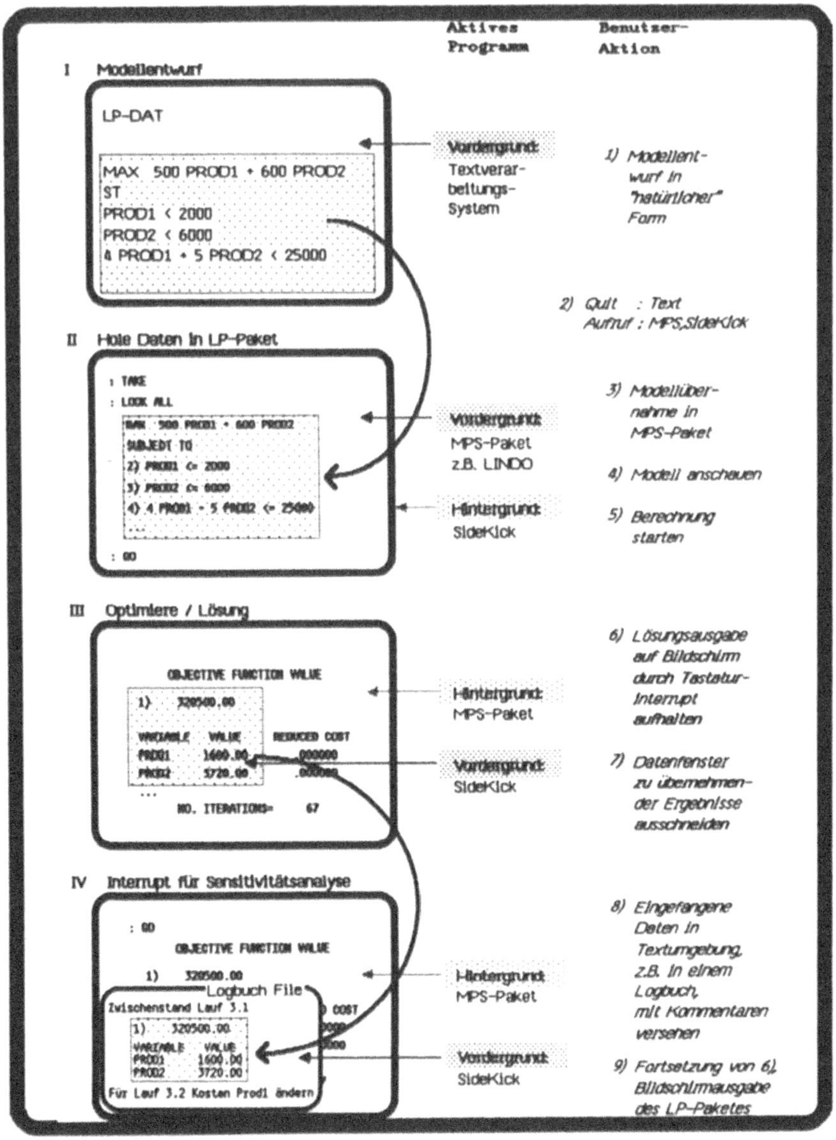

Abb. 12: Beispiel eines MPS-Laufes auf PC (LINDO, SIDEKICK)

Die Bildschirmausgabe kann z.B. durch Verwendung von Interruptsoft ware an Stellen unterbrochen werden, an denen sich der OR-Anwende Informationen notieren möchte. Entsprechende Bildschirmfenster könn durch Tastatur-/Mausmanipulationen ausgeschnitten werden (III, 7) Währenddessen wartet das MPS-Paket im Hintergrund.

Die ausgeschnittenen Teile werden in eine Notizblockdatei im Tex format übernommen. Dabei sind im Rahmen der aktuell im Vordergru

befindlichen Interruptsoftware (hier: SIDEKICK) verschiedene Manipulationen möglich, wie etwa: automatisches Einblenden von Datum/Uhrzeit durch die PC-Systemuhr oder Textaufbereitungsfunktionen wie Einfügen von Kommentaren, usw., mit dem Editor der Interruptsoftware (IV, 8). Die derartig vom Bildschirm abgerasterten Ausgabeinformationen des MPS-Paketes können direkt auf dem Drucker ausgegeben werden oder auf einem LOG-File permanent weggespeichert werden.
Das MPS-Paket wird wieder in den Vordergrund geholt und setzt seine Arbeit fort (IV, 9).
Die Informationen aus der LOG-Datei können in Textverarbeitungsumgebungen oder in formatierte Dateien durch Import über PC-Datenmanagementsysteme zur Verwendung in weiteren Verarbeitungsprozessen übernommen werden.

Literaturhinweise

Artwick, B.A. (1984): Applied Concepts in Microcomputer Graphics. Prentice-Hall Intern., Hemel Hempstead 1984.

Atherton, R. (1983): Microcomputers and Their Commercial Applications. Blackwell Scientific Publications, Oxford 1983.

Campbell, S. (1984): Microcomputer Software Design. Prentice-Hall Intern., Hemel Hempstead 1984.

Ellison, D. and J. Tunnicliffe (1984): HowTo Write Simulations Using Microcomputers. McGraw-Hill Book Co. GmbH, Hamburg 1984.

Gaines, B.R. and M. Shaw (1984): The Art Of Computer Conversation. Prentice-Hall Intern., Hemel Hempstead 1984.

Goldstein, B.C., A.R. Heller, F.H. Moss und I. Wladawsky-Berger (1984): Directions in cooperative processing between workstations and hosts. In: IBM Sytsems Journal, VOL 23, NO 3, 1984.

Henderson, Th.B. und D.F. Cobb (1984): Von Visiscalc bis Lotus 1-2-3. Planen - kalkulieren - darstellen. Haar b. München 1984.

Jackson, B. (1984): Personal Computing. Pergamon Press, Kronberg 1984.

Mastansky, L. (1984-1), H. Bernartz, W. Bernartz, B. Hildebrandt, Th. Penke und B. Piel: Standard-Software für PCs: Leistungsstand, Einsatzvoraussetzungen und Entwicklungstendenzen. In: Der PC im Büro. Proceedings. München (Verlag CW CSE) 1984, S. 637 - 697.

Mastansky, L. (1984-2): Interaktive Kostenplanung und -kontrolle mit Tabellenkalkulationssystemen auf Personal-Computern. In: Rechnungswesen und EDV. Einsatz von Personal Computern. Hrsgb. W. Kilger und A.-W. Scheer, Würzburg-Wien (Physica) 1984, S. 73 - 97.

ymes, E. and P. Antoniak (1984): Multiplan Home and Office Companion. McGraw-Hill Book Co. GmbH, Hamburg 1984.

Williams, R.E. and B.J. Taylor (1983): The Power Of Supercalc. Prentice-Hall Inetrn., Hemel Hempstead 1983.

DIE KONSTRUKTION VON PLANUNGSMODELLEN

Heiner Müller-Merbach, Kaiserslautern

Kurzfassung: Es werden einzelne Aspekte und Hilfsmittel der OR-Methodi vorgestellt, die einen Teil der OR-Ausbildung an der Universität Kaise lautern bilden. Diese OR-Methodik wird hier in enger Parallelität zur thodik des Entwurfs von EDV-Anwendungssystemen gelehrt.

1. Was ist Operational Research?

Die Konstruktion von Planungsmodellen als Kernstück einer Methodik des Operational Research ist in einem engen Zusammenhang mit dem Verständn von Operational Research zu sehen. In diesem Beitrag wird Operational search als "modellgestützte Vorbereitung von Entscheidungen zur Gestal tung und Lenkung sozialer Systeme" verstanden, vgl. **Müller-Merbach** (19 S. 292, und 1982). Solche Systeme können Unternehmungen, öffentliche Verwaltungen, Universitäten etc. und Teile von diesen sein. Diese Auff sung steht in direkter Nachbarschaft zu einer offiziösen Definition du die Operations Research Society of America (**ORSA** 1976): "Operations Re search is concerned with scientifically deciding how to best design an operate man-machine systems, usually under conditions requiring the allocation of scarce resources." Dieses Verständnis von Operational Re search ist das historisch ursprüngliche Verständnis, bei dem es um die Gestaltung und Lenkung von militärischen Mensch-Maschine-Systemen ging

Gleichwohl ist dieses auf Mensch-Maschine-Systeme (oder als Synonym: s ziale Systeme) bezogene Verständnis von Operational Research heute nic mehr das einzige Verständnis dieses Faches. Es ist eine mathematische Auffassung danebengetreten. So ist für **Dinkelbach** (1978) die Unterneh-mensforschung (als Synonym für Operational Research) "die Lehre von Ve fahren zur numerischen Lösung von Entscheidungsmodellen". Von **Gaede** (1974) wird Operational Research "als Teilgebiet der angewandten Mathe tik" aufgefaßt. Auch **Korte** (1979) vertritt eine ähnliche Auffassung un versteht unter Operational Research "eine spezielle Art von Angewandte Mathematik, die sich insbesondere mit Verfahren und Algorithmen für op male Entscheidungen beschäftigt".

Auf die fundamentalen Unterschiede zwischen diesen beiden Verständniss von Operational Research wurde vielfach hingewiesen. **Ackoff** (1957 und 1979a) stellt die Unterschiede an den Begriffen des britischen und des amerikanischen Operational Research dar. **Müller-Merbach** (1979) spricht von einer problemorientierten Ausrichtung als OR-P und von einer mathe tischen Ausrichtung als OR-M. **Müller-Merbach** und **Gault** (1981) untersch den zwischen "Social Operational Research" (**SOR**) und "Technical Opera-tional Research" (**TOR**). Diese beiden Abkürzungen seien im folgenden eb falls verwendet, vgl. auch **Gault** (1984).

Typisch für Arbeiten des **TOR** ist die "Gegeben sei"-Ideologie. Zahlreic Veröffentlichungen aus diesem Lager beginnen explizit oder implizit mi

Operations Research Proceedings 1984

iegeben sei ...", gefolgt von einem mathematischen Ausdruck. Diese Ideo-
gie verrät eine naive Vorstellung über das Verhältnis von Manager und
erational Researcher. Man stelle sich einen Manager vor, der wie folgt
m Operational Researcher spricht:
'ch habe hier ein Problem vom Typ: Maximiere **SUM** $c_j x_j$ unter den Restrik-
onen **SUM** $a_{ij} x_j \le b_i$. Ich selbst bin unfähig, dieses Problem zu lösen.
tte hilf mir!"

nager "geben" uns die Probleme nicht in dieser Form! Sie brauchen nicht sehr unsere Rechenhilfe, sondern Strukturierungshilfe. Operational Re-arch soll den Managern nicht in erster Linie quantitative Lösungen zu antitativ formulierten Aufgaben liefern, sondern ein besseres, weiteres d tieferes Verständnis des betrachteten sozialen Systems vermitteln. So utete der Titel eines Aufsatzes von **Huntington**, **Weyant** und **Sweeney** 982): "Modeling for insights, not numbers ...", wodurch die Auffassung s **SOR**-Lagers repräsentiert wird.

diesem Beitrag geht es um die Konstruktion von Planungsmodellen. Die-s kann für den "Gegeben sei"-Ideologen kein Thema sein, da er von (in thematischer Notation) "gegebenen" Problemen (also von Modellen) aus-ht und nur an der anschließenden Mathematik interessiert ist. Er glaubt bewußt oder unbewußt - an den Problemgebe-Manager, ob es ihn nun gibt er nicht.

ngegenüber orientieren sich die Vertreter des **SOR** an den sozialen Sy-emen. Ihr Denken geht von den sozialen Systemen aus. Dabei steht das arbeiten eines Verständnisses dieser Systeme im Mittelpunkt, und zwar wohl des Verständnisses des Managers als auch des eigenen Verständnis-s. Die dabei gewonnenen Erkenntnisse über das soziale System werden so-n modellgestützt zu strukturieren versucht. Über die dabei gewonnenen nsichten entstehen schließlich Entscheidungsvorschläge und ihre Bewer-ngen.

R orientiert sich somit an "unstrukturierter Realität", von **Ackoff** in elen Veröffentlichungen als "messes" bezeichnet. Wie solche "messes" Tagungen des Operational Research behandelt werden, beklagt er in dem lgenden Satz (**Ackoff** 1973, S. 670f.): "Eulogies are delivered in which counts are given about how messes were murdered by reducing them to oblems, how problems were murdered by reducing them to models, and how dels were murdered by excessive exposure to the elements of math-atics."

m **SOR** geht man von der unstrukturierten Realität aus und ist um Ein-chten in die Realitätszusammenhänge bemüht. Beim **TOR** geht man dagegen fertig formulierten Modellen aus und ist an mathematischen Aussagen r die Modelle und an schnellen Algorithmen interessiert. Dieser Unter-ied schlägt sich auch in dem Selbstbewußtsein der Operational Re-rcher nieder. So wurde bei **Bayraktar** et al. (1979, S. 6) unterschieden schen zwei Auffassungen bezüglich Systems Science (als Synonym für rational Research):

inion 1: Systems Science can contribute to (almost) any problem just the frame of systems thinking."

"Opinion 2: Systems Science has limited tools which allow only for the solution of problems within a limited range."

In diesem Zusammenhang spielt auch die Frage eine Rolle, ob durch Opera tional Research Probleme gelöst werden. Im **TOR**-Lager werden die Rechen gebnisse zu einer mathematischen Aufgabe gewöhnlich als Problemlösung verstanden. Für die Vertreter des **SOR** ist dagegen ein Problem erst dan gelöst, wenn die entsprechende Entscheidung eines Managers realisiert worden ist. Wie groß auch der Beitrag des Operational Research zur Vort reitung der realisierten Entscheidung war, die Problemlösung gehört im allgemeinen nicht dazu.

Jeder, der im Operational Research tätig ist, kann und soll unter Oper tional Research verstehen, was er für zweckmäßig und vertretbar hält. Autors eigene Position liegt deutlich auf der Seite des **SOR**. Entsprech ist sein Ausbildungsprogramm an der Universität Kaiserslautern (früher der TH Darmstadt) konzipiert, und entsprechend wirkt er auch in Zusamm arbeit mit Unternehmungen.

Dieser Beitrag ist ein Ausschnitt aus dem Ausbildungsprogramm des Auto an der Universität Kaiserslautern. Dort werden im Rahmen des Operation Research die beiden Vorlesungen "Planungsmethodik" und "Der Entwurf vo Planungsmodellen" gehalten. In diesen beiden Vorlesungen spielen die i den folgenden Abschnitten behandelten Methoden eine zentrale Rolle.

2. Die Fünf-Felder-Analyse

Wenn man als Operational Researcher an Entscheidungen zur Gestaltung u Lenkung sozialer Systeme (vgl. die eingangs genannte Definition) mitwi ken will, dann muß man sich zunächst einmal um ein Verständnis für die Systeme und um eine Basis zur Kommunikation über diese Systeme bemühen Diesem Zweck dient die im folgenden beschriebene "Fünf-Felder-Analyse" vgl. Bild 1. Diese Analyse unterstützt einerseits die Problemdiagnose für soziale Systeme, andererseits die Fokussierung der zu analysierend möglichen Entscheidungen.

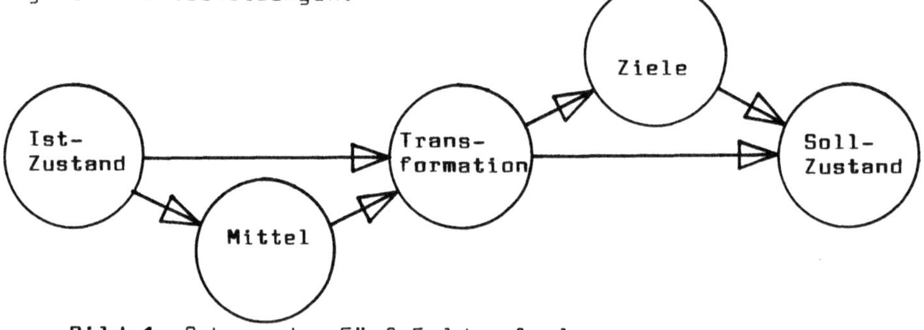

Bild 1: Schema der Fünf-Felder-Analyse

t der Fünf-Felder-Analyse werden fünf Aspekte angesprochen, die für die anung in einem sozialen System wesentlich sind. Diese seien im folgenn skizziert.

Ist-Zustand: Alle Entscheidungen zur Gestaltung und Lenkung eines soalen Systems gehen von dem gegenwärtigen Zustand des Systems aus und chten sich in die Zukunft. Wenn der gegenwärtige Zustand, der Ist-Zuand, nicht in seinen wesentlichen Aspekten bekannt und vertraut ist, rd eine sorgfältige Entscheidungsvorbereitung nicht möglich sein. Es hört somit zur Entscheidungsvorbereitung, den Ist-Zustand darzustellen. nach Problematik können dazu mathematische Modelle verwendet werden.

Soll-Zustand: Da sich jede Entscheidung auf die Zukunft richtet, sollder künftige Zustand, der Soll-Zustand, festgelegt und definiert wer-1. Wenn man sich über den Soll-Zustand nicht im klaren ist, wird man ch keine zielgerichteten Maßnahmen zur Gestaltung der Zukunft einschla- können.

Ziele: Für jedes soziale System lassen sich zahlreiche mögliche Sollstände vorstellen. Sie hängen ab von den Zielen, die für das soziale stem festgelegt bzw. vorstellbar sind. Die Ziele definieren den Solltand. Sie sind im Rahmen der Entscheidungsvorbereitung zu erforschen 1 festzulegen.

Transformation: Ein realistisch festgelegter Soll-Zustand muß erreich- sein. Das bedeutet, daß die Transformation des sozialen Systems aus Ist-Zustand in den Soll-Zustand geplant, also die entsprechenden einnen Maßnahmen erarbeitet werden.

Mittel: Zur Durchführung der Transformation des sozialen Systems aus Ist-Zustand in den Soll-Zustand sind gewöhnlich Mittel (personelle, anzielle, materielle Ressourcen) erforderlich. Diese stehen mit dem handenen Ist-Zustand in unmittelbarer Beziehung.

nach betrachtetem sozialen System und je nach Aufgabenstellung können h die Schwierigkeiten unterschiedlich auf die fünf Felder verteilen. können sich auf ein einziges Feld konzentrieren oder auf mehreren dern liegen. Wer beispielsweise - in welchem Zusammenhang auch immer eine Orientierung verloren hat, für den liegen die Schwierigkeiten in Definition des Ist-Zustandes. In anderen Fällen mag die Einigung auf bindliche Ziele die größten Schwierigkeiten bereiten, insbesondere bei Mitwirkung unterschiedlicher Interessengruppen. Für solche sozialen teme, die sich in aussichtslos erscheinenden Situationen befinden, nen die größten Schwierigkeiten in der Suche realistischer Soll-Zunde bestehen. Wenn der Soll-Zustand und der Ist-Zustand weit auseinanliegen, dann können sich die Hauptschwierigkeiten bei der Transforman einstellen. Schließlich kann es sich als schwierig erweisen, die für Transformation erforderlichen Mittel zu beschaffen bzw. überhaupt t festzustellen.

nach Situation kann es sich bei jedem der fünf Felder als nützlich ersen, mathematische Modelle einzusetzen. Diese können auch mehrere Felmiteinander koppeln.

che der Felder dabei schwerpunktmäßig zu modellieren sind, darüber nen die Meinungen erheblich auseinandergehen. Diesbezüglich sei auf Meinungsverschiedenheiten zwischen den "Statikern" und "Dynamikern" gewiesen. Dynamiker im Sinne von **Forrester** (1972) und **Meadows** (1972) stellen den Transformationsprozeß bei ihren Modellen in den Vordergrun vgl. auch **Sharp** und **Price** (1984). Sie beschreiben ein soziales System, dem sie die Zustände (Ist-Zustände und Soll-Zustände) des Systems durch Transformationsbeziehungen miteinander koppeln. Die Modellrechnung beginnt sodann am Ist-Zustand und entwickelt die Zustände der Zukunft du die Transformationsbeziehungen. Die Transformationsbeziehungen definie somit die zukünftige Entwicklung des Systems. Die Soll-Zustände ergebe sich aus der "Mechanik" der Transformationsbeziehungen. Diese Denkweis wird stark kritisiert von den Statikern, etwa von **Hanssmann** (1976, 197 Sie glauben nicht an die "Mechanik". Sie sagen vielmehr, daß man zunäc den gewünschten Soll-Zustand - und zwar mit Hilfe mathematischer Model wenn nützlich - festlegen und sodann die erforderlichen Transformation maßnahmen entwickeln solle. Für beide Modelltypen gibt es ernsthafte A gumente. Welchen Typ man wählt, ist eine Frage der subjektiven Bewertu Die Wahl hängt davon ab, welche Gestaltungsfreiheiten vorliegen, welch Erkenntnis angestrebt wird und welche Entscheidungen vorbereitet werde sollen.

Die Fünf-Felder-Analyse hat zahlreiche Brüder und Schwestern in der Literatur. Gewöhnlich werden jedoch nur drei Felder genannt. So klassifiziert **Dörner** (1979, S. 10-15) Probleme anhand von nur drei Feldern, nä lich der Ziele, die er als weitgehend deckungsgleich mit dem Soll-Zust sieht, der Mittel, die er in enger Überlappung mit dem Ist-Zustand ver steht, und der Transformation. Je nach Schwierigkeitsgrad in diesen Be reichen gibt es für ihn unterschiedliche Problemlösungsbarrieren, und zwar die "Interpolationsbarriere" bei Schwierigkeiten in der Transform tion, die "Synthese-Barriere" bei geringem Bekanntheitsgrad der Mittel und die "dialektische Barriere" bei geringer Klarheit der Zielkriterie

Daß es sinnvoll sein kann, einerseits zwischen Zielen und dem Soll-Zustand, andererseits zwischen dem Ist-Zustand und den Mitteln zu unterscheiden, sei am Beispiel der Wirtschaftspolitik der Bundesrepublik Deutschland skizziert. Die Planungsaufgabe laute, Maßnahmen der gesamt Wirtschaftspolitik für die Bundesrepublik zu entwickeln, zu bewerten u zu diskutieren. Für diese Aufgabe sei die Struktur der Fünf-Felder-Ana se herangezogen:

- Zur Beurteilung des **Ist-Zustandes** dienen z.B. die jährlichen Gutach zur wirtschaftlichen Lage der Nation, die von den "Fünf Weisen" erstel werden, ferner die sonstigen Gutachten der Wirtschaftsforschungsinstit te, der Verbände, der Ministerien, der Bundesbank, einzelner Universitätsinstitute etc.
- Die **Ziele** der Wirtschaftspolitik sind im "Gesetz zur Förderung der Stabilität und des Wachstums der Wirtschaft" (Stabilitätsgesetz) von 1967 festgelegt. Sie sind als "magisches Viereck" bekannt und enthalte (i) Stabilität des Preisniveaus, (ii) hohen Beschäftigungsstand, (iii) außenwirtschaftliches Gleichgewicht und (iv) angemessenes Wirtschaftswachstum. Diese Ziele sind aber nicht identisch mit dem Soll-Zustand.
- Vielmehr läßt sich der **Soll-Zustand** erst mit Hilfe dieser Ziele def nieren. Insoweit eine Gewichtung der Ziele nicht vorgegeben ist, beste dabei ein erheblicher Spielraum. Von grundsätzlicher Bedeutung ist dab die Festlegung der "Attribute" (Parameter), durch die der Soll-Zustand beschrieben wird. Erst nach ihrer Festlegung lassen sich - für den jeweiligen Planungshorizont - die angestrebten Attributsausprägungen (Pa meterwerte) setzen.

• Als **Mittel** der Wirtschaftspolitik sind sodann sämtliche Ressourcen, ,e der entsprechenden Institution zur Verfügung stehen bzw. von der Institution beeinflußt werden können, zu bezeichnen und in ihren Grenzen estzulegen.

Mit Hilfe dieser Mittel lassen sich sodann die **Transformationen** planen nd festlegen, mit denen die Volkswirtschaft aus dem Ist-Zustand in den efinierten Soll-Zustand überführt werden kann. Diese Transformationen önnen Aktionen der Finanzpolitik, der Währungspolitik, der Geldpolitik, er Beschäftigungspolitik etc. umfassen.

atürlich beeinflussen sich die einzelnen Felder gegenseitig. So werden anche Soll-Zustände mangels zulässiger Transformationen nicht erreichbar ein, die Mittel teilweise für wünschenswerte Transformationen nicht ausichen, Ziele zur Beschreibung einer wünschenswerten Zukunft zu ergänzen ein etc. Dadurch wird aber die generelle Verwendbarkeit der Fünf-Felderalyse nicht eingeschränkt.

e Fünf-Felder-Analyse dient insbesondere dem Zweck, Ordnung in den Plangs- und Modellentwurfsprozeß zu bringen. Selbst wenn sich die Felder genseitig beeinflussen, unterstützt die gedankliche Trennung der Felder e Systematik der umfassenden Entscheidungsvorbereitung für soziale Syeme.

3. Der Objekttypenansatz als erweiterter Systemansatz

allen fünf Feldern der Fünf-Felder-Analyse geht es letztlich um Strukrierung von Information, nämlich jeweils erstens um die Frage, welche tribute (Parameter) relevant sind, zweitens um die Frage, welche Ausägungen (Werte) diese Attribute annehmen, und drittens um die funktiolle Verbindung zwischen den Attributen. Zur Unterstützung dieser Informtionsstrukturierung bietet sich der Systemansatz in einer erweiterten rm an, die von Wedekind als **"Objekttypenansatz"** bezeichnet wird (vgl. **dekind** 1981, **Wedekind** und **Ortner** 1980, **Müller-Merbach** 1983a, 1983b, 84a). Eine Basis für diesen Ansatz kommt von **Chen** (1976). Der Objektpenansatz kann in gleicher Weise für den Entwurf von Informationssysten, für die Konstruktion von Planungsmodellen und für strukturierte Plang generell verwendet werden.

r Objekttypenansatz baut auf der trivial klingenden Aussage auf, daß de Information einen "Aufhänger" braucht, beispielsweise
die Farbe des Autos (gelb, lila, yellow-pink, ...)
der Name des Studenten (Meierdiercks, Mairdirggs, Mayerdierx, ...)
das Alter des Professors (48, 35, 83, ...)
die Kapazität des Raumes (104 Sitze, 258 Sitze, 38 Sitze, ...)
der Preis des PCs (2.480,- DM, 31.520,- DM, 6.430,- DM, ...)
allgemein: das "Attribut" eines "Objekttyps" (mit der jeweiligen sprägung für die einzelnen Objekte desselben Typs).

e Objekttypen bilden also die "Aufhänger" für Information. Die Informan selbst steckt in den Attributen, denen Werte als Ausprägung für die zelnen Objekte zuzuordnen sind. Die zentrale Aufgabe beim EDV-Softeentwurf, bei der Konstruktion von Planungsmodellen und bei Planungsaktivitäten allgemein besteht darin, die relevanten Objekttypen zu bene nen und ihnen die relevanten Attribute zuzuordnen.

Allerdings lassen sich viele Attribute nicht einem einzelnen Objekttyp der bisher genannten Art zuordnen, sondern stehen zwischen solchen Objekttypen. Beispielsweise ist eine Universitätsprüfung ein Ereignis zwi schen einem Professor und einem Studenten und läßt sich zweckmäßigerwei weder dem einen noch dem anderen ausschließlich zuordnen. Ferner ist di Entfernung zwischen zwei Orten nicht ein Attribut des einen oder des an deren Ortes, sondern ein Attribut des Ortepaares. Und in der Fertigung betreffen die "Produktionskoeffizienten" nicht lediglich die Produkte oder die Maschinen, sondern stehen zwischen Produkt und Maschine.

Als "Aufhänger" für diese Attribute, die zwischen den Objekttypen der bisher besprochenen Art stehen, hat **Wedekind** den Begriff des **"komplexen Objekttyps"** eingeführt, während er die bisher genannten Beispiele als **"elementare Objekttypen"** bezeichnet. Die Attribute werden je nach logischer Zugehörigkeit den elementaren oder den komplexen Objekttypen zugeordnet, beispielsweise:

- Im Falle der akademischen Prüfung werden alle den Professor betreffenden Attribute dem Objekttyp **PROFESSOR**, alle Attribute des Studenten dem Objekttyp **STUDENT** und alle Attribute der Prüfungsereignisse dem komplex Objekttyp **PRÜFUNG** bzw. **PROFESSORxSTUDENT** zugeordnet.
- Bei Entfernungstabellen werden alle Attribute, die sich auf die einzelnen Orte beziehen, dem elementaren Objekttyp **ORT** und alle Entfernungsattribute dem komplexen Objekttyp **ORTEPAAR** bzw. **ORTxORT** zugewiesen.
- Bei der Produktionsplanung können alle Attribute der Produkte dem Objekttyp **PRODUKT**, alle Attribute der Fertigungsmaschinen dem Objekttyp **MASCHINE** und alle Attribute, die die Produkte mit den Maschinen verbinden, dem Objekttyp **PRODUKTION** bzw. **PRODUKTxMASCHINE** zugewiesen werden.

Diese strukturelle Ordnung schlägt sich unmittelbar in Planungsmodelle nieder. In ihnen werden Objekttypen durch Indexmengen, die einzelnen Objekte innerhalb eines Objekttyps durch den Index repräsentiert. Dabei wird für elementare Objekttypen ein einfacher Index vergeben, für komplexe Objekttypen ein Mehrfachindex. Die Attribute schließlich treten in Planungsmodellen als Konstanten bzw. Variablen auf.

Beispielsweise können in einer Restriktion vom Typ

$$\textbf{SUM}\ a_{ij}x_j \le b_i$$

der Index i die Maschinen, der Index j die Produkte, die Konstante b_i Kapazität der Maschine i, die Variable x_j die Produktionsmenge des Produktes j und die Konstante a_{ij} den Produktionskoeffizienten, also die lastung der Maschine i pro Mengeneinheit des Produktes j, repräsentier

Der Objekttypenansatz eignet sich bei der Konstruktion von Planungsmodellen als Brücke zwischen der Realität und dem eigentlichen Modell, vgl. **Müller-Merbach** (1983a, 1984a). Diese Eignung wird dadurch unterstützt, daß auf der Abstraktionsebene des Objekttypenansatzes häufig noch eine intensive Kommunikation zwischen Manager und Operational Researcher möglich ist, während die Kommunikation auf der Ebene des mathematischen Modells schwierig werden kann.

ır aktiven Anwendung des Objekttypenansatzes werden zwei Dokumentarten npfohlen, der **Objekttypen-Zusammmenhangsgraph** und die **Objekttypen-Attributstabelle**. Im Objekttypen-Zusammenhangsgraphen werden nur die Ob-kttypen und die Beziehungen zwischen ihnen dargestellt, vgl. Bild 2. der Objekttypen-Attributstabelle werden sodann für jeden Objekttyp e relevanten Attribute und die für sie im Modell verwendeten mathemati-:hen Symbole aufgelistet, vgl. Bild 3.

ide Dokumente seien an einem Beispiel vorgestellt, vgl. **Müller-Merbach** 983a, 1984a). Es geht um die Modellierung des Zusammenhanges zwischen n erzeugten Produktmengen eines Fertigungsbetriebes mit den verbrauch-n Materialmengen, der Betriebsmittelnutzung und dem Arbeitskraftein-tz. Der Materialverbrauch sei stücklistenmäßig mit den hergestellten oduktmengen verbunden. Der Betriebsmitteleinsatz ergebe sich über die beitspläne ebenfalls aus den herzustellenden Produktmengen. Der Ar-itskrafteinsatz sei schließlich abhängig von der Betriebsmittelnutzung. eser Zusammenhang ist im Bild 2 dargestellt.

r Objekttypen-Zusammenhangsgraph repräsentiert nicht für jeden Produk-onsbetrieb den Zusammenhang zwischen Produktmengen und Faktormengen. elmehr gibt es hier zahlreiche unterschiedliche Grundtypen, vgl. **Mül-r-Merbach** (1981a). Das Bild 2 stellt nur eine von vielen möglichen rukturen (Produktionsfunktionssystemen) dar. Beispielsweise könnte sich anderen Fällen der Arbeitskraftbedarf direkt aus den herzustellenden oduktmengen ergeben. Ferner könnte der Materialbedarf ganz oder teil-ise vom Einsatz der Betriebsmittel abhängig sein und nicht unmittelbar n den hergestellten Produktmengen. In Fällen der Kuppelproduktion wie-rum würde der Materialeinsatz die hergestellten Produktmengen definie-n, und nicht umgekehrt.

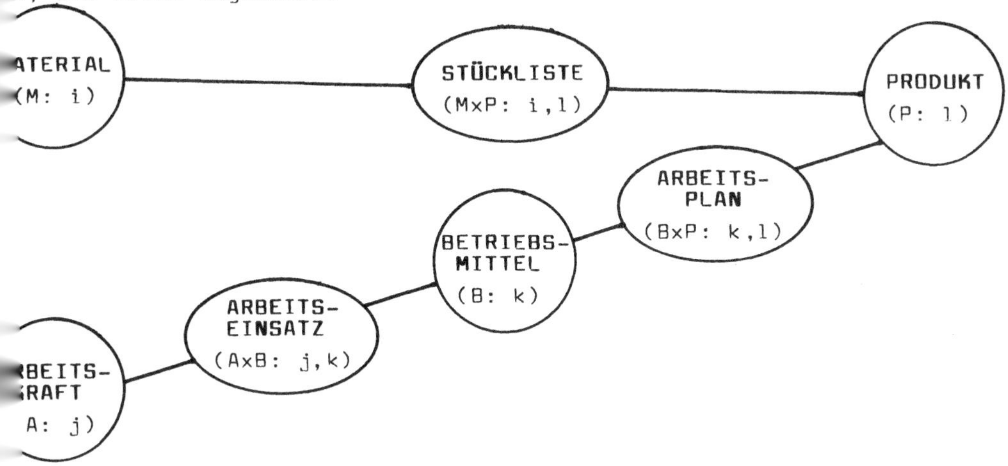

Bild 2: Objekttypen-Zusammenhangsgraph zum Beispiel der Fertigungsplanung (Produktionsfunktionen): Objekttypen mit Kurzbezeichnung und Indizes (Kreise für elementare, Ellipsen für komplexe Objekttypen)

Der Objekttypen-Zusammenhangsgraph vom Bild 2 repräsentiert somit die Konstruktion des Modellbauers, aber damit noch nicht notwendigerweise Realität selbst bzw. die Wahrnehmung der Realität durch sonstige Perso nen. Man kann jedoch an diesem Objekttypen-Zusammenhangsgraphen über d gegenseitigen Abhängigkeiten diskutieren, bevor ein mathematisches Mod entworfen wird. Dieser Graph dient also der Kommunikation über die pri zipielle Struktur der im Modell darzustellenden Realität.

Im Objekttypen-Zusammenhangsgraphen sind noch nicht die einzelnen Attr bute der Objekttypen genannt. Sie folgen in der Objekttypen-Attributst belle, wie sie für dieses Beispiel im Bild 3 dargestellt ist.

Symbol	Objekttyp	Index	Attribute	
M	**MATERIAL**	i	Einsatzmenge MQV_i	
A	**ARBEITSKRAFT**	j	Einsatzdauer ADV_j	
B	**BETRIEBSMITTEL**	k	Nutzungsdauer BNV_k	Kapazität BKK_k
P	**PRODUKT**	l	Prod.-Menge PQV_l	Bedarf PBK_l
MxP	**STÜCKLISTE**	i,l	Mengenrelation $MQPQK_{il}$	
BxP	**ARBEITSPLAN**	k,l	Nutzungsrelation $BNPQK_{kl}$	
AxB	**ARBEITSEINSATZ**	j,k	Einsatzrelation $ADBNK_{jk}$	

Bild 3: Objekttypen-Attributstabelle mit mathematischer Notation

In dieser Objekttypen-Attributstabelle hat jeder Objekttyp ein Symbol Kurzbezeichnung erhalten. Ferner ist jedem Objekttyp ein eigener Index zugewiesen worden. Beide Informationen enthält auch das Bild 2. Ferner ist zu den relevanten Attributen jeweils die mathematische Notation an geben. Hierfür empfiehlt sich - insbesondere für Modelle mit zahlreich Objekttypen - eine spezifische Systematik. Hier ist für die Attribute elementaren Objekttypen (M, A, B und P) jeweils als erstes Zeichen das Symbol des Objekttyps verwendet. Das zweite Zeichen kennzeichnet die A des Attributes (Q für Quantität, D für Dauer, N für Nutzung, K für Kap zität und B für Bedarf). An letzter Stelle ist jeweils gekennzeichnet, dieses Attribut im Modell als Konstante (K) oder als Variable (V) Verw dung findet. Auch diese Entscheidung, ob ein Attribut eine Konstante c eine Variable ist, ist eine Entwurfsentscheidung des Modellbauers und sollte nicht als "naturgegeben" angesehen werden.

Bei den komplexen Objekttypen werden in der hier vorgestellten Systema die Kennzeichnungen der verbundenen Attribute aufgeführt. So verbindet etwa die Mengenrelation MQPQK die Einsatzmenge MQV des Materials mit c Produktionsmenge PQV der Produkte. An letzter Stelle werden auch bei Attributen der komplexen Objekttypen mit K die Konstanten und V die Va riablen gekennzeichnet.

Mit Hilfe dieser Attribute lassen sich nun die Mengenbeziehungen formu lieren, und zwar:

Die Einsatzmenge des Materials ergibt sich aus den Produktionsmengen, ltipliziert mit den Mengenrelationen der Stücklisten:

$$MQV_i = SUM_l \; MQPQK_{il} PQV_l \qquad \forall \; i$$

t Hilfe der Wiederholung der Symbole MQ und PQ wird die formale Kor-ktheit dieser Gleichung unterstrichen.

Ähnlich wie die Einsatzmenge des Materials sei auch die Nutzungsdauer n den Produktionsmengen abhängig, und zwar über die Nutzungsrelationen s den Arbeitsplänen:

$$BNV_k = SUM_l \; BNPQK_{kl} PQV_l \qquad \forall \; k$$

Von der Nutzungsdauer der Maschinen sei nun der Bedarf an Arbeitskräf-n (unterschiedlicher Qualifikation) abhängig:

$$ADV_j = SUM_k \; ADBNK_{jk} BNV_k \qquad \forall \; j$$

Ferner sei die Nutzungsdauer der Betriebsmittel durch deren Kapazitä-n begrenzt:

$$BNV_k \leq BKK_k \qquad \forall \; k$$

Weiterhin möge der Bedarf die Produktionsmengen für jedes einzelne dukt begrenzen:

$$PQV_l \leq PBK_l \qquad \forall \; l$$

diesen fünf Restriktionstypen mag bisher nur ein Teil des Gesamtmo-ls dargestellt sein. Es fehlt insbesondere noch die Zielfunktion, wie bei Modellen der linearen Optimierung üblich ist. Je nach Problemzu-menhang mögen ferner noch weitere Restriktionen und entsprechende At-bute zu den vorhandenen oder noch zu ergänzenden Objekttypen erforder-h sein.

diesem Beispiel läßt sich die prinzipielle Anwendbarkeit des Objektty--Ansatzes für den Modellbau jedoch trotz der Unvollständigkeit deut-h machen. Der Objekttypenansatz als Brücke zwischen der Realität und Modell dient insbesondere den Zwecken der

Kommunikation: Auf der Ebene der Objekttypen läßt sich mit den - in Mathematik oft weniger erfahrenen - Problemfachleuten besser eine ichberechtigte Partizipation im Modellbauprozeß erreichen als auf der ne des mathematischen Modells.

Dokumentation: Der Objekttypenansatz unterstützt die systematische Do-entation von Planungsmodellen, da jede Konstante und Variable eindeu-an Objekttypen angeschlossen ist und dieser Anschluß durch die Nota-n bereits deutlich gemacht wird.

Fehlersuche (debugging): Durch die Systematik der Notation wird die deckung systematischer Modellierungsfehler erleichtert.

Schnittstellendefinition: Die meisten Planungsmodelle repräsentieren e aus der unbegrenzten Realität herausgeschnittene "Miniwelt" mit lreichen Schnittstellen zu anderen Modellen bzw. Objekttypen. Diese nittstellen lassen sich an den Objekttypen übersichtlich darstellen.

Modellmontage und Modellverwaltung: Mit Hilfe neuer Generationen von rix-Generatoren, die an relationale Datenbankstrukturen anknüpfen, nte die Modellmontage aus an Objekttypen orientierten Datenbeständen omatisiert werden. Solche Matrix-Generatoren könnten zu Systemen des nputer Aided Modelling" (CAMo) ausgebaut werden, vgl. Müller-Merbach 34d).

4. Modellbau: Fünf Ebenen der Strukturgebung

Es wurde bereits mehrfach auf Konstruktionsentscheidungen beim Modellb hingewiesen. Daran knüpft sich die Frage an, ob Modellbau "Strukturabb dung" oder "Strukturschaffung" sei.

In der überwiegenden Literatur zum Modellbau werden Modelle als Abbild der Realität beschrieben. In diesem Zusammenhang wird gewöhnlich auch Forderung nach Isomorphie (Strukturgleichheit) bzw. Homomorphie (Struk turähnlichkeit) gestellt. Zur Bestätigung der Isomorphie bzw. Homomorp wird die Durchführung einer Modell-Validierung vorgeschlagen. Allerdin wird zumeist offengelassen, wie eine Modellvalidierung durchgeführt we den kann, wie also Isomorphie bzw. Homomorphie festgestellt werden kön nen, denn diese Feststellung erfordert, daß die Realität strukturiert vorliegt. An der Strukturiertheit der Realität sind in jüngerer Zeit z nehmend Zweifel geäußert worden, u.a. von **Ackoff** (1977), **Bretzke** (1980 **Gaitanides** (1979), **Gault** (1984), **de Moliere** (1984), **Müller-Merbach** (1982b) etc. Diese sagen vielmehr, daß die Konstruktion von Planungsmo dellen nicht Strukturabbildung, sondern Strukturschaffung sei. Sie geh davon aus, daß die zu modellierende Realität zu einem großen Teil stru turlos sei und erst durch Modelle Struktur erhalte.

Bretzke (1980) hat sich insbesondere mit der Modellierung von Zielsetz gen beschäftigt. Er weist überzeugend nach, daß Zielvorstellungen und ihre Strukturen in der Realität gewöhnlich nicht meßbar seien, so daß Planungsmodelle zumindest bezüglich ihrer Zielfunktionen der Struktur-schaffung unterliegen. **De Moliere** (1984) weitet diese Gedanken auch au andere Bereiche von Planungsmodellen aus.

Hier sei die Problematik der Strukturgebung durch Planungsmodelle auf fünf Ebenen diskutiert, wobei von einer dominanten Strukturabbildung b zur dominanten Strukturschaffung fortgeschritten wird, vgl. **Müller-Mer bach** (1984c).

Ebene 1 - Ummodellieren vorgegebener Strukturen: Wenn reale Zusammenhä ge durch Gesetze, Verträge, technische Konstruktionen, begriffliche De finitionen etc. durch Menschen formal festgelegt sind, dann ist das Mo dellieren dieser Zusammenhänge nur ein Umschreiben in eine andere Spra che, etwa in die Sprache der Mathematik. Wenn beispielsweise die Körpe schaftsteuer **s** mit 56% des ausgeschütteten Gewinnes **g** gesetzlich festg legt ist, dann ist das Modell $\mathbf{s} = \mathbf{0{,}56g}$ eine Ummodellierung der Gesetz vorschrift. Bei dem Ummodellieren lassen sich lediglich formale Fehler begehen. Eine inhaltliche Strukturschaffung findet hier nicht mehr sta sondern hat bereits durch die Festlegung der Vorgabe stattgefunden.

Ebene 2 - Nachmodellieren gewonnener Erkenntnisse: Ähnlich wie die dur Menschen gesetzten Zusammenhänge der Ebene 1 lassen sich von Menschen kannte "Naturgesetze" modellieren. Man denke an die Erhaltung von Mass an Energiegleichungen, an chemische Strukturen, an Hebelgesetze, an Schwingungen, an Halbwertszeiten, an technologische Eigenschaften von Stoffen etc. Hier liegen unzählige fundierte Erfahrungen vor, die zwar nach **Popper** stets noch der Falsifikationsgefahr unterliegen (vgl. **Popp** 1934, **Albert** 1964), aber dennoch die Realität so sicher beschreiben, d man sie häufig ohne wesentliche Bedenken für Planungsmodelle nachmodel ieren kann. Auch hier wird vom Konstrukteur eines Planungsmodells keine esentliche inhaltliche Strukturschaffung verlangt (mit Ausnahme der Verntwortung für die Auswahl der relevanten Objekttypen und Attribute), ndern vor allem eine formale richtige Übertragung des "Naturgesetzes" rwartet.

ene 3 - Durchmodellieren empirischer Zusammenhänge: Viele Erkenntnisse egen nicht in fundierten Naturgesetzen vor, sondern haben lediglich emrische Erfahrung zur Basis. Das gilt auf technischem Gebiet beispielsise für zahlreiche Wirkungsgrade, für Wärmeübergangsprozesse, für mane chemische Prozesse, für gewisse Stömungsprozesse etc. Bezüglich soaler Systeme gilt das beispielsweise für Organisationsstrukturen, für atistische Deskription, für Bilanzen der Unternehmung, für Käuferverlten etc. Mangels grundsätzlicher theoretischer Erkenntnisse läßt sich e Realität im wesentlichen nur beschreiben, aber nicht erklären. Diese ene repräsentiert solche Darstellungen von Zusammenhängen, die man häug als "Beschreibungsmodelle" bezeichnet. Mangels fundierter theoretiher Zusammenhänge liegen auf dieser Ebene im allgemeinen keine zwingenn Strukturen vor, die im Modell nur nachzubilden wären. Vielmehr wird ufig ein neues Durchstrukturieren erforderlich sein, also Strukturhaffung.

ene 4 - Vormodellieren konjekturaler Sozialtheorien: Über die Beschreingsfunktion der Ebene 3 hinaus geht die Erklärungsfunktion der Ebene 4. e repräsentiert Darstellungen von Zusammenhängen, die man häufig als rklärungsmodelle" bezeichnet. Sie beziehen sich überwiegend auf soziale rukturen, seltener auf Naturzusammenhänge. Die Erklärung sozialer Zummenhänge erfordert das Setzen von Annahmen oder Mutmaßungen (engl.: njectures) über die Realität, die sich häufig nicht in einer den Natursetzen der Ebene 2 ähnlichen Weise fundieren lassen. Dazu gehören beielsweise die Preisabsatzfunktionen der Preistheorie, die Modelle von njunkturschwankungen, die volkswirtschaftlichen Wachstumsmodelle, die klärungsmodelle des Außenhandels seit **Ricardo** etc. Auch alle Prognosen er zukünftige Entwicklungen sozialer bzw. ökonomischer Größen sind tztlich ein Ausfluß derartiger konjekturaler Sozialtheorien. Die meien dieser Sozialtheorien lassen sich nicht im Labor testen. Eine Beätigung der möglichen Richtigkeit bzw. Unvollständigkeit solcher Theoen läßt sich bestenfalls nach Ablauf des relevanten Zeitpunktes erreien, wenn also die Richtigkeit nicht mehr von Bedeutung ist. Die Umsetng solcher konjekturaler Sozialtheorien in Planungsmodelle geht also wöhnlich der Fundierung voraus, so daß der Begriff "Vormodellieren" gechtfertigt erscheint. Es liegt also Strukturschaffung vor.

ene 5 - Neumodellieren von Zielsetzungen: Voll auf die Strukturschafng bezieht sich schließlich der Bereich der Zielformulierung. In der eratur wird gewöhnlich als selbstverständlich angenommen, daß ein Unnehmer den Gewinn maximiere, ein Vertriebschef den Umsatz maximiere, Vertreter den kürzesten Weg suche und in einem Transportsystem der stenminimale Maximalfluß realisiert werden solle. Solche Aussagen sind Ergebnis einer Strukturschaffung. In der Realität sind Ziele von Peren nicht meßbar. Bestenfalls kann man Entscheidungsträger hinsichtlich er Ziele befragen. Aber wie gut repräsentieren die Antworten die rklichen" Zielsetzungen, die in den meisten Fällen nicht einmal bei befragten Personen selbst in klarer Ordnung vorliegen? Wenn Operational Research, wie es eingangs gesagt wurde, insbesondere der Vermit-lung eines vertieften Verständnisses von dem jeweiligen sozialen System dient, dann sicher auch dem zunehmenden Verständnis von Zielzusammenhängen. Das bedeutet, daß verbindliche Zielaussagen häufig am Ende eines Operational-Research-Prozesses stehen. Durch eine verbindliche Festlegung der Ziele kann dadurch die prinzipielle Strukturierungsbedürftigkeit der Ebene 5 in die Strukturvorgabe der Ebene 1 übergehen. So schließt sich der Kreis.

Die hier genannten fünf Ebenen sind idealtypisch zu verstehen. Sie gehen ineinander über. In vielen Einzelfällen dürfte es sogar schwierig sein, eine präzise Zuordnung zu einer Ebene zu finden. Vielmehr ergeben sich je nach Interpretation der zu modellierenden Zusammenhänge unterschiedliche Zuordnungen zu den einzelnen Ebenen.

In den meisten Planungsmodellen werden alle fünf Ebenen vertreten sein. Daher erscheint es nicht sinnvoll, von "Beschreibungsmodellen" (Ebene 3), "Erklärungsmodellen" (Ebene 4) und "Entscheidungsmodellen" zu sprechen, wie es häufig geschieht.

Auf allen fünf Ebenen steht die menschliche Strukturschaffung im Mittelpunkt. Allerdings geht auf den Ebenen 1 und 2 die menschliche Strukturschaffung dem Bau des Planungsmodelles voraus, so daß man hier von einer Abbildung der - durch Menschen geschaffenen - Strukturen sprechen kann. Demgegenüber hat auf den Ebenen 3 bis 5 weitgehend der Modellbauer die Strukturentscheidungen selbst zu treffen. Dabei kann er und wird er Modellentwürfe aus der Literatur verwenden, die aber für ihn nur Anregungswert haben, nicht jedoch reale Struktur vorgeben.

Auf den ersten beiden Ebenen kann der Modellbauer im wesentlichen nur formale Fehler machen. Diesbezüglich sind die Planungsmodelle auf formale Richtigkeit zu prüfen. Auf den Ebenen 3 bis 5 spielt dagegen die formale Richtigkeit eine geringere Rolle. Hier liegt kein strukturelles "Vorbild" vor. Vielmehr bedeutet hier Modellkonstruktion gleichzeitig Strukturschaffung. Damit weitet sich die Verantwortung des Modellbauers von der formalen Richtigkeit auf die Nützlichkeit des Modells aus.

5. Ausblick

Es wurde eingangs zwischen zwei Auffassungen von Operational Research unterschieden, dem an der Gestaltung und Lenkung sozialer Systeme orientierten **SOR** und dem an mathematischen Techniken orientierten **TOR**. Für **SOR** spielt die Mathematik die Rolle eines wichtigen Hilfsmittels, steht aber nicht im Mittelpunkt des Interesses wie beim **TOR**.

Die Arbeit des **SOR** orientiert sich in erster Linie jeweils an dem sozialen System. Daher sind auch die Methoden und Hilfsmittel des **SOR** - im Gegensatz zu den mathematischen Verfahren - stärker direkt auf das Verständnis und die Analyse sozialer Systeme bezogen. Die hier vorgestellten Methoden und Hilfsmittel sind zentrale Elemente der beiden Vorlesungen "Planungsmethodik" und "Der Entwurf von Planungsmodellen" an der Universität Kaiserslautern. Das dortige Ausbildungsziel bezüglich des Operational Research ist am **SOR** orientiert. Die Studenten sollen durch Vorl ıngen und aktives Üben solche Kenntnisse und Fähigkeiten erwerben, mit ɛnen sie später verantwortlich an der "modellgestützten Vorbereitung von ıtscheidungen zur Gestaltung und Lenkung sozialer Systeme" mitwirken innen. In diesem Beitrag wurden nur einige Aspekte der beiden genannten ɔrlesungen angesprochen. Viele Anregungen für die Vorlesungen stammen ɔn den zahlreichen Autoren aus dem **SOR**-Lager, darunter **Ackoff** (1979a und 979b), **Boothroyd** (1978) und **Gault** (1984).

6. Literatur

:koff, Russell L.: A Comparison of Operational Research in the U.S.A. d in Great Britain. Operational Research Quarterly Vol. 8, 1957, No. 2, ·. 88-100.

:koff, Russell L.: Science in The Systems Age: Beyond IE, OR, and MS. erations Research Vol. 21, 1973, No. 3, pp. 661-671.

koff, Russell L.: Optimization + Objectivity = Opt Out. European urnal of Operational Research Vol. 1, 1977, No. 1, pp. 1-7.

koff, Russell L.: The Future of Operational Research is Past. Journal the Operational Research Society Vol. 30, 1979(a), No. 2, pp. 93-104.

koff, Russell L.: Resurrecting the Future of Operational Research. urnal of the Operational Research Society Vol. 30, 1979(b), No. 3, . 189-199.

bert, Hans (Hrsg.): Theorie und Realität. Tübingen: Mohr 1964.

yraktar, B.A. et al. (eds.): Eduation in Systems Science. London: ylor & Francis 1979.

othroyd, Hylton: Articulate Intervention. London: Taylor & Francis 78.

etzke, Wolf-Rüdiger: Der Problembezug von Entscheidungsmodellen. Tübin- n: Mohr 1980.

en, Peter Pin-Shan: The Entity-Relationship Model - Toward a Unified ew of Data. ACM Transactions on Database Systems Vol. 1, 1976, No. 1, . 9-36.

nkelbach, Werner: Unternehmensforschung. Handwörterbuch der Wirt- ıaftswissenschaft, 14. Lieferung. Stuttgart: 1978, S. 123-136.

rner, Dietrich: Problemlösen als Informationsverarbeitung (2. Auflage). ıttgart: Kohlhammer 1979.

rrester, Jay W.: Grundzüge einer Systemtheorie (Übersetzung). Wiesba- ı: Gabler 1972.

ede, Karl-Walter: Beitrag 4/i. Erster Forschungsbericht der Technischen :hschule Darmstadt. Darmstadt: Technische Hochschule 1974, S. 36.

.tanides, Michael: Planungsmethodologie. Berlin: Duncker & Humblot '9.

ılt, Richard: OR as Education. European Journal of Operational Research . 16, 1984, No. 3, pp. 293-307.

ıssmann, Friedrich: Überblick und Konzeption für ein überregionales ɛrgiemodell am Beispiel Münchens. Analysen und Prognosen Jg. 8, 1976, 47, S. 20-22.

ıssmann, Friedrich: Corporate Planning Based on a Static Analytical el. Computergestützte Unternehmensplanung, hrsg. von **H.D. Plötzen-** r. Stuttgart: SRA 1977, S. 83-102.

tington, Hillard G., John P. Weyant and **James L. Sweeney**: Modeling Insights, not Numbers: The Experiences of the Energy Modeling Forum. GA Vol. 10, 1982, No. 5, pp. 449-462.

Korte, Bernhard: Neue Entwicklungen in den Anwendungen von Mathematik Operations Research. Operations Research Verfahren, Heft 31. Meisenhei Hain 1979 (27 Seiten, ohne Paginierung).
Meadows, Dennis: Die Grenzen des Wachstums (Übersetzung). Stuttgart: D 1972.
de Moliere, Frederic: Prinzipien des Modellentwurfs - Eine modelltheor tische und gestaltungsorientierte Betrachtung (Dissertation). Darmstad 1984.
Müller-Merbach, Heiner: Operations Research - mit oder ohne Zukunftsch cen? Industrial Engineering und Organisations-Entwicklung im kommenden Dezennium, hrsg. von **K. Krüger**, **G. Rühl** und **K.J. Zink**. München: Hanser 1979, S. 291-311.
Müller-Merbach, Heiner: Die Konstruktion von Input-Output-Modellen. Pl nung und Rechnungswesen in der Betriebswirtschaftslehre, hrsg. von **H. Bergner**. Berlin: Duncker & Humblot 1981(a), S. 19-113.
Müller-Merbach, Heiner: Das Individuum und das Modell. Operations Research Proceedings, hrsg. von **G. Fandel** et al. Berlin, Heidelberg: Spr ger 1981(b), S. 144-154.
Müller-Merbach, Heiner: Operations Research. RKW-Handbuch Logistik, 3. Lieferung II/82, Ziffer 9175, 23 Seiten. Berlin: Schmidt 1982.
Müller-Merbach, Heiner: Model Design Based on the Systems Approach. Journal of the Operational Research Society Vol. 34, 1983(a), No. 8, pp. 739-751.
Müller-Merbach, Heiner: Systemanalyse als gelenkter kreativer Prozeß. Psychologische Aspekte der Software-Entwicklung, hrsg. von **H. Schelle** und **P. Molzberger**. München, Wien: Oldenbourg 1983(b), S. 105-132.
Müller-Merbach, Heiner: Resource Planning Model Design Based on an Extended Structured Systems Approach. Proceedings "1984 International Conference on Operations Research in Resources and Requirements in Southern Africa". Pretoria: CSIR Conference Centre, 1984(a).
Müller-Merbach, Heiner: Interdisciplinarity in Operational Research - the Past and in the Future. Journal of the Operational Research Societ Vol. 35, 1984(b), No. 2, pp. 83-89.
Müller-Merbach, Heiner: Five Levels of Model Building. "Letter from th President" of IFORS, No. 19, July 1984(c), nachgedruckt im DGOR-Bullet Nr. 28/Oktober 1984, S. 19.
Müller-Merbach, Heiner: CAD in Operational Research. "Letter from the President" of IFORS, No. 24, December 1984(d).
Müller-Merbach, Heiner, und **Richard Gault**: OR Curricula and Cultural Differences. European Journal of Operational Research Vol. 8, 1981, No 3, p. 313.
ORSA (Operations Research Society of America): Careers in Operations R search. Baltimore, MD.: ORSA 1976.
Popper, Karl: Logik der Forschung. Zur Erkenntnistheorie der modernen turwissenschaft. (1934), Wien 1935, erweiterte englische Ausgabe: The Logic of Scientific Discovery. London 1959.
Sharp, J.A., und **D.H.R. Price**: System Dynamics and Operational Researc An Appraisal. European Journal of Operational Research Vol. 16, 1984, No. 1, pp. 1-12.
Wedekind, Hartmut: Datenbanksysteme I (2. Auflage). Mannheim: Bibliographisches Institut 1981.
Wedekind, Hartmut, und **Erich Ortner**: Systematisches Konstruieren von Datenbankanwendungen - Zur Methodologie der angewandten Informatik. München, Wien: Hanser 1980.

ER DURCHSCHNITTLICHE RECHENAUFWAND BEIM SIMPLEXVERFAHREN

arl Heinz Borgwardt, Augsburg

Problemstellung

n den Jahren 1947/48 hat George B. Dantzig die Simplex-Methode ntwickelt und der Fachwelt als Lösungsverfahren für lineare ptimierungsprobleme vorgestellt.

Maximiere $v^T x$

unter den Nebenbedingungen $a_1{}^T x \leqq b^1, \ldots, a_m{}^T x \leqq b^m$

und $(x \geqq 0$ wahlweise)

wobei $v, x, a_1, \ldots, a_m \in \mathbb{R}^n$, $b \in \mathbb{R}^m$.

r wählen diese Art von Darstellung, weil andere Typen von lineen Optimierungsaufgaben leicht auf die angegebene Form zu transrmieren sind.

le diese Probleme haben gemeinsam, daß eine lineare Zielfunktion x auf einem Polyeder bzw. Zulässigkeitsbereich X (dessen Punk- alle Nebenbedingungen erfüllen) maximiert werden soll. Deshalb beitet die Simplexmethode in folgender Weise:

ase I: Es wird eine Startecke x_o von X bestimmt.

Man bricht ab, sobald sich dies als umöglich erweist.

ase II: Ausgehend von der Startecke x_o wird eine Folge $x_o, \ldots, x_s$ von Ecken von X berechnet, so daß

- aufeinanderfolgende Ecken in X benachbart sind;
- der Zielfunktionswert bei jedem Eckenaustausch vergrößert wird.

Das Verfahren stoppt, sobald bei x_s

- auf allen zu x_s benachbarten Kanten der Zielfunktionswert nicht verbessert wird
- oder wenn es eine von x_s ausgehende Kante findet, auf der $v^T x$ unbeschränkt wächst.

Operations Research Proceedings 1984

Man nennt s die Schrittzahl von Phase II.
Phase I (die Eckensuche) wird ganz analog zu Phase II durchgeführt, hier ist nur eine leichte Modifikation der Problemstellung erforderlich. Man benutzt dabei, daß bei Problemen vom Typ

$$\begin{aligned} &\text{Maximiere } v^T x \\ &\text{unter } a_1^T x \leq b^1, \ldots a_m^T x \leq b^m \text{ und } x \geq 0 \\ &\text{wobei } b^1, \ldots, b^m > 0 \end{aligned}$$

die Ecke $x_o = 0$ bereits bekannt ist und als Startecke verwendet werden kann. Deshalb entfällt hier die Eckensuche völlig.
Deshalb macht es Sinn, sich (zunächst) völlig auf die Phase II zu konzentrieren. Später werden wir dann zum Gesamtverfahren zurückkehren.

Die praktische Durchführung der Simplex-Methode erfolgt mit Hilfe eines Simplex-Tableaus, auf dessen Einzelheiten wir hier nicht näher eingehen wollen. Wichtig ist aber, daß es $m+1$ Zeilen und $n+1$ Spalten enthält. (m ist die Zahl der Restriktionen, n die Zahl der Variablen). In jedem Eckenaustauschschritt muß dieses Tableau neu berechnet werden. Dazu sind bei den gebräuchlichen Varianten höchstens (inklusive Ermittlung des Pivotelements)

$O(mn)$ Additionen/Subtraktionen
$O(mn)$ Multiplikationen/Divisionen

erforderlich. (Verfeinerte Berechnungsmethoden können hier noch Einsparungen bringen.)
Während also die Anzahl der elementaren Rechenschritte bei einem Pivotschritt leicht zu bestimmen ist, gibt es kaum Informationen über die Zahl der Pivotschritte s. Aber gerade diese Zahl ist entscheidend für den gesamten Rechenaufwand.

An Informationen über s ist man aus vielen Gründen interessiert:

- So wäre es vorteilhaft, von vornherein eine Schätzung für den Rechenaufwand (≅ Rechenzeit für einen Job) zu haben, um die Kosten veranschlagen zu können.

- Man hätte Anhaltspunkte für den Grad der Rundungsfehler, die sich im Laufe der Rechnung kumulieren.

- Es wäre möglich, Vorhersagen über die Lösbarkeit von linearen Optimierungsaufgaben zu machen, die heute noch nicht (wegen ihrer Größe) lösbar und testbar sind, aber im Zuge der Weiterentwicklung von Computern einmal in den Lösbarkeitsbereich kommen könnten.

ir betrachten den Rechenaufwand in Abhängigkeit von der Problem-rröße, die durch die beiden Parameter m und n bestimmt ist. lso ist $s = s(m,n)$.

ber natürlich hängt s nicht nur von (m,n) ab. Bis jetzt haben ir nämlich bei der Beschreibung des Simplexverfahrens noch nicht estgelegt, wie wir die Nachfolgeecke wählen, wenn es mehrere (ver-essernde) Möglichkeiten gibt.
ine solche Regel wird eine Variante des Algorithmus definieren.

eispiele für solche Regeln wären:

- Man wähle (zufällig) irgendeine verbessernde Kante.
- Man wähle die Kante, die pro Längeneinheit die größte Verbesserung bringt (steilste Kante).
- Man wähle die Kante, die absolut die größte Verbesserung im nächsten Schritt liefert.

e Schrittzahlen, die aus solchen verschiedenen Varianten resul-ieren, können erheblich divergieren.
so hängt s auch erheblich von der Variante ab.

d natürlich spielen die Eingabedaten des Problems, nämlich die ktoren $a_1,\ldots,a_m$ und b ebenfalls eine ganz entscheidende lle.

Schlechtester und mittlerer Fall

der Komplexitätstheorie hat es sich bewährt, einen Algorithmus nn als schnell und effizient anzusehen, wenn er die ihm gestell-n Probleme in polynomialer Zeit löst. Vereinfacht gesagt: Wenn e Anzahl der Rechenschritte durch ein Polynom in den Parametern r Problemgröße abgeschätzt werden kann.

Seit ihrer Einführung in die Praxis hat sich die Simplex-Methode sehr bewährt. Sie hat die allermeisten gestellten Probleme schnell und effizient gelöst.
Deshalb glaubten auch die Anwender, daß es sich hierbei um einen gutartigen Algorithmus handeln würde, und daß man sehr bald beweisen könnte, daß $\bar{s}(m,n)$ polynomial in m und n ist.

$\bar{s}$ bezeichnet hier die schlimmstmögliche Schrittzahl, die bei Verwendung einer festen Variante bei (m,n)-Problemen auftreten kann.

Man hoffte, daß $\bar{s}(m,n)$ sogar durch $C \cdot \max(m,n)$ beschränkt sein könnte. Aber es dauerte Jahrzehnte, bis die Suche nach einer Schranke für $\bar{s}$ zu einem - dazu noch negativen - Erfolg führte.

Klee und Minty [20] konnten 1971 beweisen, daß eine bestimmte Variante (zufällige Kantenauswahl) bei bestimmten Polyedern (beliebiger Dimension n) alle Ecken durchläuft. Dabei gelang es, für jedes $n = 2,3,4,\ldots$ ein $(2n,n)$-Problem (also mit $m = 2n$ Restriktionen) zu konstruieren, so daß dabei jeweils

$$\bar{s}(m,n) = 2^{n-1} \quad \text{für} \quad m = 2n\ .$$

Natürlich ist dann $\bar{s}(m,n)$ nicht mehr polynomial in m und n.

Mit etwas spitzfindigeren Methoden konnte dann sogar gezeigt werden, daß gilt

$$\alpha_n\, m^{\frac{n-1}{2}} < \bar{s}(m,n) < \beta_n\, m^{\frac{n}{2}}$$

mit $\alpha_n, \beta_n > 0$.

Ähnliche Resultate wurden für weitere Varianten gewonnen

(Klee, Minty	Dantzig's Regel) 1971	[20]
(Jeroslow	Größte Verbesserung) 1973	[18]
(Avis, Chvatal	Bland's Regel) 1976	[4]
(Goldfarb, Sit	Steilste Kante) 1979	[16]
(Goldfarb	Schatteneckenalgorithmus) 1983	[15]

so daß die Hoffnung auf eine polynomiale Variante (für den schlechtesten Fall) immer kleiner wurde.

ber immer noch ist die schwache Hoffnung nicht ganz erloschen, aß es vielleicht doch noch eine polynomiale Variante geben könnte.

ufgrund dieser negativen Ergebnisse wurden Anwender und Theore- iker ziemlich verunsichert, was die "Güte" des Simplexverfahrens nbetrifft.

- Hatte man vielleicht bisher (zufällig) nur harmlose Probleme angegangen?
- Waren die Dimensionen bei den gelösten Problemen zu klein gewesen, um die volle Wirkung der schlechten Fälle zu spüren zu bekommen?

iese und ähnliche Fragen waren um 1973 aktuell. Um sie zu eantworten, mußte man sich mit der mittleren Schrittzahl theo- etisch beschäftigen. Man suchte nun also Schranken für

$$E(s(m,n)) \quad , \quad \text{nicht mehr für} \quad \overline{s}(m,n) \ .$$

u dieser Zeit gab es eine Reihe von Arbeiten der stochastischen eometrie, die sich mit zufällig erzeugten Polyedern befaßten.

abei wurden Eigenschaften dieser Polyeder, wie mittlere Ecken- ahl, mittlere Anzahl von Oberflächen, mittleres Volumen usw. ntersucht.

ı nennen sind hier:

Renyi und Sulanke	[25], [26], [27]
Carnal	[12]
Efron	[14]
Raynaud	[24]
Kelly und Tolle	[19]
Schmidt	[28]

nomas Liebling war es dann 1972 [21], der als erster den Zusam- nhang zwischen diesen Ergebnissen und der mittleren Schritt- hl beim Simplexalgorithmus erkannte und beschrieb. er noch fehlte es an einer sehr einfachen Charakterisierung r Ecken, die auf dem Simplexpfad liegen. Diese Charakterisie- ng mußte sehr einfach sein, damit die Auswertung von Erwar- ngswerten, die in Form vom komplizierten Integralwerten vor- egen, möglich wird.

Folgt man der chronologischen Entwicklung, dann kommt man hier zu meinen Beiträgen zu dieser Forschungsrichtung. Mit Hilfe einer geeigneten Variante, des sogenannten Schatteneckenalgorithmus, gelang diese einfache Darstellung.

Der Schatteneckenalgorithmus

Wir wollen nun die von mir untersuchte Variante betrachten. Wir konzentrieren uns auf Phase II und denken uns die Startecke x_o als gegeben. Und zwar soll x_o gerade die Optimalecke bezüglich einer Zielfunktion $u^T x$ sein.
(In diesem Sinne definiert u die Ecke x_o .)

Dann projezieren wir das Polyeder X auf die Ebene $\operatorname{span}(u,v)$.

Bei dieser Projektion treten sogenannte Schattenecken auf. Eine Ecke $\bar{x}$ von X heißt Schattenecke, wenn $\bar{x}$ bei Projektion auf die Ebene $\operatorname{span}(u,v)$ seine Eckeneigenschaft beibehält.

Die Ecken auf dem Rand sind Schattenecken, die inneren nicht. Aufgrund der Konstruktion von $\operatorname{span}(u,v)$ zeigt sich aber nun gerade, daß x_o und x_s selbst Schattenecken sind. Und es existiert eine Schatteneckenfolge (Simplexpfad), die x_o mit x_s verbindet, so daß nur Schattenecken berührt werden.

Folglich ist S , die Zahl der Schattenecken, eine obere Schranke für die Schrittzahl s . Es gilt sogar

$$\frac{1}{4} E_{m,n}(S) = E_{m,n}(s) .$$

Die Schatteneckeneigenschaft ist nun aber recht einfach charakterisierbar. Und hier erkennt man einen ganz wesentlichen Grund für die Effizienz des Verfahrens:
Nur ein kleiner Teil der Ecken eines Polyeders wird auf die Schattenkante projeziert (Effekt verstärkt sich bei zunehmender Dimension).

Hörern, die sich in der parametrischen Optimierung auskennen, dürfte dieser Algorithmus im übrigen bekannt sein.
Er bestimmt gerade die Ecken, die bzgl. $(u^T x, v^T x)$ effizient sind

Das Stochastische Modell

ir müssen nun präzisieren, was wir unter "durchschnittlicher
:hrittzahl" eigentlich verstehen wollen.
zu denken wir uns die (m,n)-Probleme als statistische Masse
'gendwie verteilt, die Größe s als eine Zufallsvariable und
n Erwartungswert von s als Ergebnis einer Mittelung über alle
ftretenden Werte von s gemäß der zugrundegelegten Verteilung.
so benötigen wir ein stochastisches Modell, das die reale Ver-
ilung der (m,n)-Probleme gut beschreibt. Aber welches ist nun
s beste Modell?

h will beginnen mit einem Modell, das in jüngster Zeit in Ameri-
sehr populär wurde und vielfach behandelt wurde (Umklapp- oder
ipping-Modell).
innern wir uns noch einmal an unsere Restriktionen.

$a_1^T x \leq b^1$ Es wird nun unterstellt, daß die Ungleichungen unabhängig voneinander und jeweils mit Wahrscheinlichkeit $\frac{1}{2}$ umgeklappt sind.

$a_m^T x \leq b^m$

s heißt also, daß jede Konstellation von m "Ungleichungsrich-
ngen" ($\leq,\leq,\geq,\geq,\leq,\geq,\geq,\geq,\ldots$) gleich wahrscheinlich ist.

ie Wahl von $a_1,\ldots,a_m$ und von b erzeugt dann eine Klasse von
(mit Vorzeichenbedingungen 2^{m+n}) gleichwahrscheinlichen Pro-
emen.
zugehörigen Zulässigkeitsbereiche werden Zellen genannt.

ses Modell wurde 1981 von May und Smith vorgeschlagen.
Smale, Haimovich, Adler, Megiddo, Karp und Shamir, Todd haben
ses Modell aufgegriffen und Erwartungswerte für s unter die-
Modell berechnet.

gl. dazu [22], [30], [31] , [17], [1], [2], [3], [23])
nerkung: Das von Smale in [29] analysierte Modell beruht auf
wächeren Voraussetzungen. Jedoch kann hiermit nur Polynomität
einem der Parameter m bzw. n gezeigt werden.
Varianten, die hierbei untersucht wurden, sind sehr verwandt
dem Schatteneckenalgorithmus. Teilweise wird er als Subroutine
utzt.
obigen Autoren kommen zu erstaunlich günstigen Ergebnissen.

<u>Satz</u> (Haimovich) [17]

$$E_{m,n}\left(s \mid s>0\right) \leq n \left(\frac{m-n+2}{m+1}\right) \leq n$$

im Sign-Invariance-Modell für die Phase II.

<u>Satz</u> Todd, unabhängig Adler/Megiddo/Karp/Shamir [31], [3], [2]

$$E_{m,n}(s_t) = O(\min(m^2,n^2))$$

für Probleme mit Vorzeichenbedingungen und für das Gesamtverfahren (inklusive Phase I und II).

Das Umklapp- oder Flipping-Modell besitzt allerdings einige Nachteile, die für die extrem niedrigen Resultate verantwortlich zu sein scheinen.

1) Von den 2^m erzeugten Zulässigkeitsbereichen sind sehr viele leer.
   Für $m \to \infty$, n fest geht sogar der Quotient $\frac{\text{Anzahl nichtleere Probleme}}{\text{Anzahl erzeugte Probleme}}$ gegen 0 !
   In diesen Problemen fällt kein Phase II-Aufwand an! Dies senkt die Schrittzahl erheblich.

2) Selbst die nichtleeren Zulässigkeitsbereiche weisen eine sehr niedrige Zahl von aktiven Restriktionen auf (2n im Mittel).
   Ebenso ist die mittlere Zahl von Ecken pro Problem sehr klein.
   ($\to 0$ für $m \to \infty$, n fest im allgemeinen Fall)
   ($\to 2^n$ für $m \to \infty$, n fest, unter der Voraussetzung, daß $X \neq \emptyset$).

3) Falls $m - n << n$ ist, dann ist ein sehr großer Anteil der Probleme unbeschränkt.
   Unbeschränktheit wird aber normalerweise sehr schnell erkannt.

Alle diese Einflüsse beschleunigen das Verfahren ganz erheblich. Es stellt sich deshalb die Frage, ob hier nicht sehr viele triviale Probleme die Wirkung der "echten" überkompensieren und die Schrittzahl verzerren. Um diese Verzerrungen zu vermeiden, untersuchen wir eine Klasse von Problemen, die mit Sicherheit einen (bekannten) zulässigen Punkt haben, nämlich Probleme der Art aximiere $v^T x$

nter $a_1^T x \leq 1, \dots, a_m^T x \leq 1$

ier ist 0 immer zulässig.

(Eventuelle Variationen der immer als positiv vorausgesetzten rech-
en Seite verlagern wir auf die linke durch Normierung).
ir nehmen nun als stochastisches Modell folgendes an:

$_1, \dots, a_m, v$ sind

- identisch
- unabhängig
- rotationssymmetrisch

über $\mathbb{R}^n \setminus \{0\}$ verteilt.

s erscheint plausibel, daß relativ zum gegebenen zulässigen Punkt er Zulässigkeitsbereich nach allen Richtungen mit gleicher Wahr-cheinlichkeit begrenzt ist.
as Modell ist noch sehr offen, weil es nichts über die Länge er a_i vorschreibt.
n diesem Modell ist mit Wahrscheinlichkeit 1 die <u>Nichtentar-ungsvoraussetzung</u> erfüllt:
e n aus $\{a_1, \dots, a_m, v\}$ sind linear unabhängig.
e $n+1$ aus $\{a_1, \dots, a_m\}$ sind in allgemeiner Lage.

<u>Lösungsidee</u>

e kann man nun unter diesem Modell eine mittlere Schrittzahl estimmen? Konzentrieren wir uns darauf, wie viele Schattenecken s gibt.

ndidaten für die <u>Ecken</u>eigenschaft sind alle Punkte, in denen Restriktionen aktiv sind, d. h. daß bei n Ungleichungen gar das Gleichheitszeichen gilt. Dies sind also die Lösungen n Gleichungssystemen

$$\begin{array}{ll} a_{i_1}^T x = 1 & \text{Hiervon gibt es bekanntlich} \\ \vdots & \binom{m}{n} \text{ Schnittpunkte } x_\Delta \\ a_{i_n} x = 1 & (n \text{ aus } m \text{ ausgewählt}) \end{array}$$

Nur diese Schnittpunkte können Ecken sein.

Man benutzt folgende geometrische Sachverhalte:

1) x_Δ ist genau dann eine Ecke von X, wenn alle Punkte $a_{n+1},\dots,a_m$ diesseits der Hyperebene durch $a_1,\dots,a_n$ liegen (diesseits bedeutet: im gleichen Halbraum wie der Ursprung)
2) Eine Ecke x_Δ ist sogar Schattenecke, wenn die Ebene span(u,v) den Kegel, der von $a_1,\dots,a_n$ aufgespannt wird, (außer im Nullpunkt) schneidet.

Die Wahrscheinlichkeit für das erste Ereignis hängt wegen der Rotationssymmetrie nur ab von der Höhe der Hyperebene. Die Wahrscheinlichkeit für das zweite Ereignis ist proportional zum Raumwinkel, der von den Seitenkegeln des Kegels aus $a_1,\dots,a_n$ aufgespannt wird.

Man kommt schließlich zur Integraldarstellung

$$E_{m,n}(S) = \binom{m}{n} \int_{\mathbb{R}^n} \dots \int_{\mathbb{R}^n} P(\text{alle } a_{n+1},\dots,a_m \text{ liegen diesseits}).\ P(\text{span}(u,v) \text{ schneidet den Kegel } CC(a_1,\dots,a_n) \text{ nichttrivial})\ dF(a_1)\dots dF(a_m)\,dF(v)$$

Die Auswertung dieses Integrals bereitet erhebliche Schwierigkeiten. Mit Anwendung von verschiedensten Integrationstricks kommt man aber doch zu sehr interessanten Ergebnissen.

Resultate

Zunächst erhielten wir asymptotische Resultate ($m \to \infty$, n fest) für fest vorgegebene, spezielle Verteilungen der a_i.

Satz (vgl. [5], [6])

Bei $m \to \infty$, n fest, verhält sich $E_{m,n}(S)$ bei

1) Gaußverteilung der a_i über $\mathbb{R}^n$ wie

$$\sqrt{\ln m}\; n^{\frac{3}{2}}$$

2) Gleichverteilung der a_i über der Einheitskugel von $\mathbb{R}^n$ wie

$$m^{\frac{1}{n+1}} n^2$$

3) Gleichverteilung der a_i über der Oberfläche der Einheitskugel von $\mathbb{R}^n$ wie

$$m^{\frac{1}{n-1}} n^2 \quad .$$

3) weist also das schlechteste Verhalten auf.

Verallgemeinerungen für asymptotisches Verhalten

n $\to \infty$, n fest (vgl. [7], [8], [10])

$$E_{m,n}(S) = 0\left(m^{\frac{1}{n-1}}\right)$$

Wenn die Wahrscheinlichkeitsverteilung auf einen festen Bereich beschränkt bleibt ($\|a_i\| \leq r$ für alle a_i); dann ist asymptotisch

$$E_{m,n}(S) \leq m^{\frac{1}{n-1}} n^2 \sqrt{2\pi}$$

Es gibt Verteilungen, bei denen asymptotisch

$E_{m,n}(S) \leq C(n)$, also beschränkt durch einen Wert, der nicht von m abhängt, bleibt.

Bei Verteilungen auf beschränktem Bereich gilt aber immer

$$E_{m,n}(S) \to \infty \text{ für } m \to \infty \text{ und } n \text{ fest.}$$

Aber auch in diesem Fall gibt es Verteilungen mit beliebig langsamem Wachstum (aber gegen unendlich).

hließlich erreichte ich 1981 das Ziel, auch für beliebige are (m,n) ohne Berücksichtigung der Asymptotik eine Abhätzung zu erzielen.

tz (vgl. [9], [11])

$$_{,n}(S) \leq m^{\frac{1}{n-1}} n^3 \pi \left(1 + \frac{e\pi}{2}\right)$$

für alle Paare (m,n) mit $m \geq n$

Dies war der Nachweis der Polynomialität in m und n .

Um auch für das gesamte Verfahren Polynomialität zu beweisen, entwickelte ich einen Phase I-Algorithmus, der die entsprechenden Probleme zuerst mit zwei, dann mit drei, mit vier und schließlich mit n Variablen löst (aufsteigende Dimension). Jedesmal wird dabei der Schatteneckenalgorithmus verwendet. Dabei erzielte ich das Resultat:

<u>Satz</u> (vgl. [11])

$$E_{m,n}(s_t) \leq m^{\frac{1}{n-1}} (n+1)^{4\frac{2}{5}} \pi \left(1+\frac{e\pi}{2}\right) \quad [s_t := \text{Gesamtschrittzahl}]$$

für alle Paare (m,n) mit $m \geq n$.

Der Phase I-Algorithmus ist recht umständlich und dient eigentlich nur dem theoretischen Nachweis der Komplexität. Es zeigt sich aber zweierlei:

1) Die Auswahl von wenigen durchlaufenen Ecken erzeugt (durch die Güte des Simplexverfahrens) eine (im Durchschnitt gesehen) sehr geringe Rechenzeit. Man vergleiche die Ausgangssituation $\binom{m}{n}$.
2) Die Schrittzahlen im Fall mit nur zulässigen Problemen liegen erheblich höher als im Umklapp-Modell.

Offene Fragen

1) Sind die Abschätzungen noch zu verbessern?
2) Kann man die Resultate übertragen auf andere Varianten?
3) Welches ist (im Durchschnitt) die beste Variante?
4) Kann man höhere Momente (Schiefe, Varianz) der Verteilung von s berechnen?
5) Gibt es eine polynomiale Variante für den schlechtesten Fall?

Es gibt also noch genug zu tun!

Adler, I., Karp, R. & Shamir, R. [1983a]: *A Family of Simplex Variants Solving an $m \times d$ Linear Program in Expected Number of Pivot Steps Depending on d Only,* University of California, Computer Science Division, Berkeley, December 1983.

Adler, I., Karp, R. & Shamir, R. [1983b]: *A Simplex Variant Solving an $m \times d$ Linear Program in* $0(\min(m^2, d^2))$ *Expected Number of Pivot Steps,* University of California, Computer Science Division, Berkeley, December 1983.

Adler, I. & Meggido, N. [1983]: *A Simplex Algorithm where the Average Number of Steps is Bounded Between two Qudratic Functions of the Smaller Dimension,* Department of Industrial Engineering and Operations Research, University of California, Berkeley, California, December 1983.

Avis, D. & Chvatal, V. [1978]: *Notes on Bland's Pivoting Rule,* Mathematical Programming Study 8 (1978), 24–34.

Borgwardt, K. H. [1977a]: *Untersuchungen zur Asymptotik der mittleren Schrittzahl von Simplexverfahren in der linearen Optimierung,* Dissertation Universität Kaiserslautern.

Borgwardt, K. H. [1977b]: *Untersuchungen zur Asymptotik der mittleren Schrittzahl von Simplexverfahren in der linearen Optimierung,* Operations Research Verfahren 28 (1977), 332–345.

Borgwardt, K. H. [1978]: *Zum Rechenaufwand von Simplexverfahren,* Operations Research Verfahren 31 (1978), 83–97.

Borgwardt, K. H. [1979]: *Die asymptotische Ordnung der mittleren Schrittzahl von Simplexverfahren,* Methods of Operations Research 37 (1979), 81–95.

Borgwardt, K. H. [1981]: *The Expected Number of Pivot Steps Required by a Certain Variant of the Simplex Method is Polynomial,* Methods of Operations Research 43 (1981), 35–41.

Borgwardt, K. H. [1982a]: *Some Distribution-Independent Results About the Asymptotic Order of the Average Number of Pivot Steps of the Simplex Method,* Mathematics of Operations Research 7 (1982), 441–462.

Borgwardt, K. H. [1982b]: *The Average Number of Pivot Steps Required by the Simplex-Method is Polynomial,* Zeitschrift für Operations Research 26 (1982), 157–177.

Carnal, H. [1970]: *Die konvexe Hülle von n rotationssymmetrisch verteilten Punkten,* Zeitschrift für Wahrscheinlichkeitsrechnung und verwandte Gebiete 15 (1970), 168–176.

Dantzig, G. [1966]: *Lineare Programmierung und Erweiterungen,* Springer Verlag, Berlin, 1966.

Efron, B. [1965]: *The Convex Hull of a Random Set of Points,* Biometrica 52 (3) and (4) (1965), 331–345.

[15] Goldfarb, D. [1983]: *Worst Case Complexity of the Shadow Vertex Simplex Algorithm*, Columbia University, School of Engineering and Applied Science, May 1983.

[16] Goldfarb, G. & Sit, W. J. [1979]: *Worst Case Behavior of the Steepest Edge Simplex Method*, Discrete Applied Mathematics 1 (1979), 277–285.

[17] Haimovich, M. [1983]: *The Simplex Algorithm is Very Good! — On The Expected Number of Pivot Steps and Related Properties of Random Linear Programs*, 415 Uris Hall, Columbia University, New York, April 1983.

[18] Jeroslow, R. G. [1973]: *The Simplex Algorithm with the Pivot-Rule of Maximizing Criterion Improvement*, Discrete Mathematics (1973), 367–377.

[19] Kelly, D. G. & Tolle, J. W. [1979]: *Expected Number of Vertices of a Random Convex Polytope*, University of North Carolina at Chapel Hill, 1979.

[20] Klee, V. & Minty, G. [1971]: *How Good is the Simplex-Algorithm?*, Inequalities III, O. Shisha (ed.), Academic Press, New York, 1971.

[21] Liebling, T. [1972]: *On the Number of Iterations of the Simplex Method*, ETH Zürich, Institut für Operations Research, 1972.

[22] May, J. H. & Smith, R. L. [1982]: *Random Polytopes: Their Definition, Generation and Aggregate Properties*, Mathematical Programming 24 (1982), 39–54.

[23] Megiddo, N. [1983]: *Improved Asymptotic Analysis of the Average Number of Steps Performed by the Self-Dual Simplex Algorithm*, Dept. of Computer Science, Stanford University, September 1983.

[24] Raynaud, H. [1970]: *Sur l'Enveloppe Convexe des Nuages de Points Aléatoires dand R^n*, Journal of Applied Probability 7 (1970), 35–48.

[25] Renyi, A. & Sulanke, R. [1963]: *Über die konvexe Hülle von n zufällig gewählten Punkten I*, Zeitschrift für Warsch. Verw. Gebiete 2 (1963), 75–84.

[26] Renyi, A. & Sulanke, R. [1964]: *Über die konvexe Hülle von n zufällig gewählten Punkten II*, Zeitschrift für Wahrscheinlichkeitstheorie 3 (1964), 138–147.

[27] Renyi, A. & Sulanke, R. [1968]: *Zufällige konvexe Polygone in einem Ringgebiet*, Zeitschrift für Wahrscheinlichkeitstheorie 9 (1968), 146–157.

[28] Schmidt, W. M. [1968]: *Some Results in Probabilistic Geometry*, Zeitschrift für Warsch. Verw. Gebiete 9 (1968), 146–157.

[29] Smale, S. [1982]: *The Problem of the Average Speed of the Simplex Method*, Proceedings of the 11th International Symposium on Mathematical Programming, Universität Bonn, August 1982, 530–539.

[30] Smale, S. [1983]: *On the Average Speed of the Simplex Method*, Mathematical Programming 27 (1983), 241–262.

[31] Todd, M. J. [1983]: *Polynomial Expected Behavior of a Pivoting Algorithm for Linear Complementarity and Linear Programming Problems*, Technical Report No. 595, School of Operations Research and Industrial Engineering, Cornell University, Ithaca, New York, November 1983.

VERZEICHNIS DER DONATOREN

Allianz Versicherungs AG, München

Chemische Werke, Hüls AG, Marl-Hüls

Daimler Benz AG, Stuttgart

Degussa AG, Frankfurt

Feldschlößchen Brauerei AG, Rheinfelden

IBM Deutschland, Stuttgart

Industrieanlagen Betriebsgesellschaft, Ottobrunn

IVV, Braunschweig

Flick Förderungsstiftung, Düsseldorf

Landesgirokasse, Stuttgart

Philipps GmbH Deutschland, Hamburg

Preussag AG, Hannover

RWE, Düsseldorf

Schering AG, Berlin

Schützengarten Brauerei AG, St. Gallen

Schweizerische Kreditanstalt AG, St. Gallen

Schweizerischer Nationalfond zur Förderung
der wissenschaftlichen Forschung

VERZEICHNIS DER AUTOREN UND REFERENTEN

ALBERS ....Seite 312
Priv. Doz. Dr. Söhnke Albers, Institut für Betriebswirtschaftslehre, Universität Kiel, Olshausenstr. 40, 2300 Kiel

ARRENBERG ....Seite 350
Burkard Arrenberg, Hüllenkamp 59, 2000 Hamburg 73

BALLREICH ....Seite 9
Karl-Ludwig Ballreich, Institut für Fertigungswirtschaft, Universität Karlsruhe, Hertzstraße 16, 7500 Karlsruhe

BARTMANN ....Seite 249
Dr. Dieter Bartmann, Technische Universität München, Arcisstraße 21, 8000 München

BEULENS, ...Seite 302
Ardie Beulens, Rotterdam School of Management, Erasmus Universiteit, Postbus 1738, NL-3000 DR Rotterdam

BIJ VAN DER ....Seite 29
Hans van der Bij, Department of Mathematics and Computer Science, University of Technology, P.O. Box 513, NL-5600 MB Eindhoven

BOLCH ....Seite 373
Dr. Gunther Bolch, Fachbereich Informatik, Universität Erlangen-Nürnberg, Martenstraße 3, 8520 Erlangen

BORCHERS ....Seite 102
Dipl. Kfm. Willi Borchers, c/o Höchst AG, Kalkulationsabteilung, Postfach, 6000 Frankfurt/Main 80

BORGWARDT ....Seite 647
Prof. Dr. Karl Heinz Borgwardt, Institut für Mathematik, Universität Augsburg, Memminger Straße 6, 8900 Augsburg

BOSCH ....Seite 55
Prof. Dr. Karl Bosch, Institut für Mathematik und Statistk, Universität Hohenheim, Postfach 7 05 62, 7000 Stuttgart 70

BOTTA ....Seite 31
Priv. Doz. Dr. Volkmar Botta, Institut für betriebliche Produktion und Investitionsforschung, Universität Göttingen, Rautenbreite 2a, 3400 Göttingen

BÖCKENHOLT ....Seite 46
Dipl.-Wi.-Ing. Ingo Böckenholt, Institut für Entscheidungstheorie und Operations Research, Universität Karlsruhe, Postfach 63 80, 7500 Karlsruhe 1

BRAUN, G. ....Seiten 28, 39
Priv. Doz. Dr. Günther Braun, Institut für Betriebswirtschaftslehre, Technische Hochschule Darmstadt, Hochschulstraße 1, 6100 Darmstadt

BRAUN, H. ....Seite 351
H. Braun, c/o McA Braun, Am Steinknapp 10, 4630 Bochum 1

BROCKHOFF ....Seite 63
Prof. Dr. Klaus Brockhoff, Institut für Betriebswirtschaftslehre, Universität Kiel, Olshausenstraße 40, 2300 Kiel 1

BRÜCKNER ....Seite 161
Franz Otto Brückner, Akazienweg 11, 8011 Kircheim bei München

CAROW ....Seite 150
Peter Carow, Lehrstuhl für Wirtschaftslehre, Ruhr-Universität Bochum, Postfach 10 21 48, 4630 Bochum 1

CHAMONI ....Seite 352
Dipl.-Math. Peter Chamoni, Institut für Unternehmensführung und Operations Research, Ruhr-Universität Bochum, Postfach 10 21 48, 4630 Bochum 1

COOPER ....Seite 293
Tony Cooper, British Airways, OR Branch, Comet House S42, P.O. Box 10, Hounslow, Middx, England

CRENDALL ....Seite 321
W. Crendall, Express Europe, Le Courcellor 1-2, rue Curnonsky, F-75854 Paris

DEKKER ....Seite 572
Drs. Rommert Dekker, Institut of Appl. Mathematics & Computer Science, University of Leiden, P.O. Box 9512, NL-2300 RA Leiden

DERIGS ....Seite 417
Ulrich Derigs, Institut für Operations Research, Universität Bonn, Nassestraße 2, 5300 Bonn 1

DOBBENER ....Seite 456
Dr. Reinhard Dobbener, Lehrstuhl für Statistik, Universität Bamberg, Postfach 15 49, 8600 Bamberg

DOREMALEN VAN ....Seite 563
Jan van Doremalen, Department Mathematics and Computer Science, TH Eindhoven, P.O. Box 5 13, NL-5600 MB Eindhoven

DREXL ....Seite 545
Dr. Andreas Drexl, Institut für Unternehmensforschung und Informatik, Hochschule der Bundeswehr, Postfach 70 08 22, 2000 Hamburg 70

EDELMANN ....Seite 250
Dipl.-Kfm. Helmut Edelmann, Fahrenberg 33E, 4300 Essen 15

EITSCHBERGER ....Seite 119
Dr. Bernd H. Eitschberger, c/o VEBA OEL AG, Postfach 45, 4650 Gelsenkirchen 2

ENTE ....Seite 72
Dipl.-Inform. Werner Ente, Institut für Weltwirtschaft, Universität Kiel, Düsternbrooker Weg 120, 2300 Kiel

ERFLE ....Seite 539
Dipl.-Ökonom Walter Erfle, FB Wirtschaftswissenschaften, Johann Wolfgang Goethe-Universität Frankfurt, Postfach 11 19 32, 6000 Frankfurt/Main 11

FAHRMEIR ....Seite 51
Prof. Dr. Ludwig Fahrmeir, Lehrstuhl für Statistik, Universität Regensburg, Universitätsstraße 31, 8400 Regensburg

FAIGLE ....Seiten 411, 41
Ulrich Faigle, Institut für Operations Research, Universität Bonn, Nassestraße 2, 5300 Bonn 1

FISCHER, E. ....Seite 16
Dipl.-Kfm. Edwin Fischer, Institut für Allgemeine Betriebswirtschaftslehre, Universität Mannheim, L5, 5, 6800 Mannheim

FISCHER, J. ....Seite 13
Dr. Joachim Fischer, Unternehmenscontrolling, Schering AG, Müllerstraße, 1000 Berlin 65

FLEISCHMANN ....Seite 24
Prof. Dr. Bernhard Fleischmann, Lehrstuhl für Allgemeine Betriebswirtschaftslehre, Universität Hamburg, Von-Melle-Park 5, 2000 Hamburg 13

FÖRSTER ....Seite 47
Dipl.-Math. Friedrich Förster, Institut für Entscheidungstheorie und Operations Research, Universität Karlsruhe, Postfach 63 80, 7500 Karlsruhe 1

FRAUENDORFER ....Seite 9
Dipl.-Ing. Karl Frauendorfer, Institut für Operations Research, Universität Zürich, Weinbergerstraße 59, CH-8006 Zürich

FUCHS ....Seite 42
Dipl.-Math. Alois Fuchs, Institut für Informatik III, Universität Karlsruhe, Kaiserstraße 12, 7500 Karlsruhe 1

GABRIEL ....Seite 30
Priv. Doz. Dr. Roland Gabriel, M.O.R., IBM-Deutschland, Wissenschaftliches Zentrum, Tiergartenstraße 15, 6900 Heidelberg

GAEDE ....Seite 54
Prof. Dr. Karl-Walter Gaede, Institut für Mathematische Statistik, Technische Universität München, Arcisstraße 21, 8000 München 2

GAITANIDES ....Seite 5
Prof. Dr. Michael Gaitanides, Institut für Logistik und Organisation, Hochschule der Bundeswehr, Postfach 70 08 22, 2000 Hamburg 70

GAL ....Seite 44
Prof. Dr. Tomas Gal, Fachbereich Wirtschaftswissenschaften, Fernuniversität Hagen, Postfach 9 40, 5800 Hagen

GEPPERT ....Seite 32
Bernhard Geppert, Institut für Siedlungswirtschaft, Universität Karlsruhe, Hertzstraße 16, 7500 Karlsruhe

GÖLLER ....Seite 332
Dr. Ulrich Göller, c/o Standard Elektrik Lorenz AG, Hellmuth-Hirth-Str. 42, 7000 Stuttgart 40

GORDON ....Seite 241
Robin A. Gordon, Department Angewandte Mathematik, Schering AG, Postfach 65 03 11, 1000 Berlin 65

GROßESCHALLAU ....Seite 209
Dr. Werner Großeschallau, Fraunhofer-Institut für Transporttechnik und Warendistribution, Emil-Figge-Straße 75, 4600 Dortmund 50

RÜTZ ....Seite 387
Dr. Michael Grütz, Forschungsgruppe Medizinökonomie, Universität Erlangen-Nürnberg, Lange Gasse 20, 8500 Nürnberg 1

ÜNTHER, H. ....Seite 112
Dr. Horst Günther, c/o Vereinigte Elektriziätswerke Westfalen AG, Rheinlanddamm 24, 4600 Dortmund 1

ÜNTHER, H.-O. ....Seite 140
Dr. Hans-Otto Günther, Lehrstuhl für Allgemeine Betriebswirtschaftslehre, Universität Mannheim, Schloss, 6800 Mannheim 1

AASIS ....Seite 9
Dipl.-Wi.-Ing. Hans-Dietrich Haasis, Institut für Fertigungswirtschaft, Universität Karlsruhe, Hertzstraße 16, 7500 Karlsruhe

AGBERG ....Seite 417
Benny Hagberg, c/o Volvo Transportation, Göteborg/Schweden

ALL ....Seite 199
Dipl.-Kfm. Bruno Hall, Institut für Betriebswirtschaftslehre und Unternehmensforschung, Universität Mannheim, Schloss, 8500 Mannheim 1

AMES AL ....Seite 17
Dr.-Ing. Hanno Al Hames, c/o Hamburger Wasserwerke GmbH, Mönckebergstraße 8, 2000 Hamburg 1

ANSCHKE ....Seite 555
Dr. Thomas Hanschke, Fachbereich Mathematik, Universität Mainz, Postfach 39 80, 6500 Mainz

ANSEN ....Seite 249
Prof. Dr. K. Hansen, Institut für Unternehmensforschung, Universität Hamburg, Von-Melle-Park 5, 2000 Hamburg

NSMANN ....Seite 520
Prof. Dr. Karl-Werner Hansmann, Institut für Industriebetriebsforschung, Hochschule der Bundeswehr, Postfach 70 08 22, 2000 Hamburg 70

NUSCHECK ....Seite 120
Dipl.-Kfm. Randolf Hanuscheck, Fachbereich Wirtschaftswissenschaften, Johann Wolfgang Goethe-Universität Frankfurt, Postfach 11 19 32, 6000 Frankfurt/Main 11

HASENAUER ....Seite 18
Dr. Rainer Hasenauer, c/o Ecoplan Consult GmbH, Salztorgasse 5, A-1010 Wien

HEILER ....Seite 50
Prof. Dr. Siegfried Heiler, Abteilung Statistik, Universität Dortmund, Postfach 50 05 00, 4600 Dortmund

HENTSCHEL ....Seite 21
Dipl.-Ing. Dietrich Hentschel, c/o Braunschweiger Verkehrs-AG, Taubenstraße 1, 3300 Braunschweig

HERDEN ....Seite 46
Dr. Gerhard Herden, Fachbereich Mathematik, Universität-Gesamthochschule Essen, Universitätsstraße 2, 4300 Essen 1

HILDEBRANDT ....Seite 33
Dipl.-Kfm. Bernhard Hildebrandt, Fachbereich Wirtschaftswissenschaften, Universität-Gesamthochschule Paderborn, Warburgerstraße 100, 4790 Paderborn

HOFMANN ....Seite 13
Johannes Hofmann, Unternehmenscontrolling, Schering AG, Müllerstraße, 1000 Berlin 65

HÖNERLOH ....Seite 16
Prof. Dr.-Ing. Heinrich Hönerloh, Universität Bremen, Postfach 33 04 40, 2800 Bremen 33

HOMANN ....Seite 11
Dr. Klaus Homann, c/o Vereinigte Elektrizitätswerke Westfalen AG, Rheinlanddamm 24, 4600 Dortmund 1

HORST ....Seite 42
Prof. Dr. Reiner Horst, Fachbereich Mathematik und Informatik, Universität Oldenburg, Postfach 25 03, 2900 Oldenburg

HUMMELTENBERG ....Seite 43
Dr. Wilhelm Hummeltenberg, Lehrstuhl für Unternehmensforschung, Rheinisch-Westfälische Technische Hochschule Aachen, Templergraben 64, 5100 Aachen

INDERFURTH ....Seite 24
Dr. Karl Inderfurth, c/o Schering AG, Postfach 65 03 11, 1000 Berlin 65

INDIHAR ....Seite 43
Dr. Stane Indihar, Visoka ekonosko-komercialne sola, Univerza Mariboru, Razlagova 20, YU-6200 Maribor

ISERMANN ....Seite 35
Prof. Dr. Heinz Isermann, Fachbereich Wirtschaftswissenschaften, Universität Bielefeld, Postfach 86 40, 4800 Bielefeld 1

JAHN, J. ....Seite 52
Priv. Doz. Dr. Johannes Jahn, Fachbereich Mathematik, Technische Hochschule Darmstadt, Schloßgartenstraße, 6100 Darmstadt

JAHN, W. ....Seite 148
Dipl.-Kfm. Wolfgang Jahn, c/o Ford-Werke AG, Postfach 21 03 69,
5000 Köln 21

JÄGER ....Seiten 248, 249
Dr. Kurt Jäger, c/o Schering AG, Postfach 65 03 11, 1000 Berlin 65

JARKE ....Seite 320
Prof. Dr. Matthias Jarke, New York University, 90 Trinity Place,
New York NY 10006, USA

JEKER ....Seite 1
R. A. Jeker, Schweizerische Kreditanstalt, St. Leonhardstraße 3,
CH-9001 St. Gallen

JENSEN ....Seite 548
Dr. Uwe Jensen, Institut für Mathematik und Statistik, Universität
Hohenheim, Postfach 70 05 62, 7000 Stuttgart 70

JESS ....Seite 240
Hartwig K. Jess, c/o Hamburger Aluminium-Werk GmbH,
Postfach 95 02 70, 2103 Hamburg 95

JUNGINGER ....Seite 36
Prof. Dr. W. Junginger, Hochschule der Bundeswehr Hamburg,
Holstenhofweg 85, 2000 Hamburg 70

KALLENBERG ....Seite 571
Dr. L.C.M. Kallenberg, Insitute of Applied Mathematics and Computer
Science, University of Leiden, P.O. Box 9512, NL-2300 RA Leiden

KAUFMANN ....Seite 513
Dr. Heinz Kaufmann, Lehrstuhl für Statistik, Universität Regensburg,
Universitätsstraße 31, 8400 Regensburg

KHOUZAM ....Seite 370
Marianne Khouzam, c/o BBC Brown, Boveri & Cie, Abteilung CTT,
CH-5401 Baden/Schweiz

KLEINEWILLINGHÖFER-KOPP ....Seite 200
Dr. Ruth Kleinewillinghöfer-Kopp, Forschungsinstitut der Deutschen
Bundespost, Postfach 50 00, 6100 Darmstadt

KNOLMAYER ....Seite 223
Prof. Dr. Gerhard Knolmayer, Lehrstuhl für Produktionswirtschaft,
Universität Kiel, Olshausenstraße 40-60, 2300 Kiel 1

KOENE ....Seite 101
J. Koene, Rabobank Nederland, Dept. of Appl. Mathematics,
Laan van Eikenstein 9, NL-3705 AR Zeist

KOHLAS ....Seite 546
Prof. Dr. J. Kohlas, Institut für Automation und Operations
Research, Universität Freiburg, CH-1700 Freiburg

KOPFER ....Seite 191
Dipl.-Math. Herbert Kopfer, Studiengang Informatik, Universität
Bremen, Bibliotheksstraße, 2800 Bremen 33

KOPP ....Seite 464
Dipl.-Math. Bruno Kopp, c/o Gruner + Jahr AG & Co, Zentrale Datenverarbeitung, Alsterufer 1, 2000 Hamburg 36

KRALLMANN ....Seite 581
Prof. Dr. Hermann Krallmann, Fachbereich Informatik, TU Berlin, Franklinstraße, 28/29, 1000 Berlin 10

KRAMER ....Seite 383
Dr. Manfred Kramer, In den Dorfäckern, 7500 Konstanz

KRAMP ....Seite 266
Matthias Kramp, Am Eselsweg 15, 6500 Mainz

KRUSE ....Seite 447
Hermann-Josef Kruse, Fachbereich Wirtschaftswissenschaften, Fernuniversität Hagen, Postfach 9 40, 5800 Hagen

LAJDA ....Seite 37
Pavol Lajda, c/o BBC AG Brown, Boveri & Cie, Abteilung CTT, CH-5401 Baden/Schweiz

LANG ....Seite 25
Karin Lang, Leinpfad 36, 6800 Mannheim 51

LANGE ....Seite 20
Armand Lange, Fraunhofer-Institut für Transporttechnik und Warendistribution, Emil-Figge-Straße 75, 4600 Dortmund 50

LIEBERMEISTER ....Seite 31
Dr. Ulrich Liebermeister, Industrieanlagen-Betriebsgesellschaft mbH, Einsteinstraße 20, 8012 Ottobrunn

LINDENBERG ....Seite 20
Dr. Wolfgang Lindenberg, GMD mbH, Schloß Birlinghoven, 5205 St. Augustin 1

LOHSE ....Seite 3
Dipl.-Volkw. Friedrike Lohse, Institut für Betriebswirtschaftslehre, Universität Kiel, Olshausenstraße 40, 2300 Kiel 1

LOISTL ....Seite 34
Prof. Dr. Otto Loistl, Fachbereich Wirtschaftswissenschaften, Universität-Gesamthochschule Paderborn, Postfach 16 21, 4790 Paderborn

LOVASZ ....Seite 41
Laszlo Lovasz, Institut für Operations Research, Universität Bonn, Nassestraße 2, 5300 Bonn 1

LUTTER ....Seite 17
Dipl.-Ing. Wolfgang Lutter, Universität Bremen, Bibilotheksstraße 1, 5800 Bremen 33

MANDL ....Seite 32
Doz. Dr. Christof Mandl, c/o Elin-Union AG, Penzinger Straße 76, A-1141 Wien

MARTE ....Seite 173
Prof. Dr.-Ing. Gert Marte, Fachbereich Mathematik und Informatik, Universität Bremen, Postfach 33 04 40, 2800 Bremen

MASCHTERA ....Seite 521
Ulrike Maschtera, Institut für Informatik, Johann-Keppler-Universität, Altenbergerstraße 69, A-4040 Linz

MEIER ....Seite 180
Dipl.-Ing. Werner Meier, c/o Verkehrswissenschaftliches Institut, Universität Stuttgart, Pfaffenwaldring 7, 7000 Stuttgart 80

MERTENS ....Seite 285
Prof. Dr. Peter Mertens, Betriebs- und Wirtschaftsinformatik, Universität Erlangen-Nürnberg, Lange Gasse 20, 8500 Nürnberg

MESKO ....Seite 162
Prof. Dr. Ivan Mesko, Visoka ekonosko-komercialne sola, Univerza Mariboru, Razlagove 20, YU-6200 Maribor

MEUER ....Seite 372
Prof. Dr. Hans Werner Meuer, Rechenzentrum, Universität Mannheim, Postfach 24 28, 6800 Mannheim 1

MEYER ZU SELHAUSEN ....Seite 384
Prof. Dr. Hermann Meyer zu Selhausen, Fachbereich Wirtschafts- und Organisationswissenschaften, Hochschule der Bundeswehr, Werner-Heisenberg-Weg 26r, 8014 Neubiberg

MIEBACH ....Seite 249
Dr. Peter Miebach, Rheinisch-Westfälisches Elektrizitätswerk AG, Hauptverwaltung, Abt. F-DVDE, Postfach 27, 4300 Essen 1

MOHR, H. ....Seite 482
Dipl.-Math. Heiko Mohr, c/o McKinsey & Company Inc., Cecilienallee 9, 4000 Düsseldorf 30

MOHR, W. ....Seite 498
Dr. Walter Mohr, Wippen 6, 2300 Kiel

MÜLLER, H. ....Seite 150
Hermann Müller, Lehrstuhl für Wirtschaftslehre, Ruhr-Universität Bochum, Postfach 10 21 48, 4630 Bochum 1

MÜLLER, K. ....Seite 231
Dipl.-Math. Klaus Müller, Industrieanlagen-Betriebsgesellschaft, Hauptabteilung ZO, Trevererstraße 1, 5500 Trier

MÜLLER-MERBACH ....Seite 632
Prof. Dr. Heiner Müller-Merbach, Institut für Operations Research, Universität Kaiserslautern, Postfach 30 49, 6705 Kaiserslautern

MUNIER ....Seite 523
B. Munier, G.R.A.S.C.E., Universite d'Aix-Marseille III, 5 Ave. Victor Hugo, F-13160 Aix-en-Provence

NASTANSKY ....Seite 609
Prof. Dr. Ludwig Nastansky, Wirtschaftsinformatik und Operations Research, Universität-Gesamthochschule Paderborn, Warburger Straße 100, 4790 Paderborn

NUNEN VAN ....Seite 302
Jo van Nunen, Rotterdam School of Management, Erasmus Universiteit, Postbus 1738, NL-3000 DR Rotterdam

PAUL ....Seite 324
Dr. Henning Paul, Emmeramstraße 15, 8906 Gersthofen

PAULIK ....Seite 202
Rudolf Paulik, Janusstraße 1, 8400 Regensburg

PAESSENS ....Seite 322
Heinrich Paessens, Institut für Siedlungswirtschaft, Universität Karlsruhe, Hertzstraße 16, 7500 Karlsruhe

PFOHL ....Seite 39
Prof. Dr. Hans-Christian Pfohl, Institut für Betriebswirtschaftslehre, Technische Hochschule Darmstadt, Hochschulstraße 1, 6100 Darmstadt

PIERICK ....Seite 21
Prof. Dr. Klaus Pierick, Institut für Verkehr, Eisenbahnwesen und Verkehrssicherung, Technische Universität Braunschweig, Pockelsstraße 4, 3300 Braunschweig

POPP ....Seite 5
Prof. Dr. Werner Popp, Betriebswirtschaftliches Institut, Abteilung Operations Research, Universität Bern, Sennweg 2, CH-3012 Bern

PRESSMAR ....Seite 14
Prof. Dr. Dieter B. Pressmar, Institut für Unternehmensforschung, Universität Hamburg, Von-Melle-Park 5, 2000 Hamburg 13

RENTZ ....Seite
Prof. Dr. Otto Rentz, Institut für Fertigungswirtschaft, Universität Karlsruhe, Herztstraße 16, 7500 Karlsruhe

ROESKE ....Seite 20
Hans-Joachim Roeske, Fraunhofer-Institut für Transporttechnik und Warendistribution, Emil-Figge-Straße 75, 4600 Dortmund 50

ROGGON ....Seite 52
Dipl.-Kfm. Andreas Roggon, Institut für Industriebetriebsforschung, Hochschule der Bundeswehr, Postfach 70 08 22, 2000 Hamburg 70

ROMMELFANGER ....Seite 43
Prof. Dr. Heinrich Rommelfanger, Fachbereich Wirtschaftswissenschaften, Johann Wolfgang Goethe-Universität Frankfurt, Postfach 11 19 32, 6000 Frankfurt/Main 11

ROSENTHAL ....Seite 34
Prof. Dr. Harald Rosenthal, Fachbereich Wirtschaftswissenschaften, Universität-Gesamthochschule Paderborn, Warburger Straße 100, 4790 Paderborn

RUHLAND ....Seiten 101, 489
Dipl.-Phys. Johannes Ruhland, Seminar für Systemforschung, Universität München, Ludwigstraße 28/RG/III, 8000 München 22

RULLIERE ....Seite 523
J-L. Rulliere, G.R.A.C.E., Univesite d'Aix-Marseille III, 5 Ave. Victor Hugo, F-13100 Aix-en-Provence

SÄNGER ....Seite 572
Georg Sänger, Institut für Angewandte Mathematik, Universität Bonn, Bertha-von-Suttner-Platz 6, 5300 Bonn 1

SCHEER ....Seite 137
Prof. Dr. August-Wilhelm Scheer, Institut für Wirtschaftsinformatik, Universität Saarbrücken, Im Stadtwald, Gebäude 16, 6600 Saarbrücken 11

SCHIEFER ....Seite 363
Prof. Dr. Gerhard W. Schiefer, Institut für landwirtschaftliche Betriebswirtschaftslehre, Universität Kiel, Olshausenstraße 40-60, 2300 Kiel

SCHIRMER ....Seite 482
Dr. Armin Schirmer, c/o McKinsey & Company Inc., Oettingenstraße 8a, 8000 München 22

SCHLITTGEN ....Seite 490
Prof. Dr. Rainer Schlittgen, Fachbereich Wirtschaftswissenschaften, Universität-Gesamthochschule Essen, Postfach 10 37 64, 4300 Essen 1

SCHLÜTER ....Seite 216
Dipl.-Math. Eckhard Schlüter, Institut für Angewandte Mikroelektronik, Technische Universität Braunschweig, Pockelsstraße 4, 3300 Braunschweig

CHMID ....Seite 387
Ralf Schmid, Forschungsgruppe Medizinökonomie, Universität Erlangen-Nürnberg, Lange Gasse 20, 8500 Nürnberg 1

CHMIDT, G. ....Seite 382
Dr. Günther Schmidt, Fachbereich Operations Research, Technische Universität Berlin, Franklinstraße 28/29, 1000 Berlin 12

CHMIDT, RÜD. ....Seite 353
Rüdiger Schmidt, Institut für Betriebswirtschaftslehre, Universität-Gesamthochschule Paderborn, Warburger Straße 100, 4790 Paderborn

HMIDT, REIN. ....Seite 72
Prof. Dr. Reinhart Schmidt, Institut für Betriebswirtschaftslehre, Universität Kiel, Olshausenstraße 40, 2300 Kiel 1

HNEEWEIß ....Seite 403
Prof. Dr. Christoph Schneeweiß, Institut für Betriebswirtschaftslehre und Unternehmensforschung, Universität Mannheim, Schloss, 6800 Mannheim 1

SCHNEIDER ....Seite 440
Walter Schneider, Institut für Informatik, Universität Linz, A-4040 Linz

SCHOLZ ....Seite 385
Dipl.-Kfm. Gero Scholz, Fachbereich Wirtschafts- und Organisationswissenschaften, Hochschule der Bundeswehr, Werner-Heisenberg-Weg 26r, 8013 Neubiberg

SCHRADER ....Seiten 411, 416
Rainer Schrader, Institut für Operations Research, Universität Bonn, Nassestraße 2, 5300 Bonn

SCHRÖDER ....Seite 239
Helmut Schröder, c/o Deutsche Lufthansa AG, FRA KS 36, Lyoner Straße 20, 6000 Frankfurt/Main 71

SCHUSTER ....Seite 342
Karl-Peter Schuster, Philips GmbH, Bereich ISA, Billstraße 80, 2000 Hamburg 28

SCHÜLEN ....Seite 489
Heinrich Schülen, Amalienstraße 87, 8000 München 40

SCHWIENHORST ....Seite 5
Dipl.-Kfm. R. Lütke Schwienhorst, Fachbereich Wirtschaftswissenschaften, Hochschule der Bundeswehr, Holstenhofweg 85, 2000 Hamburg 70

SETTELMEIER ....Seite 13
Gunther Settelmeier, c/o Aral AG, Unternehmensplanung, Wittener Straße 45, 4630 Bochum

SHAKUN ....Seite 52
M. F. Shakun, New York University, 90 Trinity Place, New York NY 10006, USA

SMORODINSKIJ ....Seite 37
Sergej Smorodinskij, Minsker Institut für Radiotechnik, P. Browki-Straße 6, Minsk 69, UDSSR

SÖHNGEN ....Seiten 27, 21
Dr. Ludwig Söhngen, Industrieanlagen-Betriebsgesellschaft mbH, Abteilung SZP, Einsteinstraße 20, 8012 Ottobrunn

SOMMER ....Seite 19
Dipl.-Kfm. Karl Herbert Sommer, Lehrstuhl für Allgemeine Betriebswirtschaftslehre, Universität Mannheim, Schloss, 6800 Mannheim

SOOM ....Seite 15
Prof. Dr. Erich Soom, Heusserstraße 16, CH-9010 St. Gallen

SPATZ ....Seite 10
Dr. Heinrich Spatz, c/o Nixdorf Computer AG, Fürstenallee 7, 4790 Paderborn

SPÄTH ....Seite 455
Prof. Dr. Helmuth Späth, Fachbereich Mathematik, Universität Oldenburg, Ammerländer Heerstraße 67-69, 2900 Oldenburg

STAHLKNECHT ....Seite 371
Prof. Dr. Peter Stahlknecht, Fachbereich Wirtschaftswissenschaften, Universität Osnabrück, Luisenstraße 16, 4500 Osnabrück

STÄHLY ....Seite 80
Prof. Dr. Paul Stähly, Fachbereich Wirtschafts- und Sozialwissenschaften, Hochschule St. Gallen, Bodanstraße 6b, CH-9000 St. Gallen

STÖPPLER ....Seite 524
Prof. Dr. Siegmar Stöppler, Fachbereich Wirtschaftswissenschaften, Universität Bremen, Postfach 33 04 40, 2800 Bremen 33

TERHEYDEN ....Seite 374
Dipl.-Kfm. Antonius Terheyden, Gesellschaft für automatische Datenverarbeitung, Bereich Betriebswirtschaftliches Controlling, Postfach 30 48, 4400 Münster

TEUSCH ....Seite 103
Dr. Wolfgang Teusch, Abteilung Wirtschafts- und Sozialwissenschaften, Universität Dortmund, Postfach 50 05 00, 4600 Dortmund 50

THORNTON ....Seite 277
Paul Thornton, PA Computers and Telecommunication PACTEL, Rochester House, 33 Greycoat Street, London SW1P, 2QF

TROßMANN ....Seite 151
Dr. Ernst Troßmann, Wirtschaftswissenschaftliches Seminar, Universität Tübingen, Mohlstraße 36, 7400 Tübingen

TÜSHAUS ....Seite 463
Dr. Ulrich Tüshaus, Fachbereich Wirtschafts- und Organisationswissenschaften, Hochschule der Bundeswehr, Holstenhofweg 85, 2000 Hamburg 70

TURAN ....Seite 411
Dr. György Turan, Institut für Operations Research, Universität Bonn, Nassestraße 2, 5300 Bonn 1

VETTERLE ....Seite 45
Helmut Vetterle, Beratungsgesellschaft für Angewandte Systemforschung, Haunstetter Straße 19, 8900 Augsburg 1

VOLLERT ....Seite 128
Dr. Helmut Vollert, Institut für Betriebswirtschaftslehre, Abteilung Operations Research, Universität Bern, Sennweg 2, CH-3012 Bern

WALDMANN ....Seite 573
Priv. Doz. Dr. Karl-Heinz Waldmann, Institut für Quantitative Ökonomie und Statistik, Freie Universität Berlin, Garystraße 21, 1000 Berlin 33

WARSCHAT ....Seite 532
Dr. Joachim Warschat, Fraunhofer-Institut für Arbeitswirtschaft und Organisation, Silberburgstraße 119A, 7000 Stuttgart 1

WÄSCHER ....Seite 150
Dr. Gerhard Wäscher, Lehrstuhl für Wirtschaftslehre, Ruhr-Universität Bochum, Postfach 10 21 48, 4630 Bochum 1

WEUTHEN ....Seite 322
Heinz-Konrad Weuthen, Institut für Siedlungswirtschaft, Universität Karlsruhe, Hertzstraße 16, 7500 Karlsruhe

WIEGAND ....Seiten 215, 217
Klaus-Dieter Wiegand, Institut für Verkehr, Eisenbahnwesen und Verkehrssicherung, Technische Universität Braunschweig, Pockelsstraße 4, 3300 Braunschweig

WILDE ....Seiten 101, 489
Klaus D. Wilde, Seminar für Systemforschung, Universität München, Ludwigstraße 28, 8000 München 22

WINKELS ....Seite 523
Dr. Heinz-Michael Winkels, Dresdner Straße 47, 4300 Essen 1

WOHLMANNSTETTER ....Seite 52
Viktor Wohlmannstetter, Institut für Betriebswirtschaftslehre, Universität Erlangen-Nürnberg, Lange Gasse 20, 8500 Nürnberg 1

WOLFF ....Seite 520
Prof. Dr. Hans Wolff, Institut für Mathematische Stochastik, Technische Universität Braunschweig, Pockelsstraße 14, 3300 Braunschweig

WÜBBENHORST ....Seite 7
Dipl.-Kfm. Klaus Wübbenhorst, Institut für Betriebswirtschaftslehre, Technische Hochschule Darmstadt, Hochschulstraße 1, 6100 Darmstadt

ZAHN ....Seite 6
Prof. Dr. Erich Zahn, Betriebswirtschaftliches Seminar, Universität Stuttgart, Herdweg 23, 7000 Stuttgart 1

ZILAHI-SZABO ....Seite 11
Prof. Dr. Miklos Geza Zilahi-Szabo, Institut für landwirtschaftliche Betriebslehre, Universität Gießen, Senckenbergstraße 3, 6300 Gießen

ZIMMERMANN, A. ....Seite 16
Dr. August Zimmermann, IFUA GmbH, Schottstraße 44, 7000 Stuttgart 1

ZIMMERMANN, H. J. ....Seite 59
Prof. Dr. Hans-Jürgen Zimmermann, Institut für Unternehmensforschung, Rheinisch-Westfälische Technische Hochschule, Templergraben 64, 5100 Aachen

GPSR Compliance

The European Union's (EU) General Product Safety Regulation (GPSR) is a set of rules that requires consumer products to be safe and our obligations to ensure this.

If you have any concerns about our products, you can contact us on ProductSafety@springernature.com

In case Publisher is established outside the EU, the EU authorized representative is:

Springer Nature Customer Service Center GmbH
Europaplatz 3
69115 Heidelberg, Germany

Batch number: 10844827

Printed by Printforce, the Netherlands